NEMESIS:
THE BATTLE FOR JAPAN,
1944—1945

日本帝国衰亡

（英）马克斯·黑斯廷斯/著
周仁华/译

图书在版编目（CIP）数据

日本帝国衰亡 /（英）马克斯·黑斯廷斯著；周仁华译. – 武汉：长江文艺出版社，2020.8
（长江人文馆）
ISBN 978-7-5702-1134-0

Ⅰ.①日… Ⅱ.①马…②周… Ⅲ.①第二次世界大战—史料—日本—1944-1945 Ⅳ.①K313.46

中国版本图书馆 CIP 数据核字(2019)第 112728 号

责任编辑：施柳柳　　　　　　　责任校对：毛　娟
封面设计：天行云翼·宋晓亮　　　责任印制：邱　莉　杨　帆

出版：长江出版传媒　长江文艺出版社
地址：武汉市雄楚大街 268 号　　邮编：430070
发行：长江文艺出版社
http://www.cjlap.com
印刷：武汉市首壹印务有限公司

开本：640 毫米×970 毫米　　1/16　印张：30.5　插页：1 页
版次：2020 年 8 月第 1 版　　2020 年 8 月第 1 次印刷
字数：477 千字

定价：45.00 元

版权所有，盗版必究（举报电话：027—87679308　87679310）
（图书出现印装问题，本社负责调换）

引 言

　　1944—1945年间,艾森豪威尔的欧洲战区副总司令阿瑟·特德爵士曾建议说,为未来冲突做学习准备的战士,应该对历史上的冲突有所了解,尤其要研究历史冲突的早期阶段。他喟叹说:"在这个阶段,没有什么营级建制,也没有什么空白支票。"在开始的几场战役中,遭受侵略的受害国家,他们的选项少得可怜。尽管存在资源不足、指挥官不称职,以及其他与敌交战时的种种不如人意,他们仍然必须为生存而努力奋斗。再往后,有了充足时间做动员,他们这才能够享受挑三拣四的奢侈,享受等同于或优越于敌人实力的奢侈;他们这才能够就如何以最快、最经济的方式获取胜利这个话题展开讨论,并在此基础上对赢得最终胜利充满信心。特德和他的盟军战友体验过所有这些情感经历。

　　然而,对于学习历史的学生来说,第二次世界大战结束的方式,远比其开始的方式更加让人着迷。各国的巨人,或者说以凡人之身行巨人之职的那些人物,要在三维战场上,要在帷幄军帐中,解决20世纪最为重大的问题。地球上一些人口最为众多的国家,其国内形势一直动荡不安。科技的成熟度达到了骇人听闻的程度。丘吉尔把他战争回忆录的最后一卷命名为《凯旋与悲剧》。对于成百上千万的人来说,1944—1945年这段时间带来的是解放,是脱贫,是恐惧和压迫;但这一年空袭所造成的伤亡人数,却比冲突其他方式造成伤亡人数的总和还要多。后人知道这次战争结束于1945年8月,但对于那些冒死战斗在太平洋岛屿上的人来说,对于春夏两季在其他战役中浴血奋战的人来说,这场混战行将偃旗息鼓的消息,并不会给他们带来些许的安慰。士兵可以接受成为战争的第一个牺牲者,但却往往会不体面地急于避免成为最后一位牺牲者。

　　我写《日本帝国衰亡》一书,是想把它当作早期作品《大决战》的姊妹篇,《大决战》讲的是1944—1945年间抵抗德国的历史。亚洲和欧洲战场,其结局方式有很大的不同。在欧洲,美国的主导战略，是决心一开始就要跟德军形成对抗，事实证明，这一时刻要比美国参谋长联席会议所希望的时间要来得晚得多。人们不假思索地坚定认为，盟军必须击败敌人的主力部队。不确定性主要表现在，如何实现这一目标，以及苏联军队和英美联军在何地会师。但无论如何，大家从未考虑过向纳粹做让步的可能。

相反，在远东，人们对地面对决的兴趣要小得多。盟军阵营中一些人认为，如果想要避免在夺取日本本土过程中产生不必要的流血牺牲，就应该软化让日本人无条件投降的决心。美英两国陆军只在菲律宾和缅甸两地遭遇并最终消灭过日本的主力陆军，尽管其规模都不如部署在中国境内的日本军队。美国海军和陆军航空兵试图表明，封锁和轰炸是行之有效的措施，没有必要在日本本土采取地面行动并因此付出流血牺牲的代价。他们的希望，后来以最为重大而充满恐怖的方式得到了实现。

"重大伤亡"一词反复出现在对东方战场的研究中，时常用于概括美军在瓜达尔康纳尔岛、硫磺岛、冲绳岛及更小岛屿战斗中所遭遇的人员损失。相比平时，在这些场合，这一问题更加值得以怀疑态度加以审视，因为交战对方是一支相对规模较小的军队，而且美国人先入为主地认为，己方是一个经济富强、技术发达的国家，应该不会付出多少人员伤亡就可以取得胜利。为了击败日本，美国牺牲了约103000人，英国、印度、澳大利亚和其他英联邦国家牺牲了30000名军人，还不包括那些在监禁中殒灭的生命。美国在太平洋战场的伤亡率，是其在欧洲战场伤亡率的3.5倍。然而，美国的伤亡总数，却只占苏联、德国和日本伤亡总数的很小比例，同时只占日本在亚洲战争死亡人数的1%。美国人希望在太平洋实现"一个美国人换6—7个日本人"的有利交换率。在硫磺岛和冲绳岛，敌人干得比他们预期的要好，日美双方伤亡率分别只有1.25∶1和1.3∶1。尽管日方基本都是致命损失，美方只有不足1/3是致命损失，但美国人仍旧因此大跌眼镜。主流美国战略，在取得胜利需要付出的必要代价问题上，显露出了一种文化自负。事实证明这种自负不无道理，但在一场发生于两个主要工业国之间的冲突中，这种文化自负不应被视为理所当然。

我完全同意美国学者理查德·弗朗克和罗伯特·纽曼的看法：对东方战争所做的大部分战后分析，其基本观点都是认为：核高潮是最为血腥的可能结局。另一方面，多个想法表明，如果冲突继续下去，哪怕只持续几个星期的时间,也将会造成各国(尤其是日本)更多的人丧生,死亡人数会大于在广岛、长崎两地核爆中殒灭的人数。现代研究表明,日本人愿意投降的说法,完全不能令人置信。但令人惊讶的是,一些作家还在继续支持这一说法。日本人的顽固不化,本身并不能给使用原子弹提供合法性,但它却能够构成讨论的相关背景。

"报应"一词,在词典中有不同的定义,"以报复求正义"是其中之一。读者需要自行判断,1945年降临日本的那场命运,是否符合这一定义;在我看来,这一说法恰如其分。远东地区的这场战争,其跨越范围,比欧洲战场更为宽广,它覆盖了中国、缅甸、印度、菲律宾以及太平洋的广大地域。世界上有史以来最为非凡卓越的政治经济领袖,引领了这场战争的前进方向,他们包括日本的天皇和陆海空军将领,蒋介石与毛泽东,丘吉尔、罗斯福、杜鲁门和斯大林,麦克阿瑟与尼米兹,勒梅、斯利姆、蒙巴顿、史迪威,以及那些制造炸弹的人们。跟《大决战》一样,此书的目的,是要在特定时间框架内,描述一场宏大而恐怖的人类经历,而不是像其他很多作家那样,去细致回顾战斗的细节,因为区区一本书不足以涵盖那么多的内容。本书集中关注人们做事的方式和动机、做事的感受,以及书中男女做事时的情态。

我们很多人对抗日战争的第一个非常浪漫的感受,是在观看罗杰斯和哈默斯坦联合拍摄的《南太平洋》这部电影时获得的。写作本书时,我满脑子都是电影场面的种种回忆。尽管是一部好莱坞娱乐片,这部电影却捕捉到了美国人感受这场战争的几个简单真相。一群天真烂漫的年轻男女被蓦然投放到一个极具异国色彩的环境。太平洋天然的秀美景色,美丽的珊瑚和优雅的棕榈树,到底还是为他们所忍受的不适和情感压力提供了一些补偿,虽然这种补偿并不很充分。对于参加战斗的士兵、海员和陆战队队员来说,他们遭遇的是战斗的恐怖;但对于更多的人来说,他们所经历的却只是荒凉岛屿基地上的酷热和无聊。在美国,人们有时会用"最伟大的一代"来称呼经历过那个时代的人。这似乎有些不太妥当。二战时期的人,可能其遵循的时尚和所采用的舞曲跟我们会有所不同,但人的行为、理想和恐惧却变化不大。对他们来说,更为合适的称谓(这么说不算是出于嫉妒)是"经历过最伟大事件的一代"。

我选择故事场景的目的,部分是为了便于从更多陆海空战斗中获取素材。尽管舞台上有很多伟大人物,但二战的历史,主要还是政治家和指挥官的历史。他们所有人，跟我们一样，也有着这样或那样的缺点，但他们却要尽力去处理那些超出其才智之所能及的事务和难题。有多少人具有足够才智，能够在世界大战当前，冷静决策、指挥若定？又有多少指挥官，在史上重大冲突期，算得上是"称职"，更毋庸说"杰出"？

尽管多数作家谋求描写这样或那样的东方战役，诸如缅甸战役、战略轰炸、海上战争、岛屿突击等，但我却设法把这些战役放入特定的背景，将之作为打败日本之奋斗历程的组成部分。我所略去不谈的，只有各国人民的反殖民抵抗运动，这个话题过于宏大，不适合本书有限的篇幅。在不影响连贯性的情况下，我尽可能略去那些熟悉的故事和对话。我探讨了西方作家所忽略的一些斗争场面，尤其是中国的经历。尼赫鲁曾轻蔑指出："在普通欧洲人心目中，亚洲不过是欧美的附庸，一群低劣的民众，等着西方人的善举，来将他们提携。"20年前，尊敬的历史学者罗纳尔多·斯帕克特曾经感到非常困惑：西方人对抵抗德国的历史很感兴趣，但却对抵抗日本的战争不那么关注。地理和文化上的遥远距离是明显的原因，但也有我们时常流露的对纳粹的病态痴迷的缘故。然而，今天，欧美作家和读者，似乎都乐意架设桥梁，沟通与亚洲的关系。亚洲事务在全球事务中变得非常重要。了解其不久前的历史，是把握其当前的必要措施。这一点很重要，因为中国在1931—1945年代的冤情，仍旧是影响北京与东京关系的重要议题。

一些固定片段，譬如雷伊泰湾战役、硫磺岛战役和冲绳岛战役，注定是大家都熟悉的内容。其他故事和经历，对于读者来说，可能会觉得很新鲜。我讨论了1943年以后澳大利亚差不多从战场上消失的原因。澳大利亚士兵在北非和新几内亚战役中，发挥了引人瞩目，甚至光彩夺目的作用。但是，澳国内部的纷争，以及美国对太平洋战区的主导，导致澳军在1944—1945年间被分配扮演了一个坦率来说带有羞辱性的角色。

所有史书作者，都应该对早期的编年史作家心存感激，承认这一点非常重要。我所依循的道路，是众多优秀作家及其作品（譬如罗纳尔多·斯帕克特及其作品《雄鹰对烈日》、理查德·弗兰克及其作品《溃灭》以及克里斯托弗·索恩及其作品《志同道合》）所共同踩踏出来的道路。约翰·道尔的系列作品，提供了有关日本体验的不可或缺的见解。约翰·托兰的《红日冉冉升起》并非学术著作，但却包含有一些重大的日本故事素材。研究这一时期的专门文献数不胜数,我所提到的,只是些最为著名的一般性研究。我还需要补充的是乔治·麦当劳·弗莱泽的《被困敌后》,这或许是普通战士二战回忆录中最为生动的一部,描写的是1945年作者服役于斯利姆麾下第14集团军的经历。

在英国和美国,我采访过一些老兵,还研究了现成的大量手稿和文献收藏。我优秀的俄罗斯研究员卢巴·维诺格拉多夫那博士,采访了苏联红军老战士,还翻译了大量文献和著述。在中国,我四处寻求历史见证者。大多数在中国和日本出版的回忆录,揭示更多的是人们的所作所为,而不是所思所想。我并不打算说,与一个西方人的面对面访谈,一定会让这些中国和日本历史见证人敞开心扉,但是我希望他们的故事会让书中人物显得有血有肉,而不是简单在书中安排几个姓名生硬难读的亚洲人,让他们吞吞吐吐说一口晦涩难懂的英语。

中国是一个给今天的历史研究者带来最大启示的国家。我第一次访问中国是在1971年,当时我是电视节目制作人;第二次是1985年,那时我是在写一部关于朝鲜战争的书籍。2005年我再次访问中国,跟普通中国老百姓交谈中,我发现他们非常的热情好客、非常的自在。当我站在白雪皑皑的中俄边境时,我感觉异常兴奋。1945年8月,在这里,苏联军队横渡乌苏里江,攻入了日本庞大的虎头要塞坑道,当地的农民目睹了这里发生的战斗。今天,虎头要塞部分区域得以重新开放,成了当地"中国抗日要塞文物博物馆"的一部分。

1945年蒋福顺还是虎头镇上的一位少年农民。当我问起他,当年是否有过开心的时候,他痛苦地回答说:"怎么问这样的问题?我们过的日子简直没法说。要是惹得鬼子不高兴,就会跟其他人一样,被双手捆在石头上,扔到河里去。"在哈尔滨的公寓里,84岁的李凤贵老人给我现场重现了1944年跟日本鬼子拼刺刀时的动作。

同样,在日本,东京郊外的一家玩偶小商店里,住着当年的中尉排长一岐春树。他收藏着一架他曾驾驶过的鱼雷轰炸机的塑料模型,旁边是一幅色彩艳丽的油画,上面是1941年被他击沉的英国"却敌"号战列巡洋舰。跟他见面,就像遭遇一个传说。岩下邦夫曾是一名海军航空兵,他已经87岁,但精力充沛,动作敏捷,跟50多岁的人差不多。现在,在日本,人们称他为"零式机先生"。

我的女儿曾经在家里对我说:"爸爸,生活就是你所习惯的东西。"对于理解人类对环境做出的反应来说,这句话似乎包含一个重要的真理。尤其对于年轻人而言，对于似乎难以忍受的艰难困苦，他们的适应力会很强，如果这种艰难困苦是他们知道的全部的话。全球各地，在二战期间成长起来的那一代人，他们学会了将战争期间的恐怖和物资匮乏作为生活的常态。这一点适用于很多人，我努力要在本书中记录下他们的故事。

关于证据这个话题，我有几个较为笼统的看法。其中最明显的，是"怀疑有理"。即使你所阅读的是正式的现时代会议纪要，或部队战争日记，或舰船航行日志，任何语言都少有官方记述坦然承认灾难、恐慌或失败，也不会承认人员逃离。同样，很多历史学者描写事件参与者的漂亮文字，其实很可能是人为杜撰。人们发现，事后想象灾难期间人们如何交流，要比事发当时真实的交流，做起来要无限简单得多。然而，代代相传的玩笑话，如果捕捉住了当时的精神状态，那它就会体现出一定的合理性。

21世纪初，通过采访60多年前事件的见证人收集得来的口头证据，对于揭示人们的情绪和态度具有极其重大的价值。但老人们会忘记很多事情，但也可能会表示说他们记得很多很多。那些活到今天的人，在战争岁月里都还很年轻。若是曾经有过一官半职，那其级别也都很低。对于他们不能亲眼看到或亲耳听到的事件，他们都不会刻意去记忆。这个年龄段的人，他们的记忆不能被认为是代表了一个民族在1944—1945年间的心态和行为。因而，有必要采用当时心智更为成熟、地位更为高级的人物的书面证词来支持这些人的故事。

对历史的看法会很快发生变化，这一点特别明显。譬如，在战后的日本，道格拉斯·麦克阿瑟是个英雄，是个偶像，几乎就是个神，因为战败后的日本人觉得他表面上的确很是慷慨大度。然而，现代历史学者和敏一利却指出："今天的日本，人们差不多都不知道麦克阿瑟是什么人？"

创作二战作品，时间越长，我就越清楚地意识到，有必要在评判二战人物时保持基本的谦卑心态。我们中那些从来未曾被迫卷入一场大战的人，最好还是庆幸自己福大命大，弯下腰来，给所有那些曾经被迫卷入大战的、或权势显赫或地位卑微的人们，深深地鞠上一躬。

马克斯·黑斯廷斯
2007年4月

目 录

第 一 章　困境与欺骗/1
第 二 章　日本：挑战国际秩序/27
第 三 章　英国人在缅甸/51
第 四 章　海上巨无霸/81
第 五 章　美国重返菲律宾/97
第 六 章　"死亡之花"：莱特湾/116
第 七 章　吕宋岛山地战/158
第 八 章　中国抗日/172
第 九 章　麦克阿瑟与吕宋岛战役/192
第 十 章　血战硫磺岛/213
第 十 一 章　封锁：水下战争/226
第 十 二 章　李梅火烧日本/241
第 十 三 章　迂回曼德勒/276
第 十 四 章　澳大利亚人："不劳而食"与"清剿行动"/289
第 十 五 章　战俘与奴隶/299
第 十 六 章　冲绳战役/320
第 十 七 章　战争时期的延安/353
第 十 八 章　日本帝国的陨落/366
第 十 九 章　原子弹/383
第 二 十 章　北极熊之爪/421
第二十一章　最后一幕/439
第二十二章　历史教训/469

第一章　困境与欺骗

东方的战争

如果把英文称谓第二战世界大战的用语 The Second World War 改为复数形式 The Second World Wars，那我们对于发生在 1939—1945 年期间的那些事情的认识，就可能会有所提高。德国与日本分别发起的那些战斗，其共同之处在于：他们所选择的对手，多半都是同一批国家。谋求将东西方的战斗作为整体来实施的重要人物数量并不多，只有富兰克林·罗斯福、温斯顿·丘吉尔以及他们各自的参谋团队。1941 年 12 月 7 日日本偷袭珍珠港，美国被动成了二战参战国，之后盟军将领需要解决一个令人烦心的问题，那就是如何在东西两个相互竞争的战区分配资源的问题。相比较而言，作为敌人，德国对盟军来说更为危险，但日本却让美国更为仇视。1942 年，在 5 月份的珊瑚海战役和一个月后的中途岛战役中，美国海军赢得了胜利，从而打断了日本在太平洋战区的推进行动，消除了澳大利亚可能遭到入侵的危险。

在接下来的两年里，美国的海军实力得以增强，同时美国海军陆战队和陆军的战士们在缓慢而艰难地将日本人赶出被他们占领的岛屿据点。但是，罗斯福总统和时任参谋长联席会议主席的陆军上将乔治·马歇尔却抵制了美国海军总司令、海军上将欧内斯特·金以及西南太平洋最高司令、陆军上将道格拉斯·麦克阿瑟所提出的要求，他们主张将东部战区作为美国战争行动的重点。1943—1944 年间，美国强大的工业动员能力，使得它能够同时向东部战区和西部战区派遣战舰和战机。然而，美国地面部队的大多数，却跨越大西洋投入了跟德国的战斗。日本的进攻遭到遏制之后，盟军东部战区的指挥官们得以拥有足够兵力渐进式逼退敌人，但却没有足够兵力去取得速胜。对日作战的二流身份，是让那些具有战略智慧但只能大材小用去跟日本作战的人愤愤不平的原因。

美国和英国各自分别往欧洲和亚洲派遣了部队，让他们到不同的"戏曲"中去扮演角色。同时，斯大林也乐意与日本交手，只要这么做能带来聚敛战利品的机会。一位美国外交官在1943年10月给国务院的一份备忘录中指出："苏联人，只要他们高兴，就会对日本发起进攻，但这么做会是在战争的最后阶段，而且其目的只能是去参加宣布日本投降条件的仪式，并以此建立新的战略疆界。"1945年8月8日前，苏联一直在东部战场上严格保持着中立，以至于美国迫降在苏联领土上的B-29轰炸机必须得停留在那里，当然这不仅仅是可以使苏联人有机会得以复制轰炸机的设计。

对于陆海空军战士来说，凡超出其日常活动范围的战场，都显得非常的遥远。"欧洲那边发生的事，对我们来说真的并不重要。"第23印度山地炮兵部队的约翰·卡梅伦-海斯中尉这么说，他当时是在缅甸作战。更令人惊讶的是，德日之间根本无法协调他们的战争行动，这不仅仅是因为地理分隔的缘故。这两个名义上的盟国，尽管自1941年起它们的命运就交织在了一起，但他们却几乎完全独立地在开展行动。希特勒不希望亚洲人干预他"雅利安人的战争"。的确，虽然希姆莱漂亮地证明，说日本人是有雅利安人血统的，但希特勒仍然因为将纳粹事业跟"劣等人"相关联而遭遇尴尬。珍珠港事件后，他两次在柏林接待日本大使，但那以后就再也没有过。1942年，当东京方面提议攻打马达加斯加时，德国海军却认为此举违反了两国以东经70度为界划定势力范围的约定，因而对此提议表示了反对。

1941—1942年间，日本对苏联发动进攻，在苏联人努力遏制希特勒入侵的同时，抄了他们的后路，此举本可以给轴心国带来重大好处。斯大林曾因此而非常恐慌。1941年7月，美国对日本实施石油禁运和资产冻结，虽然这算是罗斯福在珍珠港事件前数月内实施的一项最为笨拙的外交行为，但其设计初衷却部分是为了震慑东京，让它不要加入希特勒的"巴巴罗萨"行动。好战的日本外务大臣松冈洋右于同年辞职，原因就是日本政府拒绝了他加入"巴巴罗萨"行动的请求。

只是到了1943年1月，斯大林格勒战役的灾难接近尾声时，希特勒才试图说服日本加入他对苏联的战争，但此举已经为时过晚，他也并没有因此而打动日本。日本通过干预来改写历史的那一刻，已经一去不复返了。德国的亚洲盟友在太平洋、东南亚和中国投入了太多兵力，以至于它感觉到没有必要再去招惹新的对手。柏林与东京的关系如此肤浅，以至于当希特勒给他的盟友日本赠送两艘一流水准潜艇、便于它进行仿造时，还有德国制造商抱怨认为此举侵犯了他们的专利权。1944—1945年间，日本最严重的不足，是缺少便携式反坦克武器，但他们却没有做任何努力，去仿制德国廉价而性能优异的"铁拳"反坦克火箭弹。

日本和德国都是法西斯国家。米歇尔·霍华德指出："两国的计划，其背后的动机都是军国主义思想，它拒绝西方资本主义国家的资产阶级自由化思潮，却将战争美化为人类不可避免的必然命运。"德日两国是为了谋求各自的利益而发动战争，这是他们的共同点。他们会拒绝不利于各自行动的任何要求。他们的共同点正是他们做出拒绝的最佳理由。但是，这两个轴心国伙伴，他们的野心却各不相干。唯一表明两国之间存在共同利益的明显迹象，是日本的计划根基于德国会战胜的假设。跟1941年6月的意大利一样，1941年12月，日本决策认为，旧殖民国家在欧洲正在遭遇困难，此时正是趁机夺取其远方资产的时候。日本谋求夺取重要的石油和原材料通道，同时也试图为其大规模从本土向外迁移人口开拓空间。

说到日本的大东亚战争，一位美国历史学者曾写道："日本并没有侵略东南亚那些独立的国家。它所侵略的是西方人统治了几十年的远方殖民地，这些西方人他们绝对想当然地认为，他们在民族和文化上拥有超越其亚洲子民的优越性。"但日本对英属、荷属、法属和美属殖民地的夺占，必须放在一定背景之下去看待，这一背景就是它在早前对中国的侵略。十年来，日本军队一直在那里蹂躏自己的亚洲邻国。1931年强占中国东北后，1937年日本人又开始了对中国其他地区的蚕食和掠夺，这一状况一直持续到了1945年。

推出建立"大东亚共荣圈"计划时，日本仅仅是把自己当成群雄争霸的迟来者，其他各国这么做都好几个世纪了。日本觉得自己只是在谋求与其他西方国家相当的所谓"海外合法利益"，因而在遭到反对时，它觉得西方列强表现太虚伪，且持有种族主义偏见。这样的观点也并不是毫无根据。日本在战前的经济困难，以及它所主张的"亚洲人的亚洲"政策，的确在欧洲帝国的殖民地中激发起过一些同情。但是，纵观日本占领者在中国东北和其他地区的行为，这种同情就会转眼烟消云散。日本新统治者禁止他们的人以人道方式对待被征服者，即使他们想这么做也不行，因为事实是，日本占领的目的，是要掠夺被征服者的口粮和原材料，以使日本本国人民受益。1945年以来，对于日本在战争期间如何非人对待落入他们手中的英、美和澳大利亚人，西方国家读者已知之不少，但相对于日本人虐待其他亚洲人的规模，那还真算不上什么。

假如美国及其属国菲律宾未被列入日本 1941 年 12 月的战争计划范围，又假设东京方面仅仅将自己的行动局限于占领英属马来亚和缅甸以及荷属东印度，那么事态又将如何演进呢？罗斯福肯定希望正面对抗日本的侵略并参战：日军进入印度支那后美国实施的石油禁运，是促使东京方面决心与西方列强作战的决定性因素。但是，在美国国家利益并未遭到直接攻击，且德国尚未对美国发出宣战的情况下，议会和公众舆论是否会允许总统做出宣战表示，这还是个悬而未决的问题。

民间一度流行一个错误看法，认为日本的袭击摧毁了美国的太平洋舰队。珍珠港事件中失去战斗力的有 6 艘老式战列舰，只有一艘后来因为绝妙的修复技术得以恢复并重新服役。实际上，相对于美国得以幸存下来的 4 艘航空母舰、石油储备和码头设施，这点损失对于维持军力平衡来说，根本就算不了什么。日本为了一场虽然场面壮观实则微不足道的胜利，完全得不偿失地付出了高昂的道德代价。"不光彩的一天"激起了美国人的愤怒，其反响比其他任何形式的挑衅都要来得强烈，因此日本人的此次行动可以说是个失败。这样一来，1941 年 12 月 7 日，日本皇家海军飞行员着陆航空母舰上时，舰上传出的阵阵欢呼就显得根本毫无意义。此后，美国人众志成城，开始展开了对凶险的日本人的报复，因为他们袭击了爱好和平的人民。

日本人做的唯一正确的重要战略决定，是他们把自己的命运寄托在了希特勒的命运上面。"德国战胜"是能够使日本得以免遭列强反击的唯一结局，因为列强的军事和工业潜力都远比日本强大许多。辻正信大佐是日本夺取新加坡战役的计划设计者，是日本民族扩张主义的笃信者，他说："我们真诚地认为，像美国这样一个由小店业主组成的国度，他们在节节败退的战争中是不可能坚持得下来的，而日本却会在对盎格鲁—撒克逊人的持久战中坚持下来。"东京方面最大的判断失误，是把进攻当成了一种政策行为，而政策行为是会根据事态变化而加以评估的。1941 年 12 月，日本赌的是速战速胜、胜者为王。即使到了 1945 年 8 月，很多日本领导人仍然拒绝承认：珍珠港事件的当天，他们就已经不再具有决定战争进程的能力了。试图通过外交谈判来减轻军事失利的后果，那简直就是痴人说梦。从选择加入全面战争开始，这个国家就面临遭遇全面失败的可能。

1941—1942 年香港、马来亚和缅甸的一系列失利，使英国遭遇了等同于美国在日本手中遭遇的羞辱,但是英国人对远东战争却相对并不怎么在乎,这是让不得不在那里作战的英国战士感觉异常沮丧的原因。1942年2月,一支英国指挥的兵力约7万人的作战部队,败在了一支只有3.5万人的日本军队手中。温斯顿·丘吉尔迫切希望一雪战败之耻,这个念头一直折磨着他。1944年7月6日,他对自己的参谋长说:"新加坡的灾难耻辱,只能通过夺回城池来加以雪洗。"这是他在东线战场上以目标确定战略的若干尝试之一,幸运的是他后来又打消了这样的念头。

但是,对于英国公众而言,亚洲战争似乎是个遥远的概念。英国广播公司有一部传奇式广播喜剧《又是他》,其中有个叫哈利卡里的日本角色,是个唠唠叨叨的小丑。1943年6月,印度国务卿里欧·埃默里提议成立一个委员会,来激发英国公众对其亚洲敌人的同仇敌忾之情。信息部部长布兰登·布拉肯强烈表达了不同的看法:

"我们必须教育英国的公众,让他们像看待德国人一样看待日本人,像看待欧洲战争一样去看待太平洋战争。"这句话的确不无道理。但是,日本人离我们有万里之遥,而德国人三年来却距离我们海岸不足20英里,而且时常还出现在我们的头顶上方。我们的朋友和爱人战斗在什么地方,我们的关切和情感就会跟到什么地方……欧洲问题,很大程度上是对家的关注;而对于远东,国人的了解和关切却过于零星分散……我并不认为,成立个什么委员会,就能够改变"战斗意志"的问题……首相已经明白无误地告诉了我们的人民,时机成熟时,他们必须回头再去收拾日本……

那些的确想过"日本人是什么样"的英国人,他们跟美国人一样,对日本人怀有厌恶感。1944年初,当电台播报日军虐待俘虏的消息时,《每日邮报》一篇社论宣称:"日本人已经证明,他们是个劣等种族。让我们坚定驱逐他们的决心。将他们打回蛮荒之地,让他们被世界完全隔绝,就像把他们肮脏的躯壳隔离在麻风病院一样。"美国历史学者约翰·道尔以种族主义的口吻表达了西方人的态度。美国海军上将威廉·哈尔西在珍珠港事件爆发后确立了对待日本人的立场,他斩钉截铁地说,战争结束后,"日本人只能在地狱里发声"。美国陆军部在一部推销国债的电影中使用了这样的口号:"每一张战争债券消灭一个日本鬼子。"美国一家冲锋枪制造商在宣传自己的产品时说:"在小小的黄色人种身上留下个大大的红色窟窿。"在欧洲战场，你看不到太平洋战场上常见的做法：战士们会把日本人的头颅腌制好，晒干做成纪念品，把敌人身上的骨头抛光打磨后寄给自己心爱的恋人。

有人认为，日本人的怪异长相和文化，是形成独特仇恨和野蛮心理的原因。这么说的人似乎并未充分注意到这样一个事实：日本人同样会虐待平民和战俘。他们创新出一些做法，并将这些做法加以制度化。固然，盟军后来如法炮制了这些做法，但在一个并不完美的世界，期待战争中战士们能够对敌人格外施恩，给予他们明显好于同胞在他们手中得到的待遇，这未免显得不切实际。珍珠港事件前若干年，日本人对中国平民的大屠杀，在全世界引起过轩然大波。日本军队在菲律宾、荷属东印度、香港和马来亚都曾系统性施暴于盟军的战俘和平民：譬如，1942年2月，他们在新加坡城外大肆屠杀华人，这一事件远远早于盟军对日本人有记录的第一次施暴行为。

日本人在战场上的疯狂表现，到了战争后期尤其突出。譬如，在西方人的战争中，在阵地无法坚守的情况下，守卫者会选择投降，但日本人却摒弃了这一习惯做法。1944年8月，抵达美国的德国战俘数量在按每月5万人的速度增长；与此同时，美日交战3年间，投降美军的日本战俘却只有1990人。盟军指挥官曾经质问说："为什么盟军士兵一定得甘冒生命危险，去纵容敌人杀战俘以祭亡灵的非人道思想？"

英美联合组成的莱斯布里奇任务团，是一个负责巡视不同战区、对战术战法进行评估的机构，它在1944年3月的一份报告中呼吁，应该使用芥子气和光气毒剂来对付日本人的地下防御阵地。报告结论得到了马歇尔、美军空军司令"福将"阿诺德上将以及麦克阿瑟的批准，尽管麦克阿瑟反对报告中提及的对日本城市实行区域性轰炸的做法。莱斯布里奇任务团在报告中写道："我们认为，战场上的日本军队没有能力应对大规模化学武器攻击……这是顺利结束战争的最快方法。"尽管主张使用毒气的意见很有分量，罗斯福总统还是否决了这一做法。

固然，日本人的面相很符合用盎格鲁—撒克逊式漫画来加以表现，但如果认为美国人仅仅是因为日本人是亚洲人就选择随便将其烧死，以至于最后对他们投放原子弹，那就大错特错了。事实是，日本人不仅因为非人道对待西方人而著称，他们还以更为非人道的方式对待过被它征服的其他亚洲民族。如果说在战争最后几个月盟军对日本人很野蛮残忍，那我们会因此错误认识双方的道德等价。

1942年，在其鼎盛时期，日本帝国的疆域曾达到2000万平方英里。虽然其中大部分是水域，但即使按所征服的陆地来计算，其面积也比德国所征服的陆地面积多出 1/3。从印度的东北端到中国的北部边境，从荷属东印度星罗棋布的岛屿到新几内亚的蛮荒热带丛林，都部署有日本的军队。从战争开始到战争结束，很少有盟军军人知道，有多于 100 万的日本兵力，即接近一半的日军作战力量，是部署在中国，用于戍守中国东北以及维持对中国东部的占领。截至 1944 年夏，部分日军部队仍在坚守新几内亚岛和布干维尔岛的同时，美军却已经向东挺进，横跨太平洋，逐个岛屿地从敌人手中夺取空军和海军基地。约 19 个师即日本陆军 1/4 的兵力，被投放在了缅甸战场和守卫马来亚，在缅甸战场上他们需要跟英国和中国作战。另外 23 个师，部分已经被打散，总兵力占日本战力的另外 1/4，他们需要在太平洋推进线上对峙美国的陆军和海军陆战队。

近 40 万名英国军人在远东服役，另外还有 200 多万名英属印度军队士兵。换句话说，尽管美国在对日战争中占据绝对主导地位，英国人却能动员多得多的人员来为战争尽"绵薄之力"。美国有 125 万人在亚太地区服役，战区面积是地球面积的 1/3。这些人中，40% 的军官和 33% 的士兵有过广义上说的作战经历，超过 40% 的人未曾参加过战斗，他们在庞大的保障机构里工作，在离家万里的地方为陆军、海军和空军提供维护。

1944—1945 年间参战的许多人，在 1939 年 9 月甚至 1941 年 12 月时都还只是些孩子。珍珠港事件爆发时，菲利普·特鲁只是密歇根州一名 16 岁的高中学生，他说："我根本想不到我会参加第二次世界大战。"但 1945 年时，他却是一架 B-29 轰炸机的飞行员。应征入伍的军人，是成为陆战队队员血战在冲绳岛上的散兵坑，还是成为飞行员驾着"喷火式"战机翱翔蓝天，或是成为参谋人员工作在盟军总部，其最终结果完全取决于命运的偶然安排。对于各国成百上千万的人来说，他们的战争体验在于，需要冒着生命危险，离开家园，横跨大洲大洋，前往遥远的地方，他们所经历的漫长距离，有时甚至接近于史诗所描写的规模。

很多英美国家的青少年，此前对所在社区之外的世界一无所知，猛然间会发现军营生活很团结，很具有教育意义。他们认识到，战争唯一的救赎人性的特征，在于它所锻造起来的兄弟情谊。美国空军飞行员杰克·里·德杜尔曾从印度起飞参加前往轰炸东南亚的任务。他说："那些是我真正能够记住的人。"要是得到回家休假的机会，很多军人会因为家乡人不懂得军人的风险和牺牲而滋生出落寞的感觉。美国海军士兵埃默里·杰尼根说："对我来说，只有军舰上的伙伴最为重要。"尤金·哈迪是军舰上的一名大副,他来自一个一贫如洗的农民家庭。1940年加入海军前,他从未踏足过餐厅。来自全然不同的家庭背景、有着截然不同人生态度的人,学会了跟别人朝夕相处。譬如,美国的北方人和南方人,经常会在食堂或散兵坑里争争吵吵。不知怎么的,通过所有这些争争吵吵,多数人对别人不同于自己的观点和看法有了广泛的认识,同时也学会了相互宽容。

温斯顿·丘吉尔时常坚定表达他的信念,他认为恰当的战争实施是要求"让敌人每天都要蒙受流血和烧伤之苦"。恰好相反,太平洋和缅甸战役,其特点是:一阵子一阵子的激烈交战,会间歇穿插一段时间的不作为和为下一阶段战斗所做的准备。在苏联前线,交战双方始终处于接触状态;1944年6月以后,同样的情况也出现在西北欧方向;在东方,日本和盟军之间往往隔着几百英里甚至几千英里的海洋或丛林。很少有曾经跟日军作过战的西方人,会喜欢这样的体验。老兵们普遍认为,北非沙漠是最舒服的战区,或者说是最不可怕的战区。随后按升序依次是西北欧、意大利,最后才是远东。很少有士兵会觉得,自己服役于亚太战区期间是完全处于健康状态。军舰甲板下面令人窒息的酷热,使得哪怕是日常生活,都会让人日渐羸弱,更不用说敌人再搭上一手。海上几个月的漂泊生活,唯一的间歇,是到拥挤不堪的休养营去宣泄一番,那是些建在光秃秃的珊瑚环礁上的设施。对于陆上作战的战士,疾病与物资匮乏是生活的常态,还需要面对无限狡猾而又残酷无情的敌人,这些因素此起彼伏,构成对人的多重威胁。罗伯特·艾克尔伯格中将是麦克阿瑟手下的一位军长,他在给妻子的信中写道:"所有军官都想去其他战区,因为那些地方更加引人关注。"

艾克尔伯格是一名职业军人,战争给他这样的人提供了成就事业和获得晋升的广阔空间。但对于现役文职人员来说,他们却很容易产生苦恼。英国小说家安东尼·鲍威尔对此有所描述,这种苦恼"是一种可怕的、反复发作的军营忧郁症,是一种觉得别人根本不会在乎你的死活的感觉"。"东京玫瑰①"通过日本电台奚落地对千千万万的盟军军人说:"傻瓜们,大家好。昨晚,我得到了快乐,你的妻子和恋人很可能也得到了快乐,那你得到快乐了吗?"

英国第14集团军哈利·亨特中士在给远在英格兰的亲戚的一封信中悲痛地写道:"我们在缅甸的月光下,周围没有一位女孩。几具日本

---

① 东京玫瑰(Tokyo Rose),第二次世界大战期间远东战场的美军给东京电台英语女广播员起的绰号。

鬼子的尸体，都快把人给熏死了……在国内服役一定是一件非常美妙的事，那里没有这里的酷热和汗水……瞧，又下雨了，雨下个没完，然后就是潮湿，它会慢慢侵蚀到骨头里。一觉醒来，会有空空荡荡的感觉，总觉得想睡觉。最好就此打住，不然要说脏话了。记得代我向爸妈和其他所有人问好。"

亨特手下一位高级军官道格拉斯·格拉希少将，也持有类似的悲观看法，不过他看问题的角度较为高远："鬼子几乎都会血战到死；即使有逃走的，也会选择改天再战。趁大家士气高昂，请大家务必接受这样一个建议：占领鬼子的阵地，还不能算完，要坚持把阵地上最后一个鬼子消灭掉为止，他们通常会藏身在几英尺深的地下工事里。即使在最绝望的情形下，99%的鬼子还是会选择死亡或自杀，而不愿被俘虏。较之欧洲，这里的战斗更算是'全面战'。日本鬼子跟最狂热的纳粹青年党有得一比，必须根据这一情况来处理。"

理查德·肯纳德中尉是美国第1海军陆战师的一名炮兵前线观察员。在太平洋岛屿上的一次战斗中，他写道："亲爱的妈妈、爸爸，战争太可怕了，太恐怖、太恐怖、太恐怖了。你们不知道，看到我们的战士一个个被击倒是多么让人痛苦，他们受了伤，又疼又累。有些战士，倒下之后，就再也起不来了。战争结束后，我会更加懂得珍惜和尊重，尤其对所有甜蜜、温情和典雅的事物。我们的排长和连长，他们宁愿挨枪子，也不愿让手下人认为他们不敢共同去面对炮火和危险。在前线的每分每秒，尤其夜深人静的时候，我都在祈祷，希望自己不要中枪。"

跟其他交战国相比，中国人付出的代价，要远远高出很多很多。仅在与日作战的过程中，中国人至少牺牲了1500万人。1937年起，中国就卷入了战争。很少有中国人敢于去想象自己的痛苦何时能够结束，更不敢想象还会取得胜利。蒋介石领导的国民党军队，有位叫作罗定文的上尉。他说："1944年，人们根本想不到，战争会在1945年结束。我们根本不知道战斗还会持续多长时间。"

大量中国平民是战争的受害者。陈金玉是个16岁的农村女孩，在家乡加茂村给日本占领者种水稻。有一天，日本人告诉她，她将被调往一个叫作"战地后勤服务队"的地方。她说："我当时年轻，不知道那是什么意思，但我想，其他什么活都比种地强。"一周后，她遭到日本兵轮奸，这才明白是怎么回事。她逃回了家，但一名翻译随后赶来，说如果她不回去，她全家都会因此遭殃。后来，她成了当地日本驻军的一名"慰安妇"。一直到1945年6月，因为受不了毒打，她逃进深山并在那里躲了起来，直到听说战争结束为止。

谭亚洞，19岁，她是另一个被迫服务日本人的"慰安妇"。日本军官指控她，说她不是"顺民"，她因此两度遭到禁闭，每次持续5天时间，那以后"我就成了顺民"。她清楚记得让日本人不开心的后果。她的一位姐妹，因为没吃避孕药怀了孕。"他们不想让孩子生下来。于是，他们把这位可怜的女孩吊在树上，当着全村所有人的面，用刺刀剖开了她的肚子。我离得很近，只有六七米的样子。我能看见婴儿在动。"

1944—1945年，越南发生大饥荒，至少有100万越南人因此饿死。这场饥荒的直接原因，是日本人坚持要在稻田里改种纤维作物，以备占领军使用。大量越南粮食被运往日本，稻谷被强征用于制作燃料酒精。菲律宾和荷属东印度人民的遭遇同样骇人听闻。总计约有500万东南亚人死于日本的侵略和占领，其中包括7.5万名被强征修建滇缅公路的劳工。战争期间，在英国人统治的印度次大陆，当孟加拉人饿死街头的时候，加尔各答各大俱乐部的白种人却可以毫无节制地订购鸡蛋和培根。对于这样的统治，英国人自然没什么好引以为荣的。即使如此，跟日本霸权那种成系统的野蛮统治相比，英国人的做法实在可算是"小巫见大巫"。

在强大的财富和技术实力支持下，美国军队一路摧枯拉朽，横扫太平洋。亚洲大陆的赤贫与美国的富裕构成了鲜明对比，这样的境况随处可见，美国观察员对此深感震惊。他们同时也对各种在其中跃跃欲试的政治力量有深刻印象。1944年，西奥多·怀特和安娜丽·雅克比在他们的书中写道："这里有10亿多人口，他们对世界现状深恶痛绝；他们生活在可怕的束缚之中，可以说除了锁链外，别无其他东西可以失去。"他们在书中提到过印度人均寿命只有27岁，提到过中国一半人口不到30岁就会夭折。他们描写过上海的童工，他们每天一大早就得集中在工厂大门外，身体显得没有生命的朝气。他们还描写过亚洲大陆随处可见的殴打、鞭笞、拷问、疾病和饥饿。

那年头，中国出现了饥荒，日本入侵更加深了人们的苦难。怀特和雅克比写道："在亚洲，到处弥漫着几种可怕的现实：饥饿、侮辱和暴力。"这是美国人视为需要挺身而出加以拯救的世界，不仅要救人于日本人手中，还要救人于形形色色的帝国主义者手中，所谓帝国主义者包括他们最亲密的盟友英国。丘吉尔心存不切实际的幻想，认为只要战胜了日本，英国就可以维持它在印度的统治，并对缅甸和马来亚的指挥权重新提出主张。美国对于如何处理中国，也怀有类似的、同样宏大而荒谬的妄想。

同时，日本人也有他们自己的小算盘。1944年夏，至少在统治阶层的下级成员眼中，他们的帝国大体上还很安全。海军学校学员此方俊晴表达了他从重型巡洋舰"足柄"号一口气跑上爪哇海岸的兴奋之情。他说："对我们这些年轻人来说，一切都是如此的新鲜，如此的充满异国情调。"有一次，一个由当地小朋友组成的合唱团，在舰队告别晚会上，用日本歌曲为大家吟唱助兴。此方和一帮舰上的哥们，在当地一家意大利餐厅吃饭，色眯眯盯着老板的女儿看，这是他们见到的第一个欧洲女孩。他说："我在想：在这里，我看到了亚洲的光明未来。整个地区显得如此和平。新加坡很多华人对我们非常友好。"

20岁的此方是一位海军军官的儿子，他父亲在一个太平洋基地担任基地司令。他本人曾想过当医生，1943年应征入伍后，他就放弃了这个理想。"我知道需要有人去保卫日本，我想为此做出一点点贡献。"第二年，当"足柄"号及其僚舰被重新调派到日本北部，以防备美国来自阿留申群岛的威胁时，"我们感觉到危险在日渐增加"。在舰炮室，跟同学们在一起的时候，"我们从来没有谈起过，战后可能会发生些什么，因为那样的事情显得太遥远"。他对他父亲的境况毫不知情，因为他们收不到来自太平洋岛屿的邮件。学员们仅仅是关注他们眼前的任务：努力学习以备战未来的晋升考试；维护好日志以接受师领导的严格检查。

在等待舰队行动的漫长日子里，他们几乎没有什么娱乐活动：每天晚上，此方和其他初级军官会乘坐一艘哨艇，在军舰周围水域展开巡逻。最让他们兴奋的事，包括在黑暗中发现了"蛙人头"以及检测到"鱼雷踪迹"。后来证明"蛙人头"只是只大海龟，而"鱼雷踪迹"也只是一群金枪鱼。他们意识到美国和英国海军具有强大的威力，但当他们环顾锚地周围，看到属于日本的密密麻麻的战列舰、巡洋舰和驱逐舰时，他们再也不觉得有什么好怕的了。"我们明白，这将是一场漫长而艰苦的战争。但我们觉得，为了实现亚洲的和平和安全，我们的付出是值得的。"

1938年，海军少佐一岐春树驾机在长江两岸轰炸了撤退中的中国人。那以后，他就一直在执行空中作战任务。他时年32岁，是日本海军著名的飞行员，曾在马来亚近岸击沉"却敌"号。1944年夏，他指挥一个中队的海军航空兵，从特鲁克岛出发，执行了一次远程侦察任务。他们几乎每天都会遭到美军"解放者"高空轰炸机的空袭，大多数炸弹会掉进海里，但空袭却会造成日军飞行员不得不好几个小时待在作为掩体的山洞里。在空中，一岐指挥下的战机损耗非常严重。替换上来的机组成员，差不多没有接受过培训。他发现，无线电报务员虽然懂得莫斯代码的原理，但却从来没有碰过发报机，他因而需要亲自教他们发报的流程。时至夏末，他所在部队的战力从36架战机减少到了12架。后来，他被召回日本，在一支"银河"轰炸机部队担任主官。

齐史方安藤，23岁，日本驻朝鲜总督的儿子。这位驻朝鲜总督有3个儿子，他们从未想过要当兵，但最终都不得已当了兵。大儿子战死在塞班岛；二儿子是名军医，毙命于新几内亚。1944年7月，齐史方成了家里唯一幸存的儿子，刚毕业于海军学院的飞行学校。在燃油和飞机变得紧缺起来之前，他很幸运成为接受过完全培训的最后几批学员之一。在接受分配的时候，他是唯一申请驾驶水上飞机执行任务的学员。不到一个月，他就驾着一架单引擎三座"朱迪"俯冲轰炸机开始执行反潜巡逻任务了。

他和机组成员需要执行的日常任务会持续两到三个小时，任务是为从马来亚或荷属东印度出发缓缓开往日本的船队提供空中掩护。按盟军的标准来看，他们的飞机非常原始。没有雷达，他们随机只带了一个舰船磁性探查装置，以及一枚120磅重的深水炸弹，以供万一发现美军潜艇时使用。一个月接着一个月，每天两次执行"盒子搜索"任务①，这似乎是一件很让人烦心的事情，但对安藤来说却并非如此，因为他热爱飞行。他有两位机组成员，加藤和菊池，他们年纪比他小，但在海军服役的经历却并不比他少。他们专注地扫描大海，搜索潜望镜留下的尾波，因为尾波会显示潜艇的方位。

即使到了战争最后一年，日本在印度支那和荷属岛屿上的基地，仍然有充足的粮食和大量的燃油。唯一缺少的是替补空乘人员。安藤说："我们意识到，日本碰到了困难，但并不是说我们有输掉战争的危险。我们年轻人相信，不管发生什么，我们都能够力挽狂澜。"

参谋军官舟木茂少佐当时是在位于南京的日本驻华陆军本部任职，那里的生活非常安全舒适，还没有敌军轰炸，他为此几乎有点过意不去的感觉。"在日本，大家都很清楚我们的境况有多么的糟糕。但在中国，我们的日子却非常正常，以至于我们会麻痹地认为日本不会有事

---

① 即潜艇搜索任务。

的。我始终感觉自豪的是，无论其他战区如何，在中国我们仍然是胜利者。因此，在这里服役，似乎是个很不错的选择。"

但很多日本青年通过他们的切身体会，发现自己国家的问题在变得越来越多。1944年10月，菊池正一被分配到菲律宾以南的西里伯斯。飞机从日本起飞，但因为发动机故障的缘故，他和他的分遣队不得不迫降在台湾。接下来两个月的时间里，他们跟其他几百个类似遭遇的人被闲置在那里，忍受美军如雨点般落下的炸弹。当终于有机会脱身时，他们逃往的地方已不再是西里伯斯，而改成了西贡，因为去西里伯斯的航线已经被美军切断了。通常只需一天的海上航程，结果持续了一周，因为他们乘坐的空载油轮船队，白天必须靠岸，晚上才能向南急行。船上的军人，需要始终保持警惕，做好反潜准备，而且船队一路上还遭到过4次轰炸。

在太平洋的一个岛上，军曹山口町藤原浩受了伤，他蜷缩在山洞里，望着山下黑夜中灯火通明的美军营地说："我想象，此时该是美国人躺在帐篷里酣睡的时候。他们完全有可能正在专心阅读小说，借此减轻疲乏。早上，他们会快意地起床，刮刮胡子，吃顿丰盛的早餐，然后再像往常一样，出发追击我们。闪烁着灯光的海洋，像是无声而有力地证明了他们所谓的'富裕攻击'……我有一种幻觉，仿佛这个岛分裂成了若干相邻的小块，彼此之间有天堂和地狱的差别，而且距离只有百米之遥。"

1944年夏，在新几内亚、太平洋上的小岛以及缅甸，在海上或空中，与盟军对峙的日本人仅有几十万之众，他们已目睹盟军正在针对日本，调派势不可挡的强大火力。每个日本人都很清楚，由于美国的封锁，日本已经非常穷困，但日本本土却只遭到过零星的轰炸。东线战场的空袭和巨大伤亡，已迫使德国人处在行将就木前的苦苦支撑。这样一个一败涂地的前景，对日本来说还很遥远。1944年末，希特勒的手下遭遇了战争期间最大的损失：他们丧失了一半以上的兵力，300多万兵力被歼灭。

相比之下，在投降前一年，裕仁天皇的国家，最终遭遇的作战伤亡和平民伤亡，算起来数目都还微不足道。造成日本人员大量伤亡的灾难，集中发生在战争的最后几个月。这几个月是决定日本命运的几个月，他们做出徒劳的挣扎，想要逃脱不可避免的后果。日本的军队指挥官和政治领导人，他们都清楚国家所处的绝望境地，但多数人仍旧极度不甘心，不愿承认事态演进发展的逻辑。在最后阶段，约200万日本人，为他们统治者的盲目，付出了生命的代价，而这样的牺牲，却并没有对国家有任何帮助。几年以来，日本军队一直在亚洲恣意妄为、大肆杀戮。终于，他们的报应即将来临。

瓦胡岛峰会

1942年春，日本在太平洋和东南亚的推进达到了顶峰，当时澳大利亚似乎面临遭到侵略的威胁，而英国军队也不得不从缅甸撤退进入印度。事实证明，盟军必须开展长期的地面战斗，才有望从日本人手中收复瓜达尔康纳尔岛、巴布亚新几内亚和其他太平洋基地。英军试图打回缅甸，但却因为行动缺乏计划而遭遇失败。由于华盛顿方面确定了"先打德国"、以西线战场为重点的目标，美军在东方战场的集结因而显得非常缓慢。美军太平洋舰队只是经历若干次大小激战之后，才从日本人手中夺得了制海权，但却因此付出了沉重的代价，损失了大量战舰、战机和战士的生命。盟军的反攻，因为陆海军之间的主导权之争而受到妨碍。两个军种各自为战，甚至相互对立，美其名曰"双轨战略"。

尽管存在这些困难，1944年夏，美军还是具备了占绝对优势的物质实力，日本这颗彗星走出了陡然坠落的轨迹。珍珠港事件以及香港、马来亚、新加坡、缅甸、荷属东印度以及几十个太平洋岛屿的沦陷，给美国及其盟友造成的创伤已经逐渐愈合。"大联盟"各国领导人所面临的挑战，不再是如何挫败日本的推进，而是如何策划实施并重创它的实力。盟军已经可以游刃有余地进行战略选择。在东方的战争中，这就意味着，由美国的政治和军事领导人决定好路线，然后再通知英国人。

1944年7月26日午后不久，"巴尔的摩"号巡洋舰，正在通过夏威夷的钻石海岬，准备进入珍珠港。不安的闲言碎语，让一群陆海空战士聚集在海军船坞里。在卡美哈梅哈堡军营附近的海面上，"巴尔的摩"号巡洋舰迷失了方向，于是驻军派出一条拖船，径直开到它的船舷边，拖船上搭载着太平洋舰队总司令切斯特·尼米兹上将。之后，"巴尔的摩"号巡洋舰系泊停靠在22B号码头，更多将军们登上舷梯，站成队列，向巡洋舰上尊贵的乘客——美国总统富兰克林·罗斯福敬礼。在他生命的最后第9个月，在他第四次竞选美国总统的当口，罗斯福总统来到了这里。他四处张望，寻找道格拉斯·麦克阿瑟，这是他此行要会见的人。有人告诉他，麦克阿瑟上将的飞机已经着陆，正在从夏福特尔堡军营前来赴会的路上，他很快就会赶到。檀香山路沿途人山人海，人们发出阵阵欢呼声和口哨声，对美国历史上尤利西有些惊讶:"据我所知,他是最后一战中最为伟大的将军。他展示了比马歇尔高明得多的战略掌控力。"对于这样的证言,我们不能全盘忽略不计,但无论是对麦克阿瑟,还是对对日战争,布鲁克都知之甚少。不得不跟这位"巴丹英雄"共事的美国上层人士,却对他持更怀疑的态度。许多高级官员,尤其是另一位奥林匹亚式专权人物、海军作战部部长厄尼斯特·金上将,他们都曾在麦克阿瑟是否适合担任高级指挥员的问题上提出过疑义。金的女儿说他父亲是个性情非常平和的人,但对于麦克阿瑟,"他却总是怒气冲冲的"。在一次参谋长联席会议上,这位海军上将对麦克阿瑟的个人仇恨深到如此程度,以至于马歇尔(虽然他本人并非麦克阿瑟的崇拜者)不得不以敲桌子的方式来平息这位海军作战部部长对麦克阿瑟连篇累牍的攻击,他说:"我不能让充满仇恨的会议再这样继续开下去了。"

麦克阿瑟的批评者认为,在西南太平洋上实施齐头推进的做法,不符合美国的战略要求,但之所以得以推行,却仅仅是因为麦克阿瑟想要实现解放菲律宾的雄心。他无耻操纵公报文书,谎报军队取得的战绩,亲自挑选带有自己形象的照片用于出版,剥夺属下取得胜利的功劳,推脱自己犯下错误的责任。他是个情绪非常张扬的人,用他一位部下的话说:"他的喜怒哀乐,或如疾风乍起,或如巨浪滔天。"圣克莱尔·斯特里特少将后来曾担任第14空军的军长,他对1942年10月间太平洋司令部的评价是:"要么说我天真,要么让我闭嘴,但我还是要说,通过军事手段合理解决问题的主要障碍,就是麦克阿瑟将军……即使是总统本人,也感觉束手无策,难以对付这位将军。"斯特里特认为,麦克阿瑟离开太平洋战区越早,就越有可能尽早建立起合理的战区指挥结构。

一位资深英国飞行员,虽然对本国高级指挥机关内部的紧张关系司空见惯,但仍然不禁对美国武装力量之间的紧张关系深感惊叹:"在那些年头,军种对立的严重程度,要不是亲眼见到,你会很难相信,因此可以想见这会对战争活动造成什么样的妨碍。"即使在机构层面上存在军种之间互不欣赏的情况,如果个体指挥官能够建立起工作关系,也是可以实现成功合作的,但麦克阿瑟追求和谐的唯一的目的,是为了达成他个人的目标。海军上将厄尼斯特·金同样认为美国海军的长期利益高于一切,认为这一点比对日作战的任何战术便利都更为重要。太平洋战区不设全局最高司令官,因为无论是陆军还是海军都不能容忍对方明显胜过自己。即使这一情况导致权力分散,并会妨碍击败日本的战争行动,美国人也对此不闻不问,因为他们觉得自己国家财大气粗，承受得起由此造成的损失。

麦克阿瑟从不生病。当他觉得没什么更远地方好去时，他会在办公室里来回走动，以此平息自己长期存在的烦躁情绪。他不开玩笑，也不做闲聊，尽管偶尔会跟新兵们说说棒球的事，试图给他们一种假象，让他们感觉他是个有人情味的人。马歇尔曾说，麦克阿瑟跟他的手下是君臣关系，而不是主官与参谋人员的关系。他的"巴丹帮"亲信，那一伙经他特许得以跟他的家人一道乘坐鱼雷巡逻艇逃出菲律宾的军官，一直是他青睐有加的追随者，这种情况一直持续到战争结束。

麦克阿瑟认为，批评他的人，不仅仅是看法有误，而且还道德邪恶、几近精神错乱。他声称发现马歇尔和艾森豪威尔都有"性格扭曲的倾向"，尽管这两人都是美国公共服务部门里最德高望重的人物。他在撤离菲律宾时，说过一句传奇般的口号："我会回来的。"战争新闻办公室希望将这句话改成"我们会回来的"，以适应国内读者的阅读需要。对此，他表示了反对。1944年初，麦克阿瑟写信给国防部部长斯廷森说："海军的正面攻击是悲剧性的、毫无必要的，是对美国人生命的屠杀……海军没有弄明白我们的战略……把太平洋战争的最高指挥权交给我，我保证不出10个月就打到菲律宾。别让海军的傲慢和无知继续给国家带来重大悲剧了。"跟巴顿和蒙哥马利相比，麦克阿瑟个人行为之恶劣跟他们不相上下，但他在行使指挥权方面受到的约束，却比他们俩都要少得多。

或许，战争期间麦克阿瑟的所有行动中，最让人反感的，要数他在1944年跟罗斯福竞选总统时采取的行动。罗斯福的自由主义立场，跟麦克阿瑟狂热的保守主义立场，形成了对立。麦克阿瑟的参谋人员跟国内的潜在竞选支持者频繁通信。没有麦克阿瑟知情，他们是绝对不可能这么做的。陆军中将罗伯特·艾克尔伯格断定："要不是他对罗斯福充满仇恨，或者说要不是他对罗斯福如此鄙视，他是不会去竞选总统的。"1944年4月，颇有影响力的《纽约时报》专栏作家亚瑟·洛克写道："人们普遍认为……麦克阿瑟上将对经美国总统和英国首相丘吉尔批准的军事战略很是不满。"事实的确如此。只是到了后来，当麦克阿瑟明显无法击败汤玛斯·杜威，取得共和党总统提名资格的时候，他才最终打消了竞选总统的念头。

当然，他也有他的优点。他的空军参谋乔治·肯尼很狡黠地说："要是作为推销员，麦克阿瑟在这方面是无与伦比的。"麦克阿瑟对空军力量曾表现出强烈兴趣，对此美国陆军航空大队做出反应，表示会热情支持这项事业。尽管众所周知麦克阿瑟对英国存有敌意，但附属于他参谋团队的英国准将杰克·普罗富莫还是对他私下给予的礼节和热情称赞有加。麦克阿瑟的高级英国联络官在丘吉尔面前对他的描述是:"他是个冷酷、虚荣、不择手段、自我意识很强的人,但同时也是一个真正有水平的人,能够鉴古知今,是个天生的领导者,对人物性格和政治态势有很强的判断力。"麦克阿瑟的泰然自若、天生的威信和人格魅力,是他追求权力地位的本钱。如果他还算不上是历史上最杰出的指挥员的话,那他也算是一个曾经以毫不动摇的信念扮演过杰出指挥员角色的大人物。

1944年夏末,麦克阿瑟作为战略家的声望空前高涨,且有不断提升的势头。在不足两个月时间里,他采取绝不恋战的方式绕开日本守军,发动了一系列两栖突袭行动,在巴布亚新几内亚大幅推进了1200英里。其中,最晚同时也是最成功的一次两栖突袭行动发生在霍兰迪亚,战后他把自己的总部迁移到了那里。这些成就在报纸上赢得了头条,但却并没有消除人们的根本疑虑。他们觉得,既然澳大利亚面临的威胁已经解除,那么陆军在西南太平洋地区开展行动就不再有必要。由于地理的原因,美国海军成了对日作战的主力军种,对此陆军不服也不行。如果不首先乘船到达目的地,并在行动时得到舰队的支持,陆军士兵根本就无作战的机会可言。麦克阿瑟固然可以曲解战略,以维持其作为"参与作战的最有声望的美国人"身份,但无论他怎么努力,他终究无法做到绝对随心所欲。

这就是1944年7月西南太平洋战区最高司令踏上夏威夷瓦胡岛去会见罗斯福和尼米兹时的背景情况。麦克阿瑟的迟到,反映了他对这次见面的反感。如果说因为需要通过电台跟身在华盛顿的参谋长联席会议主席谈话都会让他心烦的话,那么飞越几千英里跟一个文职政客会谈对他来说就更是一件难以容忍的事情,尽管会谈的对象是美国的国家元首。麦克阿瑟觉得,罗斯福选择在夏威夷召开会议,是有他的政治性目的的。他是要在美国人民面前展示他作为武装力量总司令的身份,达到宣传其谋求连任的竞选活动的目的。在这次从澳大利亚出发耗时26小时的航班上,麦克阿瑟将军愤愤地说:"让我离开指挥岗位,飞到檀香山做一次拍照留念的公费旅行,这真是对我的羞辱。"这一次,他的多疑很有可能还有些道理。海军上将厄尼斯特·金跟他一样,也对这次的夏威夷会议充满怀疑。罗斯福始终是重大决策的参与者,尤其在重要的情况下。比如,1942年11月,尽管他的参谋长们非常的犹豫不决,他还是坚持要在北非采取登陆行动,更恰当地说,是他命令他们采取行动的。然而,二战期间美国的战略,往往是持对立立场的军种参谋长达成妥协的结果。1944年7月，罗斯福正在争取史无前例的第四次总统连任，因而试图在美国人民面前上演一出扮演武装力量总司令角色的好戏。而这正是海军上将金和陆军上将麦克阿瑟噘着嘴老大不情愿前来捧场的原因。

1941年12月7日，夏威夷群岛沦为日本空袭的牺牲品，那以后与日本的战斗已经往前推进了几千英里，但这里仍然是美国太平洋战役最主要的后方基地和中继站。"珍珠港主要是军人和妓女的天下。"巡洋舰副水手长尤金·哈迪曾做出这样的精辟总结。在这里办事的参谋人员，他们过着骄奢淫逸的生活，前来岛上总部大楼访问的作战军官，时常会因此愤愤不平。周六晚上，斯科菲尔德军营会定期举行舞会。"这里有晚餐会、沙滩会和鸡尾酒会，"陆战队奥利弗·史密斯上将写道，"在部分聚会上，女性客人会穿晚礼服。你会感觉到，自己一半是在战争之中，一半是在战争之外。"在夏威夷工作的人，他们会不屑一顾地认为，假惺惺推行节俭政策，对干苦活的部下来说，并没什么好处。但是，在来自作战区的来访者多次提出抗议之后，军官俱乐部不得不放弃了一天吃两顿牛排的做法。

罗斯福在夏威夷举行了好几场会议，最重要的几次都是在一个叫作克里斯·霍尔姆斯的市民家里举行，他家是瓦伊基基市区卡劳考大道上的一个望族。海军航空兵曾在这里住过一阵子。在大人物们最后到达一周前，从潜艇基地派来的人手就开始在这里加班加点地干活，修复那些被海军航空兵弄坏的东西。随后，这栋房子就成了两位杰出演员登台表演的舞台，一位是美国现任总统，一位是美国陆军上将。还有一位高级职业军人做配角，他就是太平洋舰队总司令尼米兹。对于麦克阿瑟来说，他唯一关心的，是美军在太平洋继续朝日本推进，需要走哪条路线的问题。即使是罗斯福、尼米兹和麦克阿瑟正在开会的当口，美国海军和美国海军陆战队仍在完成夺取马里亚纳群岛的任务。1944年6月19—20日，在"壮观的马里亚纳群岛射火鸡行动"中，海军上将雷蒙德·斯普鲁安斯指挥下第5舰队的舰载机一举重创了日军，差点导致日本海军航空兵全军覆没，约475架日机被击毁。对比之下，1940年9月15日，英国皇家海军在不列颠战斗最重要的一天，也不过只击落了60架德国空军战机。日本东南仅1400英里处的岛链，是美军向前推进的重要通道。占领此处，可以在此建设空军基地，美军B-29轰炸机就可以从这里出发前往轰炸东京。岛链失守是1944年日军遭遇的最重大失败，这是这场战争最具决定性的一刻。

这场罗斯福跟他手下指挥员的会谈并没有留下回忆记录。因为这个缘故，人们一直不是很明确，他们在会晤期间具体谈论过什么。这方面的历史记录只能依赖与会者片段性和高度片面性的讲述。"道格拉斯，从这儿出发，我们要去往哪里？"罗斯福问道。这样的称呼一定让麦克阿瑟非常恼火，因为即使在给妻子珍妮的信件中，他的签名也只用姓而不用名。"莱特岛，总统先生，然后是吕宋岛。"这是他当时的答复，其中提到菲律宾两个最前沿的岛屿。这番话，让人感觉难以置信，因为那个时期美军一直计划要先在靠南一些的棉兰老岛登陆。但是，麦克阿瑟的主张的核心，却一目了然、毋庸置疑。从1942年以来，他的看法从来没有改变。他坚定认为，无论从战略英明程度还是从国家荣誉角度看，都应该先解放菲律宾人民，然后利用菲律宾领土作为进一步进军日本的重要跳板。

1943年10月，参谋长联席会议划定了各军种的进攻路线：美国海军通过马绍尔群岛、卡洛琳群岛和马里亚纳群岛从太平洋中部向前推进，主要由陆战队的各个师级部队发起进攻；麦克阿瑟的陆军则主攻所罗门群岛、俾斯麦群岛和巴布亚新几内亚，通过岛上的丘陵和热带丛林向前推进。目前，所有这些目标都已经得以实现。那些反映他们艰难征服历程的地名，已经用鲜血写入了美国的历史，其中包括瓜达尔康纳尔岛和夸贾林环礁、塔拉瓦岛、塞班岛和关岛。这些岛屿，每个都是双方激烈争夺的现场，为的只是占领区区几平方英里的礁石或珊瑚，以便在上面建设飞行跑道和船舶锚泊地，支持世界历史上最大的一支海军舰队。太平洋战争几乎全是在舰炮射程范围内展开的对战。在世界上最大的海洋上，在它广阔浩渺的幅员内，在那些偶尔露头、郁郁葱葱长满植被的小片陆地上，人们凭借一腔热情毅然投身于战斗。周围原始粗犷的美景，带着讥讽的神情，笑看他们的所作所为。在冲突的前18个月，尽管日军补给线被严重拉长，但日军跟美军的战斗，却大致旗鼓相当。譬如，1943年底，美军太平洋舰队的航空母舰从未超出过4艘，但从那以后，美军实力却出现了骤然增长，相比之下日军的实力却在严重缩水。

大量舰船、飞机、人员和枪炮纷纷从美国涌出，开往西部，进入战场。1944年3月，在其产量达到顶峰的时候，美国工厂每295秒就可以出产一架飞机。同年年底，美国有接近100艘航母下海。美国的战机和潜艇在一天天勒紧日本的补给线路。系统性摧毁日本的太平洋空军基地已经没有那个必要，因为他们的保有飞机数量已经少得可怜，这些基地根本就派不上用场。1943年12月26日至1944年10月24日，在近一年的时间里，日军战机连一艘大型美军舰船都未能击沉过。同样，剩余的日本陆军卫戍部队也根本形不成威胁，因为东京方面再也无法调动他们或给他们提供补给了。但是，即使在日本的战略困境已经达到无望境地的时候，即使在西方人看来抵抗已经毫无用处的时候，日军战士仍然选择了"战至最后一人"。这些孤注一掷的战斗，某种程度上反映了武士道的战斗精神。但叠加在此之上的，还有东京方面的如意算盘。美国在资源方面的优势显而易见，如果日军将自己置于常规军事行为约束下进行战斗，那它的失败就当然不可避免。日本领导人所选定的路线，是要让美国人每前进一步都要付出沉痛的鲜血代价，这样一来，这个"小店主组成的国度"就会选择谈判，而不是接受入侵日本本土需要付出的伤亡代价。虽说这样的战略非常脆弱，且它严重低估了美国的战斗决心，但它却决定了1945年8月前日本在陆海空各领域的作战行为。

"无论战争如何开始，它都将在泥潭中结束，"陆军上将史迪威曾写道，"你必须设法抽身，在此问题上没有诡计可施，也没有捷径可寻。"对于抗击德国的战争来说，毫无疑问，这个观点过去行得通，现在仍然行得通。但对于抗击日本的战争而言，这一说法是否还能适用呢？日本是个岛国。如果美国海军能在太平洋上占领足够多的立脚地，并在上面建设进军日本的空中和海上基地设施，那它还有没有必要去开展一场大规模地面行动呢？美军的历史性重大图谋，是要跟日军在海上和空中作战，而不是跟它在陆上对垒。无论珍珠港事件以来美国陆军取得过什么样的骄人战绩，取得这场战争决定性胜利的却还是海军。他们打赢了中途岛战役，并逐步消耗了日本的空军和海军力量。尽管美国战略计划部门认为最终需要在日本本土上实现两栖登陆，但大多数指挥员却深切地认为，两栖登陆根本没有必要，海上封锁和空中轰炸就完全可以达到目的。

只有一个人，觉得自己是救世主，主张发动大规模行动夺回菲律宾，救菲律宾人于水火之中。这个人就是麦克阿瑟。其他人面对形势变化，都会改变自己的立场，但这位将军却从不改变自己的初衷。很有可能，除了自私心作怪以外，还有羞愧心在撕咬着他。他在为自己于1941—1942年间的行为感到羞愧。虽说有美国总统的一纸命令，但将菲律宾司令部拱手让于野蛮的日本占领者的却是他自己。他随后带着自己的亲信参谋、家人、保姆和来历不明的财产逃到了澳大利亚。显然，其他指挥员的眼睛还游移于西太平洋上的不同目标时，他的眼睛却自始至终没有离开过菲律宾。海军上将厄尼斯特·金跟麦克阿瑟一样，也是个骄横跋扈的军官。他主张绕过菲律宾，通过台湾和冲绳两个岛屿来抵近日本。较之菲律宾而言，台湾是个小得多的目标，而且占领台湾还有一个额外的好处，就是可以开辟进出中国大陆的通道。

早在1923年，美国陆军的战争计划部就下结论认为，如果美国在战争初期丢失其在菲律宾的基地，那么要重新夺回这些基地则会是个"漫长而代价高昂的事情"。厄尼斯特·金发牢骚道，麦克阿瑟老盯着菲律宾，纯粹是个人情感在作祟。同样，1944年6月，马歇尔也对麦克阿瑟提出过警告："我们必须谨慎行事，不能让个人情感和菲律宾的政治考虑凌驾于重要目标，我们的目标是早日结束与日本的战争……绕过并不等于放弃。"

在夏威夷，当罗斯福对夺回菲律宾可能付出的生命代价表示关切时，麦克阿瑟说："总统先生，我的损失不会很大，不会比以往多。正面攻击的日子已经一去不复返。现在的步兵武器太厉害，正面突击再也行不通了，只有平庸之辈还会用这样的办法。你手下的指挥员个个都很优秀，他们不会交出蒙受重大损失的成绩单。"这番话不过是王婆卖瓜自卖自夸而已，它反映了麦克阿瑟对海军在太平洋中心地带展开推进行动的不屑态度。这番话同时还故意忽略了一个事实：尽管尼米兹部队所遭遇的抵抗，较之麦克阿瑟他们所遭遇的抵抗要强大许多许多，但在太平洋战争期间，麦克阿瑟部队的伤亡人数实际上却超过了尼米兹部队的伤亡人数。

然而，对于麦克阿瑟在菲律宾问题上的野心，却并没人表示过强烈反对。6个小时的会议被罗斯福和麦克阿瑟所主导。尼米兹仅仅粗略讲述了在菲律宾东部贝里琉开展两栖登陆并建立基地的计划，他还介绍了舰队的作战进展情况。讨论间歇举行了盛大的正式午宴，主菜是著名的夏威夷海豚肉，这是海军上将罗斯·麦金迪尔和罗斯福私人医生亲自审查批准认为适合总统消受的一道菜。麦克阿瑟抽空谈到了他跟海军司令尼米兹的关系："总统先生，我跟他看问题总能想到一块儿，我们俩总能心意相通。"

尼米兹是美国历史上最了不起的海军军官之一。关于他，罗伯特·谢罗德曾评论说，他"认为战争是个以高效而流畅方式而非大张旗鼓方式来完成的任务"。这位将军对个人宣传完全不感兴趣，他在夏威夷总部的领导风格，特点就是冷静朴实中带有威严。当陆战队上将奥利弗·史密斯来向尼米兹汇报情况时，他发现尼米兹正在他最喜欢的娱乐场所休息，那是个手枪射击场。一位副官"提醒我，说在将军完成射击前，最好别让他看见我，否则他会向我提出挑战，让我跟他比赛，其结果会让我非常尴尬，因为他是个神枪手"。

1885年，尼米兹出身于德克萨斯州一个德国家庭，父母是成功的酒店经营人。尼米兹本来想在陆军任职，却无意中获得了在美国海军学院学习的机会，这所军校位于马里兰州首府安纳波利斯。尼米兹曾当过潜艇兵，是最早能够在海上进行加油作业的艇员之一。他很擅长管理，养成了一丝不苟的个人习惯，对政客不守时的恶习深恶痛绝。这位将军总会带着他的德国髯狗马克一块儿出行，那是只凶悍的小型犬，会发出狠狠的狂吠。跟大多数二战时期的军人一样，他的参谋团队一周工作7天，但他会鼓励他们下午去打打网球休息一下。他们住在一个绝对男性化的世界，因为尼米兹坚决要求团队里面不能有女人。

　　尼米兹冷静而克制，是位天生的外交家。有一次，出于作战需要，海军将归自己管辖的航运控制权临时移交给了麦克阿瑟，事后在要求交还权力时却遭到麦克阿瑟断然拒绝。即使是在这样的情况下，尼米兹仍然会尽最大努力化解跟麦克阿瑟的紧张关系。航母指挥员人称"黑猩猩"的克拉克上将曾恭敬地指出，尼米兹是"太平洋战区一位杰出的领导，是唯一一位盾牌上没有瑕疵、铠甲上没有凹痕的领导"。这一说法不大像是夸大其词。

　　在夏威夷的时候，为什么尼米兹不表达海军对菲律宾计划强烈的保留态度呢？首先，那是因为他发现自己处在弱势外交地位的缘故。无论麦克阿瑟私下对罗斯福有多么的不屑，会议期间他却还是开足了马力在总统面前充分展示自己的人格魅力。他们俩的交情，早在麦克阿瑟还在罗斯福手下担任陆军参谋长时就已经开始。一向矜持的尼米兹，发现自己不得不在两个风云人物面前扮演次要角色。此外，海军指挥员内部在未来的战略问题上也存有分歧。第5舰队司令、海军上将雷蒙德·斯普鲁安斯反对攻占台湾，他主张经硫磺岛向冲绳推进。尽管海军上将厄尼斯特·金曾下令要为攻打台湾做好准备，斯普鲁安斯还是要求自己的参谋人员不要在这上面浪费时间。

　　与此同时，跟他的上司厄尼斯特·金不同，尼米兹本人更加认同菲律宾计划。6个月前，因为主张在棉兰老岛而非马里亚纳群岛登陆，太平洋战区总司令曾遭到海军作战部部长严厉批评。尽管海军认为以收复整个菲律宾群岛为目的打一场持久战这一想法并无可取之处，但尼米兹和他的参谋团队却认为，在进一步向日本推进之前先夺占菲律宾的陆军和空军基地，这一做法却很有好处，而且很可能必不可缺。后勤保障可以支持1944年底在棉兰老岛——莱特岛一线展开登陆，但进攻台湾只能在1945年春季施行。另外，日本占领了美国设在中国的空军基地，美国国内对盟友蒋介石政府的表现普遍很失望，这些因素都使得人们远不像几个月前那样看重台湾，把它视为进入中国的门户。尼米兹几乎肯定地认为，夏威夷会议只是一次象征性和政治性的会议，并非是一次决定性的会议。参谋长联席会议自有公断。没有理由尝试将一个政治表演的场合转化为一个战略摊牌的场合。

然而，所谓"上天命定之人"的麦克阿瑟却认为他很好地利用了这次机会。飞机在夏威夷着陆后不到 24 小时，他又登上飞机准备返回澳大利亚。这时，他充满胜利感地对参谋团队说："我们的计划通过了！"他的说法不无道理，因为 7 月 29 日罗斯福乘船打道回府，花了两天时间访问基地和医院后，他认为美国必须收复菲律宾。总统满足了麦克阿瑟的愿望，这其中选举方面的考虑无疑发挥了作用。麦克阿瑟将军的政界朋友完全可以说，菲律宾作为美国的海外领地或臣属殖民地，它千千万万的老百姓正在蒙受苦难。他们无端遭到抛弃，不得不继续承受日本人的压迫。罗斯福知道，这番论调必将在美国选民中引发轩然大波。

但即使是在夏威夷会议之后，参谋长联席会议还是犹豫了好几个星期。马歇尔曾将麦克阿瑟的菲律宾计划描述为"一个见效缓慢的办法……我们将不得不一路厮杀、拼出一条血路，较之绕道过去的办法，这将花费更多时间"。在西北欧，艾森豪威尔对要求在 1944 年冬解放荷兰的计划坚决表示反对，尽管那里的人民正在忍饥挨饿。他的理由当然也很有道理。他认为，最好的能够服务于欧洲被占区人民福祉的办法，是要集中兵力而不是分散兵力，要集中力量打败纳粹德国。然而，麦克阿瑟的威望是如此之高，他为解放菲律宾而开展的感情游说工作做得如此的有效力，以至于人们可以说，除非华盛顿方面更换一个风格迥然不同的最高司令部，否则没人能够驳得倒他。

1944 年夏末起，美国在太平洋战区的困境，主要跟后勤方面面临的挑战有关，他们需要将海上补给链的作用发挥到极致，借以给大批军队提供支持。另外，这一年开秋的时节，麦克阿瑟在巴布亚新几内亚轻松取胜后，美军已经不再认为在莱特岛和吕宋岛会遭遇日军顽强抵抗。最近以来，只要日军敢于接战，美国的空军和海军力量就会以排山倒海之势击溃他们螳臂当车的作战企图。决一死战的勇气和技高一筹的战场艺术，使得日军时常会给美军造成创伤，但它们却始终改变不了战斗的最终结局。譬如，1944 年 7 月，在新几内亚的艾塔佩，一场迟来的攻势让日本第 18 集团军付出了伤亡 1 万人的代价，而美军方面却仅仅阵亡了约 440 人。美军以近 7000 条生命的代价，占领了马里亚纳群岛，随后又占领了贝里琉岛，但日本人的伤亡数字却高达 4.6

万人。对于冒着枪林弹雨藏身散兵坑、面临不知躲在何处的敌人、周围躺着流血牺牲的战友、但仍在艰苦作战的陆战队员来说，这样一个有利战胜方的戏剧性力量对比，不过是个小小的安慰而已；然而，在1944年的那个秋天，它所揭示的实情却大大提升了美军指挥员的乐观情绪。

美军决定展开有限的军事行动，动用海空军力量对菲律宾展开交叉进攻，同时采取措施占领日军基地、摧毁日军战机，并封锁日军的海上运输线路。几乎可以肯定地说，这样的决定非常英明。但麦克阿瑟的计划还远不止于此，他有更大的雄心。他决心要发动一场渐次推进的解放运动，这一做法对加快美军向日本本土推进的进程来说实在谈不上会有什么好处。他决定美军应首先在南部的棉兰老岛登陆，然后通过莱特岛渐次推进，直到占领最大岛屿吕宋岛。麦克阿瑟向参谋长联席会议保证，说他将在一个月内达成这一目标。与此同时，尼米兹将军也在摩拳擦掌，准备拿下太平洋中部岛屿硫磺岛，并随后对冲绳岛发动进攻。

在欧洲，艾森豪威尔将手下军队投入到了一场宽正面的推进行动，对部下的行动采取了一视同仁的态度。同样，在抗日战争中，美军也采用双轨战略，既要维持麦克阿瑟在菲律宾的侵入行动，又要维持海军在太平洋中部的突进行动。这意味着美军需要大把大把地投入资源。也就只有美国这样一个财力雄厚的国家，才能够承受得起这样的消耗。但这也是美军参谋长联席会议做出的妥协，随后它得到了厄尼斯特·金的默许。美军指挥员对即将到来的胜利充满信心，因而他们认为拿下菲律宾根本不在话下。事实的确如此，最后结局毫无悬念。为了这样一个结果，美军选择了两条相互竞争的路线。在这个问题上，把全部身家尽数赌在麦克阿瑟身上，对大家并没什么好处。1944年夏末，麦克阿瑟将军开始集中陆海空军的力量，准备于11月对他的"第二故乡"发起进攻。

第二章 日本：挑战国际秩序

大和民族精神

敏于思考的日本人，他们明白，1944年夏马里亚纳群岛的沦陷，是日本走向失败的决定性一步。它的沦陷使日本本土进入美军得以实施更有效轰炸的范围。美军潜艇已经掐断了日本的补给线。美军地面部队不久将对日本的内线防区发动进攻。然而，从发起侵华战争算起，日本人民已经打了7年的仗。早在珍珠港事件之前，日本国内民生就已经非常凋敝。对多数人来说，日本彻底战败似乎仍是个很难想见的事情。1944年夏，21岁的菊池正一从陆军军官学校毕业回家，那是东京北部的一个小村庄。他踌躇满志，想在家乡人面前炫耀他的新军装。在一个家家户户住茅草屋、一起养鸡养蚕、共用耕地马匹的群落里，他是全村也是家里兄弟5个中唯一的军官。菊池说："这个世界上只要不是日本人就都是敌人，我们就是在这样的环境下长大的。中国人、英国人、美国人，我们所受的教育，就是把他们统统当作魔鬼和禽兽。在我们那个时代，冲突无处不在，大家都已经司空见惯了。即使是1944年，当得知情况不妙，得知瓜达尔康纳尔岛、关岛和其他地方纷纷陷落的时候，我们也从未想过会输掉整个战争。"

日本帝国位于大陆的势力范围，包括从中国东北地区到暹罗（今泰国）的大片地区。跟日本本土的清贫形成鲜明对比的是，在这些大陆势力范围上，成千上万的日本人仍旧可以享受作为占领者和统治者的特权地位，而且这一地位显然还很稳固，他们的日常生活似乎也还非常平静。菊池被分配到马来亚的一支机场守卫部队，他觉得那里的生活非常舒心。在国内，他只是个农民的儿子。但在这里，他却大摇大摆占据着新加坡嘉顿路上一栋高大的英国殖民时期的建筑，由两名仆人服侍着，几百码开外就是海滩，"傍晚时分，天上没有云团的时候，在那里我会看到我所见过的最漂亮的月亮"。在军官俱乐部，尽管已经不能看电影了，打麻将也遭到了禁止，但他们还可以打打台球。啤酒、清酒、食物和廉价的马六甲香烟也还有很多。"虽然战争已经到了这个地步，但在那样一个地方，令人难以置信的是，日本陆军军官还可以享受到很多生活特权。我必须承认，听说许多人还在缅甸和太平洋作战牺牲时，我时常会因为自己养尊处优的境遇而感觉惭愧。"

海军士官宫下八郎随舰队参加了多次战斗，因而当他也被分配到马来亚滕加机场并且谋到一份轻松差事的时候，他一点也不感觉尴尬。在这里，他所在部队的任务，是教舰载机航空兵学员如何在甲板上起降。在日本国内，已经再也不可能做这样的培训了。因为遭到封锁的缘故，飞机得不到开展训练所必需的燃油。在这里，没有敌人，但却有高尔夫球场，尽管他们并不知道该怎么玩。在从前的英国军官公寓里，大家还可以在房间的大浴池里泡泡热水澡。所有这一切，让宫下有乐不思蜀的感觉："这里简直像是天堂！"宫下是东京一家水果店老板的儿子，当时只有26岁。现在他家的水果店已经关门，因为已经没有水果可卖了。宫下是在1941年自愿加入海军的，随后他经历过让他感觉特别荣耀的日子。当飞机从"翔鹤"号航母起飞，前往执行空袭珍珠港任务的时候，他跟航空队其他人一起站在甲板上为之欢呼。随后，他们又加入了迎接战机凯旋的狂欢队伍："那真是让人激情澎湃的一天！"然而，在随后的年头里，他们的生活却变得比任何时候都让他们感觉头脑清醒。在1942年的珊瑚海海战中，他们的航母被击中3次，有107人在战斗中丧生。他们把尸体放进棺材，再往里面放入一枚炮弹，然后庄严地试图将之沉入海底。但棺材却在这一过程中翻过身来又浮上了海面。船的尾流中到处散布着起起伏伏的尸体，这个景象让船员们感觉很是不安。从那以后，只要有人阵亡，他们会仔细在他腿上拴上一枚炮弹，然后再将尸体倾倒在船舷外。

宫下有过花好几个小时在船上奋力扑火的经历，那是在美军空袭撕开航母甲板的时候。他们需要清理死伤人员和尸体残片，忍受这一凄惨过程的情感煎熬。他捡到一只靴子，上面写着"小原"这个名字，里面还装着一只脚。这个记忆，让他永远都无法释怀。在1944年6月的马里亚纳战役中，从"瑞鹤"号航母甲板上，他看到海面上升起一股浓烟，那是久经沙场的"翔鹤"号航母在世的最后一天，跟它一同消失的大多数船员，都曾是他非常熟悉的战友。想到他们，他会自言自语地说:"下一个就轮到我了。""瑞鹤"号航母已损失几乎所有舰载机。"只要在战斗,我们就没有时间去想问题。随后,在返航途中,看到空空荡荡的机库甲板时,挑拣牺牲船员的个人物品时,我们会生出一种可怕的感觉。从战争那个阶段起,我的回忆从此就只有悲伤。"迄今宫下一直以自己在作战中的沉稳表现引以为豪。然而,在太平洋上作战 3 年之后,"我发现,当舱门盖咣当一声关上的时候,我会猛然跳起身来。我的神经有些出岔子了"。

对于比宫下士官职位更高的人来说,他们的感觉也同样如此,这些经历会以奇怪的方式影响他们。塞班岛上,上万名日本平民选择自杀,而不是投降征服他们的美国军队。他们多数是以纵身跳下海边悬崖的方式结束自己的生命。日本海军中将宇垣缠,后来曾担任海军"神风特攻队"司令。他在日记中写道:"战斗人员该杀,这是情理中的事,但在孤立无援的岛屿上,为数如此之众的妇女、儿童和老人选择了宁死不降…… 这是多么的令人伤怀呀!除了大和民族以外,没有任何其他民族能够做到这一点…… 如果一亿之众的日本人都能表现出同样的决心…… 我们就不难找到一条通往胜利的道路。"

以下我举一个生动的例子,来说明 1944—1945 年间日本领导层中盛极一时的精神面貌。他们中很多人有一种错觉,认为牺牲生命(也就是日本颇具历史意义的"大和民族精神")可以弥补国家军事实力的重大不足。按现在的说法,他们是在专注于打一场非对称性战争。在国与国的生死之争中,这一做法并不具有说服力。1941 年 12 月,日本对一批无论是资源还是潜力都比它有极大优势的国家发动了战争。日本领导人在两个假设上下了赌注:首先,美国缺乏持久作战的胸怀;其次,德国会在欧洲获得胜利。这两个假设都出了问题。的确,与其说日本的参战增加了轴心国的实力,还不如说它的参战注定了希特勒的灭亡,因为日本的参战使美国成为希特勒的敌人。西方盟国为他们在 1941—1942 年间的失败感觉气急败坏。他们认为失败的原因,是轴心国的那些征服者有一种勇猛无畏的精神。他们的看法没错,因为日本人所展示的精神头和高效能,正是英国人和美国人所缺少的东西。然而,日本人早期的胜利,并非反映了他们的真正实力,而是反映了战败者的局部软弱。

1941 年 12 月,日本人民对于发动战争的热情,比 1939 年德国人表现出来的热情,要强烈许多。日本的使命是要将领土扩大到亚洲,谁敢反对就跟谁干。这样的认识远在世纪之初就已得到广泛支持。1941 年,日本介入法属印度支那后,美国对日本施行了贸易封锁,许多日本人对此大惑不解，感觉愤愤不平。美国容忍了日本对朝鲜和中国台湾、东北、东部地区的殖民。尽管满心不欢喜，但华盛顿方面还是默许了英国、法国和荷兰在亚洲经营他们的帝国。为什么美国人的情感偏偏就不接受日本的帝国的思想呢？很少有日本人懂得，在大陆上取得军事胜利并不等同于会取得同样规模的经济回报。日本人对战壕里的厮杀缺乏全民性记忆，而这种记忆却正是德国人在一战中得以保留下来的。也正因为如此，日本人不懂得收敛他们从珍珠港事件中得到的快乐。

日本人鄙视西方人，这一文化现象非常普遍。一份日军宣传材料写道："对美国人来说，挣钱是他们一生唯一的目的。男人挣钱是为了能够过得奢侈，他们过度教育自己的老婆和女儿，让他们说太多的废话。他们没有真正的文化，这一点可以从他们对爵士乐的喜好上看得出来……拓荒的时代已经过去很久了，但美国人还没有得到驯化。抢劫、暗杀、绑架、匪帮、贿赂、腐败以及对黑人滥用私刑，这些现象还在继续发生。政治、经济、劳工、体育，各行各业贪污腐败泛滥猖獗。两性关系在日渐恶化，离婚现象大为盛行……美国有其强项，譬如科学、发明和其他创造性活动……然而它表面上虽然文明，内心却非常的腐败和颓废。"虽说对敌人的这种漫画式刻画，往往是为了跟盟军对日本人的负面宣传一争高下，但这些内容却并无助于帮助东京方面的军事指挥员去实事求是地评估他们的敌人。

对一个选择主动发起战争的国家来说，日本很大程度上并没有为这场战争做好武装准备。很不幸的是，日本的领导人被自己相对的经济繁荣冲昏了头脑，他们错误地认为自己有能力承受一场与美国为敌的冲突。战前的日本是世界第四大出口国，同时还拥有世界第三大规模的商船队。20世纪30年代，当世界其他国家还在苦苦挣扎、试图摆脱大萧条的时候，日本的工业产值却在迅猛增长，达到了除苏联外亚洲其他所有国家工业产值的两倍。1937年，日本的消费指数是1930年的264%。当时的日本还主要是个农业国家，40%的人口靠耕地为生，但其工业劳动力大军却从1930年的580万人，增加到了1944年的950万人。这一增长的取得，一方面是得益于几经犹豫后对妇女的动员，另一方面则是得益于对100万外来朝鲜劳工的剥削。

1937—1944年间，日本在制造业方面实现了24%的增长，在钢铁产量上实现了46%的增长。单从国内角度看，这些成绩似乎非常可观；但跟美国一对比，顿时就会显得微不足道。1942—1945年间，美国生产了21.54亿吨煤，日本却只有1.898亿吨；美国生产了66.61亿桶原油，日本却只有 2960 万桶；美国生产了 257390 门大炮，日本却只有 7000 门；美国生产了 279813 架飞机，日本却只有 64800 架。日本的工业总量约占美国工业总量的 10%。尽管日本已经具备了现代工业社会的某些特征，也取得过一些成就，但从民族心态和基本形势上看，还根本达不到现代工业社会的标准。在亚洲这个框架下，它似乎很强大，但从全球视野的角度看，它却相对非常原始。1939 年 8 月，在诺门罕蒙古边境冲突中，日军败在苏联军队手里。在这一战败案例中，日本陆军已经对本国现代化程度不足的情况有所察觉。

日本实行的是军事独裁制度，因为陆军主导了决策权。1931 年之后，随着日本进入所谓"暗谷时期①"，民间的不同意见开始遭到压制。名义上的民选政府，其权力也逐渐被军方压倒。由现役军人担任的陆军大臣是最有影响力的内阁成员。然而，日本战争机器的指挥机构却软弱、急躁而笨拙。陆军与海军之间的竞争，即所谓"星与锚的竞争"，其激烈程度一点不比美军的情况来得轻微。然而，美国非常富裕，承受得住这种浪费，日本却并非如此。此外，美国总统和英国首相可以在重大战略问题上做出裁决，譬如，决定采取"先德国"思想，等等。在日本，没人可以有效地对陆军或海军发号施令。这两个军种各自都有自己的空军，在很大程度上他们是在各自为政，推行不同的战争政策，尽管陆军影响力相对更为强大。陆军参谋本部，尤其是其中起主导作用的作战部"一局"，其最为突出的特点就是对军事行动可能造成的外交或经济后果绝对不闻不问。

二战期间，重光葵曾先后担任日本的外务大臣和驻华大使。他对日本陆军认为德国能够战胜的想法以及日本有能力诱使苏联保持中立的看法很不以为然。日本的工业从未像英国那样，更不用说像苏联那样，实行有效的中央集权式管理。在分析日本和西方国家二战期间对对方的看法时，约翰·道尔曾指出："西方的种族主义思想，其显著特征是贬抑别的民族；但日本却专注于抬高自己。"在东方战争的早期阶段，许多亚洲人对日本的主张曾一度很是倾心。日本人声称，他们要从白人帝国主义的统治下解放亚洲各国的人民。但不久人们就明白过来，日本征服者并未按他们所谓"亚洲兄弟情谊"的思想去行事。事实上，他们是设想了一个新世界。在这个新世界中，西方人的霸权将

---

① 暗谷时期，一个由日本人创造出来的词汇，特指 1929 年全球经济危机后那段混乱、动荡而绝望的时期，全球经济危机催生了极权政治，最终导致了第二次世界大战的发生。

由另外一个更为优秀的民族——日本民族来取而代之。日本有宏伟的野心，它要在刚刚赢得的潜在领地上推行殖民政策。根据日本卫生福利部规划：1950年前，14%的日本人口将移居海外成为殖民者，其中270万人将去往朝鲜，40万人将去往中国台湾，310万人将去往中国东北，150万人将去往中国大陆其他地区，238万人将去往亚洲其他卫星国，200万人将去往澳大利亚和新西兰。

所有这些移民，全部不允许与当地人通婚，以免冲淡大和民族的优良血统。英国人、法国人和荷兰人，他们应该为其虐待亚洲臣民的做法感到羞愧。但他们的做法没有任何一点能比得上日本帝国主义的极端或残暴。日本人实行严格的种族隔离政策，除"慰安妇"外，他们跟当地人概不交往。陆军工兵大尉菅野连一说他"真的感觉不到自己是在外国，因为我完全生活在日本人中间。即使是离开港口进入城市，我们也是去日本餐厅、咖啡馆或者军人俱乐部吃饭"。日本国家领导人督促国民要把自己看成是"世界上最上等的民族"。1940年，京都大学深泽周夫教授写了一本小册子。书中，他坚定认为，日本天皇代表一种宇宙生命力，而日本则是真正古老文明的摇篮。日本政府要求将这本小册子翻译成外语并广为发行，以便让那些说英语的人得到教化。

这种观念，跟希特勒帝国的纳粹思想，互相效仿，且有过之而无不及。对日本人自己来说，其最恶劣的影响，是很多人通过所受的教育，认为天生的遗传优势可以确保他们能够取得胜利，对于客观评估经济要素的做法非常的不以为然。1941—1942年间他们取得了作战胜利，这一胜利的重要性让他们产生了错觉，在这个问题上盟军一开始也有类似体会。日本的存亡需要依赖进口燃油和原材料，而这些东西大部分需要从东南亚获取，然后需要经过上万英里的海运才能运送回国。日本每年至少需要600万吨石油，而它本土上却只能生产25万吨，其余部分来自英属婆罗洲、缅甸和荷属东印度。然而，日本海军却既没有考虑大规模建造护卫舰的问题，也没有考虑过要掌握反潜技术的问题，而这些却都是反制美军封锁必不可少的东西。

护航制度是1943年末才引进的，直到1944年才开始得以推广。反潜舰非常紧缺。日军一度曾有32只军舰，因为找不到护卫舰的缘故，不得不在帕劳港滞留95天，而且这还算不上最典型。在大西洋海战中，温斯顿·丘吉尔认为，即使不能取胜，维护好英军的补给线也绝对是避免吃败仗的关键。相比而言，日军的海军高级将领则过于执着对抗美军的水面舰队。他们觉得，维护国家的商船航线，太不值得武士去关注。没有任何一位更高层面的权威去反驳这样的观点,等到他们意识到错误的时候,已经来得太迟了。飞行员和地勤人员的培训、新型作战飞机的开发,都受到严重阻碍。没人去想办法组织有效的空海救援服务以救助迫降在海上的飞行员。即便不屑于考虑人道主义事务,日本海军将领最起码也应该重视飞行员的技能才是。而事实上,数以千计的飞行员却只能在太平洋上白白葬送自己的性命。

陆军、海军和财阀是日本相互角力的权力中心。他们各自在以自己的方式分头作战。他们会像对待敌人一样互相猜忌、相互隐瞒最为基本的信息。日本最优秀的王牌飞行员之一奥宫武政在书信中写道:"让我们感到沮丧的是,我们明显感觉到,军方和政府领导人从未真正明白全面战争意味着什么。"物资分配工作显得笨拙而随意。负责重大国防项目的科学家和工程师们发现,在拖拖拉拉缺乏同情心的官僚机构面前,他们时常不得不四处东拼西凑寻找自己想要的东西。正在张罗尚处原始阶段核计划的日本专家小组,想要为相关加热实验争取必要经费,但有人却觉得他们的要求缺乏说服力。科学家们说:"我们想让他们额外再给我们一份白砂糖的配额,好让我们能把原子弹研发出来。"即使在科学家们费尽周折弄到一点白砂糖之后,还不断有人顺手牵羊从白砂糖储备中揩油。由于工业和科学指导方面缺乏效率和专业性的缘故,日本的战争准备活动长期处于瘫痪的状态。

1944年前担任日本首相的是日军陆军大将东条英机。他在战后监内服刑期间,曾指出日本战败的一个主要原因:"基本上,这是因为缺乏协调的缘故。国家的命运托付在首相手中,而当首相都无权参与国家最高决策时,这个国家也就不可能赢得战争。"当然,这番话不过是他自我开脱、半真半假的托词而已。然而,1942年日本海军在中途岛吃了败仗,几个星期后东条英机才得知此事。诸如此类的情况表明,日本当时的首席执政官的确很难控制国家的命运。东条英机是明治天皇时期一位著名将军的儿子。他出了名的邋遢外表,跟他作为管理者久负盛名的严谨作风完全不相吻合。由于他的严谨,人们曾送他一个绰号叫作"剃刀"。他曾在中国东北负责宪兵工作,因工作得力而受赏识,之后担任了日本驻华机械化部队司令。1938年曾在近卫亲王内阁中担任陆军部副部长,随后任空军司令。东条英机有着变态的人格特征。他曾认为只需在中国强势展示军事实力,就可以让蒋介石心服口服地默许日本人实现他们的野心。

1941年10月,东条英机组成政府,而正是这届政府导致了日本与西方的战争。事后他才从痛苦经验中认识到,自己国家的政府机构是多么的弊病丛生。作为首相，他准确判定了日本的多项关键需求，但他却未能诱导同事采取有效行动来达成这些需求。人们认为东条英机是个独裁者，但他在日本军国主义体制下拥有的权力，却远远不及在英国民主体制下温斯顿·丘吉尔所拥有的权力。他曾试图将权力集中到自己手中，但他的同事们却表示抗议。他们认为德国曾碰到过许多困难，其原因就在于希特勒对军事细节的持续干预。东条英机不以为然地说："希特勒元首，他是个兵，而我却是个将军。"然而，他响当当的资历却并不足以力挽狂澜。1944年7月，塞班沦陷。在国内并无巨变的情况下，这一事件骤然导致了东条英机的垮台，前朝鲜总督、"满洲国"关东军参谋长小矶国昭接替了他的位置。小矶国昭缺乏东条英机的行政能力，也因为时常不愿面对不愉快的现实而臭名远扬。他唯一的政策就是"坚持住"，奢望通过与中国达成双边协定来为日本挽回一点颜面。

如果继任首相都不能有效行使权力的话，那谁还能做得到呢？纳粹德国的领导人都是些市井地痞之流。相比之下，日本的统治者，却多数都是贵族出身，具有文化和教育方面的优势。但正是这种优势使得他们在战争期间的执政，不管从实用角度讲，还是从道德角度讲，都显得更加不尽如人意。在权力的顶峰，是高处不胜寒的天皇，1944年他年方43岁。由于做皇帝的缘故，他享受不到亲人的安慰；又由于个人选择的缘故，他又不能纵情于个人的嗜好。裕仁天皇是个很容易惊醒的人，每天早晨7点钟他就在皇宫里起床，早餐是黑面包和麦片粥，然后开始工作一直到吃午饭的时间，午餐是炒蔬菜和馄饨汤。他既不抽烟也不喝酒。在很大程度上，关于裕仁在战争起源和进程中所发挥的作用，世人一直存有不少争议。同样，在他统治时期，他在日本君主立宪制中确切拥有哪些权力，这也让他多数臣民感觉神秘莫测。历史学者颇为遗憾地认为，1945年麦克阿瑟没有设法利用当时的形势，对这位日本天皇提起审讯。东条英机的前任首相近卫亲王在1941年下台后，曾对一位副官抱怨说："当我告诉天皇说开战会是个错误时，他一时会同意我的看法，但随后又会听取别人的意见，然后告诉我不要过分担忧。他有些赞成开战，而且后来变得越来越具有战争倾向……作为首相，我没有指挥军队的权力，只能奏请天皇定夺。但是天皇受军方影响太多，因此我也无能为力。"

二战之后的几十年间，世人（主要是日本人）一直在散布一个传说，认为裕仁长期以来一直是主张和平的。现在来看，这个观点是不可信的。在关乎国家雄心壮志问题上，裕仁天皇跟军方持有相同的立场,虽然本能的谨慎会使得他对军方将领需要为此承担的风险感到紧张。1945年8月以前,在他的言行中,对于"他的"军队的过分行径,他从未坚决表示过反对。裕仁偶尔会采取行动,对某些任命和措施加以否决。连续几届政府所追随的政策,不仅给国家带来了灾难,而且还让日本背负了跟天皇本人温和性格并不相称的"野蛮国家"的恶名。虽然如此,在大多数情况下,天皇还是保持了沉默。

革命与君主倒台的历史已经持续一个世纪,裕仁知道自己的皇位岌岌可危,他对此有高度敏感的认识。在两次世界大战之间的间歇期,军方狂热分子曾多次试图发动政变。他们谋杀大臣,宣扬较为激进的民族主义思想。在此情形下,皇宫一直处于胆战心惊的状态。陆军和海军名义上虽然隶属于天皇,但在珍珠港事件前后,如果裕仁敢去顶撞那些强硬路线者,那他的皇宫就有可能遭遇现实的攻击,这的确就跟1945年8月发生的真实情形差不多。他本人完全可能会被推翻。跟同时期仍然幸存的王朝一样,裕仁将保存皇室当作了自己的首要任务。在一个无法无天的武士主导的社会,天皇意识到自己的地位朝不保夕,这一认识是导致他不主动作为的原因。

虽然这一点值得后人同情,但并不能让人肃然起敬。尽管深切希望做一个负责任敢担当的君王,裕仁事实上却是一个有致命弱点的皇帝。对于以他的名义犯下的罪行,以及因为他疏于查察而导致的犯罪,他具有不可推卸的责任。他容许他人滥用职权,导致了无数人的死亡和苦难;他对军方过分血腥的行为也并不是不知情。譬如,他的两位兄弟,就曾参加过拍摄日本驻中国731部队的纪录片,影片讲述的是这支部队在人体上开展生物战实验的情况。只是到1944年夏,意识到日本即将输掉战争时,天皇才开始迫切希望找到一条能够结束战争的道路。但他却并没有采取有效行动来达到这一目的。直到1945年6月,他还认为跟盟军的谈判应该推迟,要等到日本"手头的牌"因战场胜利而得到巩固为止。

大多数日本人并不乐意表达别人不喜欢的想法。陆军上将牟田口曾在缅甸参加过一场无法再继续坚守的战斗,他跟总司令谈起当时面临的困难。他说:"'该是撤出战斗的时候了',这句话都到了我的嗓子眼了,但我却没法说出来。我想让他从我的表情上看出我的意思。"面对尴尬情形,日本人往往会采取沉默。这样的文化习俗会对有效决策构成妨碍,随着战争形势的恶化,这一习惯变得更加难以克服。权力被分散到军官团队,这种分散方式削弱了开展有效管理措施的可能,除非那是个颇具侵犯性的措施。对国家困境做出的后勤评估,要求无论如何都要促成和平。既然日本军方难以接受这一路线，那日本也就只能继续朝着灾难前进。

但是，有人说，在逆境面前，可并不只是裕仁天皇手下的人才这么干啊。日本人可能会说，1944年末的日本，其面临的选择，跟1940年的英国，也没什么不同啊。在法国沦陷后，温斯顿·丘吉尔决心要坚持抵抗纳粹德国。这一点跟日本丢掉马里亚纳群岛之后的情况相比，谈不上更理性，也谈不上不理性。没有了盟友，英国打败纳粹德国的希望变得非常渺茫。这一前景跟日本想要打败美国的前景相比，也好不到哪里去。英国之所以得以大难不死，主要是因为它的敌人贸然行动将苏联和美国拖入了战争，并不是因为它自己取得过什么战绩，它面临绝境时所展现的反抗精神除外。

法国沦陷后，英国首相曾告诉本国人民国家面临的困境是如何的明确而无望。1944年，日本的领导人也做过差不多类似的事情。丘吉尔身上的确具有某些"日本武士"的精神。那是一种信念，单靠这种信念就可以成就一番大业。1940年4月，一支英国部队在挪威被德国人切断了退路。丘吉尔坚持要他们殊死战斗，或是到山林里去打游击，但无论如何不能撤退或投降。1942年2月，当新加坡处在溃败边缘时，他激情满怀地呼吁他们："指挥员和高级军官应与部队共存亡，英帝国和英国军队的荣誉正在面临威胁！"跟一些知名保守派人士不一样的是，当英国落单时，他的判断是：宁愿接受全国战败的可能，也坚决不向希特勒妥协。同样，日本领导人也认为，无条件投降会让他们损失所有他们奉为珍宝的东西。虽然在后人看来，日本的军国主义事业跟英国的民主事业相比，远不如后者令人无限向往，但对他们各自的追随者来说，这两项事业却都赢得了同等的忠诚。

跟1940年时的丘吉尔一样，日本领导人也认定自己要"永不松懈"，他们的人民似乎也愿意接受这样的政策要求。1944年9月，在太平洋上被捕的日本人，在面对美国审讯官时，都坚称日本国内人民斗志昂扬，老百姓都"勒紧了裤腰带，准备大战一百年"。有两位日本军官战俘称，美国的公共宣传使日本人认为，他们的国家一旦战败就会灭亡。只有少数上了点年纪的俘虏承认，他们对"老百姓会继续战斗"的说法表示怀疑。

在战争最后一年，一些有思想且消息灵通的日本高官意识到，在面临经济封锁的情况下，卫国行动是难以持续的。譬如，1944年5月，海军参谋本部中将田垣壮吉曾汇报说："根据对飞机、舰船和商船损失的分析，考虑到日本已经无法进口工业生产所必需的原材料以及敌人对本土发动空袭的可能性，我们认为日本已经不可能赢得战争胜利，因而谋求通过妥协来达成和平。"1944年，日本消耗了1940桶石油，但通过进口获得的石油却只有500万桶。原油紧缺的情况在1945年还会进一步恶化。日本计划委员会估计，当时的日本需要500万吨运力来承担必需补给物品的运输，但当时的商船队运力却已经缩减到了210万吨，只有可用吨位的一半。尤其油罐船的运能已经接近枯竭。1944年6月，陆军参谋本部作战局报告说："现在日本已经再也没有希望能够扭转不利战争形势了……结束战争的时候该到了。"

然而，"结束战争"本身就是个含糊用语。在日本几乎每个上流人士的心目中，它的意思就是寻求"可接受条件"，至少日本应该保留对朝鲜、中国东北和台湾的统治权。盟军占领日本本土并对日本领导人的战争罪行加以审判，这种条件是万万不可接受的。同样，盟军干预日本自治制度的做法也是不可接受的。1944年夏秋两季，许多日本人都在讨论结束敌对的可能性。几乎没人考虑过接受盟军"无条件投降"的要求。日本的国家决策进程非常的僵化，以至于他们根本无法采取有效措施根据国家领导人的认识来采取行动。毫无疑问，如果希特勒能够死在1945年4月之前，那他的死亡一定会导致德国军国主义的土崩瓦解。相比之下，人们很难相信，撤掉某个日本高官（包括裕仁天皇或走马灯般上台的首相）会加速日本投降的进程。日本人还在继续战斗，因为国家无法动员人民达成共识，做出不同的选择。主动投降这样的重大政治举措，即使得到天皇的支持，也几乎必定会以失败告终。日本在战争最后阶段的战略，其出发点不是为了谋求胜利，而是为了让盟军每前进一步都要付出高昂代价。如此一来，美国人民及美国领导层就会觉得，较之承受本土争夺战的血腥代价，给日本提供可接受的投降条件会是个更好的选择。这样的形势评估显得有些异想天开。日本人不知道的是，盟军可能会部署某种武器，这种武器将使所有常规军事谋划都变得毫无效用。日本对当前形势的评估正是基于对这一可能性的无知。如果不考虑这一因素，日本那种异想天开的形势评估，对于身处绝望的人们，倒是能够提供一点慰藉。

1944年年底前，许多日本老百姓已经迫切希望看到战争结束，因为这场战争已经毁了他们的生活，而且眼看着还要毁了他们的国家。日本社会贫困现象随处可见，城乡之间、农民与地主之间、军人与平民之间的关系很紧张。早在珍珠港事件之前，这些现象就已经导致了日本社会的分裂。虽然日本政府曾发起极端民族主义宣传运动，但对外战争非但没能解决问题反而进一步加深了国内的分裂。其他人都在过紧日子，富人和军人却仍在海吃海喝，老百姓对此深恶痛绝。西方国家称之为"失败情绪蔓延"的事件在不断频发，日本内务府为此惊愕不已："大逆不道、反战反军队，以及其他煽动性的报道、书信和大字报在频繁出现。"多次有人举报说天皇被人轻蔑地称为"傻瓜""笨蛋"或"被宠坏的小儿"。

日本民间出现了大量支持共产主义的现象，这在墙头涂鸦和街谈巷议中有所反映。警察在工作报告中引述了据说是工业破坏的案例，还有喝醉酒的工人高喊"斯大林万岁"的情况发生。工业争端和罢工事件虽说不多，但随着贫困现象的增加，日本领导人一直提心吊胆，担心会出现革命。然而，日本从未感觉有监禁大量不同政见人士的必要，而这样的情况在德国却时有发生。在日本因违反"维护和平法"而遭到拘捕的人数，于1933年曾达到顶峰，最多时高达14822人，1941年下降到1212人，1942年达698人，1943年达159人。这些人多半会被指控为"左翼分子"，其中也有少数人会被指控为宗教狂热分子。这些人遭到拘捕后，只有52%的人遭到过迫害。尽管许多日本人对自己的运程非常的不满意，但除了勉强维持生计外，他们并没有发觉有什么办法能够对此加以改变。

多年来，日本人民一直过着节衣缩食的日子。早在珍珠港事件前18个月，不必要驾驶行为就已经被禁止。石油和铁矿被囤积起来，连家里的管道设施也被拆了下来。橡胶厚底鞋已停止生产以便节省材料。没有咖啡喝，东京银座区的霓虹灯熄灭了，日本实行了每家每月斋戒一天的制度。制作精米的做法被禁止，因为这会降低米的毛重。1940年起，米、糖、盐、火柴等物资开始实行定量供给，为的是让政府能够囤货，以防遭到敌人围困。妇女被禁止做发型，被禁止穿时尚服装。对城里人来说，食物是每日的当务之急，但没想到它很快变成了令人忧心忡忡的烦恼。1944年8月，一家工厂报告说，厂里30%的妇女和儿童患有因营养不良导致的脚气病。日本海军上将宇垣写道："每天的食物配给，只有少得让人觉得好笑的一片小鱼肉和两片蔬菜叶子。我想到的不是进餐者的牢骚，而是每天做这样的饭菜，厨房工作人员会有多么的为难。"旷工现象有所增加，工人需要花越来越多的时间去给自己的家人找东西吃。日本人每日摄入的热量，在珍珠港事件前本就只有2000卡路里，1944年降到1900卡路里，1945年可能会下跌到1680卡路里。英国人摄入的热量，即使在1940—1941年最黑暗的日子里，也没有低于2800卡路里。太平洋战争期间，美国大兵每天会摄入

4758卡路里。

23岁的桥本芳子是位商人的大女儿,她家住在东京东侧的胜美达区。她的父亲拥有一家小规模纺织公司,雇用了15名工人。由于无法再进口原料的缘故,他们只能靠人工合成材料来勉强求生存。桥本先生没有儿子,这意味着芳子将会继承家族企业。为了公司有男性管理人,父亲将女儿许配给了31岁的矢泽荒胜。矢泽家住他家对面,经营着一个商店。"有人会认为这是桩非常美满的婚姻,"芳子说,"事实并非如此,因为那是我父亲的选择。"矢泽20岁左右,在中国当了七八年兵。1941年他跟芳子结了婚,3个月后他被再次送往国外。1944年他从军队复员回家,之后被分配到东京执行防空任务。他所在的部队驻在离桥本家不远的一所小学里,他所在班的任务就是把房子拆掉以便留出防火隔断。矢泽的妻子简略地说:"他恨战争。"

除了芳子以外,桥本家还有另外3个女儿:19岁的千惠子,17岁的惠津子和14岁的久惠。1944年,芳子生了个儿子,取名藤原浩。一时间,藤原浩成了外公和妈妈的掌上明珠。艰难岁月,养孩子不容易。家里没多少吃的,芳子营养不良,没有奶水。为了搞到一小份奶粉罐头,他们需要取得一张证书,证书不仅要有医生署名,还要有居民委员会签字。"老是要这种券啊,那种券的;这里要排队,那里也要排队。能够额外买得起粮食的人,都到黑市去买粮食。凡事都得靠关系。"跟德国一样,城里人和乡下人之间的关系非常紧张。城里人大老远跑到乡下,游说农民非法用粮食换购家用。芳子的母亲迫不得已,把自己最心爱的和服拿出来换了大米吃。要达成这样的交易,在开往农村的火车上,还得拼命搞到一个座位才行。

最担心收到的政府文件,同时也是多数年轻人都会收到的文件,要么是红文件,要么是白文件。红文件是征调男人服兵役的,白文件是征调17岁以上男性和部分女性去服劳役的。桥本千惠子觉得自己很幸运,得到了一个在兵工厂上班的机会,因为这份工作能使她得到在其他地方得不到的面条配给。芳子说:"那时,我们考虑的唯一问题就是生存问题,如何才能吃了上一顿还有下一顿。孩子饿得直哭而你却没有什么可以给他吃因而只得忍受他的哭声时,你会发现真的是好为难。"桥本一家跟大多数其他日本家庭一样,只有男人会吸烟。然而,现实中女人们却声称自己也抽烟,为的是能够取得香烟配给。获得配给后,他们会在里面加入晒干的虎杖根,把它裹进一小张字典纸里抽。煤气和电力每天只能供应几个小时。肥皂和衣服紧缺,导致头上会滋生许多虱子。桥本家附近的电影院一直在开张营业,但1941年12月以后，看电影的人就再也见不到他们最喜爱的好莱坞影星了，譬如雪莉·邓波儿。一些小音乐厅还会继续开张，上演本地喜剧演员的表演。年轻人会珍藏绝无仅有的爵士乐和探戈舞曲唱片。那些想在聚会上找点乐子的人，也只能在自家人的小圈子里唱唱歌罢了。

桥本芳子说："我们在家里从不讨论战争，何况我们对时事本就知之甚少。到了1944年，报纸和电台上还在说我们一定会取得胜利。"人们凭着感觉做着努力，想把孩子和母亲从城里接到乡下，但他们的努力多半会功亏一篑，原因跟在英国的情况差不多。城里的孩子和乡下的孩子，由于情势所逼聚在一起，他们都不喜欢对方。芳子带着襁褓中的婴儿在东京郊外千叶区一位乡下舅舅家住了几个月。但她不喜欢生活在一个陌生的环境，那里缺乏隐私概念，每个人说话透过纸糊隔墙都能被别人听到。因为这个缘故，她最终还是返回了城市。

16岁的关根良一跟他父亲一起住在东京东部的江户川区，有个叫作大木多香子的乡下表亲跟他们住在一起，帮着他们打理家务。关根的母亲和姐姐几年前就死了。他的妹妹被送去乡下跟亲戚们住在一起。少年时期的关根觉得战争压根儿就不是个好事。首先，他本来想当工程师，但他的理想遭到了扼杀，因为学校对学知识已经不那么在乎，倒是对军训增加了投入。1944年末，他们班一天到晚大部分时间，是耗在精工厂的高射炮生产线上。除了服务于技术目的的学习外，学英语是遭禁止的。年轻的关根，跟他同时代的许多人一样，感觉自己"错过了每位少年都想得到的贪玩机会"。他父亲是位光学专家，在美能达和富士胶片公司上班。由于跟军事科技打交道的缘故，关根先生对战争的情况知道得很多，并且对战争持有一种非常悲观的态度。由于粮食短缺，一家人需要到城外买点豆角和甘薯，时常需要跟脾气暴躁的农民讨价还价。没有肥皂，他们就用草木灰来洗碗。有一天，一架美军战机从头顶飞过的时候，一大块黑乎乎的东西从上面掉了下来。他们吓坏了，以为是炸弹，但后来才发现那只是美军飞行员随意扔掉的副油箱而已。关根好奇地走上前去俯身查看，他觉得自己很喜欢航空汽油的味道，感觉那仿佛香水似的，因为当时汽油已经变得非常稀缺和宝贵。

战争逐渐渗透到人们生活的每个角落，甚至连孩子也受到了影响。学校强调指出，日本的年轻人注定就是要成为战士。10岁大的绵贯洋一是东京一位小商人的儿子，他有一个让他颇感尴尬的毛病，那就是在地面荡秋千他也会犯晕。老师因此轻蔑地对他说："看你那样儿，你就不是当空军战士的料！"学校给小学生们看美国和英国敌人的漫画，他们明显的特征就是都很高大、丑陋而喧闹。最常见的商品也会出现紧缺。用在练习本上面的赛璐珞封面没有卖的了；橡胶球被烤面球取代，一下雨就会融化掉。所有金属做成的东西，都被兵工厂征用了，现在连陀螺都被做成陶瓷的了。艺术课上画的是军用飞机，音乐课上演奏的是军乐曲，学校的郊游活动停止不办了。

日本社区由若干街道委员会构成，每个街道委员会大约包括15个家庭。绵贯洋一的父亲过去一直支持发动战争。洋一的玩伴佐藤修的父亲曾是一名海军军官，他们住在同一个街道委员会。佐藤先生是个敢说敢做的人，从一开始他就宣称："当初日本不该发动这场战争，因为它会输掉战争的！"现在，洋一听到自己的父亲很严肃地说："佐藤说得对。情况证明，一切跟他当初的预言完全一致。"

1944年夏，美军大规模空袭的威胁越来越明显时，人们开始发起新一轮将孩子从城里送往乡下的行动。一天早上，在学校集合时，洋一学校的校长要求乡下没有亲戚的人举手，好为他们提供避难场所。有一半多的学生属于这种类型。学校告诉他们，以后他们将在富士山南侧静冈市的一所新学校继续学习。几天后，满脸写着困惑不解、大部分还在哭鼻子的孩子们聚集在火车站月台，身后站着同样热泪盈眶前来为他们送行的父母亲。当列车员挥舞旗帜，火车鸣响汽笛时，母亲们齐声呼喊"Banzai! Banzai!"在战场上，盟军战士经常会听到日本人发出这样的呼喊，但在眼前这种情况下，这个词却有着截然不同的含义①。孩子们从此开始了新的生活。

这种生活并不算是幸福的生活。他们被安置在山上的一座庙里，山上林木繁茂，冬天会特别的寒冷。饮用水需要到附近的河里去挑，孩子们必须到冰冷的河水里去洗澡和洗衣服。虱子泛滥成灾。他们的老师，全都是妇女或是上了年纪的老人，他们的工资待遇并不高，因此对工作也并不很满意。有一天，洋一和他的伙伴发现有人送甜食到学校来，那在当时算是非常难得的美味了。让孩子们感到厌恶的是，学校老师偷偷把这些甜食全吃光了。孩子们不断处于饥饿状态，以至于到了不得不去庄稼地里偷玉米和甘薯的地步。要是他们斗胆进入临近的村庄，村里农民的孩子会扯坏他们的书包，一边还大声称他们为"后送崽！后送崽！"当洋一去帮忙收割稻谷时，他为自己的行动笨拙

---

① 日语 Banzai，在战场上从士兵的口中喊出来，意思是"冲啊"，是在发起冲锋时说的。但在火车站从母亲口中说出来，却有鼓励孩子们"加油"或"努力"的意思。

颇感惭愧。他不太会用镰刀，因而跟身手灵活的农村伙伴相比，归他管的那一排稻子，进度总要落后好几码。

他父亲偶尔会来看望他，有时会给他带些吃的东西过来。洋一的母亲又生了个孩子，之后洋一爸爸就在洋一他们学校附近买了一间小屋，这样一家人在一起可以更安全。这是个很明智的决定，因为没过多久他们在东京的房子就在空袭中被烧掉了，全家人从此开始学着过农村人的生活。尽管缺少粮食和燃料，而且情况还在变得越来越糟糕，但他们在山里的生活还是挺安全的。对日本人来说，忧虑代表智慧。更加糟糕的情况，更加糟糕得多的情况，还在后头。

战　士

日本的陆海军职业军人说别国陆海军的"水平都太业余"，但他们自己对战争技术的发展并不太关心和在意。日本军队主要由步兵组成，装甲兵和炮兵支援非常不足。日本只研发轻型坦克，陆军战士配备的是1905型步枪。1941—1942年间，海空军各兵种装备还算充分，但那以后盟军的武器却决定性地超越了日本。譬如，1944年末日本引以为传奇的"零式"战机就只能听凭美军"野猫"战机随意摆布。战前，还在海军技术学院就读的年轻学员—岐春树对自己国家拒绝改革的做法就有所认识。日军高级军官对雷达开发项目嗤之以鼻，他们说："我们干吗需要这些东西？人眼已经看得再清楚不过了。"日军的雷达远远落后于盟军的雷达。

日本历史学者中村千住教授指出："二战以前，日本的战争经验全是来自对华作战，当时的中国差不多既没有大炮，也没有其他重型武器。一战期间，日本没有打过地面战；因此，日军加入二战时使用的装备，根本不适合跟现代化的敌人作战。1941年起，前线战士就一直在呼吁国内开发更先进的武器。不幸的是，他们的声音并没有引起上层的注意。"同样，参谋军官舟木茂少佐也说："我们过分受到在华经验的影响。在中国，我们不需要现代装备和战术。在对中国人的战争中，我们在不断取得胜利，我们因此变得有些过于自信了。"

第二次世界大战时的日本是军人主导国家的显著例子。二战的事实证明，文人管理下的国家，较之军人主导下的国家，往往能更好地开展自我管理。英美国家穿制服的业余军人，他们在二战中几乎履行了除高层军事指挥外一切可以交由他们来履行的职责。没有他们，英美国家在战时就不可能取得那么大的成绩。譬如情报工作，其中起主导作用的是学术界人士。他们很多人干得很漂亮、很让人惊叹。蒙哥马利在西北欧战区的情报主管,不过是一名穿着准将制服的牛津大学教师。相比而言,在日本,权力和影响力几乎毫无例外地掌握在职业军人手中。即使在科学研究一类的领域,他们也不愿分权给外人。日本的陆军和海军,从未以西方盟国的那种方式,去动员有智慧的平民加入战争。日本的情报工作做得很差,因为日本人的思维模式不利于开展积极主动的调查,不利于做直白坦率的分析和表达。

高桥正二少佐是日本南亚陆军总部情报部的一名参谋军官。他说:"只是到了1944年,战争形势才开始让我们真正感觉惊讶起来。日本军队并不真正把情报工作当回事。在南亚陆军总部,我们没有合适的制度,没有情报分析处,没有相关资源,情况就是这么糟糕。或许我们的态度恰好就是日本遭到全世界历史性孤立的反映。我们没有对其他国家及它们的所作所为感兴趣的传统。当我们猛然发现盟军变得有多么强大,且他们对我们的行为和动机有多么清楚时,我们这才为之震惊。"

日本历史学者一利和敏认为:"对那些被认为不能胜任重大岗位的军官来说,情报部门就成了发配他们的'穷乡僻壤'。战略决策被集中在大约20个陆军和海军军官手中。即使情报部门获得了重要信息,如果信息跟决策者的认识相抵触,这样的信息也得不到利用。他们压根儿就不想知道这些事。"在欧洲,战略欺骗是盟军广泛使用且非常成功的做法。然而,日本的指挥员不愿意关注跟他们观念不相投合的证据,这一倾向非常严重,以至于即使是最具诱惑力的假情报,几乎都总会对他们毫无效果。英国人在缅甸时玩过一些把戏,譬如说将假情报放在敌人能够找到的地方,但日本人似乎对此根本就不予理会。

伊藤辉一上尉认为,武士道最大的弱点,是"它不让人说真心话,正因为如此,我们便失去了找到更好办法的机会"。西方盟军拥有的优势,不仅在于他们有更好的方向和资源,而且还在于他们有语言上的优势。如果得到恰当使用,英语可以是一种清晰而强大的表达载体。相对而言,日语里面却充满了歧义。日军曾长期遭遇通信困难,因为他们的通信信号很容易被误读。

那些为日本而战的人,他们展示了坚定的勇气和对苦难的强大忍受力,这一点让他们的对手大惑不解,甚至有时会为之恐惧。英国陆军上将威廉·斯利姆爵士把日本兵称为"史上最令人生畏的战斗昆虫",这是他那个时代一个典型的说法。跟德国党卫军战士一样,很多日本军官也有出身社会中下层的背景,他们在军队里取得了普通老百姓无法取得的社会地位，他们也乐于以同样方式炫耀自己的武功。

很多人知道，服兵役的头一年是非常可怕的一年。菊池正一说："士兵不再允许有个性，生活中只有等级。你成了下流中的最下流，每天从早到晚需要做的事，就是做饭、清洁、操练和跑步。什么事都有可能惹来一顿打——长得太矮了或太高了，甚至于就因为有人不喜欢你喝咖啡的方式。这么做是为了让每个人能够立刻对命令做出反应，而且这的确很有效果。如果你想要士兵能够顽强战斗，那你就必须让他们顽强接受训练。这就是使日本军队变得如此令人生畏的制度。每个人在受训时，就要求毫不质疑地接受领队的命令。轮到自己带新兵时，你也可以对他们喝五吆六。每支军队这不都差不多吗？"井上佳树中尉说："当新兵的头一年，对每个人来说都是一段可怕的时光。这是你不得不经历和接受的东西。我们的战士，多数都是些非常单纯、受教育程度并不高的渔夫、农民，等等。需要有人教他们懂得纪律的含义。"

日军对华作战期间，在活人身上做拼刺刀和斩首训练，这些做法成了一种制度化规定。设计此类体验的目的，是为了让士兵能够狠下心来。通过训练，他们达到了目的。日军在爪哇的一名南非战俘曾写道："我见过无数种杀人的方式，但最重要的是我从未见过单纯的枪毙。我说它'重要'，是因为对我来说，那是个显著的证据，它证明了日本军队原始而野蛮的本性，这种本性已经侵入日本人的精神，将20世纪的文明之光全部遮盖了下去。"

日本海军的纪律并不比陆军更文明。在"秋津洲"号航母上，一等兵海老泽佐雄负责在一周一次的纪律会上实施惩罚。他会用一把戒尺来打新兵的屁股，那是全军通用的一种惩戒工具，为的是让他们"放聪明点"。一般是打五下。海老泽有些可怜地说："打完20—40个人后，人的整个手腕都变僵硬了。"一艘战列舰被击沉后，附近的驱逐舰会派出救生艇去救援幸存者。但当那些挣扎求生的人试图爬上来，并因此可能会弄翻小小的救生艇时，船上的人会干脆拔出匕首，把那些人的手一一剁掉，那可都是跟他们一样的日本人啊！

23岁的岩下邦夫中尉来自长野的一个山区。令人难以置信的是，他父亲居然在当地开了一家法国餐厅。要成为海军军官，他和他弟弟必须打消官方的怀疑，证明从事此类生意的商人后裔符合当军官的社会条件。岩下兄弟俩各科成绩，包括飞行学院的成绩，都非常优异，借此消除了别人对他们的偏见。邦夫心爱的弟弟在1942年圣克鲁斯群岛战斗中阵亡，他的飞机在执行完轰炸"大黄蜂"号航母的任务后被美军击落。他本人很长一段时间一直在当教官，耽搁了他加入作战的时间，这很有可能是他在战争中得以生还的原因。在被派往硫磺岛执行任务前，岩下已有 400 多个小时的飞行经验。1944 年 7 月初，他们 301 中队的头一批共 9 架"零式"战斗机，从大陆基地出发，飞行了 750 英里。第二天，当岩下抵达时，3 名飞行员，包括他们的中队长，已经被美军击落了。

第二天，忍着腹部剧烈的疼痛（事后被证明是阑尾炎），他和他的中队紧急起飞，去迎战美军新一轮的打击。炸弹从美军飞机上倾泻而下，落在机场的跑道上。在空中，岩下发现自己正赶在 4 架美军"野猫"战斗机后面。他将炮弹猛烈倾注在敌机的尾翼上面。美机机翼被当场打飞。戴着白色围巾的美军飞行员跟他短暂打了个照面，然后就随"野猫"战斗机一头扎进了折钵山。其他美军飞行员急速转身，前来追击他的"零式"战斗机。岩下的飞机受损严重，但他还是侥幸得以逃脱。在杀死头一个敌人后，他的反应跟每个国家新兵的反应也都差不多。他发现自己忍不住会去想那位美国兵的女朋友和母亲，以及他死之前最后一刻会有什么样的想法。

陆军有不想打仗的士兵，空军同样有临阵退缩的飞行员。岩下承认，每个中队都有一两个人，他们的飞机总会出现技术故障，他们会找各种理由未完成任务就打道回府。一名在执行硫磺岛任务过程中出现过此类情况的飞行员，很快被调往防空炮兵连，并在美军战机的扫射中阵亡。日军飞行员很快意识到了自己武器和技术上的缺点。岩下说："刚当飞行员时候，我心想，不可能有比'零式'更好的战机了。我坚信自己驾驶的是世界上最好的战斗机。然而，作战时我才慢慢意识到，情况并非那么简单。美军飞行员非常不错，而且他们还有很多我们没有的装备，譬如无线电对讲机。"在一次轰炸硫磺岛的任务中，起飞时有 31 架"零式"机，返回时却只剩下了 17 架。4 次战斗下来，岩下他们的"零式"战斗机大队飞行员从 38 人变成了 10 人。不久，由于已经没有战机可飞，幸存的飞行员只好搭乘运输机回到了国内。

在参加战斗前，日军士兵的生活本就已经非常可怜。许多军官在手下人还在饿肚子的情况下，无耻地给自己额外加拨粮食。一位英国历史学者指出，日本皇家陆军经常犯强奸案，这反映了一个事实，日本妇女地位低，被征服区的妇女就更无地位可言："服从就是对，不服从就是错。在此问题上，没有什么绝对的道德观可言……对普通士兵来说，强奸是他们在无安慰、无权利的生活中难得寻到的几项乐子之一，他们寄望从中获取一点取得战利品时的喜悦。"

服从是武士道精神的根本，但日军在行使高层指挥权过程中却出现了混乱，一些粗暴、狂热而极具侵犯性的年轻参谋军官，在与高层军事人物有关联的政治势力授意下，滥用权力和影响力，导致了这场混乱。这些情况让人们对一种叫作"下克上"的理论有了认识。倡导这一理论最为臭名昭著的人物是辻政信上校。这个狂热分子曾在战斗中数度负伤，也曾数度因为不服从命令而被大为恼火的将军调离岗位。辻政信曾因反感某些军官不讲道德，趁他们在艺妓院寻欢作乐的时候，一把火烧掉了艺妓院的房子。他的极端行为曾直接导致日军在瓜达尔康纳尔群岛犯下一些最为严重的错误。在日本帝国，凡在他曾服役过的地方，日军对战俘和平民犯下的野蛮行径，都有他的直接责任。在缅甸北部，他曾以一名阵亡的盟军飞行员的肝脏为食，并大骂那些拒绝跟同共食的人是胆小鬼。他说："吃得越多，我们对敌人的仇恨之火才会烧得越旺。"

陆军上将铃木宗作是负责指挥莱特岛防守的主官。他曾愤愤地写道："石原莞尔—辻政信集团是'下克上'理论的代表人物，正是他们把日本军队带到了今天这一可悲的境地……我告诉你，只要他们能发挥影响……就只能导致毁灭。"有些自相矛盾的是，在一个以服从为主的文化里，一些少壮派军官却能发挥跟他们的级别不成正比的政治影响力。下级对上级的智慧表示怀疑，这是不可接受的。然而，他们却能不断为所欲为，做出极具侵犯性的行为来。

美军每运送4吨补给给它在太平洋战区的地面部队；与之相对应，日军却只能给它的军人配送2磅重的补给。日本步兵携带的装备给养，还不足美国步兵的一半，除最为重要的基本装备外，别无其他物资可言。对他们来说，在半饥饿状态下作战是家常便饭。他们的伤员很容易慢慢患上坏疽病，因为他们没有抗破伤风的药物。他们信号装备不足，部队很难开展通信联络。美英军队编制较为平衡，由经过专门训练的专家组成，有步兵、炮兵、工程兵等等，但1944—1945年间，负责防守许多阵地的日军作战人员，却杂七杂八什么人都有，只要给他们发几杆枪，配几个手榴弹就行。现役部队、厨师和文员，大家都差不多，都一窝蜂往前线冲。在这种情况下，对他们不会有什么重大战术技能要求。对他们的期望，不过是能打枪、能死守阵地就行。这样一支胡乱拼凑起来的日本军队，其取得的战绩却能媲美，甚至超越欧洲战场上德军的战斗群。

盟军战士与裕仁天皇的士兵，他们存在一些人性的共同点，这是个不应忽视的问题。一位重伤绝望的日本兵，会在生命垂危关头哭喊着叫妈妈,这样的情况同样也会发生在美军的陆战队或陆军战士身上。日本兵发起进攻前时常会互道一声:"咱们在靖国神社再见!"如果说这反映的是真正的宿命论,那他们跟盟军士兵一样并不热衷于迎接死亡。他们只是经过特别训练,接受了不同的牺牲标准而已。最重要的是,交战双方在接受"被俘虏"的问题上态度有所不同。根据他们的成长文化,美英国家的陆海空战士认为,在武装抵抗不再具有理性且不再能够维持的情况下,投降是件顺理成章的事情。相比而言,不仅每位日本士兵而且每个日本国民,他们接受的教育都是"要舍生取义",这一观念被深深烙在了他们的思想中。陆军上将东条英机在他编订的《军人手册》中宣称:"不自辱者必强。必须时刻牢记家人和社区的荣誉,并努力不辜负他们的期望。不要贪生怕死当俘虏。选择牺牲吧,确保身后不要留下骂名!"

在东条英机的手下人心目中,投降是最为可耻的行为,即使那是发生在船只已经沉没、自己在海上挣扎求生的时候。参谋军官舟木茂少佐认为,这一文化的根源在于1904—1905年日俄战争时的经历,"在那次战争中,很多人在守阵地无望时选择了投降,军方觉得这样的事情不应该再发生。如果被俘虏而不影响个人荣誉,那许多人就都会选择投降。"1944年9月,早在人们首次听说"神风特攻队"这个名称前数周,在太平洋战区,一位叫作斋木沈吉的日本战俘曾告诉俘虏他的美国人说:"现在,我们所有的部队都已经被当作敢死队了。"

日本兵宁愿自戕也不愿投降,这么做时常并不是为了给盟军造成伤亡。当美英国家的士兵熟悉这套做法后,他们就再也不愿担风险或受麻烦去活捉敌人。一位驻新几内亚的澳大利亚军官写道:"我们的军人不愿相信日本人,这是可以理解的。这无疑也造成了一些困难,使我们很难再劝降敌人。"也有人有时会提出,在此意义上,西方人的野蛮跟他们的日本敌人也差不到哪里去。然而,按照西方人的行为准则,投降意味着"同意以接受人道对待来换取放弃进一步杀人的意图"。但对日本人来说,即使他已经做出投降的手势,他也仍然会冷不丁扔出一颗手榴弹来炸死盟军士兵,这就是盟军士兵不愿冒此风险接受他们投降的原因。这是一种出于谨慎的做法。

1945年夏,日本兵开始大规模投降。但在此之前,却只有那些需要抓俘虏来获取情报的部队,才有可能会接受他们投降。那些进入战俘营的日本兵,既然选择了生存,就不再真正具有代表性意义,然而他们却成了盟军了解敌军战斗士气的最佳信息源。一位投降美军的日本列兵愤愤地说:"我们这些可怜的战士不得不牺牲生命,用38式步枪对抗波音飞机,对抗 B24 联合轰炸机,对付北美人和'闪电'P38。"在澳大利亚战俘营的安全环境下,这位日本兵称自己是位基督徒和共产主义者,并主动提出要帮助俘虏他的人。他说:"我要写封信取名叫作《一位日本人的自白》……我希望能敲响警钟,唤醒我们的日本人民。"列兵齐藤真盛被俘于布甘维尔岛。他一直说他的指挥员发疯了。他要那些生病的人前来报到,有时半夜三更还要集合检阅。一位工程兵部队的军官被俘后告诉审讯者:"日本人对领导有一种盲目信任。虽说战争是军人集团发起的,但老百姓还是会全心全意支持他们……战俘们认为,敌人越是逼近日本,老百姓就越是会拼死战斗。"

美国人从海上救起过一位有些奇怪的日本兵。他是个混血儿,只有四分之一日本血统,父母给他取名安德鲁·罗伯,但应征入伍后军队给他取了个名字叫酒井茂。罗伯来自神户,在一家英国传教士学校接受过教育。被俘时他在菲律宾,正要以军曹翻译身份去执行卫戍任务。他说,由于他不是"纯种日本人",在新兵训练时就老受欺负。因此他非常感激上面把他安排到海外执行任务。他本人对日本前途命运的看法曾几经变化。一开始,他并不认为日本能够战胜美英两个工业大国联合形成的实力,但日本早期的胜利却让他觉得,盟军有可能是在欧洲牵扯太多,以致无法应付太平洋战区的形势。罗伯说,他想通知他妈妈说他还活着,但又担心要是他被俘的消息被国人知道后,会有"很不好的舆论"。

这是日本战俘中比较普遍的情绪。有战俘曾向抓捕他们的盟军士兵建议说,鼓动日本军人变节的最好办法,首先是盟军在宣传中千万不要用"投降"二字,那两个字太可怕了;然后是给那些放弃战斗的人提供战后在澳大利亚或巴西定居的机会。1944 年 7 月,一位日军中尉飞行员在新几内亚找东西吃时被盟军抓获。他发现自己是 500 名日本战俘中唯一的一名军官。在将他们运往澳大利亚的船上,他告诉审讯他的人说,他的部分狱友曾宣称,他们还有自杀的义务需要履行。他轻蔑地回应说,谁要跳海就跳,没人会拦着他。他答应给这些自杀者的家人带去他们的临终遗言。结果,根本没有人跳海。但这种被俘的耻辱,在最终得以回国后的很长一段时间,仍然纠缠着这些曾经被迫屈服的日本兵。在这个方面,军规很好地满足了日本统治者的需要。如果没有武士道对不荣誉行为的可怕制裁,1944—1945 年间会有大批日本兵选择投降,而不会选择以无谓的牺牲做毫无意义的抵抗。拒绝直面支持投降的逻辑,这或许是日军拥有的最为强大的武器。

日本的军事指挥员,跟盟军的军事指挥员一样,各自性格能力差异也很大。譬如，陆军上将樱井太郎，他完全符合盟军想象中有关日本兵的漫画形象。他是一名在中国作战的日本老兵，以残酷和野蛮著称。他时常会在脖子上戴一串珍珠，作为军人制服上的配件。下班聚会期间，他最拿手的才艺，是全身赤裸、鼻孔里插着点燃的香烟表演一段舞蹈。然而其他军官却都理性而有人情味。本田正树是日军第33集团军司令员，曾率军在缅甸与史迪威作战。他是一个率性的渔夫汉子，在战场上还时常随身带着鱼竿。他虽说算不上很有天分，但却是个有点良心的军官，是为数不多的关心部下利益的日本军官之一。他喜欢在各级士兵面前讲色情段子。"听说过这个故事吗？"话没说完，他就已经乐开了。上面分配他去缅甸，他表示了拒绝，理由是他心爱的清酒会得不到稳定补给。

那些反对对西方盟国发动战争以及对拖延战争表示出怀疑态度的日本高级军官，他们的共同遭遇就是被免职。许多有头脑的日本军人，他们反对日本在中国长期作战，认为久拖不决会削弱日军的战力。伊藤辉一少佐说："我们感觉，在那里打仗压根儿就是个错误，日本的战略有些欠考虑，但高级军官们的这一看法纷纷遭到了驳回。"陆军少将山内正文是日军驻缅甸第15师的师长。他曾在华盛顿任过职，时常掩饰不住在那期间养成的对西方生活的喜好。山内是个孱弱而温文尔雅的人。他患有肺结核，终日仅靠喝牛奶、吃麦片和现烤的面包来维持生活。他被免职是在他去世前不久。对于战争，他最后的遗言是"这一切做得太傻太傻……"

本间正治是位家道富裕地主人家的儿子，他被认为是个优秀的战士，尤其以其不按规矩出牌的性情著称。他是个浪漫、冲动而富于激情的人。下班时间，他会写军歌和诗词，而且是东京最时髦聚会场所的常客。本间指挥了1942年对菲律宾的进攻。尽管日本取得了胜利，有人却认为他把作战计划给弄砸了。最重要的是，还有人认为他过度发挥主动性，以军令不切实际为由拒绝执行命令，他因此遭到严厉训斥，他的遭遇实际反映了一个日军长期存在的弱点。因此，他再也没有接到过担任战场指挥的任务，1944—1945年间，再也没有人征用他卓越的才干来为国家服务。曾于1942年征服马来亚的日本指挥员山下奉文，也同样郁郁不得志，这种局面一直持续到1944年10月。原因是，他天马行空的想法，再也没有得到过后几任领导的赏识。那些才能平庸、不管军令有多么荒唐都愿服从的人反倒得到了重用。担任高级指挥员，一个不可或缺的条件，就是无论如何都要敢于战斗，且要对胜利保持绝对信心。这样做的结果是：1944年夏，许多被委以重任指望通过军事行动来救日本于水火的人,他们虽有狮子一样的雄心,却只有绵羊一样的头脑。

第三章 英国人在缅甸

英帕尔战役与科希马战役

英国与日本在缅甸前线交战了46个月,因此缅甸战役是二战中持续时间最长的战役。1942年,日本人仅仅以牺牲2000人的代价就夺取了这片英国人的领地,但在直到1945年的这段时间里,他们却另外需要付出48662人死亡的代价。缅甸是东南亚大陆面积最大的国家,富产石油、柚木和橡胶,英国总督一直是这里的统治者,只是象征性地建立了一点民主的机制。缅甸只有1800万人,其中100万是印度人,他们在商业和行政方面发挥着突出的作用。1942年英国人撤退期间,曾有大量印度难民死于非命。缅甸人一直就对殖民统治非常敌视。许多人心甘情愿地默默接受让同是亚洲人的日本人来占领他们的国家,但他们很快发现,相比他们先前的主子,新来的主子更加如禽兽般粗暴野蛮。1944年前后,他们逐渐开始仇恨起日本人来。他们渴望独立,而且好笑的是,这一次他们又把眼光转向了英国人,希望英国能够帮他们一把。然而温斯顿·丘吉尔的政府及其在亚洲的仆从,他们在多个政治目的和多种军事手段间作选择时出现了思想混乱。吉卜林①的诗歌、统治印度取得的光辉成就、东方领地带来的财富和声望,这一切都让老牌帝国主义者(尤其是他们的首相)内心充满了火热的激情。他们渴望复辟旧体制。一些年轻人认为,战争带来的变化,尤其是

---

① 约瑟夫·卢迪亚·吉卜林(1865—1936),英国小说家、诗人,出生于印度,以诗歌和儿童故事著名。诗作有《假如》和《古庙战茄声》,儿童故事代表作有《丛林故事》和《就是这样的故事》。1907年曾获得诺贝尔文学奖。

1941—1942 年日本节节胜利后带来的变化，那是不可逆转的。更糟糕的是，他们发觉，大多数印度人对英国人的战争漠不关心。然而，那些有先知先觉能力的人，他们却并不掌握权力。

美国人的卷入，使得问题变得更加复杂。与日本的交战暴露了伦敦和华盛顿的分歧，这些分歧远比影响欧洲政策的分歧更为重大。美国人从总统到在中国—缅甸—印度战区服役的士兵，他们几乎毫无例外地对大英帝国充满了反感，而且反对将国家资源用于挽救这个老牌帝国主义国家。暹罗是日本的盟友，英国因此将它视为敌人，但从 1942 年开始，美国却只是把它当成一个被日本占领的受害国而已，其原因部分是因为 1945 年整整一年间华盛顿一直坚信，伦敦方面对这个地方怀有帝国主义野心。美国跟英国持有一个共同的想法，那就是要致力于解除日本的侵略，但美国却极其不希望将欧洲列强已经失去的领地再归还给他们。这种想法非常强烈，以至于大多数美国人，包括美国国家领导人，都欣然认为，美国不应该给英国提供援助，帮助它去打败日本人，这样一来兴许英国人会不再追逐他们的帝国主义事业。只有一些最为迫切的全球性政治事务，会让美国人感觉在对日战争问题上有跟英国人开展合作的必要。1944—1945 年间，这两个西方盟友之间，主流的趋势是互相猜疑和相互敌对，其芥蒂之深到了无论如何描述都不算过分的程度。

美国驻印度的一位外交官写道："我注意到，令人遗憾的是，英美两国之间明显缺乏战友情，他们同时也缺乏一种开诚布公、互相信任的精神。"一位英国外交官同样汇报说："这一战区大多数美军军官都悲观地认为，盟军之间不太可能真正实现合作。他们对英国的意图疑虑重重，对许多现实或假想的不公现象感觉愤愤不平，对印度执政当局的恶意推诿和极度低效深信不疑。" 1943 年，缅甸稻谷绝收引发了所谓的"孟加拉饥荒"，300 万印度人被饿死，英国政府对此并不在意，但那些知悉内情的美国人却感到惊愕不已。相比从前，更多有关亚洲事务的英国信号通信文件被打上了"防泄密"的标记，表示这些文件是不能出示给盟军看的。

1943 年 12 月一位英国高级军官写道："（驻印）美国大兵的行为举止，感觉仿佛是占领军的行为举止。如果这么说有些过火的话，兴许我们可以这么说，他们的行为举止，就仿佛我们驻埃及时在埃及军队和政府面前的行为举止。"一位在印度军队服役的英国青年军官在书信中说，他所在的军营，餐厅里到处是他所谓的"罗斯福的手下"。他对这些人很不满："我们的反美情绪来自于多方面：一是他们在 1941 年前迟迟不肯对德宣战；二是他们对其他盟国所做的努力持有一种不屑的态度；三是他们积攒了大量物资和大规模的空中支援力量，把它们投放到了太平洋战区，而对我们则差不多很不情愿提供类似支持。那些讲述美国大兵拐走英国人老婆或女朋友的故事，那些刻画他们嚼口香糖、跳摇摆舞、寡言少语形象的电影，无疑全都在给我们传递一个错误的信息……我们本应该更明白事理，但当时的我们太年轻，且往往太缺乏宽容。"

这种感觉，在对方身上也会相应发生。作战部当时有大量投诉报告，说英美两国互不愿意给对方的人员敬礼。民意调查人士给国内的美国人提出一个问题："英国人时常被人称为压迫者，因为有人认为他们占了殖民地的便宜。你认为这种说法有道理吗？"56%的受访者回答说"是"。"战略情报局"是美国的一个隐蔽行动组织，他们不仅在印度范围内活动，其足迹实际遍及东南亚各国。这个组织具有狂热的反殖民倾向。战略情报局的官员非常准确地向华盛顿报告说，许多印度人对苏巴斯·钱德拉·鲍斯颇有好感，此人是民族主义运动的领袖，曾协助日本人挑选战俘培育了一支"印度国民军"，用于跟英国人作战。即使是孟加拉总督理查德·凯西也曾在1944年记录说，他感觉人们对战争并没什么热情："要是有人敢说，大多数印度人都想继续留在英联邦里，那这个人一定得胆子够大才行。"

约2.3万名中国国民党青年军人，被空运到喜马拉雅山对面的印度，去接受美国人的培训。在与帝国主义打交道的过程中，他们也有感到非常困惑和错愕的时候。譬如，文山曾跟他的一帮战友去加尔各答的安妮酒家喝酒。英国士兵对他们大喊："滚出去！滚出去！"文山事后回忆说："我们力图向他们解释说'我们是跟你们一样的军人'，但他们根本不听。有一次，我看见一名英国士兵在胡格利大桥上打一名印度人。那种方式也正是日本士兵对待中国人的方式。"

乌国庆21岁，是来自重庆的一名翻译。他很兴奋地发现，在印度他能有足够的东西吃，而在中国他却时常食不果腹。的确，一夜之间他就从一名穷学生变成了特权人士，有印度"挑夫"给他擦鞋、整理被子，享受跟战区里的美国人一样的待遇。然而，乌国庆却对当地的贫穷非常惊讶，因为那种境况似乎比在中国还要糟糕；他同样对英国人对待印度人的方式感觉大为错愕。他惊讶地说："有些英国人甚至还打他们。英国人对待他们就跟对待牲口似的。"坦克乘员约翰·莱茵来自伦敦东区，他对在那里见到的一幕情景非常反感。他见到两名英国士兵将几块肥肉培根拴在绳子上，伸出火车车窗，去逗弄一路经过时碰到的饥肠辘辘的印度人。如果这样的行为不能算反映了英国统治印度的现实全貌，那它至少也反映了许多局外人（尤其是美国人和中国人）在那段岁月里对英国统治留下的印象。

1942年5月，英国军队被逐出缅甸。随后的几个月，他们只在印度东北部派驻军队，以应对日本入侵的威胁。然而，随着威胁的消退，这种危机感逐渐被对未来战略的茫然所取代。1943年4月，温斯顿·丘吉尔曾对英国内阁坦言："我们不能说夺回缅甸是打败日本的必要步骤。"既然如此，那么英国和印度军队还能为战争做些什么呢？1941—1942年间，英国人曾遭受奇耻大辱，伦敦政府决心要通过武力来挽回白人的声望，尤其是他们自己的声望。如果日本这个亚洲帝国不应恢复其昔日荣光，那为什么英国军人却要牺牲生命去恢复这种荣光呢？在这个问题上出现了许多不确定性，而正是这些不确定性影响了战争第二阶段的战略，所谓第二阶段也就是日军的第一波进攻浪潮开始退却的那个阶段。英国的远东战略要达到什么目的？战胜之后该怎么办？法国和荷兰是亚洲的另外两个主要殖民强国，尽管它们并未对战争做出多大贡献。对于以上这些问题，跟它们一样，英国也并未找到一个令人信服的答案。

从1942年下半年到1943年底，英国的对日作战显得漫无章法，作战次数也有些少得可怜。英国军队在软弱的指挥员领导下，要对抗的是一支不屈不挠的高效能军队。他们从国内政府那里也得不到多少支持，在挺进缅甸沿海地区失利后，他们被迫只能在印度东北部守住阵脚。让他们大为尴尬的是，1943年冬，六个半师的英国和印度军队，在军事行动中，却被只有一个师级建制的日本军队打败。陆军中将约瑟夫·史迪威是美国驻华高级军官，像他那样的美国人在此事件之后都感受到，英国军队跟中国蒋介石的军队一样，也都并不热心跟日本人作战。

那一年唯一一场差强人意的胜利，与其说是实质性的胜利，还不如说是应该归功于宣传的一场胜利：奥德·温盖特领导的"钦迪特"游击队，他们依靠敌后作战、空投补给，以牺牲1/3的兵力为代价，赢得了一场战斗。此举大大超出了英国民众的想象力，尤其是英国首相的想象力。一时冲动之下，丘吉尔甚至考虑要让这个救星似的、有些神经质的温盖特来担任英国东方部队的全军总司令。后来他改变主意，将这位"钦迪特"领导人晋升为少将，给他提供资源，让他在缅甸北部日本战线的后方发动大规模军事行动。

1944年3月，温盖特在乘机返回途中，因飞机失事而丧生。"钦迪特"游击队随后的行动，跟二战时期许多特种部队行动一样，都做出过许多流血牺牲，也产生过许多的英雄壮举，但取得的成效并不大。对许多高级军官尤其是英国第 14 集团军的斯利姆来说，温盖特之死对他们来说是一个解脱，因为在他们看来，"钦迪特"只是一支牵制力量而已。除了这样一些颇具戏剧性的情节外，英军别无其他的作为。两年之后，也就是直到 1942 年，英军才得以横渡钦墩江从缅甸脱身。史迪威对英军怯懦行为的蔑视的确不无道理，因为丘吉尔反对发动地面战斗去夺回缅甸。经历过 1942 年英印联军在丛林战中吃败仗的惨痛教训，这位首相担心英军会再次在不利西方军队作战的地形冒着炎炎烈日踏上艰难的行军路程。

尽管遭到参谋长们无休止的反对，甚至准备要为此辞职不干，丘吉尔还是强烈主张对荷属苏门答腊岛发起两栖攻击。他不假思索地把这个想法跟 1915 年那场灾难似的达达尼尔海峡战役作了比较，认为"它有望赢得决定性战果"。1944 年 3 月，他重提苏门答腊计划，这让皇家总参谋部参谋长阿兰·布鲁克非常恼火，他在文章中写道："我开始纳闷我是不是置身于'爱丽丝的梦境'里面。"丘吉尔坚持认为，如果苏门答腊行动不可行，就在仰光附近的海面上开展登陆作战。

丘吉尔主张在东南亚冒险发起一场大规模两栖登陆作战，他为此做了大量游说。但他只是白费力气，因为所有相关运输装备都掌握在美国人手中。只有在有利于华盛顿方面的目标上，他们才愿意投入装备。需要强调指出的是，这些目标当然不包括苏门答腊或仰光。1944 年 5 月 5 日，丘吉尔恨恨地说："在一些战区，我们的人手占多数，按理来说指挥权也应归我们，但美国人却试图通过提供或不提供某些武器，比如运输机或坦克登陆舰，来达到强推某些政策的目的。我们要坚决抵制美国人的这种做法。"但战争进行到这一阶段，华盛顿方面已经几乎绝对控制了西方盟军的战略。一位英军高级军官写道："让人难以接受的事实是，美国人已经抓住了我们的小辫子。没有他们的物资援助，无论是两栖作战还是其他什么战斗方式，我们都难以在这个战区有所作为⋯⋯因此，要是他们不赞成，他们就不会提供。"

英国请求美国派出两个师的兵力加入在缅甸的战斗，华盛顿驳回了这一请求。英国提议将驻扎新几内亚的澳大利亚两个师的兵力移交给驻东南亚英国司令部管辖，堪培拉政府同样对此表示了拒绝。如果英国人想要收复缅甸，他们必须凭借自己的资源来达到目的。1944 年 3 月，内阁大臣奥利弗·里特尔顿对英国的参谋长们提出警告说："如果我们的作战只是构成美国大挺进行动的一个部分，那我们的功劳就会遭到埋没。我们应该设法告诉我们在远东的领地，是我们靠自己的努力解放了他们。我们很有必要努力让他们明白这一点。"

因此，英国政府明白，发动战役收复缅甸会是件很困难的事情，而且它并不会使击败日本的日程来得早一天。但军队必须前进，英印联军的军人必须做出牺牲，这样人们才会看到，丘吉尔的手下为远东的胜利付出了一份代价。他们将从缅甸北部发动地面进攻，因为华盛顿方面只对北部进攻感兴趣。在这里的丛林和山川中，绵延起伏着一条极度脆弱的公路，那是美军的补给得以从印度运往中国的唯一一条陆上交通线。日军目前占领着这条"滇缅公路"中很重要的一段。如果能够赶走他们、解放缅甸北部地区，那美国就可以推行一系列宏伟计划，为蒋介石的军队提供手段，使其成为战争的主要参与者。尽管代价高昂，且长期遭到英国怀疑，这条长700英里的公路却还是一直在推进。卓越的美军少将路易斯·派克带领着17000名美国工程人员，在印度北部和中国南部，两头同时施工，想要打通这条命脉。

约24万名美国工程人员和空军战士在印度北部和中国南部干活，以建立和维持美国政府如此重视的空中和地面联系。华盛顿方面迁就英国收复缅甸的念头，只是为了要推进自己的对华野心。100万名印度劳工被安排修建公路、铁路和机场设施，以支持英军发动一场全面攻势。丘吉尔仍旧抱怨认为这是劳民伤财。印度有200多万名军人，怎么能在缅甸前线上只派出10个师的兵力来对付日本9个师的兵力呢？"的确，这是件很丢脸的事。虽然投入巨大，但尽最大努力后带出来的却仍然是支羸弱的军队。"事实上，令人尴尬的是，大批印军部队只是在执行内卫任务。丘吉尔希望动用英国的东方军队能给英国带来好处，但令他不得不悲叹的是："我们即将在缅甸的丛林里，跟无头苍蝇似的窜来窜去，在仍然对我们不利的条件下跟日军交战，而目的却只是要修建一条管道线或增加翻越'山包'（前往中国喜马拉雅路线）的陆上交通吞吐量。"

盟军在东南亚的作战行动，名义上须服从东南亚司令部最高司令、海军上将路易斯·蒙巴顿男爵的指挥。1943年9月，丘吉尔在任命他这位心腹担任东南亚司令部最高司令时，曾在参谋长联席会议上说，"该战区的利益，主要是英国人的利益"。从1941年担任驱逐舰舰队司令，到担任英国联合作战部部长，再到42岁担任东南亚司令部司令，蒙巴顿的仕途可谓平步青云。这也反映了丘吉尔首相对有望成为英雄的军官的热心栽培。陆军上将亨利·波纳尔是蒙巴顿的参谋长，他曾在书中描述他的老板："他有不同寻常、非常复杂的性格。其中存在多种矛盾……他的行为魅力是他的最大资本之一。有好几次，我进门找他，想跟他摊牌……他先是道歉，答应会改弦易辙，但随后不久他还会去做同样的事！他很有魄力，很有创造性……但他容易出现先行动后思考的情况……他主持召开的会议可不是一般的冗长，因为他喜欢说话，而且他喜欢有许多人在下面听他说话。"

批评蒙巴顿的人很多，包括英国的各军种参谋长。他们认为他是个有些流里流气、喜欢装腔作势的人，认为他的晋升与其说是因为他的才干，还不如说是因为他的口才、明星长相和跟皇室的关系。他是乔治六世国王的侄儿，对此他从不讳言。除了自己的利益受到威胁的情况以外，他出了名的厚脸皮，他心比天高，才智却很有限；虽说最高司令名头很大，但却并没有多大实质意义，因为他既没有对陆军的行政指挥权，也没有对舰队的行政指挥权。在康提和锡兰植物园的壮丽风景中，坐落着东南亚司令部的总部，在这里蒙巴顿有着一支豪华阵容的参谋团队，这一情况不禁让人感觉有些滑稽。

蒙巴顿不是个伟人，但跟二战这场大戏中的许多著名演员一样，他曾像个男子汉那样努力想要在大事件中尽自己的绵薄之力。他有两个优点可以说明任命他担任司令是有道理的。首先，他是个了不起的外交家。他喜欢美国人，这一点是其他很多英国人所不具备的，而且他对亚洲人和亚洲人的理想有发自内心的尊重。其次，在一个许多英国军人感觉遭到祖国忽视的战区里，他的出现所闪耀的魅力，对于鼓舞英国军人的士气是有神奇作用的。几乎每个见到蒙巴顿穿着耀眼海军白或丛林绿军装从飞机上下来探望他们的英国战士，都受到鼓舞。

作为最高司令员，蒙巴顿在尝试行使职权时的确显得有些挣扎，但他很好地扮演了作为大使和礼节性领导的角色。他和他妻子埃德温娜都天生具有王室的大家风范。彼得·德昆哈是印度皇家海军的一名战士。有一天，他在锚泊在若开市附近港湾里的一艘巡逻艇上值班。他待在无线报务室里，戴着耳机沉醉于锡兰电台的音乐声中。突然，一双手拿走了他的耳机。他转过身来，惊讶地发现那人正是蒙巴顿。他把耳机搁在自己的耳朵上听了一会儿音乐，然后问值班员叫什么名字，说："你似乎非常喜欢英国音乐。"蒙巴顿总司令将耳机重新戴回德昆哈的耳朵上。离开时，他说："开心一点，但也还得稍微警觉些。你不知道来者会是什么人！"当然，这位年轻人很喜欢他的这段经历。

然而，蒙巴顿的司令部只能绝对依赖美国人对情况的看法，他对此很无奈。1944年2月，波纳尔在他的日记里颇为痛苦地写道："如果……分配我们去缅甸混日子，那干脆结束这不幸的东南亚司令部算了。如果喜欢，可以在这里留几个礼节性领导、一帮自欺欺人的参谋和一大堆媒体人物来胡编乱造。"斯利姆曾对史迪威寄望中国人的想法表示过怀疑。这位英国将军声称,美国人无须在亚洲大陆发动地面战役,仅凭在太平洋上往前推进,就可以打败日本人。回顾他的这番话,我们会发现,他的说法同样也适用于英国人,无论英国军队在东南亚做些什么,美国人不需要英国军队,照样可以打败日本人。英国的战地指挥员跟他们的首相一样都很明白,重新发动一场缅甸战役,是为了要恢复王室的威望,是为了迁就美国对中国的幻想,而不是因为英国的行动可以对战胜日本有什么实质性贡献。

但1944年,在英国人发动大型攻势之前,日本人还有一箭未发。东京方面的军事指挥家铤而走险发动了一次行动,想要夺取位于印度东北部的英帕尔和科希马阵地。即使是最为乐观的日本人,在此关头也并不认为,他们能够征服印度这个国家。通过此举,他们真实的意图是想挫败英国人向缅甸推进的行动。更为离奇的是,他们希望在推进期间,推出他们从战俘中招募组成的"印度国民军",期望在印度人中掀起一场反对英国殖民印度的大起义。

日本最高指挥层进攻英帕尔的决定显得过于草率和轻慢。提出这一概念的是第15集团军陆军上将牟田口廉也。他的参谋长认为,这一行动不太可行,主要因为阿萨姆是地球上最为湿润的地区,年降雨量有时会达到800英寸,在这样的地方人员和补给的调动会有困难。牟田一意孤行,他撤掉了这位提出反对意见的参谋长。牟田56岁,是日本南部一个古老但却家道中落的家族的后裔。他是个有野心的政治型军人,是促成侵华战争的臭名昭著人物之一。他的好战,加上他在日本高层中的关系,为他赢得了被提升到陆军指挥部的机会。

在翻越一些世上最为糟糕的地形时,牟田发现他们得主要依赖犍牛来搬运物资和弹药。实验表明,一头载重牲畜一天只能行走8英里的路程,由此可见日军通往阿萨姆的补给线是多么的脆弱。他们派出一名上校级参谋到东京,希望东条英机首相能够批准他们的行动。当时东条英机正在浴池里泡澡,一场颇为滑稽的谈话就在这样的背景下展开。"英帕尔……是的,"首相说道,他对牟田所在的作战方向向来不怎么感兴趣。在日军将领中,盛传一个很滑稽的说法:"我得罪过东条。对我来说,很可能意味着我会被调往缅甸。"他们把缅甸称为"地狱"。现在,首相问道:"通信情况怎么样?他们有没有好好考虑过?嗯?嗯?你们知道吗?那可是通向印度一个条件很艰苦的国家。空中掩护怎么样呢?我们可帮不了他多少忙哟。他意识到这一点了吗?你们敢肯定这么做会使情况有所改善而不是有所恶化吗?如果盟军在若开海岸登陆怎么办？有人想到过这一点吗？嗯？嗯？"牟田的上校参谋大致介绍了一下作战计划的内容，而此时东条就这样一丝不挂地站在他跟前。最后，东条首相说："告诉牟田的上司缅甸军区司令川辺，心不要太大。"然后他签署了英帕尔战役的作战命令。

接下来这场战斗，是英印联军在整场战争中最引以为豪的一段回忆，它同时决定了日军在东南亚战场上的命运。斯利姆预料到会有那么一场进攻，但却万万没有想到其速度和猛烈程度会如此之大。1944年2月，日军首先攻击了位于若开海岸沿线的英军，一个月后开始朝英帕尔和科希马推进。战斗头几个星期基本上是个一击即溃的局面。一位愤愤不平的英国军官写道："我在战区的那段时间，双方一直是在以非常闲散的方式作战。唯一一次双方都加快节奏的时候，是日军向英帕尔进发的时候。"牟田不顾一切，要求部下快速通过泥泞难行的乡村地带，以取得突袭的效果，他因此差点切断了印军一个师的退路。日军成功地阻断了英军阵地间的陆上交通线。

然而，尽管英军面临日军的四面包围，但包围者的处境却比被包围者更加岌岌可危。在接下来数月的殊死战斗中，斯利姆的手下拿走了几乎所有的王牌。他们人数优势明显，尽管在科希马当地并不尽然。他们还有坦克和大炮的支持，这一点却是日军不能做到的。他们掌握了制空权，还有足量的运输机帮忙实现战斗初期连想都不敢想的战斗奇迹，那就是给英帕尔和科希马两地的英印联军提供空中补给。相比之前，英印联军明显更加训练有素、装备精良，更加适应丛林作战。他们很快打败了日军挺进若开的行动。这一胜利来得非常快，斯利姆在蒙巴顿经求情获得的美军战机支持下，将两个师的兵力从若开前线调动出来，前去支援英帕尔和科希马。

最后，英军的胜利还得益于整场战争中最为得力的战地指挥员的领导。比尔·斯利姆于1988年出生于布里斯托尔，是一位已经破产的五金批发商的小儿子。他在艰难时事中长大，一直想当一名战士。第一次世界大战前几年，他先是当过小学教师，后来又在一家钢铁公司当过职员。他蒙混过关进入了伯明翰大学军官培训团，但却于1914年被提升成了军官。在加利波利血战①中，他手下一个营的兵力伤亡近

---

① 加利波利是土耳其欧洲部分的一个海港，达达尼尔海峡从旁边经过，曾为奥斯曼帝国防卫伊斯坦布尔的战略要地。1915—1916年间，大批澳大利亚和新西兰部队组成的盟军，曾在此登陆试图从跟德国并肩作战的奥匈帝国手中夺取达达尼尔海峡的控制权，战争在双方伤亡惨重的情况下陷入僵局。

半，但他却侥幸大难不死。斯利姆被调到廓尔喀团，在此服役期间肺部被子弹击中受伤。在美索不达米亚，他再次被弹片击中受伤，因此获得十字勋章。战争结束后，他曾在印度军队中任少校军官。

斯利姆身材魁梧健壮，长着宽大的下巴，生活阅历非常丰富。两次世界大战期间，虽然军衔得以节节高升，但经济上他却显得有些拮据。出乎意料的是，他曾化名安东尼·米尔斯给故事杂志投稿，赚取稿费来维持生计。在1942年灾难性的大撤退中，斯利姆不幸正好担任缅甸集团军司令员，那是一支由驻缅甸英国军人组成的部队。人们普遍认为，英军的撤退，并不是他个人的责任，但他喜欢给大家讲个故事，暗示他以后会重返缅甸。他说，有一天晚上，他悄悄进入第14集团军的作战室，看到两名参谋军官站在地图前。一人非常自信地指着地图说："比尔大叔会在那里打一仗。"另一人问为什么，回答是："因为他总是在哪里跌倒，就会在哪里站起来！"

跟几乎所有其他指挥作战的著名指挥员不同，斯利姆非常平易近人，很有自知之明。他不矫揉造作，无论是对妻子艾琳、对自己的家人，还是对手下的印度军队，他都非常尽心。他沉着有力的领导风格以及关心部下利益的作风，赢得了部下的普遍爱戴。1944年，他的参谋长约翰·莱斯布里奇在给妻子的一封信中热情称赞说："斯利姆是个很大度的人，很值得为他效力。他天生是军事家的料。"一位士兵在书信中谈到斯利姆："他其貌不扬：高大、结实、嘴巴很大、下巴很宽、表情严肃，戴一顶时髦的廓尔喀帽，跟他肩上挎着的卡宾枪和裤子臀部位置脏兮兮的状态很不协调；他看上去像是一位被安排担任董事长的作坊工头，又像是一位年轻时曾参加过拳击比赛看上去很阔绰的农民。"

一位印度炮兵军官讲了一则有关"比尔大叔"的典型故事。一位炮兵突然接到召唤要他下达命令，让全团炮兵同时开炮射击。他一溜小跑往斯利姆指挥所冲去，一位身材粗壮的人挡住了他的道路，把他一把推到了一边。不久，从指挥所出来，他才认出那人是他们的集团军司令员。他于是开始结结巴巴地道歉，说自己太过鲁莽。"别放在心上，孩子！"斯利姆乐呵呵地说，"如果每个人都像你那么用心工作，我们就能早一点打回仰光去！"对斯利姆的德才还心存怀疑的，唯独只有他的上司们。对于这个在他并不认同的战役中作战的军官，对于这位说话直率行事低调的军官，丘吉尔一直并不热心赏识。在斯利姆担任第14集团军司令员的整场职业生涯中，即使在他最后的辉煌岁月里，还有人多次想要"搞翻"他。他直言不讳的性格、不饰浮夸的个性，以及不愿阿谀奉承的作风，使得他在"权力走廊"里难以赢得青睐，只有他的手下对他一直忠心耿耿。

战争初期，斯利姆曾领导过第 10 印度师。在给这个师的军官们的一次讲话中，他表达过他对军事指挥的看法："先生们，我们会尽量做出最好的计划，我们会坚定意志在逆境中毫不动摇坚决贯彻这些计划。但我们也要有足够的灵活性，在情况表明这些计划不再合理时，要敢于做出改变，战斗期间出现机会时，要灵活地加以利用。然而，归根到底，每一场重要战斗，发展到后来，都会出现高层指挥员根本无法真正管控的局面。每位士兵都会感觉自己是在孤军奋战……先生们，战场上起主导作用的情绪是人的孤独感。"

1944 年春天和初夏那段血腥的日子里，情况就跟他说的差不多。在英帕尔平原上，在科希马所在的陡峭的那伽丘陵地区，英军、印军和日军在奋力争夺主导权。"这里的风景太棒了，"一位守城的战士写道，"这里仿佛是缺了石楠花的英国高地，仿佛没有石头阵的约克郡风光，周围的山地宏伟壮观，相形之下我们的卡车显得如此的渺小……这样宏大的场面，让人有一种感觉，仿佛我们是要以一个排的兵力，守卫整个阿尔卑斯山脉。"弹药消耗异常惊人。廓尔喀 10 团 3 营，一个营在一天的战斗中就消耗了 1700 枚手榴弹。日军由于没有炮兵支援，也只能用雨点般的手榴弹来掩护他们的进攻。前任区长官邸的网球场，成了战斗最为惨烈的地方之一。慢慢的，渐进的，优势火力发挥了作用。盟军的飞机对拉得过长的日本补给线实施了轰炸。牟田的士兵不仅开始步步败退，而且还开始饿肚子。

让这位日本将军大发雷霆的是，6 月 19 日，经过 85 天激战之后，他手下一位负责进攻科希马的师长佐藤小宅放弃进攻，开始撤退。季风携着罕见的威力突然来袭，将通往日军前线的道路变成了泥潭。"绝望情绪开始蔓延开来，"情报参谋藤原岩一说，"食物供应已到了极度匮乏的地步。几个星期在雨中连续的激烈战斗，已经让吃不饱肚子的官兵们差不多都筋疲力尽了……道路变成了泥潭，河水泛滥成灾，步行都成问题，更不要说乘车行进了……几乎每位官兵都患上了疟疾，赤痢和脚气病更是随处可见。"

但日军仍旧不愿放弃英帕尔。当佐藤从科希马回来，于 7 月 12 日向牟田的指挥部汇报情况时，一位高级参谋军官冷冷地塞给他一把白布包裹的短剑。但此时佐藤想得更多的，与其说是自杀，不如说是杀了他的上司。他鄙夷地说："第 15 集团军的参谋，战术意识比军校的学员还差。"他已经意识到而牟田却未意识到的是，日军应该承认失败,并在季风结束前尽快撤退。日军时常带着轻蔑的口吻,说英军的"后勤尾巴"又长又乱。现在他们才发现,自己没有"尾巴"会付出什么样的代价。

牟田倒霉的士兵们在英帕尔继续战斗,损兵折将非常严重,被敌军逼得步步后退。牟田的行为也变得越来越古怪。他叫人在设在树林中的指挥部旁边开辟出了一片空地,在罗盘的四个指示方向竖起披红戴彩的竹竿。每天早晨,他会走进这几个地方,祈祷八百罗汉能够现身相助。他的祈愿毫无用处。7月18日,牟田不得不屈服于不可避免的结局,下令部下撤军。已被打得落花流水的日军,开始朝亲墩江方向撤退,妄图重回缅甸。斯利姆的先头部队在后面穷追猛打。边民团的雷蒙德·库珀上尉在英帕尔战役中受了伤,他说:"对打仗的人来说,一场仗跟另一场仗,有很多相似之处。"的确如此。但英帕尔和科希马战役的后果却远远超出了1941年12月以来英军在远东取得的任何一次成果。

这场战役对日军来说,可算是个灾难。日军投入了8.5万名战斗人员,有5.3万人伤亡,5个师被全歼,另外2个师也遭受重创。至少有3万人丧命,还不算战斗中损失的1.7万头骡子、犍牛和驴子,这些是双方都离不开的负重牲口。在英国人眼中,"印度国民军"不过就是一群叛徒。他们一战击溃,只要斯利姆的士兵允许,他们立刻就会投降。第14集团军有1.7万人伤亡,但士气却仍旧非常高昂。德里克·霍斯福特时年27岁,是一支廓尔喀营的营长,他说:"我们知道打了一场大胜仗。我们追得日本人在1000英尺的山上漫山遍野乱跑。到处是他们的尸体和丢弃的武器装备。"敌人撤军后,一位随第14集团军一路向前推进的历史见证人在他的书中写道:

> 空气中满是尸体发出的恶臭。生病受伤的人,有上千之众,他们遭到了遗弃……沿途尽是日本兵的尸体,在山岭最高处,他们成群簇拥着死在了一起。他们随身只有一个饭盒、一个钢盔和一支枪。有些尸体躺在那儿就跟睡着了似的,另一些尸体却百般扭曲、七零八落,那是被雨点般的炸弹给炸成那样的。在塔木庙的废墟里,有500具尸体。庙里塞满了受伤的和行将就木的日本兵。他们是挣扎着爬到这里来的,想要死在那4尊高大的塑金佛像面前。神龛上乱七八糟地堆着手榴弹。庙宇正中央是一座神坛,在佛像的脚下雕刻有完全对称的图案。神坛上横七竖八尽是染着鲜血的绷带和日军的战地明信片。

这场战争中，再没有比这些人境遇更糟糕的了。我见过两个俘虏，有人用热茶把他们救醒了过来。他们身材矮小，头发乱蓬蓬竖立着，跟怪物似的。其中一人双手捧着脑袋，哭得像个小孩。他还活着，这对他来说是个耻辱。有些日本兵会在立身处用手榴弹结束自己的生命……他们是一群体弱多病、被饥饿和爆炸声折腾得半疯半癫、被军官们遗弃在后面的人。这是被打得落花流水的军队形象……这些身材矮小的人，他们有野人般的心肠，有绘制精致水彩画的双手，而他们画有水彩画的日记本，现在却散落在了红色的泥浆中。

斯利姆的参谋长莱斯布里奇在给家人的信中写道：

日本人的撤退，一定比拿破仑从莫斯科的撤退更为糟糕。整个丛林都散发着尸体腐败的恶臭。在相邻两个路碑之间的这段道路边上，我数了数共有25具日本兵的尸体。一定还有上千名日本兵爬进了丛林，并死在了里面。有些地方，可以看到日军的卡车，里面的尸体还坐在司机位置上，有一辆日军参谋官的小车，里面有4具尸体。所有这些日本人，他们差不多都死于疲劳、饥饿和疾病。我从未见过有比我们部队更开心的……我非常高兴，我们英国军队终于得以重整旗鼓，我们向全世界展示了我们的作战风格。我真的觉得，老气横秋的德国佬再也撑不了多久了。

在日本的撤退线路上，战地记者伊藤正德设法接近了日军这场灾难的设计者牟田口廉也。"他看上去非常疲惫，"伊藤写道。他注意到，当他部队里有饥肠辘辘、大难不死的士兵跌跌撞撞从他身旁经过时，牟田仍在我行我素、恬不知耻地吃着米粥。"你想要我发表一个声明吗？"牟田咆哮道，"我导致上万官兵身亡。我不该活着渡过亲墩江回到缅甸。"然而，牟田并没有自杀，他苟且偷生，几个月后遭到了撤职。在日本皇军所有指挥员中，他是官兵们最为痛恨和鄙夷的一位。

"有的时候，有些命令非常难以执行，但即使司令部意识到这一点，他们还是不会承认错误，直到试图执行命令的人都死光了为止，"一位日本军官战俘告诉活捉他的英国人，"执行愚蠢命令的人，他们那种无理性的服从，让人看到都会觉得可怜。我时常觉得原封不动下达命令根本做不到，有时我会只传达其中的一半。'什么仗都让我们去打，但什么吃的都没我们的份。凭什么呀？'没人敢这么说，但大家心里都这么想。"

1944年秋，第14集团军开始朝亲墩江和缅甸挺进。一开始，日军只能部署4个火力较弱的师，总计约20000人，来应对斯利姆6个师加2个独立旅总计26万人的标配兵力。在北方，史迪威领导的由中国人组成的几个师的兵力，在缓慢推进能够连通印度和中国的滇缅公路。第二批"钦迪特"远征军唯一重大的成果，是协助于8月3日最终夺回了滇缅公路重镇密支那。3个师的中国军队在美军"梅里尔劫掠者"特种部队①和几千名"钦迪特"战士的帮助下，打败了日军第18师。这场胜利标志着进入中国的通道有望从此打开。

斯利姆的攻击部队，得到了本战区内48个战斗机中队和轰炸机中队总计4600架飞机的支持，其中很多是美国的运输机，而日军则只有66架飞机。尽管要到春天来临前，斯利姆的地面部队才能得到增援，但第14集团军重新夺回缅甸的序幕已经拉开。蒙巴顿的参谋长、陆军上将亨利·波纳尔感觉这项任务非常紧迫。跟其他与他处于同一时间、地点和国家的人一样，他觉得英国正在跟美国开展一场竞赛：英国要收复它在亚洲的殖民地，而美国则要在太平洋战场上夺得胜利。如果英国人输掉这场竞赛，如果他们未能在日本偃旗息鼓前取得对前殖民地的实际占有，那么英国国旗有可能永远不能在这片广袤的土地上飘扬了。"我们不能再浪费时间。美国佬可能会在1945年圣诞节前打败日本。在此之前，我们有很多清扫工作要做。美国佬不会等着我们，也没有理由会等我们，但我们的确不想在美国单方面取得胜利后，由它把我们在远东的帝国全部交还我们。因此我们定下了在明年夏收复缅甸全境的目标，之后不久再收复马来亚。"

英帕尔和科希马两场战斗，来得非常必要，它阻止了日军的西进。英国的胜利削弱了日军在缅甸锋线上的战斗力，日军从此再也没有资源去挫败盟军的任何重大目标。斯利姆的主要敌人不再是日军，而变成了地形、疾病、天气和后勤。蒙巴顿对一项重大决定表示了支持：相比从前停止一切重大行动的做法，现在要在季风期间一直保持战斗。之后，斯利姆接到命令，要他指挥一支现代化的西方军队，在世界上最不适宜居住的国家，在一个根本不存在道路交通的地方，连续行军上千英里，为的是要一雪1941—1942年间英国遭受的耻辱，要延续一

---

① "梅里尔劫掠者"特种部队，以弗兰克·梅里尔的名字命名的一支美国特种部队，负责在热带丛林地区执行远程渗透任务，二战期间曾在东南亚战区或中缅印战区执行敌后作战任务，时常需要在敌众我寡的情况下作战。

场有识之士清楚认识到注定会失败的帝国梦想。丘吉尔迫切想要收复缅甸和马来亚，但1944年9月他却告诉他的参谋长们说，他决心"要在这些疾病盛行的国家，下最少的工夫"。根据观察角度的不同，今后的路将或是悲苦，或是灾难，或是荒唐。战争往往就是这样：勇敢之人，做艰难之事，求民族之梦。

被遗忘的部队

一位回国探亲的英国军官，返回部队时曾伤感地留下这样一番话："在英国，我发现到处存在一种可怕的现象，人们对第14集团军及缅甸的情况一无所知。"然而，斯利姆的手下却慢慢学会了以苦为乐，他们自豪地称自己为"被遗忘的部队"。英帕尔和科希马之战取得的胜利，极大地鼓舞了他们的士气，因此，1944年秋他们在这种昂扬士气的支持下往前推进。一些一路披荆斩棘、上高山下深谷朝着亲墩江边前进的人，他们从1942年起就一直在那里战斗。一位加入第2师的英国信号兵，惊讶地发现那里有好多老兵："我看上去全身白花花的，而他们却晒得黝黑黝黑，跟骡子屁股一个颜色。我什么都不懂，而他们却无所不知，什么都司空见惯。"这位士兵叫作布莱恩·奥尔蒂斯，在部队开始向亲墩江推进时，他给家人写信说："壮丽的风景滋生出深沉的平静，似乎将战争化为了原形，它不过是场毫无意义的打闹而已。"跟其他参与行军的人一样，第14集团军翻越阿萨姆丘陵的景象同样让他颇为动容：

> 当卡车费力登上山顶时，我们看见，在身后远远的地方，在白云下面，一连串的车辆在缓缓前行。相反，当我们下到谷底，抬头一看，透过云层间隙，远远的，那一串车辆已经到了头顶，正朝着后面的高地攀登……参加战争到这个时期，最兴奋的时候是天黑以后。车头灯微弱的灯光，几乎无法穿透前车排放的尾气。我们差不多连前车的尾灯都看不到，速度下降到了近乎步行的节奏。一种强烈的感觉油然而生：我们就仿佛一头野兽，要穿越一个陌生的星球。在我们两侧，是一片神秘的、令人兴奋而恐惧的丛林，树木披挂着厚厚一层尘土，仿佛一群面容苍白的魔鬼。

1944—1945年的缅甸战役，是英帝国军队最后一次大历险。这场战争集中了英国士兵、廓尔喀士兵、东非和西非士兵以及最主要的印度士兵。印度士兵又包括锡克人、俾路支人、马德拉斯人、多格拉人和拉其普特人，他们是英统印度时期的骄傲。这些士兵被统一纳入斯利姆的指挥。为盟军缅甸事业作战的，只有少数人是英国人，大约只有两个师的兵力，只占蒙巴顿东南亚司令部全部地面部队的1/13。

英统印度军队无一例外全是志愿兵，他们很多来自北方，当兵打仗是当地人的传统职业。1939—1945年间，印度军队经历了一次大规模扩编，从18.9万人扩编到了250万人。这次扩编冲淡了军队的质量，尤其导致了适当领导人选的缺乏，因而大大影响了军队的作战力。然而，异国的风俗传统、大军团的传奇和勇猛、在外族军人面前的优越感，这些东西仍然让来自英国的军官们为之兴奋。这些部队，每个营通常大约会有12个英国军官。德里克·霍斯福特的军事生涯，是跟身材矮小的尼泊尔战士一起度过的，他说："廓尔喀士兵是很好指挥的。他们很可爱，很有幽默感。你必须得证明自己，但一旦他们喜欢上你，他们什么事都会愿意为你做。"

英国军官时常会被士兵们的忠诚和勇气大为感动。说白了，他们是一群雇佣军人。一天早上，廓尔喀3团1营一位战士对他的营长说："今天，我不死则已，否则我一定要赢得维多利亚十字勋章。"这位尼泊尔士兵后来真的殉了职，但他的灵魂也该得到满足了，因为他获得了印度功勋奖章。约翰·卡梅隆-海斯炮兵部队有两名印度军官，他们关系非常对立。在战场上，只要在某个地方看到对方，那他们哪怕在外面被炸死，也不会去那个地方躲避炮火。个人尊严对他们来说很重要。一天晚上吃饭时，约翰·兰德尔的尉官莫高尔·巴兹突然对他说："老爷，我想让你知道，在你手下服役，我感觉很有尊严。"这句话让约翰·兰德尔非常感动。

斯利姆的参谋长在给他妻子的信中写道："跟这样的手下打交道，你不由得感觉自己很渺小。在条件对等的情况下，这支军队真的会无往不胜。"缅甸战役中，总共颁发了20枚维多利亚十字勋章，其中14枚颁给了印度军人，有3枚是颁给了同一支部队，那就是廓尔喀5团2营。一位英国军官在部队换防时见到一位锡克族上校，他发现这位上校的头饰一尘不染，季风刮在他大胡子上面的雨珠闪闪发光："我发现他身上有一种让我感觉很新奇的东西，那就是享受战争。锡克人给人的感觉是他们很会自得其乐。"

英国政府从来没有想过，要咨询印度政治领袖们的意见，听听他们对打仗的看法。同样，他们也从来不会听取缅甸流亡者的意见。盟军在对待亚洲的政策上出现了分歧，有关报道可以随便见诸英美国家的媒体，但遭到新闻审查被无耻地禁止在印度刊物上发表。印度次大陆只被当成是个巨大的兵员储备库。一位军营心理师在他的一份有关印度军队的报告中指出，在战场上，只要能跟本族人并肩作战，多数人都会"得到很好的心理调节"。这份报告以帝国主义者居高临下的口吻指出："印度兵会毫无怨言地接受军队的纪律、习俗和领导。他们对战争的意识形态层面并不怎么感兴趣，因为这份工作给了他与从前相比更高的生活水平，有人会关心他的福利，还能较稳定地得到休假。他并不会索取太多。"在印度集团军里服役的英国军官，他们很少有人会意识到英统印度的日子已经到头了，他们也很少有人会注意到多数的印度老百姓在故意疏离英国的战争。罗尼·麦克阿里斯特是廓尔喀3团1营的上尉，他的继父是印度警察部队的高级军官，他说："我们想当然地认为，缅甸和马来亚会继续成为英帝国的一部分。我们从未想过印度会离开。我还记得我继父在家里举行的一次晚餐会，他邀请了警察、印度公务员和印度的老百姓。从来没人提到印度脱离英联邦的可能性。你知道，我们有些太封闭，太脱离现实，印度军队非常忠心，以至于我们连想都没有想过那种可能性。"

英国部队和印度部队之间也存在对立，互相看不起对方。廓尔喀营营长德里克·霍斯福特说："我们根本不把英国军队当回事。在我们看来，他们办事非常缺乏效率。"缅甸战役产生了很多难以想象的不连贯不统一的现象。譬如，119野战团的炮兵，他们一边朝着丛林空地那头发射25磅重的炮弹，一边嘴里会哼唱怀恋家乡的歌曲《海边的苏塞克斯》。英统印度时期的文化和语言，渗透于在斯利姆手下服役的每位战士的血脉之中。不管你是来自边民团还是重装骑兵团，茶的发音都是 char，洗衣工是 dhobi-wallah，杯子是 piyala，食物是 khana，等等。他们抽着印度的"胜利V"牌香烟，棕色款的用来款待欧洲人，绿色装的用来招呼印度人和非洲人。士兵们觉得这种做法"差劲得没法说了"。

对英美两国的战士来说，与日军作战最大的战术现实，是日军做机动时，很容易遭到火力打击，但他们要是采用特别擅长的战术，潜入得到精心保护的地堡里，那就很难被发现，且更加难以杀伤。战争期间，英国陆军曾编制过一份很搞笑的文件，那是1944年8月的一份报告，上面带有"绝密"标记，是战术调查局制作的，它概括了用步兵武器炸毁模拟日军地堡的实验结果。研究人员在阵地上放上两只公鸡、两头山羊和两只兔子，让它们来"守卫"阵地。"其中一只兔子行为呆滞，因为被人折腾得有点不舒服。"研究报告指出，在用2英寸口径的迫击炮进行一番轰炸后，这些动物身上覆盖了一层灰，但其他方面并无大碍。"它们显得略微有些受惊的样子，但其他方面显然都很正常。山羊有轻微的咳嗽。"反坦克炮弹的威力使山羊的脉搏有所变慢，血压也有些下降。在战场上，毫无疑问，这样的研究根本谈不上有何帮助。蜂窝炸药、坦克火力，或步兵一只手往地堡里扔手榴弹一只手用冲锋枪朝着地堡缝隙处往里射击，这些都是非常有效的措施。

但首先需要找到敌人。一名英国军官注意到，他自己手下的士兵挖散兵坑时，周围会垒起一堆土来，"对于日本人，你看不出他们有动土的痕迹"。雷蒙·库珀连队一名边民兵听到脚下发出啄木鸟的声音感觉很惊讶，那是日军轻机枪慢射时发出的声音。他不知不觉站在了敌人的地堡上。瑟希尔·丹尼尔斯所在的皇家东方肯特团有一个排，在小心翼翼想要穿越丛林时，得到的第一个表明附近有敌人的警告是："突然砰的一声响，走在我身边略微靠前位置的那位中士，像木头似的倒了下去。一时间枪声大作。有人叫了一声'担架员'，但我接着说'不必了'，因为我看得出，那位中士已经死了，正在经历痛苦的肌肉抽搐。他已经没了呼吸。"连里的通信兵"胆小鬼"亚当斯将一梭子冲锋枪子弹全打了出去，显然有近距离平射打到空地上的感觉。其余人什么都没看见。当大家朝着亚当斯的位置围拢过来时，他们发现亚当斯正往一个散兵坑里张望，里面的日本兵已经死掉了。"他一身臭气熏天，是一种令人恶心的辣辣的味道，所有日本人好像都是那个味。"

这种遭遇战，往往突然发生，而且非常残酷。每个经历过这种情况的人，都对此留下深刻的印象，尤其发生在晚上的时候。第 25 重装骑兵团是一支装甲兵部队，他们的战士永远忘不了在若开市发生的一件事情。那是个漆黑的晚上，一群日本人突然闯进他们的急救站总部。"深夜时分，患者、医生和医护人员被射杀和刺杀时发出的凄厉叫声，来袭的日本人令人毛骨悚然的吼叫声，这些对我们所有人来说，都是一场犹如噩梦的经历……这种残暴和非人道的行为给我们造成了很大的影响。"一些英国指挥员喜欢尽可能在白天作战，因为他们意识到日本人擅长夜战。约翰·希尔少校所在的伯克郡团，战士们在敌人尸体上的干粮袋里发现了人的身体器官，他们为此恶心至极。"缅甸战争的惨烈程度，是在西非沙漠、意大利和欧洲西北部地区从未有过的，"俾路支部队指挥员约翰·兰德尔写道，"我不记得有埋葬日军尸体的时候。如果附近有工兵的话，我们通常只是挖个坑，用推土机把他们的尸体推进坑里。否则，我们就只是把他们推进河沟，让豺狼和秃鹰来处理。"

1944 年秋天前后的光景，勇气、冷酷和野外生存技能，成了日军还能动用的主要的资本。从其他任何衡量实力的标准来看,盟军都占有绝对的优势。然而,作战部根据审讯俘虏得来的情报起草的一份报告却指出:"日军仍然认为自己比英军强……因为他们认为我们还在千方百计避免、从来不在夜间发动进攻,而且还非常怕死。"这份报告的起草者惊讶地写道,在日军眼里,英国军人不如印度和廓尔喀军人。他们认为第14集团军行动笨拙而迟缓。他们敬佩英国的坦克、大炮和空中支援,但对英军的伪装、野外生存和吵闹习惯却颇有微词。

然而,1941年以来,英军和印度军队已经学会了许多丛林战的方法。首先,浓密的植被和观察范围长期受到限制,许多适用于欧洲的常规战术根本派不上用场。"所有经验都表明,由炮兵提供支援、集中火力连续打击日军精心组织的阵地,同时由步兵发起正式进攻,这样的战术安排根本就是白费工夫,"第7印度师师长弗兰克·梅瑟维写道,"有价值的东西,是优秀的初级军官和熟练的步兵战术。正确的答案是渗透和包围。"在早期与日军的遭遇战中,英军时常遭到两翼夹击,而且一旦发现敌人抄了自己的后路,就感觉打了败仗似的。1944年,官兵们逐渐意识到,在丛林战中,根本不存在舒舒服服的"后方",也根本不存在享受特权的非战斗人员。

每个保障兵种人员,都必须接受作战训练,全方位防御很有必要。部队在遭到包围时要沉着镇定。夜间,在所有处于敌军大炮或迫击炮打击范围的地方,每个人都要挖一个"钥匙孔",也就是一个30英寸深60英尺长的开口。这个东西足以保护人员不受所有间接火力的打击。英军对敌人的战术技能颇为佩服:"日军会选择从最不可能的地方接近……毫不顾及山坡是否陡峭,地势是否艰难,"格拉西将军在师里给大家讲战术课时指出,"他们试图用突然袭击占领我军的前沿阵地。为了达到这一目的,他们会悄悄地、耐心地爬近我们的铁丝网。他们的野外生存能力很强。"

由于视野受限、地图不准确的缘故,行军往往会受到妨碍。很多地方看起来都差不多。巡逻人员有时会迷路,好几个小时,甚至好几天都找不到路。廓尔喀1团3营的上尉乔·杰克,在连队前方迷失了方向,走了15英里后发现自己又回到了出发的地方。在浓密的丛林里,1小时行军1英里,算是很快的速度了。各班行军过程中,一听到异样响动,就得"停止前进",弄明白怎么回事后才能继续前进。在行军队形中,第一个人的任务是看前方,第二个人的任务是看右方,第三个人的任务是看左方,第四个人的任务是看后方。休息是件奢侈品。每24小时睡5个小时,日复一日,这种情况算是家常便饭。英军士兵用得最多的两个形容词是"漂亮"和"非常糟糕",后者时常是用来形容他们的食物配给。即使很少有严重饥饿的情况,食物短缺却是常事。有时会有空投配送的朗姆酒,但在那种气候条件下,啤酒却会更受欢迎。南非造的皮靴和澳大利亚造的袜子,被证明是最适合用来对付丛林状况的军需品。

轻型炮往往是斯利姆的步兵能够获取的唯一的火力支援武器。它可以压制住敌人,让他们抬不起头,无法进行杀伤。近距离武器如冲锋枪和手榴弹是最为重要的装备。在欧洲,野战炮和自动火器是战场上的主力,但在缅甸更加重要的却是枪法。没有准头的子弹,只能对植被造成破坏。通信很成问题,因为便携式电台很少能起作用。士兵们很难看到军官或士官做出的手势。强化训练很有必要,为的是让士兵们本能地对紧急事件做出反应。

"这似乎是场非常老式的战争,"斯利姆手下的一位士兵写道,"我祖父曾随罗伯茨去坎大哈打过仗,这场战争跟他那时的战争非常接近,却跟欧洲正在发生的战争有所不同。"道格拉斯·格拉西是第 20 印度师的师长,他概括了在缅甸作战和在欧洲作战的区别:没有良好的道路和铁路交通,雨水不断、丛林和沼泽限制了行动,"但没达到经验缺乏的官兵所想象的程度"。能见度大为降低,车辆磨损速度很快。格拉西总结道:"防守阵地上的每个日本兵都得要对付。即使受了伤,他也会战斗到死。"但他还是极力告诫大家不要让这些想法引发失败情绪,他说:"炸掉日本鬼子和丛林鬼怪。我们一切都比鬼子强。"在 1944 年冬,情况的确如此,主要是因为斯利姆的手下各种补给都比以前更多了。

即使在第 14 集团军即将赢得战争的时候,他们也并没有完全征服他们的另外一个劲敌,那就是疾病。很多人不喜欢吃弹珠大小的麦帕克林片,因为为预防疟疾,他们每天都得吃一个剂量的药片。但这种药会使他们的皮肤变黄。1942—1943 年,官兵们时常把药扔掉,做这种事的不仅仅是那些宁患疟疾也不愿打仗的人,还有少数人是因为相信了日军的宣传,认为这种药会导致性无能。1944 年,大多数部队都会做检查,以便确保战士们不仅分到了药片,而且还真的服用过了。上面传令,要求官兵晚上尽量不要暴露皮肤。但缅甸的丛林条件会慢慢影响人的健康,疾病造成的减员比枪炮造成的减员还要多。以第 20 印度师来说,从它 6 个月间的《减员明细表》上可以看出,有 2345 人属于战斗伤亡,另外 5605 人却是出于非战斗性原因入院接受治疗,其中包括 100 例事故,321 例轻伤,210 例皮肤病,205 例性病,170 例精神病，1118 例疟疾和伤寒，697 例痢疾。

昆虫会给人类和骡子都带来灾祸。露营时，只要安全允许，大家会生起篝火以阻挡蚊虫。一位英国外科医生在描述给病人看病时的困难时说道："我们安排了一名护理工，专门负责对付苍蝇。他会把苍蝇从器械、绷带、浸满鲜血的毯子、病人的衣服和担架以及患者的伤口上赶走。这些虫子会爬到毫无防备、半裸身子做手术的医生身上，让他们奇痒难耐。这时候就需要这位护理工过来，一巴掌把它们给击毙。"慢性皮肤病和脚部感染、肝炎、放了净水药片后变得非常难喝的水、从来不会晒干也从来弄不干净的衣服，这些都是每位步兵需要承受的命运安排。坦克乘员也不会有舒服的时候。在坦克车这个铁盒子里，汗水会从躯干上一个劲往下淌，渗进士兵湿漉漉的短裤腰带。要是不用破布先垫上以保护皮肤，尤其是膝盖，否则根本别指望能在滚烫的坦克车车身上爬上爬下。坦克乘员一身都是灰尘，呼吸只能透过拴在口鼻上方的手绢来进行。坦克的主战装备开火时，硝烟的臭味会长时间停留在炮塔里。随后是噪音，连续不断的噪音。

一位坦克车手汤姆·格朗兹，他对战斗结束后的情景有这样的描述："回到港口，我们面临一个凄凉的任务，要把死人从坦克车里搬出去……我忘不了炮弹装填手那已经烧焦的、干瘪的、被打掉一半的头。带着惊愕的心情，我们一言不发把尸体从边门抬出去放在地上。我们在山坡边上挖了两个坟墓……帕德尔·华莱士·考克斯举行了简短的仪式，然后在坟墓边竖起简易的木质十字架。白蚁不久就会吃掉这些十字架，坟墓的上方又会长出一片森林。"

跟其他战场一样，缅甸战场需要对生死问题做出果断决策。有一天，廓尔喀1团4营的德里克·霍斯福特上校，发现他的医务官弯着腰在护理一个伤员。那位伤员有一半的肠子已经露出来。痛苦中，那位伤员从地上抓起一把泥土，塞进了身上的伤口。"还有救吗？"霍斯福特问道。医务官摇了摇头。"给他超量打一针吗啡吧。"一年后，这位伤员让所有人都大吃了一惊，他从尼泊尔写信来，说他活过来了，要感谢各位首长救了他一命。在展开进攻时，初级军官们学会了硬下心肠，让受伤者就地躺着，等待专门的担架员；否则会有许多人去主动搬运伤员，将他们抬往后方，他们也想借此逃出战场的杀戮。

执行纪律要一视同仁。印度军队山地炮部队的一位鞍工兵，找人要了几枚手榴弹，说是碰到日军夜间袭击时，可以用来防身。结果，他却将一枚手榴弹扔到一位军士长的床上，把他给炸死了，接着把另一枚扔出去炸伤了一位英国军官。后来发现，他这么做是因为对分发军饷怀有不满。经过迅速审判后,他被执行了枪决。伯克郡团的约翰·希尔连队,曾遭到日军近身袭击。在做出反应之前,他们惊讶地发现,敌人已经离得很近了。后来才知道,是站岗的两个哨兵睡着了,醒来发现敌军后,他们干脆放弃阵地逃跑了。希尔将其中一人送上了军事法庭,判了他两年监禁,因为这样做很有必要,要让士兵们明白,这样的过失是会造成生命代价的。

在缅甸,即使是高级军官,也是喝不上葡萄酒、香槟酒之类的奢侈品的。斯利姆的参谋长约翰·莱斯布里奇准将曾给夫人描述过他的处境,"这个地方的10月份非常讨厌。地面上臭烘烘的,阳光会把地底下让人恶心的地气蒸发出来,汗水会不停流淌。我手下有10个参谋,5个不是患了疟疾就是患了痢疾,其余是同时患上了这两种疾病,所有人都被送进了医院!"斯利姆夜间巡视总部地图室时,差点踩到一条致命的环蛇。从那以后,在这个到处是蛇的国家,他走到哪里都随身带着电筒。

如果说戴红领章的参谋军官,他们的日子都算艰苦,那么对于那些时刻生活在敌人射程范围内的官兵来说,他们的生活、饮食和睡眠,比起参谋军官来说,就远不知要艰苦多少倍了。雷蒙·库珀写道:"大家都觉得,好像老兵都喜欢吹牛。其中的原因,或许是因为在那些没有切身体会的人面前,他没法给他们解释什么叫作'黑夜发出的微弱而空洞的声音',他同样也无法充分解释,生活中的平凡琐事,为什么会变化产生出重大价值。这种对比度太大了。"英帕尔和科希马之战的胜利,极大地鼓舞了斯利姆军队的士气,但远离家乡的现实是一种会损耗战斗力的力量。列兵瑟西尔·丹尼尔斯,时年23岁,曾是肯特郡一家商店的店员。他于1939年参军,分别在西非沙漠和波斯服过役。1944年冬,他在缅甸的第二皇家东方肯特团当步兵。跟其他许多人一样,在远离家乡的地方,在降临在自己身上的那些非同凡响的经历面前,这位单纯的年轻人感觉非常困惑。一天晚上,在佛塔边上的散兵坑里,他睁着眼睛睡不着,两眼直盯着天上的月亮。"我脑袋里在想,几个小时前,同样的一轮明月曾在我的家乡,照耀过我的家人。我在想,此时此刻,他们都在干些什么呢?他们又在牵挂我些什么呢?"

在缅甸作战几个月下来,伯克郡团的约翰·希尔总结认为,他手下25%的人有作战勇猛的可能,5%的人有遇事胆小的可能,其余人介于二者之间。这似乎是对二战期间多数盟军部队的一个比较公平、比较善意的评价。

除非是在海外大英帝国辉煌气势下长大的一代,在其他英国的后裔眼中，斯利姆军队中最独特的部队，要数他兵力达3个师之多的非洲部队。这3个师的兵力占总兵力的17%，兵员来自英国在非洲的殖民地。这些人有些来自最为偏远的热带雨林国家。他们穿越半个地球来到这里，给白人打仗，但他们的军饷却不及白人的一半，虽然他们都是些雇佣兵。他们可能是尼日利亚人、肯尼亚人或坦噶尼喀人，而他们的敌人却是跟他们八竿子打不着关系的日本人。想想看，这些人过来打仗会经历什么样的心路历程。他们中，有的并不是基督徒，在宣誓效忠仪式上，他们不是将手按在《圣经》上宣誓，而是将手按在冷兵器上宣誓，所用的冷兵器通常是一把匕首。

休·斯多克威尔是一支西非师的师长。有一次，他听说部分白人军官对手下有些不屑的评价，为此他专门给大家散发了一份表达愤怒的备忘日志，他写道："我听说，某些军官和英国军人……在闲聊中有些不够慎重的言论，对非洲军人的作战能力表示怀疑……说这番话的人，他们是在'扇自己的耳光'而已。我认为，你们需要有足够的道德勇气，给非洲人树立值得学习的好榜样，或者给他们以必要的引导。我希望，生为英国人，你们要有那个种、有那个胆，去克服自己的困难。"

斯多克威尔警告说，只要感觉有人存在"失败主义情绪"，就会把他送上军事法庭。但是，在跟上级的通信中，他承认他的一些部队的确战绩不佳，尤其是碰到日军打夜战的时候。他在信中说，非洲人"并没有打仗的历史，因此通常情况下，他们并不会很顺理成章地适应战争"。事实证明，有些人会是很好的战士，"但另一些人却非常非常的懦弱……非洲人在巡逻时会有神出鬼没的表现，但对于突发情况却不能迅速做出反应，这同样是天生不喜欢接触未知领域，以及缺乏智慧不能迅速思考问题导致的结果。对于他们觉得值得信任和佩服的领导，对于能够尊重他们的人，他们会很忠诚。"

德里克·霍斯福特上校注意到，廓尔喀人对非洲士兵的战斗精神很不以为然，他们说："如果你拉着他们的手，他们还是愿意出去巡逻的。"战后，斯利姆对他的战士们表示了感谢，但他没有提及非洲人的贡献。为此，许多人很有意见。一些英国军官对这些非洲战士满怀钦佩。他们拿列兵菊库·蓬为例来说明问题。他是名来自非洲黄金海岸国的士兵，在部队遭日军袭击时受了伤，慌忙中大家来不及救护他，只能把他独自留在战场上。这位士兵找了一支被人扔掉的布伦式轻机枪继续战斗，直到失血过多晕倒为止。第二天，英国人发现他还活着，手里仍然握着枪。他被授予了军人奖章。一位英国历史学者描写这位士兵说:"他孤身一人,身负重伤,在漆黑的夜晚,鬼子在他后面穷追猛打。没有哪位英国人,也没有哪位非洲裔士官和其他非洲人告诉他该怎么办;他本有可能陷入绝望和无助。如果他小心躲藏,到没人了再出来……我想也不会有人因此责备他。斯利姆到底有没有听说过菊库·蓬这样一个人呢?"

东京电台指责非洲师是"欧洲一帮战争狂领导下的食人族"。但是,对于非洲人做出的贡献,最令人信服且最充满感情的表达,要数丹尼斯·库克逊少校给出的见证:"他们毫无怨言地去捍卫别人的国家,虽然他们可能会看不起这个国家的人,在跟他们产生争执时甚至都听不懂他们在说些什么。他们自愿为英国而战,如果说那是因为英国人把他们带到了渺无人烟的地方,这本身就构成他们为英国人战斗的充分理由。他们蹲在战壕里,抚摸贴身佩戴的皮革护身符,向安拉祈求保护,然后心情轻松地继续他们的工作。"来自英帝国的主子们,应该给予他们更多感激,他们值得得到这样的感激。尽管一些批评家可能并不赞同,但这些非洲战士的确为战争做出过很大贡献。

在双方步兵的身后,活跃着现代化军队所能调用的一批最不同一般的负重牲畜。只有牲畜能很好地在山间道路上行进,尤其是在季风来临期间和离去之后。白色的犍牛,被染成了绿色,为的是使他们不那么显眼,免得成为敌人的攻击目标。英国士兵发现,他们需要接受特殊训练,才能很好地驾驭负重的骡子,很多人因此喜欢上了这份工作。全体官兵都需要接受细致的培训,学会如何驮鞍才不至于因超重造成牲畜腹部受伤或其他更严重的问题。譬如,每个步兵连连部会分到4头骡子,每头骡子能载重158磅。在条令中,通常一个载荷包括的物资有:1支信号枪;2门2英寸迫击炮加18枚炮弹;500发.303毫米口径子弹和1000发9毫米轻机关枪。印度军队山地炮兵连的轻型炮需要拆卸后用骡子搬运。英国军官配有军马,它们往往不是用来骑,而是用来托运个人物品。在马身上套上鞍斗,再往里面装上毯子、蚊帐和枪支。空投补给里面包括大量需要牲畜辎重队来搬运的粮食。

除了骡子外,日本人和英国人都会使用大象。在缅甸柚木林里战前,双方都动用了大象并雇用了当地的驯象师。斯利姆的大象队队长是比尔·威廉斯中校,他是第一次世界大战骆驼队的一名老兵,1920年以来一直负责为缅甸—孟买贸易公司训练大象。威廉斯很喜欢他的这份差事。他非常敬业地工作,不仅要让这些动物服务于英国的事业,而且还要保护好它们自身的利益。1944年冬,他带领一支由147头大象组成的队伍横渡亲墩江。随着英军的推进和日军的败退,他得以收拢日军丢下的象群，不断巩固壮大自己的队伍。让人惊讶的是，大象的负重能力只比骡子多出一点点，但部队却非常需要利用它们的架桥技能。一头大象能用鼻子举起重达 1/4 吨的木头，这样一番景象不由人不为之称奇。这些动物为第 14 集团军搭建了 270 座浮桥。有时，人们会看到大象拖着抛锚的水陆两栖车在路上行进。

威廉斯称他认为最好的驯象师是"真正的缅甸人，东方的爱尔兰人"。他们是些赌博成瘾的人，但对他们的大象爱护有加。但有人也有粗心的时候，铅酸从驮在大象身上的电池中滴漏出来，淌在了大象的背上，给它们造成了极大的痛苦。威廉斯建立了一家野战兽医院，专门用于照顾那些受了伤的动物。

威廉斯会在伞降区到处找摔破了的盐袋，因为他的大象喜欢吃里面的盐。他一直努力想阻止士兵随意虐待大象的行为。有一次，印度师保障大队的一名司机，因为嫌大象挡了他的道，用枪击伤了它的腿。1944 年 10 月，威廉斯最心爱的一头大象，4 岁大的班杜拉，趁人不备跑进香蕉园，吃了 900 只香蕉，导致了急性腹痛。班杜拉好不容易康复过来，但几个月后，却被一名英国人用枪打伤弄走了它的一只象牙。班杜拉因此不久就死了。大象因为在战争中糊里糊涂扮演的角色而蒙受巨大痛苦。许多日军的大象是死伤在英国皇家空军的机枪扫射之下。大部分被英军俘获的大象，它们的象牙会被试图以此牟利的人锯掉拿走。1942—1945 年间，据估计，缅甸有 4000 头大象死于战乱。

第 14 集团军所面临的，是一个稀奇古怪的世界，一个战士们以往对此一无所知的世界。"我们进入了一个被施了魔法的地区，或者也可以说，是一个被施了妖法的地区，"布莱恩·奥蒂斯写道，"你买不到能够到我们这儿来的旅行票……女人、理发师、除军人外的任何其他职业人士都得不到许可。律师、娱乐人士、政治家，这里通通禁止……要看这场演出，你必须得年轻，而且必须是英帝国的一分子。"跟欧洲战场不同，在这边的战场上，你捡不到任何的战利品。阵地上只有日本的军刀和可怜的军旗。有一次，奥蒂斯看到一位战士行军时，6 磅重的背包里插着一个老式的日本打字机，他因此感觉非常好笑。

残酷的战争在缅甸这个国家里进行，大家对缅甸人的忠诚并不抱多大幻想。第 20 师的一份报告指出，有 10% 的本地人是亲英分子，他们是些遭到缅甸主体民族迫害的少数民族，通常是些还生活在原始部落里的人。另外有 10% 的人是铁杆反英分子，其余 80% 是些"态度冷淡之徒，哪一边实力强，他们就会被迫或经说服后去支持哪一边"。

盟军士兵们学会了提防山上的大雾，它往往会持续弥漫到 9 点左右，因而会给敌人的行动提供隐蔽。盟军士兵对日军的 90 毫米迫击炮敬畏三分。夜间，如果敌人阵线上发出两道诡谲的绿光，那往往表明敌人即将发动进攻。军官们发现，他们在穿着上需要特别谨慎，不要跟部下有所不同，否认会引起敌军狙击手的注意。第 114 野战团在战斗中第一个丧命的人叫作约翰·罗宾斯，他是刚来不久的一位年轻的前线观察员。随步兵们投入战斗时，他还佩戴级别章，拿着望远镜，脖子上还很显眼地挂着个地图盒。日军轻机枪一梭子弹把他给干掉了。

在印度和非洲部队中，一些英国军官会留胡子，为的是要遮住他们的白皮肤。1945 年初，罗尼·麦克阿里斯特加入廓尔喀 3 团 1 营时，有人警告他，叫他如果没必要尽量别过分暴露自己。一位廓尔喀上校让白人军官在前线带队，导致几个月下来他们中约有 20 人丧生，因为这件事他一时臭名远扬。1943 年，传说廓尔喀 3 团 1 营曾发生过一件事。战斗中，营长亲自操起轻机枪开始向日军射击。事后，一位印籍少尉激愤地指责他说："老爷，这样的事不能再发生了。打仗是我们的事儿，你的事儿是负责指挥。"麦克阿里斯特说："经历过 1944 年间那些事情的人，他们并不抱有什么幻想。他们总是对我们说，别太着急，活命要紧。"

麦克阿里斯特是 1944 年冬进入缅甸的，他们这批人中有些等打仗都等了好几年了。约翰·希尔少校战前是一名普通士兵，现在在伯克郡 2 团下面的一个连队当连长，他曾在印度执行过 4 个月的驻防任务："过了很久，我们才等到打仗的机会。"伯克郡团的人首次参加战斗就被战争的惨烈场面给吓到了："吉普救护车缓缓从我们身旁经过，上面载着三个不停呻吟、满身鲜血、扎着绷带的人。我记得我在心里对自己说：'这就是战争。'我想，其他人的想法跟我也差不多。救护车缓缓从整营的人面前经过，仿佛要制造一种强调的效果。有人会觉得奇怪，仗都打了五年了，这还是我们头一次见到伤亡人员……对我们大多数人来说，接下来短暂的几个月，会如同漫长的好几年。对少数人来说，这几个月是来玩的；对多数人来说，他们是来完成任务的；对其余的人来说，他们则是来洗涤心灵的。"

从英帕尔向亲墩江推进期间，斯利姆的部下只遭遇了日军零星的抵抗，因为日军已丧失了正经八百打一仗的条件。虽说日军哪怕是有组织的抵抗威力也都显得微不足道，但在缅甸战争期间，几乎每一码开外的距离，都会随之发生一些出乎意料的情况。一天晚上，约翰·卡梅隆-海斯受了点惊吓，因为一件重物从天而降掉到了他的蚊帐上面，结果他发现那是条眼镜蛇。夜间，双方都会动用"惊扰部队"，那是些巡逻人员，他们的任务是干扰敌人正常休息。除此之外，还有许多出乎意料的遭遇战。一天晚上，一位廓尔喀士官从睡梦中醒来，发现旁边道路上有7人围在一起在看地图。他起身盘问是什么人，结果发现都是些日本兵。他用铁锹打倒一人，其余的都四散逃跑了。一番零星交火后，周围已经安静下来。整个营区的人再次进入了梦乡，随后一声巨响又把他们给惊醒。一位日本军官匆忙中踩到反坦克地雷给炸死了。廓尔喀人又再次进入了梦乡。天亮时，要不是自己阵地上多出了4具尸体，大家还以为昨晚发生的事只是自己在做梦呢。

1944年10月，温斯顿·丘吉尔痛苦地抱怨说："以这样的速度慢腾腾穿过森林，似乎对我们太不利了。"说这番话的时候，他针对的是第14集团军的行军速度。然而，对于基层作战部队而言，每一码的行军距离，都意味着痛苦与艰难。传统的野外生存知识要求，士兵们要尽量避开为数不多的几条小路，因为这些地方可能会布满敌人的火力。然而，在茂密的森林里穿行，会使行军速度非常缓慢，因为只有道路和河床才有望使部队以适当速度推进。地图上量得的距离毫无意义，真正重要的是人的实际行军距离。他们夜间在接近敌人的地方，不能抽烟、不能说话，因为这时候气味和声音都会传得很远。他们诅咒无休无止的潮湿，因为它会在瞄准具和望远镜上蒙上一层薄雾，会在一夜间使武器长出铁锈来。新替换上来的士兵时常背上背包就站不起身来。他们的训练并没有把他们准备好，在一个车辆稀少、骡子也很珍贵的国家，有些东西还必须由人来背。空投下来的大炮，必须由炮兵汗流浃背地亲自搬运到射击阵地上去。

整个缅甸战役期间，美军的运输机、战斗机和轰炸机为斯利姆的行动提供了重要支持。查克·里纳门，时年20岁，是俄亥俄州一位钢铁工人的儿子。他驾驶B-24"解放者"轰炸机从印度出发，执行过52次轰炸缅甸和暹罗境内目标的任务。他和他的机组搭档，首次得知被分配到远东地区，是在1944年8月。当时，他们正在飞往亚述尔群岛的路上。在大西洋上空，他们打开密封好的命令，这才得知了这一消息。他说："我甚至连要去的那个地方的名字都不知道该怎么念。"他们的第436中队位于加尔各答东北部130英里外的马达干基地。自从加入这支部队那一刻起，他就发现自己是能够从战争强加的任务中得到乐趣的少数人之一："我很喜欢这份工作。"他喜欢他的机组搭档，这是个典型的全美组合，包括导航员、副驾驶、投弹手、无线话务员和好几位炮手。他们做的事情包括在曼谷海港布雷，在火车站、桥梁和日军阵地上空扔炸弹。按欧洲标准来说，他们的任务全都是些远程行动，需要以165节的速度巡航10~18个小时。但作为补偿，他们遭遇的高射炮和战斗机抵抗相应也要弱一些。在执行低空任务时，他们会激动得像小学生似的从300英尺的空中向敌人阵地扫射。在一旁无法调整炮塔方位瞄准射击的炮手，会急得在对讲机上一个劲大喊："让我打一个！让我打一个！"

但这并不等于说这项任务没有风险。除了碰到机械故障风险外，他们还有可能遭遇日军发起的突然行动。在曼谷上空，盟军飞机需要不停闪避日军布设的障碍气球。1945年4月3日，在卡内布里上空6000英尺的地方，里纳门的"解放者"轰炸机被敌军防空炮火击中，系统遭到严重损坏，副翼操纵索被撕裂，右舷翼尖被打掉。飞机下坠了4000英尺，飞行员才得以恢复对它的控制。皇家空军在考克斯巴扎尔设有紧急迫降机场，要返回那里需要7.5小时的时间。在这段时间中，他不得不小心看护好飞机。在抵达基地上空时，他要机组成员做好跳伞准备。一位炮手问道："卷毛，你要干什么？""我打算实施迫降。"他回答说。炮手说："那我们还等什么呢？"其他9个人都在坠机逃生位置上就位。由于飞机无法在不失控情况下降速着陆，里纳门只好选择在沙滩上以每小时150英里的速度着陆并高速滑行，在最后时刻慌忙关闭油箱、电源和系统，直到机身颤抖着停下来为止。由于担心飞机会着火，机组人员从边门冲了出去。其中一人发现自己掉在了沙地上，离他几英寸的地方，飞机的螺旋桨还在不停旋转，差点把他的头给割下来。"事后说起来，你会觉得这些事很好笑，但其中任何一个环节都有可能要了我们的命。"

在季风来临时节天气不适合轰炸时，"解放者"轰炸机会被转用于执行运输任务，携带燃油翻过喜马拉雅山运往中国。一天晚上，他们的飞机还停泊在中国机场时，突然遭到日军的空袭。飞行员们挤在护墙墙头上想看热闹。一发炮弹落在离他们仅几码远的地方，才迫使他们匆忙四散躲避。里纳门大声说道："我爸爸总是教育我，说'给予总比索取好'，他说得一点没错！"然而，里纳门并不感觉对日本人有什么深仇大恨："他们就在那里，他们是敌人。我志愿报名当了飞行员，不过是干我分内的工作而已。"里纳门参加执行了轰炸桂河大桥的任务，那是一座战俘们在可恶的缅甸—暹罗铁路上修建的桥梁。因为这次行动，里纳门还一举成了名。但即使如此，他们对这次任务也并不觉得有多少情感。他们知道在地面上修桥的是被日军俘虏的盟军官兵，但却听不到他们被炸时难以言传的痛苦。炸毁大桥不过是又一次执行任务而已。

战术性空中支援部队是英军向前推进过程中的一支重要力量。由于日军战斗机已经差不多完全从空中消失了的缘故，这支部队变得尤其强大而可怕。日复一日，第14集团军的"形势报告"中总会出现这样的记载："敌军空中行动：无。"由执行对地攻击任务的"飓风"攻击机改装而成的"飓风"轰炸机，在美军"雷电"攻击机的协助下，每天会出动150多个架次。机枪扫射一直是个非常危险的战术动作。即使在敌人的抵抗非常微弱的时候，丛林和机械故障的危险依然存在。有一次，第211中队的"英俊战士"战机受了伤，当飞机抵达若开基地上空时，机组成员选择了跳伞而不是迫降。他们的降落伞飘进了150英尺高的热带丛林里。尽管离机场仅一英里之遥，人们还是没能再见到这些飞行员。

"英俊战士"是一种宽大、皮实的双引擎飞机，重约10吨，能够携带两名乘员执行长达7小时的"破袭任务"，通常针对的是日军的大后方。他们往往选择在黎明或黄昏时分发动攻击，在50～100英尺的低空飞行，不停做出绕飞动作以扰乱敌人的地面炮兵部队。"英俊战士"机身上携带有一门强大而可怕的武器，它通过座舱罩上的反射式瞄准具实现瞄准。那是个红色的圆环，里面的桨叶用于给火箭弹指示方向，圆点则用于给机炮指示方向。机头位置20毫米口径的机炮开火时，整个飞机都会剧烈抖动。炮弹在目标周围爆炸，会掀起一阵沙尘。如果目标是江上一只载有燃油的小舢板，那打击就会更具戏剧效果。

这个地区的天气是出了名的极端。有一次，一枚鱼雷炸毁了他们的窝棚。驾机在天上飞行时，他们会遭遇猛烈的热浪和雷暴。冰雹会把机翼前沿的迷彩油漆打掉，下面的金属铝板会发出闪闪银光。机组成员要是失去了联络，通常整个中队都不知道他会遭遇什么，他们只能说飞机失踪了。这是一种默默无闻的生存方式，与其他人和其余战场都做了隔绝，尽管赶巧的话他们有时会收到空邮版的离实际出版日期已经过了五天的伦敦《时代日报》。10年后，蒙塔古·布朗当上温斯顿·丘吉尔的私人秘书，但在当时他却根本不知道战争什么时候才能结束。"我们解放缅甸的进程极其漫长，"他写道，"我们每个兵种都占有优势。在英帕尔战役初期，我们差不多全靠双脚艰难跋涉……但现在，地形逐渐有所好转，装甲车和运输车辆可以派上用场了……我们为什么那么拖沓呢？……当然，我们本来可以推进得更快些。我后来发现，很有趣的是，丘吉尔也是这么想的。"霍尔·罗姆尼是被日军活捉的英国战俘，他被送去修建缅甸铁路，1944年11月19日，他在日记中写道："跟美军在太平洋战区的作为相比，人们不禁会觉得，英军在西亚战区的行动太过迟缓。"

很多人都有类似的想法，即使他们并不像罗姆尼那样急迫希望能够得到解放。斯利姆的军队还未离开阿萨姆时，驻缅日军就已经在英帕尔和科希马遭遇了重创。从那以后，英军在各方面都拥有了超越敌军的优势。日军没有坦克，也没有有效的反坦克武器；他们的空中支援力量完全可以忽略不计，大炮非常的少，粮食和弹药严重补给不足，兵力也不如英军。在此情况下，斯利姆的军队如果不能击溃日军，那就太丢人了。较之日军而言，后勤、气候和地形更是决定缅甸战役推进速度的要素，英军以蜗牛般的速度在往前推进，这种情况一直持续到战役的最后几个星期。盟军在欧洲战场上使用的高超机动技术或桥梁架设技术，几乎都无法用在斯利姆的军队身上。他那种"小打小闹"的作战方法，没有得到丘吉尔赏识，也让美国人感到无法容忍，在英国国内也很难得到认可。

斯利姆的参谋长莱斯布里奇伤感地说："这支军队就跟灰姑娘似的。在对德作战结束前，我们想要任何东西都得耐心等待。不管是要装备还是要人员，每个要求都会遭到拒绝，这种情况让人感觉非常沮丧。"许多怀疑主义者，譬如青年飞行员蒙塔古·布朗，他们对第14集团军的功劳不以为然，但事实上第14集团军挺进缅甸的行动是很值得称道的。1945年头几个月，斯利姆的战士们即采取引人瞩目的行动并取得令人称奇的战绩。然而，值得一提的倒不是英军取得了胜利，而是他们的敌人日军居然负隅顽抗了如此之久。缅甸的胜利是一场来得太迟的胜利。

第四章　海上巨无霸

水兵与战舰

跟斯利姆认为的一样，尽管他要对付的日军比麦克阿瑟要对付的日军要多，但他的戏份却仍然只是客串。击败日军的关键行动，正在遥远的东部战区进行。那里的作战条件跟卡堡谷地和亲敦江大为不同。大多数美国人都逐渐意识到，在太平洋战区，海水是他们的天然屏障。确切地说，在广阔的大洋上，零星散布着岩礁和珊瑚，上面点缀着郁郁葱葱的植被。在世界地图上，几乎很难看到这些地方的踪影。但它们却是难得的"不沉的航空母舰"。也就为了要占领这些地方，双方展开了极度疯狂的争夺战。但直至战争最后几个月，地面部队的规模一直都很小。海军是主体。从1942年到1945年，数以十万计的水兵习惯了这样的生活：早上醒来时，周围是天水相连的世界，舰船和飞机是这一环境中唯一的变化。史上最为强大的舰队，相对于太平洋的广袤无边，也不过是沧海一粟而已。美军"印第安纳波利斯"号巡洋舰被击沉，事件过去4天后才有人注意到它不见了，更谈不上确定它的方位。许多美国、日本、澳大利亚以及战争后期的英国水兵，他们会年复一年在海上漂泊。美军"艾塞克斯"号航空母舰曾连续在海上航行79天，在此期间从它飞行甲板上起飞过6460架次飞机，它们投掷了1041吨炸弹，发射了100多万发0.5毫米机枪子弹，消耗了136加仑航空汽油。

二战期间美国海军的扩张，是一个非同凡响的成就，那可不是想做到就能轻松做到的事情。1941—1945年间，美国海军的总吨位从300万吨猛增到3000万吨。战争期间美国海军的战争总支出为1000亿美元。这笔经费1/3被用在了造舰项目上。珍珠港事件以前,美国海军只有8000名军官。之后每年新增的预备役军官达9.5万人,再经过3个月培训,他们就能成为"坐办公室的水兵"或所谓"90天奇迹"。跟美国海军取得的进步截然相反,日本皇家海军的质量却在大幅下滑。日军经验丰富的水兵和飞行员损失越来越多,替换上来的新手变得越来越不能胜任工作。敢于自杀的飞行员还算有些勇气,但令人惊讶的是,在1944—1945年的战场上,许多日本海军航空兵和战舰的舰长表现得非常缺乏自信。与此同时,美国海军却变得越来越精通业务,不论是航海技术、枪炮操作、舰船补给、反潜战,还是飞机操作。掌握这些高超本领的人,大多数在战前只知道大海是个可以游泳的地方。

美国的造船计划让人有些难以置信。罗斯福总统一直坚定支持要建立强大的海军舰队。1940年《"两大洋海军"法案》通过后,议会给海军开具了有史以来最为慷慨的"空白支票",允许他们需要多少经费就提取多少经费。海军上将厄尼斯特·金,这位亵渎神灵、放荡不羁、沉迷女色的军阀,逮住机会就绝不放手。他开始着手建造一支无敌舰队。在确定这支舰队的规模时,他对打败日本所需要的资源并没有一个理性的评估,一切全凭他个人好高骛远的看法。1943年末,美国在建舰船包括7艘战列舰、28艘航空母舰、72艘护航航空母舰、73艘巡洋舰、251艘驱逐舰、541艘护航驱逐舰和257艘潜艇。除这些新造舰船外,正在服役的还有713艘军舰。美国的一位历史学者指出:"一个可以必然得出的结论是,海军的扩张目标完全脱离了战略规划。它绝不是对舰队长远需求做出充分评估的结果,而更像是遭到各种政治考量影响而得来的产物。"

厄尼斯特·金的计划促使美国造船业得以以惊人速度获得发展。马雷岛海军造船厂工人从1939年的6000人一下子扩充到了1944年的40000人。1940年6月,波士顿造船厂有8700名工人,三年后这一数字却猛增到50000人。仅新泽西一家造船厂就收到了建造42艘巡洋舰的订单。1944年前后,有100多万名工人在建造和维修舰船,其中55%是在大西洋海岸,27%是在太平洋海岸,同时另外还有200万人是在相关配套产业上班。他们大多数需要多班倒,每周工作48个小时。美国人还发挥了极大的聪明才智,以便产能实现最大化。许多小型船只、潜艇和护卫舰,先是在像丹佛这样的内陆城市厂区里建造,最后再运往沿海城市完工。上万艘登陆舰在大湖地区造好后驶往大海。其中有一艘坦克登陆舰,由于导航设备不够完善,开到距离尼加拉瓜大瀑布不足100英尺的地方才赶紧抢滩得以幸免于难。生产效率得到了很大提高，建造驱逐舰所需的工时，从战前的 677262 个小时降到了仅需一半时间就可以完成的水平。建造轻型巡洋舰所需工时，也从战前的 770 万小时降到了 550 万小时。这一声势浩大的活动，所导致的结果是：1944 年底，美国太平洋舰队规模，以 4 比 1 的舰船比例远远超过了日本，使美军在战斗力方面具备了绝对的优势；美国海军的实力比全世界所有国家海军的总实力还要强大。

海军并未尝试跟陆军商量，讨论两个军种各自的需求。厄尼斯特·金只是专断地宣布说，这场战争每天会给国家带来 2 亿美元的开销，建造舰船可以加快取胜进程，从而给国家节省经费。他设想从 1944 年 5 月 1 日至 1945 年 9 月 30 日美国海军的损失如下（实际被击沉的舰船数量在括号中标示）：4 艘战列舰（0），9 艘航空母舰（1），12 艘护航航空母舰（5），14 艘巡洋舰（1），43 艘驱逐舰（27），97 艘护航驱逐舰（11），29 艘潜艇（22）。既然有损失，就得有替补。1944 年末，海军能够调用的舰载机有 3000 架。军舰下线的速度，比招募培训船员的速度还快。海军从来未曾对其人力需求做出过评估，凡是能够找到的海员，它一律招募使用。1944 年，有 8000 名海军航空新兵进入培训。同年 7 月 2 日，厄尼斯特·金向参谋长联席会议提出要求，希望能给他提供新的人手，在 1945 年 6 月前，将海军兵力扩增到 340 万人，其中 100 万人用于在海上执行任务。然而，从他已经订购的舰船数量来看，他实际需要的船员应该达到 410 万人。

这一切反映了一个事实：因为想要一雪珍珠港之耻的缘故，美国全社会已经没有任何政治意愿，想要挑战美国海军的雄心。一直以来，美国人就发自内心地对"大军队"持有怀疑态度，但 19 世纪末以来，他们对海权就再也没有这样的禁忌。厄尼斯特·金为国家做出了重大贡献。他创建了世上有史以来最大的一支舰队并为这支舰队培养了一批称职合格的船员。但也就只有这样一个富裕得有些荒唐的国家，才能在战争年代建造出 200 艘战列舰、航空母舰和巡洋舰以及 1000 艘其他类型小型舰船来。有人会说厄尼斯特·金的变态权力欲跟空军的阿诺德也都差不多，因为阿诺德同样造成了比例严重失衡的人力需求紧张。美国陆军一直是个爹不疼娘不爱的"灰姑娘"军种，它为海军和空军的发展付出了代价，出现了长期缺少作战步兵的局面。只是到战争晚期，美国的国家领导人才发现，他们以里程碑般的工业动员建造出来的舰船和飞机，其数量已经大大超出了现役军人能够加以使用的程度。

1944 年秋以前，美国投放到太平洋战区的主力海军部队包括：在珍珠港和布里斯班外围执行任务的小规模潜艇部队；由海军中将汤玛斯·金凯德指挥，由巡洋舰、护航航空母舰和老式战列舰组成，听命于麦克阿瑟以便为其陆上行动提供支援的第7舰队；由尼米兹指挥、主要由速度较快的战列舰和航空母舰组成的重型舰部队。所有这些部队轮流接受"公牛"威廉·哈斯利和雷蒙·斯普伦斯的领导。"公牛"威廉·哈斯利是个好战人物，他的这个特点让他成了一个广为人知的传奇人物，雷蒙·斯普伦斯比他更为冷静、更有智慧，他是中途岛海战的英雄。这一安排有些古怪，这么做的理由是：在舰船相对拥挤的条件下，做作战计划会是一件很困难的事情；因此每位海军上将都需要轮岗，或是上岸到珍珠港上班为下一阶段作战做准备，或是出海指挥特遣部队作战。为了迷惑敌人（当然并不只是日军会被迷惑，美军自己也会搞不明白），哈尔西的司令部被人称为"第三舰队"；当斯普伦斯接管任务时，同样一批舰船却又被称作"第五舰队"。不管哪个番号，这支部队都可以称得上是世界历史上最大的一次海军力量集结。

　　对那些在海上服役的人来说，一阵接着一阵的紧张战斗只会使间歇期间的疲惫感显得更加明显。"美丽森林"号航母上的一位船员说："那种刺激感很短暂，而且中间的间歇期很长。"

　　除了有明确目标的轰炸任务和防空袭任务外，许多人不知道军舰的各种活动到底是出于什么目的，因此感觉很不耐烦。路易斯·欧文是"印第安纳波利斯"号航母的舰炮长。他说："从一个岛到另一个岛，你永远不知道自己要去什么地方。"本·布拉德利中尉是驱逐舰上的一名军官，他说："我一直感觉遗憾的是不知到底发生了什么情况，我们的行动是否符合大局。"中途岛海战期间，尤金·哈迪在一艘巡洋舰上服役，但他根本不知道自己参加了一场重大战役，直到后来有人告诉他。一位20岁的小伙从太平洋上给新泽西的家人写信说："亲爱的爸爸妈妈。我真的很想给你们写一封长信，因为我现在有时间，但我的确没有多少东西可以写。"

　　日常工作往往会让人感觉压抑，但对陆军步兵战士来说，水兵生活的许多方面对他们很有吸引力。死在海上是件可怕的事，但相对于在陆地上执行"啃硬骨头"任务的人来说，水兵们的死亡概率却要小许多。舰上给大家提供了休闲设施，可用来缓冲日常工作的单调和压力。对陆军来说，他们却没有这样的条件。然而，在太平洋上，每位水兵都会面临酷热的考验。通风条件显得原始而不足。级别高的水兵，会拼命争夺临近通风口的宝贵铺位。天气不好的时候，条件会恶劣许多，因为这种情况下鼓风机没法工作。长痱子几乎是司空见惯的事情。

第四章 海上巨无霸

许多人宁愿睡在甲板上，因此一到晚上，舰炮位置、舰后瞭望台、救生艇下面，以及在上层结构各个角落栏杆上搭起的吊床上，到处都可见到酣睡的人。停在飞行甲板上的舰载机，折叠机翼下面，也会挤满趴着躺着睡觉的人群。救生衣被当成了枕头。舰上人的生活模式是一成不变的，四小时上班、八小时下班、黎明和黄昏时需要呼叫一下"总部"。在这样一种生活模式下，官兵们学会了在最不理想的环境下也能睡得着觉的能力。詹姆斯·法希来自新英格兰地区，在"蒙彼利埃"号巡洋舰上服役。他很少到床上睡觉，情愿用鞋子做枕头睡在钢甲板上。如果下雨，"你会找地方躲起来，同时希望不要下得太久。"有些人会尽量找远离爆炸物和燃油的地方睡觉，但在军舰上面，要找到一个绝对安全的地方，那只是个不切实际的幻想。

海军部队往往会在某一特定区域连续值上好几天的班，这时候他们会选择原地盘旋而不抛锚。机械装置永远没有静止不动的时候。船上不停回响着电台播报声、上下楼梯声、电话拨号声、一边观察屏幕一边戴着耳机说话的声音等。所有人几乎都处于疲劳状态，然而这支海军的效能已经非常高，用一位年轻预备役军人的说法就是"这里不会有乱七八糟的情况"。

在执行岛屿轰炸任务时，大型舰上的舰炮会连续好几天、连续好几个小时不停开火。只要有前线观察员指定目标，只要弹药还能维持，就得继续下去。"宾夕法尼亚"号战列舰上一位新兵在一门舰炮的炮塔下睡着了。在此期间，根据总部命令，舰上发布警告，说舰上的主炮即将开火。主炮开火造成的震荡险些把他给震死。一位水兵记录说："从那以后，每个人对这门14英寸火炮都敬而远之了。"主炮开火时，重达4.5万吨的战列舰全身都会发出震动。后坐力会将船身往后推。在离甲板很远的发动机位置上，"会有一种仿佛地狱里的锅炉房被拆了的感觉。你会看到马达机架陡然跳起、蒸汽管道突然移位的景象"。在小型舰船上，后果则更加明显。"豪沃思"号驱逐舰的5英寸火炮造成的频繁震荡，导致安装在厕所舱壁上的小便池全都掉落在了地上。

对海军来说，他们的一个痛点，就是获得奖章的军官人数比例严重失调。军官人数只占总人数的10%，但他们获得的奖章，却占总数的2/3。如果军舰被认为做了什么好事，那么站在聚光灯里的就总是这些军官，而他们手下的水兵则永远都是"群众演员"。譬如，有一天，"施罗德"号驱逐舰水兵罗伯特·施瓦兹，在波涛汹涌的天气条件下，潜入海里救起了自己一位落水的战友，但他却没有得到任何形式的认可。埃默里·杰尼根讨厌早餐时见到有人送煎鸡蛋到军官用餐区，因为与此同时他和其他同事吃的却是面糊类食品，而且是很稀的那种，喝的是柠檬冲剂："这些东西不断让人产生很不舒服的感觉，我们这些一流的公民，被放到了三流的环境里面。"

但有些士兵却发现当海军很有收获。卡洛斯·奥利维拉是葡萄牙移民的儿子，从未上过学，也不会说英语。1941年，他自愿报名参加海军，但却没被录取，珍珠港事件后，海军在慌张的氛围中录用了他，而且让他直接进了"威斯康星"号战列舰的火控室，他在那里服役了三年，才被送去新兵训练营接受训练。在那里，他遇见了一位年轻的军官，一个叫作贝茨的南方人。这位军官的一番话，给他留下了深刻印象："卡洛斯，如果一个人能读书且愿意读书，那么缺乏正规教育的经历就不会妨碍进步。书籍可以带你去任何你想去的地方。"奥利维拉后来说，这场战争把像他那样的人变成了真正的美国人。

埃默里·杰尼根，21岁，来自佛罗里达州一个极其贫困的农民家庭，几年的海上生活下来，他最想念的是能够有机会到森林里散散步。他作为水兵吃到的东西，比他小时候吃的东西都要好，但他却仍然怀念家乡的粗玉米粉。在驱逐舰上，他的战位是在前发动机室。工作时，他和他的战友们时常会听到头顶传来战斗打响的各种振动。他们永远不会忘记，蒸汽管道一旦出现裂缝，不出几秒钟他们就会被活活烫死。高速行进状态下，传动轴会发出尖利刺耳的声音，"那是一种异样的声音，仿佛快散架了似的。船舵和液压管线也会发出痛苦的呻吟，水下爆炸物会击伤军舰的外壳"。几个月战斗下来，人的神经会紧张到极致，"以至于有一次，一把大型管道钳掉到我身旁的铁栅上面，发出一声巨响，把我给吓了个半死"。几个小时的痛苦煎熬后，他们会满身臭汗地钻出来。有一位杰尼根的战友，在有了在甲板下面工作的痛苦经历后，死活赖在一间弹药处置室里，设法求人给他搞了个在甲板上工作的战位。

在陆军官兵们眼中，水兵们得到的食物配给，其质量和数量都让人无限嫉妒。这一期间官方的《海军食谱》里面有这样一个精彩片段："为便于那些对烹饪术语不甚熟悉的人理解，特对以下用语加以定义：CANAPE（KA-NA-PA），意思是'在用黄油剪过的面包片上放上凤尾鱼或蘑菇'；CAVIAR（KAV-I-AR），意思是'用来作为调味品的腌制好的鲟鱼或其他大型鱼类的鱼卵'。"大型舰船的厨房里，所有东西都形制巨大、数量惊人。"鳕鱼罐头蛋糕"的菜谱开头是这样说的：

"取40磅土豆和15磅鳕鱼……""牛肉杂碎"的菜谱是这样的:"30磅①牛肉,30磅白菜,1品脱②伍斯特郡调味酱……"

1945年《美国海军菜谱》的菜单样本这样写道:"早餐:柚子汁、玉米片、烤香肠、新鲜的吐司、糖枫汁、黄油、牛奶、咖啡。午餐:蔬菜浓汤、烤牛肉、红肉汁、黄油土豆、哈佛甜菜、胡萝卜和芹菜沙拉、冰淇淋、肉卷、黄油、咖啡。晚餐:油焖羊肉、土豆泥、凉拌绿色沙拉、法式料汁、椰子果冻面包圈、黄油、茶。"驱逐舰上的水兵从不按这样的菜单进食,但大型舰船一般却总能提供令人惊讶的伙食,例外的情况包括战斗、恶劣天气或因作战耽误了跟冷藏补给船碰头。在例外情况下,住仓甲板菜单上的菜品,规格会大大降低,也就只能提供午餐肉和豆角了。

人与机器,他们的几乎每个需求都需要通过运输来保障,那往往意味着要在海上航行数万英里的距离。西南太平洋地区被人们称为"山羊白菜环线",那是因为从澳大利亚运来的食物非常不受欢迎。后勤的规模大得令人难以置信。譬如,1944年9月1日以后的5个月时间里,油轮船队单是给快速航母部队提供的燃油就多达825万桶,航空汽油多达1225万加仑。此外,他们还运送了14种类别上万桶的润滑油、压缩天然气、氧气、飞机备用外挂油箱、邮件、人员和食物。淡水补给一直是个问题。天气炙热导致水箱遭到细菌污染,因此不得不放空里面的淡水,以便对水箱进行清洗。水兵们渴求能够好好地喝上一顿,他们会自己制作蒸馏器或从鱼雷推进系统中弄出酒精来喝。后一种做法虽有可能提升士气,但却会大幅缩短鱼雷的射程。

家信的频繁程度会极大影响士气。宣布邮件时,整船的人都会发出欢呼声和口哨声。有一天,舰长把埃默里·杰尼根叫过去,批评他没给他母亲写信,因为老人家都在抱怨了。埃默里因此感到很内疚。流言蜚语是生活的调味剂,包括:日本要投降了,船要送去大修了,下一个目标是冲绳或莱特岛或贝里琉岛,等等。优秀的指挥员会频繁通过广播通知水兵他们需要知道的事情,比如本舰在干什么,整支舰队在干什么,等等。对于甲板下面、上千名关在钢铁围成的房间里、正在作战的官兵们来说,这一点尤其重要。为他们的精神健康着想,他们需要知道他们看不见的一声巨响到底是因为什么造成的;他们的团队是否即将赢得胜利;在船只受损的情况下,各种振动、尖叫、通

---

① 磅为重量单位,合0.454千克。
② 品脱为容量单位,合0.568升。

过排气扇涌入的浓烟，会让人感觉好像船只伤得很厉害，舰长需要告诉大家情况是否真是如此。

1944年年底前，即使是规格最大的军舰，上面都会显得非常拥挤：甲板上额外加载了高射炮，满满当当塞满了操作这些高射炮的炮手；每次出发前往作战区时，都会有人习惯性地"没赶上船"，船上会额外增加10%以上的人员来弥补因此造成的人手不足；除了这些人外，甲板上还有一部分人是参谋军官。一个又一个的专家被塞进住舱甲板，让那些已经住在里面的人非常懊恼，因为他们需要为新来的人挪出地方。这些人可能是对空鱼雷、人操鱼雷方面的专家，也有可能是反水雷方面的专家。海军准将阿里·伯克幽默地指出，来访者离开航母时都有一种感觉，认为"最重要的战斗是争夺食物和住所的那场战斗"。过度拥挤的问题还不仅仅是人员的问题。现在，舰上还需要装载更多技术设备，其数量远远超出了军舰的携带能力。"顶部过载"指的是军舰上层结构超重，会危及船的稳定性。一位参谋军官可怜巴巴地说："每次我们拿出新装备，舰长都不肯放弃已有的旧装备，但又想要新东西。现在我们已经到饱和点了，不能再往上添东西了。"

官兵们渴望有机会能到岸上去伸展伸展腿脚，但这意味着只是走马观花看一看那些无人问津的珊瑚和棕榈树而已。譬如说孟贡环礁，水兵们称之为莫哥岛。一位和蔼可亲有些年长的海军准将、曾经从医院跑出来参加战斗的名叫凯兴的"斗士"，在环礁上修建了一些修养康复设施。一度一天之内曾有2万名水兵到环礁上去使用这些设施。1945年3月，冲绳战役发起前，曾有617艘军舰锚泊在这里。詹姆斯·哈钦森在"科罗拉多"号战列舰上服役，他加入舰上拳击队，只是为了找个理由能有机会上岸到乌利西环礁接受训练。乌利西环礁是美军舰队的维修基地，是后勤组织工作的一个奇迹，但它并不能给疲惫不堪的水兵们提供多少娱乐。新兵们会排上好几个小时的队，为的是能在艇上弄到一个座位，乘小艇到岸上去休息休息，上岸后他们每人可以分到4听啤酒。军官们也争先恐后想到西太平洋上最为拥挤的军官俱乐部，去喧闹地猛喝一通，然后再返回舰上来。

在航母上，飞行作业和飞机维护会让官兵们忙个不停。但在其他舰船上，几个星期或几个月的单调生活，只有偶尔才会被打断。大家很少有机会看到敌人，能看到的只是敌人发射出来的致命爆炸物。整场战争中，本·布拉德利中尉只见过两个日本人。有一次是匆忙间见过一位日本飞行员，他的飞机在离舰首仅几码的地方坠入了大海。在坠海的那个瞬间，他清晰地目睹了那位飞行员冰冷的面容。还有一次是在科雷吉多尔岛附近，他从驱逐舰上看到一个人孤零零地在海上划水，身上穿的仿佛是一件撕破的睡衣。上级派布拉德利乘小艇去把他救起来，但一群水兵却站在船舷边嘶哑着嗓门讥讽地喊道："把他扔回去。"

海战来得快去得也快，从日常生活到致命恐怖间的过渡是突然而剧烈的。这一点跟陆军在岸上的战斗有很大不同，因为步兵的不适感和恐惧感是一直存在的。无论白天黑夜，只要听到广播呼叫，整船的人就会像遭了电击似的一下子来了精神。一位军官写道："在所有广播通知中，最有冲击力的一句话是：'指挥部命令，指挥部命令，所有人各就各位！'之前你可能听过50遍，但第51遍还跟第一遍一样让你有新鲜感。"海军少尉迪克·桑德斯是航母上的一名军官，他说："当战斗的确来临时，它会来得如此迅速，以至于你感觉自己都没怎么做好准备。但几秒钟后，它又骤然结束了，然后你就得等啊等，一直等着它再次来临。"

航空兵

大型军舰看起来雄伟壮观，疾驰的驱逐舰和在浪花上跳跃的鱼雷艇也很让人感觉刺激，但1944年前后，太平洋战区的每一位水兵都知道，海军航空兵的火力才真正算得上数，它们包括"复仇者"鱼雷轰炸机，"地狱俯冲者"轰炸机，"野猫"和"海盗"战斗机。作战时，舰队轻型航母会以4艘航母组合适当护卫舰的形式编成特混舰队。集约紧凑的航空母舰省去了常备战斗机巡逻队的需求，谋求在公海上作战，因为那里能够得到最大机动范围且最不容易遭到敌人突然袭击。驱逐舰雷达警戒队被安排在数英里外的地方，负责给航空母舰提供掩护和预警，几年前，人们一直认为舰载机不能替代陆基空中支援力量。1944—1945年间，重型轰炸机的确还不能从甲板上起飞执行任务，但美国海军的舰载机部队规模非常庞大，可以对海上和岸上的任意目标发动毁灭性打击。舰队每艘航母上都搭载有各式各样的飞机，包括约50架战斗机，30架俯冲轰炸机和12架鱼雷轰炸机。尼米兹的舰队要给陆上作战行动提供支持，而限制发挥这一能力的主要因素，第一是天气，第二则是海军将领为追求自身战略目的而对陆军或海军陆战队战士不负责任的态度。

航空大队的官兵穿的是海军制服，表示他们跟水兵一样属于同一军种，但"棕色皮鞋海军"的飞行员却把自己认为是支独立的力量。他们的生活几乎完全跟母舰上的水兵相隔离。直到战争最后阶段，人们仍然觉得约 1/3 的舰载机飞行员可能会牺牲，或是牺牲在作战行动中，或是牺牲在跟高度紧张状态下执行飞行任务关系密切的事故中。一次弹射器故障、一次马虎的着舰操作、一次敌军高射炮射击导致的液压系统失灵或着舰装置损伤，这些情况都有可能并真实造成机组成员伤亡。大多数情况下，每天会有一两名机组成员牺牲。航母作战计划中将每月损失 10% 战机这一因素纳入了考虑。

飞机起飞前两小时，就会有人把飞行员从床上叫起，让他们穿戴好，吃完饭。通常，前一天晚上，有人就会给他们介绍黎明时起飞需要前往执行的任务。命令是通过号角和广播系统发出的，首长会说："飞行员们，现在登机！"然后，他们会穿过舱门沿过道跑向飞行甲板，等候在机翼边上的飞机维护长会让他们坐上飞机并给他们扣上安全带。如果是夜间或黎明时分，手握荧光棒的甲板工作人员会引导他们到左舷的位置，他们会在那里给较重一些的鱼雷轰炸机系上弹射环和弹射装置（战斗机起飞时通常不需要协助），与此同时飞行员会按清单清点随机设备是否齐全、飞机状态是否良好。随后，经信号示意，他们会一个接一个，以几秒钟的间隔打燃发动机，然后弹射起飞到空中。起飞时，这些飞行员情绪相对比较沉着和舒服，但不久他们就会投入激烈的战斗，经历很少有水兵能够有所认识的刺激和恐惧，然后轰然在起伏不定的甲板上着舰，被停机钩猛然止速停在飞行甲板上。接近 7 个多小时时间，他们穿着很不舒服的飞行服坐在机舱里，着舰后他们还要拖着僵硬的身体从机舱里爬出来，到下面做一次工作汇报，很可能会喝上一杯波旁威士忌。舰载机飞行员是让许多职业海军军官颇感头疼的一批人。他们大多数根本不在乎海军的荣誉和传统，也不在乎军舰上的纪律。他们认为，只要完成飞行作战任务，其他事别人都管不着。

美国海军的其他人员可能会滴酒不沾，但飞行大队的人却很少有不喝酒的。"望加锡海峡"号航母舰长赫伯特·雷利曾担任过富兰克林·罗斯福的海军副官。他写道："所有航母上都会有医用酒精，需要在航空军医指导下使用。医用酒精的补给很充裕……相信我，酒精会派上用场的。"他手下的航母飞行大队在执行完首批任务后，他发现航空军医"把酒精盛在酒杯里，分给飞行员们喝，而那些飞行员已经一个个喝得有腾云驾雾的感觉了"。

那以后，雷利制定了规矩。他叫人把闲置的将军舱改装成了飞行员俱乐部，里面贴上《绅士》杂志上的美女照片，摆上鸡尾酒酒桌。在那里面，只要没有飞行任务，每位飞行员每晚都可以喝上两杯酒。

第四章 海上巨无霸

海军准将比尔·韦德姆是"特混58"号航母的作战官,他曾愤愤不平地抱怨官兵间在分配酒的问题上存在歧视:"这些舰上,有些人一年到头,一次上岸的机会都没有。我不知道,为什么我们不能像英国人那样,给士兵们喝烈酒。飞行员可以喝。我可以喝。但士兵们却始终不能喝。"

海军准将吉姆·拉玛德在"汉考克"号航母上服役,他希望在行为不端这个纪律问题上能够对优秀飞行员格外开恩,因为传统的海军惩戒措施对他们来说毫无意义:"这些年轻飞行员并不是我们所熟知的海军军官。他们执行飞行任务,仅仅因为那是他们的工作……纪律对他们来说毫无意义。如果你说,'我们可以禁止他飞行'。那好吧,他们巴不得不打仗呢……他们就呆在寝室里看书。但你要是扣了他一点儿工资,他们立刻就会做出反应。"

同样,海军准将吉姆·米尼在"艾色克斯"号航母上服役,他说:"那些日子里,飞行中队的小伙子们并没把海军当作自己的职业。这里存在一个谁来领导的问题,你必须让小伙子们喜欢上你。你不能摆出一副首长的架子对他们说:'你得这样做或那样做。'你必须用一种比较有吸引力的方式来让他们熟悉情况……我敢说,如果这次任务再长一点儿,我们就会有麻烦了,小伙子们会出现更多情感崩溃的情况。"违反纪律的飞行员比例非常高。一份海军报告曾经指出:"飞行任务性质严苛,加上飞行员又年轻,飞行队主官又经常不负责任,这就导致了很多问题。海军因此设立了一个专门委员会来纠察这些问题。"飞行员给家人的信件暴露了他们对安全问题的不在乎,他们还违规写日记,"酗酒更是家常便饭"。

战争期间最为惊险刺激但同时又最有压力的事情之一,就是从航母上驾机起飞去执行任务。特德·温特斯曾说起他们执行过的一些耗时较长的任务:"这不是有多少燃油的问题,而是你的屁股能在座位上坚持坐多久的问题。"就算不考虑敌人,单是在拥挤不堪、飘摇不定的海上平台上操作飞机就是件非常危险的活动。一位飞行员写道:"我们学会了听发动机声音的变化,细微的变化可能会暗示飞机失去了动力。飞行甲板上要是起点微风,我们会很高兴,因为它能增加飞行甲板上的空气流速。5—10节的风速所导致的差别,可以让你起飞时感觉特别舒服,也可以让你起飞时'惊出一身冷汗'。"

除战斗伤亡外,在"艾色克斯"号航母上,陆战队"海盗"战斗机中队的航海日志显示,在两个星期内,头一天一架飞机起飞时掉进了海里,第二天另一架飞机着舰时发生了坠机。三天后,一架"海盗"

战斗机在海上失踪了。随后，有三架飞机分别发生坠海，每隔两天就有一架。甲板硬着陆会损坏机身。谢尔文·古德曼是一架"复仇者"舰载机的炮手。一天早晨，他遭遇了一起典型的意外事故。飞行甲板上的液压弹射器在弹射作业时中途突然发生故障，他的飞机一头栽进了水里。几秒钟后，一艘庞然大物般的航空母舰从旁边经过，从侧面撞击了即将沉没的"复仇者"。一艘驱逐舰把机组成员安然无恙地打捞了起来，但按惯例航母需拿出 6 加仑冰淇淋作为"赎金"，然后驱逐舰才会把他们交还出来，让他们继续执行任务。

飞行员们说："我宁愿做跑腿的堂倌，也不愿做航母上的飞行员，我的手宁愿用来给人端盘子，也不愿用来抓飞机上那倒霉的变速杆。"出乎意料的恶劣天气，有可能造成整个飞行中队全军覆灭，因为这样的天气会造成无法正常开展导航。而导航出现错误，则意味着燃油耗尽后飞机就会掉进海里。跟在岸上一样，几乎每位飞行员都是"战斗机迷"，渴望驾着由格鲁曼公司生产的最好的舰载"野猫"战斗机，去享受迎战敌机的惊险刺激。要是你明白己方的飞行员远比敌方的飞行员更加训练有素、更加精通业务，那你一定会醉心于参加空战。1944 年年底前，日军飞行员参战前仅有 40 个小时的飞行经验，而美军飞行员却有至少 525 小时的飞行经验，其结果自然不言而喻。在战争最后阶段，美军航母战斗机给大势已去的敌人造成了完全无法相互比较的损失。海军准将温特斯说："我们造成的杀伤，大部分是在敌人后部。日军被'野猫'吓得要死。除非他们数量明显占优，否则他们没法靠近我们。他们会溜边经过，但离得远远的，一旦你对准他们，他们就会立刻溜之大吉。"敌人的这种谨慎行为似乎跟神风特攻队的做派大相径庭。只是到了 1945 年，大家才听说到越来越多有关神风特攻队的故事。

当需要执行对地扫射或对舰攻击时，飞行任务就会变得更加危险。低空俯冲轰炸和携鱼雷实施轰炸一直是最为艰巨的任务。海军准将拉玛德来自"汉考克"号航母，他跟他的战友们一道对香港附近的目标实施俯冲轰炸时，曾遭遇日军密集的防空炮火，其猛烈程度让他们感觉非常惊讶。日军防空炮兵以非同寻常的老练做法，追踪美军飞机从 15000 英尺到 8000 英尺再到 3000 英尺，一直下到几乎贴近地面的高度。拉玛德在做任务小结时说："脱身出来后，我扭头看见，我们大队有 5 架轰炸机正燃起熊熊大火往下坠落。我们必须找到合适办法来对付这些防空部队。这次攻击任务后，海军上将麦凯恩说他很对不起我们，让我们大队损失了这么多飞行员。我告诉他说，要想继续打击日本人，就不可能没有一点损失。"

第四章 海上巨无霸

为了克制高射炮，飞行员们学会了以更快速度和更陡角度做俯冲，这是他们以前培训课上从未学过的。投完炸弹，当他们从俯冲下降姿态改为向上拉升姿态时，飞机的座舱玻璃会由于气压的急速变化而起雾。跟其他时候一样，在战斗中幸存下来的，往往是那些意志坚定，但同时又办事谨慎的人。弗雷德·巴库迪斯在"企业"号航母上服役，他在做任务小结时指出："我们有四五个作战心切的飞行员。他们非常优秀、精力充沛且意志坚强。但通常回不来的正是这样的人，因为他们打鬼子的想法太迫切，他们会毫无理性地去冒险。"但也有一些腼腆的飞行员，他们满足于扔完炸弹就抽身逃命，但却不怎么去考虑投弹的准头。这让他们的首长很是气恼。这些飞行员中有些甚至是放纵不羁的年轻人，他们在使用致命武器时有时会显得过于轻率。有时，美军飞机会被误以为是日军飞机，因而被战斗航空巡逻队的"友军火力"击落，这种事情经常发生，让美军高级指挥员大为光火。曾经有两个感觉无聊的年轻的美军飞行员，因为没发现敌人目标的缘故，竟然拿菲律宾渔船或在岸上缓缓行进的手推车来发泄沮丧情绪。

夜间作战任务，是谁都不愿干的活。黑暗中，飞机的起飞和降落会比白天来得更加危险，而且夜间巡逻会很单调，这种单调又没办法在战斗中得以消遣。白天，要是飞行员接近甲板的动作做得不好，甲板上的人会挥旗让他重试；但夜间，他必须得独立着舰，并接受一切可能的后果，因为航母不能为了他着舰再次冒着暴露行踪的危险打开甲板上的指示灯。特纳·卡德维尔是夜航战斗机中队的队长，他说："这些孩子希望执行的任务包括加入日航战斗机中队，或日航鱼雷中队，或是王牌飞行员中队，去炸沉日本鬼子的航母，或者诸如此类的事情。因此我们该给他们以不同的激励，因为他们毕竟是孩子，对军队生活了解不多，不知道这些事情必须有人去做。他们心里想的就是，不想干就是不干。"

航母上的水兵会连续在海上漂泊数年之久。跟他们相比，舰载机大队的官兵明白，他们不过是些匆匆过客而已。如果侥幸没有受伤或殉职，6个月后他们会轮岗到岸上去执行任务。一份海军报告指出，在执行完两次作战任务后，飞行员们"就失去了勇气……感觉他们已经做出了贡献，其他还没有打过仗的飞行员，需要来接替他们的责任"。美军在关岛岸上保留了一批替补飞行员。第二批替补飞行员在舰队的补给舰上，他们需要连续好几个星期忍着折磨人的无聊感在舰上等候。突然，某一天早晨，他们会接到命令，说轮到他们上了。然后，他们会穿着裤形救生圈从补给舰滑降到岸上，加入飞行大队的行列中。有些替补飞行员在登上航母前，会在海上无聊地漂泊好几个月的时间。一位飞行中队队长说："刚到的时候，他们差不多一点用都没有，因为他们把以前学过的东西都忘光了。"把一个人从一群陌生人中揪出来放到另一群陌生人中，几小时后就要随他们一块儿驾机去执行任务，去牺牲生命，对这些人来说，这是件很考验人的事情。服役"汉考克"号航母的吉姆·拉玛德说："突然间，上级希望他们继续行动，把他们编入作战飞行中队，要他们径直去打击敌人目标……小伙子们有些缺乏勇气，这也难怪。"有人会打报告说自己病了，这时航空军医就不得不严厉起来。拉玛德说："我们经常用'作战疲劳'这个词，但没人知道它具体是什么含义。它包含了很多种违规行为。我认为应该把它从我们的语言中抹去。"

飞行中队队长需要带领他的手下执行空战任务。任务的压力让他们感觉没了耐心和精力去完成返舰后需要完成的常规。他们抱怨官场做派和文案工作。当时的澳门是个中立区，当飞行中队的人误击了那里的机场时，中队队长很气恼地发现，上面组织成立了一个调查法庭来专门处理这件事情。相反，大家却很不注意保养飞机。盐会腐蚀飞机上的涂漆，但做修复所需要的油漆却一直紧缺，因为没人愿意在航母上大量储存这种众所周知的易燃物品。如果机身严重损坏，或者飞机已完成8个月服役期，大家往往会把它直接推入大海。美国的工厂正在制造数以千计的新飞机。这个时候，旧飞机自然就显得没什么价值了。

有出事故的时候，而且总会有出事故的时候。疲惫不堪的年轻人，在将本人和本人的装备推向极限时，犯错在所难免。飞机停在飞行甲板上的时候，有人无意中击发了机炮，伤及了周围的飞机和人员。在战斗中严重受损的飞机，被禁止在航母上降落，以避免弄坏飞行甲板。海上迫降几乎成了司空见惯的职业风险。飞行作战期间，驱逐舰会一路尾随航母，以便随时给落水的飞行员提供救援。只要飞行员足够幸运，保证打开座舱盖避免跟飞机一同沉到海底，他们就有望在海上迫降行动中活下来。吉姆·拉玛德他们飞行大队的官兵，99%的人都有过这种"逃过鬼门关"的经历，他们多数人对此已经习以为常。也就只有在那样一个时间和那样一个地点，才会有那样的一种心态。

潜艇救援服务往往在近海地区展开，需要面对复杂的暗礁环境和日军的炮火袭击，但每位美军飞行员却都对此感激涕零。跟水陆两栖飞机和巡逻驱逐舰一起，潜艇创造了救人的奇迹，从大海、鲨鱼和敌人的手中拯救了上千名宝贵的飞行员。"莱克星顿"号航母第16飞行大队的海军准将厄尼·斯诺登对潜艇兵表示了热情称赞:"如果他们有轮子的话,我想他们会开到沙滩上去,把我们给救下来。对于他们,我们只有无尽的称赞。"譬如,1944年10月10日,有21架美军飞机在攻击琉球群岛时被击落,但美军却只损失了11名飞行员和机组成员,其余都得到了救援。其中单是"小体鲟"号潜艇,就在冲绳附近救起了6名飞行员。在琉球附近鹿儿岛湾坠机后,罗伯特·纳尔逊中尉的皮筏开始朝近岸地区漂去。一架从巡洋舰上起飞的"鱼狗"号微型水陆两栖飞机在他身边停靠了下来。纳尔逊爬上飞机浮筒。飞机在水面滑行几英里后,跟一艘潜艇会了面,把这位鱼雷轰炸机飞行员送上了返航途中的潜艇。

在硫磺岛附近的一场空战中,日军"零式"战机飞行员岩下邦夫惊讶地发现,海面上突然冒出一个长形的黑色物体,原来是美军的潜艇在上浮搭救一位迫降海面的飞行员。一架美军水陆两栖飞机,显然也在执行同样的任务,结果被日军战斗机给击落了。岩下说:"我们惊奇地发现,美国人在不厌其烦地关心自己人的生命,但却没有人为我们提供类似的服务。"另一个极端的"保护军人"案例发生在1944年9月16日。当时,海军少尉哈罗德·汤普森正驾着"野猫"战机在离卫斯理岛300码开外的地方扫射日军的驳船。战机不幸被日军火力击中,不得不做紧急迫降。美军一架远程轰炸机给他扔下去一只救生筏。汤普森爬进救生筏,却发现不管怎么努力,救生筏还是朝着码头的方向漂了过去。为了保护他,两架"野猫"战机在扫射海岸线过程中遭击落,一名飞行员死亡,另一名飞行员被美军的水陆两栖飞机救了回来。汤普森将自己的救生筏系泊在一溜日军驳船上。两艘美军鱼雷巡逻艇赶来救他,第一次尝试时,因遭到岸防炮火攻击未能成功。随后,美军"复仇者"战机在海面上空投放烟幕弹,掩护鱼雷巡逻艇接近汤普森。正当日军向他逼近时,一艘鱼雷艇把他从危难中救了出来。50架飞机参与了这场救援行动。回到"山迪"号航母后,汤普森说:"那场面可真是蔚为壮观。"

按照传统,驱逐舰每送回一名解救起来的飞行员,都会要求航母提供一份"赎金"。"获救的飞行员是宝贵的财富,"一名驱逐舰军官写道,"在送还他们前,我们会脱去他们身上所有稀奇古怪的服装,包括真丝围巾地图、含各种佩刀在内的生存工具、指南针和放大镜以及手枪,等等。然后,我们会要求航母送来他们所有的冰淇淋,另外还需要奉上至少两部我们的水兵没看过的电影片。"

1944年秋天前,在太平洋上,美国海军拥有不可挑战的实力。也就是说，没有哪个理性的对手敢于贸然采取行动，跟尼米兹手下那样一支实力强劲的部队展开对抗。夏天的那场交锋，"盛大的马里亚纳射火鸡行动"已经重创了日军的空中力量。但沉浸在失败和绝望氛围中的日本海军高层，还指望通过发起一次"决战"来改变他们的命运。菲律宾争夺战，既是美军太平洋战争主要陆战行动的发生背景，也是世上有史以来最大一场海战的发生背景。

第五章　美国重返菲律宾

贝里琉战役

1944年7月27日，麦克阿瑟离开夏威夷，信心满满地认为，他收复菲律宾的计划，已经得到了总统的认可。然而，9月11日，当美军和英军的参谋长们在魁北克见面，为"八边战略会议"开幕时，11月登陆棉兰老岛、随后登陆莱特岛和吕宋岛的计划，或者占领台湾和厦门的计划，却都仍在考虑和讨论之中。但随后几天，集中到了一起的美国领导人（之所以没有英国人，是因为没人会就这样一个专属美国人的议题去咨询他们的意见）发现他们面临了新情况。在为第3舰队的秋季行动做计划时，海军上将哈尔西和他的参谋团队一致认为，今后他们不能仅仅着眼于预定目标，还应主动出击寻找机遇。为贯彻执行这一政策，轻型航母需要在西太平洋海面上执行任务，对日军残存空军力量发动大规模攻击。9月12日，在菲律宾南部外海，美军出动战机2400架次，消灭了日军在空中和地面上的约200架飞机。

13日中午时分，哈尔西给尼米兹发了一份电报，尼米兹很快将它转发到了魁北克。电报内容是说日军抵抗非常微弱。哈尔西不知道的是，敌人是在故意雪藏实力，为在菲律宾的一场"决战"做准备。由于这个原因，他要求部下要加快推进战略计划的施行。他提议取消此前确定好的岛屿登陆战，针对莱特岛发动一场速战速决的进攻。这是哈尔西对战争最有影响的一次干预。对前期计划做这样的改变，是个非常复杂的过程。但对于一个掌握本战区制海权和制空权的国家来说，要将分配用于其他目的的人员和补给重新投放到在其他地方进行的登陆战，这样的想法也是完全行得通的。

当时，麦克阿瑟正在海上，保持着无线电静默，但他的参谋团队却立刻接受了哈尔西的提议，认为那不失为一个了结"先打台湾还是先打菲律宾之争"的好办法。通信得以恢复后，麦克阿瑟赶紧补充表示了赞成。他的情报官曾经合理判断认为，莱特岛的日本守军要比哈尔西想象的强大，但麦克阿瑟却对此只字不提。他的工兵部队认为，要在岛上修建像样的机场，那是件非常困难的事情，尤其季风时节即将来临，这更几乎是件不可能完成的任务。更为严重的是，麦克阿瑟对此还是只字不提。在他逃出巴丹半岛以来的30个月时间中，麦克阿瑟亲自询问过从菲律宾逃出来的每个美国人。按照一位传记作家的说法，麦克阿瑟此举"暴露了他的真实关切：他渴望回到他亲爱的'第二故乡'，而且这一渴望事实上已经发展到了痴迷的程度"。麦克阿瑟并不打算让更多人知道妨碍他实现梦想的任何事情。

在魁北克，经过紧急磋商，美军的参谋长们将10月20日确定为莱特岛登陆日。海军上将厄尼斯特·金坚决反对莱特岛登陆后紧接着对菲律宾主要岛屿吕宋岛采取行动，但他的反对遭到了驳回。海军撤走了为进攻台湾提供的保障，因为从后勤角度讲，要想在1945年3月前直线登陆显然是行不通的，而且需要的地面部队规模要远比现有规模更为庞大。相比而言，菲律宾则立刻就可以切入。攻打莱特岛的计划是在麦克阿瑟新设的指挥部开始制订的，指挥部设在新几内亚霍兰迪亚市远处库克罗普斯山脉的森塔尼湖。收复菲律宾的决定一旦做出，早日攻打台湾的想法就失去了逻辑基础和资源配给。由于夺取台湾是实现在中国沿海登陆的必要条件，因而在中国沿海登陆的计划也随之被废除。美国海军著名历史学者塞缪尔·艾略特·莫里森曾经写道："两条对立的道路在莱特岛这个地方得以交会。"除两场作战行动外，其他所有干预行动都被取消。首先，9月15日，近2万名士兵在菲律宾东南的莫罗泰岛上实现了登陆，并未遭遇多少抵抗就轻松夺取了岛上的机场。10月末，莫罗泰岛上挤满了美军战机，等待转场前往莱特岛。其次，尼米兹和麦克阿瑟都认为：占领帕劳群岛非常重要，贝里琉是其中的关键环节，在对莱特岛发动进攻前，需要占领岛上的机场。

进攻帕劳的舰队已经在海上漂泊好几天了，他们是威廉·鲁珀图斯少将率领的陆战队第1师，来自2100英里外的瓜达尔康纳尔岛。隆隆开进的登陆舰平均时速只有7.7节，比运输舰的12.1节速度还要慢。史密斯准将是这个师的助理师长，旅途中他一直在舰上的图书馆读小说打发时间，小说名叫《来自奥林匹斯山的美国佬》以及《已故的乔治·阿普利》。由于舰长坚持要用大喇叭从舰桥上发布命令和训导的缘故,大喇叭的声音不时会打破船上的平静。史密斯没能够跟舰上养的一条狗交上朋友,因为"那只冷漠的长毛垂耳狗除了舰长外谁都不理会"。舰队接近帕劳时,即使是多次参加太平洋登陆战的老兵,也为这次集结部队的规模感到震撼。这支部队包括868艘军舰,其中129艘是用来进行攻击任务。猎潜艇在舰队前方打头阵,驱逐舰负责舰队的防御,扫雷艇负责沿途的扫雷工作。这之后是一大群指挥舰、测绘船、维护舰、医院船、反潜网铺设船、油轮、打捞船、拖船、浮动干船坞、挖泥船、鱼雷艇、浮动油井架、坦克登陆舰、水陆两用车、船坞登陆舰、货船以及为陆战队第1师和陆军第81师分别准备的770艘小型登陆艇。陆军第81师来自珍珠港,他们加入了海军陆战队的行动。1944年秋,即使是在太平洋上发起一场小规模两栖登陆战,美军也会采用如此大规模的行动。

9月15日早晨,在平静的海面上,一群高级军官集中在"麦克金利山"号指挥舰上,观看一群登陆舰蜂拥而上朝海岸方向前进。连续三天,贝里琉遭到了来自5艘战列舰、5艘重型巡洋舰和17艘其他类型军舰的密集火力打击。间歇会有停火,那是为了给美军的空中打击腾出空间。海军中将杰斯·奥尔登朵夫是负责实施轰炸的指挥员,他宣布说:"我们的目标都打击得差不多了。"在9英里外的海面上,意气风发的海军舰长、"大话王"普勒上校正匆忙钻进登陆舰,他的运输队问他,陆战队员们还回不回来吃晚饭。上校暴躁地回答,预计会有好几天的仗要打。"当然不回来吃饭了。"他说。海军的轰炸行动会"使他们一个团的兵力能够顺利走向目标"。普勒说,如果那样的话,当天下午,舰长就可以上岸,跟陆战队员们一起用餐,顺便攒集点纪念品。作战指挥员鲁珀图斯没有打大阻力登陆战的经验,但他本人却一副信心满满的样子。他说,不出4天,他就可以打下这个岛来。美军逼近贝里琉的同时,轰炸的硝烟正笼罩在内陆高地的上方。火箭发射艇在登陆艇前方,等候在登陆艇里的是随时准备向前冲锋的步兵。火箭发射艇向敌人阵地发出一波又一波的炮击,然后靠边一站,给发动进攻的登陆舰留出通道。舰上的防空炮火朝登陆场后方的礁石发出一阵震耳欲聋的雨点般的炮击。"大话王"普勒用他一贯的戏剧手法对手下人说:"不用抓俘虏,把这些他娘的小日本统统干掉,就这么简单。"

陆战队于8:32对海滩发起攻击。近处没有日本人,但几分钟后,进攻者却遭遇了强大的炮火袭击,几十艘两栖舰被毁,战士们不愿放弃掩护向海滩纵深推进。下船几秒钟后,医护兵比尔·詹金斯的部队就出现了首例伤亡。他是连里年纪最大的战士，大家叫他"泡泡"鲁嘉克，"他是我很敬重的人，看到他受伤，我很难过。我有些手足无措，他的头部中了弹，差不多整个后脑勺都被轰掉了，我蹲在那儿，想把他救过来。有人跑过来，对我说：'医生，快走吧，他已经死了。'"

守岛日军有1万多人。中川州男上校没有试图占领遭到美军轰炸的海岸地带，而是选择把部队安排在了内陆地区，在珊瑚礁的礁脊上，因为从那个制高点位置，可以俯视下面的海岸。贝里琉海滩在敌人的炮火打击下，成了整个太平洋战争中让陆战队员们最为惊悚的回忆，头一天就有200多名陆战队员阵亡。尽管事前曾经做过现场侦察，但鲁珀图斯和他的参谋团队还是对内陆地区的地形不清楚，这样的地形是适于防守的理想地形。贝里琉曾是个矿区。每个山脊里面都布满了密密麻麻的坑道，日军在里面安装了电力设备和生活设施，炮弹和炸弹对他们没有丝毫影响。陆战队通信设备很落后，指挥员想弄清手下人的位置，因此一直犹豫不敢呼叫密集炮火支援。随第1团登陆的有18辆坦克，其中3辆还没抵达海滩就被击毁了，不久除1辆坦克外其余的也都被炮弹击中。混乱中，一名高级军官登上岸，想要弄明白那么多登陆车发生燃烧的原因。他的调查并没有多大成效。第1陆战团的师部被日军给端掉了，第5陆战团的团部也被严重掏空。一枚炮弹将一名来自路易斯安那州的参谋军官炸成了脑震荡，以至于他开始用儿时学会的法语说起胡话来。

下午，日军在轻型坦克支援下发起了一轮反攻，但却都被轻松击退，敌人被炸得粉身碎骨。弱小的日本坦克包围了一辆美军中型坦克，但美军这辆坦克却以一敌众，一轮下来共击毁了11辆日军小坦克。如同史密斯所说："这就仿佛马车队跟印第安人的战斗一样。"在太平洋战场后期的所有战斗中，都出现过一个大家非常熟悉的模式：日军不机动则已，一机动就会遭到大规模杀伤。但只要他们坚守阵地，就很难对他们造成杀伤。史密斯在前沿指挥部坐着时，一枚迫击炮弹落下来，刚好掉在离指挥部防护墙不远的位置。一名陆战队员摔在了这位将军的身上，一枚小弹片扎入了他的后脑。史密斯的助手给他做了包扎，"这位陆战队员伤得倒是不重，他很健谈。他结过婚，离开国内已经有两年了。对他来说，受伤是一张回国的机票。"美军的炮火慢慢恢复了对岸上目标的打击，因为太多美军两栖登陆舰遭到击毁。日军的狙击手引发了舰炮的报复性齐射，这对日本士兵和美国士兵来说都同样危险。史密斯想去团部，只能顺着电话线的走向，才能找到团部的位置。

夜晚降临,战士们仍旧得不到休息。已经登陆的美军有 1.2 万人,他们挤在滩头上,每人只有几平方英尺的地方,上面是珊瑚、沙地和各种虫子。陆战队没有明确的防区,只是沿一英里多长的海岸地带,在深入内陆 400—700 码的地段上,有一些天然形成的或人工挖掘的地洞。大部分士兵完全处于懵懂状态,满脑子只想着躲避敌人的炮火。日军派人潜行到美军前沿阵地,扔手榴弹以试探美军的心理承受力。第 7 陆战团几位队员跌跌撞撞上了岸,却发现根本无法确定目标方位。从一个地方到另一个地方,几经周折,在无法跟上级取得无线电联络的情况下,他们的两栖牵引车不得不冒着密集的迫击炮炮火,折返到"利兹堂"号突击舰上去。另一边,黑暗中,海军拒绝让返回的士兵上船,认为他们是在当逃兵。他们的上校勉强被单独允许爬上船,好让他用船上的无线电向师部请示新的命令。最后,海军很不情愿地让这位上校的手下重新登上了船,但许多乘坐小艇的官兵,在海上迷失了方向,一整晚在外飘荡。

第 1 陆战师以牺牲 3946 人的代价,费了一周的时间,才夺取了岛上的主要机场,让鲁珀图斯四天完成任务的判断成了个笑话。即使在那个时候,日军还占领着乌穆尔布劳戈尔山岭居高临下的阵地,还能承受住美军的目测打击。医护人员去救助伤员时,日军会射杀他们,于是美军动用了重型迫击炮,用它发射烟幕弹来掩护担架员。整个岛占地只有 7 平方英里。按史密斯的话来说:"头几天时间,地产非常稀缺。"海滩上满是简易的露营地。从侧翼包围敌人据点的机会几乎不存在。美军只能从正面强攻,每前进一码的距离都要付出血的代价。一名陆战队高官写道:"上万发野战炮弹、迫击炮弹、凝固汽油弹和航空炸弹如雨点般倾泻下来……固然杀伤了许多处在暴露阵地上的日军,但那些待在岩洞里的却毫发无损,倒在山上的狙击手和机枪手,总会得到新一轮的替补……战斗密集度和激烈度仅逊于塔拉瓦岛战役和冲绳岛战役。"钢筋水泥做成的防爆墙给每个坑道口提供了防护。9 月 27 日,美军最后夺取最大一个坑道系统时,发现这个坑道竟然能够容纳一千名守军。

岛上没有哪个地方是安全的。比尔·亚特金森看到一名白朗宁自动步枪手在一辆坦克车后站定位置开始射击。让他深感恐惧的是,这辆"谢尔曼"坦克突然倒车,把车后那位战士当场压成了肉泥。第 5 陆战团战士维格尔·纳尔逊屁股中了弹,但他却乐呵呵地说:"哦,天哪。我想,现在我可以回去了!"比尔·詹金斯是名医护兵,来自密苏里州的坎顿市,他很敬佩一位作战彪悍、叫作瓦伊利的机枪手。瓦伊利身上四次负伤,有人告诉他可以撤离了,他却说:"不行!"詹金斯让他的搭档杰克·亨利去拿一副担架过来。亨利移动身体的一瞬间,一阵机枪扫射打中了他的两只手臂,他赶忙跑回藏身的反坦克陷阱中。"他的一只手臂有99.9%的地方都被打断了,另一只手臂的状况也差不多。我完全可以拿出剪刀,把他的两只手臂剪下来埋掉。但我没有接受过接骨训练……当时我的做法是,把他的两只手臂都上下连接起来,然后尽量用T恤衫和止血带把它们包扎好。我把他的手臂举过头顶,防止他出血过多,导致死亡。"亨利大难不死活了下来。

还有一次,有人求詹金斯给他一些医用威士忌。詹金斯不好意思地说:"天啊,我刚才还有一点,但因为受了惊吓,我把医用威士忌全都喝完了。"17岁的汤姆·伊万斯登陆时是一名替补步枪手,但登陆后却立刻被分配去当一名担架员。"我抬着那个人。他可能一天半前就已经死了。他的身体已经有些油腻,上面爬满了苍蝇和蛆虫。下山时,我脚下一滑摔了一跤,结果尸体顺着滑下来骑在了我的脖子上。哦,天啊,他落了我满身的蛆。"陆战队员们学会了吃饭时用手捕捉可恨的绿头苍蝇,在打开罐头盖的一瞬间,一把将它们抓下来。士兵们的嘴唇和耳廓会被烈日晒出疱来。指挥员会从海上的军舰给战士们派送新鲜面包,那可是个"提升士气的好东西",偶尔也会给他们送去装在牛奶罐头里的冰淇淋。"大话王"普勒问他的陆战队员,有没有需要给他们送点东西过去。不出所料,他们都想来点比喝水更为刺激的东西。普勒给他们分发了一些医用酒精,在里面加了些柠檬粉。有人发现一批日本清酒和啤酒,正在通话的电话线那头,还能听到他们在兴高采烈地唱歌。

美军一份指挥报告对意志不够坚定的人曾有这样一番训诫:"我们的军人需要明白,日军跟我们一样,没吃的就过不了日子;他们的耐力也跟我们差不多,天上下雨的话他们照样会被淋湿,热带疾病照样会让他们不堪其苦。"但是,贝里琉战场上的美国兵往往并不相信这一套。17岁的医护兵弗兰克·克里,他们部队死了三位排长,最后一位是在冒失探头查看日军阵地时被枪击身亡的。克里的班长名叫鲍勃·坎菲尔德,是个身材魁梧、作风彪悍的中士。他把排长的头抱在怀里,失声痛哭道:"你干吗这么做呀?"克里在一旁睁大着眼看呆了。

战线后方的狙击手突然发出的枪响会时不时吓人一跳,后方缺乏管教的战士不时鸣枪玩闹的做法更让人有些心惊肉跳。史密斯曾调查过一起引发恐慌的事件。他发现,恐慌事件是几个已经登陆上岸的黑人搬运工举枪射击一辆报废了的两栖牵引车造成的。"他们称,因为没人告诉他们不能开枪,所以他们这么做也没错。"并非所有恐慌都没有原因。有一次,师部附近突然响起一阵枪声,大家觉得这显然属于不必要的开枪行为,师长气冲冲一把抓起机枪,想去压制一下这种乱开枪的行为,结果他发现了三具日本兵的尸体,两名美军陆战队员也死在了一旁。在水井尚未打出来之前,所有美军战士都口渴得要命。后勤部队用汽油桶紧急送来淡水补给,有人舀出来尝了一口,当场觉得恶心得要死。岛上的温度有时会高达115度,有数十人因此中暑,大家发现食盐片剂是预防中暑的必要方剂。尖锐不平的珊瑚几天下来就把皮靴给磨破了,美军因此不得不从关岛紧急航运了1000双新靴子和5000双短袜。

9月17日,陆军第81师在附近的安加尔岛登陆。轻松登陆后,在往内陆推进过程中,美军碰到了草木丛生、几乎难以穿透的热带雨林。海滩被车水马龙塞得水泄不通。首次参战的士兵,一遭遇敌人就吓得不行,虽然日军人数并不占多。安加尔岛只有两英里长,9月20日前美军就占领了该岛,但占领者却并没有因此过上好日子。更让他们很不开心的是,他们被重新送上军舰,运往了贝里琉。陆战队员和陆军战士并肩作战,很少有让人感觉舒服的时候。史密斯颇带疑虑地写道:"虽说很难对此事指手画脚,但陆军指挥部里的氛围,跟海军陆战队指挥部里的氛围,的确有很大不同。你大可以像兵书说的那样去发布命令,但你会发现,你的命令根本没人执行。"鲁珀图斯很不情愿让陆军来帮忙。但持续一周的激战和令人震惊的伤亡数字,让他感觉到自己已经没有选择的余地。

大家发现,远距离火焰喷射器是对付藏身山洞敌军的最有效武器,但每次进攻都进展极其缓慢、付出的代价也极其高昂。10月份,大风和暴雨增加了美军的痛苦。10月21日,陆战队的"海盗"战机已经开始用上贝里琉岛上的跑道,但敌军有组织的抵抗却仍旧持续了好几个星期。陆战队5团2营的伊洛·斯加特纳中尉保留下来一本他们排的花名册。随他一道登陆的42名陆战队员,有14人阵亡,14人受伤。总计下来,夺取这个岛,美军付出了1950人的生命代价,这是日军在太平洋战争中给美军造成的最让人意想不到的重大损失。岛上几乎所有日军守兵都选择了战死不降。一个月后,11月24日,贝里琉战役日军指挥员中川州男上校选择了自杀,他的手下击杀了一批四处找寻战利品的美军士兵。最后5名日军士兵一直顽抗到1945年2月1日才选择了投降。事后,统计学家的计算结果显示,每杀死一名日军守兵,美军实际消耗了 1500 枚野战炮弹。为占领这一区区弹丸之地，美军海军陆战队和陆军步兵还使用了 1332 万发 0.3 毫米口径子弹，152 万发 0.45 毫米口径子弹和 693657 发 0.5 毫米口径子弹，以及 15 万枚迫击炮弹和 118262 枚手榴弹。

一个在太平洋战场上时常会出现的情况是：一个并不起眼的目标，却会导致非常重大的人员伤亡。今天，跟 1944 年那个冬天一样，人们普遍认为，夺取帕劳群岛的决定，是尼米兹为数不多的错误军事决策之一。贝里琉守军无法干预莱特岛和其他岛上的战斗进程，只能眼巴巴看着这些岛上的守军走向灭亡。贝里琉的地形对美军极其不利，一旦发起战斗，虽然火力和技术占优，美军却始终无法找到可以消灭敌人抵抗力量的捷径。尽管陆战队在太平洋岛屿上的战斗非常艰苦，但在塔拉瓦岛和塞班岛上，他们却在敌人完成阵地建设前展开了进攻。但现在，随着其太平洋防线的收缩，日本人已经明白什么地方会遭到美军进攻，他们已经争取了足够的时间，做好准备，等着他们的到来。

在太平洋战区，没有一场像诺曼底登陆战役、突出部战役、横渡维斯图拉河和奥德河战役那样的大规模作战行动。这些战役都动用了大量人力装备，并充分发挥体现了机动作战的特点。相反，太平洋战区更多的是一系列激烈的小规模作战，参战者会对战斗经过记忆犹新，因为战斗往往是在非常紧凑的空间里进行。在像贝里琉战役这样的较量中，最终结果往往取决于步兵的努力，以及直接性支援武器尤其是坦克的协助。这是一场按日军选定的模式来展开的战斗。跟随后几个月发生的其他战斗一样，这种作战形态符合他们的气质、技能和微薄资源。贝里琉守军即使想撤也没办法撤。因此，消灭他们，需要肌肉与肌肉的较量，需要大量美国人为之付出生命。从世界大战的全局来看，美军拥有令人生畏的实力，但在像贝里琉战役那种在方寸之地展开的血腥局部战争中，它却没法有效发挥其实力优势。

莱特岛登陆战

收复菲律宾的斗争，成了美国陆军在亚洲战场上的最主要任务。麦克阿瑟在新几内亚的长期作战行动，并没能像陆战队在太平洋岛礁上的作战行动那样，激发起美国公众的想象力。麦克阿瑟将军的排场比他军队的排场更加威严。1944 年年底前，他很少指挥过 4 个以上的野战师兵力。而在欧洲，光一个军的建制，手下就掌握有那么多的兵力。然而，他的下一场战役却将成为美日两军交战的最主要事件。40 多万日军在等待美军来犯。菲律宾位于裕仁天皇建立的东南亚帝国和他统治下的日本本土之间,是连通二者海上航线上的关键一环。东京方面认为,在那里打一场恶战,会给日本提供最佳机会,即便不能将美国人统统赶进海里,也会在九州和本州"决战"前,让他们着实品尝一下血腥的味道。"决战"的说法是日军所有作战计划中一直反复宣讲的主题。日军的困难在于:在美军空中和海上优势面前,他们失去了机动作战的能力。麦克阿瑟可以自由选择在什么地方登陆,但防守一方却不能迅速大规模调动军队做出反应。

在地图上,菲律宾群岛看起来仿佛一些拆开后密布四周的拼图构件。其总面积跟日本差不多,岛上植被茂密,天气变化异常频繁。1898年的美西战争结束了欧洲在世界上的霸权。华盛顿方面一度决定要反对菲律宾取得独立。美国参议员阿尔伯特·贝弗里奇的观点代表了许多美国人的看法。他援引了这样一段话:"人类社会神圣的法律,让我们成为我们兄弟的守护者。上帝准备让说英语和日耳曼语的民族给混乱不堪的世界带来秩序……上帝让我们成为精于国家治理的达人,好让我们对那些野蛮和没落民族实施治理。"

菲律宾人不愿受美国支配,很早就发起过暴动,而且从未停止追求独立。从社会角度看,菲律宾群岛上,起主导作用的是富有的地主阶级。大量农民仍旧非常贫困。他们跟大地主政治非常疏远。年龄在20—39岁之间的菲律宾人,2/3的人都未受过教育。然而许多美国人怀有一种浪漫的想法,认为美国人的善意,会使它成为比其他殖民国家(如统治印度的英国),更加值得尊重的菲律宾统治者。1942年前在菲律宾群岛上服役的美国士兵,他们把这里看成了一个能够提供廉价享乐、仆役和娱乐的休闲场所。在懒洋洋的西班牙文化氛围中,他们可以心安理得地享受国内得不到的福利。1944年的美军《太平洋指导手册》中写道:"伊萨克·沃顿斯认为,菲律宾是钓鱼人的天堂……到深海钓鱼,建议带上以下用具:一根开衩的竹竿、一个能容纳400码长12号鱼线的线轴和一副精良的鱼叉。"

日本对菲律宾为期30个月的占领,其影响一直是局部性的:在那些最富重要战略意义的地方,当然包括首都马尼拉,那是一种压迫和野蛮性质的占领;但在那些偏远的地方,它的影响却几乎没人能够感受得到。1943年,日本人允许菲律宾跟日占区其他大部分领地一样实行傀儡政权统治下的名义自治。然而,由于日军士兵的莽撞和残暴行径,日本的这一举动却并没有能够让菲律宾人心生感激。1944年3月,日本皇军参谋本部报告认为:"即使在取得独立后,菲律宾各阶层中仍然潜藏着一股强大的亲美情绪……游击队活动在逐渐增多。"菲律宾

18个省中，只有12个省处在日本完全控制之下，其他地方都广泛分布着美国武装或美国领导的游击队。1942年春以来，有几位美军军官（譬如传奇人物拉瑟尔·沃克曼上校）在吕宋岛的山岭间幸存了下来，现在他们指挥带领着好几千人的部队。1944年，一支带有理想化倾向的游击部队，给日本占领军造成了400人的伤亡，算是一个小小的成就。而其他游击部队所干的则都是些打家劫舍的土匪勾当。

东京方面一直不清楚美军是否会选择在菲律宾登陆。但是，在这种不确定氛围中，日本南亚陆军还是于4月份将指挥部迁到了马尼拉。日本南亚陆军司令寺内寿一对美军打算在菲律宾登陆的说法一直深信不疑。在1944年夏的一次参谋会议上，他咆哮道："如果我是麦克阿瑟，我一定会来这里。他一定知道我们的防守有多么脆弱。"寺内一度是接替东条英机担任首相的候选人。无论是美国人还是他自己的同事，都对他并不怎么敬重。但他的参谋团队却很看重这样一点：寺内很有钱，但他从不放纵自己的生活。一位军官颇有些钦佩地说："如果他愿意，他完全可以在指挥部豢养许多歌姬。但他却从未这么做过。他的确是个作风正派的军人。"关于菲律宾的防守部署，每个细节寺内都需要给东京方面汇报，这让他感觉非常气恼。参谋本部在美军实际发动登陆前两天，才最终批准了他主持编订的莱特岛防御计划。

1944年秋前后，寺内最主要的部下是日军菲占区司令、陆军中将黑田重德。他是个耽于酒色和高尔夫球、行事较为温和的小个子将军。黑田乐呵呵地说："干吗要操心防卫计划的事情？菲律宾显然是个易攻难守的地方。"这一番话使东京方面得出结论，认为他干不成大事，完全不适合带兵对抗美军的两栖进攻。麦克阿瑟率兵入侵两周前，陆军大将山下奉文接替黑田担任了寺内麾下第14集团军的司令。新官上任，他把手下的参谋团队召唤起来，在马尼拉指挥部给他们训话："我们即将打响的这场战斗，对日本的前途具有决定性意义。我们每个人对此都有义不容辞的责任。只有紧密配合、精诚合作，我们才能赢得这场战争。我们必须尽最大努力。过去的事情就让它过去，我们要停止毫无用处的互相指责。不管海军和空军会做些什么，我计划要打的是一场地面战。我必须得到你们的绝对忠诚，因为只有这样我们才能取得胜利。"

事实上，跟日本帝国的其他地方相比，在菲律宾战场上，不同军种能否和谐共处、精诚合作，其可能性也不会有什么不同。9月的时候，有一天，一位海军军官信誓旦旦地说，他看到美军军舰将人员卸载到了棉兰老岛。按照南亚陆军的作战规定，凡事关重大的电报，都必须由相关海陆军主官联合签发。然而，海军却无视规定，单方面向东京方面发出一份火急电文，宣称美军即将来犯。一时间，日本陆军和海军的每支部队都开始实行警戒，随后是好几个小时的惊慌和混乱。驻马尼拉的陆军战士一直不相信，而且事实证明他们的怀疑也很有道理。陆军随后将本次误报用作证据，认为海军有爱幻想的倾向。这一倾向还反映在：他们每天都会发来极度夸张的战报，说他们击沉了多少美军军舰，消灭了多少架美军飞机。

1944年，山下奉文已经59岁。这一年，他因为三件事情出了名：第一，他是一位极富民族主义色彩的政客式军人；第二，他是一名了不起的军事指挥家；第三，他是皇家陆军中打鼾最响的人，因为这个毛病他的参谋人员没一个愿意在他居所附近睡觉。1936年，这位将军曾一度被开除出最高司令部，原因是他疑似参与了一次针对东京政府的未遂政变。然而，1941年，由于他的能力和在年轻军官中享有的威望，他得到了一次复出机会。担任驻马来亚第25集团军司令期间，他取得了人生最大的成就，在新加坡逼降了实力比日军更为强大的英国军队。一时间，他成了日本的民族英雄。然而，由于担心这一新身份会危及当下的政权，日本政府再一次把他边缘化。命令下达时，这位日军中最能干的指挥员正在中国服役。他悄悄对他的参谋长说："终于来了，是吧？好吧，我去那边也改变不了什么。轮到我以身殉职了，不是吗？"他的妻子建议他想法留在中国，这位将军回答说："你还是回家跟你的父母死在一块儿吧。""满洲国"傀儡皇帝溥仪称，在正式告别会上，在登车前往菲律宾前，山下奉文双手掩面、痛哭流涕。他说："这是我的诀别，我再也回不来了。"

途经东京前往马尼拉的路上，在与多位国家领袖见面的当口，"步兵炮"山下力图游说他们跟他见面，听听他对残酷而现实的战略形势的评估，但他并未取得成功。作为一位天资聪颖、性情温厚、在欧洲有广泛阅历的人，他知道日本已经输掉战争。海军部长米内光政上将私下已经在寻找从战争中脱身的办法，但面对山下直言不讳的一番话，他也只能伤心摇头说："尽力而为吧，步兵炮，尽力而为吧。"山下出席向裕仁天皇正式道别的仪式，他似乎很喜欢这次活动。离开皇宫时，他告诉副官说，这一天是他一生最快乐的一天。他给天皇敬了个军礼，然后做好了以身赴死的准备。

在马尼拉，这位将军对接管下来的参谋团队感觉不是很好；下去检查部队时，他对部队人员的素质更是感觉惊讶，在长期执行占领军任务的过程中，他们中的许多人已经变得非常懒散。他的下属也有同样的担忧。譬如，第77步兵团的梅子石田中尉在他的驻菲日记中写道："这里的士兵缺乏战友情。我从未见过这样一支毫无纪律的队伍。要想强大，部队需要建立其身份认同意识。这个团是日军最糟糕的一支部队……没有渡船，要过一条150米宽的河，100名士兵竟然差不多花了7个小时。我想，这反映的是日军普遍缺乏资源的事实。我们低估了物资实力的重要性，现在要承担因此造成的后果。如果这种状况再持续一年，那日本就会有麻烦了，我们从大东亚撤军，将成为不可避免的事情。"

山下命令军需官将后勤服务部队转为作战部队，同时招募菲籍劳工来搬运物资。让他颇感苦恼的是，有人告诉他说，做这种事，本地人是不可信任的。美国人就要来了，第14集团军的司令现在只剩下几天的时间做准备。他知道，即使给他几个月的时间，也不够他完成这一任务。

位于北部的吕宋岛是菲律宾面积最大的岛，第二大岛则是位于南部的棉兰老岛。二者之间分布着一系列人口稠密的小岛，莱特岛是其中最东边的一个。1944年10月，麦克阿瑟选择将这个岛作为他的第一个立足点。莱特岛长115英里，最宽处仅有45英里。菲律宾总人口700万人，而莱特岛人口有91.5万，主要居住在城里用白灰粉刷过的矮屋和乡下用茅草做成屋顶的农舍里。莱特湾外围直通大洋，因此舰队很容易从那里直接进犯。夺取海滩后，美军的即期目标是占领莱特山谷富饶的玉米产区。麦克阿瑟计划在那里建设机场，以减少对舰载机空中支援的依赖。随后再着手清除远处山区里的日军。夺取莱特岛后，下一个目标就是吕宋岛，之后再解放其他所有岛屿。

一旦美军在菲律宾站稳脚跟，取得制空权和制海权，零星的地面行动对最终击败日本就不再具有多大意义。然而菲律宾曾是麦克阿瑟将军的老家，他看待当地人的目光，是一种家长式的温暖的目光，就仿佛英国"老爷"看待印度土著一样。将菲律宾人民从日本统治下解放出来，这是麦克阿瑟发起战斗最急迫想要实现的目标。为了这个目标，约75万菲律宾人、日本人和美国人将为之付出生命的代价。

莱特岛登陆前几周，美国的航空母舰一遍又一遍地对日本的机场和海上运输实施了打击。10月10日，美军出动战机1396架次，从日本南端的琉球群岛起飞，以损失21架飞机的代价，摧毁了日军一些重要的海上运输目标和100架战机。两天后，哈尔西的航母向台湾方向派出战机1378架次。日军海军中将福留茂是第6基地空军司令。他后来曾描述过他观看空战的经过。当有军机坠落时，他会情不自禁地鼓掌，不过随后他才发现坠落的军机大部分都是日军的飞机。这场战斗并不完全是一边倒。12日那天，美军就有48架飞机被击落。但第二天，日军对美军第3舰队发起进攻，却在行动中白白损失了41架飞机。从12日至14日，500多架日本战机被击毁，这样的消耗强度让1940年的不列颠之战都相形见绌。连日军正在琉球接受舰载机作战训练的飞行员也冒冒失失地投入到了与哈尔西飞行中队的空战中。他们大多数被击落，日本也因此丧失了维持海上空战能力的最后机会。

10月14日，海军上将丰田副武向福留通报，说美军第3舰队吃了败仗正在撤退。日军10月16日的通报也说，美军损失了11艘航母、2艘战列舰、3艘巡洋舰、1艘驱逐舰，另有8艘航母、2艘战列舰和4艘巡洋舰被击伤，并建议全国上下欢庆"台湾的光荣胜利"。当然，实际情况是，哈尔西取得了压倒性的胜利。他再次启程，前往其他地方，要给日军造成更多的重创。日军费了半天劲，拿得出手的成果，不过是重创了美军的2艘巡洋舰。美军航母则向大家表明，它们可以随心所欲在海上巡游，能够给海上或空中的日军造成与美军相比全然不成正比的创伤。

有关麦克阿瑟菲律宾舰队的动向，山下奉文收到的第一个消息，来自莱特岛一位师长发来的一封愚蠢的电报称："敌人舰队正在接近，不明确是躲避恶劣天气的船只，还是从台湾战场上逃离出来的船只。"10月20日黎明，麦克阿瑟菲律宾中央攻击部队的700艘军舰，开始在莱特湾外海7英里处卸载人员装备。第6集团军近20万人在沃尔特·克鲁格中将指挥下，集合登上了运输舰。克鲁格，1881年出生于普鲁士。1889年，父亲去世后，他随母亲移民到了美国。10年后，他开始了他的军旅生涯，志愿去古巴当步兵战士，后来升任为中士，随后又作为职业军人被选升提干。一些军官认为他是只"动作迟钝、谨小慎微的呆狗"，但在太平洋战争中，让他们备感神奇的是，克鲁格成了麦克阿瑟最喜欢的野战指挥员，让他在莱特岛战役中发挥了主要作用。

美军通过广播向当地人发出警告，要他们移居内地，避开轰炸。登陆前一天，美军也通过无线火急电报向菲律宾游击队做出了警示。在西南太平洋战区司令部，人们广泛认为这场战役应该会很轻松。但即使莱特岛守军得不到增援，麦克阿瑟的情报参谋仍然严重低估了日军的实力。9月24日，麦克阿瑟的陆航部队参谋长、陆军上将乔治·肯尼迪预计认为："目标相对防御较为薄弱，日军不会有强大的抵抗。"同样，他在书信中还写道："如果我的直觉是对的话……小日本差不多快完蛋了。"肯尼迪是位很能干的陆航部队指挥员,但跟其他与麦克阿瑟共事的人一样,他的判断也存在过于一厢情愿的缺点。

美军的两栖作战艺术已经做得非常熟练,因此从1942年起,从美军舰队抵近海岸到发起第一波登陆作战,之间的间隔时间已经从以前的4个小时减少到了2个小时。负责轰炸莱特岛的部队,他们携带的炮弹,比6月6日诺曼底登陆战首日发射的炮弹还要重。对于运输舰上的陆军士兵们来说,任何危险似乎都可以承受,只要能逃离甲板下的酷热就行。有些部队,一开始是要派遣去参加雅浦岛登陆战的,他们从8月27日起就已经在海上漂泊了。现在他们笨拙地顺着攀网爬下来,登上登陆艇,在原地打圈,等候信号旗给出向海岸前进的命令。四个师的兵力开始分成两个主攻队实施登陆:一个主攻队在靠近塔克洛班的莱特湾北端,另一个主攻队则在14英里外的莱特湾南端。各种条件都非常理想。没有水雷,也没有大浪。海军轰炸后的海岸线,一片火光冲天。由于日军海岸防御阵地并不强大的缘故,美军第一波士兵已经登陆,日军杂乱无章的野战炮、迫击炮和机关枪火力才开始对他们构成袭扰。美军的伤亡集中出现在几支运气不佳的部队,譬如32步兵团3营的两个连队,在几秒钟时间就在敌人机枪火力下死了8人伤了19人。有几辆美军坦克被附近一门70毫米火炮给打趴了。到了下午4时左右,美军坦克和步兵才得以炸毁那个日军据点,然后继续向西推进。

然而,在大多数地方,日军的抵抗都可以忽略不计。山下奉文手下40万兵力,部署在莱特岛上的却只有2万人。他们被认为是职业水准较低的战士,主要因为他们大多数都来自大阪和京都的商人家庭。寺内下令说:"海军和空军应力争消灭海上之敌……军区陆军应同时消灭莱特岛上的来犯之敌。"这番话显得有些华而不实,但山下奉文还是计划将主力用于防守吕宋岛。莱特岛方面,日军的目的是让美军吃点苦头,借以拖延时间,根本不是想击败美军的第6集团军。因此,登陆艇几个来回下来,克鲁格4个师的兵力得以轻松推进到距离内陆敌军阵地不远的位置。海滩后面几百码开外的地方,在荒无人烟的圣约瑟村,第7装甲骑兵的官兵们发现了几辆废弃的日本汽车和在马尼拉装瓶的日本啤酒。列兵比尔·麦克罗格林写道:"莱特岛跟我们过去三年中登陆的其他大多数岛屿一样,都最适合从远处观看。在近海的位置,陆地的香味非常独特,但凑近一看,目光所及,却尽是些烂泥和正在腐败的植被。青草和干草覆顶的木屋破败不堪,里面仅有的几个人看上去也已经饿得半死。"

美军碰到的第一个菲律宾人,正骑着自行车,在几株棕榈树间穿行,一个劲朝美军挥舞手中的宽檐帽。罗伯特·夏普林是位战地记者。他写道:"他凑近时,满脸都堆着笑容。他在说些什么,我们根本听不懂。但很容易看出,他心中充满了喜悦,一种近乎歇斯底里的喜悦。他抓着每位他能接触得到的士兵的手,欣喜若狂地摇晃个不停。"这位被大家称为"第一个获得解放的菲律宾人",他叫伊赛奥斯·布龙,曾是塔克洛班的电报员。不久,数以千计的当地人走出了家门,他们围在美国人的周围,脸上洋溢着节日的喜庆气氛。有人给第7装甲骑兵队的上校送了一盒日本饼干。一位上了年纪的村民不停地抚摸身边的美军士兵,仿佛"一位抚摸着一匹绸缎的女人"。

34步兵团2营上校营长看见一堆谷草,担心里面藏有日本人,于是用一门75毫米坦克炮对准它开了一炮。保罗·奥斯丁上尉来自德克萨斯,他写道:"刹那间,整个小屋火光冲天,木头、鸡毛、死鸡和建筑碎片散落了一地。我们蹚水穿过齐腰深的肥沃的稻田,从这个农家的屋前经过。前面出现一男一女两位菲律宾人,站在自家屋子后面,我们经过时,他们笑着给我们鞠躬。他们似乎很高兴见到我们,丝毫不介意我们把他们的鸡舍炸成了碎片。"

整个早上,麦克阿瑟一直在"纳什维尔"号巡洋舰上,观看部下在岸上的行动。随后,早早吃完午饭,他就出发加入了战士们的行动。年轻时他曾在菲律宾当过陆军工程兵。40多年来,这是他头一次访问莱特岛,他在"舞台管理"上特别花心思。登陆前不久,他给自己庞大的公关团队致电说:"宣传计划做得不错。仪器摆放好后,我要在海滩上做一场广播讲话。昨晚广播讲话后,你们可以选择最佳时间以最佳方式,把录音播放给美国人和菲律宾人。"现在,他从离海滩几码之遥的登陆艇上迈步下来,平静地蹚过齐膝深的海水,一群摄影师把太平洋战争期间这一具有重大象征意义的一刻做成了永恒瞬间。他对参谋长理查德·苏特兰说:"好啦,不管他们信不信,我们已经打到这里了。"

一上菲律宾的海滩,他就不顾远处轻武器的射击,跟几位士兵打起招呼来。塞尔吉奥·奥斯敏那就站在旁边,他是菲律宾的新任总统,但他几乎毫不隐晦地说,他希望一直留在美国,等到战争取得胜利后再出来任职。此刻,麦克阿瑟站在他身旁,用洪亮的声音发布了一个宣言:"菲律宾的人们,我回来了!感谢上帝,我们的军队又再次踏上了菲律宾的土地。"他的讲话录音被重播出来时,听到这番话的美军官兵根本就无动于衷。麦克阿瑟喜欢把投入美国军力、让美国人冒生命危险这样的大事当成他个人的私事。厌恶他这种做派的人并不在少数。

然而，在一位著名演员身上，除了演戏外，你还能指望些什么呢？在日语里，麦克阿瑟名字的发音是"马嘎达"。看到马嘎达在海滩上拍下的那些照片时，山下奉文还以为那都是假的。事实上，这些照片也并不能反映道格拉斯·麦克阿瑟其他方面的情况，它们不过是"舞台导演"的产物罢了。

第一天，美军只有 55 人死亡或失踪，192 人受伤。美军碰到的困难，大部分并非敌人造成，而是由大自然造成的。登陆点的对面是茂密的森林和沼泽，全副武装的日本兵随时可能跳出来抹了他们的脖子，因此很难朝内陆方向推进，哪怕只是几百码的距离。将储备物资运送上岸的行动简直就是场噩梦。许多军舰装载管理很糟糕，不需要的装备却首先被运上了岸。负责搬运的人手太少。地形构成障碍，导致食物、弹药、医疗物资无法送往作战部队。按计划，约 150 万吨装备、23.5 万吨作战车辆、20 万吨弹药和 20 万吨医疗物资应该在头几天内卸装，以后每月需再补充 33.2 万吨物资。几小时不到，海滩上就塞满了各种储备、车辆、武器、油桶和垃圾，到处都堆满了。大家忙忙碌碌的，却什么地方都去不了。在一个几乎完全没有像样道路的岛屿上，后勤成了影响作战的最突出问题。

登陆 10 天过去了，大多数美军战士发现，他们是在满是沼泽的平原上行军，沿途只遭遇了非常有限的抵抗。他们忧心忡忡地看着远处山势陡峭、植被茂密的山岭。一位曾有对日作战经历的美军士兵写道："关于战争，一个简单的事实是，如果你在进攻，在发现敌人之前，你可是什么都做不了，而发现敌人的唯一办法，就是不停往前推进，以足够谨慎的速度前进，直到见到敌人或听到敌人的声音为止，或者发现他突然现身朝你扑过来为止。"第二天，"还远没到正午时分，我们团的推进速度，只能根据步兵克服地形障碍的速度来衡量了。"曾经服役于第 32 步兵团的一位历史学者写道。到第二天晚上，在往内陆推进了 5 英里的位置上，有人出现了中暑，所有人都大汗淋漓。"茅草长得很高，从里面经过的人都快被闷死了。到处都是沼泽地和水稻田，都需要从里面穿过。"有时，会有莽撞的日军发动冲锋，美军会大开杀戒，将之击溃。有一次，日军对 32 团的一个连发动了一场自杀冲锋，结果日军死了 75 人，美军却只有 1 人受伤。

但更多的时候，敌人会利用当地的条件，在美军穿越障碍时，对他们发起突然袭击。一个美军步兵排从香蕉林出来时，敌人的机枪一梭子弹打伤了他们 11 人。日军士兵从暗处跳出来，想用匕首刺杀受伤者，最后被美军的自动火力给赶跑了。即使是在大家认为安全的地方，小股敌人在茂密植被掩护下的渗透，也仍然会构成威胁：一名日本兵悄悄爬到美军一门大炮跟前，在炮膛旁边放了个炸药包，结果被美军用手榴弹给炸死了。往前推进的步兵会经历长时间的等待，有时需要冒着迫击炮或大炮的炮火。工兵需要为坦克修复桥梁并检查有没有地雷。工兵的数量总嫌不够。

列兵杰克·诺曼，21岁，来自内布拉斯加州的切斯特市，大学期间曾辍学在酒店里当服务生。他自嘲道："这份工作能挣不少钱，但并不都是合法的。"19岁那年，他应征入伍，在美军体系内经历了一场不同寻常的奇遇。他在美国本土12家训练营里受过训，先是接受了全套的炮兵培训，然后是工程兵培训，最后非常不情愿地在第96师当了名步兵。他跟战友们一起，迷迷糊糊登上了莱特岛，却根本不知道周围是个什么情况。接下来几天，他们慢慢有所了解："一天到晚，你都感觉湿漉漉的……那里的蜘蛛有这么大。"他用的是支勃朗宁式自动步枪。每次击毙了日本兵，他都会急切地做记录。结果发现他总共干掉了25个日本兵。有一次，他发现一个空无一人的炮台，他悄悄溜进去，却突然发现对面有两个日本兵。来不及拉枪栓，他们就朝他扔了枚手榴弹，弹片钻入他的小腿。在清除掉这些弹片前，他好几天没能再上前线。列兵诺曼不喜欢莱特岛。

日军也并没好日子过。美军登陆莱特岛的消息传到马尼拉，日军南亚陆军情报参谋部的高桥正二少佐决定亲自前去探个究竟，尽管有命令明确要求他们留在指挥部。他好不容易求人带他乘飞机前往莱特岛，然后一路搭顺风车、冒着美军连续不断的炮火赶到了前线。头天晚上，他跟其他两位参谋军官一道，住在一位老百姓家里，并未感觉有什么不对劲的地方。但是，第二天早上，他们发现自己正好处在美军空袭的路线上。一枚炸弹将高桥埋进了4英尺厚的尘土中，炸死了一名参谋，并重伤了另外一名。高桥好不容易从土堆里爬出来，他冒着遭到美军炮弹袭击的危险，去巡视了一遍日军的防线。他伤感地回忆说，由于是违抗上级命令擅自行动，要是在此过程中丧命，他的灵魂就无法到靖国神社安息了，于是他主动向驻守当地的团长请战。"算了吧，"这位上校团长说，"你要是能赶回马尼拉，告诉他们这里的情况有多困难，那你的作用比在这儿直接参战大得多了。"后来，高桥乘坐日军一艘扫雷艇回到了军区陆军指挥部。

10月23日，在塔克洛班，麦克阿瑟和奥斯敏那共同举行了一场小小的仪式，庆祝菲律宾恢复国民政府。第6集团军努力想要解决一些行政问题，满足当地菲律宾人的需求，他们很多人还等着美军能够赏他们一点东西吃。不服管束的游击队和土匪，二者往往并无多大区别，他们围在美军纵队周围，主动给他们提供帮助。这些帮助有时有用，但大多数情况下并没多大用处。当地人大多数都衣衫褴褛，美军慢慢认识到，那些穿戴整齐、衣冠楚楚的人并不怎么可信。一位穿着紫色裤子、黄色衬衣，戴着黄色帽子的大人物曾主动上门，向美军介绍说他叫伯纳多·托雷斯，是莱特省的前任省长。他说他恨日本人，但事实证明他曾担任过日军的食物生产局局长。在塔克洛班的一次市政会议上，一群人大声喊道："美国人万岁！我们爱美国人！"不久，他们就给美军提供了帮助，帮着搬运补给和伤病员。他们从此成了麦克阿瑟部队不可或缺的一部分。美军士兵有人慷慨地免费给当地人发放军队配给食品，美军高级军官为此大发雷霆，因为这么做，使得当地人不会再将获得配给食品看作诱人的激励手段，自然也就不愿再冒生命危险去当战场搬运工。

美军每天都会杀伤大量敌人，并不断取得进展。然而，他们却惊讶地发现，在北部和西部沿岸的山区，日军还在得到强大支援。从吕宋岛赶来的日军部队，乘渡船进入了奥尔莫克和其他几个小型港口。美军陆基战机几乎没法从莱特岛上起飞作战。几星期后，美军的航母舰载机才得以有效封锁日军的补给线。然而，仍旧有成千上万的敌军得以通过。在平原地区，美军步兵部队会遭到日军战机的扫射，这种情况经常发生，让人感觉非常苦恼。一位很有想象力的士兵这样写道："子弹壳叮叮当当从我们头顶落下来，听起来像是雪橇铃铛发出的声音。"尽管来自吕宋岛的日军飞行中队会遭到美军战斗机的重创，但他们对美军机场的攻击，却严重妨碍了美军空中支援力量的部署，而麦克阿瑟部队所急需的，却正是空中力量支援。让他大为恼火的是，他因此而不得不请求哈尔西第3舰队的航母舰载机，让他们给他手下的部队提供连续不断的掩护。

在莱特岛上行军非常艰难。一份陆军报告尖锐指出："在没有数量充足的工兵维护道路的情况下，让大批车辆登陆作战，会是个非常愚蠢的决定。"坦克和卡车把道路变成了泥潭。有人惊讶地发现，保障部队不愿到离前线较近的地方去，也不愿到能听到枪声的地方去执行任务。报告指出："很有必要给全军上下灌输这样一种意识：只要觉得必要，他们就得跟步兵一样，去碰碰运气。炮兵有可能会安排到邻近前线的地方，或被安排在夜间给所在部队提供警卫保障；工兵必须经常冒着炮火去修建桥梁；军警尤其在追击战阶段必须冒着炮火指挥交通，在兵力不足时要上防御阵地去作战。"

10月24日，日军驻守当地的第24步兵团中校团长炭谷孝佳，给他的手下发布了一条亲笔起草的命令："大日本帝国的前途取决于菲律宾决战的结果。本部队将在塔克洛班一带决一死战，决心击溃野蛮敌军的进攻。没有比这更为崇高和光荣的任务了……你们接受过严格的训练，现在正是检测训练结果的时候……每位官兵必须精诚团结，以牺牲自我的精神勇敢作战。不辜负天皇陛下的期望，努力消灭敌人，对浩荡皇恩表示尊重。"

这番话不过是些毫无用处的豪言壮语罢了。美军的实力比日军强大许多，日军已经不可能再把他们赶出莱特岛。但炭谷和他的同类能够做到而且的确做到的，是以惨烈的战斗去迎战美军的第6集团军。这场战斗的惨烈程度让麦克阿瑟和他的参谋团队完全出乎预料。美军在莱特岛上迅速推进的同时，在菲律宾的近海，菲律宾战役——同时也是整个第二次世界大战——蔚为壮观的一出大戏正在徐徐展开。

第六章 "死亡之花"：莱特湾

"胜利行动"

历史上规模最大的一次海上冲突就这样发生了。它所发生的时间，却正是冲突结果对日本帝国覆灭所产生的影响完全可以忽略不计的时间。这场对决的念头来自于日本海军上将们的一个决定，他们想要以一鸣惊人、破罐破摔的姿态，来发泄他们因接连失败而累积的沮丧心情。1944年10月，他们发现自己已经丧失了空中掩护，面对的是占绝对优势的美军部队。他们想把舰队集中在本土周围。但他们的大多数大型舰船却不得不锚泊在能够弄到燃油的地方，如婆罗洲和马来亚。日本皇家海军仍旧拥有一支几年前让全世界都为之肃然起敬的部队。战争之初，日军拥有10艘战列舰，现在还保留了9艘。对日本的海军上将们来说，陆军殊死战斗的同时，大型军舰却系泊在港口闲置不用，这种做法是不能容忍的，或者说是很丢脸的。于是，日本海军谋划要发起一场战斗，尽管每次预计战斗结果总是以战败告终。

对于日本海军的这一举措，美军并没有做好准备。跟欧洲西北地区战场上一样，他们往往把敌人看得过度理性。麦克阿瑟指挥部认为，日军要日夜兼程，穿过圣贝纳迪诺或苏里高海峡，抵近莱特湾，这是件不可能做到的事情。敌人军舰缺少海上空间，会面临哈尔西第3舰队和金凯德第7舰队的双重攻击。然而，入夏以来，日军指挥员却一直在计划，将残余的大部分水面舰船，投入到他们称之为"胜利行动"的战役中。当战列舰飞行中队指挥员、海军中将宇垣收到"胜利行动"草案时，他写道："计划是否充分，尚待进一步研究，但我们已经陷入绝境，别无选择……有必要继续抱持期待胜利的想法，并努力去争取胜利。"换句话说，做点事情总比不做事情强。"胜利行动"，就其孤注一掷的意义而言，可以跟三个月后由希特勒发起的突出部战役相提并论。

9 月份和 10 月初，日军指挥员和参谋官一直在详细查看和阅读各种图表。但正当此时，他们至关重要的飞行中队却陨灭在了大洋深处。在台湾近海，哈尔西他们的战机每天都在给日军造成毁伤。日本海军中将福留伤心地写道："敌人的部队完全无法战胜，我们的战机就仿佛扔向石墙的无数鸡蛋。"日军飞机本计划偷袭美军的第 3 舰队，但美军雷达哨驱逐舰发现了他们的行踪，提前集结战机在离第 3 舰队 100 英里之外的地方编队迎敌。战机指引成了一门极其尖端复杂的艺术。同样，对日军空军基地和漂浮装备的集中打击也同样如此。10 月 10 日，美军出动战机 1396 架次，对冲绳和琉球群岛发动攻击，以损失 21 架飞机的代价，重创了日军的海上运输并击毁了 100 架日军战机。从 12 日至 14 日，日军损失了 500 架战机。随着日军可用战机的急剧缩减，日军战斗伤亡人数也在减少，先是减少到 50%，再是减少到 20%，而相比之下美军的战斗伤亡占比却高达 80%。在太平洋岛礁战斗中，日军损失了许多地勤人员，而且再找不到训练有素的人员来接替他们的工作。

日军遭遇了重大挫折，但与此同时，他们却还在用各种手段欺上瞒下、自欺欺人。海军中将宇垣收到一个驱逐舰中队的战报，说他们取得了"重大战绩"，击沉了美军 3 艘航母、1 艘巡洋舰和 4 艘驱逐舰。他因此欣喜万分。事实上，在该战报提及的那次行动中，美军只损失了 1 艘驱逐舰。诚实的情报分析在战争中是必不可少的，但这份战报表明，日军高层已经摒弃了这一常规。刚好相反，在起草"胜利行动"计划时，日军指挥员还抱着一丝不切实际的幻想。10 月 17 日，日军舰队仅存的 116 架战机，许多都被拖拽到了岸上。舰队不再打算让它们从锚泊在琉球的航母上起飞，因为他们认为，现有的这些飞行员没有足够经验，根本不能胜任甲板起降操作。从现在起，舰队需要依赖陆基战机来给它提供空中掩护。日军在菲律宾还幸存了 40 架战机，10 月 23 日前，日军迅速给他们提供增援，战机数量猛增了 10 倍，但无论是在地面还是在空中，它们仍然面临不断被消耗的命运。在海上，日军集结了一支部队，包括 9 艘战列舰、4 艘航母、15 艘重型和轻型巡洋舰、29 艘驱逐舰。这支部队似乎很有点蔚为壮观的架势，只是不能把它跟美国海军的实力相提并论。这个时候，美国海军在菲律宾附近集结了 19 个特混舰队，包括围绕 8 艘轻型航母和 29 艘护航航母组成的 9 个舰队、12 艘战列舰、12 艘重型巡洋舰、16 艘轻型巡洋舰、178 艘驱逐舰、

40艘驱逐护航舰和10艘护卫舰。目前，美军部署的驱逐舰，比日军拥有的航母舰载机还要多。美军第3舰队的200艘军舰，在海上占据的面积高达360平方英里。

跟大多数日军作战计划一样，"胜利行动"计划非常复杂，其目标是让三个海军中队赶往莱特湾碰头，组合成一支舰队，对麦克阿瑟的两栖舰队和起掩护作用的第7舰队海军力量骤然发动攻击。三个海军中队中，有两个来自婆罗洲，一个来自琉球。尽管日军认为他们的空袭已经重创了哈尔西位于菲律宾东北部的第3舰队，但他们还是想方设法诱使哈尔西的航母和战列舰离开莱特岛的范围。为此目的，日军四只幸存的航母和少量舰载机编队，计划假装向南开动，虚张声势，故意让美军注意到它们的行踪。虽然这些航母必定会遭遇损失，但日军觉得这个损失值得接受，只要能让哈尔西离开日军主力进攻部队的进攻路线就行。日军计划在预计美军登陆日期后，尽早将"胜利行动"计划付诸实施。

日军大多数高级指挥员和参谋官都反对这一计划。他们觉得这么做成功的可能性不大，而且还可能造成灾难性的损失。他们认为，等敌人登陆后再采取行动，日军会因此错失菲律宾战役的决定性战机。"胜利行动"反映了日本海军长期存在的一个弱点，就是分散使用兵力。即使是一贯好战的宇垣也觉得这一做法有些欠妥。9月21日，他写道："以我之弱兵，对敌之全势，全力以赴，决死一战，其获胜之机甚微。一若观相扑队员，以一敌五，车轮作战，逐一对阵，耗力太多，则显然不可胜敌。"他感觉这一行动太过草率。部分军官也认为："我们并不怕死，但如果我们伟大海军的殊死一击，是冲着几艘空空荡荡的运输船，那显然东条和山本将军要因为葬送优秀才俊而失声痛哭于他们的坟茔了。"批评者对这个要求在日间作战的计划提出了质疑。他们认为，只有在夜色掩护下，大日本皇家海军才有可能发挥其传奇的夜战技能，争取到成功的机会。即使时常行事不计后果的日本陆军，也觉得"胜利计划"太过鲁莽。

海军中将粟田武雄被任命担任本次行动的指挥员。他为这次行动做了最好的准备。在给各舰舰长的最后一次吹风会上，他对他们提出要求说："我们的民族正处在生死存亡的关头。这个时候，若只顾及保全我们的舰队，那不是太丢脸了吗？世间总会有奇迹发生。"然而，作为一个战斗经验丰富的老牌驱逐舰和巡洋舰舰长，粟田本人的行事风格，却是出了名的谨小慎微。他取得将军军衔，靠的不是战绩，而是资历。他要执行的计划，是一个完全由联合舰队司令部制订的计划。

计划的实施，要求有非同寻常的胆识和魄力。出发的当天晚上，粟田的所作所为，只有那番动员，能够吻合本次任务的要求。他告诉手下的军官，舰队得到批准，"可以像死亡之花一般盛开"。听他讲话的军官们例行公事似的做出了反应，他们起身大喊了一声"天皇万岁"，但他们的内心并没有一点激情。就这样，粟田和他的舰长们，从此踏上征程，实施了海军历史上最为鲁莽、最缺乏管理的一次行动。

史称"莱特湾之战"的系列战事，是在一个面积跟英国或美国内华达州大小差不多的地方进行的。日军临时更换了海军通信代码，因为这个缘故，美军情报部门对敌人的计划一无所知，但粟田的两支南方海军中队，在远未抵达莱特湾之前，就已经被美军侦察到。10月23日，天未破晓，哈尔西收到一份来自"飞奔者"号潜艇的侦察电报。"飞奔者"号潜艇当时正随"雅罗鱼"号姊妹艇在巴拉望水道巡逻，他们发来的这份电报是整场战争中意义最为重大的一份。电报内容是："北纬8度28分，东经116度30分，发现多艘军舰，3艘疑为战列舰，航向40，航速18，正在追击。"这是粟田的"第一打击部队"，正从文莱湾方向赶往作战目的地。那一定是个非常壮观的场面。温斯顿·丘吉尔对12世纪英国的"无畏级"战舰有过这样一番形象的描述："那是一些巨大的钢铁城堡"，战舰在列队庄严行进过程中，船首一上一下地在起伏着，"如同陷入焦虑思绪的巨人在弯腰鞠躬"。没有其他的描写能比这段文字更为生动形象。

5艘战列舰和10艘重型巡逻舰，分3个纵队，在无潜艇掩护的情况下，以时速16节的速度往前开进。日军截获了美军的无线传输信号，知道附近有美军的潜艇，明知如此而不配备潜艇掩护，这更加令人感觉惊讶。6：32，"飞奔者"号在近距离直射范围，即980码的距离，朝着粟田的旗舰"爱宕"号巡洋舰发射了6枚鱼雷，然后在1550码的距离，又用艉管朝日军"高雄"号开炮。"爱宕"号被击中4次，"高雄"号被击中2次。"雅罗鱼"号潜艇艇长布莱登·克拉盖特忙着用潜望镜观看他"生平见过的最为壮丽的景象"："爱宕"号冒着浓浓黑烟，在橙红色火焰包围下，从船首位置开始，迅速沉入了海底。"高雄"号虽然船尾遭遇重创，但还能保持漂浮状态。克拉盖特听到两声巨响。"我从未听到过那样一种声音，"这位艇长后来写道，"潜艇的水声监测员报告说，声音听起来就像大洋洋底发生了爆炸……我们听到船只解体的轰然巨响。那是我听到过的最为恐怖的声音。深潜员对我说：'咱们最好还是离开这个鬼地方吧。'"

日军上将粟田和他的参谋团队靠游泳，从被击沉的"爱宕"号巡洋舰逃到了"岸波"号驱逐舰，然后又辗转到了庞然大物般的"大和"号战列舰。"爱宕"号上约360名水兵被淹死，包括粟田几乎全部的通信参谋。如果说粟田随后的行为显得有些笨拙，那么且想一想有哪位年满55岁且亲身经历过这种心理创伤的人还能够轻松指挥这样一场严峻的战斗呢？"雅罗鱼"号潜艇朝日军的"摩耶"号巡洋舰发射了4枚鱼雷，几声巨响后，他们知道这艘巡洋舰也报销了。姗姗来迟的日军驱逐舰展开了进攻，这才阻止了美军两艘巡逻潜艇发射更多鱼雷。粟田的战舰随后将速度提升到24节，乘机逃离了这片是非之地。莱特湾的首场战斗，美军在日军来不及开一枪一弹的情况下，给他们造成了重创。粟田的海军中队被称为"中央军"。"中央军"的部分军官，对美军潜艇取得的成绩，又是懊恼又是钦佩："我们的人为什么就打不出这样的漂亮仗呢？"的确，为什么呢？美军之所以能够取得首场胜利，是因为日军战术上的粗心大意演变成鲁莽草率。这是那些日子里，日军每次战斗都共有的一个特征。粟田和他手下的军官，对正在展开的行动比较悲观，但无论如何他们不能连起码的预防措施都不采取。日本人的行为表明，他们慷慨赴死的想法，要远比他们准备战斗的意愿更为强烈。在这样一场声势浩大的冲突中，要不是因为这场战斗事关重大，关乎那么多人的生死，人们一定会觉得，一度盛极一时的日本海军，其作战的简单方式，真的让人感觉荒唐好笑。

现在美军算是明白了，粟田的舰队是在朝萨马岛北端的圣贝纳迪诺海峡方向前进。出海峡东口后，他们计划转而向南，疾行7小时前往莱特湾和麦克阿瑟军队的登陆锚地。美军也发现了日本海军上将西村正二率领的第二支海军中队，这支部队也正在从南面开进，经过棉兰老岛，前往同样一个目的地。哈尔西不敢率己方的战列舰进入圣贝纳迪诺海峡，因为日军在那片海域布设了许多水雷。然而，他却下令3个轻型航母战斗群，对这片海域实行封锁并实施空中打击。但日军却先发制人。他们出动了3个战斗编队，每个编队有50架战机，从吕宋岛出发，对谢尔曼麾下的第3特混舰队航母发动了攻击。一场持久而痛苦的战斗随即展开。"野猫"飞行员、著名海军中校大卫·麦坎贝尔，一人就击落了9架日机，他的僚机飞行员击落了6架，另外5名飞行员各自击落了2架。回顾1933年，麦坎贝尔想要参加飞行培训，却因为视力不好一开始就遭到了拒绝。然而所有成功的战斗机飞行员必不可少的进取精神，使他成了海战中最成功的飞行员之一。他颇具幽默地说："飞行员的一生，从头到尾，都带有很强的竞争性。"1944年10月24日，美国人赢得了几乎所有的奖项。日本的进攻部队几乎全军覆灭。

只有一架"朱迪"号俯冲轰炸机穿透美军重重防护,将一枚550磅重的炸弹投放到了"普林斯顿"号轻型航母上。当时这艘军舰上,正挤满了各类等待起飞的战机。燃油起火燃烧,鱼雷发生爆炸,成百上千的官兵绝望而无奈地聚集在飞行甲板上。10:10,第一次爆炸发生后半小时,所有水兵,除损伤控制人员外,全部弃船离开。"伯明翰"号巡洋舰匆忙赶来,凑近"普林斯顿"号旁边,派出38名志愿者,上船帮助扑灭火势。一辆吉普车和一辆牵引车从"普林斯顿"号高大的甲板上滑降到旁边的"莫里森"号驱逐舰,这艘驱逐舰正在负责疏散受损航母上的人群,同时还用机枪驱赶水中的鲨鱼,使它们不能靠近掉落海中的幸存者。"普林斯顿"号的痛苦持续了两个半小时,新一轮宣告日军空袭的警报又再次拉响。"伯明翰"号巡洋舰暂时跟"普林斯顿"号航母脱离开来。但在"莱克星顿"号航母上的"野猫"战机击退来犯敌机后,英勇的"伯明翰"号巡洋舰又再次凑近过来,努力想将"普林斯顿"号航母拖走。

"普林斯顿"号航母的鱼雷装载室里,发生了一次巨大爆炸,从而终结了所有救援的努力,还给"伯明翰"号巡洋舰造成了令人震撼的损伤。"伯明翰"号巡洋舰的战争日志上记录说:"甲板上满是已经死去的、正在等死的和受了伤的人,他们许多人身上鲜血淋漓、恐怖至极……鲜血在舷侧的水沟里恣意流淌。"美军用鱼雷炸沉了"普林斯顿"号的船体。"伯明翰"号从此退出舰队,成了"造船厂的展览品"。令人惊讶的是,多亏全体官兵的勇气和技能,这次袭击只造成了108人死亡、190人受伤。如果说这个早晨是哈尔西第3特混舰队的一段令人痛苦的经历,那我们也可以说,它同时也是一段值得骄傲的经历。

第3舰队的第一波空袭,于10:26开始降临到了粟田的舰队身上,接下来是12:45的第二波轰炸,以及15:50的第三波轰炸。在附近的一艘美军潜艇上,几位水兵窃听到了美军飞行员的无线电通信。一名飞行员不耐烦地打断管制员的指令说:"咱们先干完这一票再说。"随后传来一阵欢呼:"耶,我击中了一艘战列舰!"接下来是:"好吧,放战列舰一马。重新编队,目标对准巡洋舰。"粟田此时正在"大和"号上指挥他的舰队,跟他同在一起负责指挥战列舰分队的,是对他颇为不屑的宇垣。他们俩很不容易地相互做着调整和协调。粟田徒劳地向岸防司令部请求空中支援,但却遭到了拒绝,其中一个荒唐的理由是,日军战斗机正在攻击美军的巡洋舰,这个目标更有价值。这一案例,再次体现了日军对于进攻性行动的痴迷和对防守的不耐烦。他们始终认为进攻行动具有天生的优势,而防守则过于沉闷乏味。粟田不得不眼睁睁看着美军的飞机一次又一次轮番对他的舰队实施轰炸。

舍温·古德曼是一架"复仇者"战机的炮手。他所在的战机隶属于一支庞大的美军飞行编队,整支编队正在执行任务。此时,他正安静地凝视着战机外的天空。突然,他的思绪被打断了:"这真是漂亮的一天……天啊,那是什么?"远远的,在他们下面,正是日军的"大和"战斗群。携带空射鱼雷的战机迅速降低高度,绕着日军舰队盘旋,寻找适当的射击位置。古德曼旋转了一下前方的炮塔,他只能看到敌军舰炮炮弹出膛时发出的尾光,"看上去就仿佛一条烈火隧道"。在距离敌舰1000码的位置,他们发射了鱼雷,飞机随后向上爬升,古德曼朝着飞行员大喊:"左转!左转!"当他们转过弯来向下张望时,他忍不住胜利的喜悦,大声叫道:"打中了!我们打中了!"被他们打中的军舰是日军"能代"号轻型巡洋舰。它在被击中的一刹那就立刻沉入了大海。两枚美军炸弹导致"大和"号略微受了点损伤,再次把粟田吓了一大跳。他的参谋长也被弹片击伤。

美军战机飞临时,日军舰队的每一门炮都在开火,但收效却并不大。1942年起,美军战舰在应对空袭方面取得了重大科技进步,引进了无线电战机引导、雷达控制机炮以及无线电制导近炸引信等技术。日军却并没有取得类似的进步。他们的防空装备非常短缺。日本海军士官海老泽佐雄曾在一艘战舰上服役多年,经历过多次美军的空袭。他说:"我们的舰长是个舰炮迷。他总跟我们说,我们可以把美军飞机从天上射下来。经过无数次空袭后,我们的舰炮连美军飞机的机翼都没擦伤过,这让他感觉非常尴尬。空袭来临时,除了祈祷外,我们能做的并不多。"

10月24日,日军战列舰主力装备上的"蜂窝"炮弹,对自己的炮膛造成的损坏,比对美军飞机的损坏还要严重,但美军飞行员乍一见到这个庞然大物,还仍然有些胆战心惊。一名飞行员说:"这是件很紧张的事情,因为你会看到舰上火炮炸响时的场面。随后,你会想,接下来的10—15秒钟,在下一枚炮弹上膛前,你到底该干点什么?"日军的炮火在天空爆开后宛如一朵朵黑色的蘑菇球,但携带鱼雷和炸弹的美军战机却一次又一次地得以毫发无损地躲过劫难。

一岐春树是日本的一名海军少佐,指挥着一个中队的"吉尔"鱼雷轰炸机,他们的基地位于吕宋岛上的克拉克机场。24日那天,在对"胜利行动"毫不知情的情况下,他们接到命令,要尽最大努力执行一次任务，寻找并轰炸美军的航空母舰。他们携带的燃油，只够他们飞抵第3舰队的位置。没多久，一岐率领着18架战机组成的编队出现在东北海域上方。当他们远远看到下方的"武藏"号战列舰正在遭遇美军空袭时，他们头一次感觉，联合舰队正在上演一出绝望而无奈的大戏。他们还没明白到底发生了什么，美军的"野猫"战机就一窝蜂朝着他们扑了过来。接下来是一场屠杀。缺乏经验的日军飞行员拼命想要摆脱美军飞机的瞄准器，但不出几分钟，15架日军飞机就遭到击落。2架飞机逃回了克拉克机场。一岐躲在云层里才得以幸免于难。

  他从云层中飞出来时，天空和大海已经空荡荡一片，他的燃油也快用光了。他掉头朝东南方向飞去，迫降在了离莱特岛北部海岸几百码开外的一片浅水滩里。他和他的炮手站在机翼上，朝着海滩上的人影挥手，看上去他们显然是日本人。一岐朝着天空发射信号弹，借此吸引岸上人的注意。最后，一条小船朝他们开了过来。一岐大声说："我们是海军方面的！"船上的人很严肃地回答说："我们是陆军方面的。"两个军种之间大家所熟知的敌意骤然显露了出来。船上的几名士兵惊讶地发现，飞机上的鱼雷已经从机身上脱落了下来，岌岌可危地躺在下面几英尺深处的海底。他们指着那东西说："那个东西，你们难道不能处理一下吗？""你是说什么呀？"一岐有些不高兴地说。最后，他们说服那几位士兵，把船开过来救了他们。一上岸，一岐就向当地指挥员发出请求，希望能给自己的基地发报，告诉他们他还活着，并请他们派人来接他回去。他们没有发报，一个星期后，他才回到了克拉克。到达基地后，他发现基地正在举行活动，哀悼他和他的部队。他的上司拥抱了他，祝贺他大难不死。这位军官动情地说："不知怎么的，我就知道，我还会见到你。"没有飞机，没有飞行员，他们在吕宋岛上会一事无成。后来，一岐按要求去了琉球，到那里去重新组建一个飞行中队。

  现在，一场更为严重的灾难即将降临粟田的舰队。海军中校詹姆斯·麦考利指挥着第3舰队的鱼雷轰炸机，将机群分成3组，分别打击三大拨日军战舰。"武藏"号被鱼雷击中19次，被炸弹击中17次。大卫·史密斯宣称，这次空袭"绝对漂亮。我还从未见过这样一种情况——每枚炸弹都击中了目标。鱼雷轰炸机实施了铁榔头似的攻击，瞄准每艘军舰的舰首，分别投放了4枚鱼雷，你能够看到鱼雷朝着舰首方向前进时在水中留下的航迹。所有鱼雷都直接正常击中目标并发生爆炸。我所轰炸的那艘军舰马上停止了前进并燃起了熊熊大火。我飞离30分钟后，那艘军舰的舰首已经跟水面平齐了"。

"大和"号和"长门"号也轻微受了伤。"妙高"号重型巡洋舰因传动轴损坏不得不掉头返航。"武藏"号重约67123吨，其主炮塔每一个的重量都胜过一艘驱逐舰，船首的位置装饰着镶金的日本帝国菊花标志。19：30，这个庞然大物轰然翻了个个儿，沉入了海底。船上2287名水兵中，有984人死于非命。4小时之后，日军的护航船只才加入到了寻找幸存者的队伍。事后，宇垣写了一首挽歌，哀悼"武藏"号舰长海军少将猪口敏平。挽歌结尾处写道："谁能读懂一位陷入沉思的海军将领的心？"10月24日这天的天气很"好"，这是宇垣在日记中唯一能够积极评价的一个方面。在他的日记中，他伤感地说，"决战第一天"，日军并未击落多少美军的飞机。粟田军舰的火力只击中了18架来袭的战机。猪口在军舰沉没前匆忙完成的证词中，记录下了他的遗憾，他觉得他和他的战友太过相信"巨舰巨炮"的理念了。

虽然哈尔西的战机，能够在毫无日军战机干扰的情况下，对日军舰队全天进行轰炸，但轰炸的结果却并没有美军预想的那么"势如破竹"，也不像美军飞行员所说的"大获全胜"。战后，哈尔西写道："从这一次战斗中，我们得到的一个最明显的经验是：对海上一支能够自由机动的由重型军舰组成的特混舰队实施打击时，单靠空袭是很难消灭对方的。"这番话完全没有说服力。更能说明问题的情况是，美军飞行员因为多天密集作战的缘故，开始战斗时就已经很疲倦。由于舰载机飞行大队太过疲惫，"邦克比尔"号航母已经脱离舰队前往乌利西环礁休整。其实，其他军舰上的飞行员，他们的状态也好不到哪里去。疲惫降低了精准度。拉马德是"汉考克"号航母"野猫"战机飞行大队的指挥员。他对这一段时间中"地狱俯冲者"轰炸机的表现尤其不满意，"俯冲轰炸机实际打击的目标，并不是他们经过瞄准需要打击的目标，我觉得他们根本连瞄准的动作都没有做"。对10月24日飞行大队的这次行动，一份分析报告得出的结论是："攻击目标太多、太散，许多敌舰只轻微受了点损伤……无线电纪律必须有所加强。"那一天，执行空袭任务的259架战机中，只有约45架完成了打击任务。跟1944年秋舰载机飞行员的最佳成绩相比，这一表现差太远了。尽管击沉了"武藏"号，但美军舰载机10月24日的这次出动比较而言并不算成功。

然而，这已经足以让粟田心惊胆战了。当天下午14：00，日军改变航向，离开了圣伯纳迪诺海峡。粟田给海军总部去电说："我们建议，舰队暂时脱离敌军空袭距离，待友军部队行动允许时，再恢复行动。"不管粟田接下来做什么,他已经无法再实现原定于黎明时分跟南方海军中队在莱特湾会师的计划。在莱特岛上,日军士气已经非常低落。这一天有位幸运的日本军官,他就是来自马尼拉的高桥正二少佐。执行"胜利行动"任务的日军海军中队起航时,海军曾要求带上一名陆军联络官,让他登上"武藏"号跟大家随行。高桥自愿报名参加了这次行动。他觉得这趟旅行听上去还挺好玩的。当天晚上,当南亚军区集团军得知这艘战列舰和舰上许多水兵葬身海底的消息时,情报官高桥的上校级顶头上司一本正经地晃动着手指头,指着他说:"你小子运气好,我没让你去!"海军上将哈尔西接到飞行员战报后,肯定地认为,第3舰队已经取得决定性胜利,粟田的部队被打散了,正在撤退中。

西村的C部队,由2艘老式战列舰、1艘中型巡洋舰和4艘驱逐舰组成,力量虚弱到了荒唐的地步,根本无法独立作战。联合舰队的另外一支部队是志摩的一支小中队,他们所走的路线跟西村的路线相同,但比他们晚几个小时出发。这就好像日军最高司令部分几道菜为敌人准备了一场盛宴,每道菜的规格刚好符合敌人的胃口,中间留出间歇,是为了便于敌人清洁一下口腔。24日晨,正当C部队从南部起航,开始踏上通往莱特岛的漫漫征途时,正赶上哈尔西的航母舰队准备北上对付粟田的舰队。美军对西村的C部队发动了一次空袭,但收效并不明显。美军第7舰队正在为莱特岛滩头阵地提供掩护,舰队司令、海军上将汤玛斯·金凯德随后明显感觉到,处置西村部队的任务已经落到他们肩上,日军将趁天黑穿越苏里高海峡。

金凯德,时年56岁,来自美国新汉普郡,曾长期服役于战列舰。战争初期,哈尔西将他从航母作战群司令位置上撤换下来,他为此有些耿耿于怀。人们大多认为他是个称职的军官,但并不是个有灵气的军官。12:15,他电令所有军舰做好准备,要打一场夜战,电报内容是这样的:"总体形势:敌军战机和海军部队正在集结,计划对莱特岛地区发动攻击。对敌战斗群的攻击或于19:00打响。总体计划:本军将在适当距离以舰炮摧毁并用鱼雷攻击敌军试图通过苏里高海峡进入莱特湾的水面舰艇。"

为了本次战斗,麦克阿瑟特地提出要求,想留在"纳什维尔"号巡洋舰上,但在部下的抗议之下,他才不得已将指挥部搬到了岸上。驱逐舰负责掩护圣佩德罗海湾里的28艘补给舰和指挥舰。海军上将耶西·奥顿道夫指挥着一支由老式战列舰和巡洋舰组成的部队,他的任务是为莱特岛提供轰炸支援。他将手下的战舰在苏里高海峡入口处一字排开，等待敌人的到来。耶西·柯华德舰长的第54海军中队拥有5艘驱逐舰，被派到前面执行小规模战斗，另外第24驱逐舰中队的6艘驱逐舰和第56驱逐舰中队的9艘驱逐舰负责为它们提供支援，随时准备连续发动鱼雷攻击。再往前是一大群小型鱼雷巡逻艇，它们负责在更远的前线执行巡逻任务。海面平静如镜，它们可以在上面轻松穿行。在第一次交战中，鱼雷巡逻艇不幸击落了美军一架正在执行夜航任务的"黑猫"远程轰炸机，它当时正在搜寻西村的舰队。

一晚上大家都提心吊胆。金凯德的指挥舰"瓦萨奇"号停在圣佩德罗的锚泊地。他惊讶地听说日军对塔克洛班发动了空袭，炸毁了一个燃料库。美军等候在苏里高海峡入口处的战列舰，火力远远超出了西村的海军中队。但是，由于美军未曾预料会遭遇敌军舰的缘故，他们并未携带多少穿甲弹药。夜战总是要靠运气，尤其针对日军这样的敌人。西村微弱的军力，要想突破第7舰队，是不可能的事情，但几枚运气不错的日军炮弹仍然有望给美军造成重创。

22:36，战斗开始打响，漆成丛林绿的木质鱼雷巡逻艇，以24节的速度向前开进，发动了首轮攻击。他们一艘接着一艘，在满是泡沫的船只尾流中，在闪烁的日军探照灯光下，竭力想要将前进中的敌舰包围起来。西村的副炮部队不断向这些弱不禁风的小船发出齐射。在持续4个小时的小规模冲突中，30只鱼雷巡逻艇发射了鱼雷，但都没有命中目标。鱼雷艇是海军的特种部队，主要用于执行侦察和搜救任务。他们的鱼雷训练长期没有得到足够的重视。冲突中美军损失了一艘鱼雷艇，船上3人阵亡。西村的海军中队继续往北破浪前进。

美军的驱逐舰比鱼雷艇强。他们几乎都是清一色的"弗莱彻"级军舰，排水量都能达到2000吨。跟主力舰相对抗，这一级别驱逐舰上的5英寸舰炮显得有些捉襟见肘。柯华德命令舰炮组全部停火，因为炮膛的火光只会给日军指明他们的方向。真正能起作用的，是驱逐舰上的鱼雷。他们能够从比鱼雷巡逻艇稳定得多的瞄准平台上发射鱼雷，并且能够用它击沉任何类型的船只。午夜后，月亮已经消失不见。漆黑的夜晚，能见度只有2英里多一点。甲板上的温度高达80摄氏度，甲板下的温度更加令人窒息。在作战信息中心，反潜声呐在发出单调的脉冲信号。每只军舰舰桥后面或下面的位置，都有五六人挤在漆黑的、散发着汗臭的空间里。在这一空间的中心位置上，是一张被灯光照得清清楚楚的、用玻板覆盖的海图，有一个光点在上面指明了本舰的方位。在美军的雷达屏幕上，一条代表西村舰队的海参正在迅速逼近。

大家观看鱼雷艇作战的当口，"蒙森"号驱逐舰舰长在指挥部给全舰官兵做了一次广播动员："全体官兵们，我是舰长。我们即将投入战斗。我知道你们都会尽忠职守。我答应你们，我也会对全舰官兵和我们的国家尽忠职守。祝你们好运，愿上帝与我们同在。"此时此刻，面临最大困难的，不是上层甲板上的那些人员，而是甲板下面几千名穿着防闪光劳动布服装、戴着防闪光帽兜，操作信号交换机、弹药起重机和机器控制仪的人员以及伤病救护站的人员，因为在下面他们看不到事件发生的经过。要到爆炸物撕破薄薄钢板的可怕瞬间降临时，要到看到鲜血和海水跟扭曲变形的钢铁混合在一起的那一刻来临时，他们才明白战斗已经打响。大多数的水兵，对这样的场面已经司空见惯。他们喝着咖啡，吃着三明治，等着交战时刻的到来，那真是一场漫长的等待。

西村的海军纵队，打头的是4艘驱逐舰。他所在的旗舰紧随其后，那是一艘叫作"山城"号的旧式战列舰。接下来，以1000码为一间隔，跟着另外两艘军舰，分别是"扶桑"号和"最上"号。2：40，"麦高文"号报告说："184度方向发现臭鼬，距离15英里。"15分钟后，日军的瞭望哨发现了远处的敌人，但他们的巨型探照灯却未能探查到考华德的军舰。现在，美军的驱逐舰开始逼近，以30节的速度在12英里宽的海峡内奋勇前进。虽然由于逆流而上的缘故，日军军舰的速度有些减缓，但西村的军舰和美军的军舰相互靠近的速度却仍然达到了每小时50多英里。2：58，日军军舰已经完全出现在了视野中，考华德的海军中队释放了保护烟幕。他命令他所在编组的3艘军舰准备射击。3：00，美军在距敌不到9000码的距离开始发射鱼雷。考华德认为，如果再凑近一点，美军驱逐舰有可能会遭到西村舰队的舰炮轰击。日军的探照灯突然用耀眼的灯光锁定了"里米"号驱逐舰，让舰上的水兵有"犹如笼中之兽"的感觉。日军战列舰开始向天空发射照明弹，同时竭力想要打击正在以40英里每小时的速度向他们开进过来的美军驱逐舰。在75秒的时间内，27枚鱼雷离开了发射管。考华德向左舷方向急转，然后在8分钟的鱼雷运行时间内，呈"之"字形向前运动。3：08，他们听到日军舰上传来一声爆炸，被击中的很可能就是"山城"号。

考华德舰队西侧编组的两艘军舰则更加成功。3：11，正当西村命令军舰采取闪避行动时，西侧编组的军舰开了火，正在闪避的日军军舰刚好进入鱼雷的攻击路径。"麦克德尔模特"号取得了非凡战绩，一次齐射打中了日军3艘驱逐舰。第一艘立刻发生了爆炸,第二艘开始下沉,第三艘船头被打掉,不得不撤出了战斗。44岁的海军上尉石井东桥是日军"山云"号驱逐舰的轮机员,他突然发现头顶甲板上的油漆在大火炙烤下正窸窸窣窣往下剥落。美军的炮火引爆了日军舰上的鱼雷,一时间爆炸声四起,整艘军舰被闹翻了天。他发现压力仪表出现了裂缝,电话线也燃烧了起来。浓烟涌入了发动机室。官兵们剧烈咳嗽,喘不过气来。他们努力想要关上舱盖,关闭换风扇,但毫无效果。最后,情况变得让人受不了了,石井只好命令部下都到甲板上去。上了甲板,他们一个劲忙着灭火,最后终于成功扑灭大火。回到发动机室,3:45,他向舰桥指挥室报告说,军舰重新恢复了动力。他正要下楼回到他的岗位,又一枚美军鱼雷再次击中军舰。冲击波把他整个人抛入了大海。他抓住一块木板,看着军舰在又一轮美军炮火中慢慢沉入了海底。石井艰难地游向一只救生艇,因为他的腿在鱼雷爆炸中,被划开了一个很大的口子。几小时后,他被冲上了莱特岛,游击队活捉了他,让他备觉尴尬的是,他又被移交给了美军的鱼雷巡逻艇。

"蒙森"号发射的一枚鱼雷击中了"山城"号。现在,它已瘫痪不能动了。美军第24中队驱逐舰的又一轮进攻,极有可能命中了两个目标。到底是战列舰炮火还是鱼雷导致了这一结果,人们还存有不少争议,但一个明确无误的情况是,建于1912年的"扶桑"号战列舰在一声剧烈爆炸后,燃起了熊熊大火,断成了两截。到现在,人们还在纳闷,那样一艘巨舰怎么就不堪一击,但很显然,年久失修是造成这艘军舰如此脆弱的原因。3:35,美军最后一个驱逐舰中队投入了战斗。大家一直嚷嚷着要它们"搞定大船",日军的巨舰只有两艘得以逃脱,其中一艘还带着伤。然而,驱逐舰的作战时间已经结束。第56驱逐舰中队的全部鱼雷都未能命中目标。美军的战列舰和巡逻舰开始炮轰日军舰队。第24驱逐舰中队的一艘驱逐舰可能用鱼雷击伤了"山城"号,但在此之前,它已经遭到美军14—16英寸舰炮的重创。事后,一些海军军官曾对驱逐舰在苏里高海峡战役中的表现做出过批评,认为他们犯了错误,在超出鱼雷最佳射程3000码的距离,就做出了发射的动作。从技术上看,这一批评的确言之有理。当时的鱼雷制导技术还不是很先进。在4—5英里这样一个距离,在海峡强劲的水流中,要想击中目标,需要非常好的运气和技能才行。尽管西村的海军中队无论如何已经大难临头,但近距离作战,几乎肯定会导致美军驱逐舰出现不必要的损失。

美军的巨舰在2:30才发出"进入一级战备"的命令,那也就是大家已经能够看到驱逐舰战斗引发爆炸和燃烧之前不久。"马里兰"号甲板下面的弹药补给站设有一个军人餐厅，里面一位小个子黑人服务员颇富感情地提出请求，希望给他分配一个岗位，让他有机会开炮打鬼子："我想上炮台，我知道我能打得很好。我知道我能。"感动之下，上级把他分配到一门20毫米口径舰炮的岗位。战列舰携带的大多是些用于近岸轰炸的高爆炮弹。在炮塔下面的弹舱里，穿甲弹药的供应并不是很多，水兵们在忙着给它们装上炸药。准尉炮手在测量温度：对于精确火力打击来说，精准度是必不可少的。在"马里兰"号前桅楼高处的主炮区位上，海军上尉霍华德·索尔说："我们懂的不多，但跟所有水兵一样，我们都懂得去做揣测。"

好运气都让美军赶上了，但用索尔的话说："我们还记得，1941年5月，德国'俾斯麦'号用一发炮弹就击毁了42000吨重的英国'胡德'号战斗巡洋舰的故事。他们看见红色的曳光弹跟天际线交接在一起，然后听到奥顿道夫的战列舰接到命令：'兄弟们，执行3度转弯。'舵效航速为5节，但他们此时的速度几乎比这还慢。这样一来，他们就把自己的侧翼和整个舷侧暴露给了敌人。西村的舰队已经进入射程，巨大的炮塔转动了起来。炮手请求下令开火：'右炮塔2，装弹结束，准备完毕。'"听到命令"开始射击"，每个炮塔里的主火控员会按下左扳机，发出开炮前警报声，提醒弹舱上面的水兵闭上眼睛、捂住耳朵。随后，他会用右手手指的压力击发炮弹，一边念念有词地说："去你的吧！"伴随强烈的闪光和雷鸣般的炸响，炮弹就朝着目标飞了出去。霍华德·索尔回忆说，在阵阵震荡声中，"我们骑在桅杆上，桅杆上下起伏，仿佛狂风下的一棵大树"。

海军上将耶西·奥顿道夫的旗舰是"路易斯维尔"号巡洋舰，上面一名炮手迫不及待想要开炮，忘了发出开炮前警报，炮膛强烈的闪光导致奥顿道夫的眼睛出现了短暂失明。他钻进司令区位，想看看雷达屏幕上的光标，它们能够显示西村舰队的方位。但不久，从广播系统不断传来的声音，分散了他的注意力，他又回到司令舰桥的位置。战列舰在26000码距离处做出了第一轮射击，而巡洋舰的射击距离则是15600码。非常凑巧的是，奥顿道夫麾下的6艘大型战舰，有5艘是在日本偷袭珍珠港之后几年时间内从港口的海底打捞出来的。现在，它们被认为船龄太老、速度太慢，不能随哈尔西的舰队执行任务，但有3艘军舰，包括"田纳西"号、"加利福尼亚"号和"西弗吉尼亚"号，上面装备有最新的火控雷达，那可是比日军舰队任何装备都要无限优越的东西。在这场战列舰的对抗中，这些庞然大物做了它们的最后一次闪亮登场。它们的主力装备分别能够每分钟发射69、63和93发炮弹。日军海军中将宇垣一度愤愤不平地质问说,既然有些人说战列舰已经多余,那为什么美军还使用那么多。今天晚上,他们给日军造成了重创。挂着西村军旗的"山城"号,不久就燃起了熊熊烈火。"最上"号重型巡洋舰掉转船头,想要逃跑。4:02,一枚炮弹落在舰桥位置,炸死了船上所有的高级军官。"最上"号带着浓烈火焰,继续加大马力拼命逃窜。7分钟后,"山城"号船身倾覆沉没,西村和几乎全部水兵都葬身海底。一艘巡洋舰和一艘驱逐舰,虽然分别遭遇重创,但却得以逃脱成为唯一幸存的两艘日本军舰。与之相对应的是,3艘美军巡洋舰遭到日军炮火交叉射击,但却没有任何一艘美军重型军舰被击中。14分钟后,奥顿道夫命令战列舰停止射击。他知道日军海军中队已经遭到重创,而且在听说目标地区出现美军驱逐舰后已经大惊失色。

但是,夜晚的战斗还未结束。敌军主力部队身后20英里的地方,海军中将志摩清英正率领另外一个中队的3艘重型巡洋舰和护航舰在海上开进。这支中队首先受伤的是"阿武隈"号轻型巡洋舰,打中它的是一艘鱼雷巡逻艇,它本来是奔着驱逐舰去的。4:20,日军的雷达探测到敌军的军舰,志摩命令各舰舰长发射鱼雷。鱼雷射出去,打中的却是附近的希布松群岛,这些岛自然并未遭受损失。日军闹下的大笑话,说明了日军雷达性能是多么的低劣可怜。志摩随后接近了已经断为两截、正在熊熊燃烧的"扶桑"号。虽然志摩把它们当成了两艘不同的军舰,但他却果断认为,西村已经大难临头。他再次掉头向南,给海军总部致电说:"本部队已经完成攻击,正撤出作战区,计划下一步行动。"撤退只是意味着进一步的羞辱。"那智"号跟西村中队的一艘幸存军舰撞在了一起,那是还在燃烧的"最上"号。两艘军舰设法带伤向南撤退。"最上"号后来遭遇了美军空袭,并且因遭到己方一枚鱼雷打击后彻底倾覆。另外还有一艘日军驱逐舰,在遭到美军陆基战机打击后,最终沉没于海上。

奥顿道夫的部队沿着苏里高海峡缓缓推进的同时,美国人只看到两艘正在燃烧的日军军舰,水中散乱分布着日军的残存人员,他们大多拒绝接受救援。黎明时分,"扶桑"号只剩下船尾部分还浮在水上,那是西村中队唯一可见的残余物。"路易斯维尔"号弹射出一架水上飞机,侦察报告显示并未见到敌人踪迹。这是一场无情的大屠杀,但它却并未让奥顿道夫感觉不安。"永远不要给傻瓜喘息的机会。"他断然说道。田中浩曾是"山城"号的飞机修理兵,衣衫不整的他最终落入了美军的手中。他愤然指出,西村指挥中队的方式,"与其说像是一位海军上将，还不如说像是一名海军士官"。人们很难找到不同的解释，更难想象出一个不同的结果，因为这场遭遇战，战斗双方实力相差过于悬殊。奥顿道夫并没有亲自去乘胜追击穷寇，而是把这个任务交给了金凯德的航母舰载机。他已经扮演完了痛下杀手的"刽子手"角色。最后，日军只有1艘重型巡洋舰和5艘驱逐舰得以平安返回。莱特岛锚泊地似乎已经平安无事。苏里高海峡战斗中，美军阵亡39人，受伤114人，他们差不多都发生在"格兰特"号驱逐舰上，而且都是因为"友军火力"误伤所致。美军重炮开火的瞬间，这艘驱逐舰没有执行贴岸航行的命令。

日军还能指望会有什么样的战果呢？本次战斗的结局，反映了日军的战略愚昧、技术薄弱和战术无能。美军在接近完美的形势下，部署了绝对占优的火力。他们成功将大型军舰一字排开，这样舰上的每一门炮都可以发挥其作用。而日军却别无选择，只能使用舰首的炮塔，对战奥顿道夫的"T"形舰阵。10月25日，黎明时分，美军那些老式的战列舰，书写了它们令人难以忘怀的最后一页，可以从此退出海战历史了。然而，莱特湾最为古灵精怪的战斗还远未到来。

第3特混舰队的苦难

10月24日傍晚，那是一段非常宝贵的时光。太阳下山前，海军上将粟田的舰队再次掉头朝着圣伯纳迪诺海峡方向前进。这一次他们是收到了总司令海军上将丰田副武的电报。电报催促说："所有部队要重新发起进攻，要相信上天的旨意。"一位参谋军官愤愤地嘟嚷了一句："所有部队要重新发起进攻，要相信自己会被歼灭。"日军在黑暗中继续向东行驶，每时每刻都在提防会遭遇美军的潜艇。天刚破晓，他们进入了菲律宾东部的公海地区，他们面容严峻地期待会看到哈尔西第3舰队的飞机或军舰，它们的出现可能会标志日军舰队的覆灭。他们截获了一份从日军幸存驱逐舰上发出的电报，得知西村中队已经被歼灭："除'时雨'号外，在敌军舰炮火力和鱼雷打击下，所有舰船尽数损失。"然而，几分钟后，粟田舰队前方的地平线仍旧空无一物。哈尔西的舰队，全世界最大规模的海军力量集结，并没有出现在那里。美军海军上将犯下了一个本次海战中最让人惊讶的错误。

有人对10月24日那天下午粟田掉头脱离战场的懦弱行为提出过严厉批判，但是有时人们也会遗漏一个很显然的情况：要是粟田将军保持航向继续向圣伯纳迪诺海峡开进，哈尔西的飞机就会在黎明时分重新发起攻击。在他接近海峡东边出口的地方，美军的战列舰会在那里等着他的到来。他的整支舰队就不可避免会遭到灭顶之灾。事实上，日军的运气再加上美军的粗心大意，给粟田提供了一个绝好的机会。

"公牛"哈尔西，61岁，出身于海军军官家庭，是个激情满怀的人，滔滔不绝的口才以及长期热衷作战的倾向，这些因素使他成为一个民族英雄式的人物。他在安纳波利斯的同学曾经说，他长得跟海神尼普顿很像，脑袋大大的，下巴很宽大，习惯性地皱着眉头。他一心扑在海军事业上面，没有什么其他的爱好，对个人事务也没有明显的兴趣。尽管在海上的时候，他有洁癖，总是穿戴得一丝不苟的样子，但在家庭生活方面，他是出了名的一塌糊涂。在战争事务上，哈尔西的言行举止跟麦克阿瑟差不多，尽管方式有很大不同，有点更为粗野："我从不信任不抽烟不喝酒的人！"在他的小木屋里，他珍藏着一副非常华丽的西部马鞍，那是一位仰慕他的人送给他的，是想帮助实现他的一个承诺，那就是，总有一天，他要骑着裕仁天皇的白马穿过东京街头。尼米兹曾说过，当他派斯普鲁恩斯率领舰队出海时，他总是很清楚，斯普鲁恩斯会平安无事地把舰队带回来。但是，当他派哈尔西带队出海时，他却不能确切知道到底会发生什么事。哈尔西大胆冒失的一面，人们不敢说鲜有发生；但他高人一筹的判断力和智力水平却时常有所展现。

连续4天，海军中将小泽治三郎一直在美军第3舰队以北200多英里大张旗鼓地显示它的存在。他的航母上只有116架战机，只有满额时的一半。24日那天早上，他派出26架战机去打击哈尔西的舰队，但打击的效果显然并不好。幸存下来的飞机降落在了吕宋岛上。它们唯一的真正目的，是要吸引美军的注意。下午晚些时候，美军侦察机最终发现了小泽的海军中队。哈尔西的反应正合日军之意。他掉头朝北，全面出动手下兵力，想要跟日军空荡荡的航母一决高下。"因为在我看来，一动不动地死守圣伯纳迪诺海峡，显得有点太幼稚，"事后他这样告诉尼米兹和麦克阿瑟，试图给自己的决定找一个理由，"我星夜集结第3特混舰队，让他们北上，于黎明时分对日军北方部队发起攻击。我相信，粟田的中央部队已经在锡布延海上遭遇重创，他们已经不再会给第7舰队造成严重威胁。"

哈尔西至死都不承认自己上了敌人的当。在他的战后回忆录中，在莱特湾的作战地图上，他毫不含糊地把小泽的航母战斗群当成了"日军的主力部队"。哈尔西认为，粟田的海军中队已经于24日那天被他的战机打残了、赶跑了。美军飞行员的报告显示，跟小泽航母在一起的，还有4艘战列舰。当晚的报告说，粟田又再次进入了圣伯纳迪诺，但哈尔西却随意选择忽略了这份报告。他后来为自己开脱，写道："我的任务，不是去保护第7舰队。我的任务是进攻，我们当时是要赶去拦截一支具有严重威胁力的舰队，他不仅威胁到我和金凯德，而且还危及我们整个的太平洋战略。"海军少将罗伯特·卡尼是哈尔西的参谋长。他说："我们当时认为，日军的中央部队已经遭遇重创，即使还能漂浮行进，也已经没有多大优势可言，于是我们决定将全部精力放在北方那支仍旧毫发未损的、非常危险的航母部队上面。"

  哈尔西还可以声辩说，部分情报分析认为，日军的航母部队还具有相当可怕的空中打击能力。但这些都不足以开脱他所犯下的重大过失：他没有确切地让金凯德和尼米兹知道，他已率领全部兵力离开了莱特岛，因而很快使菲律宾战场没有了本来应该由他提供的舰载机和战列舰巨炮支持。有人还声辩说，他认为自己曾给圣佩德罗和珍珠港方面致过电，电文未能传输出去，过错在他的参谋团队。这一说法并不能够让人信服。人们更倾向于认为，哈尔西是在追求荣耀和决战胜利的过程中，做出了过于草率的行为。在接近3年的战争中，双方将航母视作太平洋战争的决定性力量，对它的重要性的看法已经接近痴迷的地步。驻珍珠港精明的情报分析师出具报告认为，小泽的舰队几乎已经没有了舰载机和胜任甲板起降任务的飞行员，他们的军舰现在已经不过是一副空架子而已。他们甚至提醒说，日军有可能会牺牲这些军舰，把它们作为诱饵使用。

  哈尔西对这样的评估不屑一顾。或许可以说，他的目空一切并不奇怪，因为美国海军现在已经主导了整个太平洋战区。但他忽略了一个事实，无论身在何处，粟田的舰队仍然是日军残余海军力量中最为强大的一部分。1942年中途岛大战取得胜利时，哈尔西正生病在家，指挥这场战斗的，是比他更有分寸的斯普鲁恩斯。现在，斯普鲁恩斯不在海上，哈尔西拥有充足空间尽情犯错。金凯德的第7舰队，本质上是一支两栖支援部队。哈尔西的舰队一走，第7舰队就失去了保护，而且对于粟田舰队正在顺路赶来的情况一无所知。即使奥顿道夫的旧式战列舰不是部署在苏里高海峡，而是部署在莱特岛东部看得到的地方，第7舰队仍然处于非常危险的境地，因为日军的火力明显大于他们的火力。

  10月25日早晨，海军少将汤玛斯·斯普拉格的16艘护航航母分三个特混舰队，在通常的作战区域巡航。三个特混舰队之间间隔40英里，跟与莱特岛东部的距离相差不多。对这些军舰上的水兵来说，在第7舰队服役，并没有像在哈尔西或斯普鲁恩斯手下服役的人那样拥有参加进攻行动的风光。"约翰斯顿"号是一艘负责给航母护航的驱逐舰,一年前当它入列海军时,舰上331名官兵中,只有7人有过航海经验,现在水兵们已经学会了很多操作舰船的知识,但他们并没有得到珍贵的荣耀。厄尼斯特·伊万斯是"约翰斯顿"号的舰长,他叹着气对他的舰炮官说:"哎,哈根。今年事儿可真多啊。"他非常失望,因为没能赶上苏里高海峡的作战行动,他的报务员一直在兴奋地监听着战斗的进展。

护航航母是"海上的驮马"。它们是简易的浮动跑道,大部分是用油罐船和商船改装而成。这种船的类别编号缩写是 CVE①。喜欢挖苦讽刺的人说,这个缩写代表的是"易燃"(Combustible)、"易受伤害"(Vunerable)和"一次性使用"(Expendable)。这种船既缺乏昂贵的武备和舰载机容量,又没有重量4倍于它的功能型舰队航母的速度。它们仅仅用于提供局部空中支援,当下也就是给莱特湾的两栖舰队和麦克阿瑟已经登陆上岸的士兵提供空中支援。每艘护航航母上搭载有12—18架过了时的"野猫"战机和11—12艘"复仇者"鱼雷轰炸机和普通轰炸机。昨天,这些战机才在莱特岛上空干掉了24架日军战机。

那天早上,第3特混舰队的5艘护航航母、3艘驱逐舰和4艘护航驱逐舰刚刚结束黎明前的例行"一级战备状态"并抛锚停靠。时值凌晨4—8点,正是一天中人们最不喜欢的值班时间。军舰朝着东北风方向掉了个头,准备让这一天的第一批飞机能够起飞。与此同时,大多数水兵都已经前去吃早餐。突然,瞭望哨报告说,西北方向有防空炮火声,无线监听室里回荡着一阵阵日本人急促说话的声音。6:47,一位正在执行反潜巡逻的飞行员,以"火急火燎的嗓音"电告舰长,称在距离第3特混舰队仅20英里远的距离,发现日军4艘战列舰、8艘巡洋舰和随同的驱逐舰。第3特混舰队指挥员是海军少将克里夫顿·斯普拉格。但让人有些含糊不清的是:那一天,在莱特岛外海执行任务的,刚好有两个叫作斯普拉格的将军,他们俩压根扯不上任何关系。一时间,斯普拉格将军还以为,来舰一定是哈尔西麾下的舰只。随后,美军看到了船上的塔式桅杆。6:58,日军开火了。

这是本场战争中最重大的突袭之一。尽管美国海军在技术实力方面占尽优势,粟田的舰队还是设法在美军不知不觉的情况下,在7小

---

① CVE 是英文 Aircraft Carrier Escort 的缩写,为美军航母类别编号,意思是"护航航母"。

第六章 "死亡之花"：莱特湾

时时间内航行了近150英里的距离。在肉眼发现他们之前，雷达居然没能探测到他们。身在华盛顿的海军上将厄尼斯特·金，指责金凯德没有能够观察到粟田的动向。有人认为，金凯德将军完全可以腾出几架他自己的飞机，随哈尔西的战机一道监视粟田的动向。理查德·弗兰克颇有说服力地辩称，既然知道日军已经出海，金凯德就应该将他的特混舰队部署到离圣伯纳迪诺更远些的地方。

然而，最根本的一点，却似乎根本不容置疑：对付粟田是哈尔西的职责。人们不无讥讽地给第7舰队取了个绰号叫作"麦克阿瑟的私人海军"。金凯德的任务是给第6集团军提供支援。金凯德后来说："哈尔西的任务，是在我们办事的时候，将日军的舰队从我们脖子周围赶开。"哈尔西已经跟粟田交上了手，而且为此目的还专门配备了强大的火力。金凯德知道，哈尔西去追赶小泽去了，但他没想到的是他会倾巢而出。从第3舰队的实力来看，他们有足够的重型舰艇部队，完全可以留一部分军舰，用于防止日军作战部队入侵，然而哈尔西却一点兵力都没有留。尽管24日晚，有人已经告诉过哈尔西，说粟田已经折返回来，正在朝圣伯纳迪诺的方向开进。这里存在一个指挥权分散导致的严重后果。哈尔西对尼米兹负责，金凯德对麦克阿瑟负责。在莱特湾，美军未能指定一名总体上负责太平洋战区的最高司令。这样一个时刻犯这样的错误，比其他任何时候都更有可能给美军带来一场灾难。

斯普拉格和他的部下，面临的是一支强大的敌军舰队，其速度差不多是他们航母速度的两倍。他们认为，他们所面临的必将是一场大屠杀，跟一支马车队遭到印第安人突然袭击是同样的效果。斯普拉格说："那狗娘养的哈尔西，他把我们光着屁股丢给了敌人！""萨旺尼"号隶属第1特混舰队，瓦尔特·布瑞尔是这艘军舰上的医务官。他写道："我们的舰长在扩音器上告诉大家，日军整个一支舰队即将对第3特混舰队发动进攻。我朝着前甲板的方向看去，的确在地平线的地方，看上去有100艘军舰正朝我们驶来。"离得最近的美军重型军舰，是在南面65英里开外、隶属于耶西·奥顿多夫的部队。但这一距离却意味着近3小时的航程。在当时情势下，这无异于漫漫无期的等待。很显然，等美军巨舰赶到现场，第3特混舰队差不多早就已经被敌人吃定了。

然而，从粟田的角度看，他却有大吃一惊的感觉，有一种被疯狂愚弄的感受。他本来认为，在他的舰队和莱特湾之间，不会有大规模美国海军部队存在，他会直捣黄龙，重创金凯德的两栖舰队。第一眼

135

看到斯普拉格的舰队时，他还以为所面临的是哈尔西的第3舰队及其浩大的航母群。他没有组织由驱逐舰带头发起的协调有序的舰队机动，而是直接下令发起总攻，各舰自行其是。粟田的海军中队成4个纵队，开始向斯普拉格的特混舰队逼近，一边行进一边开火。一名军官闯进航母待命室，对闲在那里的一群飞行员说："快，日军舰队朝我们扑过来了。"这群飞行员根本不相信。有一位飞行员的飞机根本还没有准备好。他说："当时，每个人都在开怀大笑，他们根本不信有这么回事。我们爬上飞行甲板，大约半小时后，听到有东西朝我们呼啸而来并落在了我们身后，结果我们发现那是一枚16英寸炮弹。在遭到攻击时，你刚好在甲板上，但却无机可飞。你知道那会是一种多么滑稽的感觉。"

斯普拉格的舰队设法将速度提高到了17.5节，一边拉开射击距离，一边释放烟幕，同时保持向东行驶的航向，以便舰载机能够顺风起飞。第2特混舰队海军少将菲利克斯·斯当普试图通过无线对讲机让斯普拉格放下心来，他说："别慌张。记住，我们是你的后盾。别太激动。别鲁莽行事！"然而，斯当普说话的声调，暴露了他自己对事态的讶异感受。他的那番话并不具有说服力。第2特混舰队的火力并不比第3特混舰队多。斯普拉格的6艘护航航母大致呈圆圈状排列，驱逐舰在外面。在开头4分钟的行动中，"白平原"号被15英寸舰炮交叉射击了4次。日军的炮火拖着不同颜色的水羽，为的是让日军炮手能够区别不同军舰的炮火，美军军舰上的水兵对此颇感神奇。"他们朝我们射击时，使用了特艺彩色技术！"碰巧这时，一场暴雨刮过海面。15分钟时间内，这场雨将美军军舰遮掩了起来，日军不得不采用雷达指示炮火来进行攻击。粟田得意扬扬地给国内致电说，他的中队击沉了一艘重型巡洋舰。然而，日军的火控水平非常糟糕，以至于在此阶段，他们的舰炮根本什么都没有打着。

这里出现了二战期间最为奇怪的一个故事。两年多的太平洋战争，一直是舰船与舰载机之间的对抗，舰载机的母舰往往在上千英里之外的地方。然而，眼前的战斗中，美军的水兵却眼睁睁看着世界上最大规格的军舰几乎在接近平射的距离朝着他们开火，作战方式就跟纳尔逊和迪凯特时期的海军差不多。护航航母在一阵骚乱中，匆忙将所有还能起飞的舰载机一架接一架投放到空中，不论机上携带什么弹药，他们只为执行一个简单任务：打击日本鬼子。在"甘比尔湾"号上，一架飞机已经放在了弹射器上，但舰长威廉·菲韦格却下令机组成员离开飞机，然后故意将飞机弹射进了海里，因为他的军舰不能产生足够风速让飞机起飞。许多已经起飞的飞机,上面只有少量鱼雷和炸弹,因此他们能做的只有用机枪对日军的甲板实施扫射。

从理性角度看,这就仿佛用一根手杖来武装一名身披铠甲的骑士。然而,莱特岛战斗,从头到尾,都有一些有悖常理的心理力量在发挥作用。日军启动"胜利行动"时,就已经做好了最坏的打算。在每个关键时刻,他们都是带着必死的信念在行动,因为他们深知自己的实力不如敌人。粟田和他的各位舰长已经预想到会遭到舰载机攻击,且有可能被击沉,果不其然舰载机就来了。他们预想会跟美军第3舰队展开一场灾难性遭遇战,现在这也似乎印证了他们的想法。第3特混舰队是一支非常虚弱、非常容易受伤的部队,现在它却遭到了世界上最强大海军作战部队的攻击。然而,粟田和他的舰长们却认为,他们要面对的是战败的命运。1944年10月,日本海军官兵缺乏思想、缺乏意志、缺乏行动力。导致这一局面的原因,迄今仍然是个谜。这支部队曾策划实施了偷袭珍珠港的行动,这支部队曾摧毁了英国巨舰"威尔士亲王"号和"却敌"号,这支部队曾在战争之初凭借其技能和胆魄创造过种种奇迹。然而,现在日军最强大舰队的指挥员却表现出了让人为之愕然的拙劣无能。10月25日,他们的舰船识别技能很差劲,他们的战术很原始,他们的舰炮操作很可悲,他们的战斗意志很消沉。这么说并不是要贬低美军在那一天取得的战果,但从历史研究角度看,它的确让人有些百思不得其解。

除了奋不顾身扑向粟田舰队的舰载机飞行员外,那天早晨的英雄还包括美军驱逐舰的水兵们。他们无所畏惧,积极推进,径直朝着敌军的战线冲过去,更加让日军为之大惊失色。"准备进攻日军舰队的主要位置!""约翰斯顿"号舰长厄尼斯特·伊万斯对他的水兵们说,虽然这一时刻说这番话,显得有些做作,但的确情有可原。伊万斯个子不高,但胸肌很发达,他是一名有一半切罗基印第安血统的土著美国人。他命令所有5英寸舰炮朝着敌人开火,并开足马力投入战斗。这有点像一个小孩在敲打一位巨人。然而,他发射的一枚鱼雷,却击中了日军的"熊野"号重型巡洋舰,使它退出了战阵。一位美军巡洋舰军官,对遭遇鱼雷攻击有过这样一番描述,"这种感觉跟驾驶汽车高速撞上一堆木头差不同。你会被抛到空中,极有可能是朝着侧面的方向,然后摔落在另一侧的水泥地面上,所有车胎全都没了气。"

7:30,3枚14英寸炮弹击中了"约翰斯顿"号。一位军官说那"就好像一只小狗被卡车撞上的感觉"。军舰上的雷达阵列塌了下来,掉落在舰桥上,砸死了3名军官。伊万斯的衬衣没有了,一只手掌被炸掉了三个手指。舰桥下面有几十人死伤。"约翰斯顿"号的速度陡然降到了17节。海军中校利昂·金滕伯格在"赫尔"号驱逐舰担任舰长刚满两周时间。他的驱逐舰只朝日军开了10炮,对方的炮火就把他舰上的射击指挥仪给炸飞了。这艘舰40多次被敌舰大口径炮弹击中,但却一直还能漂浮在水面上,原因是日军多发穿甲弹穿过船身,但却并没有爆炸。海军中校阿莫斯·哈撒韦是"赫尔曼"号驱逐舰的舰长,一开始他既不能通过肉眼看到日舰,也无法通过雷达看到它们,他只是按照斯普拉格指示的方向进行射击。他搞不清楚到底发生了什么事,"我告诉水兵,这要么是我们所见过的最血腥、最糟糕的事情,要么就压根儿不是什么事儿。这样的预测,做起来既轻松又很得体。"

当水花开始在周围海面上升起时,哈撒韦一开始是朝着天空扫视了一圈,看看有没有敌人的轰炸机,然后他才意识到是敌人的军舰在向自己开火。他的军舰在四处逃窜的护航航母间快速穿行。当暴雨骤然来临时,舰桥上的水兵几乎什么都看不见。随后天空又晴朗起来,日本军舰赫然出现在他们面前。哈撒韦这时才意识到,他必须做一件令人出乎意料的事情——大白天对敌人的重型舰船发动鱼雷攻击。他转身对导航员纽康姆上尉说:"快,我们需要一名小号手来吹冲锋号!"他以为哈撒韦疯了,说:"你什么意思呀,舰长?"哈撒韦说:"我们要发动鱼雷攻击了。动作快点。"无论是岸上的陆军士兵,还是空中的空军飞行员,他们对于该不该表现勇猛,几乎都会有个人的选择,这是战争的一个重要真理。比较而言,战舰上的水兵却都是舰长唯我独尊意识的囚徒。1944年10月25日,第3特混舰队护航航母上的水兵,有些人的确给吓蒙了。这是事实,绝不是诽谤诋毁他们。他们被当成了敢死队队员,整艘船开足马力,高速向一个远比它强大得多的敌人迎头驶去。

在烟雾和不断变换方向的暴雨中,即使是现在,哈撒韦也还没弄清发生了什么事。同样,他也并不知道"赫尔曼"号的姊妹舰"赫尔"号和"约翰斯顿"号已经被击伤。在日军的炮弹开始交叉射击"赫尔曼"号的同时,他选择在9000码的距离朝着日军的"筑摩"号重型巡洋舰发射了7枚鱼雷:"你能听到14英寸炮弹在我们头顶上发出特快列车那样的轰鸣声。"随后,日军一枚8英寸炮弹在舰桥上发生了爆炸,一时间到处都是掉下来的天线、扭曲变形的钢铁和满身是血的官兵。舵手、昨天晚上被抢救回来的一名飞行员以及另外3名官兵都躺在地上死了。哈撒韦能活下来,是因为为了能更清楚观察战场情况,他爬到了一个更高的火控位置。"赫尔曼"号的发动机进气口、声呐罩和龙骨位置被日军 8 英寸炮弹多次击中，却得以幸存下来。红色、黄色和绿色炮弹激起的浪花不断掉落在它的周围，哈撒韦感到惊叹的是，日军居然会有那么多的炮弹打不中目标。让美军百思不得其解的还有，日本的军舰为什么前进速度会那么慢，有些军舰行驶速度还不足 10 节。

"赫尔曼"号的 5 英寸舰炮朝着日军"金刚"号战列舰的火控塔射击。然而，当舰上最后 3 枚鱼雷用完后，哈撒韦立刻冲进操舵室，用明语跟斯普拉格致电说："演习完毕！"他后来说："我不知道我为什么会用那种说法。我知道敌人可能会监听我们的电台，我不想让他们知道我已经没有鱼雷了。""赫尔曼"号赶紧撤出战斗，要不是下达了紧急"全速倒退"命令，他的船险些跟"范莎湾"号航母撞在了一起。同样，"赫尔曼"号也险些撞上了受了伤的"约翰斯顿"号，两者之间仅有几英寸的距离。"当我们彼此躲开了碰撞，双方舰上的官兵都由衷地发出一阵欢呼。"伊万斯中校发现"赫尔"号被敌击中，尽管他自己的军舰已经受伤、官兵们正在将伤亡人员的残肢扔出船外、船上只有两门炮能用，他还是将"约翰斯顿"号掉转船头，投入到了新的战斗。他的这艘驱逐舰只能以 15 节的速度行进。炮手罗伯特·哈根说："我们来回穿梭。敌人哪艘船逼近我们的航母最快，我们就跟他捉对厮杀。日军的战列舰排在后面，前面是巡洋舰和驱逐舰，我们就跟他们展开对抗……舰长指挥军舰勇猛作战，没有人像他那样勇猛。"

美军驱逐舰的进攻缺乏协调，的确很混乱。几乎所有鱼雷都因为发射距离太远而无法发挥作用。然而，"大和"号却选择急打方向，脱离阵型，避免与他们接触。这艘船的转弯半径太大，以至于它远远落在了粟田舰队战线的后面。日军被美军的积极进攻吓了一跳，虽然美军的舰炮并没有造成多大损伤。8：00，"赫尔"号已经被反复多次打击，它在水面上又漂浮了一个小时，最后日军战列舰在近距离经过时将它击沉。驱逐护航舰"塞缪尔·罗伯兹"号上有 178 名水兵，其中有 3 名军官和 86 名水兵阵亡。当这艘船加足马力投入战斗时，舰长告诉士兵们说，大家别指望这艘船能够幸存了。他的话说对了。8：20，美军军舰打光了所有鱼雷，幸免于难的舰只都在朝着斯普拉格麾下航母的方向撤退。但有一艘军舰却是个例外。它就是"约翰斯顿"号，它继续在近距离的位置朝着敌舰开火。一直打到 9：45，在日舰一阵猛烈的炮火攻击下，水兵们才不得不弃船。327 名官兵中，只有 141 人活了下来，其中并没有他们优秀的舰长伊万斯。

粟田派出 4 艘重型巡洋舰，让它们快速开进，包抄美军，切断他们的后路。斯普拉格发现了这一情况。他下令集中所有的舰载机对这几艘重型巡洋舰发动攻击。这一天是发表演说和说俏皮话的一天，许多话后来都流传了下来。譬如，"白原"号的舰长站在四联机关炮炮架上对大家说："小伙子们，再忍一小会儿！我们要把他们吸入40毫米射程。""白原"号用它唯一的5英寸舰炮，连续打击日军的"鸟海"号巡洋舰。在遭到美军俯冲轰炸机的几番轰炸后，"鸟海"号于9：30发生了爆炸。"卡琳湾"号护航航母击中了日军另一艘巡洋舰的炮塔，航母舰载机起飞后，它自己也被敌舰击中。这艘弱小的军舰在敌舰38英寸炮弹的打击下苦苦支撑，比"范莎湾"号航母还多坚持了一个小时，部分原因是它单薄的甲板根本无法引爆日军的穿甲弹。甲板下面，官兵们顶着浓烟和从管道里冒出来的蒸汽，拼命堵塞漏洞，将海水挡在外面，把被射穿的蒸汽管道又重新密封了起来。

与此同时，美军舰载机又击中了一艘日舰，迟滞了它的前进速度，那是日军的"铃谷"号重型巡洋舰。炸弹和航空鱼雷炸沉了"筑摩"号巡洋舰。第3特混舰队一位叫作艾德·赫克斯特布尔的飞行员，连续两个小时保持追击日军战列舰的姿态，直到打光所有弹药为止。"什么都没带，挺身而上，这需要很大的勇气才行。"一位战友以佩服的语气语重心长地说道。一些飞行员打光了弹药，就降落到塔克洛班，重新武装后，又返回投入了冲锋。"基特冈湾"号舰长约翰·惠特尼为他操作20毫米和40毫米舰炮的水兵们感到遗憾，因为他们什么都做不了，只能眼睁睁看着，无能为力。只有舰上唯一的一门5英寸舰炮能够朝敌人发射炮弹，与此同时敌舰的炮弹也在对航母实施交叉射击。"冈比亚湾"号航母的舰长威廉·菲韦格惊讶地发现，日军每艘军舰射击速度都很慢，往往是前炮塔和后炮塔轮流射击，而不是同时射击。看清楚每一组炮火的规律后，他急速掉转航母航向，然后他看到，要不是已经掉头，敌舰的炮弹刚好会落在"冈比亚湾"号的前进位置。"信不信由你，这个过程持续了半个小时，在此期间敌舰在不断地向我逼近。"8：25，敌舰第一次击中了航母，使它从每小时19.5节的速度降低到了11节。此后的一个小时时间内，"冈比亚湾"号连续遭到打击，直到完全停滞下来为止。一艘日军巡洋舰经过时，从2000码的距离朝着"冈比亚湾"号开了几炮，让美军士兵感到惊奇的是，炮弹居然都没有能够命中。然而，这艘航母还是死到临头了。9：07，"冈比亚湾"号倾覆并沉没，菲韦格和其他幸存者在水里挣扎两天后才最终得救。

粟田的驱逐舰朝美军发动了鱼雷攻击，但因为距离太远，根本不可能奏效。但其中一位舰长却乐呵呵地声称:"3艘敌军航母和1艘巡洋舰被浓烟包围,有人观察到它们一艘接一艘相继沉没。"在双方的低级别飞行员中,这样的幻想普遍存在;但对于高级军官来说,出现这种幻想是很难原谅的。9:25,这场遭遇战已经持续了143分钟。美军飞机仍旧在用他们现存仅有的各种武器对日舰发动攻击。第2特混舰队的飞机发射了49枚鱼雷,并声称有几枚击中了日军的战列舰和重型巡洋舰,但同时美军也损失了23架"野猫"和"复仇者"战机,略低于第3特混舰队的战机损失。燃油用尽时,多数美军飞行员会到莱特岛上着陆。哈尔西最终勉强意识到了金凯德舰队可能面临的困境,并派出战列舰和航母战斗群向南开进,但它们要抵达作战现场还需要好几个小时的时间。美军高层指挥机构中出现了一阵混乱,因而直到9:53,他们才命令耶西·奥顿多夫率领战列舰向北挺进,而这个时候这些战列舰已经处于严重缺乏弹药的状态。目前来看,似乎已经没有任何手段能够阻止日舰消灭第3特混舰队,而且另一个护航航母战斗群也有可能遭遇同样的覆灭命运。

然而,突然间,斯普拉格和他的水兵们惊讶地看见,日军做出了一件匪夷所思的事情。他们突然停火、掉头、脱离了战斗。"该死,小伙子们,他们是想溜!"一位报务员以喜悦而又难以置信的声音大声叫了起来。"基特冈湾"号舰长惠特尼说:"激战2小时23分钟后,让我和所有水兵们备感惊讶的是,日本舰队集体掉了个头。接下来的15分钟,我们一直处在他们的有效射程范围,但他们却再也没有朝我们开过一炮。"据说,粟田曾认为,美军航母行动太快,他没法赶上。日军从舰上弹射起飞了两架水陆两栖飞机,试图对莱特湾进行侦察,但它们却都肉包子打狗有去无回。小泽那边也没有什么消息,西村的部队已经被歼灭。粟田的无线电监听员听到金凯德用明语呼叫快速战列舰驰援。一位日本历史学者说:"日军不仅流露出疲态,而且也流露出了垂死的迹象,这一点对于通信和情报领域的人士来说,是再明白不过了。"1944年10月25日,"垂死"的迹象令人惊讶地出现在了日军"大和"号旗舰的舰桥上。

后来,粟田曾列举了一系列决定脱离战斗的借口:三天三夜没有睡觉,"我感觉有些心力交瘁。可以说,这是个'疲惫状态下做出的判断'"。他说他收到一份电报,说美国军舰出现在了北方,也就是他的后方。关于这份电报,人们无据可查,因而他的这番话自然也没有什么说服力。他声称,曾决定集合余部,重新执行原来的任务,也就是对莱特湾的两栖运输部队发动袭击。事实上,他只是在海上消磨了3

个多小时，然后确定航向，通过圣伯纳迪诺海峡撤退。斯普拉格看着敌舰巨大的上层建筑从地平线上慢慢消失。他后来写道："我的大脑在战斗中变得麻木了，有些难以相信这一事实。按我的预想，这个时候，我最好的结局，应该是在军舰被击沉后，泡在水里等待救援。"他麾下有6艘护航航母、3艘驱逐舰、4艘护航舰，以及一批起战斗支援作用的舰载机。它们一道给敌人造成了创伤，并吓退了残余的大多数日军作战舰队。

斯普拉格在随后给尼米兹的报告中说，要不是"日军蹩脚决定撤出战斗……日军的主力本来可以，也应该可以漂亮地消灭我们的这支部队，然后继续向南挺进，他们会发现我们海军的抵抗力其实非常的弱"。斯普拉格发现敌人的操炮技术非常差劲，差到了"令人难以解释的地步"。他觉得自己部队能够幸存下来，是因为"上帝明显偏爱"的缘故。金凯德给岸上的麦克阿瑟致电说："我们的情况，已经从极度黑色状态，转为玫瑰红色状态了。"

10月25日，在菲律宾附近的海战，并不限于粟田作战舰队发起的进攻。第1特混舰队的舰载机回落甲板后，突然冒出来6架日军战机和1艘潜艇，他们击伤了美军的"桑堤"号和"萨沃尼"号航母。10：50，第3特混舰队尚未从清晨那场战斗中恢复过来，一架"零式"战机迎头撞在了"圣罗"号的飞行甲板上，引发一连串爆炸，最终导致这艘军舰于11：25被整体炸毁，约754名幸存者得到了救援。那天中午之后不久，另一架日军战机又撞上了"萨沃尼"号，造成245人伤亡，舰身受到可怕损伤。瓦尔特·布瑞尔是舰上的一名医务官，他写道："第二次爆炸把隔离舱壁炸得变了形，把送水管道炸穿了孔，一时间舰上水流遍地。"

当我们舱室里的水位达到齐膝深时，军舰开始倾斜，让人很不舒服。军舰失去了操纵，只能一动不动躺在原地，因为舰桥和驾驶室都被炸毁了。借着头顶汽油燃烧的反光和几个闪烁着微光的作战灯的灯光，我看见我的伤员身上部分已经被垃圾覆盖，水面已经跟他们的身体平齐了……我和医护人员及担架员一道，将伤员从一个舱室抬到另一个舱室……一名水兵显然有些惊慌失措，他沿着走廊一边跑一边大叫："大家都在跳水逃生！舰长死了！舰桥上的人都被炸死了！大家都在弃船逃命。"现在，恐慌和冰冷的惧怕心理，开始迅速传染。伤员们挣扎着想要往外跑，一边还歇斯底里地尖叫："我的救生衣在哪儿？谁拿走了我的救生衣？把那东西解开！把它给我！不，那是我的！"有人推推搡搡朝门口挤过去，互相厮打着，互相踩踏着。

布瑞尔打量了一下恐慌的形势，故意张扬地脱下救生衣，把它挂在衣钩上面。汽油燃烧的火焰点燃了轻武器弹药，它们开始爆炸起来，恐慌的人群开始从军舰上往水里跳。航母遭到打击时，这种情况时有发生，也是造成人员无谓伤亡的根源之一。布瑞尔医生挣扎着，给躺在前甲板上的伤员提供救护。他们大多数都"被严重烧伤，已经认不出他们是谁了，也往往已经无力回天。有些人显然已经必死无疑，能够为他们做的，仅仅是给他们提供一些基本的急救，包括注射吗啡因，给他们喝几口水，说几句表达战友情谊的话"。多亏出色的损害应对措施，不到一小时，"萨沃尼"号舰上的大火就被扑灭了，电力和操纵得到了恢复，被射穿的管道也被堵上了。整只军舰活了过来，颠簸着往基地方向驶去，等待去那里接受维修。然而，一艘潜艇和几个遂行自杀攻击任务的飞行员，他们给美军造成的损失，却比粟田整个一支舰队所造成的损失还要巨大。这次攻击已经流露了日军未来作战方式的端倪。

被严重炸伤的"铃谷"号巡洋舰于25日13：22沉没。差不多同时，在335英里极端距离外作战的哈尔西的航母群最终抵近了粟田的舰队。参与攻击的147架战机，只损失了14架。这一任务和第2特混舰队发动的另一次攻击都未能造成重大损伤。26日清晨，另外3架美军飞机击沉了日军的一艘轻型航母"能代"号，击伤了"熊野"号重型巡洋舰，这艘重型巡洋舰带伤回到了马尼拉。参与进攻粟田部队的47架美国空军"解放者"战机声称取得了很大战绩，但实际却根本什么战果都没有。10月28日21：30，伤痕累累、孤苦伶仃、备受屈辱的日军舰队重新回到了文莱湾海军基地，大部分军舰都在漏油，还因为被击伤而进了水。能够幸存算是它们唯一的重大成就。

10月24日晚20：22，发现小泽的航母群后，哈尔西开始急速向北开进。海军中校达尔是"贝洛森林"号航母的舰长，深受官兵们喜爱。他通过广播对水兵们说："全体注意。我们正在开足马力往北开进，拦截前来挑战的日军舰队。战鼓擂响时，大家动作迅速点。做好应对各种情况的准备。完毕。"然而22分钟前，在听说粟田已经撤离圣伯纳迪诺海峡后，小泽自己也已经掉头朝北撤退了。他猜测，"胜利行动"

已经流产。只是在海军高层指挥机构敦促他继续作战时，他才重新启程朝着美军的方向开进，而此时美军正迫不及待寻找他的踪迹。

当哈尔西决定率领第 3 舰队倾巢北上、连一艘驱逐舰都不留下看守圣伯纳迪诺海峡时，他的部下大都为之吃了一惊。"华盛顿"号战列舰舰长李靖给哈尔西致电说，他认为小泽的部队只是诱饵。但他收到的回复，只有一句敷衍了事的"收到"。李靖后来又给哈尔西发了一份电报，坚定认为粟田的部队还会再来。这份电报未得到任何答复。更为不同寻常的是，当天晚上有报告说，美军再度发现粟田舰队向东开进，哈尔西对此报告居然置若罔闻。第 3 舰队航母舰长，一贯以沉默寡言著称的马克·米切尔被他的参谋军官们叫醒，告诉了他粟田部队的新动向，并催他跟舰队司令哈尔西说说这一情况。米切尔简单问道：

"哈尔西将军收到这份报告了吗？"

"收到了。"

"如果他需要我的建议，他会问我的。"

然后，米切尔又重新回到了梦乡。于是，65 艘美国军舰继续以 16 节的速度奋力向北开进，只是为了与小泽指挥下的 17 艘日船一决雌雄。哈尔西的作战部队在午夜前完成了会师，包括 4 艘"埃塞克斯"级航母、6 艘轻型航母、41 艘驱逐舰、6 艘战列舰、2 艘重型巡洋舰、6 艘轻型巡洋舰和 41 艘驱逐舰。哈尔西甚至召回了一直负责跟踪粟田部队的舰载机。毫不稀奇，由于日军变化无常的缘故，当天晚上有那么一段时间，第 3 舰队失去了小泽舰队的踪影，一直到 25 日 7：10 才重新确定了他们的方位，而此时此刻却正是南方上千英里外斯普拉格的护航航母群在粟田舰队进逼之下仓皇奔逃的时候。

大约 8：00，一直在离小泽舰队停靠位置约 70 英里外盘旋的美军"复仇者"战机受命发动了当天的第一轮进攻。日军战机并没有造成多大干扰，他们从平射距离发射了鱼雷。"千岁"号被一连串炸弹击中，其中 3 枚炸弹在它的水线以下位置造成了损伤。"千岁"号于 9：37 沉没。"瑞鹤"号被鱼雷击中致残，1 艘驱逐舰被击沉，9 架日机被击落。9：45，美军发动了新一轮进攻。他们看到，下方的海面上是一派"极度混乱的场面"，日舰纷纷在拼命逃窜。不久，"千代田"号被击中，舰上燃起大火，水兵们不得不弃船。13：10，美军对敌舰发起第 3 轮进攻，发动攻击的 200 架战机，大部分都是当天已经完成了第 2 轮进攻任务的机组成员。"瑞鹤"号和"瑞凤"号先后多次被击中，舰上燃起了大火。

海军中校特德·温特斯是"莱克星顿"号航母第 19 飞行大队队

长。他从空中俯瞰了战斗的场面,并对此颇感兴奋:"当我出发时,我并没有想象过航母被炸毁倾覆后会是什么个样子。航母被首次击中时,那种感觉就像人的肚子中弹一样,然后大火熊熊燃烧起来……鱼雷击中这些军舰时,并不会发生炸弹击中它们时那样的大爆炸。那种场面就像开车撞上了消防栓,一股水柱会朝天陡然升起。但大火并没有吞噬整艘军舰。3个小时后,这些航母终于慢慢翻滚起来,最后一个大翻身沉到了海底。"美军战机的第4和第5轮进攻未能击沉"伊势"号。18:10,疲惫的飞行员们发动了第6轮进攻,但收效甚微。美军总计出动527架次的炸弹轰炸机和鱼雷轰炸机,在201架战斗机的支援下,击毁了日军4艘航母和1艘驱逐舰。伊藤正德秉公而言,说小泽的"任务就是去打一场败仗,打完败仗,他就算是完成了任务"。

11:15,哈尔西很不情愿地命令战列舰向南开进,去给第7舰队提供支援。他本来希望留下李靖中队去收拾被打残了的日本军舰。海军上校路易斯·道是哈尔西的通信官。事后,他曾带着轻蔑的口吻说起斯普拉格发出的求救信号:"第7舰队疯狂地尖叫着向我们呼救,说他们快要全军覆灭了……"那天下午晚些时候,美军潜艇才收到警报,要他们集中力量去对付小泽的部队,而这时他们的猎物也就只剩下"珠绪"号轻型巡洋舰了。

特德·温特斯正驾机返回"莱克星顿"号航母。这时,他看见了下方受了重伤的多艘日军航母。它们"还在冒着浓烟。在经过鬼子另一艘已经不能动弹的航母时,我发现了几艘我们自己的巡洋舰。它们正开足马力朝着西北方向前进。一开始,我以为那是鬼子,因为它们离得很近。在通过甚高频电台呼叫:'如果向右45度改变航向,你们会看到一艘鬼子的航母,它已经不能动弹了,附近没有驱逐舰或战列舰。'"这些巡洋舰要求温特斯驾机在北部方向巡视一圈,看看射程范围内还有没有日军的重型舰队。在报告海面平安无事后,他又承担起了为这些巡洋舰侦察弹着点的任务,负责观察交替出现的绿黄红色水花出现的方位。凭借匹夫之勇,几位日军炮手还在从军舰残骸上开火。"开火之后5分钟,军舰就翻了个身,在浓烟之中慢慢沉没,屁股还翘在空中……协调员的工作非常好玩。"

哈尔西用他颇具特色的语言,描述了他的舰队占领日军沉没现场那一刻的情景:"我们没有发现鬼子的军舰,但水面上却像水蜢一样密密麻麻全是掉落水中的鬼子兵。我正在吃早餐,这时比尔·基歇尔冲了进来,大声说:'我的天哪,将军,海里到处都是狗日的小鬼子!我们要不要停下来救他们?'哈尔西回答道:"先救我们自己人。"他致电各驱逐舰官兵，不要太急于开展救援活动："救几个愿意配合的落水者，用于了解情报就行了。那些不愿配合的人，他们可能更愿意去见他们的祖先，应该满足他们的要求。"

小泽麾下原本有 17 艘军舰，其中 11 艘得以逃脱回到了基地。事后，哈尔西自以为雷伊泰湾海战是一场非常重要的战斗，因为它消灭了日军最后的一点航母战斗能力。然而，为哈尔西这场战斗起草脚本的，是日本人而不是美国人，他以令人尴尬的精准度顺应了他们的设计。日军已经接受了这样一个事实，他们的航母已经不再胜任作为舰载机作战平台，但是却可以最后一次发挥作用，吸引第 3 舰队，让他们离开粟田前进的路途。哈尔西咬饵上钩了。要不是粟田的懦弱，日军的联合舰队完全可能给莱特湾附近的美军造成严重损伤。如果他再逗留一段时间，他的舰队差不多会被一举歼灭，因为哈尔西和奥顿多夫会有时间来拦截他们，断了他们的逃跑路线。然而，在送命之前，他们也会给美国海军造成极大的耻辱。

美军在莱特湾战役的胜利，是一场具有压倒性优势的胜利。日军损失了总计 28.5 万吨位的战舰，美军却只损失了 2.9 万吨位。美军阵亡 2803 人，这一数字还不足战争期间苏联红军每隔三小时所牺牲的人数。日军的损失比 1942 年中途岛战役的损失要大得多。当然，这场遭遇战的意义却远不如后者那么关键。中途岛战役改变了战争的走向，遏制了日军在太平洋上的推进。不管莱特湾战役结局如何，日本的命运已经是确定无疑了。即使粟田部队突破美军防线进入麦克阿瑟的锚泊地，美军在岸上也有足够的补给和弹药，确保海上运输被截断不会危及第 6 集团军在莱特岛上的行动。即使日军消灭了第 3 特混舰队，或者全部 3 个特混舰队，美军也只是遭遇了一点尴尬而已，不至于遭受灾难性的打击，因为美军现役航母已经接近 100 艘。简而言之，粟田的任何作战行动，都不足以改变菲律宾附近的战略平衡。

但是，莱特湾之战却让后人肃然起敬。在 1916 年的日德兰海战中，99 艘德国军舰跟 151 艘英国军舰有过一次交战。但在莱特湾海战中，却是 216 艘美国军舰加 2 艘澳大利亚军舰，对战 64 艘日本军舰。美军水兵和舰载机飞行员人数为 143668 人，这个数字比 1938 年美国海军和陆战队的总兵力还要多。他们对战的日军却只有 42800 人。这是交战双方水面舰队的最后一次重大交锋。美军遭遇的挫折反映了他们在指挥控制方面令人为之愕然的失误。第 3 舰队和第 7 舰队以及珍珠港之间，有几条经过马努斯中继的至关重要的电报在传输过程中耗费了两个小时的时间。尼米兹虽是一位非常了不起的指挥员，但他却需要跟厄尼

第六章 "死亡之花"：莱特湾

斯特·金一道为允许哈尔西放弃圣伯纳迪诺海峡所涉及的系统性失误承担责任，这一冒险行为所包含的风险太过巨大了。

哈尔西犯了错误。在得知日军舰队已经出海后，他还打发一支拥有其40%空中力量的航母作战部队前往乌利西环礁休整并补充弹药。理查德·弗兰克认为，他在出发追赶小泽的同时，曾派出战列舰去看守圣伯纳迪诺海峡出口，如果他足够谨慎的话，他还应该留下几艘航母为这些战列舰提供空中掩护。在试图应对日军航母时，第3舰队舰载机部队可能会面临全军覆灭的危险。这似乎是一个非常重要的观点。然而，根本性的问题仍然存在：值得批判的是，在栗田和小泽谁有可能构成更大威胁的问题上，哈尔西出现了误判。

这位美国将军的冲动性行为，反映了美国海军的一种情绪，他们已经习惯于拥有压倒性优势。为哈尔西声辩的人，他们强调这样一个事实：4个月前，菲律宾海战后，有人曾指责说斯普鲁恩斯在海战中表现得过于谨慎，因为据说当时，这位第5舰队的指挥员曾拒绝乘胜追击，从而使日军航母逃脱了毁灭的命运。这一次，在莱特湾海战中，哈尔西就急切想要确保类似的情况不再发生。10月24—25日，与斯普鲁恩斯之间的竞争关系，肯定影响了哈尔西的决策，但这些决策主要还是反映了他的个人性格，同时也反映了他习惯性对计划和参谋工作的忽视。要不是因为这位第3舰队的指挥员德高望重，他完全有可能因为在莱特湾海战中的误判而遭到撤职。然而，战争已经进入最后阶段。日本海军也吃了败仗。尽管麦克阿瑟认为应该撤了哈尔西的职，但美国海军却不打算去羞辱一位声名显赫的海军上将。

两个月后，哈尔西又犯了一次错误，在水兵中引发了更为严厉的指责。那是在预报有台风之后，他仍然要求舰队继续在海上执勤。结果台风吹沉了3艘驱逐舰，损伤了其他许多舰船，还淹死了接近800名官兵。相比而言，哈尔西在莱特湾海战中犯下的错误，因为栗田的愚蠢而得到了挽救。奥顿多夫的战列舰、巡洋舰、驱逐舰和鱼雷巡逻艇在苏里高海峡开展的夜战，是美国海军优良传统中的定式战法。美军的损害控制团队取得的成绩，虽说并不那么引人注目，但却同样非常重要。1944年，美国海军在《战场命令与作战思想》一书中规定："要以最大的勤勉和最大的坚持，去贯彻实施损害控制。不要放弃任何一艘舰船！"美国海军官兵一直是凭借着非凡的敬业和牺牲精神在执行这一规定。在莱特湾海战中，他们在一艘又一艘舰船上，在滚滚烈火和令人窒息的浓烟中，在扭曲变形的船体上，在眼睁睁看着自己人不断牺牲的情况下，创造了一个又一个的奇迹。损害控制是美国海军战斗力的一个非常光彩夺目的内容，它使船只可以免于损毁。其他国家的海军，在战争初期如果没有这种损害控制，这些舰船早就不可能再用了。

只是对于日本人来说，莱特湾海战并没有给他们换来一丁点的荣耀。他们的指挥员接到的命令是要去寻找"死亡之花"。然而，联合舰队军官们所表现出来的，不是这一命令所需要的那种狂热和决心，而是一种恬淡和消极。即使在最简单的战场机动中，日军舰长们的表现也有些差强人意。我们不妨对比一下太平洋战争期间美国海军和日本海军的发展情况：美国海军的实力扩张了10倍，大量业余水手成为军舰上的官兵。事实证明，这些人的表现非常的了不起。战争之初，日本海军在航海技术、操炮技能和军事技术方面都显示出了令人刮目相看的高超水平，但在战争即将结束时，他们在这些技能上却严重落后于美军。接替那些死于非命的日军官兵的是一些新人，他们胜任工作的能力每况愈下。10月23—26日，日军损失了4艘航母，3艘战列舰，10艘巡洋舰和9艘驱逐舰。美军损失了3艘小型航母，2艘驱逐舰和1艘驱逐护航舰。约1.3万水兵阵亡，其中大多数都是日军。

要不是出现重大疏忽和失误，美军的伤亡数字还会有所减少。这些疏忽和失误，应该归咎于金凯德。在海上救援方面，美国的投入比其他任何国家都要巨大，然而令人惊讶的是，在莱特湾海战后的混乱状态中，上千名美国水兵，主要是第3特混舰队损失舰艇的幸存者，却在海水里泡了两天两夜，只有部分人最终得到了救援。他们都有可怕的痛苦经历，不仅仅是来自鲨鱼的袭扰。海军少校罗伯特·哈根是"约翰斯顿"号驱逐舰的幸存者，他回忆说："我们在水里泡了50个小时。等候救援的时间也太长了吧！"这算是这场战争令人遗憾的一个后记。那些在战斗中尽忠职守的士兵，指挥员应该给予他们更多的关爱。

莱特湾海战后不久，海军上将詹姆斯·克拉克休假回来，到夏威夷去向尼米兹报道。克拉克有些懊恼地说："我想我错过了这场战争中最漂亮的一场战斗。"尼米兹平静地笑了一笑，回答说："哦，没有。最漂亮的战斗应该是最后一场战斗。"

神风特攻

战争的典型特征，是它往往并不遵循常理。美军在莱特湾海战的胜利，对于战争最后阶段造成的影响，相比另外的一系列事件来说，远远并不那么重要。这里所谓的另外一系列事件，它们一开始并不起眼。1944年10月15日，麦克阿瑟登陆莱特岛之前5天时间，日本海军少将有马正文扯掉自己的级别章,钻进吕宋岛克拉克机场上一架飞机的机舱。然后,他亲自率领飞行员对哈尔西在台湾近海地区的舰队发动了攻击。有马是日军第26海航飞行大队队长,他是一个穿着考究和举止威严的人,尽管菲律宾天气又潮又热,他在各种场合还总是全副武装。这位身材瘦小、性格温和、说话细声细气的武士,出身于一个儒家学者的家庭。他珍藏着一本他祖父亲自写成的兵书,这本书已经成为一本小有名气的武学经典。15日那天清晨,他想亲自为兵学做出一点贡献,想要驾机撞击美军的航母。由于担心一去不复返,大多数飞行员普遍都有一种惴惴不安的感觉。但是,在离开克拉克机场时,有马却丝毫没有这种感觉。他根本就没有打算再返回。

有马做好了视死如归的姿态,但他的如意算盘并没有得以实现。他一头栽进了美军航母旁边的大海里,航母却一点都没有受损。他是众多亡命之徒中的一员。那些日子里,他们总结认为,日军需要有新方法,并凭借这一方法来战胜实力强大的敌人。9月13日,内格罗岛基地的两名陆航飞行员已经做出了自杀的努力,但跟有马一样,他们都是在撞上敌舰之前就掉进了海里。几位日军战斗机飞行员采用了故意撞击美军轰炸机的所谓"身体碰撞"式进攻。马里亚纳群岛灾难性战败以来,许多日军军官,包括日本天皇的一名海军副官,他们一直在讨论发动系统性自杀战役的可能性。猪口牟田上校是菲律宾第1航空大队高级空军参谋。他在日记中忧郁地写道:"一些人认为敌人拥有比我们更加强大的优势,没有什么比这个认识更加损伤士气的了。"

日本空军的正规部队已经被美军摧毁得差不多了。10月14日,一岐春树和他的中队降落在克拉克机场,他们发现早他们一天抵达的那支姊妹部队已经损失了他们的指挥员和大部分战机。一岐说:"在菲律宾的每一天都是绝望的。晚上,地勤人员需要继续工作,将明天需要出勤的飞机准备好,他们的工作会不断被美军的轰炸打断。晚上,我们不得不摸黑从餐厅驱车前往机场的跑道,只要打开车灯,我们就有可能会被美军的夜班战斗机击中身亡,这可不是好玩的。"一岐每次起飞执行任务,都会给妻子芳子写一封遗书。一岐说:"如果不留下一封信,她有可能永远不知道我死在什么地方,因为没有人会告诉她。"

一位日军教官记录过他培训飞行员的做法:"一切都很紧急。他们要求我们把人赶快培训好。我们抛弃了精益求精的培训方式,只能努力教他们学会驾驶和射击。教练机一架接着一架,或单独,或三两成群地,撞在地面上,或在空中疯狂旋转。在漫长乏味的几个月时间中,我努力要将他们培训成为战斗机飞行员。这是一份毫无希望的任务。

我们的资源太贫乏，而需求又太艰巨。"在加入作战前，美军飞行员接受过两年的培训，飞行过至少 300 小时甚至更多。1944 年，日军飞行员 100 小时的战前飞行经历被减少到了 40 小时。导航培训被取消。他们仅仅告诉飞行员，要他们跟着领队飞就行了。日军的一份战后总结曾对马里亚纳群岛战役中飞行员的糟糕表现有过这样一番描述："《作战经》第 49 章指出，'战术如同鞋履，强大之人应该穿上它。'然而，飞行员缺乏培训的后果，就仿佛将一双漂亮的鞋子穿在了瘸子的脚上。"

自杀性攻击提供了一种可能性，它有助于扭转军力不平衡的局面，克服日军飞行员不能以常规方式挑战美军飞行员的不利态势。相反，他们令人惊讶的自我牺牲精神还可以加以利用。这样，一个观念出现在了日军脑海中，一时间引起了日本皇家海军的注意。日本军官中流行着一个说法："要是不清楚该往左拐还是往右拐，指挥员最好的做法，就是朝着死亡的方向拐。"另一个谚语也说："要死得其所。"自杀的概念似乎能够满足以上两个方面的要求。有马阵亡 4 天后，海军中将大西泷治郎被任命为驻菲律宾第 5 空军基地的新任指挥员。他召集猪口上校和他的参谋团队和部分飞行员开了一次会。他们一致认为，在"零式"战机机身上装上 500 磅重炸弹，然后一头撞到目标上去，因此取得的精准度要比常规轰炸要高出许多。而且单向飞行还能使飞机的航程加倍。猪口提议称这一动作为 shimpu，也就是"神风"的意思。但不久之后，另一个跟它差不多意思的单词，也从此进入了二战词汇表，它就是：kamikaze（神风特攻）。

10 月 20 日，大西泷治郎给选定的第一批"神风特攻"队员做了一番讲话："日本已经岌岌可危。现在，国家的救亡任务已经超过了内阁大臣、总参谋部和像我这样的各级指挥员的能力。只有像你们这样斗志昂扬的年轻人才能救国于危难之中。因此，我谨代表你们的万万同胞，恳求你们做出牺牲，并为你们祈祷，希望你们能够取得成功。"几个月后，在尝试几百次自杀性攻击之后，真正的神风特攻志愿者越来越难找到，但在头几个星期，很多日本飞行员非常拥护这一作战理念，自愿挺身而出，希望能够"死得其所"。当一位军官飞到日军在菲律宾宿务省的基地征求敢死队队员时，除了卧病在床的两位飞行员外，整支部队的队员都踊跃报了名。一位名叫植村的飞行员在最近一次事故中损失了一架宝贵的飞机。他痛心疾首地承认，说自己是中队里最糟糕的飞行员。他的中队长安慰他说："别担心，植村，我会给你一个将功补过的机会。别伤心了，上床睡觉吧。"这位飞行员深深鞠了一躬，说:"谢谢您,首长。我等着。"

1944年10月21日,第一个班的敢死队队员从吕宋起飞,他们的战友在跑道两旁列队高唱:"如果我的职责要我投入青山,绿油油的草地将成为我的葬衣。"参与执行这次任务的人最后扫兴而归,因为他们的飞机并未找到合适的目标。但是,同一天,从另一个机场起飞的一架日军战机却在莱特岛近海坠落在澳大利亚皇家海军舰艇"澳大利亚"号巡洋舰上,导致舰上30名官兵死亡,还给这艘军舰造成了重大损伤。现在,大西取得上司海军上将福留的同意,开始大规模招募神风特攻志愿者。一开始,福留有些抵制,认为自杀任务对飞行员队伍建设不利。10月24—25日,第2空军大队对美军舰队的大部分攻击,采取的都是常规战术。只是在这些攻击导致了更为灾难性的损失之后,日军才开始制度化地实施自杀性袭击。

10月26日,猪口上校飞到马尼拉,跟大西商量扩充"神风特攻"中队的事宜。这位参谋官对菲律宾首都的悲惨景象备感惊讶:"街头上,人们看上去心事重重、紧张不安;许多人在做离开城市的准备,肩头上扛着硕大的包袱。海港上空浓烟滚滚。海边的防空阵地上,士兵们在忙着清理上一次空袭留下的弹壳和碎片……我惊愕地看见,海里有好多沉船,仅能看到它们露出水面的桅杆的末梢。"两位日本军官碰头的地方是在一个防空掩体里面。大西显得有些阴郁而低调,他说:"这的确是个不么地道的司令部。"在这个奇怪而可怕的小世界,在他们的周围,死亡无所不在。猪口的弟弟是"武藏"号战列舰的舰长,两天前在指挥作战中阵亡。一个星期后,他的侄儿也在发动神风特攻过程中阵亡。

大西试图通过"神风特攻"来挽救日本的想法不久达到了疯狂的地步。他说:"如果我们做好准备,以牺牲2000万日本人生命为代价来发动'神风特攻',那胜利就必定属于我们。"并非所有日本军官都像他那样热衷于这个想法。见延公义少佐是驻菲律宾一支执行夜战任务战斗机大队的队长,他就因为公开批评'神风特攻'理念而被遣返日本。宣传机关立刻开始美化这一新理念。参加自杀袭击的飞行员的遗书很快成了日本的民族传奇。10月28日,海军士官松尾勋写道:"亲爱的爸爸妈妈,请为我祝贺。我得到了一个光荣赴死的机会。今天是我在世的最后一天。"

在接下来的几周时间,大西和猪口征调更多志愿者的同时,自杀攻击的频率和美国在菲律宾近海的损失也在戏剧性增加。10月30日,"富兰克林"号航母被击中,56人丧生。弗农·布莱克是"贝洛森林"

号上的一名50毫米口径机枪手，他亲眼看到一个绿鼻子日本人驾机俯冲撞上他们的军舰，"他的飞机发动机和他本人都已着了火，然后一个东西打在了我身上。燃烧的汽油溅得到处都是。周围一下子变得滚烫……我的衣服开始燃烧起来"。布莱克跟其他人一样跳进海里，逃离了火焰。他的救生衣被烧穿，立刻炸开了。他挣扎着爬到一个救生艇上，里面已经坐了十几个人，40分钟后，他们被人称"慈悲罐头"的驱逐舰给打捞了起来。在"贝洛森林"号的发动机室下面，一开始传来遭到袭击的消息时，"没人感觉特别兴奋，因为飞行甲板着火的事并不稀奇。到那个时候，我们还从未听说过'神风特攻'这个词"。海军上尉鲍勃·里奇如是说。但是损失非常严重：航母损失了12架舰载机，92名水兵死亡，54名水兵重伤。跟"无畏"号一样，"贝洛森林"号也不得不撤回到乌利西环礁待修。

许多神风特攻队的战机被击落，但还是有令人震撼的数量的战机得以突破，完成了对美军舰队的攻击。一时间，空战的天平似乎在朝着有利于敌人的方向倾斜。美军一些航母不得不离开战位做休整补给。更多的日军战机从台湾和九州赶来。护航舰船开始遭到严厉的惩罚。当一架神风特攻战机撞击在"布鲁克林"号驱逐舰舰体上时，舰上一名水兵很纳闷地说："你干吗不开马克卡车去撞大海呀。"海军中校阿瑟·珀迪是"艾伯纳里德"号驱逐舰舰长。11月1日，在莱特岛附近，这艘军舰被日军击沉。他说："这种进攻方式跟我们以前碰到的作战方式有所不同。这些日本兵只需要爬升到军舰上方，用固定控制器解决一个非常简单的问题，加足马力向下俯冲就行了，因为军舰不可能在30—40秒的有限时间内转身掉头。"珀迪认为，凡小于5英寸的火力都无法阻止这种飞机发动此类进攻。将他的军舰送上西天的，不是一开始的爆炸，而是炽烈燃烧的航空汽油。在这一次空袭中，还有另外3艘驱逐舰被击伤。

美军很快意识到，这类进攻属于一种系统性作战方法，并不是个别飞行员突发奇想。敌人同时加大了使用常规战斗机、轰炸机和鱼雷进攻的力度，夜以继日地对美军、机场和舰船发动攻击。每次发现空袭威胁时，圣佩德罗锚泊地的美军会在天空释放烟幕。1945年，这一做法实际成了美国海军的标准作业程序。"火奴鲁鲁"号轻型航母遭遇过一次鱼雷打击，造成60名官兵丧生，但经过水兵们的英勇奋战，航母最终得以幸存。机械师利昂·加西安发现自己被单独困在了甲板下面的无线电工作舱里。防水门给他提供了保护，但上面的人却被海水淹没了。加西安用床垫来阻止海水流入，通过通风管大声喊叫，最后终于吸引了救援人员的注意。救援人员不得不使用乙炔燃烧器将4英寸厚的装甲切割开。16个小时后，人们才把他从提心吊胆、以为会成为他的葬身之地的无线电工作舱里救出来。水兵们在努力抢救"火奴鲁鲁"号的同时，更多的日军战机朝他们飞了过来。附近美军舰船上的防空火力，仓促间不小心造成了这艘巡洋舰上另外6名官兵身亡、11人受伤。在莱特岛近海，上千名紧张的操炮手奋力想要迎战低空飞行的日本飞机。他们漫无目的地射击，几乎跟日军的进攻一样，构成令人备感惊恐的威胁。

海军上将厄尼斯特·金给尼米兹致电，要求紧急出动航母，对神风特攻队的基地发动攻击。他说："现在的空中形势已经到了至关重要的地步。"他同时给肯尼迪连续发了多封电报，催促他："如果不能给作战舰艇维持充分的战机掩护，它们将不可避免遭到摧毁。你能提供必要的保护吗？"不能，肯尼迪做不到。莱特岛上没有可用的机场，加上由于日军的扫射，美军的陆航飞机在不断遭遇损失，飞行员们已经不再能够部署足够兵力，来抵挡日军的进攻，同时给克鲁格的地面部队提供支援。在发动菲律宾战役之前，麦克阿瑟曾给他的参谋长们保证说，肯尼迪的飞行中队以及他麾下第7舰队的航空兵，在登陆几天之后会轻松搞定空中形势。人算不如天算，11月初，麦克阿瑟将军发现自己不得不请求哈尔西的航母部队返回支援。第3舰队的战机重新加入了战斗，大大消耗了日军的战机，日军已经不再能够持续作战。但在莱特岛战役头几个星期，美军却遭到敌人空中力量的沉重打击，这是自1942年以来最为严重的损失。

11月27日，神风特攻队攻击了"圣路易斯"号和"蒙彼利埃"号轻型航母以及"科罗拉多"号战列舰。一架日本战机在其死亡之旅中碰巧飞速撞在了"科罗拉多"号前桅杆和舰首堆栈之间的位置，受伤的日军飞行员的鲜血，像暴雨般泼洒在操作20毫米炮的美军水兵身上。"我站在露天的位置，被这场面给吓瘫了，"詹姆斯·哈钦森写道，"直到一切都结束了，我还没有缓过神来。"两天后，神风特攻队又找上了"马里兰"号战列舰和"奥立克"号驱逐舰，给战舰造成重大损伤，同时导致了重大人员伤亡。11月25日，第3舰队的快速航母部队遭到攻击。两架自杀战机给"无畏"号造成了新的损伤，一架击中了"加伯特"号，一架击中了"埃塞克斯"号。日军战机尾随在一群执行完任务正在返航的美军战机后面，悄悄溜进来发动了这次攻击。美军雷达屏幕因为出现饱和，未能区分出日军的战机。

即使当日军战机被识别出来，日军飞行员会不断变换方向，以让美军舰炮手弄不清楚他瞄准的到底是哪一艘军舰。第53驱逐舰中队的一艘驱逐舰跟一艘正在采取规避行动的姊妹舰撞在了一起，这种事情的发生远不止一次。水兵们学会了诅咒低悬的云朵，因为它们会挡住自杀攻击者，使美军的空战巡逻机发现不了他们。11月29日，一位驱逐舰水兵写道："那一天，我看见的第一个东西是一架机翼上画着太阳旗的飞机，它翻身进入了俯冲状态。"对大多数在莱特岛附近海面的军舰上服役的美军来说，这一景象往往也就是他们在世时能够见到的最后一番景象。

火焰，始终是火焰，那是对航母发起神风特攻所能释放的最主要的恐怖。因为航母上载有近20万加仑的航空汽油。"埃塞克斯"号上的一名飞行员飞快跑过去，想要帮忙把一个困在20毫米舰炮炮塔里的水兵救出来。"我想要把他从火中拉出来，但他手臂的一部分却脱落了下来……我顿时有一种想呕吐的感觉。"另一人跑上飞行甲板："我看到那些穿短袖的人，他们手臂上的肌肉在往下掉。我随手抓起一管治疗烧伤的药，想要将它抹在一个人的手臂上。他的皮肤却随手脱落了下来。"战斗中，官兵们学会要确保肌肉每一英寸都要盖在防闪帽、长袖服和劳动布下面。然而，仍旧会有官兵会被烧伤。11月5日，"莱克星顿"号被神风特攻战机击中，舰长海军中校特德·温特斯说："一天之内，我们埋葬了54人，大部分都是军官，近一周时间内，每天都会有几个人被烧死。日本飞行员的尸体，部分悬挂在雷达上面……雷达信号受到了干扰。"

日军以损失90架战机的代价，使美军3艘航母退出了战斗。在头几个星期，自杀性攻击给美国海军造成的损伤，远远大于日军联合舰队"胜利行动"造成的损伤。裕仁天皇得知"特攻队取得的成就"后，他有些谨慎地说："他们的确干得漂亮。但真的有必要这样的极端吗？"听到天皇这番话时，大西将军有些沮丧。现在，他自己很清楚，由于缺少飞机和飞行员，日军只能采取自杀战术，只有这么做才能给美军留下深刻印象。

神风特攻队在视死如归执行任务过程中逐步发展他们的工作流程。一开始，指挥员会指派3架飞机，一机负责进攻，另外两机负责护卫，并返回汇报进攻结果。后来，在能够获得充足战机的情况下，他们采取了群狼战术，以便压倒对方的防守。他们敦促飞行员不要着急，不发动特攻则已，一旦发动，就要一举刺穿比较划算的军舰，"缺乏耐心的飞行员，容易一头扑向比较缺乏价值的目标"。航母的前升降机被认为是理想的瞄准点。让候选飞行员练习朝着目标急速俯冲，这是件很危险的事情，因此他们会在他生命的最后几秒钟才让他实施这一特技。

特攻队的一位军官说："每次任务前吹风会上，都会有新面孔，也会有再也见不到的面孔……教官和任务始终不变，但听众却在不断变化……没有戏剧化的安排，也没有歇斯底里的表现，一切都是为了尽忠职守。"地勤人员几乎像是上了瘾似的拼命擦拭战机。一位军官说："我们的技术员提出过一个理论，说座舱就是飞行员的棺材，因此应该把它打扫得一尘不染。"对于发动自杀袭击的飞行员本人来说，他们认为起飞时，要带着笑容，这是个关乎荣誉的问题。对于那些来看飞机起飞的旁观者来说，掉眼泪被认为是合乎时宜的，即将慷慨赴死的飞行员似乎也都这么认为。一位神风特攻队员曾在日记中生气地描述了他的感受：有一次，他和他的战友们发动战机正准备出发，这时他们看见几个参谋军官在下面交头接耳互开玩笑，这让他们大为光火。

1944年最后几个月，对日本人来说，最困难的问题不是如何找到执行自杀任务的志愿者，而是在美军战机袭扰下、在受训者飞行技术还很差的情况下，如何将他们活着送往菲律宾。在第一批从本土分配到菲律宾群岛执行自杀攻击任务的150人中，只有一半得以成功抵达。15人的飞行编队，能够最终抵达战场的实际上只有3人。战机一直非常紧缺。12月中旬，猪口他们部队有28名飞行员，却只有13架"零式"战机。飞行员们日夜轮值，以便能够更充分地使用这些战机。

在战争最后一段时间里，神风特攻成了太平洋战区美军所面临的最大威胁。用塞缪尔·艾略特·莫里森的话来说："日本兵喜欢上了一种新型高效的空中作战方式。对于西方人来说，这种作战方式很难让人理解，而且也很难对付。"英国皇家海军参谋部于1945年起草的一份研究指出："从逻辑上讲，日本人发起的自杀式攻击，无论是在空中发起的，还是在海上发起的，它们在性质上都跟敦刻尔克战役后英国军人受命开展的背水一战有所区别，在程度上也有别于英国皇家空军于1943年对穆厄大坝发起的空袭。"然而美军却对敌人设计这一战术的心理感到非常困惑，甚至非常反感。本·布拉德利是一名驱逐舰军官。他说："我能想象，在激烈的战斗中，我有可能会冒着生命危险，本能地采取某种突然行动。但我不能想象的是，某天凌晨5点钟，我从睡梦中醒来，去教堂做祈祷，心中却很清楚，几小时后，我就要驾机刻意去撞击一艘军舰。"

从来没人相信，自杀攻击会改变战争的结果，但随着日军战术越来越精良，美军的伤亡数字也在不断攀升。日军注意到，他们自己的损失并不比执行常规轰炸或鱼雷攻击造成的损失更为严重。从1944年

10月到1945年8月，有3913名神风特攻飞行员丧命，他们大部分是海军飞行员。在4月份发起的一场战役中，他们总计发动了1162次进攻，因此毙命的飞行员人数也达到了峰值。7个特攻队员中有一个会撞上美军的军舰，大部分军舰会因此受到重大损伤。

一些日本人惊愕于神风特攻队员的精神。然而，那些情愿自我牺牲的年轻人，却成了远近闻名的民族英雄。一天，一位高等法院法官的夫人出现在了畸人基地，她儿子是个飞行员，生病死在了接受培训的过程中。她带来了他儿子的一缕头发和一条围巾，请求执行神风特攻任务的飞行员把这些遗物带上，作为纪念。她还在围巾上留下一行字："我祈祷你能直接命中。"不出所料，这一飞行编队的队长带上这些遗物，走向了通向死亡的旅途。重光葵是日本一位较为理性的政治领袖，战后他曾顽固地以钦佩的口吻写道："请不要鄙视这些发动自杀攻击的部队，请不要称他们为野蛮人。"

神风特攻队员引发了美国人在文化上对他们的厌恶。这种憎恶感又因为水兵遭遇的痛苦而得以增强，因为水兵们发现，在即将赢得战争的关头，他们却越来越多地面临不能全身而退的局面，而且时刻面临死亡的危险。埃默里·杰尼根写道："如果你身在甲板下面，你可以通过火炮的类型来判断什么时候战斗离你更近了。先是5英寸炮，然后是40毫米炮，接下来是20毫米炮，一时间万炮齐鸣。当20毫米炮打完全部60发炮弹，停止射击，花1秒钟时间重新装填弹药时，你能断定战斗正在迫近，而且越来越近。除了硬着头皮挺住外，你别无选择。对我来说，我通常会默念我从小记住的一则格言：'如果我的确要死了，我一点都不会在乎，死就死呗；死亡的一瞬间，我会看到一点儿汁液溅起，汁液溅起。'"

英国皇家海军参谋部研究认为，日本自杀攻击飞行员的行为，跟盟军在官兵死后追授荣誉勋章和维多利亚十字勋章的行为相比，二者之间仅有区区一线之隔。这一说法值得商榷。个人自发采取的、极有可能会导致死亡的行动，跟制度化实施的不可避免会导致死亡的战术，这二者是有区别的。因此，盟军一方面对神风特攻心生恐惧，另一方面又对它有一种由衷的反感。在战争最后几个月，这一新型恐怖，在美军中激发起了更大的仇恨，使他们更加不愿手下留情。

海军少将罗伯特·卡尼是第3舰队参谋长，他跟哈尔西一样，不喜欢在敌人身上浪费人性的慈悲："我们跟几艘日军医船撞在了一起，一些医船被撞沉，一些被撞得已经难以辨别，一些则因为临近军事目标而倒了霉……对这些事故担忧过多，被认为似乎有些矫揉造作。毫

第六章 "死亡之花":莱特湾

无疑问,日军医船已经被用于非法目的,他们在看护那些我们在初步行动中未能杀死的鬼子兵。每个被他们抢救回来重新返回作战岗位的人,都有可能会让我们许多人付出生命的代价。"

"伯明翰"号巡洋舰舰长汤姆·英格里什在棉兰老岛附近海面上看到有敌人的水兵:"我有些茫然,不知该如何处理这些日本人。我建议把他们一部分抓为俘虏。将军告诉过我,只有在确认敌人军舰已经被击沉的情况下,才能考虑做这样的事情。而且我知道,我们的一艘驱逐舰曾经打捞起过两位日本水兵做样子。我觉得,在我的战斗报告里,我问了一个非常尴尬的问题,因为在报告中我说,就如何处理日本商船的水手问题上,如果能够制定明确的政策,会对大家都有所帮助。并且我建议说,政策里面应该说明,到底是让他们继续留在海里,还是抓为俘虏,或是将他们击毙。对于这些问题,我一直没有得到过答复。"一位水兵写过自己对敌人的态度:"我们逐渐认为,他是个令人恶心的奸诈之徒,根本不值得给他一条生路。"随着神风特攻力度的加强,对以如此方式发动战争的敌人手下留情的观念,在盟军眼中逐渐变得不仅不合时宜,而且显得有些多此一举。

第七章 吕宋岛山地战

陆军大将山下奉文本来打算将吕宋岛作为守卫菲律宾的主战场。然而，他的判断遭到了他上司的断然否决。陆军元帅寺内听信了海军的谎言，他们无耻而不负责任地声称在莱特湾海战中获得了胜利。同样，日军飞行员也报告说，他们极大消耗了美国空军的战力。在种种假象的支持下，寺内和他的参谋团队坚定不移地认为，一场重大胜利已经近在咫尺，只要陆军能够像海军和空军那样尽力而为，取得跟他们差不多的战绩就可以了。在南亚陆军看来："海军取得了胜利，他们击沉了敌人的大部分航母（12艘中的9艘）和部分战列舰……他们同时认为，在24—25日的海战和空战中，日军取得了70%的胜率。军区陆军总部收到的所有信息都是有利的。"海军让联合舰队发起莱特湾海战，他们的举动鲁莽而草率。现在，轮到陆军跟他们一比高下了。他们要为荣誉而战，但他们的做法却极度无知。

11月初，陆军中将武藤章抵达马尼拉，担任第14集团军参谋长。"很高兴见到你，"山下奉文说，"我已经等你很久了。"武藤章问道："我们的计划是什么？"山下奉文回答说："我不知道干什么。你最好先洗个澡，然后咱们再说。"武藤章懊恼地说，他的所有换洗衣服，包括内衣裤，都在最近一次美军空袭中被焚毁了。"那穿我的吧。"他的上司慷慨地说。然而，虽然才换了一身衣服，武藤章却并不感觉好过，因为他听陆军元帅寺内说，要在莱特岛跟美军决一死战。山下奉文说话的当口，武藤感觉到他对敌人充满了愤怒。从海上转场部队到莱特岛，意味着许多人会在此过程中遭遇不幸，而那些得以成功抵达的部队，也得不到足够的补给和支援。对莱特岛的增援，无论如何都改变不了一个现在已经显得不可避免的结果，然而他们却对此无可奈何。

寺内在负责。陆军大将铃木宗作是山下奉文在莱特岛的下级指挥员，山下奉文给他下达的命令，不断故意重复着日军已经耳熟能详的一个说法："歼灭"敌人。但是，山下奉文非常清楚，注定会被歼灭的部队，只能是他自己的部队。

与此同时，他的命令就是要将所有可能人员全都送上莱特岛，他尽了最大努力去执行这样的命令。10月20日至11月11日，尽管有大量人员丧命或丢失装备，仍有4.5万名日军在莱特岛西部和北部实现了登陆。荻田英知是第362独立营的一名列兵。他经历了许多日本士兵所熟悉的那种噩梦般的穿越。他跟他的部队听从派遣，乘一艘纵帆船从吕宋岛出发，但10月25日这艘船被美军潜艇击沉。荻田跟其他幸存者一道挣扎着在莱特岛西北上了岸。天亮时分，他们发现，营长已经死了，副营长、连长和荻田本人也已经受了伤。他们打捞起了一些武器，但没有东西吃。他们在附近的一个山包上蹲了一会儿，然后意识到必须继续赶路。一名少尉和10个士兵开始寻找已经登陆的日本军队。他们去了就再也没有回来。第二天这群人的剩余人员只好朝着他们原来的目的地奥尔莫克港前进。

这一路的经历可真是可怕。他们没有地图也没有指北针，只能犹犹豫豫地前进。大部分受伤人员都死了。当这些幸存者最终抵达时，他们发现这个小镇正在遭到空袭。"敌人的战机出现了，但我们的战机却没有，"荻田在日记中忧郁地写道，"我不知道这是为什么。"11月13日，他们还没有开过一枪。"我们没有接到发动攻击的命令，因为我们的许多部队还没有登陆。"他吹着口哨给自己壮胆："我们连只剩下34人，但是我们有足够信心对付敌人的一个营。"

这是日军增援部队登陆莱特岛战场的典型方式，在遭遇美军之前，他们就已经损失了许多的人员和装备。在这种情况下，他们仍然取得了既定的目标，这一点让人颇感惊讶。麦克阿瑟的第6集团军遭遇了顽强抵抗，这完全超出了这位西南太平洋战区最高司令的预期。11月7日，莱特岛原来的卫戍部队日军第16师已经丧失了所有的营级指挥员和工程兵军官以及大多数的连级指挥员和一半的炮兵部队。但第1师大部已从吕宋赶来，而且更多人员还在源源不断地涌入。铃木有望将美军从中央平原这一头赶回到那一头。

克鲁格的部队一次又一次地发现，他们出其不意地遭到藏身高地的日军的袭击。382步兵团1营在穿越稻田时，突然遭遇猛烈炮火，两个连所有军官伤的伤亡的亡。"官兵们扔掉背包、机枪、电台，甚至于步枪，唯一的愿望就是赶紧从烂泥里脱身，再次回到坚实的地面。部分伤员放弃挣扎,被淹死在了沼泽地里。"陆军上尉乔治·莫里西是34步兵团1营的一名军医,他写道:"我们刚开始挖,突然一枚炮弹落在防区的前部。我跑上前去,发现有3人被炸死,8人受了重伤。正在此时,天上开始下起了瓢泼大雨,天色暗了下来。我看到的第一人,脖子上有个锯齿状的伤口,鲜血在不停地从那里往外流。天上下着雨,我什么都做不了,但必须得做点什么,这种情况真他妈的急死人。这个人在往回撤的路上就死了,另外一人第二天也死了。没有晚餐。散兵坑里灌满了水。我们的大炮整晚都在轰轰隆隆、噼里啪啦地开炮……我身上从未像当时那样龌龊过。"

乱世造英雄。有些人平时可能有些不起眼,但在战斗中,他们却往往能够出类拔萃。在莱特岛登陆前,被关禁闭的步兵,被允许回到他们各自的部队。34步兵团2营G连连长坚决不愿重新接收列兵哈罗德·穆恩,因为他一直是个爱惹事的麻烦制造者。但他最终还是收留了穆恩。10月21日晚,该团遭遇了敌人一系列猛烈的、几乎是压倒性的进攻。天亮时分,大家发现散兵坑周围到处是敌人的尸体。列兵穆恩的尸体周围,也躺着几具敌人的死尸,他凭借步枪和手榴弹,一直战斗到生命的最后一刻。他被追授荣誉勋章,这让他的战友既羡慕又惊讶。列兵埃里克·迪勒有些茫然地写道:"我只知道,他是G连的捣蛋鬼。"

除了敌人造成的苦难外,还有些苦难是天气造成的。登陆后没几天,天就开始下起雨来。接下来几个星期,热带地区狂野的大雨一直下个不停。官兵们习惯了在浑身湿透的状态下行军、作战、吃饭、睡觉。在沉重的车辆碾压下,大小道路纷纷垮塌。电话线出现了短路。坦克和汽车被困在泥淖里,或者遭到了严重损坏。河流暴涨。肝吸虫的存在,使得在河里洗澡成了件非常危险的事情。炮兵连的状态在飞速恶化。炮兵们很难将火药保持干燥。榴弹炮必须一天清理三次。毯子上长满了霉。折叠起来的帆布腐烂了。车辆和机器上的螺栓生了锈,怎么拧都拧不下来。武器的光学瞄具上长出了真菌。炮弹里的白磷被酷热熔化。同样,火焰喷射器罐的安全片也因为气温过高而发生爆裂。大家发现,他们必须将车辆加满油,否则湿气会渗透进去造成故障。

尽管总体上美军的伤亡人数并不太多,但一些部队在局部战斗中遭遇了重大损失。譬如,10月底的最后3天,382步兵团2营在争夺塔朋塔朋镇的战斗中就有34人阵亡,80人受伤。11月5日,乔治·莫里西写道:"我见到了昨天交战的河床,我们将尸体从中搬运出来。感谢上帝,我不是步兵。在现场附近,尸体在令人伤感的氛围中被堆成了两堆。在第一堆中，有5个菲律宾人，他们被捆绑着，是被刺刀戳死的。在第二堆中，有3个女人和3个小孩，他们也是被捆绑着戳死的，而且部分尸体还被焚烧过。"

11月2日，美军夺取了莱特谷地。登陆10天后，西南太平洋战区总部宣布说，日军伤亡人数为24000人，美军伤亡人数为3221人，其中阵亡和失踪976人。麦克阿瑟的参谋团队对战斗进度的判断不但连续出现错误，而且还错得非常荒唐。早在11月3日，西南太平洋战区的各种战报就反复将敌人称为正在全面撤退的"残部"或"最后的残余"。一份新闻公报坚称："莱特岛—萨马岛战役即将打响。"然而5天后，一份公告却很不情愿地承认说："激烈战斗……敌人已经向本分区紧急派出了增援部队。"再过两天后，西南太平洋战区宣布说，第6集团军全歼了莱特岛的卫戍部队，但又牵强地补充说，这支被歼灭的卫戍部队已经被从吕宋岛派出的增援部队接替。整场战斗期间，美军的情报保障做得非常糟糕，部分原因是因为日军很少用无线电来指挥当地的作战行动，部分原因是因为麦克阿瑟和他的部下不愿意听取别人的意见。第6集团军情报官克莱德·埃德尔曼在谈到敌军信号破译人员的作用时说道："信号情报对第6集团军没有什么直接价值。他们揭示了一些有关日军士气方面的情况，但在其他方面的贡献却很少。"在缺乏尖端通信情况下，跟敌人作战，会处于极其不利的地位。

现在第6集团军已经启动莱特岛战役第二阶段，在莱特岛北部和西部的山地开展扫荡。11月8日，美军已经有12万人登陆，与他们对决的日军人数可能只有他们的1/3。在森林密布的山区，敌人可能会充分发挥其顽强作战精神、野外生存本领和小股作战的战术技能。克鲁格的部队在作战时面临的不利因素在于不熟悉地形，因为当地地形在地图上并未得到很好反映。美军在这里经历了两个月的痛苦和沮丧，严重耽误了麦克阿瑟计划实施的吕宋岛登陆战。千万名美军战士，努力将日军赶出他们的阵地，然后还需要守住阵地，防止敌人展开反攻。在这场战斗中，喋血岭和断头岭这些名字，在他们的脑海中留下了永远无法忘怀的印迹。382步兵团列兵路德·金赛说起过他的困惑，这同时也是克鲁格的手下普遍怀有的一种情绪："我很惊讶地发现，我们根本没法快速推进。我知道，他们有伪装，且深藏在地下，但我不知道，他们人数那么少，居然还想抵挡我们这么多人的进攻。"

参与过莱特岛战役的每一位美军指挥员，都非常熟悉一个叫作"压制"的词，知道那是一种什么样的感觉。有个故事讲的是128步兵团对一个叫作螺旋岭的日军战地发起进攻,那是个很典型的事例:"1营没有取得多少进展。1连立刻遭到了敌人机枪、迫击炮和步枪火力的压制。"如果一支部队出现大量人员伤亡,而且每次试图机动都会招致更多伤亡,那它就可以恰当地宣称自己处于"被压制"状态。然而,更经常出现的情况是,这个词仅能说明一支部队遭到火力打击,不得不找地方隐蔽起来,而且在并未遭遇重大损失的情况下不得不停止前进。步兵们希望,支持兵种如炮兵、航空兵或坦克兵,能够设法平息敌人的抵抗,使他们不再"被压制",不再需要在前进过程中暴露于敌人火力之下。

菲律宾战役期间,美军一位营长曾讲起过一段跟一名新近提升的少尉之间的谈话,这是一段非常典型的战场对话:"这位少尉呼叫营部请求增援,说他们正遭到压制。我拿过对讲机问他有没有伤亡。他回答说没有,然后我问他:'那你怎么知道被压制了呢?'他回答说,敌军朝他们射击,他们没法前进。我告诉他,我没法相信他的话,他必须自己想办法脱身。当这支巡逻队一个不少地平安返回时,我发现这位少尉有些闷闷不乐。我劝他要敢于面对事实,因为作战是件严肃的事情。他必须得靠自己,除非真实需要,否则不要随便请求帮助。"莱特岛战役的故事,以及整个二战期间步兵在前线作战的故事,讲的不外乎都是:指挥员极力要求士兵们往前冲,而士兵们却担心服从命令会危及他们个人的利益。

307步兵团团长给全团官兵下达了一份有些无礼而又不怎么合乎语法的通告:"我不想再看到一有人叫'担架员',其他所有人就停止战斗。每次进攻,必须事先上好刺刀。除非我们拿着枪逼着他们,否则'海盗'战机不会给我们提供支持……目前,尽管我们已经积累了不少经验,但我们还是不够有进取心。"一切都取决于少数胆大的人会怎么去做。1944年12月15日,第126步兵团2营的里罗伊·约翰逊中士带着9名士兵展开巡逻,去侦察里蒙附近的一个山岭。他发现了敌人的一挺机枪,爬到离机枪不足6码的距离后,才折返回来向上级报告。上级要求他带3个人出发,去炸掉那挺机枪。结果他们跟敌人展开了一场手榴弹对决战。战斗持续了一段时间,约翰逊突然看见两枚手榴弹落在了离他战友很近的位置,他奋不顾身地在手榴弹爆炸前扑在了战友的身上。约翰逊牺牲了,他被追授了荣誉勋章。但是,指望第6集团军许多人都会效仿他那样去做,这未免有些不太现实。有进取心的初级军官,他们的言行会影响战场的局面,约翰逊中士这样的人数量再多也不算过分。

第七章　吕宋岛山地战

这一战役中，一场颇具史诗性的战斗，是在汤姆·克利福特中校指挥下，由第34步兵团1营来完成的。11月10日清晨，他们营乘登陆艇来到莱特岛北部7英里长的海岸，计划在卡里加拉湾登陆。在那里，他们下船的时候并未遭遇抵抗，然后他们开始朝山地前进。三天后，他们在起蕾岭建立了阵地。起蕾岭海拔900英尺，从上面可以俯瞰周围的田野，同时可以为美军在断头岭的行动提供重要的侧翼支援。这个营在起蕾岭上与日寇连续作战，一直坚持到12月4日。克利福特他们被敌人包围了起来，全靠菲律宾搬运工人和时断时续的空投来提供补给。他们经历了很多苦难，但坚守住了阵地。

他们喝的水，是水坑里浑浊的积水。夜深时分，成千上万的蝙蝠会从他们头上飞过，惹来他们一阵痛骂。没有邮件，他们时常有被上级遗弃了的感觉。克利福特通过电台向上级反映他的困难，士兵们生着病、饿着肚子、日本鬼子包围着他们。电话那头军部的人耸耸肩说："你的处境的确很艰难。"最后，克利福特不得不用威胁的语气说："你们要么给我炮火支持，要么我就把我的人一个个推下山去，让鬼子居高临下掐断你们的咽喉。"这样，他的营终于得到了炮火支持。12月4日，第34团1营被同意撤出阵地，他们疲惫地朝着海岸的方向走去。克利福特手下有28人阵亡，101人受伤，但在这场战役中，他的那个营却有最为出色的表现。

有时，无论是指挥员还是普通士兵，他们都觉得莱特岛战役是在慢悠悠的状态下开展的。菲利普·霍斯特特尔写道："部队的政策是，除非能够集结优势兵力突破某一点，否则要尽量避免战斗，绝不能以勇气替代火力。这就意味着，需要大量机动、持久作战。"美军在这场战役中作战风格有些拖沓，这一问题到底是第16集团军司令员瓦尔特·克鲁格的过错呢，还是他手下人的过错，至今人们还在激烈争论。克鲁格将军发布了一份带有严厉批评意味的报告，其中详细列举了他所认为的各部队的缺点和不足，包括：初级军官领导能力太弱，稍遇抵抗就本能地想找地方躲起来，动不动就呼叫炮兵火力压制。在新几内亚的一次作战任务结束后，克鲁格曾经问："有多少军官伤亡？"有人告诉他伤亡数字很高，他回应道："这就对了。"他认为，遭遇严重损失，说明初级军官们在正确执行任务。

克鲁格坚持认为，在莱特岛上，部队太依赖公路和正面进攻，应该设法采取迂回包抄的战术。巡逻队一见到日军就赶快撤退，没有停留足够长的时间，去分析敌人的兵力，确定其防守阵地的方位。克鲁格认为，部分美军军官不关心士兵利益，没能确保他们按时吃到热饭热菜，在敌人不在附近的情况下，还让士兵们睡在潮湿的散兵坑里。在他看来，"许多指挥员对这类事情觉得无所谓"，他对这种行为表示强烈谴责。第16集团军称："部队稍微遇到一点抵抗，就往后撤退，并呼叫支持武器提供火力。有一次，一个连队甚至呼叫炮兵火力去炸毁路障，在炮兵集中火力实施支持时，他们往后撤退了350码的距离。"当这支部队再次往前推进时，日军已经重新夺回了阵地。"美军天生不愿与敌军近距离交战，这一情况必须克服。有那么几次，美军的进攻部队都差不多已经摸清日军阵地的底细了，结果他们却突然驻足不前、静观其变起来。有一个地区，4天下来，一点进展都没有。"有几位部队指挥员，包括第21步兵团团长，因为"不够有进取心"而遭到免职。

1944年版的美国陆军部《日本军力手册》带着近乎鄙夷的口吻描述了日军的状态：

> 对于日本军官来说，他们对"面子"和"作风强悍"这些观念非常计较，因此他们很容易沉迷于"纸上谈兵"。在6年的积极作战中，尽管出现了许多机会，日军还是继续在违反一些常规战术和技术的根本原则……违反这些原则，是因为他们不相信敌人具有良好的判断力和同等的军事效率。他们是否能够从最近的经历中吸取经验教训，还需要大家拭目以待……日军对于防御性的作战方式，通常并不感兴趣，他们不愿承认，日本皇军也有不得不采取这种作战样式的时候。

在莱特岛上，无论是克鲁格将军还是普通的美军战士，他们都认为这些说法纯粹是胡说八道。第6集团军颇带钦佩地报道过敌人的战术技能："日军作战技能非常老练。他们甘心情愿地深入沼泽地，而且会一直待在里面，直到被歼灭为止……他们表现出来的最为显著的一个特点，是他们优秀的射击纪律和对各种武器的高效能控制。每个单兵都会毫无例外地保留火力，直到能够取得最大打击效果时才开火。"如果将双方使用武器的方式做一番对比，你会觉得很有意思。有人对第6集团军人员阵亡的原因做过分析，发现其中1人是死于刺刀伤，2人是死于炸伤，170人是死于迫击炮或野战炮的弹片伤，97人无法分类，其余249人都是死于轻武器火力。换句话说，跟二战战场标准截然不同的是，在莱特岛上，日军主要依靠的是步枪、机枪和迫击炮。他们缺少野战炮和坦克，没有其他选择。与此同时，美军给日军造成的地面损失，约 60% 是靠大炮，25% 是靠迫击炮，只有 15% 是靠步兵武器，1% 是靠飞机。根据军事行动研究员评估，9 支步枪具备 1 挺机枪的价值，而 3 挺机枪才具有 1 门中型迫击炮的毁伤力。在莱特岛上，美军跟往常一样，试图在不利条件下发挥其压倒性的火力优势；而日军却不得不最大限度发挥步枪的卑微作用，他们还真是达到了他们所追求的效果。

整个 11 月份，第 6 集团军一直在遭遇挫折。克鲁格手下的各个师在取得进展，击毙了许多日本兵，但这一切来得非常缓慢。14 军军长霍奇写道："地形和天气固然比较难以对付，但我们所面临的敌人却更加棘手……补给问题已经到了根本难以开展的地步。"第 6 集团军数量惊人的士兵出现了战斗疲劳和各种疾病。譬如，第 21 步兵团就曾报告说，他们出现了 630 名战斗伤亡人员和 135 名"其他原因"导致的减员。按照这样的战斗力流失速度，替换人员无论从数量上说还是从质量上说都根本无法跟进。11 月 12 日，第 6 集团军缺员 1000 名军官和 12000 名士兵，差不多等同于一个作战师的兵力。这些缺口和不足往往在步枪连里反映最为突出。部分排级建制已经从 40 人减员到了 12—15 人。

鞋带岭位于奥尔莫克湾南部深入内陆几英里的地方，美军给它取了这样一个名字，是因为这里曾是一场绝地防卫战的现场，美军在这里曾凭借微薄的资源，跟进攻他们的日军 6 个营的兵力作战。为支援前线的 6000 美军，第 32 步兵团仅能调集起 12 辆卡车和 5 辆两栖装甲车，而且只能从唯一的一条山间小道上进出。这些车辆每走一趟，需要跨越 14 座很不牢靠的桥梁，穿越 51 条小溪。要维持一个步兵团的战力，每天需要提供 34 吨的补给。通过种种办法，美军作战人员的战斗力得到了维持，他们守住了阵地；但是，第 6 集团军没法在鞋带岭上充分发挥火力，因为他们出现了弹药不足的情况。

美军的活动模式极其单调。每天黎明时分，他们会派出一支部队，这支部队会在危险的山道上行进，直到遭遇敌人为止。打头阵被认为是个特权，大家对此将信将疑。不过，这一特权是在各连之间轮流分配。保罗·奥斯丁上尉是 34 步兵团 2 营 6 连的连长，他总担心营长对他说："明天早上轮到你们了。"遭遇日本兵的第一个警报是突然爆发的一阵枪响，这对走在前面的士兵来说往往是致命的。其余人员赶紧找地方隐蔽，把担架员叫来，呼叫炮兵支持，然后以连或营建制组织一场固定模式的进攻。完成一次进攻，需要好几个小时，有时是好几天。进攻步步逼近，幸存日军不得不选择撤退。向前推进几百码距离后，同样的事情又会再度发生。

在山里，日军会在黑暗中继续密集开展活动，刺探和偷袭第6集团军的阵地。他们倒不会造成多大损失，但这些"制造骚乱的群体"会使美军疲惫不堪的官兵无法入眠，会引发他们发射照明弹，而且往往会导致美军胡乱开火射击。莱特岛战役中出现过许多"友军炮火"误伤事件，不过并没有人专门去做过统计。对阵亡士兵来说，简单告诉他们的家人说他们"在战斗中牺牲了"，对他们来说或许会好受些，因为他们的确极有可能就是这么死去的。克鲁格的炮兵也会维持骚扰火力，对日占区某些可疑地带时不时盲目投放几枚炮弹。作为对策，日军会爬到离美军战线很近的地方，有时甚至不足25码的距离，以躲避美军炮击。

不久之后的一天早上，在行军前去扫荡日军占领的一个峡谷时，列兵诺曼得到了一张允许他回家的车票。他们小心翼翼地前进，每碰到一个山洞，就朝里面开上几枪，接着用火焰喷射器朝里喷火，还往里面扔手榴弹。"我们以为已经清理完这些山洞了，但事实上并非如此。"突然间，枪声在峡谷里回响起来，一颗子弹打在了诺曼的肩上，击穿了他的锁骨，穿透了他的肺部。他还能保持清醒，给战友们指出了发出枪响的位置，然后亲眼看着火焰喷射队朝山洞里喷射火焰，随后听到里面传来痛苦的尖叫。那以后，一位他并不认识的好心人扶着他跨过小溪上方的一座独木桥，上了一辆吉普救护车。再往后，他只记得自己躺在好几个手术台上，直到最后看到旧金山的金门大桥。

麦克阿瑟手下的步兵们普遍有一种错觉，觉得他们才是莱特岛战役的主要受害者。然而，对日本人来说，情况却要糟糕许多。11月26日，第77步兵团的一位营长给他的下级军官们做了一个很凄凉的介绍："对付火力强大的敌人，我们一直有一套战术。然而，现在这些战术只是增加了我们的损失。我们所看重的夜战，也因为敌人可以使用照明弹，而失去了效用。最有效的战术，是发动小股偷袭。"跟他同一个团的井上季远少尉在他12月3日的日记中写道："士兵们变得非常虚弱，一个排只有一半人还算身体健康……大部分人都在发高烧。"

比尔·麦克劳林是一名侦察兵。有一次，他跟另外一名士兵正在所属部队阵地前方探路。突然，让他们感到恐惧的是，他们发现自己误入了日军的阵地。"我们趴在那儿，气都不敢喘。我们听见他们在叽里呱啦地说话。突然，我们意识到，说话的是几个胆战心惊的小孩，他们是想确定自己不是在孤军奋战。这件事真有些荒唐。几个胆战心惊的美国佬，跟印第安人似的趴在草丛的这一侧，而在草丛的另一侧，却蹲着几个同样胆战心惊的日本小鬼。"随后，两位美国兵若有所思地匍匐离开了那个地方。

在菲律宾群岛，交战双方争夺的陆地面积比美军过去争夺过的岛屿或环礁要大出很多，巴布亚新几内亚除外。由于日军没有足够兵力处处设防，克鲁格拥有的机动空间比美军在塞班岛和佩里硫岛上的机动空间要大出许多。如同第6集团军司令曾批评部下错失迂回日军据点的机会一样，批评克鲁格的人也抱怨，说他缺乏进取心和想象力。尤其是，有人指责他没有考虑到地形的因素，没能在日军之前抢先确定并占领重要的地理位置。现实极有可能居于两种说法之间：一方面是高层指挥人员缺少天赋，另一方面是许多步兵部队推进的速度过于缓慢。不管什么原因，战斗拖的时间越长，就越有可能遭到非议。

麦克阿瑟夺取莱特岛的根本理据，是要用它作为航空和后勤基地。对他来说，最要紧的，是这一如意算盘遭遇了挫折。这里水网密布的平原完全不适合供飞机密集使用，甚至也不适合用作军需基地。肯尼的空5军的任务是给第6集团军提供支援和保护。他们拥有2500架飞机，然而登陆莱特岛后两个月，这些飞机就基本上再也不能从莱特岛上起降作业了。

早在登陆之前，有人就预报过岛上存在这些困难，但麦克阿瑟和他的参谋团队却选择性地无视了这些情报，这实在让人感到震惊。1944年8月10日，第6集团军工程兵执行官威廉·艾利上校提交了一份报告。报告中，他特别指出，莱特谷地存在"土壤不稳定"的问题，因此在雨季高峰期，凭借现有兵力一些重要的工程任务根本无法完成，尤其是建设机场的问题。"或许我们可以稀里糊涂小打小闹蒙混过关，"艾利上校忧郁地说，"但这一次，豆腐渣工程会出事的，而且一旦出事，可就要出大纰漏了。"艾利上校的上级也赞同他在报告中的看法，然而这份报告被提交至西南太平洋战区总部后，被搁置在一旁。将莱特岛作为前线空军基地，这一计划存在许多缺点，谨慎的专家们已经指出了这一点，但他们的建议遭到摒弃，这说明最高司令官和他的参谋团队存在轻率、不负责任的毛病。

11月21日，一贯喜欢夸夸其谈的麦克阿瑟发布了几份公报。这一天的天气非常糟糕，给他的这一活动蒙上了一层阴郁的色彩。其中一份公报宣称："又是一场热带台风来临，它将带着连绵的暴雨给莱特岛一顿抽打。桥梁被冲毁了，小溪成了洪流，道路成了河道。所有空中、地面和海上交通都变得极其艰难和危险，战场情况即将陷入停滞。"11月份，接近24英寸雨水降落在了莱特岛，是平常季风季节降水量的两倍。山林间，无论是美军还是日军，都很少有人能够寻觅到有效的遮风躲雨的场所。1944年冬，无论是欧洲还是亚洲，上天都对盟军非常的不友好，艾森豪威尔和麦克阿瑟的部队都遭遇了极端恶劣的天气，他们的作战行动受到了极大的影响。在恶劣条件下，防守一方坚守阵地要远比进攻一方向前推进要容易得多。

工程兵们发挥了英雄的创造力，克服了机场的问题。日军从未在跑道上铺设坚硬路面。美军在整个岛上展开搜索，寻找合适的材料。在塔克洛班，人们发现，海军挖泥船上强大的2800马力水泵能够通过软管移动固体材料。美军将珊瑚直接从近海海底转移到机场。然而，要建设能够起降飞机的跑道，仍是个非常艰巨的任务。"在那种条件下，一个营的工程兵在一个月完成的任务，跟天气良好时一个排在一周内完成的任务差不多。"美军不得不放弃两个机场，第三个机场也只是到12月16日才具备作战性能。

日军不知道，肯尼他们的飞机几乎没法飞离莱特岛。因此，好笑的是，从11月27日到12月6日，他们花费大量稀缺资源，对美军的跑道发动了特种攻击和伞降攻击。这些进攻在克鲁格的后方制造了恐慌。航空部队的地勤人员纷纷丢掉武器逃离阵地，日军却将这些武器用来对付美方人员。没过多久，这些入侵者就被击毙或驱散，机场恢复了秩序，但莱特岛从未成为重要的美国空军基地。堆放和搬运物资的困难在一天天增加而不是减少。麦克阿瑟只考虑了莱特岛的地理便利性，而根本没有考虑到，这个地方完全不适合用来达成任何一项重要的战略目标。

12月7日，美军在奥尔莫克南部成功实施两栖登陆。这使美军在三天后得以夺取这个港口，切断了日军获得补给和增援的途径。进入这个已经成为一片废墟的小镇，美军士兵看到的是"一个烈焰熊熊的人间地狱，白磷炮弹还在爆燃，房屋在燃烧，弹药库在爆炸。大炮、迫击炮和火箭的火力摧毁了几栋混凝土建筑。从燃烧的废墟上冒出的股股浓烟，混杂混凝土建筑散发出来的灰尘，刹那间笼罩了周围的一切。"从12月15—21日这一周时间里，美军逐步占领了莱特岛西部的奥尔莫克谷地。1944年圣诞节当天，麦克阿瑟宣布，莱特岛全岛的军事行动正式结束。"除小规模清扫行动外，莱特岛—萨马岛战役现在可视为已经结束，"西南太平洋战区的公报宣称，"山下奉文将军可算是遭遇了日本军事史上最大的一次惨败。"

在马尼拉，日军指挥高层试图保持礼仪排场，但因为美军空袭的缘故受了点妨碍。12 月 23 日，山下奉文举行了一场盛大的正装宴会，向当地海军司令米卡瓦中将致敬。宴会进行一半突然断电，将星云集的现场一下子黯淡了下来。一位年轻参谋军官急忙赶来，手忙脚乱地给大家分配蜡烛。两天后，米卡瓦在马尼拉港口一艘军舰上回敬山下奉文将军。在此之前的一次新式武器展示会上，山下奉文被金属弹片击伤。他一瘸一拐上了军舰。他的参谋长悄声叮嘱米卡瓦，最好不要让这位受伤的将军喝太多酒。山下奉文凑巧偷听到这番话，他勃然大怒道："胡说八道，你这个该死的傻瓜！我想喝多少就喝多少！"山下奉文将军有太多东西需要忘却，他放任了自己的酒量。同一天，12 月 25 日，他致电铃木将军说，从此以后，莱特岛上的部队必须得自己保护自己，不会再有增援或补给了。日军在莱特岛战役中遭遇惨败。铃木的残余势力化整为零进了深山。

但是，日军还有多达 2 万人的残余部队。虽然他们现在采取了游击战术，不再依靠支援武器成建制作战，但在接下来的 4 个多月中，他们仍然在坚持战斗。麦克阿瑟的一份通报认定，莱特岛战役中，美军击毙了 117997 名敌军，这个数字至少是实际总量的两倍。在远未真正取得胜利的情况下，麦克阿瑟公然宣布战斗已经取得了胜利，这让他的士兵们感觉有些愤怒。尽管克鲁格的第 6 集团军已经从战斗中撤离出来为下一步吕宋岛登陆战做准备，但埃切尔伯格的第 8 集团军还是经过一番苦战，才最终完成了他们最高司令随口一说的"清扫"任务。"麦克阿瑟的通报非常不准确，"第 17 步兵团少尉盖奇·罗德曼写道，"当他荒唐地宣称我们的目标已经达成时，作为身临其境的人，我们清楚，我们的战斗其实才刚刚开始。"

拿下莱特岛，美军付出了伤亡 15500 人的代价，包括 3500 人阵亡。在阵亡人员中，有近 700 人，也就是一个营的兵力，是在麦克阿瑟宣布"胜利"之后阵亡的。日军的损失有些不太确定，因为大家不知道在往岛上运兵途中，有多少人因为船只被美军战机或潜艇击沉而被淹死，但其伤亡数字总计应该接近 5 万人。仅从 1944 年圣诞节到 1945 年 5 月，第 8 集团军在清理战场时就发现了 24294 具日军尸体。即使这一数字有所夸张，它仍然反映了继续战斗的严峻性。1 月份以后，莱特岛上幸存的日军，只能靠从当地平民那里弄点吃的，甚至于不得不靠自己种庄稼来维持。他们缺盐，缺少无线电台用的电池，缺少弹药。许多落伍的士兵吃尽了苦头。但是，他们是否有足够运气选择投降，一方面取决于他们能不能逃离上级的监视，另一方面取决于他们能不能碰到愿意活捉他们的美国人。一位姓西户的列兵最后成功投降了美军，他受伤后在外连续躲藏了好几个星期。1月13日，他被美军第17步兵团的战士俘虏。他是否活着回到了日本，我们不得而知。

在吕宋岛克拉克机场，海军战斗机飞行员岩下邦夫和他的战友们得知战争进展得非常糟糕。"战斗时间越长，人们就会因为许多朋友阵亡的现实而变得越来越清醒。1944年11月清晨，我们护卫着12架轰炸机，前往执行轰炸美军圣佩德罗港口运输船只的任务。我看见下方海面上密密麻麻陈列着美军的航母、战列舰、运输船和驱逐舰。我意识到日本惹上了什么样的麻烦。我感觉自己的死期即将来临。"岩下侥幸活了下来，但是他在克拉克机场的飞行员战友约70%的人都在菲律宾战役中丧生。跟他同期接受飞行培训的35位战斗机飞行员中，只有4人得以在战争中幸免于难。

从莱特岛下来的部分日军高级军官，经过一系列深夜狂奔后，登上了其他岛屿。期间，逢白天，他们会藏身沙滩背后渺无人烟的丛林里，其罕见的生存方式，跟1942年在日军大举进攻时盟军的那些逃亡者没什么两样。4月份，日军莱特岛战役指挥员铃木上将在逃生时遭到美军战机扫射身亡。他的手下，一部分活了下来，投入到了其他岛屿的防卫战中。山下奉文给抵达棉兰老岛和宿务岛的残余部队异想天开地下达命令说："部队应设法逼退进犯之敌……削弱其战斗能力……守住这一地区，将它作为将来日军开展反攻的立足地。"

在迄今为止二战东方战场上最大的一次地面战役中，美军取得了胜利。但参与战斗的人，却很少有对这一经历津津乐道的。列兵比尔·麦克劳林是美军步兵师的一名侦察兵。他写道："或许，描述太平洋战争最好的方式，是说我们坚持了下来……酷热、蚊虫、疾病、战斗和战斗间歇时的无聊……我们慢慢学会了不要期望太多，学会了知足常乐。点上几支蜡烛，玩玩扑克牌，吃上几块糖果，都能让我们很开心。"美军士兵感觉自己受了不少苦难，只是为了占领几千平方英里的沼泽和山林、几个农民的木屋和几座已成废墟的城镇。1月8日，接受"清扫"莱特岛的任务后，第8集团军陆军中将罗伯特·埃齐尔伯格写道："跟欧洲战区一样，本战区同样属于过度乐观的牺牲品。"

只有对建设机场的惨淡结局有所知情的高级军官，他们才知道麦克阿瑟将第6集团军放在了一个不该放的岛上。幸运的是，美军的这一战略错误，部分因为日军的类似错误而得到了补救。寺内愚蠢地强迫山下奉文给败军提供增援，这使得克鲁格的部队得以给他们造成重创，消灭了一些本来可能在吕宋岛上恭候美军的日军部队。在日本，莱特岛的失陷促使首相小矶国昭的政府不得不集体请辞。小矶曾宣称这是一场"决定性的战斗"。这个用语暗示了日本的覆灭，它还在经常得到引用。现在"决定性的战斗"打输了。小矶付出了代价，他的国民一点都不感觉惋惜。取代小矶的是77岁的海军上将铃木贯太郎，虽然他百般不愿意。此时的他，耳朵已经听不见了，还经常患病。除了执掌内阁以外，他对自己的执政目标缺乏一贯的认识。

在第一次菲律宾战役中，美军似乎付出了痛苦的伤亡代价。但按照日本的标准以及欧洲战区的标准来说，他们这点伤亡的确不值一提。没有一定的消耗，不可能击败那样一个可怕的敌人。事实上，莱特岛战役，对日军来说，是一场本来可以不那么糟糕的战役；对美军来说，是一场麦克阿瑟根本不配赢得的重大胜利。

第八章 中国抗日

山下奉文将军在菲律宾意识到，他与麦克阿瑟的斗争只可能有一个结果。如果美军发现这场战役很艰难，他们会一直往前推进。然而，即使是在二战的最后阶段，有一个战区，日军却仍在继续取得进展，继续赢得胜利。在中国，有100万日军在维持甚至扩张他们庞大而不中用的帝国。1931年以来裕仁天皇的军队一直在中国东北实施的杀戮、奸淫和毁坏，到了战争的最后几个月，仍在亚洲大陆上延续，甚至变本加厉。

约翰·佩顿·戴维斯，36岁，出身于中国一个传教士家庭，是美国的驻外事务官。他对博大的中国的熟悉度可以比肩任何一个"中国通"。他目击了日军非法占领中国东北的过程。在战争大部分时间里，他一直担任陆军中将约瑟夫·史迪威的政治顾问，直到1944年10月他成为蒋介石的盟军参谋长为止。后来，他的外交事业因为美国参议员约瑟夫·麦卡锡而遭到破坏。麦卡锡说，美国"丢失"了中国，戴维斯是导致这一结果的原因之一。戴维斯对此说法愤愤不平。在他笔下的中国，是"一个天大的极具诱惑的恶作剧。它挫败了西方人让它实现现代化的尝试，挫败了日本人想要征服它的企图"。20世纪，美国做出了巨大但完全无效的努力，想将自己的意志强加于一个无论地理还是国情都跟它相距遥远的国度。

中国在二战时期的悲惨遭遇，规模仅次于当时的苏联。然而，迄今为止，大多数西方人对此一无所知。抗战期间，到底死了多少中国人，人们并不是很明朗。传统上，大家广为接受的数字是1500万人，其中1/3是军人。现代中国历史学者有的认为是2500万人，甚至也有人说是5000万人，还有9500万人流离失所成了难民。这些估约数字既不能得到求证也没法加以反驳。它们并不是建立在令人信服的统计分析基础上的。它们反映的是一种情感的强烈度，是对日本给中国造成的深重灾难的强烈情感反应。有一件事情是不容争辩的，那就是有许多人死于非命。幸存者的恐怖经历超出了我们的想象。日本人疯狂侵略中国的年头里，屠杀、破坏、强奸和饥饿是他们强加给整个中华民族的共同经历。

亚洲史学家认为，第二次世界大战，实际上是从中国开始的，而不是从波兰开始的。1931 年，日军几乎兵不血刃地占领了中国东北，攫取那里的原材料、工业和战略铁路交通。南京国民政府无力抵抗日军侵略。次年，东京宣布成立"满洲国"傀儡政权，名义上归清朝皇帝溥仪统治，实际上由日本通过其控制下的总务大臣来实行统治，由日本所谓的"关东军"来戍守。日本人认为，自己只是延续了几个世纪以来西方列强在亚洲确立的一个传统，那就是，凭借强大武力来延伸本土工业和贸易基地。

1941 年，中村创平满 16 岁。他的家人打发他从日本赶往中国东北，去帮他的舅舅打理一家机动三轮维修店。在那里，他感受到了殖民统治的喜悦。"那里真是太好了，生活很安逸，有好多好吃的东西，比上学要好得多。我需要做的，仅仅是盯着那帮中国人，让他们老老实实干活。"他口袋里有钱，可以恣意寻欢作乐。第一次逛窑子，他被赶了出来。有人说"你太年轻了"，并给他介绍了一位 24 岁的歌姬。在接下来 4 年时间里，一直是这位歌姬在慰藉这位小伙子的生活。这里不久就住满了日本的农村移民。按说他们从当地中国人那里买地是要付钱的，但实际上他们根本不付分文，想要哪块地就直接将它收为己有。

日军吞并了中国东北，随后又积极谋求向中国其他地区推进。其贪婪和野蛮的规格，令世人震惊。他们所到之处，给当地人留下了无尽的痛苦。文山是一名律师的儿子，为逃离日军占领，他们辗转到了云南。他说："对我来说，这场战争从 1931 年 9 月 18 日就开始了，那是日本鬼子夺去我家乡的日子。在接下来的 14 年中，我们成了这群流氓的受害者。"在他成长过程中，他听到许多国民党的宣传，讲的是日本鬼子是如何如何的野蛮，这些宣传都确有其事。1937 年，日军在大陆上进一步拓展帝国疆域，占领了中国的大部分海岸线，包括其港口和工业城市。在一个老百姓还在天天饿肚子的国度，这些地方是它财富的主要来源。

随着日军向内陆推进，上千万的中国难民不得不向西逃亡。徐永强出身于工程师家庭，家住天津的英国租界。在日军蜂拥杀来的日子里，这里是个并不牢靠的安全岛。他曾说："每天早上，我们都会见到尸体顺河而下，漂到海里。在乡下，日军利用当地的农民给他们的阵地修建碉堡。建造完毕后，就把他们枪毙了。"

中国的领土比美国还大，四季分明，地理特征差异明显。1944年，大约只有12%的陆地面积得到过开垦，原因是其他地方的土地海拔太高、土壤太干、坡度太陡。中国约有一半的土地位于海拔1英里以上。数以亿计的中国人在长久的苦难中艰难谋生。瘟疫频发，但没有药物，这些瘟疫部分是日军通过他们的731生物战部队有意传播的。大多数中国人住在泥土和石块垒成的房子里。到中国参观的外国人，会对那些秀美的地方很着迷，像是"出产漆器和瓷器以及制作刺绣的地方，一汪池塘上方的小桥，以及被月门分隔开来的庭园"。然而，更多的却是那些流露悲惨和显示贫穷的场面。

日本的对华政策主要由军方决定，其观点时常跟文臣的主张相抵牾。1941年之前，日本侵略者以相当于其年度国家预算40%的代价，取得了他们想要得到的大部分领土。对中国人来说，日本野蛮占领带来的痛苦，成了除洪水、饥荒、蝗灾和其他自然灾害以外，又一个使他们苦不堪言的原因。

吴银燕，20岁，是天津附近一个村长的女儿，她算是很幸运的。她家很有钱，她的父母、奶奶、叔叔、两个兄弟和三个妹妹因此得以在日军逼近时逃到安全的地方。他们有时走路，有时乘黄包车。留在村里的邻居们遭遇了惯常的结局，吴银燕将之简单概括为："女人被强奸，房屋被烧毁。"一家人被迫去投靠她的一位姑妈。吴银燕在那里上完小学中学，后来又上了大学。然而，日本人占领北平时，整个城市骤然笼罩在一片恐怖之中。"我从不在没有朋友陪同的情况下单独出门，因为鬼子什么事都干得出来。我一直很害怕。"每位中国人见到日本人都得鞠躬，这是大家深恶痛绝的一件事情。吴银燕一家主要靠吃苞米为生，因为吃不到肉，也很少有蔬菜吃。跟几乎所有其他中国妇女一样，她也生活在严格的性别隔离状态。只有在共产党领导的解放区，战争才算给中国带来了其他国家妇女早已得以享受的新式自由和机会。一家人没有收音机，因此1945年8月以前，他们对外面世界到底发生了什么事几乎一概不知。跟大多数中国人一样，他们只关心今天活着明天还能不能活，对占领者深藏着仇恨。

林亚金，19岁。1943年10月的一天，她跟另外三个女孩在海南一个村庄附近的田野里收割稻子，日本兵把她们全部抓起来带走了。一开始，他们只是盘问当地游击队的活动情况，她们被关在一间小木屋里。第二天晚上，在不同屋檐下，这几位女孩在尖叫声中被一群日本兵轮奸。之后，每天晚上，这样的事情都会发生。往往是一位日本兵强奸一位女孩时，还有另一位日本兵在一旁观看。当这支部队转移到另一个村庄时，这些女孩也被他们像牛一样驱赶着去了这个新地方。1944年夏，林亚金得了重病，日本兵对她没有了兴趣。她得到允许，可以回家。她感染了性病，但无药可医。她和另外一个跟她同样遭遇的姐妹遭到邻居们的嘲笑，在随后的年头里，真正成了被人遗弃的人。她终身未婚，也没有孩子。1946年，她得知，三年前跟她一道被日军掳走的另外三个女孩，都患上疾病死在了日本兵手里。

  在被日军掳走成为"慰安妇"时，陈金玉还只有16岁。保亭区他们村里凡是能够找到的女孩都被日军掳走当了"慰安妇"。"因为我长得漂亮，他们用我的时间比其他人都多。一个月后，我再也受不了了。有一天，在跟几个女孩一道在河里洗澡时，我悄悄溜到了河对岸。我开始跑时，日本哨兵发现了我。他吹响了口哨。士兵们抓住了我，狠狠揍了我一顿，然后把我关了起来。第二天，下着大雨，他们强迫我当着大家的面在地上爬，然后又打了我一顿，直到我遍体鳞伤为止。最后，我躺在泥水里，再也没法动弹了。其他女孩跟那些日本军官求情，求他们饶了我。要不是她们出面，我真怀疑我是不是还能活下来。"从此她就一直做"慰安妇"。直到1945年6月，绝望之下，她铤而走险逃到了深山里，一直坚持到战争结束。

  1944年姜福顺还只是个13岁的小孩。他出身于农民家庭，父母养育了8个孩子。他爸爸在虎头镇给日军当挑水工。他们对外面的世界一无所知："我们明白在打仗，除此之外什么都不知道。我们知道日军是要打仗，因为他们一直在建这些堡垒。"他们从未见过铁丝网后面的世界，几个月来一直在地下干苦役的那些不幸劳工，最后都要被枪毙，为的是确保虎头要塞的秘密不为人知。虎头镇后面的土地，成了30万日本移民中部分人的财产。但是，这些土地的新主人，他们在这里的垦荒事业并未取得多大成功。为了能够种出水稻，许多日本人让当地失去土地的人给他们干活。在占领者和被占领者之间，并没有什么社交往来。

  有一天，日本人宣布卫戍部队要举行一次演习，所有中国人必须关上门窗待在屋里。由于下午天气炎热，周宝珠的叔叔把窗子打开了，日本宪兵因此把他打了个半死。其他违反规定的人，被他们用铁条抽打，或者扔进滚烫的开水里。对当地的孩子们来说，他们没有游戏，不能跟朋友玩，也没有学上，因为所有结社活动都遭到了禁止。姜福顺在爸爸身边干活，从河里给卫戍部队挑水。一天下来，他们可以为家里换取每月一份食用油和 24 磅重的苞米，再加上点从附近森林里采摘来的野菜，他们好歹能够活下来。

李凤贵，1921 年出身在上海附近一个农民家庭，家里一贫如洗，早在日本人来临前，他的童年生活就一直多灾多难。长江曾经两次泛滥成灾，他家的庄稼和牲畜都被淹没了。他们一家给一个"非常狠心的"地主干活。有一年，收割庄稼后，地主只允许他们保留 160 磅重的玉米。靠这点玉米，他们需要养活一家 14 口人。有一次，李凤贵记得，父亲带着一家人到邻近的城里，在街头上乞讨。1940 年 3 月，日本人打来了。大约 140 人被驱赶出村庄，离开家乡和乡亲到外地去做苦役。在他们旁边 2 英里外的一个村庄，有 24 座房子被烧毁，3 人被杀害，7 名妇女被强奸，所有粮食统统被抢走。其中一个被杀害的人，是位 58 岁的妇女。日军强奸她之后用刺刀把她杀害。这种经历，再乘上 100 万倍，也就是中国人对于日本侵略者如此痛恨的原因。李凤贵后来成了一名共产党游击战士。他说："1942 年美军参战时，我们很高兴有了盟友！我们感觉到迅速打败日本的希望陡然增加了许多。但这一希望不久就消失了，我们变得更加的现实。我们知道，有一天，我们一定会取得胜利。但是我们不知道那是在什么时候。"

蒋介石生于 1887 年，是华东宁波市附近一位小有成就的商人的儿子。他的军事教育大部分来自日本，一举成名主要是因为他是孙中山先生的门徒。孙中山是领导辛亥革命推翻封建王朝的革命家。1925 年孙中山去世前，蒋介石是他的参谋长，手下有当时中国势力最为强大的黑社会组织的支持，也有军队大部分力量的支持，更令人惊讶的是还得到过苏联的支持，当时的苏联认为他是孙中山事业的接班人。蒋介石有绝对残酷无情的一面。这一点最为生动的说明，是他曾下令炸毁黄河岸堤，以阻止日本的推进，结果造成了 600 万人被淹死和饿死。他对自己军队的伤亡无动于衷，除非它危及自己的权力基础。从 1925 年到 1931 年，他从广州出发通过一系列积极推进，将割据中国的军阀纳入到了国民党的控制版图，将山东张宗昌等野心不算很大的军阀排挤到了一边。

蒋介石发挥他作为军事组织者的才干，同时假装成革命思想的积极倡导者，从而成为所有军阀中权势最为显赫的人。1935 年，在给他的"蓝衫军"追随者的一次演讲中，他宣称："法西斯主义是刺激没落社会的良方。法西斯主义能救中国吗？我们的回答是：'会的。'"他将自由民主描述为"需要从国家的主流政治中排泄出去的毒药"。然而，由于他声称信仰基督教，同时有积极倒向西方社会的倾向，许多美国人忽略了他的政权的专制、残暴和腐败。正因为如此，1944年，曾在中国一边行医一边传教的美国议员瓦尔特·贾德在对比美国人和中国人时说过这样一番话："这两个民族接近相似。我们跟中国人有很多接近的地方，如我们的基本信仰、我们对个人权利的基本强调、我们基本的个人民主习惯。相比欧洲大多数国家而言，我们跟中国人更为接近。"

许多日本政客和军人，在努力想要遏制美国在太平洋地区的势头时，开始逐渐后悔日本在中国纠缠太多。对中国的占领并没给侵略者带来所期望的经济效益。即使在1945年，日本投入中国的军队也高达其军队总量的45%。如果能将数量如此之众的军队用在其他地方，或许还能做出点贡献。那一年，裕仁天皇和陆军参谋长杉山元元帅有过一番谈话，这一谈话后来成了一个传奇。裕仁天皇问，为什么对华战争费时如此之久。杉山元回答说："中国比我们想象的要大。"裕仁说道："太平洋也很大。"随着美国在中国投入越来越多，日本不再允许美军或他们在国民党政府的代理人取得对海岸线的控制权。别无选择，他们只能动用100万的兵力在中国守地盘。

日军无情实施了对中国东北地区和华东地区的占领。731部队是一支设立在哈尔滨附近的生物战部队，它是日军无情占领最为极端的表现形式。日军将上千名中国战俘用于实验，通常是用于活体解剖，这无一例外导致了他们的死亡。除此之外，他们有时还通过空投细菌培养品的方式，试图不加区别地在中国人中间传播伤寒、炭疽和其他瘟疫。战后，日本人声称，有关日军暴行的报道太过夸张，日军士兵的不当行为是未授权行为。731部队的真实存在，是对这些说法的有力驳斥。这支部队的活动可以跟某些纳粹集中营里发生的恐怖活动旗鼓相当。经日军官方授意，从数以千计活生生的、未予麻醉的中国人身上掏取内脏，此举可算是日本战争期间做出的最为卑鄙的行为。

对于普通日本士兵而言，被分配到中国执行任务是个极不舒服且非常危险的差事。一位士官在派遣列兵足代岩到一个离北平1小时车程的机场执行任务时，对他说："你爸爸妈妈还有4个儿子，因此他们不会太思念你。"足代仇视有关中国的一切，包括那个机场。那里除一家妓院外没有任何其他配套设施。

然而，在华的美国人也在为他们致命的幻想和挫折付出代价。他们的幻想是建立在一个浪漫观念基础上的幻想，而这一观念已经经历整整一个世纪的发展。美国试图让蒋介石领导的国家成为"大联盟"的主力军。事实证明，这个目标既完全超出了资助者的能力，也完全超出了受资助者的能力。丘吉尔发现美国对中国过于执着，他因此非常恼火，觉得那"绝对是场闹剧"。1944年8月，丘吉尔首相在给他的外务大臣安东尼·艾登的信中写道："我告诉总统说，美国（对中国）很痴迷，在这个问题上，我可以保持适当的礼貌，但我不同意我们要保持积极的态度……"

盟军和日本，双方的战争努力都因各自在中国的投入而遭到消耗，尽管美国远比日本更能承受这方面的投入。中国自身负担沉重，国内分歧也很大，这些方面削弱了它的能力，使它无法有效地跟外国强敌作战。在日军入侵的早期，国民党军队时有艰苦作战的案例，如淞沪会战、台儿庄战役等，鼓舞了全民族的士气。从1937年至1941年，曾歼灭日寇18500人，国民党军军人也因此付出了重大的人员伤亡。然而，西方列强加入战斗时，蒋介石的精锐力量已纷纷阵亡，幸存人员也已经是疲惫不堪。对日本的仇恨，比历史上任何其他力量都更能使中华民族达成团结。然而，他们抵抗入侵者的努力，也给他们自己造成了大量人员伤亡和物资损耗。

战争期间，重庆是蒋介石的陪都。几乎所有不得不在那里服役和生活的人，都对这个地方充满厌恶。国民党政权公务员、以美国人为主的外国使团、来自全国各地的难民、外来投机分子、日本间谍、黑市商人、骗子、权力寻租者、乞丐，形形色色的人都云集到了这里。重庆介于长江和嘉陵江交汇处，一度是个坐落在悬崖峭壁上的都城。那个时候的重庆，即使在那些经过重新命名有着响当当新名字的大道周围，譬如共和路和民生路，仍然可见露天沟渠里污水横流的景象。许多大学和兵工厂、从沿海过来的难民，他们在这个城市的周边落下了脚。城里有6家电影院，它们在努力满足来自全国各地流亡者的文化需求。城里的人口从30万暴增到了100万。餐厅学会了给美国人提供火腿加鸡蛋。来自汉口的电影制造商在为中国电影公司制作政治宣传片。《汉口先锋报》开始在重庆发行，给读者提供英语新闻，同时《中国之声》的外国听众还可以听到马彬和①朗读的英语新闻公报。

蒋介石办公的地方有两个，一是在他的别墅总部，二是在他的官

---

① 马彬和是位中国人，身高6英尺，戴一顶无檐帽，别名约翰·麦考斯兰，曾在爱尔兰都柏林生活过。

邸。两个地方分别位于长江两岸。他和他光彩照人的夫人，有时会趁夜色乘游艇跨江而行，一起互吟互唱。1944年，宋美龄时值47岁，她出身于颇有权势的商人家庭，曾就读于美国马萨诸塞州的威尔斯利学院。她的英语说得比汉语还好。1927年成为蒋夫人后，她曾一度被称为世界上最有权力的女人。多年来，她曾担任过丈夫的副手、若干组织的赞助人、陈纳德将军美国志愿者大队"飞虎队"的名誉队长，也是国民党在美国一位精力非常充沛的宣传家。英国作家克里斯托弗·依舍伍德曾钦佩地写道："她可随心所欲，或成为一名颇富教养、懂得文学和艺术、西方化的女性，或成为一名技术专家，跟人谈论飞机发动机和机枪之类的事情，或成为医院检查员，或成为母亲协会主席，或成为一名中国式的贤惠朴实的妻子。她可以端庄典雅，可以一本正经，也可以毫不留情。有人说，她有时会亲手签署执行死刑命令。"

　　加德纳·考尔斯是《展望》杂志发行人。1942年，在共和党总统候选人温德尔·威尔基访问完中国后，考尔斯曾阻止蒋夫人宋美龄随他一道飞往美国，为此她曾用手抓伤了考尔斯的脸颊。在喧嚣的舆论中，她在美国巡回访问了一番。这位令人惊艳的美人迷倒了一帮记者，还在美国众参两院发表了演说。然而，她以拍手方式招呼白宫服务生的行为，引发了一些不快。1940年，英国工党政治家斯塔福德·克里普斯见过蒋氏夫妇。他用他惯常的傻呵呵的口吻啧啧称赞，说蒋氏夫妇"真是天造地设的一对，他们慈爱、朴素而自然"。这或许是因为克里普斯从未遭遇国民党秘密警察的缘故，或许是因为蒋介石给了他一份工作的缘故。蒋夫人与陈纳德将军的紧密结盟，至少在1944年前曾使蒋家王朝受益匪浅，因为陈纳德将军冒死作战的飞行壮举使他成了美国的民族英雄。但再往后，陈纳德的光环在华盛顿逐渐淡去，因为美国的领袖们逐渐意识到，他只是个靠造神运动树立起形象的冒险家。

　　珍珠港事件后，蒋介石的军队开始得到美国大量支持，既有实物又有现金。1942年至1945年初，英统印度和蒋介石的领土之间还没有陆上交通，因而所有补给必须经由15000英尺高的驼峰山，航程达500英里，运往中国最近的陆上交通站昆明，由此造成的燃料、飞机和美军飞行员生命的代价让人颇为惊奇。1942年12月，驼峰山上空的空中运输，每个月也就只能运送1000吨的物资。到了1944年7月，这一数字已上升到18975吨。这是后勤工作一个非常了不起的成就，但对于中国的战争准备来说，其贡献仍然微不足道。尤其是，这些补给的一大部分，在远未抵达蒋介石士兵手里时，就已经被偷的偷、卖的卖了。余下的物资，大部分被用来满足美国驻华空军的需求。想要以足够规模空运武器弹药，用以装备一支中国军队，基本是件不可能实现的事情。从始至终，蒋介石的军队就缺少可以匹敌日军的那些必不可少的重型武器。美国的将军、外交官和军事顾问们付出了种种努力，但1937年至1945年征调进入国民党军队的1400万人，他们中的大多数都只是充当了不幸的牺牲品，而没能成为有效作战人员。

1944年，徐永强是国民党的一名口译员，他目睹了来自不同省份的人员被吸纳进入部队的过程："大部分新兵不过是去当战俘的，会被日军用刺刀指着、用绳子绑在一起。他们没有接受过多少训练，因此很容易明白为什么他们打不过日军，因为日军多年来一直在接受杀人的教育。这简直太不人道！太不人道！在日本侵略下的中国不存在人权之类的事情。8年中，打日本的一直是农民，他们既为共产党作战，又为国民党作战。中产阶级待在家里挣钱。有权有势的大家族则根本什么事情都不用做。"蒋介石曾经碰到过一群被捆绑在一起的新兵。他用手头的文明棍，亲手抽打领头的军官，然后把负责新兵工作的将军叫来，也揍了一顿。这个故事凸显了蒋介石的一个弱点。他能够发现问题，但不能有效解决问题。征兵工作长期以来一直存在腐败现象。富人总能逃避兵役。抓壮丁的部队趁流浪汉不注意，将他们强征入伍。炮兵军官营运平愤愤地说："要是有更多人愿意打仗就好了！但是很多人只是不停在说，他们有多么多么的爱国，但为了保卫自己的国家，他们连一个手指头的力都不愿出。他们只是要耍嘴皮子而已。"

戴笠将军被西方人称为"蒋介石的希姆莱"，他领导着国民党庞大而高效的情报网络。凡是外国人，戴笠一律都很反感，他将精力花在了蒋介石的国内宿敌身上，而不是花在了日本人身上。对西方盟军的驻华代表来说，情况越来越明显，他们看到的只是一场能力非常有限的战斗，而不是真正能够给日军添堵的战斗。

闫奇志是河北一位中农的儿子。16岁那年，他成了国民党军队的一名步兵。他参加的第一次战斗，使用的是一杆"汉阳造"步枪，这种枪每击发4次就会卡壳一次。他的理想是要弄到一支冲锋枪。他们团隶属于蒋介石的第29集团军。在先头的几次战斗中，他们团600人损失了将近一半。他们只能用破布来包扎伤口。闫奇志说："日军所有东西都比我们多，尤其是飞机。1944年前，日子过得很苦。我们还算有足够的东西吃，但质量非常差。整个冬天，我们是穿着夏天的军装度过的。我们中的大多数人，都跟我一样，对自己家里发生了什么事一无所知。"在第29集团军服役，唯一值得一提的好处，是能得到一份军饷。在蒋介石的许多军队里，高级军官都会贪污军饷。"我讨厌战争：打了那么多仗，死伤了那么多的朋友。现在，我一闭上眼，就能看到他们的模样。军队不仅靠武器装备，它更需要的是战斗精神，而国民党军队已经丧失了这种战斗精神。"

1944年，国民党军队号称有200个师200万人。战士们的生活一直非常艰苦。他们用军号指挥士兵前进、后退和做出牺牲。他们的武器什么型号都有：有旧式德国造手枪和步枪，也有本地造的手枪和步枪；有少量机枪、大炮和迫击炮，几乎总是缺少弹药，而且处于生锈状态。他们没有坦克，车辆也很少。指挥员可能会有马匹，但战士们都得靠步行。只有军官才有靴子或皮鞋。幸运的士兵会有几双棉鞋或草鞋，但在许多情况下，在长长的棉布绑腿下面，却是他们的光脚丫子。如果搞到点煤油，他们会用它来浸泡脚上长年都有的水泡。

不值班的时候，军官们会在一起喝一种叫作"茅台"的烈酒，会在一起打打麻将，运气好，能弄到几包"小蓝剑"香烟的话，士兵们会抽上几口。约翰·巴顿·戴维斯曾对蒋介石的士兵们那点可怜的乐趣有过一番描述，他们就靠着这点乐趣来减轻无尽困苦和压迫给他们带来的压力。"把蟋蟀装在用草编成的笼子里；看巡回演出的木偶师傅表演皮影戏；花点小钱赌博碰碰运气；在鸽子腿上绑上哨子，听它们在空中飞行时发出的鸽哨声……这些消遣都足以用来打发不值班时的午后时光。"

发放给士兵的配给，包括煎饼、咸菜和汤，幸运的话还有一袋炒米。在城里，如果士兵碰巧手里有点钱，他会从摊贩那里买一碗八宝粥或一根油条。但更为常见的情况是，这些铤而走险的士兵倾向于用强夺的方式，从不幸的农民或城里人那里榨取点什么。官方答应的每天24盎司大米和蔬菜的配给，很少真正拿到手过。美国兵看到中国兵用竹竿把一条死狗往厨房里抬，觉得非常好笑。然而，除了它，还能有什么东西可吃呢？曾在缅甸服役的徐永强说："即使是初级军官，如果不贪污，也根本没法生存，没法养家。"罗定文是第29集团军的一位步兵排长。他在行军时，看见一群农民躺在路边，饿得奄奄一息，有的已经饿死。他说："在行军途中，我们通常会在村子里找吃的，能找到什么算什么。"无可奈何的美国军事顾问报告说，许多中国士兵身体太虚弱，背着武器装备就没法行军。大多数人都处于临床上说的"营养不良"状态。即使是美国，也不可能通过从驼峰山上空空运粮食的方式，来解决200万官兵的吃喝问题。

无论如何，除当今日本之外，人们对日军当初在中国犯下的暴行并无争议，他们争议的不过是这种暴行的规模而已：譬如，日本历史学者就曾煞有其事地提出，1937年的南京大屠杀中，被杀死的"只有"5万中国人，而不是像张纯如等作家所说的30万人。然而，屠杀整体规模之大，的确令人震惊。1941年，日军发动臭名昭彰的"三光"攻势。如是命名，他们的目的就是要"杀光，烧光，抢光"。几百万中国人死在了这次攻势之中，侥幸活下来的则被日军赶进了所谓的"保护区"。在那里，他们被当作奴隶，给日军修建要塞和碉堡。

许多日本兵很自豪地给家人邮寄砍头和用刺刀杀人的照片，在信件和日记中描写那些令人惊愕的行为。这些被认为是他们"武士道"精神的一种非同寻常的反映。一位美国外交官在给华盛顿方面的报告中说："对日本兵而言，武装起来的农民和那些充满仇恨或恐惧的人，他们的抵抗是对日军理想精神的一种令人惊讶的拒绝……普通日本士兵，他们愚昧地在那些被认为是'忘恩负义'的人身上发泄他们的报复。"

日军针对蒋介石军队部署了100万兵力，以此为代价维持了对蒋介石军队的军事优势。在1943年11月的开罗会议上，罗斯福总统在斯大林的默许下，不顾丘吉尔的不屑，坚持指定中国作为四大盟国之一。然而，罗斯福谋求使中国成为现代强国的不懈努力，却因为中国的贫穷落后而付诸东流。这些恶劣的状况，即便是拥有巨大实力和财富的美国，也无法加以补救。正如克里斯托弗·索恩所说，美国还远未满意地达成它的目的。它谋求过帮助中国赢得抗日战争吗？它谋求过建立一个强大的中国吗？或者，它打算过要支持蒋介石政权吗？这些目标极有可能根本无法企及，而且它们之间显然互相并不调和。索恩忽略了第四个目的，这个目的对于美军参谋长联席会议来说，其重要性远比任何帮助中国人的无私愿望都更为重大。在欧洲，为了粉碎纳粹思想，苏联战士做出了最大的牺牲。在亚洲，华盛顿方面同样希望牺牲中国人的生命，来挽救美国人的生命。

由于中国的乱局和苦难，由于蒋介石无法扮演华盛顿方面希望他扮演的角色，所有这些愿望最终都以失败告终。1944年，一方面是蒋介石在经济上的草率行事，另一方面是日本用1000亿元假钞充斥中国的南方市场，由此造成了一场灾难性的通货膨胀，毁掉了中国的中产阶级。国民党统治区1/4的人口成了难民，他们是被迫大规模迁移的受害者，战争时代这样的事情时有发生。发生在南方的一场旱灾，据说夺去了100万人的生命。一些美国人趁机在黑市上倒卖燃油和生活补给，因此发了一笔横财。

第八章　中国抗日

1944年春，日军在亚洲和太平洋战场上的运势在不断走向衰落。但令人惊讶的是，日军却抖擞精神、集中财力物力，发动了一场野心勃勃的"一号行动"，席卷中国的华中和华南地区，大规模扩张了日本占领区。"一号行动"是在美军空中威胁刺激下发动的。美军的B-29轰炸机已经开始在中国境内基地上开展行动。日军发起"一号行动"是要使美军不能够使用这些基地。日军50万官兵、10万匹战马、800辆坦克和15000辆汽车，在120英里宽的战线上，浩浩荡荡渡过黄河，进入河南省。他们所到之处，34个师的国民党军队几乎崩溃。日军每阵亡1名士兵，就要杀死40名中国人做补偿。这一次也不例外，蒋介石想方设法夸大自己面临的困难，以此向盟军要求更多的援助。然而，1944年5月17日，英国驻印度军事情报局局长却有以下的评论：

> 对中国前景的认识，一个最起码的共识是：不管条件多么恶劣，中国都不能投降……现在明显出现了一种可能，那就是，中国可能会崩溃。中国的崩溃会使缅甸战役所做的努力化为乌有……普通老百姓境遇艰难，他们对此已经无可奈何……盟军没什么好遗憾的，因为中国人表面之下一直怀有仇外情绪。中国各省的不满情绪很浓重，各省领导人会选择持纯粹机会主义的立场。面对这样一个正在分崩离析的局面，蒋介石无法力挽狂澜。

日军浩浩荡荡推进到了湖南省。他们渡过汨罗江，所到之处，肆意杀戮。湖南已经遭遇两年饥荒，现在情况变得更加糟糕。湖南与广东、广西和贵州之间的地区属于稻米产区，对这一地区的中国人来说，"一号行动"意味着，这个地区将因为饥荒和疾病新增几十万或几百万的死亡人数。有报道说，农民发动了起义。来自"战略情报局"的美军特战分队竭力想阻止日军夺取他们付出高昂代价才建立起来的补给仓库和机场设施。仅涂山一个基地，弗兰克·格里森少校和15个美国人，跟他们的中国厨师和孤儿院吉祥物扮演人一道，就炸毁了5万吨的物资。国民党军队在撤退的间歇，偶尔也有站定脚跟的时候，最著名的是在6—7月份的衡阳。美国记者西奥多·怀特加入了第62集团军，他们的任务是在衡阳城边的南山剿灭日军：

> 我们站队时，天才刚刚破晓，但万里无云的天空下已非常炙热。极目望去，远远的，山头那边有人在行军。他们在稻田的每条田埂上缓缓行进：他们汗流浃背，并排川流不息地蜿蜒穿过每

条沟渠，跨过每座破桥。他们每三人有一杆枪，没有枪的则扛着补给物资、电话线、米袋和机枪配件。在一脸严肃的士兵中间，走着一些穿蓝布长衫的农民工，他们干搬运任务的能力非常出众。没有摩托车，没有卡车……一门大炮都没有……他们静静地走着，带着中国士兵特有的苦难。除了灾难外，他们期望不来任何其他东西。

怀特悲悯地看着这些穿着黄褐色军装的人排着队从他眼前经过。他们的脚磨破了、走肿了。他们头上戴的不是钢盔，而是编织起来用来遮挡烈日的树叶。他们手脚并用地向山上的日军阵地爬去。三天来，他一直在等待国民党发动炒作已久的反攻。然后他突然明白：眼前的景象也就是他们所说的反攻。8月8日，衡阳失陷。那个月晚些时候，重新整顿好补给线后，日军又开始继续向前推进。蒋介石的第62集团军一触而溃。

蒋介石下令，指挥员凡有退缩不前者，斩立决。但这一命令并没能显著提高他军队的战斗力。除了战争的苦难之外，还不时会发生一些可怕的事故。例如，在桂林，就曾发生火车冲入站在铁轨上的难民人潮，造成几百人受伤的事故。蒋介石和宋美龄选择在这个时候召开记者招待会，在会上针对有人说他们婚姻出现困难的说法进行了辟谣。宋美龄跟她姐姐随后动身前往巴西，试图在那里寻找一个国内情况不妙时她们家族可以藏身避难的场所。即使是最真诚支持中国抗日的美国人都到了濒临绝望的地步。中国就像一头受了伤的巨兽，身上千疮百孔，匍匐在尘土中，浑身痛苦地抽搐着、挣扎着。

在缅甸北部服役的5个师，兵力相当于美国的2个师。他们是美国将军史迪威的作品。他将上万名中国官兵空运到印度接受培训，在这里他们可以不受国民党腐败无能的影响，然后他们被安排去发动攻势，旨在重开进入中国的陆上交通线。他们装备的是美式武器，吃的是美国人提供的给养，拿的是美国人给的津贴，时常还能得到美国空中援助的好处。事实证明，这些部队远比他们在国内的同胞们更有战斗力。

文山是位律师的儿子，在缅甸当卡车司机，他很自豪地说：“中国军人展示了他们的能力，如果得到正确培训，得到美式武器装备，他们会是多么的能够战斗。我们有不贪污士兵粮食的军官，在国内也一样有。”跟许多与美国人并肩服役的年轻中国人一样，文山对美国的赋予和慷慨也同样印象非常深刻，但他们也对美国白人大兵对待黑人战士的方式感到震惊。

第八章 中国抗日

吴国庆是驻缅部队14师总部的一名翻译,他很喜欢自己当兵时的整个经历。在印度,在战场上,他对跟他并肩作战的美国人的开放态度感到非常惊奇:"他们喜欢什么就说什么。他们会批评自己的政府。这就是他们所谓的民主。"然而,如果你过度理想化地看待中美两军在缅甸的关系,或者过度理想化地看待国民党军队在那里的表现,那你就错了。吴国庆目击了美军一位军事顾问跟一位国民党军队上校之间的口角。这位美军军官要求国民党军队要表现得更积极一些,尤其在巡逻的问题上。那位国民党军官断然加以拒绝。同样,当驻缅英军开始跟史迪威的军队并肩作战时,他们也对中国部队的消极作风不满意。

1944年夏末,日本的"一号行动"攻势,在蒋介石和美国政府的关系上造成了一场危机。国民党军队步步败退,丢掉了大片大片的领土。这让美国领导层中的主要人物最终意识到,蒋介石不具备实现华盛顿理想的能力;在对日斗争中,国民党无法成为主力。史迪威致电陆军参谋长马歇尔说:"现在,我敢肯定,蒋介石会觉得发生在中国南部的这场灾难算不了什么。他认为日军在那片地区无法进一步给他造成影响。他还幻想能躲到萨尔温江之后,在那里太平无事地等着美国来收拾战争残局。"这是个完全准确的判断,但一点无助于缓和中国领导人和美国驻华高级军事代表的关系。

史迪威和蒋介石之间的个人关系,早在几个月前就已经闹得很僵了。这样一来,两人的怨恨更是达到了高潮。很少有人能比史迪威更加了解中国。1918年,史迪威曾在法国服役,军衔一路升至上校。之后的二战岁月里,他在东方度过了他的大部分时光,还学会了说中国话。作为马歇尔的门生,马歇尔非常赏识他的精明头脑和旺盛精力。1942年2月,他任命史迪威担任美国指派给蒋介石的军事顾问团团长,同时负责租借法案相关事宜。他同时也接受了担任蒋介石参谋长的职务。从一开始,美国的做法就很奇怪,在一个需要敏锐的外交敏感性的岗位上,美国却派去了一个性格执着、容易冲动、缺乏容忍、行事多疑而诡秘的人物。他对友谊很在意,但对仇怨同样不会忘怀。1942年,从缅甸撤退期间,他亲自担任了两个中国师的指挥员,跟他们一起经历可怕的140英里行军,进入了印度的安全地带。怀疑主义者认为,这种喜欢冒险的性格,表明史迪威不适合担任高级指挥员;他完全没有必要到前线跟士兵们混在一起,去指挥打仗以满足他个人的一点小癖好。他恰当的位置应该是待在蒋介石身侧,激励中国努力抗战。

罗斯福专门训诫部下,说对蒋介石表示尊重是很重要的一件事。他给马歇尔写信说:"我们所有人都必须记住,蒋介石是历尽千辛万苦，才成为4万万人无可争议的领袖的……他在很短时间内在全中国创造了一个我们需要若干世纪才能创造起来的局面……他是行政首脑，同时也是武装部队总司令。我们不能跟这样一个人用严厉的口吻说话，也不能以对待摩洛哥苏丹的那种方式强制他做出承诺。"

当然，这番话根本就是胡说。罗斯福的话反映了他对蒋介石当政的天真无知，同时也反映了他对史迪威性格的不了解。史迪威将军并不具有施行罗斯福总统希望他施行的那种因势利导能力。史迪威是个出了名的说话直率的人，他鄙视蒋介石的无能，称他为"花生米"。他鄙视英国人，认为他们的战斗力，跟他们治理印度的能力一样，都非常差劲。而且他还到处宣扬他对蒋介石和英国人的这种鄙视态度。罗斯福要求美军指挥员要对中国的统治者表现出更多尊重，但美国的政策反映出了一种殖民思想。让一位美国将军强制中国军队贯彻实施一些美军军官都难以实施的标准，让几千名美国人去激励国民党士兵，让他们去实现蒋介石和他的追随者都拒绝倡导的目标——这种事情想起来都觉得有些荒唐。美国军事顾问威尔基少校抱怨说，即使是史迪威亲自调教的中国军人，在使用火器的问题上也显得过分随意："我看见机枪手在用一只手开枪射击，而另一只手却在拿东西吃。"

史迪威最显著的军事成就，是他指挥中国军队完成了挺进密支那的任务。密支那是缅甸北部的一个城市，解放这个城市对于开辟缅甸公路至关重要。"麦支队"是一支颇富传奇色彩的美军部队。他们跟温盖特领导的"钦迪特"一样，在非常艰苦的环境下作战。在他们一小队人马的帮助下，史迪威率领的中国军队于1944年8月在密支那取得了胜利。然而，在这次行动中，英国人也做出了重大贡献，因此他们对中国军队的表现一直非常怀疑，对史迪威声称是他们拿下了密支那的说法同样不以为然。密支那的胜利，与其说是盟军发挥了他们的天才创意，还不如说是这里的日军本来就很虚弱。英国军官比尔·斯利姆对史迪威有过一个很英明的判断。他喜欢美国人，但认为他在战后发表的日记并不利于史迪威的形象："他是个脾气很糟糕、看问题带偏见、经常消息不灵通、老喜欢跟人争吵的老头，实际情况要比他们想给他塑造的形象糟糕许多。这些坏毛病他都有，但除此之外，他还是军一级以下建制部队的一流战场指挥员，一位杰出的战术家，但并不是个很好的管理者。在更高层面上，他既缺乏必要的性情，也缺乏必要的战略背景或判断力，这使得他根本无法有效开展工作。"

史迪威和蒋介石在有件事情上出现过分歧，那是件根本无法调和的事情。这位戴眼镜的美国人试图组织一场战役，去打败日本人。相反,那位桀骜不驯的中国军阀却要着手满足国内政治的需要。他需要维持他手下将军对他的支持,需要挫败共产党的崛起,需要保存军事实力,伺机夺回被日本占领的中国领土,还要伺机打击毛泽东。1944年秋,史迪威对蒋介石在军事上的消极做法失去了耐心。他的放肆态度暴露无遗,蒋介石已经无法遏制对他的愤怒。蒋介石断然拒绝了罗斯福让史迪威直接指挥国民党军队的要求。这的确有点太异想天开了。美国人对英国人在印度的行为非常不满,但从史迪威以下,所有美国人在中国的行为,都同样缺乏情感敏感度,同样的显得居高临下。在驼峰山航空线北部终点站昆明,美军经常虐待中国人,以至于军方觉得有必要张贴一份告示,注明"美方人员不能虐待中方人员"。文山这位在利多公路上运送补给物资的司机不无伤感地说:"美国人觉得中国人的生命比他们美国人的生命廉价许多。"美军上尉美迪尔·萨基西安也在同一地区服役。当有人告诉他,说中国军人不能跟美国军人在一起用餐时,他递交了一份正式抗议文书,说:"不管从哪个角度看,我都认为,虐待中国士兵不符合我们的最大利益……在自己的国家,他们却被认为配不上跟我们的官兵一道用餐。"

韦德·肯特中士是几千名美国工程师中的一员,他不辞辛劳地干活,为的是要修建完成从缅甸北部的利多一直通往中国的道路和燃油管道。肯特出身于弗吉尼亚州里士满市的一个会计家庭,他为他在印度看到的景象感到惊愕。"这是我所见过的最可怕的地方。我不是出身名门,但我依然觉得,看到人在那种状况下生活和工作,是件非常可怕的事情。"在缅甸,他们部队第一个失去生命的人,是被翻滚的河水给冲走的。他们工作的地方是片丛林,"炎热、痛苦、潮湿……那些狗日的蚂蟥,你脱掉靴子,就会见到它们吸饱了鲜血的样子"。三名美国大兵成一组,外搭一名缅甸人。大多数时候,他们是在一言不发地劳动。偶尔,丛林里传出来的声音会打破这种沉寂。在接近两年时间内,大家没有休息和娱乐,没有关于外部世界的宝贵消息。"这真是件奇特的任务。"

1944年10月,史迪威成了美国挫败和失误最为显著的牺牲品。艾米丽·哈恩认为,这位将军"显然欠缺一种能力,这种欠缺到了一个很不正常的程度。他不能正确认识到,除了他自己的视角外还有其他不同的视角,这个世界明显比美国的天地要大出许多许多"。史迪威拒绝承认,无论蒋介石政权有什么样的毛病,他都必须通过他们的机构来办事。当然,从理性角度讲,他的观点不无道理。国民党军队要想在战争中发挥作用,就必须摆脱蒋介石的不利影响,按照空运到印度的那几个中国师的方式，进行清洗和改革。当初，要是蒋介石按照史迪威所要求的那样去改革军队的话，国民党政权的命运可能就会迥然不同。然而，设想蒋介石会放弃专权和腐败，就跟请求斯大林不要采取恐怖执政手段、要求希特勒不要迫害犹太人是同一个道理。史迪威提出的要求，是对重庆政权之本质的一次抨击。奢望国民党统治下的中国会改变，这是做不到的事情；指望让一位美国人凌驾于中国领导人之上，这也是万万做不到的事情。

1944年秋，罗斯福做出了他最为古怪最为荒唐的一揽子任命。他向中国派出了他的特使，一个叫作帕特里克·赫尔利的人。此人曾是俄克拉荷马州的一名牛仔，白手起家，在政治上一举成名，当上了胡佛总统的国防部部长。赫尔利是个性格滑稽、喜欢高谈阔论、接近昏聩的人。他是一名狂热的共和党人，也是"中国游说团"中的著名人物，尽管他本人对中国的了解并不多。他到中国，见了蒋介石，并称他为"介石先生"。最后，他给罗斯福报告说："今天，你面临一个选择，要么选择蒋介石，要么选择史迪威。你跟蒋介石之间没有任何问题。蒋介石已经答应你的所有要求、所有建议，除了任命史迪威为中国军队司令以外。"

10月13日，赫尔利建议撤换史迪威。罗斯福早先的想法是，撤换史迪威，让他不再担任租借法案局长和总参谋长，但保留让他继续担任缅甸战区战场司令。经赫尔利建议后，罗斯福同意了他的看法。史迪威在给他夫人的信中表达了他的喜悦，"现在我可以挂起铁锹，跟那一窝子和我一路长途行军、像我一样兴高采烈的混蛋们告别了"。他对约翰·巴顿·戴维斯说："人就活那么一辈子，要活就得按照自己的信念去活。"他立刻辞了职，连交接工作都没有等得及去做。他的继任者是艾尔伯特·魏德迈中将，一直是东南亚司令部司令路易斯·蒙巴顿男爵的副参谋长。10月31日，魏德迈到了重庆，他的任务比起他的前任来要有限得多。他负责管理美国空军在中国国土之外的作战行动，"给蒋介石提供建议和帮助"，但不能过问政治。

蒋介石很开心。他将史迪威的撤换视作是他个人权威的一场胜利。然而，不出10天，魏德迈就致电华盛顿的马歇尔说："国民党的缺乏组织性和混乱不堪的计划能力，完全让人无法理解。"继任一个月后，这位美国将军对蒋介石和他军队的状况做了一份报告，言辞之激烈较之史迪威的电文有过之而无不及：

　　蒋介石答应会努力抗战，答应在桂林—柳州地区至少坚守两个月，但实际上蒋介石和他的信徒们已经意识到了事态的严重性，他们无能为力，有些惊慌失措。他们缺乏应对现代战争的组织性、装备和训练。从心理角度看，他们没有准备好应对这一形势，这有政治盘算、个人虚荣和对领袖诚信和动机不信任等方面的原因……坦白说，我认为，蒋介石周围的那些中国官员事实上存在担心，不敢讲真话报实情……情况表明他们短视而缺乏效率，蒋介石有可能会命令他们采取积极行动，而他们不具备发布命令、制订计划的能力，完全无法使战地指挥员按要求执行任务……

魏德迈担心日军会谋划拿下驼峰航线终点站昆明，他努力想要集中中方兵力来守卫这座城市。让蒙巴顿和斯利姆备感惊讶的是，他从缅甸撤出了经过美方培训的几个中国师，也就是国民党战斗序列中最精锐的部队，将他们空运到了云南前线。然而，他们抵达的时候，危机已经过去。日军已经止步不前，他们已经达到了自己的目的：打通通往印度支那日军部队的陆上通道，因为在这个时候，他们的海上通道正面临遭到美军封锁的威胁。在盟军阵营里，人们意识到，"一号行动"的结束是源于东京方面的一个政策决定，而与国民党军队的抵抗力没有任何关系。美国耗费了接近3年的艰苦努力，在亚洲大陆上动用了25万兵力，之后华盛顿却不得不面对这样一个事实：此时的中国跟1942年时的混乱局面没有两样，唯一不同的是，由于美国的慷慨，当前的中国政权领袖和他的主要支持者以及少数美国官员变得空前富裕了起来。所有这一切都不构成挽留史迪威让他继续执行先前职能的理由。因此，赫尔利是英明的，他认为，美国的驻华最高长官已经被人完全孤立了，而孤立他的是那个被美国承认为中国国家领袖的人，这件事的确很荒唐。华盛顿方面这时候才意识到，蒋介石一直很明白，美国离不开他，以"满足条件则已，否则撤销支持"作为威胁，已经不具有任何实质效果，因为华盛顿方面并没有其他什么中国牌好打。

1944年整个冬天，盟国的外交官和军人都在天马行空地猜想，觉得蒋家王朝有可能会垮台，东京有可能顺理成章将整个中国纳入控制之下。1944年12月2日，蒙巴顿的情报局局长，在一份忧心忡忡的材料中报告说："在大约6个月时间里，日军在交通线相对落后的情况下，跟兵力非常集中的中国军队作战。中国军队还得到了从准备充分的前沿基地上起飞作战的中美联合空军的支援。尽管如此，日军还是向前推进了约500英里的距离。从经济上讲，日军因此获得了足够的稻谷，用来维持他们的军队。但更严重的是，他们使中国军队不再能够动用这些地区的资源……很有可能，日军军事战略主要目的之一是要延长战争，指望在德国战败后，利用厌倦战争的心理及盟军间可能出现的分歧，达到通过谈判来谋求和平的目的。"

魏德迈制订了雄心勃勃的计划，坚持要借此重建国民党军队。他有足够的谋略和随机应变的能力，维系跟蒋介石的关系，但这一成果是跟英国人激烈争吵并以此为代价争取得来的。随着中国的境况越来越糟糕，支持蒋介石的美国军官，跟蒙巴顿那些坚定认为美军在做无用功的部下，开始出现越来越多的矛盾和分歧。美国人认为，英国的战略，其动机虽说不一定唯一是，但也可说主要是想要挽救自己的帝国。1944年12月9日，蒙巴顿的首席政治顾问艾斯勒·德宁在给英国外交部的报告中说："魏德迈将军肯定地告诉我，战后不会再有英帝国的存在……目前，问题是，我们是要用一根不可能撑得了多久的柱子去支撑那个摇摇欲坠的中国呢，还是在我们拥有兵力的地方去狠狠打击日军。这个问题似乎已经有了答案，答案偏向于前者。如果柱子能够支撑下去，美国会因此得到荣誉；但如果支撑不下去，那受到责备的会是我们。"

所有这一切，唯一开心的人就是蒋介石。他自欺欺人地认为他达成了所有目标。补给物资沿着缅甸公路源源不断地运来。然而，蒋介石要为他的军事失利付出重大的政治代价。美国不再认为中国人能够打败驻华日军。华盛顿因此转向了另外一支能够打败日军的力量：苏联。1944—1945年那个冬天，华盛顿方面紧急请求苏联加入对日作战。蒋介石认为他出了一手好牌，按照他的条件保留了美国人的支持，同时在国内改革问题上没有做出丁点让步。然而，其结果却是，庞大的苏联军队，在美国的首肯之下，如天兵天将般骤然降临到了中国东北。

中国历史学者北京大学教授牛军指出："1944年是蒋介石在政治军事上彻底瓦解的一年。在全世界其他地方，盟军武装已经处于决定性上升时期。在此关头，唯一在中国，日本还在节节胜利。如果将蒋介石看作是个荒唐的人物，那你就错了。他对自己国家的了解，远胜于美国人。他明白，没有哪支中国军队能够击败日本。中国土地有的是，他情愿拱手让出领土，也不愿以符合东京方面利益的方式正面与敌人对峙，这方面他比史迪威、魏德迈和罗斯福那些宏大的理想来得更加现实。"历史学者王宏斌说："蒋介石为中国做过一些大事。他结束了军阀割据的局面，他还抗日。人们批评他，认为他未能抵制日本侵占中国东北，但除此之外，实事求是说，他还能做什么呢？他缺乏抵抗的军事手段。他的战略只不过是要等待与敌交战的有利时机。二战期间,美国和英国不也是这么做的吗?美国人不懂中国。他们想让这个国家做一些超出其能力范围的事情。"

蒋家政权,因为腐败,因为蒋介石不能将某些英明的设想付诸实施,而最终走上了绝路。蒋介石喜欢用洪亮的声音宣布:"我就是国家。"但集合在他周围的都是些贪污受贿、溜须拍马的人,他因此无法很好地利用那些能够使政府可持续发展的人才。蒋介石终于发现,他成功迫使美国人迁就他的政权,但此举到头来只是害得他的政权走向了瓦解。约翰·巴顿·戴维斯写道:"史迪威犯下的一个重大错误,是他认为他能跟蒋介石讨价还价,在这个问题上我有时也会跟他一样……要是蒋介石能够而且愿意按照史迪威的要求去做的话,中国早就在战争中脱颖而出,成为一个强国…… 由于蒋介石既不能改革他的权力基础,又不能克服他的性格癖好,史迪威就没法跟他达成交易,蒋介石也就注定要走向灭亡。"美国大使克拉伦斯·高斯在史迪威被撤换后不久就被赫尔利接替,他在 1944 年秋颇有见地地写道:"时间有利于中国共产党…… 随着时间的推移,国民党在自由中国的影响和控制,即使不说是在纷纷瓦解,也可说是在逐步恶化…… 如果苏联对日宣战…… 日本关东军的战败极有可能会使共产党的军队和他们的政权确立起强大的政治和军事地位。"

从 1944 年冬天起,从未跟其他地方战事有所同步的中国抗战,陷入了一个跟其他地方战事迥然不同的模式。在欧洲和太平洋,盟军通往胜利的进军势头大增;而在蒋介石的领土上,敌人却仍然具有肆意前进的力量。对大片新领土的占领,丝毫没有减弱日本大势已去的无望前景。日军参谋军官舟木茂少佐说:"'一号行动'从狭义上说是一场胜利,但它无助于我们的整体战略地位。我们仍有 100 万人被困在中国,无法加入到太平洋战争中去。我们对位于中国的 B-29 轰炸机机场的占领,仅仅意味着美军需要搬迁一次基地,转场前往马里亚纳群岛而已。"

然而,日军的推进对华盛顿方面是个讽刺,因为它一直在主张,中国是"大联盟"需要认真对待的一位伙伴。盟军的巨大投入,一个主要的后果,是它加大了中国老百姓的苦难。李凤贵出身于山东的农民家庭,是一名共产党游击队员,他们村跟他一样离开家乡去打鬼子的有 89 人,后来活着回来的却只有 4 人。这个村老百姓的经历,反映的是全中国老百姓的经历。中国人民为第二次世界大战付出了沉重代价,但对盟军胜利的贡献与其巨大的牺牲不成正比。

第九章　麦克阿瑟与吕宋岛战役

"这个问题上他真是疯了！"

太平洋战争最大一次战役，麦克阿瑟重夺菲律宾攻势的第二阶段，开始于 1944 年 12 月 15 日。第 6 集团军的部队在吕宋岛南端的民都洛岛上实现了登陆。这个岛大小跟莱特岛差不多，但日军并未采取重大地面防御措施。这一军事行动，用一位美国工程兵的话来说，"只是登陆部队的一次机动而已"。不到两个星期，机场建设部队就在民都洛岛上完成了在莱特岛上做起来异常艰难的任务：他们在岛上建起了跑道，凭借这些跑道，大量军机可以起降作战。

日军现在明白，登陆吕宋岛已经不会再延迟太久。1945 年 1 月 2 日，山下奉文将总部搬迁到北部 7400 英尺高的群山之中，到了一个叫作碧瑶的松林遍布的旅游胜地。在那里，他亲自计划指挥约 152000 人的"尚武集团"负隅顽抗。他将手下部队分成 3 个司令部，而"尚武集团"正是其中的一个分支。部署在巴丹岛和克拉克机场周围的第二司令部，即"建武集团"，有兵员 3 万人，在马尼拉南部的第三司令部"振武集团"有 8 万人。参谋军官称，那些日子里，山下奉文将军表现得很平静，那是一种宽厚和随遇而安的感觉。他花了好几个小时的时间阅读了一位佛教僧人的文章。傍晚时分，他时常会信步到参谋军官餐厅，无论碰到谁他都会跟他聊上半天。他不屑于跟身边的士兵闲聊。他的思想似乎主要停留在过去。他关心起了关押在吕宋岛上的盟军战俘的福利，并且告诉他的顶头上司陆军元帅寺内寿一，说他打算在美军登陆后立刻将这些战俘移交给美国人。寺内非常严肃地表示了反对，但山下还是告诉负责战俘事宜的军官做好移交战俘的准备。

在塔克洛班总部，麦克阿瑟将军和他的参谋团队还抱着一种错误的想法，认为驻菲律宾的日军在莱特岛战役中已经大部分被歼灭。在吕宋岛战役前的一次会议上，第6集团军情报人员断言，说菲律宾还残留大量日本军队。麦克阿瑟咂了一口烟斗，打断他的话说："胡说八道。"克鲁格的信号情报部部长克莱德·埃德尔曼准将笑了笑说："将军，很显然，你不喜欢我们情报部门的工作汇报。"麦克阿瑟回答道："我是不喜欢。那里不会有那么多的日本人。"埃德尔曼说："这些信息，大部分是来源于你的总部机关。"麦克阿瑟的情报局局长威洛比少将是麦克阿瑟的亲信之一，外界对他颇有微词。他怒气冲冲地跳起身来大叫道："不是来自我这儿！不是来自我这儿！"埃德尔曼叹了口气说："将军，咱们能跳过情报部分，直接进入基本计划环节吗？"麦克阿瑟回答说："好吧！"

后来，麦克阿瑟把埃德尔曼叫来，让他跟着进了他设在古色古香的帕尔默酒店的房间。这栋建筑差不多是塔克洛班唯一一所椰子树庄园主建筑了。"请坐吧，"麦克阿瑟说，"我想告诉你我心目中的情报官该是什么样子。历史上只有三位著名的情报官，而我的情报官并不是其中之一。"第6集团军坚定认为，吕宋岛上有23.4万日军。麦克阿瑟却倾向于他自己的评估，认为岛上日军只有15.2万人。在这个问题上，克鲁格手下的军官更为准确。然而，任何情况，包括实实在在的"超级情报"，都无法说服麦克阿瑟这位总司令，让他相信他的部队将会面临强大的抵抗。这就为后来出现的众多困难和危险埋下了隐患。

独自一人或有访客时，麦克阿瑟会在他塔克洛班的住所接连数小时在阳台上踱步。他的一位参谋写道："我们逐渐学会从他走路和吸烟的方式上判断他的情绪。有时候，他们会看见他带着副官来回跑动，一边滔滔不绝说着话，一边不断点头手舞足蹈，或大口吸着烟斗并长长地喷着烟圈。"那些一度质疑过他勇气的人称他为"躲在防空洞里的道格拉斯"。但在看到他冷静忍受着日军频繁的轰炸，好几次差点被炸中的时候，他们又感觉有些惊讶。然而，他的偏执症变得更加严重起来。他认为华盛顿方面对他的行动缺乏支持，他认为那是"叛国和颠覆"。他一直对艾森豪威尔的欧洲战役持批评态度。这位最高司令从前曾是麦克阿瑟手下的一位上校。的确，对于艾森豪威尔所做的一切，麦克阿瑟都会不断提出批评。美国财政部曾提交过一份广告草案，打算推销战争债券。草案中，他们把麦克阿瑟的名字放在了艾森豪威尔的后面。为此，麦克阿瑟愤怒地写信说，如果不把他的名字放在他的这位属下前面，他就坚决拒绝参与这个广告。后来，1945年7月，他发现，早在让他知情之前，有人已经向艾森豪威尔介绍了原子弹的情况，他为此勃然大怒。更为严重的是，他的参谋长萨瑟兰闹出了丑闻，有人说他的澳大利亚情妇出现在了塔克洛班，麦克阿瑟对这位参谋长的信心因而受到严重削弱。萨瑟兰还保留着头衔，但在吕宋岛战役问题上，麦克阿瑟却越来越依赖考特尼·惠特尼准将提供的建议，而惠特尼准将是个喜欢说大话空话的人，大家都不喜欢他，也不怎么尊重他。

1945年1月9日，麦克阿瑟的第6集团军在吕宋岛西海岸中部的仁牙因湾登陆。神风特攻队进行了顽强的抵抗。麦克阿瑟一度对厄尼斯特·金发出过责难，因为有人反映说他对日军战机的自杀性攻击有些过度担心，但现在这位海军上将的担心已被证明是有道理的。在发动攻击前的那几天时间里，日军飞行员一次又一次驾机对来犯的美军舰队发动自杀性攻击。让美军值得庆幸的是，日军选择攻击的重点通常只是战舰，而不是满载士兵的运输舰。1艘护航航母和1艘驱逐护航舰被击沉，23艘其他类型舰艇受到损伤，许多还伤得很厉害。敌人的飞行技能似乎比以前更为娴熟，战术应用更加老练。他们从甲板高度接近，时常让美军的雷达出现迷乱，引发一阵阵鲁莽的防空炮火，伤及与他们临近的舰船，"科罗拉多"号战列舰就因此遭遇了重大伤亡。英国海军上将布鲁斯·弗雷泽爵士被任命为正在孕育的皇家海军太平洋舰队总司令，他正在杰西·奥尔登多夫的"新墨西哥"号上做客，恰好此时一名日军神风特攻队员驾机撞上了这艘军舰的上层建筑。赫伯特·拉姆斯登中将是丘吉尔派往麦克阿瑟参谋团的私人代表。在这次袭击中，他和这艘军舰的舰长以及部分其他军官同时殉职。弗雷泽得以大难不死，仅仅是因为奥尔登多夫几分钟前曾在舰桥那头示意他去他那儿一趟："这件事刚好发生在我刚才站立的位置。"

在从海上向吕宋岛开进的过程中，因"神风特攻"的缘故，有170名美国人和澳大利亚人阵亡，500人受伤。官兵们精神异常紧张。他们发现，白天每个小时，都不得不保持高度戒备，提防一种制导炸弹。这种炸弹会直奔军舰的上层建筑，撕裂钢铁和肉体。皮埃尔·奥斯丁是"澳大利亚"号重型巡洋舰上的一名水兵，他就因为敌人的疯狂而备受煎熬："在战争就要结束的这个阶段，好歹我还活着，这种感觉就仿佛是说：'别在这个时候，求你了，别在这个时候！'我们知道，这场战争我们占上风，我们会赢。"1月8日，一架"瓦尔"俯冲轰炸机撞上了"澳大利亚"号的前桅杆，造成30人死亡，64人受伤，其中包括皮埃尔·奥斯丁。他在医院里等到了战争结束的消息。

第九章 麦克阿瑟与吕宋岛战役

奥尔登多夫是美军海军司令员。他提醒麦克阿瑟说，他缺乏足够的空中掩护，无法抵御神风特攻队的进攻，除非上级能够将分派出去进攻日军第3舰队的航母舰载机召回，给他们提供支援，当然他的愿望随后得到了满足。从1944年12月13日算起，在不足一个月时间内，日军空袭造成的伤亡总数非常惊人，24艘舰船被击沉，67艘舰船受损。然而，让美国人颇为惊讶的是，麦克阿瑟的部队在从仁牙因湾向内陆推进的同时，神风特攻行动也暂停了下来。日军在一个月内损失了600架战机。吕宋岛上还只剩下50架战机。1月9日那天，日军战斗机飞行员岩下邦夫正在马尼拉的克拉克机场，他突然接到命令，要他带领所在中队仅存的3架飞机转场到一个新机场。约500人留了下来，其中大部分是地勤人员。他们将加入日军的撤退行动，需要去经历和忍受数月的消耗和饥饿。后来，根据记录，这些人中只有4人得以幸存。岩下和他的战友到达了新机场。几分钟后，美军的战机就开始了攻击，击毁了他们仅存的3架战机。日军飞行员从海路逃到了台湾。那以后，美国海军和美国陆军的第6集团军就再也没有遭遇过重大空袭。东京方面将残余的飞机雪藏了起来，打算用它们来保卫台湾、冲绳和日本本土。

克鲁格的部队在向内陆推进时，只遭遇了零零星星的野战炮和迫击炮袭击。很快，登陆美军的数量就达到了17.5万人。在莱特岛战役中，大部分战斗仅由4个师的兵力完成；但在吕宋岛战役中，参战兵力却多达10个师，另外还有大量支援部队。首先，迟滞美军推进行动的，与其说是敌军，还不如说是那里的天气。单是1月16日，158步兵团就有49人因为中暑撤出了战斗。饮用水出现了短缺。虽说每天有5000吨补给送上岸，但要把这些东西向前线搬运却是一场噩梦，吕宋岛的铁路系统已经被炸得七零八落，能帮上忙的只有一些临时接续起来的区段。第1军的任务是往北和往东推进。

在登陆后的头三天，美军只有55人阵亡，185人受伤，而敌人方面却有500人阵亡。敌人的抵抗时断时续，克鲁格和他的参谋团队为此颇感困惑。然而，当美军抵近山区时，山下奉文的计划就开始变得明朗起来。他知道无法阻止美军站稳脚跟，因此他将大部分兵力集中到了岛上的丘陵地带。莱特岛战役的经验已经表明，陡峭的山坡可以构成有效的防御。日军第14集团军司令认为，他可以利用吕宋岛险恶的地形痛击麦克阿瑟并迟滞他的行动。他没有想到过胜利。他告诉他的军官们："我们所需要的，是给美军一场迎头痛击，以加大政府在谈判桌上的砝码。"

日军坚守在他们精心打造的阵地上,很快开始给美军造成伤亡。第 34 步兵团上尉保罗·奥斯丁写道:"在这个地方打仗,真是太可怕了。这里的丛林较之比亚克岛还要稠密。酷热让人打不起精神……新兵大量显露出战斗歇斯底里病症,所有人都出现了中暑症状。"在前往吕宋岛的运输船上,他们团突然接收了 800 名补充兵员。奥斯丁说:"他们没机会了解各自的责任是什么,也没有机会了解他们的士官是谁。他们得战斗歇斯底里症的概率很高。他们在遭遇火力时会被吓蒙,因而连带造成许多老兵也被击毙。"

然而,在南方,一开始美军并没有遭遇多少抵抗。第 14 军在战区司令的不断催促下,一路朝着马尼拉推进。第 14 军陆军上将奥斯卡·格里斯瓦德在 1 月 14 日的日记中写道:"麦克阿瑟将军访问了军部。他说,他觉得不会碰到多大抵抗。菲律宾战役的胜局在莱特岛就已经确定了。我可没他那么乐观。"时至 1 月 23 日,麦克阿瑟还在因为人称"查尔斯爵士"的威洛比"过高估计日军实力"而大发脾气。这位将军暴躁地说:"我不明白,我身边这些参谋人员,到底能够帮上我多大的忙。"第 8 集团军的艾克尔伯格把他那番话说给了他的夫人听,并且饶有兴致地补充说:"这下子你明白了吧,他们各有各的烦心事。"

一周后,格里斯瓦德的手下抵达克拉克机场的前沿防御区。在这个空军基地,他们慢吞吞地展开了系列战斗,旨在夺取那里的几个制高点。这些战斗在第 6 集团军脾气欠佳的几支部队间引发了一场互相攻讦。譬如,129 步兵团抗议认为,辅助他们开展进攻的坦克部队临阵脱逃,甚至当他们在泰康道遭遇日军装甲部队袭击时,还仍然不肯返回前线。麦克阿瑟指责第 37 师"显然缺乏进取心和进攻主动性"。克鲁格在给空军司令肯尼的信中愤怒地说:"我必须重申,你们应该采取有效措施,防止友军飞机轰炸和扫射我们的地面部队。"

1 月 29 日,第 6 军在马尼拉西北圣安东尼奥滩头开辟了新的登陆场。1 月 31 日,第 11 空降师的两个团在首都马尼拉西南约 45 英里的纳苏格布登陆,并开始向马尼拉市推进,不久就跟该师另一个空降团完成了会师。2 月 4 日,第一批空降部队出现在了马尼拉郊外,跟日军南部主力防御战线形成了对峙。一位滑翔伞步兵连连长曾在无线电台上跟营部有过一段广为人知的对话:"告诉海军上将哈尔西,让他别再找日本舰队了。它们就藏身在尼克尔斯机场这边。"

与此同时,在北方,第 37 师和第 1 骑兵师正在争先恐后向马尼拉挺进,艰难的地形和日渐顽强的抵抗将他们迟滞了下来。日军撤退过程中,在图里汉江上唯一的一座大桥上安装了炸药包并点燃了引信。

詹姆斯·萨顿是临时附属第1骑兵师的一位骁勇的海军少校,他挺身而出,独自一人将炸药包从桥上扔进水里,把点燃的引信给熄灭了。麦克阿瑟将位于圣托马斯大学的收容所确定为美军进攻的主要目标。收容所里关押了3400人,差不多都是美国的平民。2月3日傍晚,一架P-38巡逻机在收容所上方低空飞过,给囚犯们掷下了一条信息:"把酒桶推出去。今晚老城区会很热闹。"正在向收容所方向推进的一支救援部队碰到两名菲律宾游击队军官,他们提出愿意给美军带路。一开始,美军还有些警惕,但两位游击队员很快打消他们的疑虑,爬上了领头的一辆坦克。一路上,他们并没有碰到多少日本人,只是到收容所外面才爆发了一场短暂交火,其中一名菲律宾游击队员不幸遇难。

21:00,第1骑兵师一辆代号"巴特林基础"的谢尔曼坦克闪着大灯冲进了收容所大门。一名士兵冲进主体建筑吼道:"这里有日本鬼子吗?"一位美国老妇摸了摸他说:"军人?你真是军人吗?"囚犯们发出一阵歇斯底里的尖叫和欢呼,唱起了《上帝保佑美国》和《星条旗之歌》。一位日本军官突然挥舞着军刀和手枪跑到坦克前面,此人正是收容所里大家最讨厌的家伙。美军朝着他的肚子开了枪。"他在地上呻吟着、扭曲着,几个人拎着他的腿,把他拖到了主体建筑的门诊部里。囚犯们一边踢打他,一边朝他吐唾沫,有一两个人甚至还用刀砍他。当他被拖着从几个妇女面前经过时,她们还用烟头烫他。"这位伤者最终得到了美军的医疗救助,但几小时后还是不治身亡。

收容所大多数工作人员都躲进了学校的教学大楼,将275名美国人作为人质。经过一番谈判后,作为释放囚犯的条件,美军允许这些看守离开。圣托马斯大学落入了美国人手中,但这片建筑很快遭到敌人的炮火袭击,一些囚犯经历近3年的饥饿、疾病和监禁大难不死,但在这次炮火中被击中身亡。有位叫作弗丽的女人,被一枚炮弹从肩膀位置炸断了一只手臂。在她15岁的女儿玛丽·弗朗西斯的陪同下,她被送进了急救医院。美籍护士丹妮·威廉斯说:"弗丽女士不断询问她丈夫的情况,玛丽·弗朗西斯告诉她,说爸爸的情况很好。她知道她爸爸死了,但她没有告诉她妈妈实情,因为她妈妈即将要做截肢手术。在圣托马斯,孩子们成熟得很快。"

随后一个必不可少的环节,是麦克阿瑟登场。在同胞们的疯狂簇拥下,他赶到现场接受人们的顶礼膜拜。麦克阿瑟自作多情地写道:"他们似乎拿出了吃奶的力气,想要挤到我身边来跟我握手。他们歇斯底里地哭啊笑啊,所有人都想在这一刻跟我说'谢谢您'。有人拉着我的夹克衫。有人亲吻了我。有人拥抱了我。这一刻是美好的一刻，是永远难以忘怀的一刻。我救了他们的命，而不是要了他们的命。"第二天，也就是 2 月 4 日那天，麦克阿瑟想要进入马尼拉。第 14 军的格里斯沃德很厌烦地写道："在这个问题上，他简直是疯了。带着那么几个侦察兵，我们顺路前行，沿途时常会见到我军和敌军阵亡人员的尸体……最后，敌人的行动阻止了我们，使我们没法进入马尼拉。我不知道为什么当时我们这帮人居然没被打死！这件事，在我看来，是作为总司令做出的最愚蠢的行动。"在马尼拉南部，第 8 集团军的艾克尔伯格谨慎地写道："我们在尼克尔斯机场附近遭遇了更为强劲的抵抗。我记得情报部门从未预报过城里会有日军试图坚守。"麦克阿瑟的司令部宣布首都马尼拉即将被攻下。但敌人不以为然。

美军情报部门是对的，他们认为山下奉文并不打算守卫马尼拉。山下奉文知道，他的军队既不可能在马尼拉周边漫长的防线上坚守，也不可能给 80 万人提供足够的粮食。他因此命令当地守军司令、陆军上将横山静雄炸毁帕西格河畔的港口设施和河上的桥梁，然后撤离。对马尼拉平民的人道主义关怀也似乎在山下奉文的思想中起了一定作用。然而，他的这些顾虑并没有引起海军少将岩渊山智的共鸣，此人指挥着城里 1.6 万名海军官兵。陆军无权指挥岩渊，他决心要殊死一战。尽管他的水兵并没接受过步兵训练。的确，他们大多数都只是被击沉战舰的幸存者，有一些还是"武藏"号战列舰的幸存者。他们拥有大量自动化武器和弹药，那是些从被击沉的军舰和被击落的战机上捡回来的东西。

在第 6 集团军兵临城下的那几个星期，他们大规模加固了马尼拉的一些主要地区。横山将军试图说服自己，既然海军愿意出战，出于军人的荣誉，留守城市的陆军三个营也应该坚持战斗。麦克阿瑟的军队步步逼近的当口，日军撤到了帕西格河的另外一侧，一边撤退还一边炸毁桥梁，实施爆破，此举在马尼拉居民区引发了几场大火。

几个世纪以来，马尼拉一直在给过往游客带来灵感。这里有古老的西班牙城市王城，里面是由狭长的鹅卵石砌成的街道；在古老的穆斯林围场旧址上，有后来新建的教堂和城堡。这里还有宽阔的大道和伦礼沓公园，那是一片绿草成茵的地方，人们会在这里举行重大的庆典。然而，1945 年前后，马尼拉人并没有多少机会开办聚会活动。大米价格飙升，几乎所有人，包括日本人，都在忍饥挨饿，一些人不得不在微薄的配给之外靠吃野菜为生。痢疾和伤寒四处猖獗。马尼拉市市长顾茵托建议饿着肚子的人到乡下去谋生，有些人的确就这么去了。

日军加大了镇压的力度：他们四处搜捕被怀疑是美国特工的人，关进圣地亚哥城堡里的古西班牙地牢里。

生活在马尼拉的欧洲人是主要的嫌疑人。1944年12月28日，日军宪兵队突然降临马拉蒂教堂，拘捕了神父凯利、亨利汉和莫纳亨，将他们带走，经他们折磨得差不多了才最终把他们释放出来。马尼拉人民屡次收到警告，占领者打算将他们的城市变成战场。奇怪的是麦克阿瑟为什么就没有收到这方面的情报。水兵们费了很大的劲修建据点和路障，将杜威林荫大道两侧的棕榈树砍掉，以便飞机能够在大道上降落。他们将大炮搬到办公大楼最顶上的几层。他们在交叉路口放置了用大炮和炸弹改装自制的地雷，并在附近架起机枪，用火力来覆盖这些地区。

当地人成群结队出来欢迎美军的到来，美军的推进因而受了些阻碍。在马尼拉北部，当地居民用鲜花、水果和啤酒来欢迎入城的美军。一些菲律宾人还脱帽向他们鞠躬。美军前进的步伐受到了一点耽搁，因为部队发现日军的巴林塔瓦克啤酒厂还原封不动未受损伤。在接下来的几个小时里，美国大兵用他们的钢盔去盛酒喝，喝完了又一遍一遍地去盛，直到所有啤酒桶统统被喝干为止。第5步兵团的鲍勃·布朗上尉写道："菲律宾人人山人海挤满街头，就跟庆祝盛大的节日似的。在人多的地方，我都没办法分辨出哪些是我的战士。当日军迫击炮弹飞过来时，他们就跟烈日下的迷雾般突然消失。但炮火一停，他们又立刻返回继续庆祝。"

"战斗变得有点像西部电影中的枪战，"拉宾·尼普上尉说，"鬼子会突然从胡同或建筑里冒出来，逃避燃烧的火焰。我们早有准备，首先就开了枪。"有时会有一些奇怪的遭遇。第138步兵团3营的查克·亨纳少校就曾碰到过这样的事情。一位打扮得非常考究的华人妇女邀请他进了她家，还击掌召唤仆人送上点心，用流利的英语请他吃，仿佛充耳不闻几个街区之外的枪声和爆炸声。亨纳受宠若惊地写道："不是很多人都能像这样，跟一位漂亮的女士坐在阳台上，一边品茶吃点心，一边悠闲地观望外面那个正在燃烧的城市。"

现在舞台已经准备完毕，太平洋战争中最险恶的战斗之一即将打响。这是这场战争中美军唯一为争夺一座大城市而发起的战斗。在接下来的一个月时间里，第6集团军发现，他们需要做的，是逐条街道且时常是挨家挨户，跟随时准备发动自杀性攻击的日军做斗争。美军已经包围了马尼拉，日军陆军上将山下奉文即使能够成功说服海军方面同意撤退，也为时已晚。日军知道他们已经被围困，因此他们是在背水一战。这场战斗最主要的受害者不是战斗人员，而是平民。麦克阿瑟做了精心准备，计划在街头上举行一场胜利大游行，结果发现他所策划的是马尼拉的苦难。

跟他指挥的许多次战役一样，麦克阿瑟很晚才会意识到战斗的严重性。2月6日，麦克阿瑟司令部发布一则通告说："我们的军队正在迅速扫清马尼拉城中之敌。"第二天，另一则通告接着说："第37步兵师和第1骑兵师继续在马尼拉北部开展扫荡行动；同时，第11空降师也在马尼拉南部开展扫荡行动。"2月6日，麦克阿瑟亲自宣布，首都马尼拉已经于当日凌晨6：30被美军攻占。《时代》杂志附和了这位将军的断言并补充了一句陈腐的比喻，说这座城市就跟"成熟的李子一样"落入了美军手中。事实上，战斗的严峻考验还远未开始。

2月7日，第14军的格里斯沃德写道："麦克阿瑟曾经想过要毫发无损地拯救这座美丽的城市。他跟我一样，根本没有意识到，日军会系统性地洗劫这种城市。每天晚上，天空都被熊熊烈火照得通红。他也并不知道，敌人的步枪、机枪、迫击炮和大炮的火力强度在逐步提升。我个人认为，鬼子会死守马尼拉位于帕西格河以南的那部分地区，战斗到最后一人。"两天后，他补充说："陆军司令克鲁格跟往常一样，对战斗进度非常不满。他是我服役以来见过的最难将就的人！"美军有关敌军部署的情报几近于零。在帕西格以北，约1500名日军在冲突中被击毙，但那还只是开始。2月7日，当克鲁格的军队开始强渡帕西格河时，他们才发现敌军的战斗意志是多么顽强。

第149步兵团3营乘坐两栖登陆车和突击船过了河。一位军官写道："1连的突击船离开河岸近端，呈不规则新月阵形向前稳步推进。突然，鬼子的炮火如狂风暴雨般向他们袭来，枪声、炮声响成一片。炮火来自西头，落在1连突击队船只中间，把他们打散了。原本保持阵形稳稳推进的突击船，现在疯狂地向前冲了起来，试图在远端河岸边寻找藏身之所。船桨和炸成碎片的船板飞上了天，官兵们用破碎的船桨和他们手里的枪支拼命划船。旁观这样一个场面，让人有目瞪口呆的感觉。上了河岸远端，官兵们跳下船，拖着拽着他们已经伤亡的战友慌忙向岸上爬去。似乎需要持续好几个小时的事情，实则不足10分钟就结束了。"

第37师一名来自俄亥俄国家警卫队的高级军官写道："天空就仿佛抛光古铜做成的穹顶，上面堆着厚厚的一层层白云。这个垂死城市的余光返照如此强烈，以致城市的街道，甚至包括我们刚才所在的位置，都被照得亮堂堂的，这强烈的光线仿佛来自一轮浅红色的月亮。

如火焰般的夕阳照在屋顶上方,有时跨越并吞没好几个街区……我们看到可怕肆虐的浓烟烈火,正在以比我们的推进快出许多的速度,迅速笼罩和摧毁这种远东地区最美丽的城市。"

在菲律宾作战的美国陆军,他们并不具备欧洲艾森豪威尔部队那样丰富的街头作战经验。在马尼拉,他们交出了一笔非常昂贵的学费。这座城市的主要建筑,其设计都是要抗得住地震的。譬如,帕高警察站,虽然遭到步兵在大炮和重型迫击炮配合下的屡次攻击,但依然屹立不倒。两辆坦克被地雷炸毁,装甲兵随后设法压制住了日军的火力,这才发动了最后的攻击。第 6 集团军的一份报告指出:"即使在那个时候,日军仍然坚持不退,直到他们最后一批人被炸死在深藏地下室地板下用沙袋堆成的炮位里面为止。"对那些大型公共建筑,美军发现他们必须动用 155 毫米榴弹炮在 600 码的近距离进行平射。在进攻财政大楼时,美军使用了 155 毫米榴弹炮和坦克炮,但他们只能轰炸大楼的底下几层,因为担心高抛物线炮弹会落在大楼后面的平民区。炮弹系统性地引爆了财政大楼的楼体结构,直到日本守军撤退到地下室为止。美军沿马尼拉酒店的楼体逐层上攻,结果发现敌军又重新占领了底下几层。约 200 名日军最后被赶入了地下室防空掩体,最后把这里变成了他们的棺材。

比比里德监狱的看守逃跑了,留下了 447 名平民囚犯和 828 名战俘,他们大多数都是美国人。一些是麦克阿瑟 1942 年留在科雷吉多尔岛上的人员。除了身体变得消瘦些了以外,所有在菲律宾被解放出来的囚犯都带有心理创伤。外面的世界跟他们被关押前的样子大不一样了。卡巴那图的战俘得到了解放,布鲁斯·帕尔默上校对此场景有一番描述:"我永远不会忘记这些人脸上那种迷茫的神情。他们简直不能相信自己得救了。我们的装备,我们拥有的一切,包括钢盔和其他的东西,对他们来说都很陌生。他们只是认为,我们是火星人。"克鲁格手下的参谋军官克莱德·爱德曼前往医护帐篷看望了被解放的战俘:一位中士"正坐在行军床上,看上去有些恍惚的样子。他看着我说:'你就是 1938 年 19 步兵团团部警卫连的连长吧?'是的,我的确就是。'喏,我是格林伍德,当时是一名下士,是轻量级。'"眼下,士官和他的上级军官见了面,但他们好像来自不同的世界。

美军一个街区接一个街区、一片废墟接一片废墟地冲过被敌人火力覆盖的街道,在马尼拉城里步步为营向前推进。几天下来,日军高级指挥员差不多已经无法控制局面。他们手下那些临时拼凑起来的作战部队只是死战死守。日军棒球体育馆防守战中,双方交战非常激烈,日军水兵甚至在棒球场中间深挖下去做成了防御工事。他们坚守邮局，直到它被夷为废墟。在帕西格河上的普罗维索岛，美军士兵跟日军在电站各种机器中间上演了一出猫捉老鼠的死亡游戏。查克·亨纳少校回顾说："这是寂寞的各自为战的时间。在此期间，其他军队的存在变得并不怎么重要。放松是不可能的，因为肌肉会不由自主地紧绷起来，牙齿也会不由自主地咬得紧紧的。一枚重型炮弹的爆炸让人难以忘怀。一枚哑弹弹跳着从头上飞过，落在卵石铺成的街道上，这样的经历同样让人无法忘记。近处的爆炸会在口腔里留下一种仿佛粉笔的味道。被腾空炸起的瓦砾刺痛，这样的事情发生在战士身上，会让他忙不迭数数自己的胳膊腿还在不在，摸一摸身上看哪里在流血。"

一次又一次，向前推进的部队遭遇到令人讨厌的突然袭击。吉普车要是在街上触发地雷，车上的人连身体器官都找不回来，只剩下车的底盘躺卧在弹坑的底部。一群士兵正集合听取情况介绍，站在土堆上等待发言的其中一人突然滚翻在地，瞬间就死了，很可能是从一英里外射来的一颗流弹毫无征兆地击中了他。一位预备役营的上校前去参观前线指挥所，走近窗户时，被日军一颗子弹击中倒地身亡。"战斗中这种事情非常普遍，"一位目击者说，"一次错误，你就死定了。"尽管很多人说起狙击手的事，但实际上日本海军部队很少有神枪手。他们主要依赖机枪，因为他们拥有几乎无限量的机枪弹药。

第 148 团 3 营列兵达鲁姆是一支巡逻队的侦察兵，他们正在一个胡同里行进，突然跳出来 1 名日本军官和 6 个日本士兵。美军士兵还没来得及反应，这位日军军官就挥舞军刀，朝着达鲁姆的头给出了可怕而致命的一击。美军巡逻队随后击毙了这些日本人，没再遭遇进一步损失。这一事件在几秒钟内就结束了，幸存者简直不敢相信发生过什么事情。一位美军军官写道："怀疑每扇封闭的门、每扇黑洞洞的窗户后面都潜藏着鬼子，这么做让人很伤脑筋。但往往鬼子的确就在那儿。一旦穿过街头进入建筑内部，这份差事就变得不那么有风险了，因为官兵们会将目标对准敌人掩体，用爆破筒在围墙和建筑的墙壁上炸出口子来。最后一个动作就是迅猛射击，掩护爆破小组，他们会逼近敌人阵地，用手榴弹或炸药包炸掉它们。"

日军守卫马尼拉过程中，最令人反感的一面，是他们对城市平民的系统性屠杀。日军这么做的理由，是认为在战场上发现的任何平民都可能是游击队员。100 多名男女老少被驱赶着，沿着莫里奥内斯和胡安月神大街进入帕高木材加工场。在那里，他们被捆绑起来，被刺刀戳死或是被当场枪毙。一些尸体被焚毁，其余的则暴露在烈日下慢慢腐烂。日军突击队会突然闯入满是难民的建筑，疯狂扫射，疯狂刺杀。在学校、医院和修道院里都有屠杀，包括圣迪奥斯医院、圣罗萨大学、马尼拉大教堂、帕高教堂和圣保罗修道院。

日军以炮火连天待在家里不安全为由，将一些平民赶出家门。他们被带到弗格森广场。集合区很快聚集了2000人，由守卫人员看押着。少女们被分开，先是被带到咖啡壶餐厅，然后被带到海景湾大酒店，日军在里面设立了慰安所。日军想要让他们的官兵在临死之前最后体验一次性的愉悦。一位名叫埃斯特·加西亚的女孩后来举证，讲述了她分别只有15岁和14岁的妹妹普里西拉和伊万杰琳的经历："他们拖走了我的两个妹妹，我们不知道他们要干什么。随后我的两个妹妹就跟他们厮打起来，但她们还是被带走了。我们等啊等，最后小一些的妹妹终于回来了，她在哭。我问她：'普里西拉呢？普里西拉在哪里？'她说：'姐，他们在她身上做坏事！'于是，房间里所有人都明白过来等待我们的会是什么。"

晚上，日军会寻求最后的狂欢，不时传来的日军唱歌、狂笑的声音，让前线的美军很是困惑。欢闹声之后，有时接着会传来手榴弹爆炸的声音，要么是日军士兵在自杀，要么是炸死了一些倒了霉的菲律宾人。可笑的是，日军最为恶劣的暴行，却部分发生在马尼拉的德国俱乐部，日军在那里杀死了500人，其中5人是德国人。有一个叫作罗恰·比奇的人，他家12口人全部先是被刺刀挑，接着又被活活烧死，家里的女佣人也没有逃过。一位15岁的女孩在炮火和尖叫的人群中，被当街强奸。肇事的日本人随后站起身来，用刺刀把她从髋部一直开膛到胸部。在拉萨尔大学的小教堂里，日军杀死了12名德国基督兄弟会的教徒。2月9日，红十字中心的医生、护士和病人全部遭到屠杀。本月初曾遭到严刑拷打的马拉蒂教堂的爱尔兰籍神父，又被日军抓了起来，然后人们就再也没有见到过他。

拉斐尔·莫里塔医生在伊萨克珍珠街的大别墅成了一个容纳了60人的避难所。2月7日午时，12名日本水兵端着上了刺刀的枪，在一名矮矮胖胖、留着八字胡军官的带领下，突然闯了进来。他们把男人和女人分开，搜查他们身上是否带有武器，同时抢走了他们身上值钱的东西。男人们被赶进浴室，日军随后往里面扔了几颗手榴弹。那些大难不死的人听到了女人的尖叫声和孩子们的哭泣声。当一切归于平静，日军已经离开时，幸存的几个男人跌跌撞撞跑出来，发现30名妇女全部遭到强奸。她们死的死，没死的也差不多快死了。她们的孩子也处于类似状态。

很快，情况就明朗起来，如此规模的屠杀，绝不是个别士兵的自发行为，而是当地指挥员给出的政策。日军官兵要死，胜利者也别想高兴得起来。截获到的日军某营的命令是这样说的："要杀的菲律宾人，必须集中加以杀害，且尸体也必须集中进行处理。这样就不需要过多耗费弹药和人力。考虑到处理尸体的困难，应将之集中到打算烧掉或炸掉的房间，或将之抛入河中。"奥斯卡·格里斯沃德服役于第14军，他有机会阅读到了一位阵亡的日兵日记的翻译件。日记中，这位日本兵谈到了他对家庭的热爱，讴歌了美丽的落日，但接下来却描述了他所参与的对菲律宾人的大屠杀。期间，他将一名婴儿绑在树上，然后用棍棒将他活活打死。

这场屠杀一直持续到3月初。再接着像以上段落那样描写屠杀的细节，似乎显得有些漫无边际。以上描述的事件只是个别典型，它们揭示了千千万万无助之人的命运。一个孩子从医院里出来，看见一具日本人尸体，朝它吐了口唾沫。他父亲温和地说："别这样。他也是个人。"然而，到这个时候，很少有马尼拉人还持有这样的情感。在思考日后美国对日本的轰炸和对广岛投放原子弹的时候，人们最好回顾一下，1945年春，美利坚民族已经明白日本人在马尼拉做过些什么。杀害无辜的行为，显然并不属于战争偶然，也不是个别玩世不恭的士兵的未授权行为，而是一个跟1937年南京大屠杀以及在整个亚洲地区实施的类似行为具有同一性质的伦理问题。面对来自各个不同时间、不同地点、不同部队和不同情节的证据，日本的国家领导人绝对无法令人信服地否认，日军跟德国纳粹一样曾系统性犯下非人道的严重罪行。

然而，美国陆军自己在战争中的角色，也并没什么好值得骄傲的。美军发现，要破除日军的防守，他们需要将城市大部分地区夷为废墟。在登陆菲律宾之前，麦克阿瑟就曾给所有美军部队发出信息，强调节制使用火力的重要性。他写道："如果随之而来是对他们家园、财产、文明和生活的不加区分地破坏，对于这样的解放，菲律宾人不会领情……这一政策是由人道和我们在整个远东地区的道德立场决定的。"因此，让他的属下备觉惊讶的是，麦克阿瑟拒绝在马尼拉上空部署空军。只是在2月9日当天，第37师损失了235人的情况下，这位战区司令才勉强取消了禁止使用野战炮的命令。第37师师长说："从此以后，说得残酷一点，我们是真要进城了。"100门美式野战炮和48门重型迫击炮发射了42153枚炮弹和炸弹。美国官方历史学者耸耸肩膀说："美国人的生命无疑比历史古迹珍贵得多。"

战后一个评估认为，马尼拉城中每死10个人，其中被守城日军杀死的有 6 个,另外 4 个则死于美国解放者的炮火。一些历史学者甚至认为这个比例应该颠倒过来。卡门说道:"那些在日本人的恨中幸存下来的人,却没能在美国人的爱中得以幸存。恨与爱都同等致命,甚至后者还有过之而无不及,因为人们谋求和渴望得到爱。"在雷梅迪奥斯医院附近,美军的野战炮炸死了 400 名平民。当地一个叫作安东尼奥·罗恰的人赶到美军迫击炮阵地,告诉他们的指挥员说,他们的炮弹没有落在日本人头上,却落在了平民的头上。那位美军军官不耐烦地挥手示意他离开。新古典风格立法院大楼的门柱坍塌下来,整座大楼变成了一堆废墟。2 月 14 日,麦克阿瑟的总部宣布:"被包围敌守军的末日指日可待。"然而,克鲁格的战士们朝着日军最后据点西班牙老城推进时,死亡和毁灭的趋势却丝毫没有减弱。

2 月 28 日,第 14 军的奥斯卡·格里斯沃德写道:"总司令拒绝了我在主城区动用空军的请求。我不想提这样的要求,因为我知道,日军手里扣押着一批平民,这样做会造成他们的死亡。我们也知道,鬼子正在大批杀害平民,将他们烧死、枪毙或是捅死。尽管有些恐怖,但有可能比被炸死来得更为仁慈……我担心,总司令拒绝我的空中轰炸请求会导致我手下官兵更多的伤亡……我理解他对轰炸的想法,但全世界都在这么做,波兰、英国、德国、意大利都做过,那为什么这里就不允许呢? 战争永远不好看。坦白说,在这种情况下,为了让我手下官兵能够免于一死,我宁愿搭上菲律宾人的生命。今晚,在这件事情上,我感觉非常苦闷。"

2 月份的最后几天,美军进入了战争最为艰苦的阶段,他们需要战胜守卫老城的日军。格里斯沃德写道:"对王城的进攻,在现代战争中,可说是非常独特,因为整个地区从结构上说是中世纪的,其防御结合了中世纪时期的城堡和现代武器的火力。"20 英尺厚的花岗岩城墙被重型炮轰开了缺口。第 145 步兵团随后发动了进攻,辅助作战的是一个连的中型坦克、一个连的反坦克装甲车、一个排的突击机枪部队、两辆火焰喷射器坦克和两辆自行炮。进入圣地亚哥城堡后,美军爆破队迅速堵住洞穴、地牢和坑道,往里投入白磷弹、注入汽油并加以点燃。总而言之,这场战斗是一场碎片式的、混乱而无情的战斗。

直到 3 月 3 日,马尼拉才被认为足够安全。约 3500 名日军得以渡过马里基纳河落荒而逃。疲惫而懊恼的格里斯沃德写道:"麦克阿瑟将军在实际夺取马尼拉市前几天就宣布了这一消息。这人真是个'出镜狂'。士兵们在流血牺牲,知道他们眼下正在做的事几天前已经被正式宣布结束,这并不能增长他们的士气。"麦克阿瑟从前在马尼拉酒店顶层公寓的住所，已经变成了一堆瓦砾，他小心翼翼地走在上面。他发现他的图书馆被炸毁了，地毯上躺着一具日军上校的尸体。他后来写道："这一刻并不让人开心……在这一堆弥漫着酸臭味的废墟中，我尝到了亲爱的家园被人毁坏的痛楚。"在巨大的人类灾难正在徐徐展开的关头，他却在检查自己遭受的那一点点财产损失，这不能不让人感觉有些怪异。他给他夫人珍妮写信，说他找回了他们家全部的银器。他在充满时尚气息的圣梅萨区接管了一座叫作卡萨布兰卡的大楼，把它作为官邸，不顾众人批评，把夫人珍妮接过来跟他住在了一起。

美军士兵已经疲惫不堪。不仅如此，他们还因为自己在马尼拉的所见所闻和所经历的苦难而备感沮丧。譬如，第138步兵团3营损失了58%的兵力。阵亡人员中，许多都是经历过所罗门战役的老兵。新来的替补人员中，陡然出现许多自戕案例，肇事者因此被送上了军事法庭。为缓解官兵们的压抑情绪，营长命令举办一次"醉酒大会餐"。他们采办了两卡车的三得利威士忌，给士兵们一人发了三瓶。他们腾出一天时间专门喝酒聚餐，第二天则专门安排用来醒酒。这可能并不算是解决士气问题的好办法，但营里的各级指挥员也实在想不出更好的办法了。

胜利者们清点战场，统计得出的死亡人数包括1000名美军、16665名日军和100000名马尼拉人。在那些日子里，日本占领军在吕宋岛上的其他城市上也展开了大屠杀：2月19日，昆卡市有984名平民被杀；2月28日，卜昂市和八打雁市500名平民被杀，拉古纳省的卡兰巴市有7000名平民被杀。第二次世界大战期间，估计总共有100万菲律宾人暴毙而亡，大部分死在二战的最后几个月。人们一直在激烈讨论，麦克阿瑟是应该绕过马尼拉呢，还是该强攻这座城市。一个明确的看法是认为麦克阿瑟犯了个错误，因为他觉得投入军队解放菲律宾人，符合菲律宾人的最大利益。如果美军局限于夺取空军基地，以便能够向东京推进，将夺回整个菲律宾群岛的任务拖后执行，那么菲律宾人无论在日本人手里遭遇多大苦难，都不会超过麦克阿瑟将他们的国家变为战场给他们带来的灾难。1945年3月，争夺菲律宾群岛的斗争还远未结束。

桀骜不驯的山下奉文

马尼拉战斗还在进行的同时，美军高级军官却在猜测欧洲战场战事会如何结束，会对打败日本产生什么样的影响。2月16日，第8集团军陆军中将罗伯特·艾克尔伯格写道："我相信，即使他们特别想这么做,'大老板'也会极力反对将欧洲的军队部署到这边来。我个人倒是希望,如果斯大林的军队能沿中国东北铁路向南推进,借此机会,日军能宣布投降。他们会意识到,他们不可能抵挡得住这样的压力……如果我们能让苏联加入我们作战,日军将落入极其糟糕的境地,因此我认为,在我们轰炸日本城市之前,他们就会宣布投降。"3月5日,艾克尔伯格补充写道:"我压根儿没有想到,'大老板'会改变主意。除了他自己,他不想任何人出现在舞台上。"

整个2月份,美军3个师的兵力都在为占领马尼拉而战。与此同时,美军其余部队则重新夺取了巴丹半岛和科雷吉多尔岛。临近巴丹半岛的曲折关,是这场战役激战最为惨烈的地方。在占领这一地区前,几位高级军官,包括一位师长,都曾因"指挥不力"而被免职。科雷吉多尔是个城堡式的岛屿。美军在两栖登陆前,曾出乎日本守军意料在岛上发起过一次空降突袭,但在降落过程中却伤亡惨重,接下来几天又遭到血腥清洗。一辆坦克向马林塔隧道开火,击中了里面的弹药。弹药爆炸的冲击波将这辆坦克推出了50码的距离,并且把它翻了个个儿。在科雷吉多尔岛和附近的卡巴罗岛上,美军遭遇了日军地下坑道守军最为顽强的抵抗。美军往日军掩体里注入汽油,然后点燃,以此方式消灭了这股敌人。一份师部报告中写道:"结果并不让人欣慰。"一些日本兵选择引爆地下坑道里的弹药库,以期了结所遭遇的痛苦煎熬,由此引发的大爆炸将那些不幸站在坑道上方的美军也给炸死了。这是件非常棘手、非常可怕的事情。虽然重新夺回了这些具有象征意义的地方,但即使是麦克阿瑟本人,也并未表现出多少胜利的喜悦,尽管他曾亲自率领一队鱼雷巡逻艇,出席了在科雷吉多尔岛举行的胜利仪式。

与此同时,第6集团军面对日军的顽固抵抗,仍然在继续向北和向东推进。在接下来的几个月中,山下奉文凭借他亲自经营的防御工事,在山区展开了一场极富成效的防御战。日军通过战斗给美军造成伤亡,导致数天时间的战事拖延,给美军造成了恐惧和痛苦,然后他们才撤退到下一道防线。克鲁格的工兵队伍冒着敌人的炮火辛勤劳动,努力修缮陡峭的山路,以便让坦克和车辆得以通行。疾病给进攻者和防守者都造成了恶劣影响。日军士兵一直饿着肚子,到后来完全处于快饿死的状态。3月19日,日军第77步兵团中尉石田井上写道:"剩下49人中,只有17人还能继续作战。其余2/3的战士都生了病。掷弹筒班的14名战士,只有3人还能战斗……他所属的43连被人称作'疟疾部队'……日军战士的质量在急剧下滑。我怀疑,他们还能不能继续战斗。日本军中很少有像这样纪律涣散的部队。"

列兵原村茂树隶属第 19 特种机枪部队。他描述了他们一群病号撤出战斗的痛苦经历。他们放弃了所有个人物品。除通常的热带疾病外，官兵们还发现，当地的一种红蜘蛛能够传染恙虫病。这种病的症状是高烧，高烧会造成心脏损伤，有些病人从此再也无法康复。一等兵冈本文山，24 岁，曾是一名见习销售员，服役于第 30 侦察团。他说："事实上，每天都会有两三个人倒下，并立刻被军官们击毙。"他很幸运，美军俘虏了他，并且出于搜集情报的目的让他活了下来。在敌人扔下的补给品中，美军发现了一张写有铅笔字的纸条，上面有一名绝望的日本兵的留言："致发现这张纸条的勇敢的美国兵：请告诉我的家人，我作战很勇敢。"

1945 年初春，在菲律宾群岛各地，日本守军都在以不同程度的热切心情等候着美军的到来。譬如，卢邦岛是吕宋岛附近一个长 18 英里宽 6 英里的小岛，山下奉文手下 150 名士兵将补给品搬进山里，打算在那里打游击。他们的指挥员小野田广尾中尉说："他们都信誓旦旦地说，要自杀效忠天皇。在内心深处，他们都在希望和祈祷，愿卢邦岛不要遭到攻击。" 2 月 28 日，一支美军部队在岛上登陆。在撤退过程中，小野田的手受了点轻伤。之后，饥饿和疾病使情况变得越来越糟糕。有一天，在山上，一位脸色苍白的年轻士兵从伤病员住的帐篷赶来找到小野田，向他索要炸药。他说："我们不能再走了。请允许我们自杀吧。"小野田想了一阵子，然后答应说："好吧，就这么办。我去给炸药装上引信。"他看着面前的 22 张脸，上面全是"视死如归"的表情，然后下了手。爆炸后，他返回发现，在伤病员的帐篷位置，只留下了一个还在冒烟的弹坑。

在那几个月时间里，死于饥饿和疾病的驻菲日本军人数量，要多于死于美国兵手里的日本军人数量。在某种程度上，这要归因于心理上的崩溃，外加生理上的虚弱。在卢邦岛上，小野田的日子过得跟被猎杀的野生动物差不多。他成天潜藏在深山里，努力希望能够活下来，根本谈不上去给敌人造成伤害。有一天，他在路边看到一些美制口香糖的包装纸，在一株野草上发现了一块粘在上面的口香糖。一股悲痛和沮丧的心情霎时间涌上他的心头："我们在这里苟延残喘，而他们这帮人却还一边作战，一边嚼口香糖！我的感觉不是愤怒，而是伤感。这张口香糖的锡箔纸告诉我，我们输得有多么惨。"

森谷公义是日军驻菲律宾的一位军医，他吃过蝙蝠：

我们撕掉蝙蝠的翅膀,将它们烤至焦黄。我们抓着蝙蝠的腿,剥掉蝙蝠头上的皮,把它的头咬下来嚼在嘴里。蝙蝠的脑髓很好吃。蝙蝠的小眼睛在我们嘴里会发出轻微的爆裂声。蝙蝠的牙齿很小但很尖利,我们会把它嚼碎,然后囫囵吞下。它身上的东西,我们都吃,包括骨头和肠子,但只有腿不吃。蝙蝠的肚腹部位,感觉有些不大好吃,这可能是因为它们吃蚊子等昆虫的缘故……的确,饥饿是最好的调味品,因为我每天要吃15只蝙蝠。

一位军官曾报告说,他看见一群士兵在煮肉吃。当他走近时,这些士兵试图把餐盒里的东西藏起来不让他看,但他还是看到了。在炖过的肉汤上面漂着好多肥油,他立刻明白那不可能是动物的肉。随后,我听说,另外一支部队的指挥员,在咽气之后不久,就被他的勤务兵煮来吃了。我相信,这位军官是真心对他的勤务兵好,这才献出了他的身体。这位忠心的仆人满足了他的上司和主人临终遗愿,没有把他埋在土里,而是把他埋在了肚子里。

拉塞尔·沃克曼上校是位美国军官。从1942年起,他一直领导游击队在吕宋岛上对日作战。他给第6集团军提供了一份报告,对敌人在战术方面的优缺点进行了分析。他钦佩日军的忍耐力和在艰难地形下机动调派人员和装备的技能。他对日军的初级军官和士官评价很高。但他觉得日军高级指挥员并不怎么样,认为他们"会下达荒唐的命令,会让部下去执行与他们实力根本不相匹配的、不可能完成的任务,对下属的生命全然不顾,拒绝承认失败,甚至拒绝直面形势不利于己的事实,不能因势利便,很容易夸大胜利淡化失败,因而造成上级错误判断形势。日军小规模部队的战术是一流的,但部队与部队之间很少有协调配合。总而言之,日军军官一般对现代化大规模作战方式知之甚少"。这些说法似乎很有道理。日军的表现显示,他们在防守方面是非常优秀的,然而他们的进攻往往会失利,因为他们过于依赖人的精神,靠它来弥补数量、火力、机动性和想象力的缺乏。当日军展开反攻时,他们几乎总会节节败退而且会遭遇重大损失。然而,当他们仅仅坚守阵地,却会有异常优异的表现。山下奉文手下的官兵,在吕宋岛战役大部分时间里,表现出来的就是这样一种状态。

让克鲁格的第6集团军感觉惊讶的是,攻克马尼拉后,麦克阿瑟将艾克尔伯格第8集团军麾下的5个师投入到了逐一收复菲律宾各小岛的任务中。从战略上讲,这一决定是很不值得推荐的。奋力想要在吕宋岛上击败山下奉文的美军,因而陷入了人手严重短缺的局面。艾克尔伯格的部队在 44 天时间内在菲律宾群岛各个地方开展了 14 次大规模登陆作战和 24 次小规模登陆作战，随后还花费好几个星期时间去追击小规模的日本军队。这些日本军队往往是给美军造成伤亡后紧接着就撤退。如此往复，日复一日，月复一月。与此同时，天气在逐渐恶劣起来，美军的士气也变得越来越消沉。塞缪尔·艾略特·莫里森注意到，华盛顿的参谋长联席会议曾提出过强烈质疑，认为有无必要在菲律宾进一步延伸地面行动。这位著名的海军历史学者尖刻指出："鉴于参谋长联席会议的这些想法，麦克阿瑟是如何获得授权，又是从什么时候获得授权去逐一解放菲律宾的各个岛屿的，这件事迄今仍然是个未知之谜。"一个简单的解释是，麦克阿瑟想要完成个人任务的偏执意愿，超过了参谋长联席会议阻止他这么去做的意愿。

在吕宋岛战役的第二阶段，麦克阿瑟将军的行为变得很怪异。在向马尼拉推进的过程中，他不断冒着生命危险上前线督战。然而，攻占首都马尼拉后，他似乎对随后的战斗失去了兴趣，只是在战争结束前才去检阅了一次第 6 集团军的前沿阵地。他不断批评克鲁格，说他行动太拖沓，但他成功向华盛顿推荐这位部下，使他得以晋升为四星上将。在参加吕宋岛战役的大多数美国高级将领看来，华盛顿方面更应该做的，是免除克鲁格的职务。情况还是老样子。不论正确与否，称职还是不称职，麦克阿瑟只忠实于他自己。克鲁格的晋升，代表的是对麦克阿瑟本人表现的认可。

罗伯特·舍伍德来自战时新闻局，3 月 10 日那天，他拜访了麦克阿瑟。接着，他有些惊慌地向罗斯福汇报说："有确实的证据表明，那里的人患上了受迫害妄想症。听听一些参谋军官的言论，他们会让你认为国防部、国务院、参谋长联席会议，甚而至于白宫，都被'共产党和英帝国主义'所控制。"舍伍德认为，西南太平洋战区司令部的气氛非常不健康。麦克阿瑟的行为举止变得更加专横跋扈。与此同时，在为菲律宾军事行动承担责任的事情上，他显得越来越没了兴趣。平定吕宋岛的进程被搞得一团糟，因为他和克鲁格的表现表明，跟山下奉文比较起来，他们作为指挥员的素质比后者要糟糕许多许多。

时任第 32 师师长的威廉·吉尔少将说："那是一次持续时间长且代价非常高昂的行动。战士们的士气很低落，因为他们已经在那儿打了好几个月的仗，已是非常的疲惫……我们击毙了许多日本兵。当然，我们击毙他们的数量比他们击毙我们的数量要多，但我们的损失也很大……我们负责修建道路的工兵，时常会遭到日军机枪的扫射。"在陡峭的山坡上，前进显得极其艰难。有一天，吉尔带着颇为钦佩的表情，旁观一名战士驾着推土机,冒着枪林弹雨在陡峭的悬崖边上干活。他操作推土机挖斗将子弹纷纷挡开,子弹打在钢铁做成的挖斗上,不停地发出乓乓乒乒的响声。这样大的努力,其收效却往往很值得怀疑。一位美军军官坦白说:"在不知道敌人具体伤亡数字的情况下,我们有时会上报说,敌人的损失是我们的10倍。"

尽管美军消灭了他的大部分军队,山下奉文还是在吕宋岛深山里的要塞中一直坚守到了战争结束。1945年8月前后,他的尚武集团被美军赶进了巴纳维附近一个42平方英里的堡垒,处于即将弹尽粮绝的状态。在战争最后6个星期,日军的这些残余势力杀害了约440名美军士兵和菲律宾游击队,但他们自己的损失多达13000人。山下奉文在司令部接受同盟通讯社采访时说过一番话,这番话让那些认为"日本军官都是野蛮人"的人感觉有些出乎意料。他说:"我认为,日本在占领外国领土过程中,在方式方法上犯了大错。我们缺乏这方面的经验,这是我们的弱点。我们完全没有尝试去认识和了解其他国家。相对而言,日本很穷。我们在科技上没法跟西方国家竞争。同样,我们也没有能够用好妇女的技能。她们应该得到教育,尽管可能是有别于男性的教育。"然而,对山下奉文和他的战友来说,这种觉醒已经来得太迟。日本占领军在菲律宾犯下了令人发指的罪行,他本人为此背负了沉重的负担,不久之后他将被要求为此承担责任。

第二次世界大战的一个突出特点,是民主国家的大众媒体把一些根本不称职的指挥员变成了明星,以致后来很难再免除他们的职务。麦克阿瑟的菲律宾战役,跟斯利姆的缅甸战役一样,都很难说推动了日本的投降进程。相比之下,前者的实施还远比后者做得差。菲律宾战役的主要受害者,是菲律宾人民和麦克阿瑟本人的军事声望。莱特岛登陆战前,在征服巴布亚新几内亚之后,麦克阿瑟取得了很高声望,声望高得甚至有些名不副实。莱特岛战役早期的失误已经被遗忘。美军一系列大胆的两栖攻击取得了胜利,麦克阿瑟将军因此荣获了花环。然而,在菲律宾,他不但没有取得亲口承诺的廉价速胜,还将军队卷入了旷日持久的战斗,让日军达成了他们的目的。麦克阿瑟对情报的不屑长期以来一直是他的一个严重缺陷。吕宋岛上,他试图亲自指挥战斗,让第6集团军携带辎重艰难推进。斯丹利·福克对麦克阿瑟有这样一番描述:"当日军用同等或更强大的兵力跟他对峙时,他无法击败他们,也无法对他们的先机做出迅速充分的反应……西南太平洋司令部所做的投入是对资源毫无必要的浪费和挥霍,不必要地造成成千上万人牺牲了生命,对战争结果却并未产生重大影响。"

日军的野蛮行径使争夺马尼拉的战斗变成了一场人为的灾难，但麦克阿瑟对夺取这个城市的痴迷为这场灾难创造了条件。美军在吕宋岛战役中阵亡8140人。日军约20万人死于这次战役，许多人是死于疾病。在伤亡交换率上，美军占有绝对优势。如果美军局限于以遏制战略来对付日军，那么敌人仍将会插翅难飞、毫无作为。西南太平洋战区最高司令错上加错，尚未攻下吕宋岛，就发起了收复整个菲律宾群岛的行动。麦克阿瑟主持了美军在太平洋战争中最大的一次地面战役，但他指挥作战的方式，与其说是达成了国家的目标，不如说是满足了他个人的野心。

第十章 血战硫磺岛

一些地名被历史所遗忘,是因为它们所标记的方位地点并不起眼。只有战争能够使这些地方被人们记住,譬如,敦刻尔克、阿拉曼、科雷吉多尔、英帕尔、安齐奥和巴斯托涅。然而,即使在这样的一组地名中,硫磺岛战役,就其惨烈程度而言仍然有过之而无不及。硫磺岛是个很小的岛屿,位于珍珠港以西3000英里、日本以南不足700英里的地方。该岛长5英里,宽2.5英里。折钵山高500英尺,是岛上最高的地方。它位于该岛南端,是个死火山。岛北部突起为一个森林密布的高原。1861年,日本宣称占领硫磺岛,时断时续用它来种植甘蔗。一位日军守备军官颇为尖刻地称之为"一个到处是硫磺温泉但没有淡水的地方,一个连燕子和麻雀都不会从这儿经过的地方"。

这一弹丸之地被认为很重要,是因为跟往常一样美军认为那上面建有机场。在1944年的最后几个月和1945年的头几个星期里,美军飞机对硫磺岛实施了长达72天的轰炸。日军飞行中队抵达该岛没多久,他们的飞机就在空中或地面遭到摧毁。对于东京来说,这一基地的实用性因而到了降低为零的程度。然而,在浩瀚无边的大洋中,美国海军觊觎硫磺岛,却是因为它是进军日本中轴线上不可多得的落脚点之一。1944年秋,参谋长联席会议授权夺取该岛。美军几次三番的犹豫和拖延,与其说有利于进攻者,不若说是给守岛日军创造了机会。但最终,美军集合起了一支庞大的攻岛舰队。在麦克阿瑟的战士们在菲律宾全境攻城略地之时,美军3个师的海军陆战队兵力已经登船准备行动。

岛上另外还有一个名叫大越宫田的日本少年,他家在东京,父亲是给人修建屋顶的包工头,他是全家5个孩子中最小的一位。他一直对当兵的荣耀心存幻想。1942 年 14 岁时,他申请加入海军当了一名童子军。他悄悄弄来家里的印章,伪造了一封家长认可信件。不到两年时间,在他 16 岁那年,他被安排担任一架海军运输机的随机工程师,这架运输机的任务是从九州往塞班岛运送发动机部件。突然,他们遭遇了美军"野猫"战机的袭击。运输机很容易成为攻击目标,最后不得不在海面上迫降。机上 4 人死亡,但大越和另外两人被从附近经过的渔船救了起来,最终到了硫磺岛。当地指挥员发现这位幸存者是个很好的工程师,于是安排他去了负责维修的部队。

  大越和他的战友慢慢习惯了被美军 P-38 巡逻机扫射的场面,这种飞机能够高速低空飞行,很难做出预警。他们还会遭到 B-24 轰炸机的高空轰炸和军舰的炮轰。他的战友教他,在敌机进攻路线上保持横卧姿势,这样敌机开火时可以缩小目标面积。1945 年 2 月前后,考虑到服役年龄优于实际年龄的缘故,才只有 17 岁的大越被晋升为了技术中士,不再担任飞机机械工。硫磺岛上的每个人都被强制要求加入步兵作战。大越被授权指挥一个 14 人的小队。上级给他们分发了钢盔和装备,以及各种各样的武器,包括机枪、猎枪和手枪等。跟 7500 名其他海军官兵一起,大越接受训练,学会了如何将爆破筒插入履带来对付敌人的坦克。大越领导的小队在山里、在塔纳纳山的岩石中、在硫磺岛的中部深挖掩体。他在他自己的散兵坑上面盖了一副废弃"零式"战机的机翼,再在上面加上了木板和伪装。1945 年 2 月 16 日,美军发动最后一轮轰炸,上级命令大越带领一支巡逻队,前去观察沿岸的情况。他回来后,有些惊慌失措。他说:"海面到处是军舰,真可以说是水泄不通。"随后他率领他的小队进入阵地,在随后的 17 天中,几乎就再也没有离开过。

  从近海位置观察轰炸造成的破坏,海军陆战队中尉帕特里克·卡鲁索不由得对像大越这样的日本守军油然产生出一丝怜悯:"我在想,岛上那些可怜的日本人,他们会是多么的绝望和无奈。"卡鲁索的部队是支预备队,另外一位中尉跟他打赌,赌注是一瓶白兰地,他说,轮到他们这支预备队登陆时,战争早就已经结束了。威廉·艾伦来自第 23 海军陆战团,他"不能理解为什么需要三个师的兵力来夺取这么一个丁点小的弹丸之地"。一等兵阿瑟·罗德里格斯是一名勃朗宁步枪手,他做了一个滑稽的比喻:"我对硫磺岛的第一印象是,它的形状像是火鸡腿的白蚁窝,折钵山就像是这只火鸡腿的膝盖。"接下来的这场战斗,成了太平洋战争最为著名,或者说最为臭名昭著的一场战斗。

  2 月 19 日清晨,开始在东南海岸登陆的部分官兵已经在海上漂泊

第十章 血战硫磺岛

了6个星期,上级一开始只是告诉他们,他们要前往的目的地,是一个叫作"X岛"的地方。其他人几天前才从塞班岛登船出发。当消息传来要大家"准备作战"的时候,第4和第5师的陆战队队员发现,船上的舷梯很难攀爬,因为他们每人背着至少50磅,有时甚至是100磅重的武器、装备和弹药。从军舰一侧的攀网上笨拙地爬下来,登上在波涛中颠簸起伏的突击艇,即使对老兵来说,也是令人胆战心惊的体验。有人细数了一下,他的负重包括:衣服和钢盔,背包和挖掘工具,雨披,轻型和重型干粮各3份,装在蜡纸袋里的2条香烟,装在皮盒里的武器清洁工具,换洗袜子,防毒面具,子弹带,手枪和2个弹夹,无菌灌装压缩饼干,2只水壶,1把军刀,2枚破片杀伤手榴弹,一副望远镜,以及一杆重达36磅的勃朗宁自动步枪。在如此沉重的行李重压下,官兵们乘船登陆作战显得非常困难。詹姆斯·施莱弗被舱门压伤手指正在养伤,他看着折钵山的方向,苦闷地心想:"他们要我登上那座该死的山!"施莱弗是一名勃朗宁枪手的搭档助手。他的前任枪手在登船前被宪兵带走了,因为被发现年龄只有14岁。他们现在给他换了个枪手,两人准备随第28陆战队登陆作战。

当两栖战车从搭载它们的运输舰舰体内部哗啦啦开出来向前开进时,记者约翰·马昆德将这一场景比喻成"全天下所有的猫都在下崽"。9:02,第一波69艘登陆艇抢了滩。从登陆艇上,詹姆斯·维德一眼瞥见了机场跑道上被击毁的飞机、呈阶梯状的内陆腹地,和南方远处折钵山上陡峭的悬崖。伴随着雷鸣般的轰炸声,到处都是飞沙走石,浓烟在海岸上四处弥漫。维德是第27陆战团3营的一名外科医师,他亲眼看见两架"零式"战机奋力从地面上飞起来,结果却被炮火击中,一头栽进了大海。上岸后,他踩着脚下拖泥带水的黑色火山灰跌跌撞撞向前走。他见到的第一个人,是一位死去的日本人,那人显然是被火焰喷射器烧死的。他还注意到,尸体胡子的一半被烧掉了。

当美军开始朝着沙滩后面陡峭的坡地蜂拥而上时,野战炮和迫击炮炮弹如雨点般降落下来,炮弹落在负重累累的陆战队队员中间,几乎每一发都会造成伤亡。滚滚的火山灰直冲云霄。燃烧的车辆、死伤的人员、未受伤仍在匍匐前进的官兵,一时间秩序大乱。部分勇敢一些的人在朝着内陆地带逼近,但当他们被射杀后,进攻势头骤然停滞了下来。维德手下一名医护兵被安排负责帮维德把医疗器械背上岸。慌乱中,他一味向前冲,把医生的器械包落在了登陆艇上。

轰炸摧毁了日军的近岸防御。陆战队队员们很快得以在深入内陆300码的位置建立起阵地。然而,整个防线仍然很容易遭到敌军进犯。

装甲车辆开始登陆，履带在火山灰中着不上力，不断打滑，大部分装甲车很快就被反坦克炮打趴了。日军约有 361 门野战炮，还有大量重型迫击炮和机枪。日军将它们埋藏在硫磺岛的防御工事里。在接下来的日日夜夜里，美军经历了一场持久痛苦的考验。每一支美军部队，在从海岸线到最前沿阵地进发的过程中，都会遭到日军野战炮和迫击炮炮火以及轻武器枪林弹雨的洗礼，造成大量的伤亡和无尽的痛苦。

陆军中将粟林忠道是硫磺岛战役的日军指挥员，时年 53 岁，是个身材瘦小、举止文雅的人。他对这场战斗的结局并不抱有幻想。20 世纪 30 年代，他曾在加拿大和美国服过役，对自己国家的相对弱势有所认识。他沉思着对一名参谋军官说："决定这场战争的，将是交战双方的工业实业。你同意我的看法吗？"粟林反对这种战争，因为他认为日本不可能取胜。然而，失败论并未妨碍他为守卫硫磺岛做好精心的准备。他认为海滩和机场上的阵地没有幸存的可能性，尽管他无法超越权限阻止海军分队投入大量劳力在那里建设防御工事，他专注于充分利用岩石嶙峋的高地往地下深处建设防御工事。在美军登陆前几个月，他组织加固了 1500 个天然岩洞，并且以他设在 75 英尺深的地下指挥所掩体为中心，将这些天然岩洞扩建成了一个由 16 英里地下通道交相连接的复杂系统。

如果说这种挖洞藏身的行为代表的是对于进犯者技术实力的一种原始反应的话，那么我们也发现这一反应措施其实是非常有效的。日军的大多数阵地都不受炮弹和炸弹影响。日军将野战炮安置在岩洞里，随时可以推出来开火，在美军陆战队开始做出反应时，又将它们撤回去。大量美国历史文献将重点放在了美军登陆前的海军轰炸措施上，美军只限定了 3 天的轰炸时间。在硫磺岛战役展开的同时，斯普鲁恩斯选择在这个时候对日发动航母战，这就使得进攻硫磺岛的官兵失去了第 5 舰队的火力支持。然而，低弹道的海军炮火对日军强大的固定防御工事效果有限。有鉴于此，很难说进一步的轰炸能够改变事态。现在看来，美军最大的失误，是将进攻硫磺岛的时间拖延得太久。要是陆战队选择在 1944 年底发起登陆的话，粟林的防御就不会有那么强大了。

事实上，就连日军设在硫磺岛中部的野战炮都可以朝海滩开火。由于隐身保护做得好的缘故，很难对它们实施压制。2 月 19 日，夜幕降临时分，美军已经有 3 万名陆战队队员上了岸，但却有 566 人死亡或濒临死亡。美军在岛上占据了一个宽 4400 码、最远纵深达 1100 码的防区，在这片区域，每个人都在奋力试图挖掘出一个浅浅的散兵坑，或还只是在平复自己的恐惧。日军的炮击还没有缓和的迹象。

在一个弹坑里,一名士兵的肠子被炸了出来。医护兵让列兵亚瑟·罗德里格斯帮忙捧着肠子,等他撒上硫磺粉后,再把肠子塞回肚子里。附近突然一声爆炸,士兵的身体部件像雨点般落在他们身上。这位年轻的前勃朗宁枪手努力集中心神想念自己在家乡的心上人,极力在内心深处屏蔽眼前这一可怕的场景。不久,"我看见了我的班长,他坐在那里,左手臂仅有一层皮还跟身体连着,在身前晃悠。他干脆用右手一把抓住,扯下来把它扔掉了。"罗德里格斯和他所在的那个班不断朝岩石和灌木丛开火,直到有人不解地问:"我们在打什么呀?"跟其他处于同样窘境的战士一样,他们只是在浪费子弹,宣泄自己的沮丧心情,让自己感觉不仅仅是被射击的靶子。杰里·科普兰下士登陆后的第一个夜晚是跟两具美军士兵尸体和4具日军士兵尸体在同一个散兵坑里度过的。他不停祈祷:"上帝,如果你能救了我的命,我这辈子每个周日都会去教堂,永不中断……那是我第一次跟上帝在一起。"

在接下来的日子里,美军海军陆战队能够使用的唯一战术选择就是正面进攻。他们被迫一米又一米、一个掩体又一个掩体、一具尸体又一具尸体逐一向硫磺岛纵深推进。在1945年2—3月份接下来的几个星期里,他们就是这样在做,因此付出了极大的血的代价,并经历了深重的苦难。进攻者经过的几乎每一寸土地都处在日军居高临下的打击范围。美军陆战队化整为零发动疏散进攻。大多数人会在推进100—200码距离后就停止前进,因为参与进攻者倒下的人数太多。的确,技术的应用帮上了忙。加带装甲的推土机在通往山林的路线上给坦克开辟了道路。火焰喷射器发挥了重大作用,它们往山洞口里喷射火焰,为随后往里抛入炸药包扫清道路。军舰和野战炮的火力为压制日军的火力做出了贡献。但是,要占领硫磺岛,要阻止迫击炮和野战炮炮弹对一直延伸至海滩的每个美军阵地的荼毒,美军除了一批又一批派出战士,一块又一块地撬开石头堆,消灭负隅顽抗的日本守军外,别无其他有效的替代办法。

不出粟林中将所料,日军建在机场附近的那些较为暴露的阵地,在战斗打响头几天就被美军迅速占领,但那里的日本海军战士在被击毙前也夺去了大量美军战士的生命。2月23日,战斗打响后第5天,在与1500名守军经过一番残酷激战后,美军攻下了折钵山。哈罗德·施里尔中尉率领第50师的40名士兵攻上了这座硫磺岛的最高峰。当近海美军军舰上的水兵看到星条旗在折钵山山顶升起时,他们不由得发出了一阵欢呼；同样，当美国人民看见登陆官兵颇富传奇意味的二次升旗照片时，他们也不由自主地发出了欢呼。美军在硫磺岛南部虽然取得了胜利，但2.2万名日本守军的大部却仍深藏在硫磺岛北部的战壕里，占据着绝对的作战优势。因为他们既没有活着离开硫磺岛的意愿，也没有活着离开硫磺岛的能力。静止不动使他们难以被发现，这可是难能可贵的好处。日军告诉他们的官兵说："每个人都应将散兵坑视为自己的坟墓，要战斗到最后一人，给敌人造成最大程度的损失。"日军坚守在一小块地盘，在那里除了实施直接打击以外，任何其他办法都无法渗透哪怕是步兵的各个掩体，在那里美军根本没有开展侧翼迂回机动的空间。美军完全只能单独机动，并在此过程中将自己暴露在对方的火力之下。

几天战斗下来，阿瑟·罗德里格斯写道："我们根本见不到敌人的影子。这让我们感觉既沮丧又愤怒，因为我们自己人出现了伤亡，但我们拿不出任何战绩。"美军海军陆战队是支强大的作战力量，但在硫磺岛上，只要试图移动，就会立刻遭到射杀。见到如此多的人因此丧命，这让许多人形成了一种偏见，觉得匍匐藏身是更好的选择。这么想很自然，但军队会因此丧失战斗力。约瑟夫·塞耶斯中校写道："那个地形对防守极为有利……敌人步枪射击精度非常高，因而造成了我军的许多伤亡。"他认为，日军野战炮精度不高，但他指出，日本守军并不像太平洋战争早期那样，发动无谓的冲锋浪费自己的兵力。塞耶斯服役于海军陆战队第26团2营，在硫磺岛一天的战斗结束后，他对这一天令人沮丧的情况做出了一番总结："敌人的作战技术有很大提高。我军士气低落、体力消耗严重，平均每个连队只剩下70人。"第二天，他又写道："我军士气非常低落，很明显连续多天的战斗极大消耗了士兵们的体力。我注意到，官兵们变得更为粗心，在疲惫状态下更容易将自己暴露在敌人的火力之下。"他极力主张，停止向前线部队增派替补人员，因为在那里没有机会教这些新人学习东西，哪怕是一些基本的生存技能。被派往他所在营的17个替补医护人员中，几天之内就有10人被击杀或击伤，仅仅因为在他们的指挥员看来，他们缺乏战场生存技能。

作为第24海军陆战团作战官，阿尔伯特·阿瑟诺的职责之一是每天晚上起草一份情况报告，内容通常是这样的："前进100码，伤亡37人，与夜战情况相吻合。"团指挥部追问道："你们击毙了多少日本人？""可以明确一个都没有。""一个都没有！你们损失了37人，却一个日本人都没击毙！这一情况必须有所改善。"从此以后，阿瑟诺只能预设日本人的损失至少是他自己部队的两倍。

光靠火力无法摧毁日军的阵地。罗伯特·库什曼中校，29岁，是第9海军陆战团2营的营长，他写道："最让人气馁的是，在雷鸣般的齐射炮火中，居然还能听到鬼子的机关枪声。炮火并没能掀掉鬼子的掩体。因此，只能靠坦克、高性能炸药和火焰喷射器，来痛苦而缓慢地对付这些敌人。然后步兵凭借火焰喷射器、手榴弹和爆破筒，把他们一个个挖出来。"库什曼所在的营有过两次全部更换排长的经历。他所在营的兵力一度曾锐减到只有200人，当他命令发起冲锋时，"没人走出散兵坑。于是我拿起一杆上了刺刀的步枪，跟他们来硬的，这才让他们出了坑，最后协同坦克往前推进。"

"有时，我们的感觉是，想要活着离开硫磺岛，唯一可靠的办法就是受点伤。"帕特里克·卡鲁索说。罗伯特·格拉夫下士的臀部被弹片击中，这可是"一百万美元的伤"。他被后撤到了海滩上面，"不仅活了下来，而且还得以离开了那个该死的硫磺岛……开心和快乐的祈祷，一刹那涌上了我的双唇。"

人们往往很难判定伤势有多么严重。约翰·卡德沃思是第9海军陆战团的一名中尉。他的密友比尔·齐默曾是马奎特大学的一名棒球和橄榄球手。他看见齐默趴在坦克顶上从他身旁经过，一边还抽着香烟。齐默告诉他："我中了枪，我想我会没事的。你能再给我几支烟吗？"卡德沃思递给他半盒烟，跟他挥手道了别。第二天早上，医生告诉他："齐默没能撑得下来。"战士们尤其害怕夜晚，因为他们知道，如果被击伤，天亮前是得不到救助的。有些人出现了精神崩溃。作战疲劳的案例在以惊人的速度上升。

每天，美军各个营都在向前推进，有时能取得几百码的进展，但更常见的情况是在遭受重大伤亡后，他们不得不宣布遭到压制。一些勇敢而富于牺牲精神的陆战队队员，为了勉力往前推进一丁点的距离，率先垂范激励其他人跟进，为此甘愿付出生命的代价。焦渴、大雨、污秽、冷食和恐惧，所有这些东西交织在一起，哪怕是最优秀的士兵，其精神都会受到这些因素的侵蚀。

当然，对于守岛日军来说，他们感觉到，战斗的每一天都是一场可怕的煎熬，因为他们无论是食物、饮水、医疗用品还是取胜的希望，都要比美军少许多。大越宫田所在的海军部队在战争初期并未引起美军注意，但掩体内的闷热几乎让人忍无可忍："把手放在火山石上，你都会被严重烫伤。"在起初的十天时间里，厨师和挑水员会在黎明前和黄昏时分到各个阵地上来，但口渴一直是个问题。在漫长而紧张的等待期内，在战斗就在距离几百码的位置激烈展开的同时，他们会时不时有些交谈，大部分是谈论家里的情况。

大越跟其他3名战士共用一个散兵坑。他跟他的通信兵田中肇关系最为要好。他们部队的战士大都来自农村，但田中肇跟大越一样，都是来自东京的城里人。间或，他们会编成小组被派往执行侦察或作战巡逻任务。这可是些很伤脑筋的事情。在当地的地形条件下，岩石和植被将能见度限定在了只有几码的距离。在往前匍匐前行时，他们意识到，他们能否活下来，取决于能不能先敌发现目标。他们只有一次正面冲突的经历，那是跟一小队美军陆战队队员。他们出其不意，用手榴弹和刺刀把这些美军给歼灭了。一位美国兵朝大越逼过来，想用手枪枪托击打他，结果还是被他们干掉了。

有时，当日军感觉守住阵地已经无望，或者仅仅是厌倦忍受轰炸，几个士兵会呐喊着奋力扑向美军，在此过程中被一一击倒。然而，粟林手下的大多数官兵会听从命令，死守在阵地上。所有的战斗都可以分解为一系列小规模的、高度个性化的角逐，在硫磺岛战役中，这一点尤其明显。每个人只对他周围几平方英尺内的岩石、植被和臭烘烘的硫磺温泉有所认识。他们在那里藏身，在那里摸爬滚打，跟数量不断减少的几个战友并肩作战。

3月的头几天，正当麦克阿瑟手下的人即将结束攻占马尼拉的任务时，硫磺岛上美国海军陆战队对大越宫田所在的日本海军大队在陆上的阵地发起了正面进攻。来袭炮火破坏力非常强大。大越和他的战友们白天时甚至不敢抬眼通过掩体上的射击孔往外张望。他们不得不在重型机枪上系上一根绳子，通过在下面扯绳子来对外进行盲目射击。美军发动攻击两天后，日军海军官兵接到命令，要他们撤退到阵地顶端密密麻麻的坑道和掩体网中去。3月8日，他们被告知，需要出击，发动大规模夜间袭击，收复已经丢失的折钵山顶峰。

一开始，大家就很明白，此举完全等同于自杀。发起这一攻势的军官违抗了粟林将军严厉的命令。他们攻击的目标距离他们所在位置有两英里。日军的每次机动都会给美军提供一次大开杀戒的机会。然而，一些日军海军军官意识到，无论如何都会死，还不如按自己的意愿肆意妄为一次。大越带领部下率先跳出坑道口，冲进了美军具有绝对优势的火力中。黑暗并没有给日军提供掩护，因为火光和美军的照明弹将战场映照得如同白昼。大越和他的人马出现时，地面上已经堆满了尸体。大约800名海军官兵一命呜呼，而美军的损失却小得完全可以忽略不计。

尽管大多数日本海军官兵在奔向美军阵地的过程中都被击毙,但还是有几个人在外面的开阔地上幸存了下来。大越宫田和他所在的大队往前爬行了三百多码距离,想要从肆虐战场的美军火力下夺回他们的坑道。间或,这位17岁的水兵会低声叫跟在他身后的士兵的名字,清点一下还剩下哪些人。每次做出应答的人都会有所减少,美军的机枪一个一个夺去了他们的生命。黎明时分,大越发现只剩下他和另外3人还活着,他们被压制住了,周围横七竖八全是日本兵的尸体。绝望之下,他们采取权宜之计,将尸体的血一把把抓起来抹在自己身上装死。大越说:"死者的鲜血和内脏使我们得以活了下来。"在美国人的眼鼻子底下,他们在露天躺了48个小时。最后,美军在附近的活动似乎有所减弱。战线推进到了他们的前面。这四位日本兵这才悄悄爬回了他们的坑道系统。

在地底下,他们发现了几位医护人员和一些跟他们一样的幸存者,总计大约50人的样子。白天,他们在令人窒息的炎热中躺着休息;晚上,他们就爬出去在阵地周围的战场上寻找水壶或食物。每次执行这样的任务都会有一些人再也没能回来,要么是被敌人射杀了,要么是碰上诡雷绊索给炸死了。但是,在美军宣布胜利且大部已经撤离硫磺岛后许久,像大越这样的一小撮幸存者还在苟延残喘着。

第9海军陆战团3营11连抵达硫磺岛北部海滩后,不到三周时间,最初登陆的230人中,就还只剩下大约50人。3月10日下午,正当有些人还以为战斗已经结束时,他们突然接到命令,要他们在当地执行一次侦察任务。戈登·斯基斯利中士对帕特里克·卡鲁索说:"中尉,你知道,在场的这些人,都是大老远赶到这儿来的。要是有人在这样一场不起眼的巡逻任务中受了伤,那不是太窝囊了吗?"卡鲁索点了点头。他手下的两个排小心翼翼前进了大约100码的距离,一个敌人都没发现。他们每经过一个山洞,都会往里面喷射火焰。阳光灿烂,从海上吹来一股惬意的微风。突然,他们遭到了袭击。卡鲁索的手下赶忙四散隐蔽。营长通过电台呼叫道:"国王2号,把大家撤回来。"然而,由于手下陆战队队员已经化整为零,卡鲁索只能一个个传话下去,否则根本没法撤退。斯基斯利中士被击中脖子,已经倒地不起了。亨利中士来自内布拉斯加州,他节衣缩食省下饷银的每一分钱,想要改善一下他的农场,但这个时候他也倒下了。卡鲁索颇觉惊愕,到处都有他的手下被击倒,不久他自己也因为腿部中弹而倒下。他爬到一块岩石后面,最终被其他的幸存者撤离了下来。他的作战生涯持续了12天。第9海军陆战团3营损失了全部22名最先登陆硫磺岛的连级军官,

10人阵亡，其余负伤。

3月14日，美军司令部宣称，硫磺岛上有组织的抵抗已经结束。那以后，大部分依然幸存的日本兵，与其说是作战人员，还不如说是跟大越宫田一样的流亡人员，尽管他们仍在凭借轻武器和偶一为之的疯狂无望的冲锋来骚扰美军的扫荡行动。在他的地下指挥部，粟林将军抽时间给在东京的参谋本部发了一封电报，提供了从硫磺岛战役搜集整理来的经验："无论你的海滩防御工事造得有多坚固，它们都会被战列舰的轰炸给摧毁。最好是在海岸线上设立虚假防御工事。保持无线电监听很有必要，因为敌人是用明语在通信。敌军火力之强大无以言表。前去传递信息的年轻军官，需要花费十几个小时，才能走完仅仅一公里的路程。在用电话联系的地方，必须将电话线埋在地下。无线电台的位置要跟指挥部保持一定距离，这样可以避免敌人通过无线电定位轰炸指挥部。敌人的指挥部通常很吵闹，有时夜间会使用灯光。对装甲部队的防御极其重要，必须挖设反坦克沟。在需要防守的孤立岛屿上储存子弹、手榴弹和迫击炮弹，这是必须要做的事情。敌机的地面控制能力很不错。狙击手应将火焰喷射器操作手作为优先打击目标。"

无论是当时还是后来，美国人都没有意识到他们需要从硫磺岛及其著名的杀戮现场（如火鸡瘤、圆形剧场、查理狗岭和绞肉机等地）中学到一些有用的东西，他们只是对人类制造和忍受痛苦的潜能有了了解。这次经历使陆军又恢复了对海军陆战队所谓牺牲性战术的一贯而猛烈的批评。譬如，3月8日，第11空降师少将约瑟夫·斯温怒气冲冲地给国内写了一封信，原因是他听说进军日本本土的指挥权被交给了尼米兹而不是麦克阿瑟。斯温认为尼米兹是海军陆战队作战方法的代表人物，而他对此却非常看不起："当我通过阅读对攻打硫磺岛造成的伤亡数字有所了解后，我打心眼里为此感到恶心。这场战役本来是可以干得更加科学的。我们嘲笑日军，认为他们的那种万岁冲锋进攻方式毫无成效，我们自己却允许这种疯狂的事情发生。"他为此还特别点名提到海军陆战队的霍兰德·史密斯中将，认为他"莽撞冲锋，草菅人命"。

包括霍兰德·史密斯在内，有些人觉得，早先对硫磺岛的轰炸，如果能够持续时间更长一点，那么这场战役，尤其是战役的头几天，代价就不会那么高昂。人们一致认为，美军当时应该配备更多重型野战炮，尤其是8英寸的榴弹炮。然而，人们没有理由认为，换一种战术战法会对战况带来什么变化，因为双方是在近距离、坚固工事密集的区域内作战。许多陆战队队员认为，缩短战斗进程唯一有效的办法，是往日军的地下工事里注入毒气。他们讥讽在华盛顿工作的那些高级军官，认为他们在使用类似办法的问题上表现过于谨慎。即使是尼米兹，他在后来也表达过遗憾，觉得当初没有用上毒气。

尽管美军时常感觉这场战斗好像没完没了似的，但他们最终还是取得了胜利，全部占领了这个可怜的岛屿。每倒下一个日本兵，就会牺牲一个美军陆战队队员，这是太平洋诸战役中最为不同寻常的双方损失比例。3月26日，约350名日本兵在西北部发起了最后一场万岁冲锋。惊讶的美国兵发现，他们是在跟一群挥舞军刀的日本兵捉对厮杀。这场进攻被击溃，这些日本兵也被杀掉。一天晚上，粟林将军从他的指挥所掩体里走出来，他惊讶地发现，一度漫山遍野的树木和绿叶全都消失不见了，只剩下了熏黑的岩石和烧焦的树桩。他给临近岛屿上一位叫作堀江的参谋军官发去最后一封电报："我们已经5天没吃没喝了，但我们的斗志依然高昂，我们将战斗到最后一刻。"3月27日，他和他的参谋团队集体自杀。海军高级将领一丸敏之助上将领头带着60名日本军人，爬出岩洞，朝着美军机枪扫射的方向走去。然而，可能让他自己都颇为失望的是，他却活了下来。在没能让敌人杀死自己的情况下，他在粟林死去之后不久也开枪自杀身亡。

在夺取硫磺岛的战役中，美军阵亡6821名陆战队队员和363名海军士兵，另外17372人受伤。这样一个伤亡数字，在与德军在欧洲作战的苏联红军看来，似乎可以忽略不计，但对于一场在面积仅为曼哈顿岛1/3的地方展开的战斗来说，这一伤亡数字所代表的却是个非同寻常的损失数量。投入战斗的陆战队队员，每3人中就有1个多人伤亡，其中包括最初24名营长中的19人。在阿尔伯特·阿瑟诺少校他们营，伤亡人数高达760人。第5师官兵，在送往硫磺岛时，叫了22艘运输船才把人装载完，但离开这个岛时却只需8艘船就够了。日本守军21000人，除几百人外，其余全部被歼灭。

6个星期过去了，美军才开始着手系统地清理岩洞，大越宫田这样的幸存者还在里面躲藏。首先，他们尝试使用了催泪弹。随后，他们让被俘日本兵用喇叭呼叫，他们有时会直接叫那些人的名字，让他们出来。有一名战俘带着水和巧克力走进大越他们藏身的坑道入口，结果却被里面的人射杀了。大越干脆地说："我们是帮他的忙。他已经丧失了军人的荣誉。"5月7日，艳阳高照，陆军147步兵团的官兵炮制了一份可怕的"鸡尾酒"。他们将700加仑盐水注入其中一个最大的坑道工事，然后又加上110加仑汽油和55加仑原油。火焰喷射器点燃了这些致命的液体,迅速烧遍了整个地下通道,随后接连引爆了储存的弹药,将许多日本人活活烧死,另外一些人受不了令人窒息的浓烟也选择了自杀。一些日本兵拥抱在一起,拉响了身上的手榴弹。大越用手枪结束了几位奄奄一息的士兵的生命。然后,在像动物一样经历了3个月的地下生活后,他决定他自己应该死在阳光下。美军已经封死坑道出口,但经过一番狂乱的努力,一些日本兵还是用手挖出了一条通往地面的通道。大越第一个冲了出去,像一只披头散发、被熏得黑不溜秋的鼹鼠。一名美国兵立刻发现了他并将他击倒。他腿部中了两枪,倒在地上挣扎。他的伙伴比他幸运,或者按当时的情况来讲,也可以说不如他幸运。他们被俘虏了,并且没有受伤。在耻辱和疲惫的状态下,他们被带走并关押了起来。在关岛,当大越从镜子中看见自己的形象时,他简直都认不出自己那副皮包骨头的鬼模样了。一位美军军官在讲述完这一段故事时淡淡地总结说:"经过一番艰难努力,我们最后俘虏了54人,其中2人随后选择了自杀。"

伊藤浩一是日本的一名陆军上尉,他致力于研究日军在各个时期的战役。他认为硫磺岛战役是日本之战在防御上做得最好的。从军事角度讲,日军在这场战役中的表现远比瓜达尔康纳尔岛防御战和他随后曾亲自参加过的冲绳战役出色得多。然而,如果认为硫磺岛上大多数日本守军都能接受他们的经历和所做的牺牲的话,那你就错了。山崎中尉是第25坦克团的一名幸存者。他后来给他团长的遗孀写了一封信。这封信反映了他和他的战友所体会到的那种徒劳的感觉:"我们古代的先人曾经说过:'武士道即死亡之道也。'对古代武士来说,这句话可能听起来还很不错,但它所确立的道路实则过于轻松。因为,无论对于生者,还是对于死者,在我看来,硫磺岛战役都算得上是最糟糕的战役。武士道云淡风轻讲出的道理,现在已经不再适用,因为现代战争不会让问题变得如此轻松。无情的金属比勇士的血肉之躯更为强大。什么地点、什么时间、以什么方式、哪些人会死去,这些事情没人会知道。他们不过就是倒地不起了而已。"

当陆战队老兵回到夏威夷时,一群人正喜气洋洋地在街头上列队巡游。他们一边挥舞着日本兵的颅骨,一边讥讽当地日裔美国人说:"竹竿上的头颅是你家叔叔的!"硫磺岛的经历泯灭了一些幸存者的人性。这个岛真值得美军做出血的牺牲吗?一些历史学者突出强调了一个简单的数据:飞机受损了或没油了但平安降落在硫磺岛飞机场上的美国飞行员,远比夺取硫磺岛而牺牲的陆战队员要多得多。对利弊关系的这一计算方法,最早是在战斗结束后做出的,目的是想缓和公众的愤怒，因为他们觉得美军为夺取硫磺岛付出了太高的代价。这一计算方法无视了一个明显的事实：要是那里本来没有机场，飞行员就会增加剩余燃油量，一些飞机就会飞往马里亚纳群岛，一些机组成员可能会在海上得救。即使硫磺岛仍在日本人手中，它也并不会给日本的本土防空做出多大贡献。美军没能妥善利用其分散各地的基地，将它们用于发起攻势行动。

然而，要是这么说，就无视了以下这样一个事实：在每次战争的每场战役中，通常都会有跟目标重要性不成比例的牺牲。除非尼米兹出乎意料地决定，在陆军还在奋力夺取菲律宾的同时，转而放弃地面作战，应用轰炸、封锁，让日本工业得不到原材料，让日本人吃不上饭等手段，等着敌人自然瓦解，否则进攻硫磺岛几乎会成为一件必不可少的任务。不管明智与否，敌人非常看重这个岛屿，并费尽心机去守卫它。美军需要在非凡忍耐的基础上做出战略判断，抵制那种想要歼灭守岛部队的冲动，抵御住将这一个弹丸之地看作是大洋中心一个难得的坚实落脚点的想法。有些历史学者认为美国军阀为夺取硫磺岛犯下了错误；但是，如果从美军准备对日本本土发动进攻这一大战略背景上看，对硫磺岛动用武力又似乎是件理所当然的事情。

第十一章 封锁：水下战争

1945 年初，日本为其工业提供原材料的能力，以及为其人口提供粮食的能力，都遭到致命性削弱。这个国家只能从海上进口少量商品来满足需求。在日本本土附近的水域，存在一个看不见的钢铁包围圈，那是由美国海军潜艇形成的包围圈。1944 年间，日本的大部分商船运输，尤其是其油轮船队，都被击沉到了海底。相对于陆战队的硫磺岛行动以及尼米兹的航母特遣队，那支击沉日本商船队的美军部队如今却并没因此一举成名，战后的历史的确也没有给予它们足够的关注。然而，尽管当初德国未能如愿扼杀英国，美国的这支部队却如法炮制，成功在经济上扼杀了日本。4 月份，麦克阿瑟的参谋团队在一份报告中总结认为："要是日本的商船损失按目前这种速率持续下去，日本的商船运输需求，这个问题不久有望完全变成一个学术话题。这一可能性已经体现在日本人身上。2 月 17 日当天的东京广播节目已经揭示了这一情况。在这期节目中，日本政府提醒驻华日军和其他海外驻军，说他们有可能不得不在得不到本土援助的情况下坚持作战。"美国海军的战时兵力中，只有 1.6%，也就是 16000 名官兵是在潜艇上服役。然而，他们却导致日军损失了 55% 的战时运输舰船，总计达 1300 艘，包括 1 艘战列舰、8 艘航母和 11 艘巡洋舰，共计 610 万吨。1944 年 10 月，美军潜艇的战绩达到了顶峰。在此期间，他们击沉了 322265 吨位的敌舰。

对于在海军那些拥挤发臭的水下鱼雷平台上服役的官兵来说，他们猎杀敌舰的兴奋感跟他们自己遭到猎杀时的恐惧感是不相上下的。1944 年 10 月，海军中校理查德·奥凯恩在菲律宾外海所经历的那 48 个小时不能说不典型。当时，他指挥的"唐恩"号潜艇正独自在台湾海峡执行第 5 次作战巡逻任务。24 日凌晨，在莱特湾海战打响的第一

第十一章 封锁：水下战争

天以及麦克阿瑟实施登陆的第 4 天，在特纳鲍特岛近海区域，他发现一支日军增援舰队，包括 4 艘甲板上搭载战机的护卫舰、1 艘运输舰、1 艘驱逐舰和其他一些小型护航舰只。在颇具毁灭性的瞬间，奥凯恩连续发射鱼雷，击沉了 3 艘护卫舰。其余幸存的护卫舰和驱逐舰趁机朝着这艘浮出水面的潜艇围了过来，企图将之撞沉。"唐恩"号从敌舰间的缝隙中钻了出去，两艘日本军舰随后撞在了一起。奥凯恩从船尾鱼雷管上又发射了 4 枚鱼雷，但都没有命中目标，之后他才全速离开了那一地区。

第二天晚上，在同样一个猎场，他遭遇了他所见过的最大一支舰队，"雷达屏幕上密密麻麻都是报警信号"。一艘护航舰唐突地打开探照灯，照出了一艘运输舰的方位。奥凯恩击沉了这艘运输舰和另外一艘油轮，它们先后发生了爆炸，其余幸存敌舰因此乱成一团。然而，凌晨 2：00，"唐恩"号的运气发生了急剧变化。它朝日军运输舰发射的一枚鱼雷失去了控制，在水面上旋转，而且不幸拦腰击中了露在水面上的潜艇后鱼雷室。爆炸发生后，奥凯恩本人和另外两名跟他在一起留在指挥塔里的水兵被抛出水面，然后被日军抓了。"唐恩"号受了致命伤，一头扎进了 180 英尺深的海底。艇内官兵设法关闭了指挥塔的舱门。约 30 名幸存官兵赶到前鱼雷室，暂时安全，但文件燃烧释放的令人窒息的浓烟很快让他们一半的人失去了知觉。

在接下来的 4 个小时，日军护航舰船动用了深水炸弹，但并未取得效果。6：00，"唐恩"号部分官兵开始使用"莫姆森肺"呼吸器从沉没的潜艇上逃离，其中 8 人得以浮出海面。有 5 人抱着一只浮标在海上漂泊，4 小时后一艘日本军舰将他们打捞了起来。这些大难不死的美国兵被五花大绑扔到甲板上，让一群被烧伤的敌军水兵肆意踢打和棒击，因为他们受够了美军鱼雷的苦头。统计数字可能有助于解释那样的行为：战争期间，战前在日本商船队服役的 122000 名海员中，有 116000 人伤亡，其中大部分是由美军潜艇造成的。"唐恩"号沉没，美军损失了 7 名军官和 71 名战士，但他们击沉了高达 22000 吨位的日本舰船。每个国家的战士都本能地认为，战争是通过与敌人军队交战并占领对方领土的方式来赢得的。然而，美军打败日本，一个最关键的贡献，却是在各位将军不知不觉的情况下，由一支默默无闻的部队做出的。日本帝国情况特殊，非常容易遭到封锁。其经济依赖于从中国、马来亚、缅甸和荷属东印度运来的燃油和原材料。这一点跟英国有些类似，英国的大西洋生命线也面临类似威胁，然而，日本跟英国又有所不同，它未能组建一支可靠的反潜力量来捍卫其商业贸易。这也就是日本垮台的主要原因之一。日本皇家海军的将军们几乎一门心思想通过水面和空中力量来投射军力。重吉井上中将是战前日本海军军官中为数不多主张摒弃水面舰艇决战思想的人。相反，他提议应该做好计划，以潜艇战来攻击敌人的商业目标，同时应该在太平洋中部长期实施两栖和空中作战行动。他的观点被搁置在了一边。由于严重目光短浅的缘故，日军未能正视一个显著的可能性：他们的敌人也有可能会通过发动潜艇攻势来投射海军力量。日本只有为数极少的反潜护航舰，而且所用技术和战术都还非常原始。

战争爆发之初，美国拥有全世界最为先进的潜艇，即排量为 1500 吨的坦伯尔级潜艇，该级潜艇后来被优化成了加托和巴拉奥级潜艇。这种潜艇内部装有空调，在热带地区，这可是个无价的优势。潜艇最高时速接近 20 节，航程高达 10000 英里，能够在 35 秒时间内实现急速潜航。然而在近两年的激情岁月里，潜艇的效果遭到了削弱：首先是因为它长期存在鱼雷技术故障；第二是因为指挥员过于谨慎，截至 1942 年底，30% 的指挥员被免过职；第三是因为美军过度执着于要以跟日军实力相当的水面舰船来击沉敌人的舰船。美军加入第一次世界大战，很大程度是因为对德国的"无节制潜艇战"感到厌恶的缘故；但在加入第二次世界大战时，美军自己却投入兵力发起了这样的战役。罗纳德·斯佩克特对此有过一番评论，认为美军的行为有些自相矛盾。然而，虽然在击沉不带武装的商船这个问题上，美国海军并不怀有道德顾忌，但直到战争已经推进到相对晚期的时候，他们仍将击沉日军商船视为次要性任务，而美国海军的首要目标则是打击日军的作战舰队。

1944 年 2 月，美国海军潜艇作战教材《当代潜艇理论》被大幅改写。新教材比早期版本更加关注贸易封锁的问题。然而，这本书的大量篇幅仍旧关注的是潜艇在舰队行动中协助水面舰艇作战的流程问题。跟日本海军碰到的情况一样，"决战"思想对美国海军的想象力产生了类似发高烧一样的影响。1944 年版的《当代潜艇理论》在第 51 页曾宣称："大多数潜艇军官认为，对任何一艘作战舰艇，都应该采取鱼雷倾巢齐射的方式来对付。"言外之意是，对于商船，可以不需要这么做。直至战争结束，潜艇艇长对其事业成就的描述，多半还停留在洋洋自得宣称自己曾击沉过多少艘军舰，而不是击沉过多少艘货船。只是到了 1944 年，在美军参战已经两年多以后，美军才明确指示潜艇艇长，将敌人的油轮作为攻击目标。

即使在这个相对比较晚的时期，《当代潜艇理论》中仍然存在一些奇怪的不合时宜的段落："在战斗中，潜艇可以通过发出威胁或发动实际进攻，为从己方战线向敌方战线发动进攻提供类似铁匠砧台那样的支持。"这些话包含一条指令，听起来更适用于纳尔逊时代的海军，而不适用于尼米兹时代的海军。《当代潜艇理论》在前言中不无勉强地指出："在舰队发起行动前可能相当漫长的一段时间内，潜艇可以用于完成以下任务：（1）巡逻，包括打击敌国贸易；（2）侦察；（3）封锁。"然而，尽管美军航母领导下的水面舰艇部队在中途岛和珊瑚海战役中扭转了太平洋战争的走势，并随后逐步摧毁了日本的舰队，但对日本交战能力核心部位实施打击的却是美军的那支水下舰队。如果美国海军在战争初期能够着手对日本实行系统性封锁，则日本的瓦解进程有可能还会大幅提速。实际上，只是到1944年，美军才开始认真实施贸易封锁行动，这时候潜艇的鱼雷故障已经得以排除，亡羊补牢未为晚矣。这时候，潜艇部署也得到了更好的指挥。

这一年成了潜艇的成功之年。在520次战时巡逻中，潜艇部队总计发射了6092枚鱼雷。7月份日本商船队损失了212907吨运输能力，8月份这一数字达到245348吨，9月份则达到181363吨。12月份，被击沉船只总吨位下降到103836吨，仅仅是因为这时日本已经开始没有船只可供美军攻击。1944年整整一年时间内，美军潜艇歼灭了600艘日本舰船，总计吨位高达270万吨，比1942年和1943年歼灭日舰吨位的总和还要多。日本大宗商品进口下降了40%。美军从珍珠港及埃尼威托克岛、马朱罗岛和关岛等前进基地派出100艘潜艇参与作战，另外还从澳大利亚派出40艘潜艇参与作战。从珍珠港派出的潜艇负责日本和菲律宾附近的巡逻区。他们给这些巡逻区分别取上了绰号，例如"排行榜""毛鲁什""太平间"和"舰队大学"。从弗里曼特尔和布里斯班基地派出的潜艇负责巡逻南中国海和荷属东印度周边海域。

战争期间，德国损失了781艘U型潜艇，日本损失了128艘。相比而言，日本海军只击沉了41艘美国潜艇，只占执行作战任务潜艇的18%。另外6艘则是在太平洋上巡逻时出现意外发生的损失。即使这样一个相对较小的伤亡数字，其实也意味着，经历过潜艇战的美国水兵有22%的人以身殉职，其中包括375名军官和3131名战士，这是战争期间美国武装力量中损失率最高的兵种。然而，潜艇部队从来不缺少自愿入伍的人，因为这支部队拥有职业军人的自豪感和敢于冒险的精神。吸引人加入潜艇部队的，不仅仅是那点额外的收入（占基本工资50%的加薪，跟飞行员的额外补贴差不多），而是他们的那种信念，他们理所当然地觉得自己是一支精英部队。截至1945年8月，1941年12

月之后加入美国潜艇部队的士兵，幸存下来的人中，有接近一半的人晋升成了军官。这一情况可说是对潜艇部队官兵素质的一份献礼。

从大本营通往巡逻区，潜艇会以15节的速度在水面巡航，这一漫长的路程很少会有危险，这也给了艇员们一个适应环境的机会。每次执行任务，艇上80多名水兵中，有1/4的人是新手，他们或是来替代在外休假的老兵的，或是交接过来接受培训的，或是分配过来执行新任务。新手们必须学会如何在潜艇的耐压船体内使用马桶，这可算是一门很微妙的"艺术"。一名水兵写道："在100英尺深的海底，冲马桶是件很困难的事情，搞不好会弄得满头满脸都是粪便。"即使是潜艇兵，也有晕船的时候，就跟那些被他们救下来的飞行员会晕船一样。巡逻初期，拥挤是个最为糟糕的情况，因为甲板上每一块地方，包括睡觉的地方和冲澡的棚子，都堆放着补给物品。潜艇食品是海军最好的食品，这可是出了名的。有些潜艇上还会配备一名面包师和一名厨师。艇员需要一切能够让他们的精力得到宣泄的东西。他们需要在一个堆满机器、燃油和爆炸物，弥漫着脚臭、汗臭味，仿佛密封的雪茄烟斗一样的庞然大物上待上2个月的时间，因而他们需要这些奢侈来弥补旅途上的不适。用一位潜艇军官的话来说："我们实际就是个钢铁做成的气球，任凭大海的手指猛刺猛戳，上面留有一个小孔，那就是潜艇指挥塔的舱门。"

抵达指定作战区后，潜艇或是等候无线电情报发出有关敌方运输船队动向的信息，或是等候出现依靠目视发现敌人的机会。美军部署在太平洋上的潜艇，不仅夜间会浮出水面过夜，而且大白天也会铤而走险浮在水面。日军没有能跟盟军相匹敌的威力强大的搭载雷达的反潜空军部队。美军一位潜艇艇长写道："对战机给潜艇造成的威胁，我们有一种近乎轻蔑的态度，与其说这是因为我们胆子大，还不如说这是日军反潜战能力落后、机载电子系统较差的缘故。"

日军飞行员安藤雅彦同意这一看法。从印度支那的金南湾出发，他前往执行反潜巡逻任务。在他多年的巡逻中，机组成员发现美军潜艇的情况只有一次。1945年5月的一天，在印度支那海岸附近6000英尺的地方飞行时，他们在远处海面上发现一股尾流。在下降的过程中，他们异常欣喜地发现，一艘潜艇正漫不经心地在海面上行驶。他们陡然从后方往下俯冲，迅速向潜艇逼近。美军潜艇指挥塔上的观察哨这才发现日机，他们赶忙跑向舱口，潜艇随后迅速下潜。在600英尺高的地方，安藤释放了深水炸弹。他和他的机组成员得意地看见，在离潜艇消失的地方不远处，一股水花从爆炸点上方升了起来。他们随后飞回总部,汇报说他们击沉了一艘潜艇。只是在战争结束后,他们才得知,美军潜艇只受了点皮外伤。这个故事很典型地说明了日军的反潜巡逻经历。

在美军潜艇上,瞭望哨时刻扫视着空荡荡的地平线。与此同时,在艇体内部,艇员们会各自忙着自己的日常内务。水平舵战位上的值班员在维持潜艇平衡,技术员在做维护,不值班的官兵们在下象棋或是在下克里比奇棋,或者更常见的是在倒头睡觉。即使在看不到敌人的时候,指挥潜艇仍是件非常不容易的事情,尤其在浅水区。一天下来,结束瞭望时,潜水官和升降舵手都会有精疲力竭的感觉,在涌浪区和猛流区,要维持潜艇平衡实在太不容易、压力太大。在发动机舱和蓄电池舱,电工和工程师们会即兴做出许多惊人创举。"潘盘尼托"号潜艇的前平衡水舱突然发出吱吱声响并且开始出现裂缝。两名水兵冒险进入了艇体,另一名业余潜水员仅靠一副面罩最终在水下修补好了裂缝。没有这样的创造性,在为期60天的巡逻中,各种故障和抛锚的情况随时可能使潜艇失去战斗力,甚至使它遭遇灭顶之灾。

除了作战纪律问题外,在各种事情上,不拘小节都是一种约定俗成的做法。官兵们会穿着短裤值班,如果愿意也可以留大胡子。他们可以想什么时候吃饭就什么时候吃饭:潜艇上实行的是一种"开放式冰箱"政策。艇上授权可以喝一点酒。每艘潜艇发放有6瓶医用酒精,一位不受欢迎的艇长把它全部据为己有。一些艇员在艇上走私酒品,或者动手自己酿酒。"潘盘尼托"号的发动机舱曾遭遇过一场大火,起火原因是有人打翻了葡萄酒蒸馏器。大多数无线电报务员会监听美国无线电公司用摩尔斯电码发送的每日新闻,然后结集编成艇上的日报。一些艇长会强制执行他们自己设置的纪律:譬如,"哈德"号潜艇艇长山姆·迪利就曾禁止在艇内张贴美女画像,并且禁止水兵之间说"脏话"。

经过几小时或者几天的单调和不适之后,日常工作和生活会突然被电喇叭令人心悸的哀鸣声打断:"啊呜,啊呜……"广播里会传来命令说:"撤离舰桥!下沉!下沉!"战争充满惊叹,而潜艇兵则会比其他部队经历更多的惊叹。造成潜艇紧急下潜的原因,可能会是发现了敌机,或是看到了敌舰烟囱冒出的青烟。由于潜艇移动速度比大多数军队都要快,它们也就发展形成了这样一个常规流程:先是尾随敌方商船,然后在夜色掩护下展开攻击。一旦夜幕降临,潜艇就可以浮出水面发动攻击,这是它们比较喜欢的做法。潜艇会机动到目标前面某个位置,同时利用控制室内的鱼雷数据电脑对目标进行跟踪,鱼雷数据电脑是一种早期型号的模拟电脑,形状酷似一个垂直放置的弹球机。

在发动水下进攻时,艇长会俯身通过指挥塔下面的潜望镜进行观察。与此同时,好几拨汗流浃背的水兵会观察控制室内的各种仪表,以便接近目标时喊出各种有关的细节和命令:"舰首角,右舷35。测距!放下潜望镜!2/3动力前进!舵位265。"潜艇艇长在工作和学习中认识到:出其不意是用兵之根本。尽可能少用潜望镜,而且要记住,在水下航行速度越高,潜望镜形成的尾流就越明显。发动攻击时,始终认准一个舰船目标,不要朝整支船队或编队胡乱射击。将鱼雷齐射设定在能够覆盖舰船长度80%的范围。射击角度越平直,命中目标概率就越大。每个准备发动进攻的潜艇艇长,他们最担心的是目标突然改变航向,这就是为什么但凡行事谨慎的水面舰艇都会沿"之"字形路线行进的原因。然而,日军的声呐和雷达太差劲,他们的护航船只很少能够在美军发动进攻前阻止他们。

对于海战来说,令人感觉奇怪的是,一向极其胆大的日军,单就潜水艇部队而言,却远不如美军那么的积极进取。许多日军潜艇不是被安排去攻击美军的舰船,而是被分配去给遭到围困的太平洋守军运送给养。日本皇家海军的鱼雷比美军的要好,但其针对美国海军的作战却差不多都有些敷衍了事。相对而言,尼米兹手下许多潜艇艇长却一个个犹如下山之虎。分管潜艇的美军将领不会容忍胆小怯懦。只要发现有艇长缺乏进取心,立刻就会免除他的职务。所谓缺乏进取心,指的是打道回府前,未击沉过敌方的舰船。1943年,178名美军潜艇艇长中,有25人因为"缺乏效率"的原因遭到免职。即使在1944这一年,全部250名艇长中,也有35人被调离岗位。

潜艇艇员非常敬重优秀的指挥员。"神仙鱼"号潜艇无线电报务员阿蒂·埃克斯写道:"我认为,做一名优秀的潜艇指挥员,这一任务比在军队里做任何其他军官的难度都要大。"在作战区,很少有潜艇艇长能够连续睡上两个小时。一名负责巡逻的潜艇艇长,他对于何时、何地、如何发起进攻这些重大决定都负有绝对责任。埃克斯的前面两任指挥员战前都是安纳波利斯潜艇学院的毕业生,他们都只执行完一次巡逻任务就被免了职。埃克斯对他的第二任艇长有过这样一番评论:"此人看起来似乎很明白该如何发动进攻。他似乎没有感到受了惊吓的时候,然而他却始终不发动进攻。"他总是让潜艇保持消极下沉的姿态,即使声呐显示上方有敌方油轮或货船时也是如此。他一回到珍珠港就立刻被免了职。想象力过于丰富,被认为是一个会妨碍成为优秀潜艇指挥员的缺点。事实上,对所有成功的战士来说,的确也都是如此。

1944年前,美军潜艇发起的许多进攻,都是以群狼战术方式展开,也就是三艘或三艘以上潜艇协同作战。最初应用这一战术时,由于需要牺牲各艇独立性的缘故,许多艇长都不大高兴。然而当日军放弃单独航行,几乎倾巢出动时,美军潜艇兵这才意识到,作为一个1942年以来就被德军熟练应用的战术,此时此刻,集体作战才应该是个符合逻辑的反应。1944年秋,在太平洋战区,海军中校乔治·多纳霍率领的潜艇团队一次巡逻就击沉了64456吨位的敌军运输船。其中,光是"鳅鱼"号潜艇,就取得了击沉26812吨位的战绩,它击沉了日军一个船队中的3—4艘商船。

跟许多其他作战样式一样,潜艇作战的一个重要元素,是需要通过情报部门获取大量信息。这一任务是依靠位于夏威夷的海军联合情报中心,通过其出色的工作,破译敌人的通信信号来获取信息。这个中心有1800名员工,大家把这个中心叫作"盐矿"或者"动物园"。1944年前后,美军太平洋战区联合情报中心一直在按照"一周工作7天、全天24小时三班倒"的规定在监听和破译大批日本海军和陆军的信号情报。敌人军舰和商船的大多数调动信息几个小时时间内就会被美军获悉,并通知给附近的美军潜艇。在目标跟踪问题上,日军I-29号潜艇的例子提供了很好的说明。1944年7月,美国信号情报部门发现了I-29潜艇的方位,它当时正携带科学仪器从德国长途跋涉往回赶,再进入此番旅途最后一站,从新加坡通过南中国海回国。8艘美军潜艇占据埋伏位置,"锯鳐"号将I-29送上了西天。"比目鱼"号潜艇艇长佩特·贾兰亭中校写道:"这是一场不带人情味的战争。海战已经发展到这样一个阶段:水兵不再将敌人看成是人。他们看到的只是敌人赖以航行或飞行的钢质或铝质运载工具,然后力图用自己的武器将它打掉……在海上战争中,人们很少能够见到人的形骸出现在战场上,无论是满身油污的幸存者,遍体烧伤的海员,被烫伤的锅炉工,还是被淹死的战士。"

一番齐射,鱼雷离开发射管之后,潜艇上会有一阵痛苦的等待,一名军官会手拿秒表监测时间,直到艇员们听到动静为止,要么是远处爆炸传来的巨响,要么是船只在水下解体发出的可怕声音,要么是未能命中目标时的沉寂。1944年前后,美军潜艇每发射10枚鱼雷就会击沉一艘舰船。老式压缩空气型潜艇行进速度只有45节,接替它们的马克18型电动潜艇比它还慢,但不会排放会泄露行踪的一串串气泡。

偶尔，潜艇发射时会出现如噩梦般的"紧急情况"，也就是发射后的鱼雷被卡在鱼雷管里的情况。需要做非常细致的努力，才能将它卸下来。

如果进攻顺利，你会为一艘潜艇所能造成的重大破坏叹为观止。譬如，1945年1月8日，"无须鱼"号潜艇艇长、人称"幸运星"的尤金·弗拉基中校在台湾海峡北部持续5个小时跟踪一支庞大的日本舰队。首轮攻击中，他击毁了几艘货船，随后他开始匆忙为第二轮进攻做准备。弗拉基写道："我能感觉到，积极进攻的意识在我血液中涌动，因为敌人受到的惊吓比我们更为严重……驱逐舰突然掉头朝我们驶来……积极进攻意识刹那间消失得无影无踪。我们下潜到了140英尺的深度。"最后，"无须鱼"号再次浮上海面，发动了第二轮齐射攻势。弗拉基就站在舰桥的位置："观察到三枚鱼雷击中目标，随后传来惊天动地的爆炸。场面壮观程度远超过好莱坞大片，这是战争开打以来最大的一次爆炸。第一场冲击波的余波传来，让人感觉透不过气来。潜艇因此形成了一个高度真空的状态。控制室人员说，他们有快被吸到舱门去的感觉。"舰桥上的一小撮人观看着给日军造成的破坏："我们一个个都目瞪口呆。"

一番进攻后，要是感觉被敌军护航船只发现，危险可能随时会降临，潜艇或是会全速逃跑，或是会迅速深潜。一艘驱逐舰能够以至少15节的速度行进，这比使用柴油发动机动力在水面上行驶的潜艇要快，也比依靠电动马达在水下行驶的潜艇要快。美国海军命令所有潜艇艇长：永远不要在水面上跟敌人拼死一战。潜艇甲板上唯一一挺手动瞄准机枪几乎根本不足以应对任何一艘日本军舰。一丁点儿大的艇体损伤都有可能使潜艇无法再潜入水中。1944年9月，"咆哮者"号潜艇浮出水面，迎头朝一艘正在全速进攻的日军驱逐舰发射了几枚鱼雷，这是所有潜艇发射中运气最佳的一次，因为当时的鱼雷发射距离太近了。神奇的是，这艘潜艇居然射中了一枚，这艘日本军舰在潜艇前方200码距离沉没了。美国海军的看法是，"咆哮者"号潜艇的艇长冒了一次自杀性的风险。要是没能射中目标，潜艇会在几秒钟后被日舰狠狠相撞。

对于那些遭遇过日军深水炸弹攻击的潜艇兵来说，那是一种令人心有余悸的体验。他们会听到敌舰释放炸弹，炸弹会在水下停留好几个小时，查找舰上人根本看不到的目标，然后对目标发动攻击。然而，日军一直未能解决一个关键的问题，就是按立体几何规划模型来投放深水炸弹。美军潜艇会在远离水面的位置藏身，如果可能的话，他们会选择待在一个能够反射声呐信号的上升暖流里，关闭所有非必要装备以减少潜艇的声音信号特征。没有了空调，船体里的空气会变得更加恶臭，一时间官兵身上会汗流如注。遭到攻击时，佩特·贾兰亭比其他任何时候都渴望能够冲一个冷水澡。

一连串深水炸弹闷声入水的声响会在潜艇内部引发扑通扑通的回音。"神仙鱼"号无线电报务员阿蒂·埃克斯有一本账，在他参与执行的10次战斗巡逻中，他们潜艇遭到过40次深水炸弹攻击，尽管有时攻击时间并不长。在不得不深潜很长一段时间的时候，水兵们会在床铺上洒上空气净化粉，这是一种效果并不明显的消除恶臭的办法。海军中将查尔斯·洛克伍德是珍珠港一名潜水艇指挥员。他发现1943年个别政府官员在媒体面前言行不够检点，竟然透露说美军潜艇根本不把日军深水炸弹攻击当回事，因为日军总在浅水环境施放炸弹，往往会在目标上方发生爆炸。洛克伍德对这样的言论很是气愤。他指出，自从这番话被媒体报道后，日军学会在更深的地方引爆炸弹，美军更多潜艇因而被炸沉。

深水炸弹攻击往往会持续好几个小时。在遭袭情况下，潜水兵会以清晰得可怕的思维设想脆弱艇体发生爆炸后的景象，一层薄薄的钢板支撑着整个海洋的重量，遭袭后的艇体会被瞬间压扁压碎。一位刚加入"大比目鱼"号潜水艇的军官，他父亲曾在旧金山参观过这艘潜艇，之后他父亲曾明智地指出，"在潜艇上服役对年轻人来说是个很好的人生体验"。几个星期后，在一次深水炸弹袭击中，艇上发生氯气泄露，这位年轻军官幽默地对控制室里的人重复说起他父亲的那番话。佩特·贾兰亭写道："被困在不流通的散发恶臭的空气里持续好几个小时，我们有头疼、肺灼热、眼睛难受等感觉。"官兵们仔细嗅着周围的空气，努力捕捉核心配电箱里绝缘体燃烧的气味，竭力防止艇体漏油或漏气给敌人提供致命线索。深水炸弹在附近爆炸时，冲击波会将潜艇内部搞得乱七八糟，到处是掉落的塞子，散落的装备和弹跳的管道，油或水四处喷溅，直到大家把漏洞堵上为止。

如果炸弹来得更近，潜艇艇身会随着一声巨响骤然爆裂，海水会旋即蜂拥而入，水兵们会经历几秒钟的恐惧，直至失去知觉。被击中潜艇上的艇员很少有机会得以逃生。即使有机会，有些人也拒绝接受。1943年，曾流传过一个传奇故事。"杜父鱼"号潜艇受了致命损伤，漂在海面上，海军中校约翰·克伦威尔拒绝弃船。二副费德勒少尉在军官餐厅餐桌旁坐下来，无奈地一个人玩起纸牌来。克伦威尔以日本人都不得不钦佩的方式对艇员们说："我不能随你们走。我知道得太多了。"潜艇沉没后，"杜父鱼"号其余42名官兵被敌人的驱逐舰打捞了起来。作为战俘，这些人大多数在战后得以幸存，但有些人没那么好的运气。有4名潜艇员从一艘沉没潜艇上游上了菲律宾的罗拔洛托海岸,但在被日军俘房后,一律被执行了枪决。

战争中总是这样,运气是潜艇员得以生存的决定性因素。威廉·索切克在太平洋上执行了8次巡逻任务,一开始是"咆哮者"号潜艇的火控员,后来当了这艘潜艇的艇长,再往后被调到岸上任职。之后不久,"咆哮者"号就被击沉了。一位在"鳟鱼"号潜艇上服役的水兵眼看轮到回国休假了。这时,他收到妻子的一封信,说要跟他离婚,他随即选择留在了艇上。在又一次出海巡逻时,潜艇被击沉,他也因公殉职。"海狼"号是美国所有潜艇中最有名、最成功的一艘潜艇。1944年10月3日,这艘潜艇遭到美军自己的驱逐舰攻击,艇上所有人都随艇一道葬身海底。

葬身海底的潜艇,绝大部分是在菲律宾以西或临近日本的海上运输通道上遭遇厄运的,它们前往这些地方,是要去阻断日本的海上运输。敌军护航船只的报复,并不是潜艇员所要面对的唯一风险。1944年10月31日,在吕宋岛西侧近海地区,"犁头鲛"号潜艇用鱼雷攻击了一艘弹药运输船,"这艘船被送上了天,差不多连马尼拉那么远的地方都能感觉得到。"在1900码以外的地方,"犁头鲛"号潜艇被冲击波狂抛起来,随后又落入50英尺深的水下。液舱里的水喷涌而出,燃油喷溅得工作间里到处都是。美军有几艘潜艇遭遇了跟"海狼"号一样的命运,都是被美国军舰或战机的"友军火力"击沉的。有些潜艇会搁浅,譬如"飞鱼"号。在莱特湾战役对粟田舰队的战斗中,"飞鱼"号在凯旋途中就曾遭遇搁浅。艇员被"鲦鱼"号潜艇救出后,美军不得已凿沉了这艘潜艇。还有其他一些潜艇,它们有过误入雷场的恐怖经历。"潘盘尼托"号潜艇艇长曼纽尔·门德斯说:"很多人会告诉你,说碰到深水炸弹袭击是最为吓人的经历,但除非你曾误入过雷场,听到水雷缆绳刮擦船体的声音,否则你来这世上就算白活了一回。""哈德"号潜艇艇长是位传奇式人物,他名叫山姆·迪利,来自德克萨斯州。1944年8月24日,在击沉16艘总计54000吨的日本舰船后,这艘艇被日军巡逻艇击沉。有些被击沉的潜艇,它们最后关头经历了什么却一直不为人所知。

1944年10月30日晚,"大马哈鱼"号潜艇在九州近海,克服千难万阻,最终神奇般大难不死。在用鱼雷攻击一艘油轮后,这艘潜艇被深水炸弹炸得失去了战斗力,下沉500英尺后,才得以遏制住继续下沉的势头。艇长觉得根据该艇的状况,他们得浮出水面碰碰运气。一开始,他们发现周围海面空无一船,离得最近的敌舰也在7000码以外。

艇上官兵摸黑奋力堵漏的堵漏、补舱的补舱。大约4小时后，敌人的一艘护卫舰赶了过来。"大马哈鱼"号用甲板上的机枪朝着敌舰连续开火，随后趁着下暴雨的机会逃走了。做了无线电呼救后，在附近姊妹艇的帮助和空中飞机的掩护下，这艘潜艇最终得以抵达塞班岛。

潜艇战的一个悲剧性副作用是，它导致约10000名盟军俘虏因此付出了生命代价。的确，这一数字差不多占拘押期间殉职盟军战俘的1/3。日军将战俘运往日本本土，是想把他们用作苦力。尼米兹手下的潜艇艇长无法识别哪些是运送战俘的船只，尽管在战争后期，"魔术"密码破译员的确发现，某些船队上面搭载的是盟军的战俘。美国海军采取了一个残酷无情的立场，歼灭敌人必须优先于任何保护战俘生命的措施。很难说指挥员们还能在此基础上有所变通：如果日军发现战俘船可以得到宽容，那他们一定会着手将盟军人员当作人质。大多数不幸受害者就这样灰飞烟灭了，攻击者对他们的结局一无所知。然而，在为数不多的几个案例中，还是有幸存者得以留存下来把他们的可怕遭遇讲述给后人听。"川丸神余"号是一艘破旧的运输船，任务是将战俘从棉兰老岛运往日本。负责押运的日本指挥员告诉船上的战俘，如果船只遭到攻击，他会把他们全都杀掉。1944年9月7日，"川丸神余"号果真被"短桨"号潜艇击沉。果不其然，船上的日军看守将那些试图逃离沉船的人一个个杀害了。大约20名战俘被日军救援船只误当作自己人打捞了起来，但在被送上另一艘船后，他们又逐一遭到日军枪决。有一个人跳船游回了棉兰老岛，另外有几个人得以从沉船上逃了出来。他们得到了当地人的照顾，最后被送回了美军的"独角鲸"号。

1944年9月12日，两艘日本万吨级护卫舰搭载着1800名英国籍和718名澳大利亚籍战俘编队从新加坡出发返日途中，被美军"海狮"号潜艇击沉一艘。军舰即将沉没时以及大家都落入水中后，一些战俘趁机就近杀死了一些日本人。他们的行为颇有先见之明，因为当日军护卫船只返回救援他们的自己人时，他们竟然弃战俘于不顾，让他们在水中淹死。一位日本军官在被救起来之前，曾对还在水里绝望挣扎的人说："先生，对不起了。这就是我们民族的行为方式。希望你能够得救。"第二天晚上，"潘盘尼托"号潜艇击沉了一艘油轮和第二艘护卫舰。超过600多名战俘跌落海中，每小时都会有几十人死去。在等待自己的死期来临时，一位澳大利亚人听到一群英国人在微弱地唱起那首歌，"统御吧，不列颠，不列颠统御万顷波涛"，他为此颇为感动。

三个夜晚过去后，"潘盘尼托"号回到那片海域，发现有几个人簇拥在一只皮筏上面。"潘盘尼托"号以为那是日本人，于是向皮筏靠近，想抓几个俘虏，用于了解情报。当他们发现面前是一群深陷绝望的盟军俘虏时，美军赶忙救起73人，并呼叫"海狮"号加入救援，随后把他们运往塞班岛。艇长说："让那么多人在海里等死，这种事真让人为之心碎。"第二艘赶来的潜艇又救起32人，有7人在运往塞班岛的途中就死了。在这些救援行动中，最奇怪的一点是，美军潜艇没有设法为那些不得不留在海里的战俘提供食物和水。或许他们是觉得让他们死得快一点会更加人道。从新加坡离开时总计1518名战俘，只有159人活了下来。除了视作战争悲剧外，人们很难将战俘的命运视作其他什么东西。他们的命运因为日本人一贯的非人道做法而变得更加复杂。

每次巡逻结束返回基地时，大部分潜艇艇长都会允许已经疲惫不堪、脸色苍白的艇员到甲板上去晒晒日光浴。在珍珠港，当这些潜艇结束巡逻返回基地时，备受爱戴的海军上将洛克伍德会亲自前来问候麾下每艘潜艇上的官兵，与此同时，船坞侧畔，乐队会奏响乐曲《快乐时光又回来》。艇员们有些步履蹒跚地从艇里爬上岸。在执行5—10次太平洋战争巡逻任务后，他们中多数得以幸存的人都会被调往不算辛苦的大西洋任务区任职，或者到岸上去工作。最终留在珍珠港的艇员，注定还会再次出航，他们会到威基基海滩附近的皇家夏威夷酒店做休整。在岸上停留一两个星期，做完补给和维护后，他们又会返回去再次执行任务。

海军中校佩特·贾兰亭写道："1944年秋，珍珠港总部的人几乎一直沉浸在欢快的情绪中。"11月份，执行巡逻任务的潜艇艇长们发现，目标区域给养在不断减少，但潜艇还是在继续打击和消灭所能碰到的敌方舰船。6日，一支由4艘潜艇组成的"狼群"攻击了日军"熊野"号重型巡洋舰。"熊野"号当时正押送一支船队前往日本。"犁头鲛"号发射了9枚鱼雷，有3枚命中了目标。"鳊鱼"号发射另外2枚鱼雷击中"熊野"号舰体后发生爆炸，其他潜艇发射的另外3枚鱼雷也击中了"熊野"号舰体。这艘巨舰设法抢滩在了吕宋岛，3周后被美军的航母舰载机彻底干掉了。11月15日，"皇后鱼"号潜艇艇长查尔斯·洛克林中校率领"狼群"对一支运送日军第23师前往吕宋岛的船队发起攻击。一艘搭载了2个营兵力和师辖炮兵团的军舰被立刻击沉。两天后，洛克林率领的"狼群"在黄海上又遭遇同一支日本船队，又击沉一艘运输舰，击伤一艘油轮。不久后，"锹鱼"号击中了日军21000吨的"金阳"号护航航母，眼看着航母慢慢失去动力并随后倾覆，上面的舰载机也一架架纷纷滑入海中。

11月21日，"海狮"号仅凭一枚鱼雷就击沉了日军"金刚"号战斗巡洋舰。"射水鱼"号正在东京湾以南100英里的地方执行救生任务，突然接到命令要它去执行攻击任务，因为当时计划中没有安排战机值班。这艘潜艇立刻发现并击沉了日军的"信浓"号航空母舰，那是一艘由59000吨级战列舰改装成的航母，跟"大和"号和"武藏"号属于同一个级别，10天前才刚刚入列。美军太平洋战区全部潜艇中，最成功的要数"亮光鱼"号。它击沉了21艘敌舰，吨位总计达10万吨。1944年12月，在执行第5次战斗巡逻时，它在菲律宾和印度支那之间的海区击沉了4艘油轮和2艘驱逐舰，每艘舰上载有10万桶原油。12月22日，在同一次巡逻期间，一天晚上，在印度支那附近，"亮光鱼"号将3艘油轮送上了西天。这就是封锁造成的非同寻常的冲击效果。

然而，战斗规模却在逐渐缩小。并不是因为潜艇的努力程度有所减弱，而是因为日军商船队的规模已经大幅萎缩。日军指挥员不愿意再将剩余船只暴露在无异于自杀的深海航线上。佩特·贾兰亭中校说："这场战争成了飞行员的战争，而不是潜艇的战争。"潜艇差不多已经完成了将日本本土跟它日渐萎缩的帝国隔离开来的任务。潜艇不能在黄海和日本海这样的浅水海域作战。远程的"解放者"轰炸机和航空母舰接管了在潜艇够不着的地方对日本海上运输实施打击的任务。美国空军只投入了少量B-29轰炸机，用于在日本近海水域布设水雷，虽然如此，它们造成的影响却仍然非同寻常。1945年1月，这是两年多来美军战机在击沉日舰数量上首次超过美军潜艇的一个月。

潜艇军官们强烈认为，在战争最后几个月，美军航母舰队对已经无能为力或者已经动弹不得的日本军舰关注太多，其实本可以用来更加有效地摧毁敌人的商船队。这一看法揭示了美国海军的一个顽疾：美国海军本能认为，对于敢闯敢干的美军指挥员来说，作战舰队才是他们的头号攻击目标；那些脏里吧唧、胆战心惊地在日本近岸地区航行的老式货船和汽船根本就不重要。

现在，日本皇家海军已经丧失了影响战争进程的能力。剥夺他们获取燃油、粮食和原材料的机会，可以对日本顽固抵抗的时间长短产生重大得多的影响。针对日本的商业运输，美军海军航空兵只投入了4%的战力，但它们摧毁了日本16%的商船吨位。平均每击沉1000吨舰船，只投入了 9 架战机和 4 吨炸弹。要是美军派出航母在爪哇岛和苏门答腊岛以南海区开展巡航，他们本来有可能会取得超乎寻常的成效。他们没有这么做，这说明尼米兹手下的指挥员太痴迷于与敌人军舰正面交锋；在战争最后几个月时间里，太执着于去打击日本本土。有人说，美军的一些海军上将，他们应该不仅研究战术，还得研究经济学。我们这么说，并非打算贬低美国海军在战争期间取得的非凡成就。

在太平洋战区，任何时候，处于作战值勤状态的潜艇都从未超过 50 艘，其中 22 艘正在前往巡逻区或正在从巡逻区折返的路途中。比较而言，德国海军在其巅峰时期曾部署过 100 多艘 U 型潜艇，并在 1942 年 11 月击沉了 106 艘多达 636907 吨位的盟军舰船，达到击沉舰船数量峰值。这个数值远比美军对日军的最佳表现还要高，然而相比而言，盟军承受损失的能力更强。战争结束时，日本一片狼藉的城市面貌，更显然证明了盟军的摧毁能力，这远比那些葬身海底不能目睹的日军舰船，更加具有明确说服力。然而海上损失却将日本经济带到了崩溃边缘。早在美国空军轰炸机编队开始放手大干之前，情况就已经如此。"美国战略轰炸调查"被认为是一个带有倾向海军偏见的机构，因此它不可能帮助大家达成结论，但该机构在 1946 年的一份报告中曾宣称："对敌海上运输的这场仗，是造成日本经济崩溃以及日本陆海力量后勤支援出现崩溃的最具决定性意义的因素。潜艇部队是击沉多数日本舰船的部队。"美国海军潜艇部队是一支规模很小，只有 16000 名官兵的部队。纵观全世界，还没有其他任何一支作战力量，能以如此弱小之规模，对战争造成与之媲美的重大影响。

第十二章　李梅火烧日本

"超级堡垒"

对于第二次世界大战，人们普遍认为，1945年8月对日本发动的原子弹空袭，是一个独一无二的令人十分惊恐的事件。然而，要正确理解广岛和长崎的宿命，必须对核爆前美军发动空战的背景有所了解。早在俗称"小男孩"和"胖子"的两颗可怕的原子弹为人们所认识之前，这场空战就已经夺走了大量人员的生命。在太平洋战争头几年，除1942年4月从航母上曾发起过一次被称为"杜立特尔"的颇具戏剧性的姿态性空袭外，盟军未能对日本发起过空袭，原因是他们的兵力根本无法投射到这个国家。与此同时，1942—1943年间，美国驻欧洲空军部队已经在专注于对工业和军事设施实施精确打击。这么做，部分是因为这些设施被认为是最具价值的目标，部分是因为美国的政治军事领导层已经对英国开展的区域轰炸公开表达了原则性和道义性的反对。

然而，随着战争推进，人们开始打消顾虑。罗斯福及随后的杜鲁门扮演着美军总司令的角色，海军上将莱希是他们的参谋长。他们摒弃了用"心理战"来对付日本的想法。莱希说："对这些野蛮人，最好的心理战就是炸弹。"无独有偶，1944年9月，英国《旁观者》杂志的一位撰稿人写道："没有哪位大主教会大声疾呼，反对在时机成熟时对日本实施轰炸，因为对于一个甚至会射杀不得已跳伞逃生的飞行员的敌人，对于一个曾在中国犯下令人发指的滔天罪行的敌人，我们很难为他求得怜悯。"日本人民非常不幸的是，这一时期，温和派的美国人对于杀害无辜平民的谨慎态度，已经被残酷无情但讲求实用的强硬派所压制。强硬派们正在评估，如何以最佳方式利用现有技术对敌人造成伤害，并提升战略空军力量的公信力。

诸如约翰·道尔之类的批评家认为，对日本人的种族仇视心理，是导致日本民族在盟军手里遭到比德国人更严厉对待的原因，在空袭的问题上尤其如此。这一观点似乎是对1944—1945年间发生在欧洲的系列事件的误读。在战争最后几个月，大量德国平民在盟军轰炸中死于非命。当时，盟军派出的是一支装备有先进技术的庞大的空中力量，所针对的却是弱小得可以忽略不计的空防设施。美军飞行员非常清楚，美国空军通过雷达观测对城市精准目标施行的轰炸，其效果实际跟英国人实施的区域轰炸差不多，都有不分青红皂白草菅人命之嫌。炸毁德累斯顿的行动，普遍被认为是件令人毛骨悚然的独特案例。当然，事实上，盟国空军部队每天都在渴望给敌人造成类似损伤，尽管美国人会道貌岸然地公开对平民伤亡表示遗憾。英国几乎将其战争投入的1/3用在了战略空袭任务上，而美国空军轰炸机部队的消耗也与之相当，约占美国总开支的10%。在某种程度上，战争迟钝了所有参战者的恻隐之心。对于那些让空袭成为盟军政策的人来说，这的确真就是那么回事。

从以上情况可以看出，在任何一次冲突中，很少有参战者会如此高尚，在敌人给予自己的待遇标准之上格外开恩，心甘情愿给敌人提供更好的待遇。在二战最后阶段，不耐烦情绪在盟军各级别层面上都有所流露。从总统和首相到散兵坑里的战士，都希望把这件事情"一了百了"。大家对战争的结果没有任何怀疑。轴心国没有任何可能避免失败的命运。在此认知下，由于敌人拒绝承认导致他们陷入无望境地的逻辑，官兵们因此不得不继续做出牺牲，这让他们越发感觉恼火。任何能够加快达成最终目的的手段似乎都可以接受。在欧洲，尽管一些高级军官还心存疑虑，美国空军仍旧明确参与了针对平民的恐怖空袭，譬如1945年2月的"号角行动"。不分军事和民用目标，对小型社区和道路交通发起攻击，盟军空袭造成数以千计人员的死亡。借此，他们希望能让德国人明白他们已经陷入绝对脆弱的困境。

日本人的"神风特攻"，他们对战俘和被占领民族的粗暴对待，总体上对战争的厌倦情绪，这些因素已经麻木了盟军的恻隐之心。在这个当口，日本民族最终发现，他们落入了美军轰炸机攻击的范围。除了以上这些因素外，美军高级飞行员还心存救世主一样的决心，他们要让世人看到，他们为胜利做出了决定性的贡献，他们要为自己的军种争取一个从陆军中独立出来的前景。早在"小男孩"原子弹抵达天

第十二章 李梅火烧日本

宁岛数月之前，美军已经取得了给日本民族造成可怕伤害的工具。

陈纳德是一位自由职业者，曾担任过"飞虎队"队长，后被美国政府提升为将军，负责指挥美军援华第14空军部队。他是最早主张对日本实施密集轰炸的人之一。这位喜欢吹牛的将军声称，凭借500架飞机，他可以"用燃烧弹对本州和九州那些鳞次栉比的'蚂蚁窝'进行攻击，将日本帝国的工业心脏烧为灰烬"。美军空军参谋长、人称"福将"的阿诺德上将冷峻地回答说："对城市使用燃烧弹，有违我们只攻击军事目标的国策。"然后，1943年，在犹他州参观达格威试验场的人却看到一个跟他的说法有出入的场面。他们在那里看到了用木头仿真出来的规模不大的日本村庄，每个村庄有24间房屋，里面是草席铺成的榻榻米和其他家具。这一模拟社区被轰炸机夷为了平地，显示在日本大城市要想模拟和复制这一创举会有多么容易，因为这些城市的房屋，都建造得非常的脆弱。

大约同一时间，空军参谋们在日本、中国和朝鲜选定了8个优先打击的工业目标体系。1943年10月，一份研究报告指出，有20个日本城市容纳了全国22%的人口。1944年6月，一个听起来有些阴森恐怖、名叫"联合燃烧弹委员会"的机构，对本州的6个城区进行了评估。随后报告认为，这6个城区的70%可以加以摧毁，日本会因此丧失20%的产量，但空袭还会导致56万人伤亡。研究人员告诉阿诺德说，测试这一理论并不需要花费多少钱。这些研究人员耸耸肩说，因轰炸造成的人道主义问题，就让国家政策制定者去处理吧。

一个偷袭珍珠港的敌对国家理所当然应该遭到轰炸。需要解决的，不过是用什么办法实施轰炸的问题。1942年9月，世界上有史以来最大的一架轰炸机B-29"超级堡垒"完成了它的处女飞行。这架飞机被指定用来对日本实施报复打击。其规格和复杂程度，甚至制造它时流露的勃勃野心，都使它称得上是美国财富和创造力的丰碑之作。每架飞机花费超过50万美元，是英国皇家空军"兰开斯特"轰炸机价格的5倍。建造一架B-29轰炸机，需要耗费2.7万磅的金属铝，1000多磅的金属铜，69万只铆钉，长度达9.5英里的电缆，以及长度达2英里的管道。这是世界上第一架增压轰炸机，作战半径高达1600英里，可搭载12名机组成员和全套防御武器。

1994年1月，第100架B-29轰炸机入列；同年11月，第1000架B-29轰炸机下线。然而，东京离夏威夷有3900英里的距离。除非美国在西太平洋建设基地，否则保证B-29能对日占领土实施行动的跑道，就只能建设在印度和中国。1944年初夏，美军第一个飞行中队抵达印

243

度,他们遭遇的却是一个肮脏龌龊、不那么让人开心的场面。一位飞行员写道:"我们依次走出机舱,迫切想看一看我们的新基地。然而,我的心一下子凉了半截。这不是我们所期望的文明战争,因为这里没有营房、没有铺砌的街道,只有蚊虫、酷热和尘土。"6月5日,他们对位于曼谷的日本铁路维护站发起第一次空袭,整个过程就跟一场闹剧似的。总计122架飞机中,10架根本无法工作,14架起飞失败,2架当即坠毁,13架不得不提前返回。由于天气恶劣的缘故,其余飞机有77架只能在17000—27000英尺的高空对主要目标发起攻击。只有4吨炸弹在接近目标位置爆炸。一架B-29轰炸机被敌军炮火击中。另一架在着陆时坠毁。在接下来的几个月时间里,虽然费了很大力气,空袭的精准度却一直不如人意,得以成功投掷的炸弹和水雷数量很少,对日军并未构成多大影响。

与此同时,不同寻常的事情正在中国酝酿发生。50万劳工凭借辛勤汗水将岩石砸碎后搬运下来,用于铺设B-29轰炸机的跑道,然后用巨型轧路辊把路压平,每个轧路辊需要500名工人牵拉。大量苦力在修路过程中因故丧生。就算如此,修成后的跑道也从未真正达到B-29轰炸机的作业要求。然而,1944年4月,第一架B-29轰炸机降落在了中国。8月前后,少量轰炸机开始从新机场出发对日本发动空袭。相关后勤工作令人称奇也令人惊讶。B-29轰炸机每出动一个架次需要20吨燃油、弹药和补给。这些东西由B-29运输机运往在中国的美军基地,每架这样的运输机每搭载4.5吨载荷需要烧掉28吨燃油。很快C-109运输机接替B-29轰炸机承担起了这一运输任务。翻越驼峰山空运物资到昆明,是战争期间最危险、最不受欢迎的任务,它导致损失了总计450架飞机。飞行员效率之差、士气之低落是真出了名的。迫不得已需要跳伞的飞行员,发现他们降落在了世界上最为荒凉的地方。有一组飞行员花了29天时间走了250英里路,好不容易才算赶到一个友好地带。

人们使出九牛二虎之力,想的是能让B-29轰炸机从中国出发去进攻日本。然而,他们冒了很大风险,成效却不大。当时,对盟军飞行员生命构成重大威胁的,不是敌人的战斗机和高射炮,而是他们自己的飞机。用他们中一位最著名指战员的说法,"B-29轰炸机这样那样的小毛病,就跟史密森尼博物馆昆虫分馆里的小虫一样多"。液压系统、电力系统、炮塔,尤其是动力装置,都时常会出现令人惊愕不已的故障。飞机的4台柯蒂斯·莱特R-3350发动机,简直就是"机械师的噩梦",特别容易在飞行过程中突然着火燃烧。金属镁做成的零件很容易燃烧熔断，合金部件非常容易出故障。飞行员杰克·考德威尔写道:"飞机到了25000英尺以上高度，就总感觉每个铆钉都达到极限了似的。"除B-29轰炸机的这些问题外，其机组成员还存在缺乏经验等缺点。美国空军承认，对驾驶这艘"空中战列舰"的飞行员进行的培训，存在许多"史无前例的重大问题"。1944年8月19日，在一次执行常规空袭任务中，71架轰炸机受命前去轰炸日本的八幡钢铁厂，白天61架，夜间10架。有5架轰炸机被敌人击毁；2架飞机在起飞前和起飞期间就发生了坠毁；另外8架飞机的损失，则是因为技术故障。这次任务只投掷了112吨的炸弹，但损失了价值750万美元的战机以及机上宝贵的机组成员。

  这一新款巨型轰炸机引发了美国国内公众的想象，一时产生出各种各样的说法。犹如滔滔洪水般的舆论让美国空军感觉非常尴尬。事实上，指战员们对该型飞机取得的战果了解并不多。他们的英国盟友也同样如此。8月份，蒙巴顿的总参谋长亨利·包诺尔要求从中国撤出B-29轰炸机大队。他指出，盟军每运送一吨补给支援美国空军，就同步运送了2.5吨的补给给中国国民党，"但国民党进攻规模很难对战争进程产生影响"。在长期存在恶劣天气的日本上空，雷达观测轰炸的精度只能达到2英里。B-29轰炸机的损失数量，只有1/3是被敌人打下来的，其余都是由于技术或其他原因自己造成的。12月14日，在对曼谷的一座桥梁发起空袭前，按要求这次行动需要投掷多类型炸弹，包括500磅重炸弹和1000磅重炸弹，飞行员们对其中潜在的诸多风险提出了疑问，因为这些炸弹有可能在空中形成碰撞。他们的意见遭到驳回，并且还遭到威胁说，如果拒绝出航，他们会被送上军事法庭。在目标上空，炸弹果真在美军编队中发生了爆炸。美军损失了4架飞机。炮膛炸裂的情况时有发生，发动机故障问题也一直在持续发生。飞行员的士气陡降到了新低。

  显然，情况不能再这么继续下去了，事实上这种情况也没能延续。1944年8月29日，美军现役最年轻的少将柯蒂斯·李梅飞往印度，接管了第20轰炸机司令部的指挥权。9月8日，他以观察员身份陪同一架B-29轰炸机执行任务。他刚从欧洲来，曾在那里树立过很高的威望，现在他的所见所闻却让他颇为震惊。他立即给华盛顿方面汇报了第20轰炸机司令部的情况。9月12日，他在给阿诺德的参谋长的信中写道:"他们是个非常糟糕的作战群体……他们缺乏作战经验。每个人都在忙，但忙的都是些南辕北辙的事。换句话说，他们一直在尝试通过试错方式，弄清楚战争之初我们的首批轰炸机飞行员是如何作战的。

我认为，我们不能用那样的方式去驾驭 B-29 轰炸机。"一周后，在另一封信中，他伤感地谈及了机组人员和参谋军官的素质是多么的低下，并要求上面给他派出作战经验丰富的人员："B-29 轰炸机小组充斥着一些在国内一直坐办公室的人员。"他指出飞行员会从糟糕的跑道上驾着沉甸甸的飞机起飞，这种胆战心惊的感觉比遭遇敌人要强烈得多。在日军"一号行动"地面攻势中，美军丢失了在华的重要机场，李梅总结认为："在本战区现有条件下，本司令部的作战，基本都是不安全的。"

一开始，美军高级军官有些不大愿意接受放弃 B-29 从中国出发前往轰炸日本的任务，认为那是对美国声望的一大打击。这一局面一直持续到 12 月底，艾尔伯特·魏德迈将军终于向不可逃避的事实低了头。一直到 1945 年 3 月，第 20 轰炸机司令部才开始在印度打点行李。连同飞机和货物，包括宠物猴子和黑熊幼崽，迁往外地，加入已经开始从马里亚纳群岛起飞作战的第 20 空军的其他部队。终于，美军在太平洋上拥有了能够进入日本本土作战的基地。

李梅已经走在了他们前面。12 月 9 日，阿诺德给他写信说："B-29 轰炸机项目对我们很重要，因为我相信它对陆军航空兵的未来有着至关重要的意义。"1945 年 1 月，这位年轻的将军从第 20 轰炸机司令部调到了第 21 轰炸机司令部，接管了其设在关岛的总部机关。就是在这个职位上，他发动了对日本的攻势。从此之后，他的名字就不可磨灭地跟这一攻势联系了起来。

柯蒂斯·李梅出身于俄亥俄州哥伦比亚市一个卑微的家庭。他在那里上了大学，一路确立了自己的社会地位。他很早就展示出了卓越的技术才能，在他以后的生活中，他一直在显露他的这一天分。在担任空军参谋长期间，他亲手制作了一台彩色电视机。1928 年，他取得了陆军航空兵学员资格，在接下来的 10 年时间里，他被认为是集飞行、工程和导航技术之大成的一位大师，被认为是一位要求严格的培训师和纪律执行者。乱世造英雄，他一路飞黄腾达、节节高升。他是个办事很讲效率、无所畏惧、劲头十足、在战术上很有创新精神的人。在欧洲，他一举成名，成为第 8 空军前线指战员中的佼佼者之一。人们尊敬他但并不喜欢他，因为他行为举止超然而冷漠，工作方法冷峻而执着，言谈方式精准而直率。可怜兮兮的飞行员给他起了个外号叫作"铁屁股"。李梅的手下中流行着一个传说。有一次，他开着吉普车在一架正在加油的飞机边上停下来，嘴里还叼着他特有的那只烟斗。这让一位中士不得不小心翼翼地提醒他："首长，那东西会引发火灾的。"李梅回答说:"小子,有我在,它敢!"他脸部一侧患有偏瘫,那是面部神经瘫痪的结果,他冷若冰霜的作风并未因此变得柔和。他对驻印度第20轰炸机司令部的无情批评,以及他接二连三推出的新的训练计划和战术方法,让阿诺德深信不疑,此人正是能够担当重任、负责指挥美国空军从马里亚纳群岛出发前往轰炸日本的理想人选。

这一行动已经迟滞了许久。1944年夏,海军陆战队先后攻下马里亚纳群岛各岛屿。挖掘机和推土机紧随其后,用礁石和珊瑚铺设跑道和硬质路面。首个飞行联队总计180架B-29轰炸机和12000名必要机组人员和地勤人员抵达了塞班岛,尽管此时日军的散兵游勇还未彻底肃清。在第一次执行任务的当天,3名日本兵试图混进打饭的队伍时被美军打死。1945年1月,美军在离第21轰炸机司令部1000码的距离俘虏了47名日本兵。飞行员们的生活条件很朴素。一名飞行员在书信中谈到他在抵达天宁岛后吃惊的感觉:"我本指望在那里会看到棕色皮肤穿着花裙的土著女孩,看到椰子树以及和煦的海风……结果,我看到的却是晒伤皮肤的美国大兵,密密麻麻如蚂蚁般挤在荒凉的珊瑚礁上。我所在的地方,不是天堂岛,而是地狱岛。"

他们生活在令人很不舒服的潮湿环境中。一位飞行员写道:"没过几天,皮革就开始发霉。多数东西都会带上一股霉味。"官兵们睡在一种圆拱形活动房里,每个屋能容纳10—20人。日军会发动夜间袭扰,除了导致245人伤亡、11架飞机被毁、29架飞机受损外,他们还造成一种很普遍的哀兵氛围。一架日军飞机坠毁在美军掩体上,造成40名官兵受伤。斯坦利·塞缪尔森上尉写道:"这一天的其余时间以及随后的好几天时间里,大家都感觉有些局促不安。"日军每次袭扰之后,都会有好几十人接受割伤和瘀伤治疗,这是因为他们往往不得不在黑暗中赤裸着身子在锋利而尖锐的珊瑚上奔跑躲藏的缘故。飞行员在执行飞行任务时需要面对极大的压力,回到地面上还得不到一点点安宁,这对他们来说实在有些太过残酷。

1944年11月1日,美军派出自杜立特尔空袭以来的首架飞机飞往东京上空执行拍照侦察任务。随后,24日,美军派出了111架轰炸机。在离日本250英里前,这些飞机一直保持在2000英尺的高度飞行。之后,它们就爬升到27000英尺的高度,为最后的轰炸做准备。事实上,导航和炸弹瞄准装置还很落后。1944年的整个冬天,执行攻击任务的飞机中,只有2%的飞机将弹药投掷在了瞄准点附近1000英尺的距离内。机组人员需要努力克服4个方面的风险:第一是经验不足、训练不充分;第二是飞机持续发生机械故障;第三是制造商推荐的满载重量为 132000 磅，但起飞时实际载荷超过这一数值，因而需要承受很大压力；最后一个，也是最为严重的一个风险是，在日本上空，他们遭遇了史无前例的顶头风，那是一股速度超过 100 节的急速气流，它打乱了美军事前所做的全部计划，包括燃油需求方面的计划。

第 21 轰炸机司令部受命轰炸的目标是日本的飞机制造商、国防工业和水运船只。1945 年 1 月之前，B-29 轰炸机对这些目标造成的冲击微乎其微。美军士气低沉。第 500 轰炸机大队一位叫作罗伯特·科普兰的飞行员在日记中，对从塞班岛出发前往执行的轰炸行动有过一些凄凉的记录："12 月 22 日：我们在 32000 英尺高度实施了雷达观测轰炸，我对轰炸效果心存怀疑。说得好听点，我是受了点惊吓。""12 月 28 日：昨天的空袭真的搞砸了。他们没有炸中首要目标，因而需要掉头重新轰炸，但还是没能成功，他们把炸弹扔在了东京，结果如何尚不清楚。""1 月 14 日：昨天前往轰炸名古屋的任务似乎执行得很失败……西雅特的飞机闯入了东京上空的急速气流，被气流掀翻，眨眼间飞行高度从 32000 英尺掉落到 25000 英尺，飞行速度下降到了 380 英里每小时。"

还有一位叫作斯坦利·塞缪尔森的军官。1944 年 10 月，他驾驶"超级堡垒"轰炸机执行首趟任务。飞机的一台发动机出现故障，发动机再次启动时，塞缪尔森的飞机已经落在了编队后面。他想要投掷炸弹，却发现炸弹被冻在了弹架上面。弹舱门怎么也打不开，由此造成的阻力使飞机速度进一步慢了下来。对讲机上开始响起炮手发出的短促警报："三次寻踪，低位五点钟方向。四次寻踪，高位两点钟方向。两次寻踪，水平十二点钟方向。"敌人的战斗机持续攻击了 30 分钟，把美军轰炸机编队的飞行员们吓得够呛。他孤军作战，花费 7 个小时，在太平洋上空飞行 1400 英里，才小心翼翼地把这架飞机开回了基地。他下到弹舱，用手把那枚卡壳的炮弹拆卸了下来。回到营区，他一头倒在床上一连睡了 12 个小时。

这位经验丰富的作战飞行员发现，他跟大多数的战友一样，都对驾驶 B-29 轰炸机作战有出人意料的痛苦经历。12 月份，他写道："没办法，我们都受了惊吓，而且吓得不轻。每次执行任务我们都会损失几位飞行员，这种事情，跟药丸似的，难以下咽。如果我们的损失仅仅是由敌人造成的，那还不算什么。但事实上，这种损失是由飞机发动机出故障或其他机械故障而不得不迫降在太平洋中央造成的。要在夜间将价值 60 万美元的飞机和机上的 12 名战士降落在一个离陆地一千多英里、风浪不定的大海上，光是想想这个问题，就能把男孩变成男

第十二章　李梅火烧日本

人，把男人变成头发灰白的老人……在这里，一日就如一辈子……没人有日历，也没有人想要日历。我们都只是一天接着一天、一次空袭接着一次空袭地打发时光。有人说还有两天就到圣诞节了，但似乎没人对此特别上心。"1945年，一位炮手在日记中写道："我们都是些不合格的战士……都在盘算着自己怎么能活下去，都希望自己能去兵工厂上班。"

在某些战区，飞行员会过度受到娇惯。在马里亚纳群岛，他们是没有安逸日子过的。约瑟夫·马耶斯基是天宁岛第6轰炸机大队一名19岁的炮手。他发现自己住在狗窝里，想要洗澡得跟一百多个光着屁股的人一起排长队，而且总是处于饥肠辘辘的状态。他说服他父亲给他邮寄一种叫作"葛波尔"的婴儿罐头食品，包括苹果酱、梨子和桃子罐头等，因为这些东西有营养而且便于携带。马耶斯基精心谋划，违规访问了一艘停靠近海的军舰，他叔叔在这艘军舰上服役。他写道："几个月来，我头一次洗了个热水澡。舰上的饮食太好了。跟我们在天宁岛吃的垃圾一比较，我后悔当初没当海军。"岸上，官兵们用航空汽油来洗衣服。闲暇时光里，他们会将风车的螺旋桨装进油桶，制作成原始的洗衣机。许多飞行员发现，没事可干跟紧张作战一样让人精神沮丧。他们躺在火辣辣的太阳底下，幻想什么时候战争能够结束。

执行任务的日子，在乘坐敞篷卡车前往停机线的路上，大家并没有多少交谈。机组成员一边喝着咖啡，吃着面包圈，一边等待出发的命令。这时，一辆红十字会面包车开过来，搅乱了他们的心情。飞行员们跟地勤组组长聊了一会，组长差不多总是需要跟手下一起整晚加班，为飞行员准备好飞机。他们会检查41B的维护手册。然后，飞行员会协助修理工将螺旋桨拆卸下来，两人负责一个叶片，将下方气缸里累积的油污清洗掉。他们会启动飞机上一个会砰砰作响的小型发电机，为发动机翻转提供电力。莱特发动机按3，4，2，1的顺序一个接一个发出声音，冒出一股浓烟，最后稳定成一阵轰鸣。大多数起飞动作都是向东做出，这是因为需要考虑盛行风的缘故。"70，80，95，110，135……"当副驾驶在一旁大声报出不断上升的速度时，同机的机组成员感觉这样的起飞实在太吓人了。从飞行员将飞机停在半道上、闪出绿灯预备为下一架飞机腾出跑道时开始计算，每架这样满载出发的怪物需要50秒钟才能升空。弗雷德·华纳说："起飞似乎没完没了，发动机都给烧得滚烫滚烫的了。"

只有在首次降低功率时刻来临时，机组成员才能有所放松，那可能是在离地两分钟之后。机舱压力被定为8000英尺压力。投弹手会爬到飞机尾部，在弹舱里为投掷燃烧集束弹做好准备。飞抵日本需要7小时，为打发时间，许多机组成员会将无线电调到"武装力量台"。尤其是后机炮手，他们会感觉特别孤独。他们中许多人会离开战位，到驾驶舱人多的地方凑热闹，尽管由于发动机噪音的缘故，他们只能通过对讲机进行交谈。太平洋上的极端天气会不时造成恐慌，有时也会制造出一些异乎寻常的视觉效果。一位飞行员写道：

  我意识到，在我的上方，天空即将破晓。黎明来临时，黯淡一些的恒星会逐渐消失。积云高高耸立，一直伸展到30000—40000英尺的高空。光线还很微弱，积云顶部的地方都还没有被照亮。底下的大海黑黝黝一片，积云底部光线很暗，给人一种黑沉沉的感觉。然后，仿佛是响应了击鼓号令，缤纷的色彩突然爆炸似的涌现出来：红色和橙色条纹开始朝天空方向散射开来，一直射入高高在上的淡蓝穹顶。色彩艳丽程度渐次展开；鸦雀无声地演变成色彩的交响，直到东方的天空整个燃烧起来，返照并点亮累累的积云。我按下对讲机，提醒机组乘员，片刻后，我平静地说："各位……看飞机左侧。"随后传来一两声低沉的回应："我的天啊！"

  整个飞行期间，导航员比机组其他成员都要辛苦。每架飞机都配备有一套文件，上面有提前设置好的前进方向、位置点和计划时间。夜间，要保持按计划行事，需要通过观测天文确定位置，需要防止出现漂移，需要不时查看APQ13雷达屏幕。白天，机组成员需要从有机玻璃做成的天体观测窗，用六分仪根据太阳方位来判定方向，然后需要16分钟时间才能计算出飞机刚才所在的位置。一位优秀的导航员永远没有停歇的时候。下方的硫磺岛，刚好位于航线的中间位置。之后，在离目标还有一小时路程的当口，大家会穿上宽大厚重的飞行服各就各位。他们会在指定集结地点上方盘旋，直到整支编队全部到齐为止，喷涂在飞机尾翼上的识别标记，如正方形、圆形、三角形等，有助于他们互相识别。之后，他们就义无反顾地向敌人的地盘开进。

  轰炸航路上，飞机时常会被高射炮击中。炮手弗雷德·华纳经历过的最糟糕的一次任务，是他们机组执行的第九次任务。由于在跑道上出现机械故障，他们的轰炸机比主力部队晚29分钟接近轰炸目标。在东京以北50英里的地方，他们发现部分B-29轰炸机正迎面从他们身边飞速驶过，"就好像在高速公路上逆向行驶似的"。他们飞机机头

第十二章 李梅火烧日本

位置上，有个临时被安排到这架飞机上执行任务的投弹手，这是他任期内最后一次执行任务。每次有飞机接近时，他都会恐慌地大喊大叫。除此之外，还有其他风险。至少有一架 B-29 飞机是被机上的自己人击毁的，那是因为兴奋过头的机炮手误击了自己飞机的发动机。有一天，在对大雾弥漫的大阪市发动攻击时，华纳的机组只见到一架己方飞机跟它形成轰炸航路编队。"正午时分，我们飞临目标上空，但我感觉跟在多雾的匹兹堡上空差不多。我们只能依靠雷达进行轰炸，用大阪城堡作为参照点。"有时，他们会撞上上升的暖气流，庞大的飞机会因此剧烈颠簸，机身上所有活动部件都会因此振荡起来。

扔掉炸弹后，飞机会抬升机头，陡然提速前冲，这时的飞机至少轻了 3 吨。然而，结束轰炸后，"突然响起一阵可怕的轰隆声和震颤声"，导航员杜鲁看见日军战斗机反复对他们展开攻击，持续了有 10 分钟的样子。随后，炮声渐息，机组成员松了口气。他们再次看到了下方的太平洋，打算平静进入漫漫归国航程。这种松弛感来得还太早了些。杜鲁瞥了一眼高度表。他们已经降到 12000 英尺，而且高度还在下降。侥幸未被损坏的左侧发动机已经高度疲劳。他们每分钟会下降 100 英尺的高度。飞行员宣布说，如果燃油不能坚持到硫磺岛，他们就只能跳伞了。杜鲁吓坏了："太平洋看上去一副凶多吉少的模样，灰沉沉的，丑陋不堪，涌浪和偶尔掀起的浪花在下面不停翻滚。"

但一小时后，他们仍然保持在 4000 英尺的高度。不久，跟其他一些出了故障的飞机一道，他们开始接近硫磺岛。"我们绕着折钵山盘旋，右侧机翼指向下方，上面是两个已经报废的发动机。这番景象让我有仿佛站在悬崖边上的感觉。"起落架放了下来。随后，让他们备感恐慌的是，在最后进场的关头，另外一架 B-29 轰炸机贸然从他们前面横穿而过。他们拉升高度，重新开始盘旋。飞行员说："这次要是还不能进场，我打算拉升起来，把你们这帮家伙扔到太平洋里去。准备好了。"顶着浓雾和大雨，他们再次冲向跑道，飞机轮胎触地时，他们听到啪的一声响，仿佛是在对他们表示同情。在离跑道尽头只有几码的距离时，他们的飞机停了下来。他们爬出机舱，开始检查机翼上的弹孔。飞机上的燃油仅仅还能烧上 10 分钟。一辆卡车顶着倾盆大雨把他们运到等候区。跟上千名感觉硫磺岛是个救命岛的人一样，杜鲁他们会怀念那些在风化了的火山碎屑上艰难地一点点匍匐前行的陆战队队员，觉得"正是因为这些陆战队队员的牺牲和付出，才使得我们得以在此降落并得以幸存"。当天晚上很晚的时候，他们筋疲力尽回到了天宁岛。在随后的 11 次执行任务中，他们再没遭遇过严重情况。

在并不怎么友好的太平洋上颠簸上7个小时、时不时需要护理已经受损的飞机、最后成功抵达马里亚纳群岛的那些人，他们一头冲上跑道，滑行进入停机位，然后切断发动机电源。有人把"粪桶"从机上取下来清空。大家伸展着已经僵硬的四肢，东倒西歪地爬出机舱。即使在那个时候，折腾人的事情还并不一定已经结束。地勤工程师鲍勃·曼恩曾见过一架飞机，弹舱上挂着炸弹就着陆在了跑道上。军械兵拒绝触碰那颗致命的炸弹，说他们的工作是给飞机装弹药，而不是卸弹药。最后，这架轰炸机的投弹手和另外一名机组成员，经过一番小心翼翼的努力，才好不容易把炸弹的引信拆了下来。

在工作总结会议前，机组成员可以喝上一大口威士忌。机炮手可以不参加工作总结，因为他对情况了解不多。执行完任务归来的飞行员们明白，他们只能做短暂休息。1月，斯坦利·塞缪尔森写道："目前，没有人知道我们需要执行多少次任务。一些人会精神崩溃，并且大多数人都有这个可能。"不断有人指出，对他们提的要求太多了。约瑟夫·马耶斯基写道："在执行大约10次任务后，我们有的机炮手找到上校，对他说：'我不在乎你会不会枪毙我，但我绝不会再踏入那架飞机半步。'"这个人被解除军衔，换了份地勤工作。然而，大多数飞行员还是在继续坚持，因为他们意识到，当飞行员比当步兵轻松安全得多。2月，本·罗伯逊从关岛出发开始了他的作战任务。在跟几个参加过硫磺岛战役的陆战队队员聊过一番之后，他觉得自己的日子还算不错。"我们的情况差不多就是，完成任务后是否能全身而退，通常不会有其他的选项。"轰炸机损失数量在不断增加。2月19日，斯坦利·塞缪尔森所在的B-29轰炸机在日本上空坠毁。在他牺牲前一周，他写道："对这场该死的战争，每天我的厌恶之情都会有所增长。"

第21轰炸机司令部也就是1945年1月柯蒂斯·李梅从海伍德·汉塞尔手中接管过来的部队。在过去的5个月中，汉塞尔一直是第21轰炸机司令部司令，他婉拒了留在关岛担任李梅副手的邀请。对汉塞尔的处理过于严厉，因为在他的努力下，这个司令部的表现已经有了起色。但是，对缺乏建树的军官，一律加以撤换，这是美军的战时政策，这个政策也并没有错。

李梅对这个新任职岗位的首个评价，并不比他对驻印度第20轰炸机司令部的看法更为宽容。在给华盛顿的报告中，他写道："或许前面的路总是比后面的路更糟糕，但在这里任职10天后，我感觉这份差事比我刚离开的那份差事要困难许多……这里的参谋人员实际上根本就不顶事。"他提交了一份清单,点名要求将几位军官调到他的司令部来。他抱怨说,有些部队指战员,虽说作为飞行员还算合格,但缺乏领导才能。1月份,罗伯特·拉默带领替补飞行员抵达马里亚纳群岛,加入了第497轰炸机大队。他记录道:"士气很糟糕……什么都不起作用。"李梅施行了一套严格的训练计划,还一门心思设计新的战术战法,对使用燃烧弹尤其情有独钟。头几个星期,第20轰炸机司令部对日执行了8次轰炸任务,其中包括2次试验燃烧弹空袭。在其中3次任务期间,尽管李梅拆掉了飞机上的武器装备,将每架飞机的载荷增加到了3吨,但执行空袭时连一枚炸弹都没能击中首要攻击目标。尽管他的手下并没有立刻意识到这一点,但在李梅看来,日军薄弱的防空力量显然不足以对美军构成威胁,因此安装在"超级堡垒"上的沉重的机炮几乎就是个多余的摆设。一位飞行员言简意赅地指出:"李梅将军接管了轰炸机司令部,他会把我们这些人都害死的。"3月3日,这位上任新官给阿诺德的参谋长写信说:"我在策划几个创新应用武力的方法。完成几次试验后,我会很快提交计划,等候点评。"

纵火行动

早在珍珠港事件前,日本最为著名的战略家、海军上将山本五十六就曾预言,战火一旦蔓延,"东京很有可能会被烧成一片平地"。李梅提出了使用燃烧弹大规模摧毁日本城市的看法,但他并非这一思想的首创者。在他来马里亚纳群岛任职前,美国空军一份报告就曾宣称:"日本城市容易遭受火灾,这是个很有诱惑力的话题……城市是合理的重要军事目标,这已经是个很明确的观念……因为在城市人烟最为密集的地区,广泛分布着各种工业目标。"早在1944年9月,在华盛顿"作战分析委员会"的一次会议上,战略情报局海军中校威廉·麦戈文就极力主张发动火攻:"日本人天性恐慌的一面让人颇为惊奇……从孩提时代起,他们就一直将火灾视为最让他们感觉害怕的现象之一。"麦戈文跟他大多数同事们一样,"都主张对日发动区域轰炸"。

于是火攻武器应运而生。M-69燃烧弹,重约6磅,是一种整体打包在圆柱外壳里的集束炸弹,集束炸弹头里装的是会缓慢燃烧的凝固汽油。圆柱形的外壳投掷后会在预先设定的高度爆开,里面的集束炸弹会四散开来发动攻击。事实上,M-69燃烧弹是第二次世界大战最为致命的武器之一。劳里斯·诺斯塔德上将是阿诺德的参谋长。他在给李梅的信中写道:"有必要开展一次燃烧弹测试任务,旨在检验我们武器的性能和对日城市工业区进行轰炸的战术……此类攻击并不偏离消灭日本空军力量这一首要目标……仅仅是为未来做好必要准备。"

1945年3月，美国空军高层人士一心想的是，要用B-29轰炸机对日本发动决定性一击。美国空军一名高级军官在写给麦克阿瑟的空军参谋长乔治·肯尼迪的信中说："现在以及战后，这个国家都一定会想到的，是它的空中力量。"飞行员们试图用他们的行动证明，投入B-29轰炸机项目的巨量资源是用在刀口上了。他们试图抢在海军和陆军之前，向人们证明一支独立战略空中力量的实力。1941年，英国皇家空军曾试图用精确轰炸机对德国展开空袭，但效果并不理想。跟他们一样，在发起B-29轰炸机行动后的头半年时间里，美军也遭遇了种种失利，美国空军领导层差不多因此产生了心理创伤。对此，美国人的解决办法跟当初英国人的解决办法是一样的。1944年12月6日，早在李梅发动火攻之前数月，美国空军的一份报告就曾以温和的口吻指出："迄今，第20空军还未能凭借雷达对小型精确目标实施有效轰炸。远期预报显示，仲夏时分，日本本土上空的天气会逐渐变得很糟糕……鉴于雷达当前的状况，为最大限度利用现有军力，有必要在大部分任务中采取区域轰炸的做法。"

打击城市是凭借现有导航和炸弹瞄准技术对敌人工业基地造成破坏的最佳手段，第20轰炸机司令部要做的就是这样的事情。1942年，英国轰炸机司令部对德国实施了区域轰炸。跟他们当时的做法一样，1945年春，美国空军制定新政策，差不多也是出于同样的动因，也就是将作战需求看作战略期待。改革太平洋轰炸机攻势这件事是李梅在做，但驻华盛顿美国空军司令并未提出异议。他们只看结果，对取得结果的方式并不斤斤计较。"在欧洲，盟军采取了非目视轰炸技术，这一做法表明他们对平民伤亡已经越来越不怎么在意，"康拉德·克兰曾写道："在应用这一方法来对付日本时，盟军对平民伤亡已经压根儿不再计较了。"

李梅简要描述了他的政策："对他们实施轰炸和烧杀，直到迫使他们投降为止。"他最为著名，或者在批评者看来，最为臭名昭著的行动，要算1945年3月9日晚对东京发起的一次代号为"集合厅"行动的开创性火攻行动。他第一次对飞行员提出要求，要他们在低空实施空袭，因为在这样的高度，瞄准的准确率更容易得到保证，而且还可以避免遭遇顶头风。4架轰炸机被指定为"引导机"，也就是英国皇家空军所称的"主轰炸机"。他们绕着东京飞行，指挥其余325架主力轰炸机开展行动。按照飞行机组的作战经验，他们被分配了不同的炸弹载荷，从10000磅到40000磅不等。李梅总结认为，日军战斗机效率极差，美军可以无须携带防御性武器。如此一来，每架轰炸机就可以减少一吨的重量。参加这次任务会议的官兵闻之大惊失色："一股凉飕飕的恐惧感涌上了机组成员的心头……在不足10000英尺的高度上展开空袭，许多人坦言说，他们根本就不指望还能够全身而退。"大家对李梅憋了一肚子的火。飞行员罗伯特·拉默写道："听说要在夜间在6000—9000英尺的高度单独对东京实施轰炸，一时间好多人都闹起情绪、闷闷不乐。大家觉得，他们一定是疯了。"事后，李梅声明说，他曾预想过实验走向灾难性失败的可能："我们可能会损失300多架飞机和3000多名老兵。这次轰炸可能会被戏称为'李梅的最后一次头脑风暴'，并因此记入历史。"

飞机起飞时间被交错安排在17∶36至10∶30之间。这样一来，稍后起飞的机组会在远未抵达东京前就能看见城市上空的火焰。乔治·贝克是一名B-29轰炸机的机炮手。他在日记中记录道："散发着恶臭的黑烟一直冲到了20000英尺的高空。"指战员的预判全都成了现实。罗伯特·拉默写道："突然间，在接近3点钟方向，我看到地平线上升起一片亮光，仿佛初升的太阳或是月亮。从飞机机翼这一头到那一头，整个东京城横亘在我们下方，正在烈火中熊熊燃烧，而B-29轰炸机却还在火上浇油。黑烟陡然升到几千英尺的高度，由此产生的强大的热浪重重地冲击我们的飞机，气流中夹杂着让人颇觉恐怖的人肉烧焦的味道。"尽管日本人声称曾派出312架单引擎飞机和105架双引擎飞机升空作战，但美军机组人员只有40人报告说曾不经意间见过敌人的飞机。从凌晨1点钟开始连续3个小时的时间内，他们在日本首都倾卸了49.6万枚燃烧弹。当轰炸机返航着陆在马里亚纳群岛时，它们在空中已经飞行多达15个小时。这个续航时间是平均每架次欧洲战机续航时间的两倍。美军只损失了12架轰炸机，且大部分是被城市燃烧产生的上升气流冲击而坠毁的。有42架轰炸机被日军高射炮击伤，另外2架在着陆时坠毁。令人惊讶的是，最缺乏作战经验的机组在伤亡人员中的占比并不是很高。

阿诺德将军给李梅致信说："我想让你和你的手下明白，我对你们的卓越成就非常敬佩……你们最近的火攻行动，计划得很周密，执行得也很漂亮……在适当有利的条件下，你们有能力大规模摧毁多个工业城市。"或许，这一新政策最令人惊讶的一面，是它是在未经美国政治领导人授意的情况下执行的。媒体对美军不加区别轰炸日本城市的做法进行报道后，国防部部长亨利·斯廷森才姗姗来迟对此表示惊讶。阿诺德假心假意安慰他，说城区成为轰炸目标，是因为日本将其工业散布在了平民区,"他们在设法尽可能减少平民伤亡"。

斯廷森承认自己很满意。他只是提醒说,不要轰炸京都古城。对日本其余地方的摧毁以及对其人民的大规模杀戮,都完全交由飞行员自行决定。没有记录显示有人曾就李梅的作战方案征询过罗斯福或杜鲁门的意见。这是个极端的案例。它能够说明美式战争的高级指挥权是如何主要掌握在军种参谋长手里的。它也确立了一个先例,为日后美军投掷原子弹提供了执行任务的背景。它是在美国政府默许下执行的,而不是通过某种正式举措来实施的。

美国媒体对东京大轰炸事件的反应以正面评价为主。一家令人难以置信、将自己命名为"基督世纪"的报社认为,这次大轰炸"重创了一些人神话般的信念,他们一度认为的虚弱无能的人,已经成长为能够南征北战的神"。《新闻周刊》的雷蒙德·莫利表达了他的愿望,希望"通过密集轰炸,可以激活日本民族心理中的恐慌特质"。大家都没有对大轰炸提出道德质疑,尽管许多评论员承认,对城市的蓄意摧毁,是美国空军发展历程上的转折点。第 20 空军还死抱着它的遮羞布,警告高级军官"要警惕那些认为这是在搞区域轰炸的人"。第 21 轰炸机司令部的一份报告试图澄清轰炸东京的本质:"此类袭击的目的不是要不加区别地轰炸平民百姓。其目的是要摧毁集中在市区的工业和战略目标。"从某种狭隘而荒唐的表面意义上说,这种说法是对的。然而,对那些处在风口浪尖的人来说,其含义上的细微差别根本就毫无意义。

3 月 9 日前,美军零零星星的空袭已经使得东京市政当局下令撤出了约 170 万人。他们从首都撤到乡下,大部分是妇女和儿童。夜间,还有 600 万人留在城市,和田春代是其中之一。她当时只有 9 岁,住在城东区,是个香料批发商的女儿。城东区位于荒川河边,是个人口稠密的工业区和居民区,其间人工河网密布。家里除了她和她父母外,还有 16 岁的哥哥宗一郎和 4 岁的妹妹美津子。一家 5 口住在一栋两层楼的木屋里。1945 年春,他们已经非常清楚地意识到空袭的危险,并因此很紧张。日本人很明白,他们的房屋很容易着火。在学校,孩子们花在防空演习上的时间,似乎比花在学习上的时间还要多。好多个晚上,和田春代都是在做消防值日。

在许多东京人都在饿肚子的时候,这场战争对和田一家还算友好。这家人人缘不错,香料生意还足以让一家人衣食无忧。然而,在家里睡觉时,他们却并不安稳,一家人挤在楼下的客厅里,随时准备逃命。春代的父亲是个很和气的人。跟爸爸在一起,春代始终感觉很安全。

父亲非常重视轰炸机带来的风险。一天,他回到家,给家里每人分发了一双皮鞋。那年头,这可是个奢侈品。买皮鞋是为了让大家替换当时几乎家家户户都穿的木屐。和田先生严肃地说:"穿这个,脚不容易烧伤。"

3月9日晚,春代跟往常一样,跟小朋友们在街上玩。不久,家里人把她叫回去吃晚饭。吃完晚饭,跟往常一样,和田一家围坐在收音机旁,听儿童歌曲节目。空袭警报拉响时,他们都在床上睡觉。父亲跑到外面了解情况,然后回来告诉大家说,周围好像很安静。没多久,他们又重新回到了梦乡。随后,外面一阵越来越响的骚乱声把他们再次惊醒。父亲出了门又返回来,一副忧心忡忡的样子。他说:"出大事了。大家最好都穿上衣服。"春代坐起身来,"像个上了发条的音乐娃娃"。穿戴好后,他们出门到了街上,外面已经聚集了一群人。大家惊恐地看着天空。探照灯在搜索,一闪一闪地发着扑朔迷离的亮光。飞机在头顶轰鸣,南方地平线上一片通红。对东京人来说,最让人不安的,是当时正刮着猛烈的西北风。大家都不怎么说话,但和田先生还是将妻子和女儿们推进了他们跟古桥一家共享的那个窄小的防空洞里。宗一郎则去做消防值日去了。

春代一家跟古桥一家老老少少挤在防空洞里,他们感觉周围越来越热,噪音也越来越大。除了越来越近的剧烈震荡声外,还能听到孩子们的尖叫和杂乱的脚步声。春代用手指堵住耳朵,不想听到可怕的爆炸声。她感觉一阵头晕。这时,父亲探头进来说:"快出来,再不出来就要被烤熟了。"她母亲和妹妹急忙应声行动起来,但古桥夫人抓住春代的外衣,拖住她不放。她歇斯底里地叫道:"待在这儿,别走!出去会死的!"春代努力挣脱,爬到街上。

现在,整个地平面已经是深红色的一片。狂风似乎已经接近台风的风力。燃烧着的灰烬猛烈地在空中划过,像火球似的在屋顶和人们的头顶上跳动。烧得通红的瓦片从身旁飞过。人群在奔跑,在燃烧。春代睁大眼睛,她看到有些母亲在仓皇奔命,显然不顾自己背上还背着婴儿,不顾自己还拉着孩子,不顾孩子的手上已经着了火。人们的奔逃似乎不是自己的脚在驱动,而像是被狂风逼使的。和田夫妻俩紧紧拉着两个女儿的手,把她们带到几码开外一个铁道围墙边。他们匆忙跑上铁轨,跟上万个人在一起,感觉暂时还算安全。几乎所有人都已经吓得说不出话来。只见烈火席卷而过,吞没了附近的房屋,包括他们自己的房屋。

桥本芳子一家住在东京东部的墨田区。那天晚上之前,他们并没怎么感觉到空袭。面对美军数量不多的飞机时断时续的空袭,他们不但没有特别感觉害怕,还不无幽默地称之为"我们司空见惯的事"。芳子时年24岁,儿子藤原浩才3个月大。她说:"在3月份这场空袭来临之前,我们有一种事不关己的奇怪感觉。即使身边有人挂彩,你也不会想到这种事会发生在自己身上。"对于空袭,这一家人的主要防备措施包括:他们总是和衣而睡,而且总在床边放上一个包裹,里面装了一些大人小孩必要的东西,还有几个装了衣物和少量食物的篮子。

3月9日,炸弹开始倾泻而下,一开始只有芳子和她母亲以及襁褓中的婴儿躲进防空洞里。很快,在爆炸声和混乱声中,他们意识到情况严重程度已经超过了他们的经验和想象。父亲在上面呼喊,让藏在防空洞里的女人们出来。他意识到,离地仅3英尺深这样一个防空洞,它所能提供的防护实在微乎其微。他们穿过火墙跑了出去。芳子抱着孩子,跟着妹妹千惠子跑到离家几码远的一个水箱边。燃烧弹像雨点般落在周围。城市上空变成了一片惨烈的深红色。他们将最珍贵的东西,尤其是床上用品堆放到一辆马车上。父亲叫喊着,要他们在火焰到来之前赶快逃离。

成千上万"几乎恐惧到疯狂地步"的人们挤满了街头。桥本一家没走多远就发现,在后面推车的千惠子走丢了。一家人发现他们到了一条铁路旁边。"我们必须继续前进,"父亲叫道,"铁路会成为飞机的目标。"他和妻子一人拽着惠津子的一只手。芳子背着婴儿,想拉着14岁的久惠,但久惠背着一口装满宝贵大米的蒸锅,行动有些不便。在绝望拥挤的人群中,两位女孩被冲散了。久惠哭喊着:"等等我,等等我!"随后再也听不到她可怜的声音。当人群朝着泰特河上的山王桥蜂拥而去时,芳子再也没能见到她的妹妹。

在岸边,桥本一家作了短暂停留,急切想要找回两个失踪的女儿。但此时火势已经蔓延到了他们身上。一阵难以忍受的热浪淹没了这里的难民。火焰吞噬了行李,吞噬了附近的仓库,吞噬了惊慌失措的难民的人头。芳子看到,火势之下,人就"跟干枯的树叶一般"卷曲起来,有的人还拉着亲人着了火的手不忍松开。芳子背上的婴儿在哇哇大哭,燃烧的木屑吹进了孩子的嘴。芳子的妈妈大喊着:"把他从背上放下来!把他放下来!"芳子把孩子抱在怀里,从他唇间掏出一颗还未熄灭的余烬,然后努力想把他保护起来,不让烈火和热浪伤害他。她母亲脱下自己头上的帽子,把她戴在了女儿的头上,女儿的头发已经被烧掉了一部分。桥上,朝着南岸深川方向逃跑的惊慌人群,迎头碰上了从河对面逃生出来的另外一群难民。两群人撞在一起,酿成了又

第十二章 李梅火烧日本

一场人间惨剧。"我眼睁睁看着有人在我跟前死去。我看到有人被活活烧死。"

情急之中,芳子的父亲摇晃着她的肩膀大声叫道:"跳到河里去!这是你唯一的机会!"她犹豫了,担心婴儿会受不了冬日冰冷的河水。"跳啊!"她母亲叫道,"你必须得这么做!"父母和妹妹惠津子留在了岸上,因为她母亲不会游泳。芳子跳进了河里。

在江户川区,16岁的关根良一跟父亲和堂兄妹们站在一起,看着西方被火光映得通红的天空,听着炸弹爆炸的巨响以及防空炮火声和力量渐增的风声。当炸弹破片开始落入人群中时,良一试图找个防空洞躲起来。随后火球加入进来,燃烧的灰烬和碎片砸在屋顶上,不出几秒钟就把房屋点燃,火势迅速蔓延开来。气温在增高。B-29轰炸机从头顶低空掠过时,他们会本能地俯下身来。飞机飞得很低,能看到银色机腹上闪烁的火焰的反光。风力很猛,路面的碎石都被吹了起来,逆风奔跑的人因此不得不放慢脚步。火势在迅猛增强,显然关根一家人不得不加入人数越来越多的逃难人群。这其中最倒霉的,是那些老人和带着孩子的妇女。良一的父亲灵机一动,临时做了一面旗帜,把它交给年少的侄女大木多香子,告诉她用这面旗帜来引导母亲和老人们朝她认为安全的地方前进。多香子高举着旗帜出发了,身后跟着一列难民。

关根先生和他的儿子以及朋友匆忙检查了一下附近的房屋,为的是确保每个人都已经逃出来了。检查完毕,他们发现道路上已经挤满被烈火阻塞的妇孺和老人。不仅如此,现在,想要在满是浓烟的狂风中站直身体都成问题。三人一边咳嗽喘气,一边手脚并用向西爬行。最后,到达一片开阔地时,他们已经被烧得遍体鳞伤。他们看到,到处都是尸体,活着的人在拼命拍打身上的火焰。那贺河里,尸体密密麻麻漂浮在河面上,有些人显然是在废墟中被烧死的。关根父子俩挣扎着继续前行。接近诹访神社时,才发现前方是一片树林。上千名老百姓,有的死了,有的还活着,他们都趴在附近一个浅水湖里。尽管水里还有尸体,那些绝望的幸存者还是毫不介意地取水饮用,并用它冲洗被烧焦的身体。

跳进河里之前,在恐惧和炙热造成的疼痛作用之下,桥本芳子差不多已经处于昏迷状态。河水让她苏醒了过来。她看见一堆横七竖八的木头,有些还燃着火,从她身旁漂过。她一只手抓住木头,另一只手努力将婴儿推上用这些木头临时搭成的木筏。她们顺流而下时,孩子一直处于一声不吭的呆滞状态。即便在河里,温度仍然很高。芳子每隔几分钟就得把头埋进水里冷却一下皮肤,还需要不停往婴儿身上浇水。同样,其他人也在水里挣扎,芳子发现她面临一场新的危险。绝望中的男女会伸手抓住她的木筏,木筏会随之发生摇晃和旋转。

芳子在水里漂流了大约一个小时。这时,她惊喜地看见两个男人在河上划着一条船。她朝他们大声呼喊,请他们带上她的孩子。她用尽力气将孩子推上了船。船上的人对这位母亲表示了同情,把她也拉上了船。他们发现,由于水道被燃烧的废渣壅塞,他们根本无法向下游前进。上岸后,他们只能看到一个火圈。当天空露出第一线曙光时,划船的两人躺在船桨上,看着这个遭了殃的城市。他们和他们的两位乘客都惊讶得说不出话来。他们看到的太阳,看上去更像是月亮,带着一种病恹恹的黄色。浓烟从地上冉冉升起,一道道黑色烟柱遮蔽了后面天空上的圆盘。

慢慢的,非常缓慢的,温度开始降低下来。和田春代周围所有的易燃物品都遭了殃。曙光初现。春代从死人堆下面爬了出来,这些尸体救了她一命。她发现,除了把她拉出来的那人以外,其余人都被烧成了黑炭。拉他出来的那人,竟然是她的父亲。他把妻子和另外一个女儿丢在火车站,赶回来找到了她。春代正要喊"爸爸",父亲忙说"待在这儿别动",然后在铁路那边消失不见了。几分钟后,他带着她母亲和妹妹赶了回来。一家人站在荒凉的场景中,缕缕黑烟还在废墟上飘荡。偶尔,一些尚未熄灭的灰烬,在遇到还未烧掉的东西后,又会突然冒出蓝色的火苗来。

春代还云里雾里不明白发生了什么事。她不停地自言自语:"我在哪儿?发生什么事了?"他们开始找她哥哥。她父母被严重烧伤,眼睛上全是水泡,差不多快睁不开了。于是,孩子们不得不领头在前面走,在被烧得漆黑的尸体中找出一条路来。一路上春代看到了很多母亲和婴儿的尸体;还有一个小女孩,上半身被烧得焦黑,皱缩成了一块,但下肢竟然一点事儿都没有。5岁的美津子轻声嘟囔着:"我腿疼。"春代碰巧看到他们一家人都很钟爱的一件瓷器,才意识到到了自家原来的位置。一根铁管突兀在地面上。让他们颇为惊奇的是,铁管一头的龙头居然还能慢慢送水。借着这点水,他们努力想要洗去脸上身上黑黑的油污。

随后又出现了一个奇迹。他们看到一个衣衫褴褛、孤苦伶仃的身影出现在面前,那人就是他们要寻找的少年宗一郎。他没有受伤。在火势肆虐的当口,他爬进下水道,把身体浸泡在潮湿的废弃物里,这才躲过了这场灾难。和田先生激动地叹息道:"我们终于又团圆了!"

几个小时前,古桥夫人试图拉住春代,叫她不要出防空洞。正是在这个防空洞里,他们发现了邻居一家抱在一起已经烧成焦炭的尸体。的确,春代的街头玩伴,他们所有人都已经不在人世了。

过了一段时间后,火势慢慢减弱,桥本芳子和两位救她一命的船夫将船靠边,冒险上了河岸。他们惊愕地看见,偌大一个城区,除了几栋孤零零的水泥建筑外,其余房屋全都消失不见了。一些铁皮保险柜突兀地耸立在废墟中,那里一度是些住家和办公室。场面中唯一可以识别的色彩,是一种黯淡的死气沉沉的棕色。电话线和电缆线像蜘蛛网似的垂挂在残壁断垣上。芳子吃惊地意识到,人的生命是多么的渺小。昨晚一度挤满街头的人群已经没了踪影。只有几个孤单的身影在荒凉的场景中蹒跚而行。她和她的孩子都被严重烧伤,并且已经精疲力竭。她的救命恩人——那两位船夫——打算送他们去医院。他们找来一辆平板车,或者说一个带辕辘的铁架子,因为上面所有木质构件都已被烧光。他们将芳子和她的孩子放在上面,努力拉着车穿过废墟。由于身体虚弱,无法抓牢平板车的铁架,芳子和她的孩子时不时会从车上跌落下来。后来,在医院里恢复知觉后,她发现,她的救命恩人已经不辞而别。

关根良一到了诹访神社,他隐约意识到头顶上飞机的轰鸣声在慢慢退去。散落的瓦砾还在发出巨大的声响,但尖叫声少了,因为人们需要保留宝贵的呼吸。受了伤的人不时会发出呻吟。情况差不多就这样了。停留两三个小时后,关根一家才开始动弹身子。终于敢站起身来时,他们发现,周围人多数都已经死去。纯粹出于好奇,良一注意到,尸体上的火焰由于脂肪助燃的缘故,会时不时勃然烧得旺盛起来。天色还很暗,关根一家人努力想要找到一条回家的路,但他们发现地面温度太高了。他们又滞留了一会儿,然后才动身出发。大约黎明时分,他们赶到了现场,那里已是一片废墟。第一次,浓烟略微散去,让大家看到了蔚蓝的天空。时值凌晨 7 时左右。他们眼睛有些浮肿充血。他们曾让邻居们过来分享他们的防空洞,邻居们为此非常感激。在遗弃的防空洞里,他们找到几口水和一点大米,暂时缓解了痛苦的饥渴。

用一种荒诞、滑稽而古怪的腔调,父子俩相互说了句:"感谢上天,我们再也不必担心房子被烧掉了。"良一的堂妹多香子回来了。她说,她扛在肩上用来引导老人的那面旗帜,还真派上了用场,她用它扑灭了他们身上的火焰。所有重大的悲剧事件,都总会有碰巧的事情发生。他们发现,他们的邻居几乎全都活了下来。然而,几码开外,大街两侧的住户，却几乎全都丢了性命。关根一家前往一个庙宇，去投靠那里的方丈，他是良一的同学。后来，在1945年5月的一次重大空袭中，这家庙宇也被烧了个精光。这家人在选择投靠地时并不那么走运。东京的家园已成废墟，离开那里前往大阪逃难时，他们沿途不得不打消乘坐火车的念头，因为火车会遭到美军战机的扫射和破坏。关根先生说："多年前，我们早就该叫停这场战争了。"

两天后，桥本芳子和她的儿子来到一个小学，那是她丈夫的防空部队所在地。她丈夫还活着，跟她的妹妹千惠子在一起。惠津子也赶了过来。她被烧伤得很厉害，跳进河里才最终大难不死。他们再没见到久惠和她的父母。芳子沉思良久说道："怪谁呢？怪美国人吗？日本人对别人也做过同样的事。要怪就怪战争。我们是许可发动战争的一代。我们没有采取行动阻止战争。"

和田一家从老家的废墟中逃出来，前往长野县的深山里避难，那里有他们的朋友，他们经营着一家兵工厂。他们在工人宿舍里为这个经历过伤痛的家庭腾出了生活空间。直到战争结束，这个从前靠卖香料为生的商人一直在生产线上工作，他的妻子则在厂区食堂上班。日本外务大臣重光葵一直是日本军国主义者的对立派。后来，在谈到3月9日那场袭击引发的公愤时，他说："我收到的邮件，大多数都质问：敌军战俘犯下了非人的罪行，他们把人活活烧死，并且毁掉了他们的家园。那些侥幸逃生的，也无处可去，没有东西可吃。既然如此，干吗还要优待他们呢？"重光葵称这次空袭是"日本人民最可怕的一次经历"。即使是日本军方，他们也毫无疑问，东京大轰炸对日本平民的意志产生了影响。3月15日，日本陆军参谋本部一份通报警告说："部分人员开始出现动乱情绪。全国上下都有这样的人，必须对此加以谨慎关注，以免危及战争执行进程。"海军飞行员安藤荒川彦指出："战后，人们有时会对我说：'外出执行作战飞行任务，真是件很不容易的事情。'然而，当我目睹了日本那些遭到轰炸的城市后，我说：'最不容易的地方应该在东京。'"

乔治·贝克是一名B-29轰炸机机炮手。3月10日，在返航着陆马里亚纳群岛之后，他在日记中写道："这是一次让人难以忘怀的任务……中队长告诉我们，我们正在进入战争的新阶段，我们要烧掉日本的主要城市。我有些半信半疑，但他说了。"

1945年3月9日，美军对东京的大轰炸造成约10万人死亡，100万人流离失所，1万英亩建筑遭到毁坏——相当于16平方英里，即1/4

个东京城的大小。东京总共287所消防站和250所医疗设施中，各有近100所被夷为了平地。随后几周，第20轰炸机司令部又发动了一系列空袭，想在其他城市达成同样的效果。3月11日，B-29轰炸机空袭了日本第三大城市名古屋。那里不像东京，没有可以助长火势的强风，因此造成的损坏大为降低，只有2平方英里的区域遭到焚毁。13日，美军空袭了大阪，进展非常顺利，造成3000人死亡，8平方英里建筑被摧毁，50万人流离失所。美军只损失2架飞机，另外有13架飞机受损。3月16日，空袭转至神户，这是座100万人的城市。空袭造成3平方英里区域遭到摧毁，8000人死亡，65万人流离失所。美军损失3架轰炸机，另外有11架轰炸机受损，均是因为作战事故而非敌方行动造成。

两周内执行了5次任务，之后美军感觉有必要临时暂停"火攻"。空勤和地勤人员都已经疲惫不堪，燃烧弹补给数量也已经不多。然而，李梅指挥部此时正杀得兴起。仅仅5次行动，他们给日本造成的损坏，就等于1906年大地震给旧金山所造成损坏的8倍。短短几天，日本城市遭遇损坏的等级，就差不多是花费好几年才给德国城市造成的损坏，原因是日本建筑比较而言更加容易着火。收到驻东京参谋人员的汇报后，苏联海军情报机构报告认为："频繁的空袭，尤其是夜间空袭，给日本平民的战斗意志造成了重大冲击。疲惫、缺乏睡眠以及随时都有的紧张感，导致了大规模旷工情况的发生，极大影响了日本的战时生产，在日本统治集团中引发了极度焦虑。"

日本防空部队的弱点暴露无遗。他们没有性能优异的高射炮。3月9日当天，日本高射炮只击中了3架美机。日本雷达还是在缴获得来的1941年时期美英雷达技术基础上发展而来的，这种雷达非常容易受干扰。日军战斗机飞行员缺乏训练，装备也很差，既不能确定美军轰炸机的方位，也不能对它们实施摧毁。追击B-29轰炸机，对日本飞行员来说，就是一场噩梦。即使是经验老到的飞行员，在高空中与那样一架庞然大物交战，也是件让人心有余悸的事情。冒着九州机场夏日的酷热，起飞后10分钟，岩下邦夫就注意到，氧气罩周围开始结起了冰。"零式"战机的机炮用来对付"超级堡垒"几乎毫无用处。岩下本人只取得过一次成功。那是4月29日。这个日子他永远不会忘记，因为这一天正是他的结婚纪念日。发现用机炮无法撼动B-29轰炸机，于是他设法占据距离轰炸机后上方约300码的位置，随后发射了一枚制导炸弹。这枚炸弹在美军轰炸机机翼附近发生爆炸。岩下一直追踪这架不停翻转的轰炸机残骸，直到看到它坠入海中为止。在"超级堡垒"执行轰炸任务期间，美军飞行员一次又一次对日军飞行员的拙劣表现表示过惊讶，他们的行为似乎跟日军在战争最后几个月的总体表现很不相称。早在1945年1月，一位美军飞行员就写道："很容易看出，鬼子飞行员很怕我们，因为在我们看到的鬼子战机中，每30架只有10架会发起攻击。"天气给B-29轰炸机带来的困难，远比敌人制造的困难要大得多。美军每发动一次攻击，平均只有两架飞机会被日本防空部队击落。美军战俘梅尔·罗森看见首批轰炸机出现在集中营上空时，感觉"他们就好像在搞周末巡游似的"。集中营的日本看守会愤怒、恐惧而惊讶地大声喊叫："B-29！B-29！"

李梅下令让B-29轰炸机在较低高度作战，这会大大降低发动机承受的张力，从而使B-29的技术故障逐步得到了解决。在较为稠密的空气中，螺旋桨能够更有效工作，载弹量可以因此得以翻番。美军做出很大努力，加强了空海救援的力度。他们在硫磺岛和日本本土间的海域，常规部署了近14艘救生潜艇。夏末，美军投入2400人开展空海救援，取得了很大成效。如果B-29轰炸机得以成功迫降海面，它会在上面漂浮10—15分钟时间。在得到救援的机组成员中，45%是在5个小时内得救的，36%是在5—24个小时内得救的，13%是在1—3天内得救的，6%是在3—7天内得救的。

如果幸存者不是在海上漂流，而是登上了太平洋上的无人岛，那他们还可求助于生存工具箱里的《荒岛求生手册》，其中介绍了一些如何最大限度利用最不理想环境的方法。那些试图迫降荒岛的飞行员，有近一半的人迟早会被接送回国。空海救援队体现出了非同凡响的勇气、坚忍和决心。唯一让大家不愿施以同情的，是那些故意选择迫降海面的B-29机组成员。因为几乎令人难以置信的是，他们觉得这样做所承受的苦难，较之去完成任务而言，显得并不那么让他们胆战心惊。

空袭日本从未成为常态任务。譬如，1945年6月4日夜，第9轰炸机大队各个机组在任务前吹风会上得知，次日凌晨，他们将前往神户市，在14000英尺高空对该市实施轰炸。飞行员们对此提出了强烈抗议。一位导航员写道："他们在木板凳上狠狠敲打饭盒。我旁边的机组成员或是大喊大叫，或是发出嘘声，或是在摇晃脑袋表示他们的不满。"29岁的大队长亨利·休格林解释说，选择这一空袭高度，是因为16000英尺高的地方有一片厚厚的云层，如果日本上空没有云层，他们会随之提升空袭高度。凭借这番解释，他勉强压制住了大家的不满。然而，回到宿舍后，一些经验丰富的机组成员还是情绪低落地预测说："他们会挥舞旗帜冲出来，嘴里喊着'冲啊'。"虽然如此，任务执行还算平安无事,但大家的确很忐忑。这个月里,李梅呼吁司令部上下采取特别措施,遏制机组成员拒绝执行飞行任务情况的发生。6月1日前后,第 20 轰炸机司令部有 18 人,第 21 轰炸机司令部有 69 人,因为"有焦虑反应"而被解除作战任务,有关方面认为人数太多了点。

马里亚纳群岛上的设施慢慢得到了改善,为的是让这里的 10 万名美国空军官兵感觉舒服一点。每个月有 100 架 B-29 轰炸机从工厂下线后开往这里。第 20 空军部队现在已做好准备,要以稳定的节奏,在敌人的土地上,让他们体验痛苦和毁灭的滋味。精准度得到了大幅度提高。1945 年 1—6 月间,落在瞄准点周围 1000 英尺范围内的炸弹,数量从 12% 提高到了 40%。李梅说:"鬼子不得不面对的唯一结果,是他们的工业会遭到彻底消灭。"3 月 21 日,阿诺德称赞东京大轰炸是一次"计划和实施都做得非常漂亮"的行动。再加上美国媒体的大肆炒作,一时间空军部队里里外外都有一种飘飘然的感觉,这让李梅感觉有必要让大家冷静下来。他告诉记者说:"光靠空袭来消灭敌人的工业,是不可能的。"这番话激怒了阿诺德的参谋长劳里斯·诺斯塔德。他驳斥道:"就我个人而言,我对这一看法并无异议……但我们有来自国防部的政策,它是依据去年的种种预测做出来的,战争应该能在圣诞节前结束。国防部在这一政策中,严禁各位将军去做不同的预言或猜测。"因此,上面要求李梅,无论效果积极还是消极,今后一概不许在公共场合预报形势。

然而,李梅的声誉扶摇而上,这一趋势一直延续到战争结束为止。对于他们着手对日本采取的措施,对于他们的所作所为给空军带来的荣光,大家表现出了无限的热情。战后美国空军的一份报告指出:"3 月 9—10 日夜间执行的第 40 项任务,即对东京实施的燃烧弹空袭,可能算是陆军航空兵有史以来执行过的最为重要的一次任务。在此期间或在此之后,还从未出现一次空袭能造成如此重大的损失……它开创了革命性创新战术的先河。"空军高层人士很快先后认可了李梅的空袭行动。4 月 3 日,在发布完新一轮"城市空袭目标清单"后,诺斯塔德在阿诺德的办公室给李梅致电说:"从德国覆灭之后 3 个月到现在,我从未像现在这样坚定过信念。我认为,在日本空投那些炸弹是非常重要的。"他还说:

这一时期肯定会是日本做出决断的时期……燃烧弹空袭成效非常显著。为此挑选的首批空袭目标,既考虑了工业重要程度的因素，又考虑了易燃性的因素。现在，我们对自己的火攻能力有了更积极的认识，对自己所执行任务的重要性有了更积极的认识。我刚才发布给你们的那份文件所划定的新的区域，代表的差不多都是日本的顶级工业区。同时，这些区域也非常适合发动火攻……如果能在适当时间内成功摧毁这些地区，我们可以想象，它会给日本人产生什么样的影响。当然，他们发动战争的能力，也将会严重受挫。也有可能，他们会对继续战斗失去兴趣。我相信，第21轰炸机司令部，较之其他军种或武器而言，更有资格去完成一件具有决定性意义的任务……总部对你和你们司令部充满了敬意、钦佩和无比的信心。继续加油。

今天，当日本和西方的许多人还在为1945年轰炸机攻势造成的恐怖而谈虎色变时，诺斯塔德的这番话不禁让他们不寒而栗，而战后李梅对其司令部的所作所为的辩护更强化了这样的感觉。他说："我们要打击的是军事目标，没理由为杀戮而杀戮……你要做的就是在我们发动火攻之后，到目标现场去看一看。你会看到，在众多矮小的房屋废墟中，会耸立着敌人军工企业的钻床……男男女女，老老少少，日本全民都在行动，在忙着制造飞机或弹药……我们知道对城市发动火攻会伤及妇孺，但我们必须得这么做。"至于那些飞行员，他们则很少会因为重创日本而感到不安。菲利普·杜鲁中尉说："我觉得我们对此考虑得并不多。在任务吹风会上，我们得到的消息是，要炸的是工业区，在附近居民区里也分布着许多附属装配车间。我并不认为会有人喜欢这么干。那只是一件必须完成的任务。干完这件事，我就可以回去继续我的学业了。"的确，杜鲁差不多还是个学生，事实上他们也都是。战后，一些批评家持有一个既荒唐又不现实的观点，认为美军的飞行员们应该拒绝参加燃烧弹空袭。事实上，如果认为摧毁日本城市、杀戮城里的平民是美国空军的不当之举，那不这么做又该怎么做呢？要求以其他方式遂行作战，本应是美国媒体和政治领导人的职责，但他们从未履行这一职责。

1945年之后，大量证据表明，B-29轰炸机的炸弹开始从天而降时，日本的工业已经遭到美国海军封锁行动扼杀。战争结束前最后5个月的空袭，对于摧毁日本的战争能力来说并未发挥多大作用。如果要为美国空军寻找一个合适的理由，不妨认为这次空袭是以日本国的侵略行径为由，狠狠惩戒了这个国家的人民。对于这些情况，李梅本人及整个空军部队都表示欣然接受。二战尤其是亚洲战场上，经常会发生这样的情况，一场战役一旦在斗争背景中丧失决定性地位，那它的演进就根本无法跟其他地方的事件同步。如果美军轰炸机能够在1942年或1943年，甚或是1944年狠狠打击一下日本，那他们有可能早就给日本的工业能力造成了重大影响。然而，事实是，在第20空军部队具备实力和能力，能够给敌人的工业城市造成重大损伤时，日本的战争能力却早已因为封锁而走向没落。

情报环节是B-29轰炸行动的最大缺陷。让人颇为惊讶的是，美军对日本的经济和工业及其重点和弱点知之甚少。1945年5月，纳粹武器装备部部长阿尔伯特·斯佩尔被盟军俘虏，他急于想要获得盟军的欢心，向美军审讯员透露了对日本更有效实施轰炸的方法。他强调指出了对交通网络和基础工业，如化学和钢铁工业发起攻击的重要性："在源头附近筑堰围堵一条河，比在三角洲附近筑堰围堵一条河，要容易得多。"战争结束时，李梅的确正在准备对日本的交通网络展开一次大规模袭击，尽管并无证据显示他得到过斯佩尔的暗示。

美国海军不断要求空军提供援助，以加强对日本的封锁。他们要求将B-29轰炸机的任务从轰炸城市转移到在日本本土附近海域布设水雷。跟在欧洲一样，美军飞行员专注于执行独立的战略任务，不愿"分心"去做其他军种分内的事情。3月底，他们才勉强将李梅属下的部分轰炸机投入到布设水雷的任务中，因为他们担心，要不那么做，海军会提出建立自己的远程航空部队的要求。在"饥饿"行动中，美军布设了约900枚水雷，造成了非常重大的影响。日本人最缺乏的是扫雷能力。马关水道被封闭，连续两周无法用于航运，导致日本进口量锐减了50%。这场危机最终迫使日本海军司令部下令补给舰强行通过水道，因而导致许多舰船被炸沉。B-29轰炸机总计投放了12000枚水雷，自从加入行动以来，日本损失船只的63%都是它造成的。当时，如果有人命令李梅的部队将战争剩余时间用于加强封锁的话，较之纵火烧城而言，他们一定会做出更加有益的贡献。

但实际情况并非如此。4月，李梅的手下试图在白天对几家飞机制造厂发动空袭，结果引发了几场激烈空战。其中一支编队遭遇了233架日本战斗机。然而，在所有这些空战中，美军的损失一直仅仅介于1.3%—1.6%，低于欧洲战场的标准。B-29轰炸机随后又回归到了火攻行动中。4月13日，352架美军战机空袭了代号为"东京军火库区"的地方，纵火焚烧了东京城另外13.2平方英里的面积，自身损失了8架战机。一周后，轰炸机配合冲绳战役对位于九州的多个机场发动了空袭。飞行员们非常讨厌偏离"本职工作"的做法。这次轰炸精准度不够，未对机场跑道造成多大影响。整个4月份，李梅他们的飞机将31%的精力用于轰炸城市，25%用于轰炸飞机制造厂，37%用于轰炸机场。

攻陷硫磺岛后，配备远程油箱的P-51"野马"战机开始执行为轰炸机护航的任务。指战员们希望像在欧洲战场对付德国空军那样，通过空战大大消耗敌机的数量。然而，在日本上空，战斗机明显并不那么成功，部分原因是因为他们并未遭遇多少敌机。于是，他们不得不降低身段去执行扫射"临时目标"的任务，而这么做代价相对又太高了点。事实表明，单座飞机还特别容易受到不良天气和迷盲导航的影响。6月1日，一支编队遭遇雷暴和湍流天气，由此导致的灾难性损失比日本防空部队在任何时候造成的损失都大：一架B-29打算与随同战斗机一道折返回家，没想到跟随后赶来的编队迎头撞在了一起。最终结果令人震惊，美军因此损失了27架飞机和24名飞行员。

"野马"战机运途多舛。硫磺岛一会儿尘土飞扬，一会儿遍地稀泥的状况，给这种战机造成了技术险情。降落伞突然出现故障：75名跳伞后的飞行员，有15人遭遇了致命的降落伞失灵。虽然战斗机携带的燃油足以让它续航至日本，但许多飞行员还是觉得，从硫磺岛出发前往日本的漫长旅程，给他们带来的压力实在太大。第7战斗机司令部在飞行员仅仅执行了14—15次任务后就启动了轮换，这些飞行员中甚至很少有人执行过这么多的任务。5月份，约240架"野马"战机被投入支援轰炸机的任务。这些"野马"战机中队说他们击落了221架日军战机，但同时美军损失的"野马"战机却有114架，另外因其他作战原因还损失了43架，总计损失飞行员107人。跟欧洲战区常见的伤亡交换率相比，这一数据远非那么的有利。考虑到B-29轰炸机非同寻常的抗防空能力，而且敌方空军部队剩余战斗力已经不多，美军在此战区部署战斗机明显属于错误之举。

5月25日，464架B-29轰炸机回到东京，用3258吨燃烧弹摧毁了另外19平方英里的城区。美军损失26架轰炸机，其中只有4—5架是因为敌军行动造成的。另外110架飞机带伤返回，其中89架是被高射炮击伤，10架是被战斗机击伤，11架是同时因为这两方面的原因而负伤。5月份，李梅手下的轰炸机在3个城市投放了15500吨炸弹。6月1日，458架B-29轰炸机从高空对大阪实施了轰炸。美军损失10架战机，5架是因为敌方行动造成的。4天后，美军对神户展开空袭，那是美军轰炸机最后一次轰击数量较多的日军战斗机。6月15日夜，美军对大阪再次发动空袭，炸死许多人员，摧毁30万间房屋。此时，第

第十二章 李梅火烧日本

20空军部队的轰炸目标快要没有了。轰炸机开始对小一些的城市进行轰炸。他们对炼油厂发动了攻击，尽管这并不算是很划算的买卖，因为当时日军已经差不多无油可炼了。7月，美军发动9次夜间作战行动，轰炸了35个城区。大部分让他们烧得满意而归。

日本战斗机飞行员发现B-29轰炸机很不好对付，因为他们极少取得过成功。这不仅仅是拦截的问题，装备欠佳的"零式"战机发现，击落这个加载了装甲的怪物非常困难。土方敏夫中尉是日军一个飞行小队的队长。这个小队唯一的一次集体成果，是在九州南部海面上空击落了美军轰炸机编队押后的一架B-29轰炸机。他说："我们努力爬升到B-29轰炸机上方2000—3000英尺的地方，然后陡然俯冲发起攻击，有时候，我们也从B-29轰炸机的下方发动攻击。我们反复用机关炮发动进攻，然而这根本就如同蚍蜉撼树。"

日本战斗机飞行员的生活，跟5年前英国皇家空军在不列颠之战时期飞行员的生活非常相似。每天，他们会穿着飞行服、背着降落伞在飞机旁边的草坪上躺卧着，随时准备接受雷达发现美军飞机后要求他们紧急出动的命令。随后，他们会紧急出动，滑行到跑道，然后奋力爬升到高空，只有在那里才有机会接战来犯的美军轰炸机。燃油只用来执行作战任务，根本不可能用来培训飞行员。这些年轻人越来越清楚地意识到，他们只是在做无用功，日本战败是不可避免的事实。他们多数人都同意土方敏夫的看法，认为如果能够侥幸活下来，他们也会"一辈子成为美国人的奴隶"。

跟许多日本人一样，土方觉得一切坏事都该归咎于军方："我们早就应该结束战争了。马里亚纳群岛陷落后，继续战斗就不会再有任何好处。"然而，跟那一代几乎所有的年轻人一样，他还是在继续扮演自己的角色，因为他毫不动摇地认为，他有责任这么做。

在地面上时，土方跟其他5位飞行员一道，住在离机场跑道几英里开外的一个军营里。大多数的夜晚，他会和他的室友一起玩桥牌："赌注很高，因为我们没有其他可供花钱的东西。"留声机上播放着音乐，有时可能是日本流行歌曲，但也有可能是贝多芬或莫扎特的曲子。他们对音乐的兴趣，跟他们对桥牌的兴趣一样，反映了日本海军的自豪感，以自己跟欧洲的关联为荣。尽管那时日本其他地方的人都在挨饿，但飞行员还可以继续得到很好的配给，因为指战员们明白，他们的部下必须吃饱才能战斗。而且食物还必须合适才行。如果跟那个夏天许多平民一样，飞行员吃的大米也被替换为甘薯的话，在1.5万英尺的高空，他们就会出现痛苦的胃痉挛。

好像是一周一次，尤其是在一场大战之后，飞行员们会挤进一辆卡车，前往鹿儿岛主干道旁边的亮亭餐厅，跟艺妓们一道吃喝玩乐。日本战斗机飞行员跟其他国家飞行员一样，从来不会在找女孩的问题上遇到麻烦。土方还记得在元山时跟一位离婚妇女的一场短暂的典型战争恋。他到她家去表示感谢，因为她给他们飞行小队的学员们提供了住宿。他们俩一起听柴可夫斯基的作品，然后就上了床。

那个夏天，在元山发生了一件奇怪的小事。一架"野猫"战机着了火，飞行员不得不在跑道上方跳伞逃生。他降落到地面时，脸上手上多处烧伤。大家把他送往医院接受治疗。他在医院里卧床休养了两天，然后被送进了战俘营。日本飞行员听说此事，忍不住想看看他们如此仇恨的敌人到底长什么样。4位充满好奇的日本年轻人挤进那位美国人的房间，站在他床边，尽量在他病情许可的条件下，用零零星星的英语跟他交谈。他说，他名叫默多克，参军前是位大学生。土方很高兴地说："跟我一样。我是一名培训教练。"

随后出现的那个瞬间，让这几位日本人感觉非常尴尬。由于身上缠满绷带的缘故，默多克行动很艰难。他使劲从手指上拽下一枚戒指递给这几位日本人，希望他们能够设法把戒指送到他妻子手里。这几位日本人感觉不能接受，因为他们知道，上面不会允许他们去满足他的要求。事后，他们很纳闷，为什么他会做出那样的举动。难道他认为自己会死吗？会被枪毙吗？很可能如此。他们无从得知他的最终结果，因为第二天他就被带走了。但是，这几位日本飞行员很感动。战场上他们总是驾着飞机以电光石火的速度相遇，而这一次他们却是面对面地交谈。此番经历后，他们对这位战场上的对手生出了一种惺惺相惜的感觉。

李梅的军队现在跟敌人玩上了。B-29轰炸机空投了许多传单，上面列举了11个日本城市的名字。传单上说："仔细阅读这份传单，因为它可能会挽救你或你的亲戚朋友的性命。在接下来几天时间内，传单背面列举的4个或4个以上城市将被美军空袭摧毁。"空袭针对的是军事设施，"不幸的是，炸弹不长眼睛……你们可以要求更换领导人，让善良的领导人来结束战争，以此达到恢复和平的目的。"用一位美国历史学者的话来说："这种动用心理战的办法，真的是将'恐惧的一代'正式当作了燃烧弹空袭的目标。"

一天，10岁的绵贯洋一独自一人在本州乡下森林里漫步。他突然

第十二章 李梅火烧日本

听到林中传来一声雷鸣般的巨响，仿佛有东西坠落。察看一番后，他发现是个容器在地面上炸裂开了，里面装着一捆一捆的美军宣传单，本打算要散发的，却未能成功。洋一好奇地看着传单上的图画。画面是罗斯福和丘吉尔坐着黄包车，前面拉车的是倒霉的日本天皇。最上面是一行简短的口号："结束战争！"洋一感觉纸张质量不错，比他多年来见过的纸张都要好。他捧了一捧传单，得意扬扬地把它带回家，用作柴火，烧水洗了个痛快的热水澡。

现在，对大多数日本人来说，战争结果已经不言自喻，尽管死硬派们还心存幻想。洋一的一位老师就是这样的死硬派。1945 年初，一名 B-29 轰炸机飞行员跳伞降落到他们所在的那个区。出于某种原因，当地人押着这位半裸的飞行员在村里游街。这位老师得意地宣称："大家明白了吗！这表明美国人都快没衣服穿了！"然而，令洋一和他的一伙朋友印象更为深刻的是：有一天，美军飞机从他们头顶低空飞过。飞机的翅膀几乎快擦着树冠了。他们看见飞行员微笑着在敞开的飞行员座舱里不经意地跟他们挥手，漫不经心地展示了美国的实力。对此，他们一群人顿时肃然起敬。

美军轰炸机每次执行任务的损失率下降到了 0.3%。李梅本人因作战有功又一次得到提升并授勋。7 月，当年老多病的卡尔·斯帕兹将军被任命为太平洋战略轰炸机部队总司令时，李梅是他的名义参谋长，仍旧掌握着行政控制权。1945 年 8 月，"超级堡垒"已经对 66 个日本城市发动过空袭。燃烧弹空袭使得日本 1/4 的城市人口无家可归，炸死了至少 30 万人——尽管所有统计数字都有不可靠的因素。第 20 空军部队在作战中损失了 414 架飞机，其中 148 架是因为敌方行动，151 架是因为"作战原因"，115 架是因为"不明原因"。另外 87 架飞机在训练事故中遭遇损失。2822 名飞行员死亡或失踪，其中 363 人最终得以脱离日本人的监禁。美军在轰炸机行动中付出了 40 亿美元的代价，两倍于旨在开发原子弹的"曼哈顿计划"的代价。然而，跟美军在欧洲轰炸机行动中付出的 300 亿美元以及美军在整场战争中总计投入的 3300 亿美元相比，这笔开销实在算不得什么。

第 20 空军部队的作战史，反映了现代战争冲突中一些重要的普遍情况，以及二战中的一些特殊情况。首先，多年前美国人在完全不同的战略背景下做出过一些重大的产业决定，而 1945 年的美国仍在受困于这些早先的决定。1942 年做出建造 B-29 远程轰炸机的决定，这是完全合理的。但这一计划达到技术成熟和批量生产的时间过于迟缓，这使得这些轰炸机没法对战争造成决定性影响。然而，在敌人仍在负隅顽抗且造成大量美国人伤亡的情况下，让美军甚或美军高级飞行员放弃使用这些飞机，又未免太过分了一点。任何一位历史学者都会强调的一个必要前提是：在当时大势所趋的形势下，美军必然会动用这款轰炸机。1945年春，在李梅的指挥下，美军曾经做出过精确轰炸的尝试，但一直未能达到期望的效果。在此情况下，日本城市注定会遭遇跟德国城市相同的命运。这并不是因为某个指战员的意志，而是因为特定武器系统B-29"超级堡垒"的存在，这才最终酿成数十万日本人惨遭灰飞烟灭的后果。

对此，李梅本人也这么认为。他的名字永远跟火烧日本联系在了一起，就跟英国皇家空军参谋长亚瑟·哈里斯爵士的名字跟对德国实施的区域轰炸相关联是同样一个道理。把这两位军官当作"大规模杀戮平民"罪过的替罪羊未免有失偏颇，因为这一政策的责任理所当然应当由他们的上司承担。较之哈里斯而言，李梅更富于创新精神，是个在技术方面更具活力的指战员，这可并不仅仅因为美军在欧洲战场上取得了丰富的领导轰炸机部队经验。然而，在性格上，两人的共同点很多，这包括他们都有了不起的对指挥作战几近痴迷的领导和决断能力。两人都并不是个文化人。为了说明他们指挥行动的合理性，他们使用粗暴的用语，在战争期间以及战争之后对人的痛苦遭遇表现出过不屑一顾的态度。这一切都让后人很讨厌，甚至有憎恶的感觉。

然而，对李梅和哈里斯的批评，许多都忽略了他们作为战士不可或缺的一些品质——他们为自己的国家而战斗，根本不会在乎它是民主国家还是专制国家。罗伯特·艾克尔伯格中将在从太平洋战区给家人的信中，曾提醒妻子不要仅仅因为他手下那些指战员不像是知书达礼的样子就说他们的坏话："我认为，如果有人认识拿破仑或尤里乌斯·恺撒或历史上其他的伟大领袖，他也会发现他们身上存在许多不讨人喜欢的个性品质。"相对而言，成功的战士中，很少有通情达理的，也很少有能当作和蔼可亲的炉边伴侣的。他们大多数都具有一种质朴而强烈的忠诚品质。令人欣慰的是，这种品质在文明社会中又恰恰非常难能可贵。明知道命令会给敌人和自己人同样造成伤亡，但他们每天都需要下达这样的命令。可以理解，在和平时期、在21世纪养尊处优环境下成长起来的几代人，他们会对哈里斯和李梅的个人性格非常反感。然而，在关系民族生死存亡的战争中，这种人是非常有用的，甚至是不可或缺的。并非每位成功的战士都需要像匈奴王，但他一定不能像是乔叟笔下"完美而温雅的骑士"。

第十二章 李梅火烧日本

关于哈里斯和李梅的角色，核心的问题是他们都是下属军官，而非最高司令。他们都是民主国家的仆人，都是繁复的军事和政治等级制度的仆人。对于美军轰炸机在日本的所作所为，华盛顿政府鲜有不知情的事情。在 5 月 30 日的一场记者招待会上，李梅断言，美军火攻已经造成 100 万日本人死亡。美国国防部部长斯廷森对此大惊失色，他极力辩解，说他"不想让美国背负恶名，被人认为他们比希特勒更为残暴"。然而，之后唯一的结果，只是有关方面责令李梅闭上他的嘴巴，而不是停飞他的战机。没人建议让他改变政策。如果丘吉尔、罗斯福或杜鲁门，以及他们各自的参谋长认为屠杀德国和日本的平民是不道德行为，那就该由他们去责令不要这么做，并在必要时更换负有责任的指战员。但他们没有这么做。对于以国家名义对敌人采取的措施，他们虽说并不热衷，但采取了默认的态度。

第 20 空军部队在 1945 年的行动，一个最不同寻常的地方，是李梅作为一个仅仅 38 岁的少将，却被允许在差不多完全不受上级牵制的情况下，自行从马里亚纳群岛发动了一场攻势。华盛顿方面有时也提供战术性建议或指示（譬如，要求李梅分兵，将部分执行城市空袭任务的飞机调往日本近海执行布设水雷的任务），但他们从未提供战略性的指导意见。

1945 年 1 月，阿诺德经历了他在战争期间的第四次心脏病发作，从此成了一名病夫。美国空军忧心忡忡，担心尼米兹会接管他们从马里亚纳群岛发起的行动。用空军官方历史学家的话说，"担心 B-29 轰炸机被海军接管的想法一时甚嚣尘上"。康拉德·克莱恩跟其他人一样，曾猜想过尼米兹或麦克阿瑟接管对李梅的指挥权会产生什么样的后果。尼米兹会认为，应该加大力度为海军和地面行动提供支持。麦克阿瑟一直觉得自己是个绅士，他会坚决反对轰炸平民。在 1945 年 6 月的一份参谋备忘录中，麦克阿瑟的贴身副官博纳尔·菲勒斯准将将美军对日本的空袭称为"有史以来对非战斗人员最残酷最野蛮的杀戮之一"。不管麦克阿瑟将军可能会责令李梅做什么，他再怎么样也不会允许他去系统性毁灭敌人的城市。

然而，事实上，直至战争最后一天，第 20 空军部队一直都在开展火攻行动，整场行动下来，其总损失率仅为 1.38%。克莱恩博士曾写道："针对日本的空袭行动得以演进和实施的原因，主要是因为一位富于创新精神的空军指战员利用了模糊的政策指导和脱了节的指挥链，去实施了他自己的解决方案……即使今日，人们似乎也并不清楚除了火攻之外还有什么可行的选项。"对于那位年轻有为的将星李梅领导的经他许可成立的"私人空军"，没有证据表明，阿诺德曾有过一丁点的不满意。

1945年7月，阿诺德出席了波茨坦会议。会议上，斯大林提议下次会议在东京举行。对此，阿诺德开玩笑地说："如果我们的B-29照现在的节奏继续实施轰炸，恐怕东京再不会留下什么地方能举办这样一场会议了。"在那些日子里，阿诺德自豪地宣称："就具备创造性的工作而言，对日作战算是已经结束了。模型都已经铸好了。"1945年8月15日，他致电李梅祝贺他本人给盟军胜利做出的贡献："（你）是为本场战争做出最为卓越贡献的人物之一。你和你手下的官兵真正向全世界表明了战略轰炸的全部意义。你的想象、谋略和创造性给陆军航空部队争了光。我们对你们所做的工作感到非常自豪。"

战后，美国空军有关李梅司令部的官方历史记录充斥着不遗余力的溢美之词：

> 第20空军部队对日空袭战斗的高潮出现在轰轰烈烈的最后5个月。实际上，正是在他们的烈火行动烤炙下，日本才被迫宣告结束战争。在日臻完美的行动中，第20空军部队经历了一个漫长的过程：最早是1944年6月5日，77架飞机携带仅368吨载荷对曼谷发起了试验性空袭……在高潮时期历时5个月的凝固汽油弹空袭中，我们引以为豪的第20空军部队总计炸死31万日本人，炸伤41.2万日本人，致使920万日本人无家可归……在战争历史上，从未有过哪支征服部队以如此低廉的代价取得过如此重大的毁伤效果……1945年，美军运用其空军力量，在5个月时间内，给日本集中造成重大破坏，焚毁了日本65座城市，在军事史上第一次在不派一兵一卒的地面部队情况下，迫使敌人投了降。由于第20空军部队开天辟地的壮举，为了确保在日本本土上的胜利，美军官兵不再需要在血腥的滩头上登陆，不再需要在坚固的、经过充分准备的敌人地面防御工事中杀出一条血路……远程空中力量取得了一场决定性的完胜。

以上文字似乎非常值得详细引用，因为它不遗余力地突出强调了空军所认为的他们为最终胜利做出的贡献，同时这段文字也揭示了他们对道德问题明显缺乏顾虑。《美军战略轰炸调查报告》估计，在各类空袭中，美军摧毁了36.8%的日本汽车、34.2%的机械设备以及20.6%的家具和日用品。空袭造成约1500万人（占日本总人口的1/6）无家可归，1320万人失业，主要是因为他们的工作场所停止了运营。炸弹摧毁了251万间房屋。另外，日本人为了制造防火带，还自行拆毁了69万间房屋。

回到1941年。这一年，著名英国科学家亨利·蒂泽德曾提出质疑，认为虽然有强大的轰炸机部队，但英国皇家空军能否给德国工业造成能够跟英国所投入的飞行员生命和资源相匹配的损失，那还是个未知之谜，因为英国在这方面的投入最终几乎占去了其全部战争投入的1/3。蒂泽德指出，他并不怀疑空袭会给德国造成灾难性损失。他只是质疑，空袭行动能否具有决定性意义——这理所当然应该成为验证重大轰炸机攻势的必要标准。在与英国空军的这场论战中，蒂泽德输了。但历史证据表明，他的怀疑是有先见之明的。

李梅的攻势给日本工业造成的物质损失几乎微不足道，因为封锁和原材料紧缺已经使日本经济几近崩溃。许多在空袭中被烧毁的工厂，其生产活动已经处于严重萎缩或停滞的状态。然而，不管日本军方如何矢口否认，没有哪个国家会对空袭造成大批城市建筑遭到摧毁的事实置若罔闻。人们似乎有必要承认B-29轰炸行动所造成的心理冲击。无论在哪种文化背景下成长起来的人，面对敌人那样一种展示武力的行动，面对自己国家完全无能为力的状态，他们都不可能不留下深刻印象，不可能不心生畏惧。在日本最终选择投降时，人们似乎不大可能会怀疑：在某种程度上，投降决定是在广岛投放原子弹之前，美军轰炸机攻势给日本施加影响的结果。第20空军部队做出的贡献，迄今仍然不能合理解释美国因此付出的道义代价和物资代价。但是，如果因此否认它在击溃日本的抵抗意志方面所做的贡献，那就显得太过于荒唐了。

对于后人来说，或许最为重要的，是将李梅的火攻行动理解为为在广岛和长崎上空投放原子弹搭建了舞台，营造了道义和战略氛围。一项最新研究指出："参与投放原子弹决策的人，没有谁会认为自己在大规模杀伤的规模上确立了先例，他们只会觉得自己在大规模杀伤的效率上建立了新功。"跟亚瑟·哈里斯爵士一样，柯蒂斯·李梅也自始至终并不认为自己有什么不对。战后，他耸耸肩说："军事行动会导致伤亡，这并不稀奇，根本谈不上稀奇。在3月9—10日东京大轰炸行动中，我们烧死、烫死、烤死的人数，比在广岛和长崎两次投放原子弹造成死亡人数的总量还要多。"他认为他没有什么好遗憾的。

第十三章　迂回曼德勒

1944年，日本在阿萨姆和缅甸遭遇惨败，促使日本大批撤换了带兵将领。新任总司令木村兵太郎上将费尽心机整顿部队，准备迎战正在向东南推进的英国第14集团军。11—12月，斯利姆横渡亲敦江时，他并没有试图阻止。英军在推进过程中，一路上看到他们在1942年战败时留下的可怜遗物：一字排开的38辆斯图尔特坦克以及几十辆生了锈的民用车辆，有些里面还有战死者的遗骨。当时由于无法将它们撤离，英军不得不把它们就地炸毁。有位士兵将人的头骨用来装饰吉普车，遭到斯利姆一顿呵斥，要他赶快拆掉："那有可能是我们牺牲在撤退路途上的战士的头骨。"在缅甸北部，圣诞节前不久，第19印度师的官兵跟史迪威指挥下的中国先头部队在芒友胜利会师。1月底，一直通往昆明的滇缅公路最终得以全线贯通，第一批满载补给物资的卡车车队开始北进。让英国人出乎意料的是，蒋介石在达到战役目的后，竟然责令国民党部队立即班师回国，将斯利姆的军队独自抛在身后，让他们在毫无援助的情况下继续朝仰光方向推进。

在日本人看来，盟军现在似乎必然会向南朝曼德勒方向挺进。曼德勒是伊洛瓦底江边一座佛庙城市，是英帝国传说中一个颇具浪漫色彩的会师地。木村的计划是诱敌深入，让英军深入缅甸腹地，拉长他们的交通线，但紧缩自己的交通线。然后，他计划在斯利姆的部队即将在曼德勒北部横渡伊洛瓦底江时，派出第15和第33集团军10个师的兵力，对斯利姆的部队发动猛攻。

然而，对木村来说，很不幸的是，斯利姆识破了他的诡计。除了杰出的指挥才干外，这位英军指战员还拥有称得上奢侈的兵力。这不仅表现在步兵人数上，还反映在他拥有实力超强的空军、炮兵和装甲兵部队。他成功通过史无前例的空投补给法，给先头部队提供支持。凭借这一手段，他们能够克服地形带来的困难。相反，日军大部分编制，都已损失了一半的人员，而且武器装备严重匮乏。斯利姆派出一个军的兵力在北部虚张声势，第19师于1945年1月11日在塔内可因横渡伊洛瓦底江。木村料到这里会遭到攻击，如愿发动反攻，正中了斯利姆的下怀。接下来，英军第33军在曼德勒西北部再次发起佯攻，于2月12日开始在恩加尊渡江，迫使木村在此投入了大部分兵力。然而，所有这些在北部展开的活动，实际却掩盖了斯利姆的真正目的，他要在西南50英里处的帕克库让一个军的兵力渡过伊洛瓦底江，然后在远离木村前线的后方，东向推进到至关重要的密铁拉路口，切断大部分日军驻缅部队的补给线。1945年情人节当天，南部的英国第4军在击溃微不足道的抵抗后，占领了伊洛瓦底江边的一个桥头堡，准备发动本场战役最为关键的一次行动，实现占领密铁拉市的目标。

乔治·麦克唐纳·弗雷泽是第17印度师的一名战士。对于斯利姆发动旨在迷惑和欺骗日军的"斗篷"行动，他曾诙谐地做出这样一番记录："他也迷惑了第9小队的士兵；我们在不少于3个不同的阵地花费3个多小时的时间挖掘战壕。格兰达斯在沙丘上磕掉了他的假牙，小尼克松在黑暗中惊动了一窝黑蝎子……总体上大家的感觉是，整个这次行动，要怪先得怪温斯顿·丘吉尔家的门，其次得怪英国皇室家的门，第三（出于某种难以想象的原因）得怪薇拉·林恩家的门……我们不知道'斗篷'行动会干得那么的漂亮；我们脚疼；我们饥肠辘辘；我们不能生火；我们处于紧急备战状态——尽管正如格兰达斯指出的那样，方圆几英里的地方，连个鬼影儿都没有。"

这一规模的战场欺骗，之所以成功是因为日军已经丧失了开展空中侦察的能力，其情报搜集能力实际上已经微乎其微。他们缺乏迅速改变布防的交通工具；他们心有余而力不足，缺乏狠狠对敌军实施打击的火力。开阔的乡村地形非常适于英军装甲机动部队开展作战。然而，这些并不足以降低斯利姆的功劳：他让敌人选择了错误的落脚点；他精心策划了一场攻势，让第14集团军以微弱代价给日军造成了重大伤亡。1945年2—5月，英军进驻仰光时，缅甸境内出现激烈战斗。但是，无论是日军的防守行动还是他们的反攻行动，其能量所反映的都不过是绝望，而不是他们实际期待的所谓"扭转乾坤"。

第14集团军全部官兵得以将缅甸北部茂密的丛林和陡峭的山丘抛在身后，挺进到中部平原平坦的稻田地形，全军上下感觉顿时松了口气。北安普顿郡团团长特德·陶顿上校写道:"官兵们有一种奇妙的自由和愉快的感觉,觉得他们终于能够重返开阔地带,能够看到车道和村落了。过去的三个星期,我们一直在艰苦对抗幽闭恐惧症的恶劣影响,现在总算都过去了。"然而,碰到缅甸人时,他们感觉,情况还并不明朗。当地人疑虑的是,英国人是要永久回归呢,还是仅仅在开展类似"钦迪特"的那种游击战。如果是后者,那他们还会退回印度。这样的话,那些微笑欢迎他们的住民,将会遭到日本人的报复。师指挥所一位军官对缅甸人有过这样一番描述:"他们既不亲日也不亲英。他们会见风使舵。英国人离开缅甸时,他们会劫掠英国人。日本人败逃奔命时,他们又会去劫掠日本人。"

斯利姆的手下发现,他们面对的不是日军持续的抵抗,而是激烈的局部战斗。敌人只要觉得这么做合算,或者感觉自己无法脱身时,就会在局部打这么一仗。约翰·希尔少校是第 2 伯克郡营的一位连长。他们营对一个被日军占领、名叫金隅的废弃村庄发动了进攻。他们没有炮兵,但在对宽约 200 码的战线发动进攻时,却有 300 门迫击炮给他们提供掩护。

日军造成希尔连队 6 人阵亡,7 人受伤。这是一场典型的小规模战斗,它会逐步削减斯利姆军队的战斗力。英军在全球都出现了人手短缺的情况,而且还非常严重。一旦出现伤亡,尤其是初级军官一旦出现伤亡,那就根本找不到替补人手。第 14 集团军在向南推进过程中,每迈出一步,都会出现人员数量的缩减。

早期,尽管不时也会遭遇激烈抵抗,英军还是会发现一些蛛丝马迹,表明日军已经没有了早些时候的那种作战技能和作战决心。他们的巡逻显得有些虚与委蛇,而且有时还会不小心暴露自己。然而,大家熟知的日军野蛮对待战俘的情况没有减少。1 月 21 日的一场战斗之后,伯克郡营的官兵们发现,一些阵亡英军战士有被日军暴打、被脱掉军靴用电缆倒挂在树上的情况。这一事件激发了官兵们同仇敌忾的情感。约翰·希尔写道:"我们中,无论是职业军人,义务兵,还是志愿兵,都很少有人在见到鬼子尸体或者在杀死鬼子兵后产生同情的想法。毕竟,整场战争中,我们一直在学习如何消灭敌人,他们也在想着如何消灭我们。没有人会指望得到宽待。"在曼德勒北部伊洛瓦底江边进行的卡布韦特战役期间,在执行摧毁日军桥头堡的行动中,希尔所在的营损失了 9 名军官和 90 名各级别官兵,其中他率领的那个连就损失了 25 人。战后,他的一名手下看着敌人尸体,眼中闪着泪花说:"首长,他们当时就没有一个人选择投降吗?"

第十三章 迂回曼德勒

斯利姆在缅甸北部的佯攻行动,被后人认为是非常漂亮的神来之笔。然而,对那些一线官兵来说,他们所付出的代价是艰苦和恐惧。2月1日,英军第2皇家东方肯特团随第36师在密松附近横渡瑞丽江时,曾经历一场残酷的考验。列兵塞西尔·丹尼尔斯平安无事地抵达了日军占据一侧的江岸,他跟其他战士一道匍匐在江岸的保护下,目睹了江水中突然遭遇敌人火力的官兵们所经历的苦难。"有个伙计大叫了一声,'救救我……我腹部受伤了。'我很同情他……他孤身一人,即将死在离大本营数英里外的沙滩上。同情心扯动着我的心弦,但常识让我恢复了理智。我想起家里的父母,他们已经失去了一个儿子。在我寻思是否值得冒生命危险去救助他时,他的叫声渐渐微弱。他慢慢滑进水里,被水冲走了。"

当天晚上,在英军还立足未稳的桥头堡,丹尼尔斯正在散兵坑里吃干粮。突然,枪炮声和班长的叫喊声撕破了黑暗。班长大喊道:"他们突破了。快出来,各自为战!"丹尼尔斯写道:"随后传来沉重的军靴声。我看到官兵们四处奔逃的身影。他们从我身旁跑过。飞溅的沙土打在我脸上。他们跑下堤岸,跳进了湍急的河水。我坐在散兵坑里,仍旧吃着手里的干粮。事发突然,让我有些不知所措。"丹尼尔斯不愿离开散兵坑逃回江中,但混乱中,他别无选择,只好扔掉头盔和背包,加入恐慌的人群,蹚水又回到了瑞丽江的英军一侧。天亮时分,"在我们眼前呈现的,是一派无比凄凉的景象。连队剩余人员,或是郁郁寡欢呆滞地坐在地上,或是在周围漫无目的地走动。大家都很沮丧。每个人都似乎在问:'你见过谁谁谁了吗?'"上级给大家分发了大量的朗姆酒。

多数人都弄丢了自己的手表。丹尼尔斯曾将自己的手表交给一位战友,让他帮忙修理。现在,他发现,这位战友已经牺牲了。放眼看去,江水一片浑浊,他在里面看到另一连队的一名上士,他的尸体已经发胀,顺水在江水中漂浮。"尽管在营里他不怎么讨人喜欢,但看他现在这个样子,我感觉是我们军队的耻辱。"丹尼尔斯的连长因战斗有功荣获十字勋章,但他们所在的团付出了死伤114人的代价。在随后的两周时间中,英军在瑞丽江另外的地方成功搭建起了浮桥。丹尼尔斯和他的战友一直不知道:他们所经历的那些苦难,仅仅是为了分散敌人的兵力。不过幸运的是,不了解这一情况,有利于保存他们旺盛的作战精神。

瑞丽江只是伊洛瓦底江旁边一个小小的障碍。斯利姆责令第14集团军凭借一批破烂不堪的冲锋舟、浮舟和舢板强渡这条亚洲最大的河流之一。要换在欧洲，艾森豪威尔的部下一定会觉得此举简直难以置信。这里没有两栖履带牵引车。斯利姆本人曾悲叹道："在我看来，还没有哪支现代军队曾凭借如此少量的装备，去尝试横渡这样一条大江。"伊洛瓦底江的"大局"，是英军最终大获全胜。但个别部队伤亡非常惨重。2月13日，北安普敦郡团在随同第20印度师横渡基共江时发现，他们的小船有一部分在中途就沉没了，另一部分则被冲得远远的，偏离了他们的登陆目标。在湍急汹涌的河水中，如果船只侧翻，整船陆军官兵都会掉入水中。当许多士兵匍匐在浅水区躲避敌人炮火时，114夜战团的炮兵李斯却要在敌人眼皮子底下直挺着身子蹚水走过500码的路程。他身上背着炮兵前线观察团的电台，他不想把电台给弄湿。

在南部50英里外的密且，第7印度师正渡过伊洛瓦底江向密铁拉挺进。斯利姆的官兵再次利用了发动佯攻创造的机会。他派往色漂的东非旅发动佯攻，吸引日军当地最精锐的部队前往迎战。英国官方历史性学家平静地指出，这次行动是如此的成功，"以致日军发动反攻，一路将东非旅赶到了莱实，也因此将日军在本地区唯一的一支实力强劲的攻击部队引离了主战场"。这一说法有点不符合实际。真实的情况是，东非旅的溃逃，让第14集团军有些大惊失色。集团军司令员在一封充满歉意的电报中还勉强安慰自己，说在东非旅其他部队仓皇逃窜时，有一支部队却一直在坚守着阵地："第28东非旅大部表现拙劣，但第46英王非洲步枪团（尼亚萨兰团）镇定自若……始终坚守阵地。在该旅其余部队表现拙劣的情况下，这支部队的表现尤其难能可贵。"然而，虽然日本的确派出过一支重要部队去追击东非旅，但他们仍有足够兵力驻守在良乌上游4英里处第7师的渡江口岸，给南兰卡夏郡团造成了很大麻烦。

第7师官兵所发动的，是二战期间战线最长的一次渡江行动。在这个位置，伊洛瓦底江的宽度为2000多码。对背负沉重武器装备、乘坐弱小木船的英军步兵来说，即使敌人实力微弱，这条江本身也是一个让他们为之错愕的天堑。2月14日，南兰卡夏郡团的首支部队划船趁夜色成功渡过了伊洛瓦底江，在并未惊动敌人的情况下，在河对岸建立了桥头堡。随后，他们发现有两名日本兵在游泳，显然是出于消遣的目的。他们击毙了那两名士兵，随后引发了一场枪战。南兰卡夏郡团其余部队过河时机有些晚，他们开始在日间渡江。他们的船许多很不可靠，到中途就熄了火。日军机关枪开始朝他们扫射，造成两名连长阵亡，同时还损坏了英军的无线电台。团长乘坐的船被击沉。他和随行人员艰难游回到了英军所在一侧的安全河岸。

河水将船向下游冲,沿途会遭遇日军炮火的致命攻击。紧随南兰卡夏郡团的是旁遮普营,他们也经历了同样的痛苦遭遇。德里克·霍斯福德和他的廓尔喀团胆战心惊地看着悲剧在他们眼前上演。"南兰卡夏郡团团长最后跌跌撞撞、一丝不挂地出现在旅长面前,就在他眼皮子底下一头栽倒在了地上。他本人和他的部队都完全给累垮了。"然而,情况一时还并不像表面上那么的糟糕。霍斯福德的廓尔喀团差不多毫发无损渡过了江。

一位目击者写道:"渡江过程中,船只行进非常缓慢,简直急得人都快要发疯了。有两艘船鬼使神差搁浅在了暗滩上,但无畏的官兵们蹚着齐肩深的河水,顶着湍急的河流,硬是冲上了沙滩。最后,所有船只冲滩成功,战士们蜂拥冲上悬崖和山谷,占领了位于高地上的进攻目标。越来越多的船只满载士兵陆续跟进,直到河流两岸几乎连续行进着英军的船只。与此同时,战机和野战炮的火力网逐步向下游转移,然后又返回对悬崖和沙滩背后的敌军再次发动攻击。"

英军和印军的先头部队上岸后,并没有遇到多大抵抗。一些日军慌忙逃进地下坑道,斯利姆的手下用炸药包把他们葬在了坑道里。有个地方,英军士兵惊讶地发现,残存的日本兵在荷枪实弹排队走入江中溺水自杀。还有些守军,最后发现只是"印度国民军"的成员,是些半心半意混日子的伪军。他们投了降并很快消失回了乡下。不过几天时间,英军的进攻部队就集结在了伊洛瓦底江东岸,并迅速向东部60英里外的密铁拉挺进。他们所向披靡,日军再也无法加以阻止。

斯利姆的军队渡江后,日军很快被迫从伊洛瓦底江沿岸撤退。3月8日,第19印度师从曼德勒以北报告说:"所遭遇之抵抗均显得非常杂乱无章。"

即使到了最后阶段,日军指战员仍然认为英军向密铁拉的推进只是佯攻。因此,3月初,当第17印度师抵达密铁拉时,先头部队只遭遇了零星抵抗,且这些抵抗很快就被荡平。现在,日军在北部的第15集团军和第33集团军被切断了后路。直到最后,木村才意识到,美军捷足先登,给他们带来了灾难性的后果。他们别无选择,只得孤注一掷,想要重新夺回密铁拉。英军通过陆路运输和空投往密铁拉倾注了大量增援。于是,缅甸战役中最不顾一切的一场战斗就这样打响了。

再往北,斯利姆的部队也已经逼近曼德勒。双方各自投入了约6个师的兵力。然而,日军不得不选择充当进攻方。他们只要有机动,就会暴露在英军战机和野战炮的火力之下。英军第14集团军各部队吃得饱喝得足，且拥有各种型号的重型武器。相比之下，他们对手的处境却极为糟糕。密铁拉有日军约 3200 人，但大部分都是些作战保障人员。盟军的坦克可以大摇大摆出动，因为日军严重缺乏反坦克武器和反坦克地雷。的确，在此状态下，木村的手下居然还想负隅顽抗，这不能不让人感觉异常惊奇。

3 团 1 营的廓尔喀人经空投进入密铁拉，投入了保卫机场的首场战斗。结果用副官罗尼·麦卡利斯特上尉的话来说，他们发现这场战斗"相当具有创伤性"。他说："由于是在无侦察情况下在开阔地面推进，大家都在指责，说坦克部队这样不对那样不对。场面真是异常混乱。日军非得等我们的人距离他们 25 码后才开火。"回印度后的早些年里，作为一名职业军人，麦卡利斯特总是担心打不上仗。然而，现在，他和他的战友发现，自己陷入了一场噩梦般的困境。西北边防军一位人称"野獾"、名叫斯佩特、长期坐冷板凳的上校率领他们投入了战斗。战斗中，这位上校完全处于一种茫然不知所措的状态。让他的官兵们备感释怀的是，战斗开始没几天，这位上校就被撤了职，随后副营长罗伯特·奥龙接替了他的职位。奥龙"任职已有 3 年，他完全明白自己在做什么"。那以后，情况大为改观，虽然在缅甸他们营总共伤亡 400 人，损失了差不多一半的兵力。"1944 年以来，日军虐囚恶名犹在，我们非常害怕落入他们手中，但现在我们无论什么都比他们强。显然我们将赢得胜利。"

3 月 16 日，第 17 师漫不经心地给第 14 集团军致电说："日军敢死队在密铁拉机场跑道上挖坑，暂时延迟了今天入场的飞机……清理机场北端的行动进展顺利，情况很快发展成为一场屠杀。"对日军来说，这场战斗是一次可怕的经历。本田正树这位迫切想要回去当渔人的陆军上将，现在接到任务要他夺回密铁拉。他苦恼地对总司令说："我们两个师的兵力，连 20 支像样的枪都没有。这样下去，不会有什么希望。"上面命令他坚守阵地，好让第 33 集团军残部能够成功出逃，他虽然要求对方出具书面命令文书，但还是说："我的部队会继续作战，直至战斗到最后一人。"他的部队的确是这么做的。井上佳树中尉说："密铁拉一战，几乎所有人都战死在了沙场。我们没办法。英军比我们强大得太多。我们的反坦克武器碰到他们的装甲直接就弹开了。我们只能藏身在田埂后面的壕沟里，算是在苟延残喘。"

再往北，英国军队和印度军队正沿伊洛瓦底江一路向南奔袭。第一次见到曼德勒山，看到山顶的庙宇在雾霾中闪闪发光时，他们有一种肃然起敬的感觉。约翰·希尔写道："在我们面前终于出现了我们的首个真正的目标：一个能够在世界地图上寻找得到的地方，而不仅仅是某个不知名的村庄或某片乱木丛生的树林。"3月11日，第14集团军的《每日情况报告》记录了在曼德勒市发生的一场战斗。20日，曼德勒市大部已经安全。第17印度师师长、人称"重拳"的考恩少将得知，在街头战斗中阵亡的英军战士，其中就有他自己的儿子。

日军到处在溃败。德里克·霍斯福德中校不动声色地说："我们赶在他们前面，然后就是杀啊杀啊杀。"4月8日，约翰·兰德尔率领俾路支连，要去夺取瓢背西部一个叫作"900号据点"的目标。进入据点时，一名印度兵被敌人打死了。日本守军被击溃时，兰德尔大声要求手下抓俘虏。他那位印度籍连长回应说："老爷，没用的！他们根本不听。"兰德尔写道："他们已经杀红了眼……他们发出尖利的吼叫。他们龇着牙，感觉像是一群狼在咧嘴发出可怕而疯狂的笑声。这种纯粹的动物猎杀欲望，让我既兴奋又震撼。不出10分钟，在手榴弹、冲锋枪和轻机枪的火力和刺刀的综合作用下，一整连的日军被我们全部歼灭，一个俘虏也没抓。他们根本没怎么抵抗。除去刚才被打死的那位印度兵，我方另外只阵亡了一人。"这是整场战争中兰德尔第一次见到日本军官转身逃跑，然后被英军直接击毙。124名日军官兵的尸体被丢弃在粪坑里。约翰·卡梅隆-海耶斯中尉是一名枪手，他说："我们感觉战事很快就会结束。日军在仓皇逃窜。到处是他们的尸体。他们不再像从前那样具有攻击性。"

对于斯利姆的战士来说，在经历了过去数年的痛苦和失败后，向前推进并赢得战斗是一种非常奇妙而颇有成就感的体验。罗尼·麦卡利斯特上尉曾说道："我恐怕是喜欢上打仗了。那真是很好玩。我们从未把缅甸战役当作是场客串表演，而是把它当成了一个华丽的表演舞台。对自己所在的团，对自己所在的师，我们感觉非常自豪。"在最后几个星期，英军各级指战员发现，由于缺乏纠察人员指挥交通，他们的行动受到了阻碍，坦克车队和卡车队将本来就不多的几条道路给堵得死死的。好几支炮兵部队被成建制调拨过来执行单调的纠察任务。

然而，缅甸战役见得到的成果却有些少得可怜。斯利姆写道："进驻标注在地图上的城市，成了我们为之战斗牺牲的目标，这总会让人感觉有些失望。对胜利者而言，那些城市街道，虽说已是千疮百孔，但行进其中仍让人感觉有些兴奋。但这些城市，没一个是巴黎或罗马那样规模宏大、历史悠久的城市。沿途没有被解放的人群前来欢迎部队。相反，我的战士还得在横七竖八被烧焦了的横梁和扭曲变形的波纹钢中谨慎行进，时刻提防出现诡雷或狙击手。在污秽不堪的废墟中，四处散布着断壁残垣、沾满污迹的佛塔。几个穿着破烂、战战兢兢的缅甸人可能会朝我们看上一眼，甚或腼腆地跟我们招手表示欢迎，但那再怎么也无法大快人心，不止一位征战沙场的战士，在见到经过几周时间艰苦战斗取得的战果时，会轻蔑地朝地上直啐唾沫。"

尽管第14集团军的官兵们认为自己赢得了一场伟大的胜利，美国人对英国人做过的所有事情几乎都抱着怀疑的态度。1945年4月23日，一个美国军事观察团对英军的一次战斗行动有过这样一番报道："敌人再次以它典型的方式深藏着锋芒……第19师几乎不知道敌人到底在哪里……敌人再次证明，他们能够掩饰自己的行踪，让英军无法知晓他们的实力。"

3月底，斯利姆已经控制了缅甸的公路网和铁路网。日军各部队接到的命令变得越来越不切实际。譬如，他们会接到命令，要求他们去占领已经永久丢失了的阵地。4月的一天，本田设在瓢背城郊一个修理厂的指挥所着了火。所有卡车、轿车和电台都毁于一炬。守军有300人，其中1/3是医护人员和其他类型非战斗人员。他们在守卫阵地的时候，本田将军躺着写下了他的遗嘱。这些日军得到一次出乎意料的救赎机会，因为英军坦克朝着北方飞驰而过，没有意识到他们放掉了一条大鱼。夜幕降临时，本田带着一根拐杖和从火中抢救出来打成包的几件行李，带领残部徒步朝央米丁方向走去。在随后的逃亡期间，有人曾见到这位将军精神饱满，给那些疲惫不堪的部下大谈特谈他编的那些黄段子。干这种事，他是出了名的。他手下有几支部队比较走运，还拥有一些交通工具。安倍光雄少佐对日军第53师的这场撤退有这样一番描述："形形色色不同部队的官兵混杂在一起，许多人受了伤。一些人用毛巾或衬衣碎布条对伤口进行了包扎。一些人被打瞎了眼睛，一些人鬼哭狼嚎要求截掉残缺不全的四肢，还有些人患了疟疾，反复高烧，不停在说胡话。有人恳求朋友给自己立个遗嘱，一些年轻士兵在呻吟着喊妈妈。一些伤员在两旁战友的扶持下挣扎前行，一边大喊大叫要见指战员。这简直就是人间地狱。"

现在，斯利姆的目的先是迅速向密铁拉以南320英里外的缅甸第一大城市仰光猛力推进，然后再回头扫清道路两侧的敌人残余势力。结果表明，影响英军推进的最大障碍是后勤。战斗打响以来，疲惫的官兵、过度磨损的坦克和卡车已经行进了差不多1000英里。4月27日，第14集团军致电蒙巴顿说："先头部队现在距离仰光港口只有72英里……目前先头部队争先恐后向南奔袭的竞争意识很浓。3月20日，拿下曼德勒以来，第14集团军的部队在38天内已经前进了352英里。"

英军指战员强调，战争已进入最后阶段，结果已是板上钉钉，因此各部队必须尽量减少损失。第20印度师师长道格拉斯·格雷西警告说："人员是我们最为宝贵的东西。动用兵力要极其小心谨慎。"这一年季风提前了两个星期来临。在季风季节头几天开展的奔袭仰光行动，将英军在远东地区的军事行动推向了高潮。尽管一些日本士兵仍然拥有令英军熟悉而胆寒的作战意志，但日军整体上已经被打散。

一位坎伯兰士兵说："如果你是个鬼子兵，看到那么多民族——廓尔喀族、帕坦族、锡克族，还有来自东非师的黑鬼，他妈的祖鲁人和苏麻族，再加上我们——朝你冲过来，你能受得了吗？"在其伟大的历史中，最后一次，英国的印度军团，得以在经历三年多的失败与失望之后，一路凯歌高奏、乘胜追击。斯利姆本人在飞越仰光时险些被击落。日军的炮火击中了他的飞机，击伤了一名美军联络官。5月1日，第25印度师在首都仰光以南海岸发起一场两栖登陆战。两天后，日军在击杀了军中400名受伤不能动弹的官兵后，放弃仰光，开始向东撤退。仰光城市监狱中的战俘在屋顶上张起一条巨大横幅，上面写着："鬼子走了，行动起来吧！"就这样，英军开进了仰光城。

日军从缅甸撤兵的行动，伴随着对缅甸和印度平民的系统施暴。直到最后一天，日军一直在折磨他们，对他们想杀就杀。在随后几个月，第14集团军对试图向东退入暹罗的日军散兵继续开战。这批日军还有6万余人，但斯利姆的部队主导了战场形势。主要战役结束了，英国国旗再次在缅甸上空飘扬起来。双方的损失对比突出表明，1944年的这场战役是一场决定性的战役。在英帕尔和科希马，日军死伤人员6万人，英印联军死伤人员17587人。在伊洛瓦底江、曼德勒和密铁拉战役中，日军死伤人员约13000人。相比之下，英印联军损失人数达18195，但其中死亡人数只有2307人。在最后"清扫"阶段，日军或损失28000人，而盟军第14集团军则只有435人阵亡。跟其他远东战役一样，总计伤亡数字掩盖了死亡人数比例的巨大区别。英印联军每伤亡一人，就有13名日军阵亡。在夺回缅甸的激烈战斗中，中国军队阵亡人数要远比英国军队多得多。英统印度派出了大量志愿兵，他们为胜利付出了最多牺牲。日军损失了全部驻军约2/3的兵力。其余残部得以通过陆上边境逃往暹罗，因为通过太平洋各岛逃离几乎是不可能的事情。英军伤亡人数少，但这种统计数字掩盖了一些步枪连遭遇的重大损失。1944年11月第2伯克郡营2连入缅时的196人中，到1945年6月时仅剩下12人还在服役。约翰·希尔少校写道："我开始意识到该营发生了重大变化。许多人离开，又有许多人加入了进来……真正来自伯克郡,还活着的已经不多了。"

5月9日,正当胜利在望时,第14集团军遭遇了一场晴天霹雳般的打击。整场战役的主角,第14集团军军长斯利姆,被莫名其妙解除了职务。缅甸行动最高司令奥利弗·利斯上将此前曾在北非和意大利战场上追随过蒙哥马利。他趁此机会宣布要接替斯利姆的职务。斯利姆的参谋长、人称"胖子"的陆军准将莱斯布里奇在给他的夫人的信中表达了他的震惊:"我们这里发生了一件最令人难以置信的事情,比尔被免职了!而且是在他的卓越壮举即将完成的时候……我想,会有性格冲突的原因。比尔是我遇到过的最好的人,我们每个人差不多都到了乐意为他去送死的地步,他就是这样一个好人。这件事让我感觉很不舒服,让我对我的同胞失去了信心。他当然很大度地接受了安排,他就是这样一个宽宏大量的人。我不知道接下来他会做什么。我想他会退休吧。这件事无论如何讲不通……当然,就我而言,这意味着,作为他的参谋长,我也得离开。这是军队的传统做法,因此,亲爱的,我担心,我再也不能留在师里了。"

这是个非同寻常的事件,其冲击波传遍了英国和印度的所有军队,并且对利斯的声誉造成了永久性的损害。第1廓尔喀营3连上尉罗尼·麦卡利斯特说:"我们都气坏了。斯利姆被免职,让我们所有人都受了影响。"不出数日,无论是身处伦敦的布鲁克,还是身处康提的蒙巴顿,他们都意识到,在这件事情上,他们犯了一个重大错误。利斯的决定被否决。斯利姆被留了下来。利斯本人不久被免除了职务。然而,第14集团军司令一直没有因为缅甸战役的胜利从布鲁克或丘吉尔那儿获得他应得的桂冠。

在他厚厚的一摞战时日记中,布鲁克曾无数次提到德国,但只有54次提到日本,由此可以看出英国的工作重点在什么地方。他谈到蒙哥马利的次数为175次,但提到斯利姆的次数却只有5次。1945年4月6日,丘吉尔从雅尔塔给他的夫人写信说:"蒙哥马利在奥利弗·利斯将军的增援下,在缅甸创造了奇迹。"这感觉就像是一支足球队取得了胜利,却将胜利归功于球队的老板而不是球队的经理一样。在丘吉尔的战争回忆录中,他只有3次提到斯利姆,虽然不无尊敬,但也只是敷衍了事。不管第14集团军是否被"遗忘",英国的领袖们似乎觉得,反正人们不应该记得他的指战员是谁。无论是丘吉尔还是布鲁克,他们都不可能跟斯利姆存在个人恩怨。更为可信的是,他们的态度,反映的是对整个缅甸战役战略投入的不屑。

第十三章 迂回曼德勒

土崩瓦解的日军残部向东南开进，并于1945年初夏，陆续渡过锡当河和萨尔温江进入暹罗。约翰·马斯特斯上校是第19印度师的高级参谋军官。他跟他的师长沿锡当河部署军队，构筑阻击阵地，准备迎接木村被打散的部队。他对此有如下描述：

> 我们做好了优待俘虏的安排，但没人打算手下留情。我们憋屈了3年时间，现在是报仇雪恨的时候了……重机枪覆盖了每条道路，步兵和铁丝网对机枪部队形成了保护。后面，野战炮巍巍耸立，随时准备向所有向我们接近的目标倾泻高爆炸弹……坦克被安排驻守在每个路口。在为数不多的全天候机场上，战斗机和轰炸机正在待命……鬼子来了……重型机枪跟他们干上了，轻型机枪和步枪跟他们干上了，坦克跟他们干上了，野战炮也跟他们干上了。成百上千名日本兵被淹死在锡当河里，他们的尸体漂浮在水塘上、漂浮的芦苇丛中。

第18师井上佳树中尉带领10名士兵驾着两辆牛车踏上了从密铁拉通往大海的史诗般的行军。两个月后，他们抵达了锡当河大桥。过了桥，他们就算安全了。这时候他们已经损失了两名战士，是被缅甸国民军的游击队杀死的。井上愤愤地说："当我们节节胜利时，缅甸人对我们非常友好，但当我们开始失利时，他们就翻脸不认人了。"在缅甸战役的最后两周，日本人一手扶持的所谓"缅甸国民军"倒戈相向，开始攻击他们从前的主子。菅野连一上尉一直管理着毛淡棉港的一个铁路军需仓库。1945年6月以前，唯一让他们感到不安的只有英军的轰炸，他们有10名官兵因此被炸身亡。但随后，吃了败仗的日军部队陆续拥入这一地区。当穿着一尘不染的制服的指战员和司令部参谋军官以及来自仰光的难民抵达毛淡棉市时，菅野更加感觉惊讶不已，他说："这些人开始出现时，我第一次意识到，我们的军队出大麻烦了。这让我们大吃一惊。我们都在问：'我们到底怎么了？'"在太平洋岛屿战中，日军指战员选择了跟战士们共存亡。而在缅甸的撤退中，许多高级军官却在可耻地仓皇逃命，这让广大士兵感觉非常反感。

跟西方国家战士一样，看到基地部队过着舒服安逸的日子，日军战士也同样感觉非常愤怒。在曼谷住院期间，井上佳树请求派一辆车，接上6名伤兵去转一转。有关部门拒绝了他的请求。一位管运输的官员耸耸肩膀说："在这里，汽油就跟血液一样宝贵。"然而，当天晚上，井上却在当地一家餐厅看见一名参谋军官的车上嘻嘻哈哈下来一群年轻军官。他说："在新加坡和西贡这样的地方，看到我们的人带着小妞在外面鬼混；与此同时，我们在缅甸的战士却在忍饥挨饿、浴血牺牲。这一悬殊对比让我感觉很不舒服。"

日军吃了大败仗，这一点毫无疑问。但英军又赢得了什么呢？尽管在跟第 14 集团军并肩作战时，一些印度部队跟他们在伊拉克和意大利时一样表现得非常出众，但丘吉尔显然说得很有道理，在再次征服缅甸的进程中，英军动员了 250 万印度军队，但这一举措其实收效甚微。1945 年，一位前英国驻印政务专员回国后写道："双方从前那种毋庸置疑的互信已经没有了。我们曾被赶出过缅甸。缅甸人眼睁睁见过这种事情发生。用一句老套的话来说，情况再不可能跟从前一样了。"

尽管日本培植的伪军"印度国民军"跟英军交战时战斗力并不强，但在被俘接受审讯期间，审讯者却惊讶地发现，他们中一些人非常的桀骜不驯。英军在仰光俘虏了 5000 名"印度国民军"。在给国防部的有关报告中，英军警示认为，要是将这些人遣返回从前的兵站，那有可能他们在站队列时会装得很听话，但"在闲暇时间，他们会私下寻思所谓'独立的梦想'或在同伴中散布这一思想，想着要历尽千难万苦去实现这一梦想，想着要建立一支完全由印度人指挥的印度军队……情报人士认为，对'印度国民军'的官兵来说，除非在他们中树立起某种国家、宗教或地方意识，否则任何形式的改造都不会取得成功"。虽说这种人只占少数，大部分印度官兵还是在忠诚地为英国而战，然而这种离经叛道的思想却反映了一个事实：英统印度的根基正在被迅速磨蚀。

事后，一位名叫布雷安·奥尔迪斯的英国战士在讲述缅甸战役时写道："缅甸战役的一个政治目的，是想让美国人相信，他们的敌人就是我们的敌人。除此以外，我们很难说它究竟达到了什么目的。"奥尔迪斯本人是一名通信兵，他见过尸体，却从未杀过人。战争结束时，他有一个很奇怪的遗憾："我意识到，我曾经渴望杀鬼子，只要杀一个，用子弹把他打成马蜂窝，然后看着他倒下。"那些真正杀过人的战士，很少会认为奥尔迪斯错过了一个很有意义的体验。驻缅甸和印度的英军，他们并没有觉得特别兴奋。接下来，他们要准备下一场战斗。那是一次重要的两栖登陆战。他们还要在马来亚恢复英帝国统治的荣光，尽管这一荣光已经失去了一些光泽。

第十四章 澳大利亚人：
"不劳而食"与"清剿行动"

1945年1月的一天，布干维尔岛上，一支澳大利亚营级部队两个月前刚刚接替美国部队。这支部队的一位连长给他的上校营长打了通电话。他说，战士们"太累了"，没法执行下达给他的进攻命令。那位名叫马修的上校坚持认为，这场进攻必须执行。半小时后，连长又打来电话，说他的手下拒绝离开阵地。"他们说，他们太累了，他们被切断了与外界的联系，伤员也无法运回来，他们什么地方也不打算去。"马修告诉这位连长，他必须让他的士兵服从命令。不久，这个连的副连长打电话过来报告说，他们的连长都哭了。这位连长被免职送回了后方。第二天，马修手下另一个连队自行其是，停止了跟敌人交战。一位排长报告说，他的手下被"吓坏了"。第三个连的连长告诉马修，说他的部下对他这个长官缺乏信任。这种感觉是相互的。一个月以后，马修在文章中以很不屑的口吻谈起另一个营的类似经历，并简短指出，他们"跟我手下一些连队相比，也好不到哪里去"。

这些故事似乎有些让人感觉惊讶，但它们所反映的是战争后期澳大利亚军队在西南太平洋战区让人颇为不快的痛苦煎熬。从1944年10月到1945年7月，澳大利亚士兵参与了一系列岛屿战。许多士兵成天怨天尤人，让他们打仗显然无济于事，这种局面将有些人推到了想要发起兵变甚至制造更恶劣事件的边缘。战争最后一年，被证明是澳大利亚作为参战国最不光彩的一年。1941—1942年间，在地中海战区，澳大利亚军队为自己赢得了无出其右的好名声。1943年，美军在西南太平洋集结军队的同时，这一批澳大利亚战士，他们中许多人在新几内亚打了一场非常艰苦、非常重要的战役。跟在托布鲁克一样，他们在米尔恩湾和科科达小道的表现同样大放异彩。然而，那以后，澳大利亚军队似乎从此远离冲突没了踪影。这个国家经历了一场创伤。它分裂了这个国家的人民，在军队里推行民主，给人们的二战记忆投下了一个影响深远的阴影。

澳大利亚在20世纪30年代的大萧条中受过重创，因此对1939年爆发的这场战争并不热心。澳大利亚的义务兵仅限于在国内服役，但它向中东派出了3个师的志愿军。1942年，在新加坡，澳大利亚损失了它第4个师的志愿军部队。澳大利亚飞行员在各个战区都有卓越表现，澳大利亚海军也有难能可贵的贡献。但大多数澳大利亚士兵还是选择在国内服役，在民兵部队中懒散地消磨时光。

偏远的地理环境使澳大利亚社会显得有些狭隘，但这并不能充分解释部分民众的行为。当日本企图让澳大利亚臣服于日本帝国时，澳大利亚人民竟然拒绝调整生活方式参与民族救亡战争，并且他们的抗拒意识还非同一般。民众敲响了国内防务的警钟，迫使澳大利亚政府于1942年坚决撤回了派往中东的全部军队。丘吉尔费尽心机将蒙哥马利麾下第3集团军中著名的澳大利亚第9师挽留下来，一直坚持到11月的阿拉曼战役。然而，此举却在堪培拉激起了公愤。这些从中东撤回的部队归国后，被投入到了在巴布亚新几内亚的作战行动。在那里，从1942年末到1943年，澳大利亚军队在麦克阿瑟的指挥下，参与了几场最为残酷的对日作战行动。

战斗逐月推进，那些在海外服役的志愿军，对拒绝出国执行任务的同胞，开始表现出越来越多的不满。他们说，澳大利亚已经成了"游手好闲者的天堂"。"游手好闲者"，意思就是寄生虫、无业游民，或者乞丐。这三种人在澳大利亚比比皆是，而且许多是制服工作人员，他们让这个国家不堪重负。由于军队不得人心的表现，在战争最后两年，澳大利亚政府做出反应，将军队规模裁减了22%。然而，与此同时，澳大利亚本就过于臃肿的军官团队，人数却又猛增了14%。国防部部长福特向首相约翰·科廷报告说："澳大利亚作战部队已经明显出现了士气恶化的情况……这很大一部分原因是因为他们长期待在澳大利亚本土。国内没有明确规定，在何时何地他们才有可能被调往参加实战。"

澳大利亚国内，到处是一派产业缺乏管理的景象。船只无人维修，船上的货物无人装卸。前往澳大利亚服役的美军和英军军官，见到此番情景都觉得颇为震惊。一位美军官方历史学者惊讶地指出："许多工人拒绝在雨中工作，拒绝搬运冷藏食品和其他许多种货物。他们反对

第十四章 澳大利亚人："不劳而食"与"清剿行动"

使用机械化装备，有时抗议甚至还能得逞。"美军不得不在码头边上驻扎军需部队，以避免大雨突然来临导致平民劳工中断装卸货物的工作。譬如，在昆士兰北海岸的汤斯维尔镇，工人旷工情况平均高达18%。部分码头工人只在周末才来上班，因为这时候可以拿到两份或三份的工资。这种局面最后导致美军不得不中断他们的周末补给行动。一位澳大利亚码头工人平均每天搬运货物的数量，只占一位美军士兵每日搬运量的1/4。

1943年9月，在发生一连串令人震惊的码头事件后，麦克阿瑟给出身工党的澳大利亚首相科廷写信，断言海员工会"直接妨碍了战争行动……事件背后可能有'第5纵队'在捣鬼"。一艘美军货船上发生了一场暴乱。之后，海员工会出来对暴乱者表示支持，要求释放暴乱者，否则工会就不允许水兵上船。为美军生产配给食品的澳大利亚食品包装工人，他们在工资问题上百般无耻地讨价还价，还拒绝了美国人提出的流水作业操作方案。悉尼一家谍情分析机构在给澳大利亚政府的报告中认为，产业工人缺勤旷工，反映的是"广大人民对战争行动的冷漠"。跟战争期间所有其他国家一样，黑市在澳大利亚异常兴旺。带有商标和封印的空酒瓶，每个可以卖到5先令，有人会在里面重新灌装掺假的酒精。在黑市上买日用品成为一种生活方式。

整个1942年和1943年的上半年，由于罢工，澳大利亚损失了近乎100万的日产量，其中大部分损失是在码头和矿山。煤产量急剧下滑。1943年11月前后，日军潜艇已经5个月没有对澳大利亚周边海域发动进攻了，然而澳大利亚水兵仍然坚持没有海军护卫就不出海，他们还将船上指示方位的航海用具拆卸了下来。美国人认为这是澳大利亚人懦弱的表现，并因而对此越来越反感。麦克阿瑟说："我告诉你，这些澳大利亚人根本打不了仗。"对那些在新几内亚勇猛作战的澳大利亚战士来说，这番话显然很不公道。然而，1944年6月，美国驻堪培拉大使尼尔森·约翰逊在给美国国务院的信中写道："国务院可能会感到惊讶，美国获得胜利的消息传来后，美国驻澳大利亚使馆甚至连个表示祝贺的电话都没有收到过。"1944年9月，《悉尼先驱晨报》发表了一份来自印度的电文，内容是说美英两国的军人质问，澳大利亚是不是"打算退出战争"。9月13日，这份电文在堪培拉上议院引发了一项质询。堪培拉上议院质问"澳大利亚军队是否还需要继续参战"。1944年10月，《悉尼每日电讯报》认为，澳大利亚国内产业纷争已经到了"内战或接近内战的边缘"。1942年10月26日，《纽约时报》德高望重的战地记者汉森·鲍德温写道：

291

> 许多澳大利亚人认为，澳大利亚劳工对自身"权益"的争取，对工作时间不能超过某一明确时数，以及周六下午和节假日不上班的坚持，以及他们对战争的总体态度和对待方式，这些都已经妨碍了联合国战争行动的全面展开……我们所有生活在民主制度下的人们，都热爱和平时期的个人自由以及随意、安逸、无忧无虑的生活方式，但我们忘了，战争是件严厉而残酷事情，和平时期的生活方式并不就是战争时期的生活方式。

鲍德温的文章在澳大利亚激起了轩然大波，但很少有美国人对此看法提出异议。

在某种程度上，澳大利亚人的行为，反映的是一场立国宗旨和国籍身份的危机。除此之外，另外一个原因是，尽管盟国希望澳大利亚出兵打仗，但他们没有在决策问题上给予澳大利亚领导人重大发言权。用一位澳大利亚历史学者不那么直白的话来说："澳大利亚政府想要强行进入更高级别的战争理事会，但并没有取得多少成功。"1941—1942年间，英国在马来亚和缅甸一败涂地，这使澳大利亚在政治和文化方面对大英帝国的忠贞度发生了重大改变。1941年12月27日，澳大利亚首相科廷指出："我已经说得很明白，澳大利亚把希望放在了美国身上，因为这样做他们不会因为与英国的传统联系或血缘关系而经历内心折磨。"在澳大利亚战区，起主导作用的是美国，他们依赖的也是美国。他们曾经的导师和保护者英国，在他们最需要的时候，却并没有出现在他们身边。于是，他们骤然投入了美国的怀抱。对澳大利亚妇女来说，这么说并不仅仅是个比喻。美军在澳大利亚全境驻扎了100万军人，澳大利亚少女们对他们表示热烈欢迎，他们因此也很开心，战争给他们提供了新的性自由的机会。美国海军的水兵们惊讶地发现，当他们的军舰靠近悉尼码头时，会有成群结队、他们称为"糖果"的青少年疯狂地朝他们挥手表示欢迎。这种热情也就跟当年英国许多少女对出手阔绰、风度翩翩的美国驻军的态度差不多。

澳大利亚为盟军士兵提供了饮食后勤补给，在此方面做出了重大贡献，盟军对此颇为感激。然而，随着战争的推进，盟军开始觉得，这个拥有700万人口的国家，对战争做出的贡献过于有限。1943年1月，科廷费了很大一番周折，才争取在澳大利亚通过了一个《民兵法案》，法案规定所有澳大利亚军人都有在海外服役的义务，但这仅限于在西南太平洋战区，因为在这一战区，澳大利亚受到了直接威胁。在

第十四章 澳大利亚人:"不劳而食"与"清剿行动"

国内正在闹政治和社会危机的情况下,这也就是一个弱势政府所能取得的最大成果了。一位澳大利亚官方历史学者写道:"科廷的国家领导班子,其工作理念是要为澳大利亚人民谋福利,而这仅限于他们在国内的生活。"

在整个战争期间,澳大利亚约有691400人应征入伍。然而,1944这一年,几乎所有的军人都在国内军营里游手好闲地打发时间。他们无所事事、桀骜不驯,几乎处于一种无可救药的无组织无纪律状态。1941—1942年,澳大利亚军队在西非沙漠表现卓越;两年后,在没有经历任何重大地面战斗的情况下,这支军队的大多数却堕落到了令人感觉羞愧的境地。这样的对比差异可以说再怎么描述都不算过分。澳大利亚军队可以派往什么地方执行任务?对于这个问题,人们争吵得很是激烈。1942年,麦克阿瑟已经成为美国的民族英雄。他对澳大利亚人的热情从未做出相应回报。澳大利亚军队听命于他的指挥,但他对他们并不信任。除了美国大兵外,他不打算让任何国家的部队去菲律宾打主力。澳大利亚民兵部队被称为"巧克力战士",他们明显是支很不靠谱的部队。麦克阿瑟的办法,就是让澳大利亚军队接替美国军队,在日军残余尚存的地方,譬如布干维尔岛、新不列颠岛和巴布亚新几内亚的一些地区,去执行清剿任务。

清剿任务立刻被认定为一个费力不讨好的差事,类似于1944—1945年间艾森豪威尔分配给自由法国部队的那种任务,他当时是让法国军队去包围被孤立在法国若干港口里的德国守军。10月18日,负责在新几内亚指挥澳大利亚第1集团军的弗农·斯特迪将军给他的总司令写信说:"日本守军现在跟关在战俘营里没有多大区别,只是他们还需要自己找东西吃而已,我们干吗要甘冒牺牲大量澳大利亚官兵的风险去消灭他们呢?"的确,为什么呢?早在1944年8月,麦克阿瑟就曾断言:"在所罗门群岛和新几内亚被我们绕过而未攻打的敌人守军,他们并不构成任何威胁……什么时候消灭他们并不太重要,或者根本就不重要。作为战争参与要素,他们的影响已经可以忽略不计。"既然如此,如果认为美军没有必要与这些已经丧失能力但仍旧非常野蛮的残余分子交战,那为什么要在敌人已经饿了半年肚子变得有些狗急跳墙时,却认为澳大利亚人应该去完成清剿他们的任务呢?

1945年1月,《墨尔本先驱报》宣称:"美国的舆论,倾向于要在太平洋战争剩余时间内,不承认澳大利亚是一支参战力量。现在他们看到,澳大利亚人在扮演最为卑微的二流角色:在真正苦苦鏖战的美国佬身后,他们在执行剩余的清剿任务。"麦克阿瑟坚持要派出更多澳大利亚部队去执行清剿任务。他要求派出部队的人数，比他的总司令托马斯·布莱米认为必要的人数还要多出很多。对此，澳大利亚人既表示愤怒又有些困惑不解。澳大利亚人一度表示，美军投入6个师来完成的任务，澳大利亚人只需要6个旅就可以完成。对此说法美国人颇觉有些尴尬。有人猜测，这是麦克阿瑟派出那么多澳大利亚部队去执行清剿任务的原因。

在一些争议岛屿上，日本守军数量仍然高达数万人，但他们没有足以危及盟军事务的战斗力。盟军切断了他们跟国内的联系，他们军力严重不足，而且有饥饿和病痛缠身。任何理性的战略判断都会觉得，应该派出少量盟军部队将守军包围起来，围而不歼，任其自生自灭，直到日本战败结局迫使他们投降为止。让澳大利亚士兵冒着生命危险，对丧失能力但依然非常危险的日军发动进攻，仅仅为了消灭一定数量的敌人——这一理念让澳大利亚军队指战员感觉很厌恶，而且不久之后，征战沙场的战士们也会同样感觉厌恶。

然而，经过一番热议后，1944年10月，3个澳大利亚师的兵力被投入到所罗门群岛中的布干维尔岛以及新不列颠和新几内亚。在那里，他们感觉很沮丧、很不舒服，有时甚至很痛苦和恐惧，在这样的感觉中度过了战争的最后8个月时光。美国人在这里的时候，对幸存的日本人推行的是一种消极战略，但布莱米决定澳大利亚人应该积极追打穷寇。这种变化同样让人觉得特别惊讶。布莱米认为，积极行动有助于提升士气。澳大利亚政府也希望让人看到他们的军队是在解放那些处在澳大利亚殖民管理下的领地。这一政策可能会赢得几次上新闻头条的机会，但肯定会付出生命的代价。

作为澳大利亚军队总司令，托马斯·布莱米将军在他自己的团队内并未赢得多少信心，在团队之外则更是如此。今天，在澳大利亚，人们仍在争论，布莱米是应该为澳大利亚军队最糟糕最不幸的几场战斗承担责任呢，还是说他仅仅是因为那场困扰澳大利亚的民族大分裂而遭遇了困难。他是个傲慢、肥胖、对宗教异常虔诚的专权者。1944年，他刚好60岁。跟在他手下服役的大多数人一样，他也是个民兵。他早年曾当过老师，做过传教士，在第一次世界大战期间先是在军校当学员，然后加入民兵部队，一路这样下来。由于澳大利亚军队战时需要大规模扩编的缘故，1918年，也就是在他34岁那年，他被晋升为准将，在一位军长身边任参谋长。两次世界大战期间，他曾担任维多利亚警察专员。在任期间，他曾因为腐败和贿选赢得一场恶名，这导致他于1936年被免除了职务。然而，大千世界无奇不有，这位身材矮

第十四章 澳大利亚人:"不劳而食"与"清剿行动"

小的人居然于1939年被任命为澳大利亚军队总司令,而且还终身担任这一职务。澳大利亚传奇人物、战地记者兼历史学者切斯特·威尔莫特曾谈起过军队对这一任命的态度:"大家知道布莱米是个臭名昭著的骗子,因此很不高兴在他手下干活。"

1941年盟军在希腊遭遇大溃败期间,布莱米曾担任韦维尔的副手,这一任职经历更加降低了他的声望。他被自己的参谋长指责为胆小鬼。不仅如此,他还惹得大家对他深恶痛绝,因为为了保全他那个担任参谋官的儿子,他竟然让儿子离开激战正酣的战场,乘飞机逃到了埃及,置其他人于不顾,将他们丢给了德国人。当时,阿瑟·特德爵士是英国在这一战区的高级空军指战员。他将布莱米称作"让人很不舒服的权术型军人……长一个塌鼻子,身材粗短,肤色白皙,患有高血压,留着一小撮已经斑白的八字胡。他那点常识,20年前或许还派得上用场,但是……!"同样,奥金莱克在非洲沙漠上写来的一封信中说:"要是我,就绝不会选他来指挥战斗。"阿兰·布鲁克爵士觉得他"不是块好料。他看上去整个就像个酒鬼,有些让人讨厌"。然而布莱米保住了他的工作,以总司令身份回到了澳大利亚,仍旧一味在是否派遣澳大利亚军队的争议上玩弄手法。他对酒色的兴趣显然很是浓厚,即使在作战区也依然如此。这一点让许多军官都感到非常厌恶。

布莱米非常不得人心,以至于有人曾在悉尼街头上组织过一场针对他的游行。他不顾成百上千人的性命,我行我素地将部队投入到徒劳无益的战斗中。这一点招致了许多澳大利亚人的长期反对。一位澳大利亚官方历史学者后来写道:"在这场战争中,他或许是遭到过自己人最恶毒谩骂的军事领导人。"有关布莱米的评价,最好的说法,是认为他所任职的政府应该承担真正的责任,因为在有种种理由支持免除他职务的情况下,政府却容忍了他的懦弱、无能和放纵。

澳大利亚军队在西南太平洋战区的作战,对那些不情愿参战的人来说,算是一次非常糟糕的体验。一位叫作埃文的列兵在他驻扎的太平洋岛屿上写信说:"我们所有人都快疯掉了。胆战心惊地生活在泥水和雨水中,睡在地面上挖出来的散兵坑里,这样的状况将人消耗得精疲力竭。我眼睁睁看着小伙子们的脸一天天消瘦憔悴起来,他们的动作也一天天变得缓慢而无力。"上面会要求他们长期开展令人提心吊胆的巡逻,既单调又让人感觉不舒服,但这还不足以压抑住他们对埋伏和诡雷的担忧和恐惧。日军在战略上固然已经遭遇重创,但直到最后关头,幸存日军仍然保有通过偷袭来夺人性命的能力。彼得·麦德卡夫笔下曾描述过布干维尔岛上的一位澳大利亚战士,他在出发巡逻前突然精神崩溃发了疯。"可怕的悲伤和同情感染了我们所有人。我们轻轻扶他起来，带他去见裴西老板。我们拉着他的手，引领着他，就仿佛在帮助一个年幼无助的小孩。我们这些战士中，有些人是见过不少世面的，他们是些阅人无数、经验老到的人。然而，我们所有人都产生了同样的想法。虽说上帝或神的保佑是否可信还值得怀疑，但我们还是认为，要不是上帝或神的保佑，我们差不多也会是同样的结局。"

一位澳大利亚历史学者写道："1945年的这场战役，它的政治和宏观战略意义……很快引发了澳大利亚参战人员的愤怒。他们不久意识到，他们所开展的战斗，其价值很值得怀疑，为此而付出生命那简直是浪费。因此，他们试图要最大限度减少风险。在这件事情上，他们的行为得到了大多数指战员的支持和鼓励。"从前那支澳大利亚远征军部队，他们还时常会有非凡之举。在他们和那些让人嗤之以鼻的民兵部队之间，一直存在一条分界线。一位战士在给家人的信件中谈起过有人指控民兵战士有偷窃行为的事情，他认为这些人"除了跟敌人打仗外，其他什么偷鸡摸狗的事情都干得出来"。部队驻在丛林，战士们会感觉异常孤独。罗伯逊是个35岁的维多利亚时期的学校教师，在新几内亚担任排长。他在给妻子的信中写道："战斗打响后，除了自己连的人，尤其是你自己所在那个排的人以外，你看不到多少其他部队的人。"他们长期存在装备短缺的问题，不仅是作战靴。一位澳大利亚随军牧师曾气愤地说："穿过两条河，之后你还会剩些什么呢？一对鞋帮子而已。"

1945年3月21日，马修上校曾写道，一位高级军官向他投诉某些民兵部队战斗时的行为："一遇火力，士兵们就置指战员于不顾，各自四散奔逃。他们害怕走出自己的防区。巡逻队出门后，根本就不去完成任务。他们径直坐在树丛里，等到时间消磨得差不多了，就打道回府。"那年4月，列兵埃文记录了发生在第61营的一场兵变："今天，9名来自4连的战士和3名来自2连的战士拒绝出去执行巡逻任务……如果再派我们去，各连也都打算拒绝执行。因此，情况非常糟糕。已经有两位军官因为替手下士兵说情而被遣返。几乎所有的伙计都是一副目光呆滞的神情，愣头愣脑的模样。"埃文因为拒绝执行命令被关了3个月的禁闭。他说："我们中有75人拒绝参加战斗，一直磨蹭到再次轮休为止。"战士们自始至终一直是个不服从指挥的态度，他们坚定认为，为了逃避打仗，就算被送上军事法庭也合算。

在国内，对澳大利亚派兵参加军事行动的批评声，一直就不绝于耳，直到战争结束。他们让在前线服役的人出来做证，因而更强化了

第十四章 澳大利亚人:"不劳而食"与"清剿行动"

这些人的愤怒。1945年4月26日,反对党领袖罗伯特·孟席斯对堪培拉的众议院说:"对动用澳大利亚军队去海外打仗的事情,我恰好持最强烈的反对意见。这么做是错误的。在我看来,这么做,跟这场战争任何一个战略目标都沾不到边。"战争最后一年,1000多名澳大利亚人死在了新几内亚,516名澳大利亚人死在了布干维尔岛。每损失一条生命,人们的愤怒就会增加一分。澳大利亚军队打死了数以万计的日本人,但这么做目的何在呢?许久以后,这位澳大利亚官方历史学者又写道:"在澳大利亚和日本两国的历史中,1945年在新几内亚发动的这场攻势,都称得上是两军艰苦作战精神的典范,但是否应该打这一场仗,人们很可能还会长期争论不休。"

战争最后几个月,盟军派出两个师的澳大利亚军队,在婆罗洲发起了两栖突击。对这场突击,人们也存在不同的看法,集中表现在,他们质疑麦克阿瑟下令发动的这场军事行动到底要达到什么样有益的目的。名义上,这一行动的目的,是要夺回对荷属东印度产量丰富的油田的控制权。然而,将这些油田适时用来帮助盟军推动战争的进程,这样一个理由却似乎有些太过牵强。美军的封锁已经确保婆罗洲的石油不会对日本有多大好处。人们普遍认为,这场军事行动的唯一目的,是为了让盟军其他国家的军队远离美军太平洋战争最后一轮的角逐场地。

1945年5月1日,一支澳大利亚旅级作战部队在婆罗洲近海岛屿打拉根岛登陆。守岛日军有1800人,岛上有一个机场。有人认为它有助于盟军在大陆地区开展行动。随后,激战打响了。7月底,岛上仍然残余300名日本守军,此时澳大利亚军队已经伤亡894人。大家一直非常看重的机场,结果却根本无法修复。第9澳大利亚师于6月10日在婆罗湾登陆,并于月底前以阵亡114人的代价迅速占领了沿岸地区。7月1日,第7澳大利亚师在位于荷属婆罗洲东南的荷属巴厘八板油港发动了本次战争最后一场两栖登陆战。在接下来那一周,澳大利亚人占领了港口周围20英里的沿海地带,并派出特种部队和游击队在内陆荒原上追杀残余日军。澳大利亚军队阵亡约229人,受伤约634人。人们同样质疑,这样做到底达到了怎样一个值得一战的目标。在这件事情上,参加打拉根和巴厘八板战斗的战士们都曾经心存疑虑。

二战期间,澳大利亚军队与日本作战,阵亡人数达7384人。其他士兵也都表现得不错。但由于当时的情况,澳大利亚的战争活动受了些妨碍。这些情况部分是由英美两国不够体贴人心造成的,部分是澳大利亚人自己制造的。澳大利亚的海陆空军战士在其他战区备受景仰,但在自己的地盘，他们的作战饱受国内纷争和战场不利局面的困扰，这不能不说是个悲剧。澳大利亚军队在远离国土的地中海地区赢得了殊荣，但在太平洋战争中却以备受埋怨、很不光彩的方式结束了战斗。这一情况无论如何让人感觉有些反常。

第十五章 战俘与奴隶

非人道的仪式

1945年夏末,从日本监狱里获救的英军战俘陆续回到英国,他们每人收到一封打印信件,上面有一位政府大臣的签名。信的内容是这样的:"欢迎回家。你们在野蛮的敌人手中遭遇了漫长而痛苦的折磨。"近年来,人们创作了大量作品,对盟军对日作战有别于对德作战的种族仇视背景有所关注。然而,直到战争结束,许多情况才开始慢慢得到披露。这些披露出来的真相一直长期困扰着英日两国关系。此事对美日关系也产生了一些不良影响,但不如英日关系所受影响那么严重。1941—1945年间,曾有大批盟军战士落入日本皇军手中。事情原委当然跟这些战俘所受的虐待有关。

战争期间,陆续有战俘返回英国和美国。他们大多是从菲律宾逃亡出来的,或是日舰押送战俘回国时被击沉后被潜艇解救上岸的。他们讲述了一些故事,一些的确非常惊悚的故事。目击者证实,在1942年的"巴丹死亡行军"中,麦克阿瑟军队中许多因投降而得以幸存的人在行军中死于非命;杜立特尔空袭行动后,遭到俘虏的美军飞行员被日军砍头实施了报复。几个月以来,美国政府一直在采取措施不让这些证言外传。1944年1月,英国外交部部长安东尼·伊登图文并茂地向下议院讲述了一些战俘的遭遇,英国公众为之震惊。通常,战争期间的宣传会过度夸大敌人的兽行,然而奇怪的是,恰好相反,英国官方人士一直长期不愿相信发生过那些最为糟糕的情况。

在缅甸战场或太平洋战场上,盟军调查人员对为数不多与盟军战俘有过接触的日本俘虏进行过调查,想对盟军战俘所受的待遇有所了解。1944年12月19日,他们从一位25岁的日军海军技术员那里得到的回答是:"美军战俘好像很健康。约60名英军战俘同住一个地方……他们的日子似乎过得很悠闲。早上8点起床,做一会运动,然后上菜园劳动到11点。吃完午饭,又下地劳动到17点。随后去吃晚饭、玩游戏或钓鱼。"一直到1945年1月,英国外交部对日政治战委员会对盟军战俘所受的待遇还得出过一个相当乐观的结论。这个委员会在一份回忆纪要中记录道:"有证据表明,按照日本的标准,在日本本土以及在日本政府比较容易控制的地区,战俘都能得到合理对待。那些说他们遭到虐待的报道,基本来自边远地区。在这些地区,日本政府对主管战俘工作的当地军事指战员的掌控相对较弱。过去,日军所向披靡的年头,他们或许会觉得可以不理会其他国家的看法,但是现在他们必须意识到,他们的未来主要取决于与其他大国的外交关系。因此,从维护自身利益的动机出发,他们越来越有可能会意识到,他们最好还是对战俘好一点。"

1945年春,这种一厢情愿的认识曾遭到过质疑。斯利姆的军队在缅甸节节胜利。他们解放了大批英国和澳大利亚军队战俘;同样,麦克阿瑟的手下在菲律宾也解放了很多美国战俘。解放者由此听到的故事让他们非常惊讶:战俘有被饿死的,有感染肆虐的疾病的,有成千上万被逼迫劳役至死的,有因为一点点不守规矩就被折磨或砍头的。蒙巴顿司令部向外交部发出一封急电,要求外交部提供处理日军虐囚暴行传闻的指导意见。他们被告知,要对这些传闻展开新闻审查。要是英国民众在战争结束前得知战士们的那些遭遇,必然会引发一场轩然大波。如此一来,走投无路的日军得以给成千上万落入手中的战俘造成更加可怕的苦难。战俘们自己也认为,要是吃了败仗,一气之下,日军会对他们展开大批屠杀。

战争结束后,人们得以将纳粹手下和日军手下盟军战俘的不同遭遇进行对比。在德国人手里,只有4%的英国和美国战俘死亡。然而,相比之下,却有27%的西方盟军战俘,也就是总计132134名战俘中的35756人,死在了日本人手中。中国人的遭遇也差不多。被送往日本当奴役的51862人中,有2872人死在了中国境内,600人死在了船只运输途中,200人死在陆上运输途中,6872人死在了位于日本的工地。这些数字还不包括大量在战场上或被击倒后未能逃出日魔掌的战俘,时间过于久远,以至于无法将他们纳入统计。

留在荷属东印度的13万欧洲人中,3万平民几乎全都没能活下来,其中包括4500名妇女和2300名儿童。被遣送前去修建缅甸—暹罗铁路的全部 39 万爪哇人、泰米尔人、缅甸人和华人中，有 6 万人死亡。被送往修建这条铁路的 6 万名西方盟军战俘中，有 2 万人丢了性命。日本人的不人道似乎根本就没有极限。1943 年 6 月，霍乱在尼克的泰米尔铁路建筑工人中传播开来，日军干脆一把火把整个营区 250 名受感染的男女老少统统烧死。

用英国人的事例打个比方：1942 年爪哇海战役中，皇家海军"邂逅"号驱逐舰被击沉，船上 123 名水兵被活捉。这些人中 41 人在押解过程中因日本运输舰被美军潜艇击沉而丧生；有 30 人死于战俘营；1945 年只剩下 52 人得以回国。这个故事很有代表性，它说明，除去战争风险之外，战俘们还经历了成系统的恶劣待遇和野蛮暴行。曾被关押在纳粹集中营里的苏联人和犹太人，他们对此情况比较熟悉。然而，对美国人、英国人和澳大利亚民众而言，这一情况却让他们感到颇为震惊。人们很难理解，一个自称文明国家的民族，他们是如何想到要挑战人类的每条法则、挑战大家公认的战争准则的。被日军抓获的战俘，他们的故事从此引起了西方人的极大关注。

落入日军手中的盟国军人和平民，绝大部分都是在远东战争头几个月里被俘虏的，包括生活在菲律宾的美国人，生活在东印度殖民地上的荷兰人，生活在香港、马来亚和缅甸的英国人、澳大利亚人和印度人。那以后，再增加的人数并不多，新增人数仅包括从战场上俘虏的为数不多的战士，被击沉军舰上的幸存者，在日本领土上空被击落的飞行员。有一条非常重要的信息，在盟军各级官兵中被层层过滤掉了，尽管大家对它的细节并不是很了解。这条信息大概就是：要想尽办法避免被活捉。更重要的是，美军和英军都已经不是在撤退和投降，而至少是在坚守阵地，且往往是在向前推进。

因战争初期盟军败北而被囚禁的 10 万多美国、英国、澳大利亚和印度军人，他们所经历的严重创伤可以说再怎么形容也不算过分。他们的军队文化让他们觉得，投降是件不幸的事情，它有可能会降临到任何一位战士头上，尤其会降临到那些在远东战争初期指挥不当且缺乏国内政府支持的盟军头上。当成群结队被缴了械的军人在马尼拉、香港和仰光茫然地等待会降临他们头顶的命运时，他们沮丧地寻思着被关在铁丝网后面的生活会是什么滋味，但他们万万没有料到他们的真实前景会是如此的令人恐惧。道格·艾德勒特来自俄克拉荷马州，是美国空军一位 22 岁的战士，在菲律宾被日军俘虏。他说："一开始，我们心想，不出几个月，我们的军队就会回来的。"然而，随后几个星期，他们的食物配给越来越少，药物也不再提供，他们这才知道，日军的政策有了变化。官兵一视同仁，都被派到丛林、平原、矿山和石场，顶着烈日汗流浃背地给日本人干活。他们渐渐明白，在俘房他们的日本人眼中，他们已经成了奴隶。

菅野连一上尉是第9铁路连一个排的排长，负责监督盟军战俘修建缅甸铁路，有人认为那是当时最可怕的工程之一，大部分盟军战俘都被投入了这项工程。他说："缅甸铁路是对工程人员的一场巨大而艰难的挑战。一开始，做测量时，我们是在原始森林里劳作。在那里，甚至没办法穿透树林用经纬仪做测量。"日军几乎所有铁路工程人员都感染了疟疾，发起了高烧。在旱季和雨季交替的那两个月里，地面非常泥泞，根本无法使用道路交通，也无法在滔滔江水中行船。即使菅野手下的士兵，也出现了食物配给短缺的问题。"我们修得越远，情况就变得越糟糕。日子真的很难过。"

菅野和他的同事们情愿用盟军俘房来干活，也不愿使用从当地强征来的劳动力。他说："在我们看来，战俘是很好的劳动力。他们当过兵，习惯于服从命令。当地人不懂得纪律。尽管你告诉他们，水必须烧开了才能喝，他们还是直接从河里饮水，并因此感染霍乱。他们是些很麻烦的人。"当有人问他如何看待修建铁路的战俘大量死亡的问题时，菅野上尉谨慎地说："负责照看和看押战俘的是另外一支部队。我们只是从他们那里借用劳动力，然后每天又把他们退还回去。"的确如此。在日本人看来，战俘是没有权利可言的，他们得不到任何法律保护。他们不仅丧失了武士道所谓的荣誉，他们同时还丧失了作为人的基本尊严。日野苇平是日本的一位战地记者。他冷漠地注视着巴丹半岛上的美军战俘："他们来自一个傲慢的国度。他们想用一种毫无来由的鄙夷态度来对待我们的祖国……凝望这一群群败兵时，我感觉仿佛看到的是杂种国家下水道里流出来的污水，他们不再有一丝一毫的尊严。我们的战士看上去特别威武，我为身为他们中的一员而感到自豪。"

战俘们仅剩的一点体魄渐渐被销蚀，一些人开始放弃希望。他们默认了不久就会降临他们头上的命运。霍尔·罗姆尼时年41岁，曾经是位记者，被俘时是新加坡志愿军里的一位上士。他写道："毫无疑问，许多人'撂下挑子'就死了。但同时，在同等情况下，那些保持生存意志的人得以活了下来……孤独是许多人死亡的原因，尤其是一些年轻一点的人。"斯蒂芬·阿尔伯特是第2东萨里郡团的一名副官，是在马来亚被俘的。他谈到过早年被囚禁的事情，认为那段时间几乎就是一段完全自我消灭的时间,有一种强烈认为自己比战胜者低人一等的感觉:"哪怕级别最低的战士都会有一种个人责任感。无论指战员有什么不对,我们毕竟是一个团队的成员,我们丢了不列颠的脸面……这种挫折感似乎弥漫了整个樟宜集中营。我们的谈话无外乎是:感觉委屈、指责别人和开脱自己。"

监狱生活会造成腐蚀性的后果,最严重的是,它会让人丧失忠诚、忘记对同志和战友的责任感。美军上尉梅尔·罗森是在巴丹半岛被俘的,他说:"我看到纪律很快被人从马桶里冲走了。"在铁丝网后面,只有极少数军官能像澳大利亚准将亚瑟·瓦利那样仍旧得到战士们的尊敬。这一点不再取决于某位领导在军队里担任什么职位,而是取决于他的作风。亚历克斯·荣格来自阿盖尔郡,是反坦克炮兵部队的一位下士。他很不屑地谈起他被关押在巴塔维亚集中营里的一位高级军官:"这位上校真他妈没用,跟只死猫没什么区别!他的利益观和行为动机都很自私。他觉得人只要生病,就是个包袱,最好死了了事。我看见他下火车时,连根手指头都舍不得伸出来帮助那些病得厉害无法行走的人。"在日本大森监狱,300名战俘中3/5的人在头几个月就死了。斯蒂芬·阿尔伯特感染了疟疾和痢疾,正在康复中,这时一位英籍印度中士走过来对他说:"首长,我知道你病得很厉害,但周围好多人都快要死了。你是指战员,我觉得是时候忘记自己,开始干活了。"

霍尔·罗姆尼和跟他一起在暹罗修建铁路的战友,都非常看不起他们的顶头上司耐兹上校。有一次,一位前来视察监狱的日本将军问他,狱犯们对监狱里的条件是否满意。耐兹回答说:"是的,很满意。"从此以后,罗姆尼和他的战友们更加鄙视这位上校了。罗姆尼愤愤不平地写道,这位上校"似乎对日本人提出的什么方案都统统接受,一点不敢表示抗议或者提出改动"。许多英国军官在日本人提供的文件上签字,答应绝不逃跑。在见到从前的大多数指战员都在仰光监狱里签下了自己的名字后,一位英国列兵用嘲讽的口吻叫道:"先生们,你们这样签名,把自己的荣誉都丢尽了。"克里斯托弗·莫尔特比少将是英军被俘人员中级别最高的人之一。他后来做证说,在给出承诺并鼓励部下也这么做时,他感觉非常羞愧:"最初几个月,许多成建制部队和单个的战士都得以成功越狱。事后看来,让我长期感到遗憾的是,我没有鼓励更大规模的部队去做这种尝试。"

集中营里的盟军少有普遍表现出团结的时候。斯蒂芬·阿尔伯特在他所在集中营里是英军的一名高级军官,但当100名美国人被突然投入这个集中营时,他们之间立刻出现了紧张对立。一位美国人说:

"跟你直说吧，英国佬。我们要一起对付日本人，但我们不会接受让一位英国空军飞行员来对我们发号施令。"阿尔伯特写道，他觉得这帮美国兵是他遇到过的最可怕的一群人，连日本人都没法跟他们相比较。在几乎所有集中营中，都存在荷兰囚犯和其他国家囚犯之间闹矛盾的事情，有人指责荷兰囚犯太自私，太偏袒自己人。马乔里·莱昂医生是苏门答腊监狱的囚犯，他惊讶地发现，荷兰人竟然拒绝接收英国伤员入院接受治疗："我碰到的荷兰医生都是些愚昧而顽固的人……他们给我们的人提供的治疗非常简单。"

大多数人都同意，认为生存的关键是适应环境的能力。人们必须承认，这样一种新生活，不管它多么的难以启齿，它毕竟是个必须承认的现实。那些思念家乡的人，那些成天眼泪汪汪盯着恋人照片的人，他们注定不会有好的结果。保罗·路透是美国空军的一名下士，他说："这里存在一个淘汰的问题。那些成天哭鼻子的人，他们早早就离世了。"安德鲁·坎宁安曾是黑斯廷斯的一名会计，他于24岁那年在新加坡跟一支空海救援部队一起被日军抓获。他在苏腊巴亚待了差不多两年时间，为日军修建机场。他后来说："盯着照片看，是个错误举动。它会让人伤感。我有意识地做出一个决定：这是新的生活，我必须好好过下去。于是我抛开以往的生活，仿佛它根本不存在一样。让人悲哀的是，许多人根本无法适应。如果说有什么曾像匕首一样刺痛过我，那就是看到有人自暴自弃。我看到有些很不错的小伙子慢慢变得颓废，最后自杀了。我不能理解，人怎会变得如此消沉。"

有些人不忍心吃那些不熟悉且的确有些让人难以下咽的食物。艾德勒特说："他们宁愿死也不愿吃提供给他们的那些食物。我认识一些人，他们不想吃大米。他们多数死于意志消沉，失去了继续活下去的意愿。在菲律宾，我们一度每天要埋葬50—60人。我志愿报名参加葬尸队，就是想逃避顶着烈日在菲律宾农场里劳作的苦差事，而且在葬尸队还可以额外得到一片面包。我也不喜欢吃米饭，但我还是硬着头皮吃。"保罗·路透说："那些不愿吃东西的人，他们很早就死了。我埋葬过一些看上去比我健康得多的人。我从未想到过死。我们这些人是经历过大萧条时代的人。我从来不拒绝任何可以吃的东西。我想，这是因为我有好基因的缘故。"

在路透所在的那个集中营，"任何可以吃的东西"指的就是鲸鱼膀胱和黄豆饭。偶尔会有干鱼吃，"这时候我们会把它连着骨头一块吃掉"。澳大利亚人斯诺·皮特看到一条一英尺长的蛆。"坐在一旁的小子说：'哎呀，我可不吃那东西。'我说：'伙计，把它弄进来。今晚上我要回家用它打牙祭。你必须得吃，必须得试一试。你就把它当作是圣诞布丁里的红醋栗。把它当作任何其他东西都行。'"维克·阿什维尔时年22岁，是第3廓尔喀营的一名中尉，在缅甸锡当河战役中被日军俘虏。他同意皮特的看法："我打算什么东西都吃。我自愿申请外出，以使头脑和身体得到运动。看到年轻一些的军官一味躺着不动，我就催促他们：'赶快，站起来！'"阿什维尔注意到，第一个死去的人是位出身贫寒的列兵，他童年时期碰上了英国的大萧条，因而患上了营养不良的毛病。这种人身体里的储备本来就很少。

被关押在日本美津岛上的飞行中队队长大卫·格兰特曾愤怒地说，他们"一天仅吃3小杯粗糙的大米拌大麦饭，却要做12个小时的苦力"。造成许多人死亡的原因，是饮食中长期缺少绿色蔬菜。在仰光监狱，囚犯们可以用人的粪便做肥料，开垦自己的菜园。里面可以种上菠菜、黄瓜、茄子、甘薯和胡萝卜。但他们不能种玉米，理由是人进了玉米地，哨兵就没法监管。与此形成鲜明对比，在福冈煤矿，唐·路易斯和他的狱友一日三餐却只能吃上200克米饭，喝上两碗汤。在日本的四国岛上，英国飞行员路易斯·莫里斯对菜谱着了迷，他会花上无数个小时，用英语详细抄写英国、美国和亚洲的食谱。凭着这本菜谱，他打算战争结束后开一家餐厅。

美国人弥尔顿·荣格在大阪附近一家造船厂工作。在这家船厂里，一度有两个饿极了的英国战俘从大盆里捞润滑用的猪油吃。这种油为了驱赶蚊蝇，曾在里面加过砒霜，两人因此被毒死了。

每位盟军战俘都有权接受红十字会分发的食物包。食物包数量众多，但将包扣留还是分发，完全取决于当地日军一时的念头。这些食物包，大部会成系统地遭到监狱管理人员的劫掠。成百上千吨的红十字会补给，只是在1945年8月日本投降后，才得以分发给集中营里的囚犯。战争期间，在保罗·路透40个月战俘生涯中，他只收到过三个半食物包。英格兰人弥尔顿·荣格想用自己的茶叶配给跟一位英国战俘交换他食物包里的咖啡。英国战俘说："我还从来没尝过咖啡是什么滋味。"荣格给他冲了点咖啡喝。试过后，对方无论如何再也不愿跟他换了。

送往集中营里的还有成千上万件家庭邮包，但日军很少有愿意去配送包裹的。1945年，保罗·路透曾收到一件他父母3年前寄给他的包裹，里面装的是饼干和巧克力。时日已久，这些东西都已经变质发白。1944年，美军炮兵上尉梅尔·罗森在吕宋岛集中营收到一件家庭邮包，里面是他的家人非常明智地给他挑选的东西，包括一箱香烟、一件毛衣、一罐糖果和一些维生素片剂。为此他非常激动。然而，其他人在看到他们自己的包裹后，却非常的生气，感觉有关单位太愚昧太不通人情，造成他们的亲人寄来的都是些无关紧要的东西——实际上，这只是悲惨的无知导致的结果。罗森惊叹道："有些人发誓回去要休掉自己的老婆，因为她们寄来的东西实在太不像话。有人寄来的是只足球！她老公在这里挨饿，而他收到的是只足球！"尤妮斯·荣格是美国陆军的一位中尉护士，她跟3000多名囚犯一起被关押在马尼拉的圣托马斯监狱里，这些人大多是些平民。她收到一个家里人寄给她的包裹，里面装的是件游泳衣。她感叹道："我想我妈妈还以为我是在这里度假呢！"

圣托马斯监狱里的囚犯，有约2/3是美国人，1/4是英国人。战争初期，他们相对还算有些特权。然而，随着食物量的减少以及资金的逐渐耗竭，1944年他们的处境变得异常艰难，死人成了司空见惯的事。在争夺巴丹半岛的战役中，美国陆军护士被告知，投降前她们必须把钱统统销毁。不出几个星期，她们就为这件事深感懊悔。在圣托马斯监狱的高墙里，她们只能靠向通用电气公司这样的大型美国公司在当地的代表机构赊账过日子，因为这些公司的信用被认为还算良好。解放后，丽塔·帕尔默中尉等人曾被点名要求偿债，她们欠下的债务每人大约在1000美元以上。哈蒂·布兰特利说："我们太饿了。吃香蕉时，我们会连皮也一块儿吃掉。我们什么都吃，只要能填饱肚子。"

圣托马斯监狱里的囚犯，在头一次吃风干咸鱼时，大多很不喜欢那个东西，部分原因是因为它的臭味太重了。然而，到了战争结束前的最后几个月，他们开始吃这种鱼了，而且有的还会感激不尽。犯人偷吃东西的问题变得越来越严重，清洗蔬菜的妇女会把摘下来的东西带走，男人会在垃圾场里找东西吃。"够吃和不够吃，这之间最窄的界线需要有人维护，因为情况变得非常明显，诚实、礼貌、自尊、集体意识以及所有高级价值观都取决于对这一界线的维护。"1944年12月，圣托马斯每天都会有六七个囚犯死于营养不良。日本人的管理带有典型的古怪特征。在解放前两个月，这个集中营还正式下达命令，要求让所有囚犯学会正确的做法，点名时，要一起向日军鞠躬，"以示恭敬"。

英国国内的家庭，跟美国家庭一样，都对囚犯们的恶劣境遇知之甚少。33岁的菲利普·斯巴罗是英国皇家空军的一名飞行员。当他在巴塔维亚收到以下的这封信时，是否真能因为信中的内容感到高兴，这很让人感觉怀疑：

第十五章 战俘与奴隶

亲爱的飞利浦，我希望你能收到这封信，也希望知道你一切安好。家里大家都很好，我们希望不久能够收到你的卡片。告诉我你最需要的是什么，我们会尽力通过国际红十字给你寄来。维克多在区里分发西红柿，他可以把公司职员的活儿带回家来做。妈妈和婶婶周六会来这里喝茶。他们都还好。艾斯米和伊沃来这里有一周了，他们都很好。我们在等着伊迪表哥和媳妇的到来。他的儿子跟你一样也在马来亚。想开些，希望上帝保佑你，让你平安归来。欧内斯特跟我一样都很爱你。祝你身体健康。爱你的婶婶阿达。

战俘们的财产会被没收。梅尔·罗森有一条兜裆裤、一个瓶子和一个铜罐。许多战俘只有一条兜裆裤。即使在有刮胡刀的地方，刮胡子的做法也并不时兴，留大胡子被认为是种常态。可能是有些嘲讽的意味吧，他们称不干活的时间为"闲暇时光"，但很少有人会去利用这种"闲暇时光"。保罗·路透称，他并没做多少事，但从不记得有无聊的时候，"因为饿肚子的时候，头脑里不会有多少念头。我一直在生自己的气，觉得浪费了那些年的光阴"。

在日本大森监狱，战俘们会轮流开讲座，主题包括"信件""我的狗狗卢夫斯""国际治理""谦虚的美德""美国的独立战争"等等。在某些监狱里，教育课程会很多。安德鲁·坎宁安趁机在一位狱友那里学习会计，这是他所钟爱的职业。在仰光监狱，英国籍的囚犯那里会有一些书籍。一位叫作布鲁斯·托西尔的人，曾保留了一张他阅读过的书籍清单，其中包括《法国人的小溪》《罪与罚》《鲁宾逊漂流记》《曼斯菲尔德庄园》《维多利亚名人传》《阿瑟·米易眼中的1000件美好的事》以及瓦尔特·司各特的《珀西的美丽姑娘》。袖珍版的狄更斯作品，大家尤为看重，因为它纸张薄，可以用作理想的卷烟材料。

几乎每个战俘营，治疗药物都很稀缺，或者根本就没有。疾病加上严重饮食不足，许多人因此被夺去了生命。在缅甸和马来亚，脚气病是个主要杀手，它是由于缺乏维生素B而形成的疾病，初期症状是长时间拉肚子。随后，患者身体会出现浮肿，或者瘦得皮包骨头。在仰光监狱，医生们都有温度计和听诊器用来诊断病情，但没有药物来改善病情。工作组会收集一种叫作"蓝石头"的东西，实际就是硫酸铜，然后将它捣碎，与水搅匀做成药剂，用来治疗丛林疮。旧式刮胡刀刀片被人们偷来做手术。无处不在的苍蝇导致了霍乱的爆发，造成

10名战俘丢了性命，之后有人通过有效隔离病人的方法遏制了疾病的蔓延。人的粪便里如果出现鲜血和黏液，则表明他患上了痢疾，这是另一种无情的杀手。黄疸病、登革热以及疟疾也都是致命疾病。阿尔夫·伊万斯是皇家陆军军需部队的一名无线电修理工。他精辟地指出，他所在的马来亚集中营"一点都不像巴特林集中营。在这里，我们有溃疡、疔疮、阴虱、疟疾、黑尿热、脏躁、脚气病、褥疮、叮螫、樟宜脚和抑郁症"。在工兵爱德华·温克普所在的铁路监狱，人们治疗开放性创口的办法，是用勺子挖出里面的脓，然后在感染区用皇家空军的一种手摇泵喷上盐水溶液或草木灰高锰酸溶液。泰米尔工人加入英国人的队伍后，由于他们不熟悉清洁卫生要求，霍乱很快在队伍中传播开来。

1944年，几位美国"解放者"战机机组成员被投进了仰光监狱，每个人都有严重烧伤。按照日军的定义，作为"战争罪犯"，他们不应得到任何形式的治疗。当几位英国医生最终得到许可去给他们看病时，这几位飞行员的伤口已经爬满了蛆。一位英国军官写道："他们无一例外都是在痛苦的喊叫声中死去，就跟他们刚来时一样。"医生们发现，他们需要给监狱囚犯治疗的疾病种类繁多。譬如，在爪哇附近一个机场上劳作的囚犯，他们患上了一种叫作"珊瑚失明"的病。营养不良造成了很多视觉衰退病例。"烧灼脚"正好可以描述这种疾病的症状。这种情况在夜间会更为严重，于是那些在痛苦中无法入眠的犯人会在夜晚时分在大楼里来回走动。巴顿是第2忠勇团的一名列兵。1942年7月，他曾因为从樟宜监狱越狱未遂而被判单独监禁。战后的一份医学报告对他的情况有过一番描述。巴顿服了3年刑，他感染的疾病包括阴囊炎、烧灼脚、舌炎、双腿乏力、双耳失聪以及眼球后神经病变。1945年10月，检查发现，巴顿出现了双侧神经性失聪、后柱退化以及严重记忆缺陷。

尽管存在这些情况，囚犯们偶尔也会得到许可，给家人发张明信片，内容多半是些与现实刚好相反的情况，且通常是照看守的授意写成。弗雷德·汤普森从爪哇给他远在埃塞克斯的家人写信说："亲爱的妈妈和家里的所有人，我很好，希望你们也好。日本人对我们很好，所以你们不要担心，不要觉得不安。我日常的工作很轻松，他们还给我们付工资……我们吃的东西很多，娱乐活动也很丰富。再见了，上帝保佑你们，我非常希望见到你们，我爱你们。"汤普森在他的日记中悄悄记录下了真实的情况："不知什么缘故，我们还是在咬牙坚持。我们都已经皮包骨头了，只是一天接一天地苦熬着……这种生活就是告诉你，不要有希望，不要有什么指望……我无法描述我的情感，因为它根本就不存在。"

面对日军机制化的野蛮行径，一些囚犯表现出了无私和崇高的品格。在仰光监狱，日本人让一位廓尔喀籍连长写一篇关于英国人的文章。这位连长有意用大写字母写道："英国人一直是而且将永远是世界上最优秀的民族。"结果，这位廓尔喀人被关了禁闭。其他人的表现就不如他们那么好。在日本平原集中营，美国空军战士保罗·路透睡在三层上下铺的最上面一层。疾病和维生素缺乏症导致他已经失明3个星期，但没人愿意跟他更换床铺，让他在底下一层睡觉。路透说道："不管会遭到什么惩罚，有些人天生就是爱偷东西。大家会交换物品，但事后又有人会反悔，因而造成彼此的不快。打架的不多，但吵架的不少，原因往往是谁排队时插队了，谁又比谁多吃了一勺子饭。"

缅甸铁路监狱里，偷东西的事情时常发生。有些囚犯尤其爱偷睡毯，那是囚犯们最值钱的财物。他们把它偷来卖给傣族人，跟他们换吃的东西。工兵爱德华·温克普对这种事感觉非常惊讶。在霍尔·罗姆尼所在的监狱里，有两位澳大利亚人在偷药品时被抓了个现行。他们被迫在警卫室外顶着炎炎烈日的白昼和寒气袭人的夜晚连续操练。罗姆尼写道："没人同情他们。他们应该得到最严厉的惩罚。"澳大利亚人的行为表明，他们既是最好的战俘，也是最糟糕的战俘。他们中的优秀者拥有非凡的勇气、耐力和部落忠诚度。他们中的卑劣者却可以是无可救药的小偷和残酷无情的土霸王。在这个地方，礼貌既不是能够得到尊重的美德，也不是能够增加生存机会的品质。菲利普·斯蒂布曾是"钦迪特"的一名军官，他被关在仰光监狱。他写道："我们变得非常狠心，甚至有些残酷无情。大家甚至下赌注，赌谁会是下一个死去的人。大家会尽最大努力挽救病患的生命，但为一些不可避免的事情伤心，就根本没有意义。"

自尊被严重打了折扣。每天，囚犯们都会以这样或那样的形式暴露自己的无能。在巴丹岛"死亡行军"途中，梅尔·罗森上尉眼见着日本兵将生病的美国人一个个踢进粪坑。他说："除非站在一旁接受这个现实，否则你不会懂得什么叫作心灰意冷。"仰光监狱一些英国军官仍然病态地认为自己是统治缅甸的大国代表。当不得不推着装满大粪的手推车，在当地人众目睽睽下，穿着一条兜裆裤从街头走过时，他们顿时觉得无地自容。一位英国军官忧郁地嘟囔道："我真不知道浦那俱乐部的那些人怎么想！"

他们竭力想要挽留所剩无几的"面子"和上下等级差别。譬如，有一次，一个劳动小组的英军在街头上正好赶上盟军空袭，他们的高级指战员却让他们保持编队继续行进。查尔斯·考伯劳中尉写道："我们是战俘，日军因此蔑视我们，但我们不能给他们提供理由，让他们更加看不起我们。"他认为，"这是我在被俘期间，部队坚决服从我指挥，为数不多的情况之一，我因此感到非常高兴。"后来，日军殴打甚至杀害他的战友时，他却被动地在一旁袖手旁观，这让几乎每位战俘都感觉非常丢脸。从逻辑上说，旁观者又能做些什么呢？然而，对幸存者来说，逻辑并不能够给他们提供多少慰藉。

每个人都会选择跟日军打交道的不同方式。考伯劳认为，不要显得很害怕，不要给人逆来顺受的感觉，这一点很有必要。他力图表现得很开朗很友好："想要在几年时间中一直保持对抗态度，那完全没有任何意义。"按要求，战俘得向所有日本人鞠躬，不管日本人是什么级别，也不管战俘自己是什么级别。战俘们对此非常不乐意。毕竟，他们对主子毕恭毕敬的表现，并不会使他们得到保护。日军的行为介乎于性格怪诞与病态嗜虐之间。如果监狱里的看守对犯人看不顺眼，他们会随心所欲把他往山沟里一推，就这么简单地把他消除掉了。日军似乎尤其对高个子战俘很不友好，他们强迫高个子跪下接受惩罚，通常是用一根手杖来实施。

有一天，不知道什么原因，日军叫出 6 位英国军官，要他们几个人列队操练，然后派出一名准尉将他们一一打倒在地。一名日本看守在茶桶边用枪托打一位第 3 轻骑兵团的战士。这位战士举手招架，日军反指控他打看守。在被毒打几天后，他被拉出集中营，拴在一棵树上，被刺刀给捅死了。监狱长宣称，对他执行死刑"很有必要，是为了彰显纪律的重要性"。他说，之所以没有对他实行枪决，是因为怕枪声会惊扰当地的老百姓。

在霍尔·罗姆尼所在的铁路监狱，一位打了日本人的战士被责令站在警卫室外的太阳底下站军姿。只要动一动，肚子上就会挨一顿踢，一直弄得整栋大楼都能听到他的哭叫声。这个人随后被拖上卡车，被荷枪实弹还带着铁锹的警卫队带走了。第二天，他的身份证就从监狱办公室档案中撤了下来。戈登团的一位军官，因为抗议让病人继续劳动，被日军带到森林里拴在树上，然后在下面烧一堆火，被他们像基督教传说中的宗教烈士那样炙烤。在日本一所监狱里，就在战争结束前几天，5 位英国军官被日军枪毙，原因是日军在他们的营房里发现了无线电接收器。

菲利普·斯蒂布以轻蔑的口吻写道："普通日本人，他们的头脑就跟个不懂事的少年差不多。他们对动物的残酷虐待、他们对性问题的态度、他们对极端宣传的鉴别能力、他们孩子般的易怒以及他们对生活的狭隘态度，所有这些都表明了这一点……对囚犯们来说，不熟悉规则，没听懂命令，即使那是用日语书写或说出的，都不能作为借口。碰到他们心情好，你也就是被扇扇耳光而已；赶上他们脾气不好，你会被揍上一拳；碰到倒霉日子，他们会用枪托或者一脚踹在你的小腿上。但无论他们做什么，受害一方都只能呈立正姿势站立不动。"

住在中国、菲律宾而后落到鬼子手中的西方国家老百姓，他们没有被关进监狱，而是被采取了技术性拘留，往往也就是被赶进几栋前殖民时期的大楼里。在一些地方，尤其是上海，这样的人，他们虽然历经战乱、饱经风霜，但差不多都活了下来。在上海闸北监狱，日军没有拆散被拘押者的家庭。犯人们会抱怨受到监禁、缺乏隐私，但他们从来不会挨饿。可叹的是，喝不上酒，反倒提升了一些成年人的健康水准。据说，他们喜欢上了监狱里的两架钢琴。学生们可以坐着参加学校的考试。日军很少干预大楼里面单调的生活。英国人自己成立了一个"审判委员会"来强制实施规则和惩罚。一位男学生好奇地注意到，有一个人被罚带着镰刀去割草，那是对他偷东西的一种惩罚；还有一个人被禁闭在楼梯井下面的小房间，是因为他"给日本人打了小报告"。

然而，这种温和的做法仅仅是些例外。在日本帝国的大多数地方，被拘留者跟战俘一样，都有差不多同样的痛苦遭遇。食物的匮乏和治病药物的短缺，造成了大量人员的死亡，尤其是在荷属东印度地区。妮妮·兰波内是位荷兰殖民官的女儿，1929 年出生于巴塔维亚，随后一直在安逸和舒适的环境中长大。她有个专属保姆，年约 13 岁。她这样的少女，日常社交生活的主要特点，就是出去打打高尔夫球，自己并不需要做多少事情。然而，1943 年底，为了买吃的，她们把高尔夫俱乐部卖给了日本海军军官，她母亲被指控为英国间谍，因而遭受了酷刑折磨。她 22 岁的哥哥在日本煤矿里干活，父亲则死于饥饿和痢疾。她本人跟 1200 名妇女儿童一道被关在铁登监狱里。她发现自己很难完成哪怕是一些基本的日常事务，譬如，洗衣服、熨衣服，拉一种本该由马来拉的垃圾车，跟其他 30 个狱友合用厕所，等等。日军点名时下达的口令深深铭刻在了她的脑海中，譬如：立正、鞠躬和稍息。

日本军人变化无常。跟战俘一样，被拘留者也是他们这种性格的受害者。有一天，在铁登，日军下达命令，要求大家将狗统统围捕起来杀掉。没其他工具，男孩们只得用棍子把这些宠物活活打死。违反纪律会受到惩罚，被罚者必须在日头最高的时候，在街头上跪上好几个小时："滚烫的沥青让人觉得很难受。难受程度令人难以置信。"监狱长要求女性志愿到他家给他干活，但首批志愿者被他赶了回来，原因是她们不够漂亮。

同一时期，妮妮·兰波内做护士的那家医院里，病人们因为营养不良，以每天10人的速度死亡。尸体被搁进用椰子树叶做成的简易棺材里，日本人会在棺材两头各放一串香蕉。活着的人会想尽办法减轻饥饿感。妮妮吃过羊肚菌，结果中了毒，病得还真不轻。在那段绝望的日子里，一位女孩曾问一名会说马来语的看守，她们什么时候能够被释放。这位看守回答说："那要到你的头发变白、牙齿落光的时候。"

地狱之船

被派去修建缅甸铁路算是盟军战俘最糟糕的结局，但被运往日本充当劳工同样是许多人都经历过的一场苦难。1944年6月17日，霍尔·罗姆尼所在的铁路监狱里，犯人们正在操练。监狱长宣布，他们将被调往日本。这位日本军官亲切地说："集中营在暹罗得以建立以来，已有一年零十个月的时间。回顾这些日子，我觉得，你们工作既努力又勤奋，在建设暹罗—缅甸铁路过程中取得了很大的成绩……为此，我想表达我们诚挚的谢意。你们在暹罗的工作已经完成，你们即将被运往'太阳升起的国度'，那是一个得天独厚、风景秀美的地方。自古以来，我们的日本帝国就有崇尚正义和道德的荣誉感……日本人无论男女都是些意志坚强、慷慨大方的人。日本有句古老谚语，说的是'猎人不杀受伤的熊'。按照谚语的说法，我们鄙视非正义的事情。春天有漫山遍野的樱花；夏天有清新的微风吹拂绿荫；秋天有皎洁的月亮将沁人心脾的光芒洒向江河湖海……"

连续当着一群已经半死的听众做了几分钟的抒情讲话后，这位日本监狱长最后说："祝你们旅途愉快。"随后战俘们就上了路。

运输船上的监狱，条件总是差得吓人，有时甚至会差得要命。除了饥饿和口渴外，战俘们还面临来自美军潜艇的威胁。日军并未给运载战俘的船只做标识，因而造成至少10000名战俘死于盟军自己的攻击。1944年9月11日晚，"胜虹丸"号运输舰搭载1500名战俘行驶在海上，皇家陆军军需部队无线电维护兵阿尔夫·伊万斯是其中之一。这艘舰被4枚鱼雷击中。伊万斯很幸运。由于患疟疾的缘故，当时他跟其他一些病号一起睡在前甲板一个舱门的上方，没有被关在舱门下方。军舰开始下沉时,他问一名舰炮官:"我该怎么办?我不会游泳。"这位军官回答说:"现在就是学习游泳的时候。"伊万斯跳船逃生,用狗刨式勉强游到一只皮筏前,此时另外还有3人抱着这只皮筏。其中一人腿断了,另外一人大腿脱了臼。他们都光着身子,满身是油。一名日本兵抱着皮筏坚持了一会,嘴里不停用英语说:"我病得很厉害,我病得很厉害。"

一艘驱逐舰驶了过来,开始打捞幸存者,但他们只救日本人。盟军战俘被遗弃在海上。阿尔夫·伊万斯挣扎着游到一条救生艇前,救生艇上有空余的位置,因为艇里的日本人已被救走。他爬上救生艇,跟两名戈登高地人会合。他们后来又拉上来一些人,直到艇上人数达到30人为止。在海上漂泊3天3夜后,他们被救上了一艘日本潜艇。看到这群浑身湿漉漉的人从甲板上走过,艇长命令手下将他们重新扔回大海。这时,战俘们惊讶地发现,他们自己的看守,一个臭名昭著被他们视为畜生一样的人,居然出面阻止了这一行动。尽管没有扔他们下海,艇长还是让人把战俘痛打了一顿,才感到满足。最后,战俘们被转移到一艘捕鲸船,这才完成了前往日本的旅途。

他们登上门司港的时候,几乎是全身赤裸、污秽不堪。在两旁日本妇女的围观下,他们穿过街头,到了一座骑兵军营。在那里,他们被要求穿上麻布袋做成的衣服,被派往大牟田镇一家化工厂的锅炉房,在那里分两班倒,每班工作12个小时,"生活内容只有工作和睡觉"。跟阿尔夫·伊万斯一同上岸的1500人中,只有600人得以活下来,当了日军的劳工。

1944年12月13日,梅尔·罗森上尉跟一支由1619名美国战俘组成的队伍穿过马尼拉街头去了码头。早年,菲律宾人有时还会向战俘打出胜利的手势,孩子们有时还会叫喊:"乔,我们支持你!"战争进入最后一个冬天,当地人已经明白做出这样的手势会付出什么样的代价。于是,他们多数人会保持沉默,开始变得漠然起来。第二天,这些美国战俘就被送上"鸭绿丸"号货船动身前往日本,这趟旅程很快成为本次战争中最臭名昭著的一趟旅程。水和茶会定期装在桶里,带下去给战俘饮用。离楼梯近的能喝到,离得远的则根本喝不着。有些人能抢到几口水煮海藻吃,觉得很庆幸,但不久就后悔了,因为他们因此大病了一场。这艘船被美军舰载机俯冲轰炸了几次。空袭在傍晚时分结束。战俘们口渴得要命。医生叫他们不要喝自己的尿液,但有些人还是喝。罗森说道:"那天晚上太可怕了,发生了我预料中最糟糕的事情。船舱里整个乱了套,尤其来得较晚的那些人最不守纪律。我本人没见过咬破别人喉咙吸血的情况,但我从许多人嘴里听说发生过这样的事情。"

日本水兵和看守纷纷弃船逃跑。战俘们努力爬上了甲板,却发现船的上层建筑已经着火。他们跳进海里,有那么短暂几分钟感觉海水暖和而湿润,并为之欣喜不已。那些不会游泳的人,他们把船舱门推进海里,然后趴在上面。战俘们发现,他们离吕宋岛并没多远,除了往吕宋岛方向前进外,他们并无别的选择。上了海滩后,迎接他们的,是全副武装的日本人。幸存者挣扎着上了岸,接下来他们被集中关进了原美军海军基地里的一个网球场。全部1619名上船人员,只有约1300人活了下来。在炙热的太阳底下,他们好几天没东西吃,只能喝上一点点水。到了第4天和第5天,每个人只能吃上一勺半的生米。他们提出病号和伤员需要救助,日本人于是派来一辆卡车把他们接走了。大家从此再没见到这些人,很有可能是被枪毙了。

圣诞前夜,幸存者被送上了另外一艘叫作"江浦丸"号的船,被送到了台湾。时值深冬,这些美国人只穿着短裤或内裤。罗森说:"大家差不多快被冻死了。"然而,他们仍旧没有多少饮用水:"要是可以赊账的话,每个人都愿意为了喝上一杯水而赊账,等战后再来还。"美军的俯冲轰炸机再次发起攻击,罗森的踝关节、大腿和上身多处被弹片击中。"到处是死人和要死的人。铁甲板下面的支柱发生倒塌,把下面的人全压死了。几天后,日本人往船舱里放下渔网,把尸体清理掉了。随后,他们将幸存者带下船,然后又登上另一艘叫作'巴西丸'号的船。我们每天都要埋葬几十人。"1945年1月29日,他们抵达了九州的门司港。在菲律宾登船时他们有1000多人,而现在上岸的只剩下193人。日军从一堆穿过的英国军装里挑选了一些衣服给他们穿。一位美国医生用小刀从罗森的腋窝里取出了弹片,然后他们被送往台湾,开始了新的奴役生活。

在日本时的工作条件,无论如何并不比在东南亚时的好。许多战俘的脚因为患脚气病的缘故肿得很厉害,因此冬天再冷也没法穿鞋。即使身上盖着毯子,夜间他们仍然会哆嗦个不停,因为营房里没有暖气。在斯蒂芬·阿伯特所在的大森监狱,当囚犯们请求休息时,监狱长轻蔑地说:"如果想活下去,就必须得像日本人一样经受住严寒的考验。你们必须让部下学会拥有坚强的意志,像日本人那样。"阿伯特愤怒地质疑: "我们的人已经被饥饿、疾病、严寒和日复一日对死亡的恐惧折磨,让我们怎么办才好呢?"然而,1944年,在日本大多数战俘营里,相对1942—1943年来说,死亡率已经大幅降低。最为脆弱的人已经死了。余下的人虽是很虚弱，且时常濒临疯狂的边缘，却拥有动物般的忍耐力，这使得他们中许多人得以坚持活到了最后。1944 年 7 月，在霍尔·罗姆尼所在的监狱，只有 6 人死亡，而 1943 年同期死亡人数却高达 482 人。

战俘和看守之间的文化隔阂时常显得似乎无法逾越。斯蒂芬·阿伯特笔下曾记述了他跟一名叫作伊藤的日军看守之间的一次交流。这个故事发生在船上，当时这艘船正载着他们前往日本。伊藤一向是个很粗暴的人。战俘们压根儿不知道他会说英语。直到有一天，他突然对阿伯特发问说："想家吗？"阿伯特耸耸肩。伊藤说："我想家都想了 6 年了。先是在中国，然后是在菲律宾和帝汶，最近又在新加坡。现在我终于可以见到家人了，我很高兴。"阿伯特冷冷地说："对你来说，那可是太好了。"伊藤透露说，他毕业于东京大学，拥有经济学学位。他好奇地问阿伯特，他觉得日本人怎么样。他得到一个非常谨慎的回答："我不了解他们，因此不能回答你的问题。"这位看守还不死心，接着问："对于那些你认识的人，你觉得他们怎么样呢？你觉得我这个人怎么样呢？"阿伯特说："在我们的军队，是不能以打人揍人作为惩罚的。但你老这么干，这让我没法对你产生好感。"这位矮个子的日本人惊讶地睁大了眼睛。他问英国军队如何惩罚做坏事的人。阿伯特解释说，在英国军队里，体罚的事闻所未闻。从那以后，伊藤再也没有打过战俘。

小老头约吉先生是个老百姓，他是斯蒂芬·阿伯特所在大森监狱的翻译，早年在船上当会计时学会了英语，但他说英语的腔调有些平淡。有一天，他问："阿伯特，你感到满足吗？"英国军官阿伯特耸了耸肩。约吉本人总是一副愁眉苦脸的模样。他说："在我们的人中，有些人并不怕麻烦。他们还年轻，已经习惯了被上级欺负的感觉。我却因此很不开心，或许是因为我自尊心太强了。我比他们年长，见识过不同样子的日本。你明白吗？我以自己是日本人而感到骄傲，但我也了解西方民族的生活方式。对于真正的日本传统，我并不感觉羞愧，但这场战争已经改变了真正的日本。战争前，我们跟你们差不多，那时军队还没有掌控局面。你不要以为你现在看到的就是我们的实际水平。"

阿伯特写道："我意识到，跟我们一样，约吉也渴望和平。作为平民，他会被士兵们看不起……他最想做的，就是拾回他的自尊。"约吉告诉阿伯特，他老婆患了脚气病，需要吃肉。"我下定决心，要把家里那只猫杀掉，把肉给我老婆吃，"这位并非志愿入伍的人，他不忍亲自杀死自家的宠物，"能请你让掌厨的中士做这件事吗？把猫肉给我炖好。我今晚把猫带来。请不要说给其他日本人听。他们会笑话我的。"

大森监狱令人恐惧的是监狱长吉村上尉。每位战俘都战战兢兢地过着日子，害怕听到看守厉声传唤："一号，到办公室去，快点！吉村监狱长等着呢！"这位监狱长"有26岁，身材又矮又胖，行为谈吐有些女性化。他走路喜欢迈大方步，恶狠狠冒着凶光的眼睛透过厚厚的眼镜片眨巴看着你。他嗓音比较尖，发脾气时，尖细的嗓音会升级成为尖叫声，要换成其他场合，你一定会觉得听起来很好笑。他的权力很大，远不止于我们所在的监狱。在大森镇，从镇长到地位最为卑微的农民，无不唯他马首是瞻。他是方圆数英里之内唯一的军官，也因此凡事都要优先于平民"。吉村喜欢拔出军刀，在战俘头顶一划而过，一边轻蔑地叫嚣道："成千上万英勇的日本人每天都在为天皇付出生命。在此情况下，100名战俘的性命那又算得了什么？"

随后，有一天，战俘们劳动的采石场出了事故。战俘们曾在这里目睹过40名同胞丧生。然而，这一次，让大家非常开心的是，命运来了个大逆转，在事故中丧命的却是吉村本人。监狱里的高级士官住木中士想听听斯蒂芬·阿伯特对这个消息的看法。阿伯特嗫嗫嚅嚅着说："这真是个可怕的悲剧。"住木中士突然放声大笑起来，一边捶打阿伯特的肩膀一边大声说："你在撒谎！你其实很高兴吧。跟你一样，我也很高兴！"跟英国战俘一样，这些日本看守也痛恨这位暴君似的人物。

1945年初，菊池正一中尉在新加坡担任机场守卫部队的指战员。上级从樟宜监狱派出300名印度战俘给他当劳工。在人员交接时，押送战俘的军官漫不经心地说："活干完后，这些人随你怎么处置。如果我是你，我就把他们推进装有炸药包的隧道里。"菊池被告知，日军有条军规，凡战俘不服从命令或企图逃跑，都应立即处死。"而且我知道，这条军规一直是这么在执行。"有一次，他手下两名印度战俘越狱，试图到当地华人家里避难。当地华人告发他们后，两名战俘被抓了回来。菊池并没有按军规办事，而是将他们交给他们自己的长官，一名印度军上尉，让他来处罚他们。事后，他时常问自己当初为什么没有像处死其他人那样直接处死他们。喜欢挑刺的人会觉得，那是因为日本战败结局已经非常临近。菊池本人只是认为，在那种情形下对他们执行死刑有些不太公平："战后，我告诉自己，我得以活下来的唯一原因，是因为我没有对别人做过坏事。"同样，1945年，神户战俘医院的美国和荷兰医生也联名签署证言，为该医院日本医学监理大桥弥次郎医生

第十五章 战俘与奴隶

和他的团队做证,称赞他们曾做出非凡努力,为盟军的战俘提供了帮助。

人们对日本人的整体看法,是认为他们会鄙视战俘,虐待战俘,会对战俘毫不留情。然而,讲述以上这些故事的关键,却不在于它们如何有违这些整体看法;而是在于,跟许多人类事务一样,这种事情也很值得大家去对比思考。以上描写的那些日本人,他们都展示了一定的勇气,敢于抵制他们的文化鼓励甚至要求实施的那种对待战俘的行为模式。还有一个问题:因为盟军赢得了战争,所以大家听说德国人和日本人虐待战俘的事例很多,相反却对盟军虐待战俘的情况知之甚少。有足够证据表明,美军、英军和澳大利亚军队的部分战俘看管人员,他们对待战俘的行为也很不人道。

1945年夏,一些德国战俘(有些耸人听闻的说法,称其数量达数万人之多)就曾死在盟军的手里,这主要是因为这些监狱的行政管理人员大都是些喜欢虐待俘虏的人。这一说法曾被用来为1942年日军虐待战俘导致部分战俘死亡的事情开脱。然而,无论在伦敦还是在华盛顿,都没人愿意去调查那些被虐待的德国和日本战俘的命运,更不用说愿意因此去针对盟军人员提出起诉。从军队事务的性质看,那些被选出来看押战俘的人,他们都是一国武装力量中最不起眼的人物。所有这些说法,并不是要想在日军对待盟军战俘和盟军对待日军战俘之间画上一个道德等于符号,而是想提出,在任何战争中,交战者都很难在对待战俘的问题上保持毫无瑕疵的记录,近期伊拉克发生的虐囚事件对我们来说就是这样的一个提醒。

在难以言说的囚禁生涯中,有些人幸存了下来,但另外的人死于非命,到底是哪些因素造成了这种区别呢?梅尔·罗森认为,5%的原因是自我约束能力,5%的原因是乐观精神,"如果你认为自己挺不过去,那你就真的挺不过去了",另外90%应该归因于"纯粹运气"。弥尔顿·荣格是个木匠的儿子,来自罗德岛,很早就成了孤儿,他的童年是在养鸡场里度过的。他认为,在无比艰难的环境中长大的经历,是帮助他在日军囚禁下得以活下来的原因。他甚至认为,要感谢自己没有家需要去考虑:"我没有一个像样的家庭,这一点帮了我的忙。"

战争结束时,第5舍伍德森林人团1营英国列兵唐·路易斯曾对营里官兵们的最终结局有过一些记录。1941年底,这个营在马来亚投入战斗时,有差不多1000来人,其中35人在战斗中牺牲,另外有11人因伤不治身亡。沦为战俘期间,有50人死于"不明疾病",1人死于白喉病，17人死于疟疾，9人死于脚气病，11人死于心脏病，31人死于痢疾，21人死于营养不良，1人被倒下的大树砸死，1人被盟军炸弹炸死，45人在日军押送过程中死亡，24人被简单记录为"失踪"。路易斯是已知最后得以回到英国的287人之一。

1945年以来，一直有人提出应降低二战期间日军虐俘一说的严重性。首先，如上所说，1942年，日军未料到会有那么多的战俘，在处理数量如此庞大的战俘时存在管理困难，因而未能给他们提供照顾或给养。这一说法有一定的合理性。近代史上，许多军队都曾在胜利后的混乱中遭遇过这样的问题，他们的战俘因而受了不少罪。此外，在日本帝国许多地区，都存在食物和药品严重短缺的情况。按照这一说法，西方国家的战俘仅仅是跟当地老百姓和日本军人一起在忍受物资匮乏之苦而已。这一说法似乎有些道理，但有一个事实不容忽视：即使在有办法可以缓解情况的地方，战俘们仍然被丢下不管，饿着肚子，无人问津。在任何时间、任何地点，都没有记录显示，战俘们得到过充足的食物。

因此，很难说日本的虐囚行为是个政策问题而不是出于现实需要。他们教唆自己的战士，对于国内的低劣人等要在文化上保持鄙夷的态度，对于情愿被俘而苟且偷生的敌人，他们更是不屑一顾。一个对弱者和受苦受难者丧失了恻隐之心，并且在其行为准则中刻意摒弃这一观念的民族，它似乎也将自身排除在了文明之邦的行列之外。日军肆意虐俘的情况很普遍，几乎到了无处不有的地步，因此必须视之为一种制度性做法。在日本帝国的不同地方，都出现过多起肆意砍头、棒打至死以及用刺刀捅死人的事件，不可能将此类行为视为个别官兵未经授权的举措。战俘们在船只沉没后不得不在海上苦苦挣扎，而日本海军对其辖下战俘的生死不闻不问，这一做法无论如何都让人觉得可耻。

日本人有时会说，盟军对平民的无情轰炸跟日军的非人道行为有得一比，并以此作为开脱罪行的借口。日军的愤怒导致他们将1944—1945年间被俘的许多美军飞行员当作"战争犯"来加以对待。譬如，1945年，第29轰炸机大队的8名B-29轰炸机飞行员就曾在九州福冈市当着医学院学生的面被无麻醉活体解剖致死。他们的胃、心脏、肺脏和脑器官遭到切除。半个世纪后，一位曾参加过这一活动、名叫登能土盐的医生说："医生之间并未对是否开展这一手术做过任何讨论，这是这件事显得有些蹊跷的原因。"许多被俘的美军飞行员被日军砍了头。这不仅发生在战争的最后时日，甚至在日本宣布投降后不久，这种事情还在继续发生。

不管属不属于所谓"报复行为",任何纵容此类行为发生的国家,它们都丧失了道德方向的指引。日军的许多行为所反映的,是一度以胜利者自居的日本人在发现其军事运势日渐衰微、不再能轰炸别人而是在被别人轰炸时的悲苦心情。60多年后,人们对此似乎仍然找不到一个可以接受的解释。日本发起这场战争,疯狂践踏无辜者和弱者,手段异常野蛮。这也就很好理解为什么在1945年真相大白时盟军会如此的义愤填膺。战争向来就是非人道的,但是日军在对待那些指望得到他们宽待的人时,却将非人道的做法发挥到了极致。

第十六章 冲绳战役

"情人节"行动

冲绳岛是琉球群岛的主要岛屿,美国武装力量在其编制的《太平洋指南》中,以不失幽默的口吻向参观琉球群岛的游客介绍说:"那些在西南诸岛做短暂停留的人,如果想弄到一件不错的纪念品,不妨买一件漆器,因为岛上的居民以擅长制作漆器而闻名。"1945年春,约1.2万美国人和近15万日本人,在岛上60英里的原野和坡地以及近海水域中,找到的不是纪念品而是死亡。冲绳岛上住有45万人,他们有日本国籍,但保持着自己的文化独特性。很显然,要想入侵日本主要岛屿,双方就有可能在这一南部前哨阵地上展开一场激战。冲绳岛差不多位于吕宋岛和九州岛距离的中心点。美军如果夺取了岛上的机场,日军也就丧失了利用机场的可能。1945年春,在发起"冰山行动"的关头,华盛顿方面认为,这只不过是随后在日本本岛上展开的决战的序幕而已。同样,东京方面也认为,冲绳的防守对于日本的战略至关重要,他们的战略就是要谋求通过谈判达成和平。日本国家领导人以及天皇本人都推测认为,如果能让美国在区区一个近海岛屿的争夺战上付出沉重的代价,华盛顿方面就会得出结论,不值得去为了入侵九州和本州而付出高昂代价。他们的分析是正确的,但没有弄明白这一分析的潜在含义。

伊藤木村时年25岁,是一位海军军官的儿子,他是在横须贺大型海军基地长大的。伊藤特别想当兵,但在申请当飞行员和水兵时,却因为晕机和晕船而被判定不合格,他因此感觉非常尴尬。于是,他成了一名陆军战士,并以1940年级名列前茅的优异成绩毕业于所在的军

第十六章 冲绳战役

事学院。但接下来他一直在走下坡路。在将近 4 年时间中，这位极富野心的年轻人发现自己一直在中国东北执行卫戍任务。当日本军团在亚洲各地一路凯歌高奏、跟美军和英军捉对厮杀之时，伊藤却坐在宿舍不停阅读有关战争的历史书籍，尤其是有关第一次世界大战的书籍。直到 1944 年 8 月，他的部队第 32 步兵师团才最终起帆前往一个秘密的目的地。到达目的地，他和他的战友们才发现，他们加入了冲绳的卫戍部队。

伊藤所在的师团，主要由北海道人组成。他们觉得冲绳岛很奇怪，且有些不同于家乡的特色。田野里到处是甘蔗，这是家乡没有的景象；这里的人还说一种他们很不熟悉的方言。冲绳当地有一种著名的用稻米酿成的烈酒叫作"阿瓦莫里"。成千上万名从此要在这里扎根的战士对这种酒非常喜爱。同样，由于香烟配给不足，冲绳岛上的农民发现，非法种植烟草是个很划算的买卖。一个月一个月过去了，守军一直在不停干活，对天然岩洞进行扩建、加以利用，发展成为一个庞大的网络，同时不停修建掩壕和掩体。他们全靠手工完成了这项工程。伊藤木村简明扼要地说："我们没有机械。"他亲自沿海岸走了一遭，感觉肯定不会有来犯之敌能在他们团的责任区登陆，那是冲绳岛西南沿海一片怪石嶙峋的地区。在这片地区挖掘工事，简直就是浪费宝贵资源。但命令总归就是命令。

1945 年春，伊藤已经提升为营长。他的部队的装备比冲绳岛大多数部队都要精良，因为他们带来了全套武装。在指挥部食堂，仍有人在讨论美国人是否会攻打冲绳岛以及更为靠南的台湾。然而，7.7 万守军全都意识到，他们要打的有可能会是一场大仗。青年军官伊藤明白，战争进行得很不顺利："塞班失陷后，我意识到，我们会输掉战争。"他所在的师团将 1/3 的北海道人留在了中国东北。跟其他部队一样，他们也需要在冲绳当地招募人员来补充兵员，而这些人并不怎么让他们感到放心，守岛部队只纳入了 2 万名并不怎么情愿的义务兵来完成员额。伊藤从他父亲的判断中得到了一点安慰。这位老海员曾经在第一次世界大战期间执行过几场护航任务，因此对美国人略知一二。他轻蔑指出："他们毫无纪律观念。"他的儿子说："我明白，美国拥有强大的工业资源，但我认为，在作战时，他们战士的战斗意志没法跟我们的战士相比。"在过去的 5 年中，他一直只是战争的旁观者。现在，这位雄心勃勃的年轻军官跃跃欲试要投入战斗："有机会真正跟敌人一决高下，这似乎是件很好的事情。"

最后，3 月的一天清晨，他们醒来时，发现前方海面上来了一个中队的美军舰船。这些舰船很快开始对他们的阵地发起攻击。他们互相说了句："喏，现在明白了，是冲我们来的。"在接下来的时日里，他们被动地坐在山洞里，地面在不停振动和颤抖。美军到处都炸，目的是让敌人猜不透他们到底从何处登陆。日军慢慢习惯了这种轰炸，伊藤也不时从指挥部掩体走出去，到外面漫天灰尘的地方见见天日。他从未经历过枪林弹雨，因此很想考验一下自己。他所在的部队投入战斗后，他决心不要让人看到自己退缩。他对自己的决心很满意，满怀信心等待着美军冒险登陆。

诺曼底登陆战以来，美军在冲绳的登陆，算得上是战争期间最大规模的一次两栖作战。1200艘舰船搭载着西蒙·玻利瓦尔·巴克纳将军手下第10集团军的17万名美国陆军战士和海军陆战队队员以及另外12万名后勤和技术保障人员。按计划，夺取这一岛屿应该是由尼米兹指挥海军来主导的一次行动，尽管陆军也在其中发挥重要作用。发起首轮进攻的是4个师的兵力，另外3个师的兵力是预备部队。为海军中将里士满·凯利·特纳的第5两栖部队提供支持的是海军上将雷蒙德·斯普鲁恩斯的第5舰队，他们拥有40多艘航空母舰，18艘战列舰和近200艘驱逐舰。詹姆斯·哈钦森在谈起"科罗拉多"号战列舰在3月31日的表现时写道："我们整天都在轰炸。每隔三四分钟，我们就会用16英寸主炮发射一轮炮火，一直都是这样。过一阵子后，人真的会感觉很紧张。"与此同时，美军部队开始着手夺取近海的几个小岛，那是发动主攻的前奏。

在其中一个叫作渡嘉敷的小岛上，时年22岁的源吉义宏中尉跟他的"神鹰"号冲锋舟敢死队正恭候着美军的到来。源吉1944年7月毕业于座间军事学院，是同年毕业的2200名学员之一。作为工程兵，他接受过3年的培训。这在当时，比美军和英军军官接受培训的时间都要长得多。然而，他们的毕业典礼有个非常奇怪的特点，就是检阅结束后立刻分配工作。许多学员刚刚授衔成为中尉，就立刻被挑选出来，不是说可能去送死，而是必然去送死。约450名学员被派去接受"神风特攻"飞行员培训。源吉和另外80名学员则被分配到一支海上特种行动部队。他们的任务很显然也是自杀性的。他们要驾驶满载炸药的冲锋舟，去对付美军的两栖登陆。跟他的战友一样，源吉也说自己心情很平静："在当时，我们别无选择。"现在，自杀成了弥漫日本全军的主导思想。

源吉没有打过仗，心中对敌人充满本能的鄙视，但这种感觉在冲绳之战开始后不久就再也没有了："海军的轰炸真吓人，似乎就没完没了。炮弹的呼啸声把我吓得够呛。"然而，美军的海上和空中力量展示，并没有对躲在地下的守军造成实质性影响。3月25日那天，源吉从山洞里爬出来。他看到一番残破不堪的景象。"树木被炸得七零八落，地面被烧得焦黑一片。我们的营房跟当地老百姓的房屋一样，都已经被夷为平地。"然而，他所指挥的那些冲锋舟还很安全，因为他们在海岸线一带花很大力气挖了不少掩体。光荣和死亡似乎即将来临。他所在连队的2名军官和30名士官，将受命驾着满载炸药的冲锋舟，扑向美军的军舰。

然而，渡嘉敷岛和临近几个岛上的水兵并没有发起进攻。他们在离岸15英里的地方，美军的护卫舰保护着每条通往其攻击舰队的航道。日军预想美军会在较为靠南一些的位置锚泊，这样日军敢死队就可以从后面也就是海洋的方向对他们发动攻击。现在，情况有所不同了，这位焦急不安的年轻军官只能通过无线电向冲绳首力城堡指挥部请求指示。不久，他们就收到了回电："将船凿沉。"一时间这一命令在水兵中引发了一阵歇斯底里的反应。许多士兵痛哭失声，纷纷指责上级首长说："我们还没完成任务，怎么现在就放弃了！"命令让人困惑，但他们还是选择服从。源吉保留了两条冲锋舟，心想万一出现新的机会，还可以用得上。其余分散在3个小岛上的近100艘船，被凿沉在了浅水区。只有冲绳岛上有几艘船被用来发动了攻击，但效果甚微。

3月27日清晨，美军在渡嘉敷岛登陆。现在，日军敢死队除了手中的军刀、手枪和几枚手榴弹外，已经没了抵御进攻的工具。源吉命令舵手立刻撤退到渡嘉敷岛北端，保存实力以便进一步采取行动。他本人带领一支约100人的维修队发动了一次短暂的抵抗行动。美军很快收拾了他们。开仗不到半个小时，他们就阵亡9人。源吉只好命令其余人员向北撤退。他放弃了自戕的想法："我觉得，我要跟敌人血战到死，不能仅仅选择自杀。"在这次战斗中，他既没有血战到死，也没有选择自杀。他成了这场可怕的人类悲剧开场时的被动旁观者，这场悲剧使冲绳之战背上了黑锅。

渡嘉敷岛上住着大约900名农民和他们的家人。源吉和他的手下向北撤退到乱石堆和山洞里时，被抛弃的村民开始引爆手榴弹自杀。今天，日本的历史学者和民族主义分子中有一批修正主义者，他们声辩说，这些平民的自杀行为是自发的，军方既没有命令他们这么做，也没有默许他们这么做。这一看法不可接受。日军撤退前给许多住民提供了弹药，尽管这么做时下达的命令是什么还不得而知。1945年3

月28日以及随后的日子里，渡嘉敷岛上，男男女女、老老少少，总共394人自杀。源吉说："他们的行为反映了那个时代的精神。之前，日本对塞班岛沦陷后日本平民的不幸结局有过一些误导性的报道，渡嘉敷岛民的自杀是这些报道造成的恶果。这些岛民本不应该如此虐待自己。"然而，这种想法是2005年时的想法，而不是1945年时的想法。好笑的是，在岛上1/3的平民死于非命的同时，源吉和他手下的敢死队队员反倒选择藏身并活了下来。对美军来说，这场行动只是一场小规模战斗而已，他们以微乎其微的代价夺取了一个不起眼的目标。然而，对日军来说，这场行动却让他们初步尝到了一点苦头，后面还有更加糟糕的情况发生。

4月1日黎明，复活节当天，数万名来自两支陆战队和两个陆军师的官兵开始了一场代号"情人节"的行动，即将对冲绳发起进攻。此时，他们聚集在军舰甲板上，听着远处传来的炮声。美军关于登陆地的情报是从一个年纪已80岁、名叫迪特列·萨那姆的贝壳学家那里取得的，战前他曾在那里捡拾过贝壳，而且手头还有许多那里的照片。萨那姆有一位跟他差不多年纪的同事，名叫丹尼尔·布恩·兰福德。美军特意用飞机将他接到太平洋司令部，让他给特纳的第5两栖部队介绍情况。譬如，兰福德跟他们谈起过，岛上有一种叫作"哈布"的毒蛇。每位战士都了解了这种毒蛇的情况，尽管事后根本没有记录显示有人见过这种蛇。美军舰队在登陆前数日对冲绳岛实施轰炸时，海军的蛙人开始在日军前哨眼皮子底下清扫沙滩上的杂物和障碍。敌人并没有试图干预。

美军登陆部队计划在冲绳岛西南岸长约6英里的锋面上登陆。官兵们在宽大的运输舰上颠簸着，多数都做好了最坏的打算。校验机在上空盘旋，为舰炮指示射击方向。校验机上的飞行员必须特别小心，否则可能会被己方的炮弹击中，尤其是驱逐舰上5英寸口径的舰炮，它的弹道比较高。在军舰上，一大群即将登场的战士目击了一架校验机被击中后，突然在天上发出一道亮光随后燃烧着坠入大海的情景。第5海军陆战队下士詹姆斯·约翰斯顿写道："大家都觉得5连会遭遇近乎全军覆没的命运。"5：30，克里斯·唐纳中尉所在部队的驾驶员们开始下去预热两栖牵引车的发动机。这位第1陆战队年轻的前线炮兵观察员听到一个孤独而带着讥讽口吻的声音在唱着罗杰斯和哈默斯坦联合创作的歌剧《哦，多么美丽的清晨》。唐纳下到坦克登陆舰甲板，爬上了他的坦克车，那是几百上千辆坦克中的一台。6：30，他们发动了进攻。从漆黑的船舱里出来,绚烂的阳光让他们有些眼花缭乱,飞机和舰炮的轰鸣声震得他们什么都听不见。两栖牵引车在近岸地带绕着圈,波浪在前方翻涌,士兵们坐在车顶,带着傻乎乎的高兴劲向周围的人挥着手,他们在等待下达登陆的命令。从战列舰陡沿往下观望的海员们高呼着:"陆战队队员们,给狗日的一点颜色看看!""祝你们好运!"随后,登陆艇和两栖牵引车掉头陆续向海岸驶去,在身后留下一串白色的尾流,从空中看去,仿佛一群海参在向冲绳岛靠近。

唐纳写道:"现在大家已经不再喧闹。每个战士都绷着脸、咬着牙。虽然两栖车的马达声很响,我们还是能够听到轻武器发出的脆响……我们先是撞上珊瑚架,随后搁浅在沙地上,骤然的撞击,将我们全都翻倒在了一起……我带头第一个冲了出去。"临近地区没有枪声,但有一个班的人听到山洞里有人说话,于是叫来翻译朝里喊话,让他们出来投降。在未听到回应的情况下,战士们开始用勃朗宁自动步枪向山洞里射击。进洞之后,陆战队队员们发现里面躺着几个平民模样的人:两个男的,一个女的,还有一个3岁大的男孩。只有那个男孩还活着,身上满是他母亲的鲜血。克里斯·唐纳写道:"他们把小男孩带回来给了我们。莫纳汉擦拭着男孩身上的鲜血,这时他已经不再哭了。整个下午其余的时间,我的队员一直把男孩扛在肩上……这就是复活节的战斗。它让我感觉很不舒服。"

詹姆斯·约翰斯顿下士冲上沙滩时,满心想着接下来要做的事情:"我想,我会冲到某个碉堡边,在他们来不及把我撂倒前,往里面扔进几枚手榴弹。"美军战士毫发无伤地上了岸,这让他们感觉有些难以置信。他们见到的只有一条被炮弹炸得千疮百孔的海岸线、几个被吓呆了或被炸死了的农民,遭遇的抵抗微乎其微。第7陆战团3营的马吕斯·布雷苏中尉说:"我简直不敢相信我的眼睛。我们既没有碰到被火力压制的敌人,也没有见到被打死的敌人尸体。"美军向北向南呈扇形展开,夺取了两个机场,仅仅几小时就向前推进了好几英里,大大出乎了他们的预料,因为他们原以为要战斗好几天,才能达成这样的战果。两栖部队指战员里士满·特纳将军致电尼米兹说:"我可能疯了,但看上去日军好像已经放弃了作战,至少在我这个任务区是如此。"尼米兹哼了一声,回答说:"删除'疯了'一词后面的全部内容。"

然而,在美军上岸后的头一个星期,冲绳岛给人的假象一直是个与世无争、令人叹为观止的旅游胜地。除了那些参加过塞班岛战役的人,其余所有美军官兵都是第一次见到敌人的土地和人民,这跟他们此前经历过的战场都有所不同。这里没有热带丛林,只有亚热带植被。

松树是最常见的树木，尼米兹曾要求他们带一些小树苗回关岛。岛上长着一种个头很大、颜色很鲜艳，但不怎么有味道的野生红草莓。岛上每一寸可耕地都被耕种过，山上还费大力气做成了梯田。参谋官们自娱自乐射杀起了野鸽子。部队几乎是以狂欢的心情在往前推进，有些士兵还骑着掳来的自行车。一个连的美军还抓来两匹马。一位陆战队队员从其中一匹马上掉下来，摔断了脚踝。考虑到随后发生的战事，这一事故很可能因此救了他一条小命。陆军战士用降落伞的闪光绸做成日本国旗，用枪在上面打上枪眼，准备以每面旗50美元的价格卖给舰上的水兵。

小男孩们从农舍里冒出来，比画着擦火柴的模样，向美军索要火柴。陆战队的史密斯将军在海边见到一位年迈的冲绳妇女，她的行为让这位将军颇为感动。她将一张纸撕成碎片，将碎片抛入空中，任其飘散开来落进水里。这是当地的迷信：那张纸代表的是一份祈祷，纸片浸湿前，每飘散一块到空中，祈祷的效果就会翻上一番。《纽约时报》记者约翰·拉德纳对山腰上遍布的坟墓感到很新奇。他们时而会遭遇敌人，岛上相对的宁静会因此被打破。拉德纳碰到一辆卡车，里面坐着5个美国人和一位冲绳当地的青年老百姓。这位小伙子当天早上刚负过伤。一位和气的陆战队队员在小伙子双唇间塞了根支烟。抽了一口后，这位日本人浑身开始战栗起来，身体一个劲往后退缩。另外一名战士说："对鬼子这么好，你想干什么？"

"为什么不可以呀？"那位给小伙子递烟的士兵问道。

"喏，为啥上面不把有些人派回去，告诉其他日本人我们对他们有多好，这样以后他们或许会对我们好一点。"

第10集团军司令跟海军上将特纳一样，对日军起初不抵抗的情况感觉有些惊讶。向北推进的陆战队没费多大劲就击溃了零星的反抗。巴克纳上将渴望打仗，他担心这种冷场的局面会导致他失去打仗的机会。斯普鲁恩斯和特纳一直想让陆战队的霍兰德·史密斯来指挥冲绳战役。但尼米兹却驳回了他们的意见，因为史密斯曾因在塞班岛免除一位陆军师长的职务而让手下官兵对他非常不满。

然而，指战员的替代人选并没有让大家树立起信心。西蒙·玻利瓦尔·巴克纳，时年58岁，是美国内战期间南方军队一位将军的儿子。他"头发花白，但面色红润，身材魁梧，走起路来孔武有力，蓝眼珠子很有穿透力。他的嗜好就是参加体能锻炼"。在为冲绳之战做准备期间，由于这位将军热衷于体育锻炼，他手下的参谋军官有因此扭伤脚踝的，也有因此摔断了胳膊和锁骨的。第一次世界大战期间，他一直在做培训飞行员的工作,随后大部分时间是在任参谋职务。史密斯写道:"令人惊讶的是,巴克纳几乎就没有过当兵打仗的经历。他的方法和判断有点不怎么灵活。"负责攻打冲绳岛的其他军官也有类似的抱怨,在接下来几个月时间里,他们的疑虑会逐步加深。

当然,尼米兹故意给战场指战员泼冷水,让他们不要高兴得太早的做法是对的。在小心翼翼地向前推进一周时间之后,位于冲绳南部的美军陆军部队在行军过程中突然遭遇火炮和机枪火力。他们抵达了日军划定的第一条火力强大的同心圆防御线,日军在冲绳最南端6英里的地方修建了牢固的防御工事。陆军上将牛岛满是第32集团军的司令,肩负着防守冲绳岛的任务。他接受了手下人的看法,认为日军无法阻止美军在滩涂上登陆。随后,他采纳了作战官谷原弘道上校提出的"睡眠战术"计划。他们在北部蒙博托半岛上集结了一支部队,要求他们从4月8日到4月20日做出顽强抵抗的姿态。日军的主要阵地却在南部州政府所在地那霸附近,牛岛满在那里修筑了一连串的堡垒,形成了所谓的"首里防线"。包括当地民兵在内,那里总计部署了9.7万日军,满满当当地聚集在这场战役最为狭窄的防区里面。

在随后两个多月里,美军战士对牛岛满的掩体和战壕发起进攻,每前进一码的距离都会付出血肉的代价。结果大家发现,这场战役比美军此后在太平洋上经历的任何一场战役都更为激烈。跟往常一样,日军选择了很好的阵地。他们在高地建立了观察站,在隐秘的地方架设了机枪、铺设了地雷,搭建了各种防御工事,美军的正面进攻几乎没有攻克这些阵地的可能。最重要的是,日军有枪有炮,还有大量弹药。日军通常会缺少火力支援,但在冲绳岛上,他们却拥有充足的火力支援。陆战队上尉列维·伯查姆写道:"敌人的战术给我们留下了深刻的印象,他们擅长密集高效地使用火炮,炮火不仅覆盖我们的前线阵地,而且对许多人来说很新奇的是,日军的炮火居然还能轰炸我们的大后方,轰炸我们的军需仓库等场所。"

美军第24军曾在24小时内遭到1.4万枚日军炮弹的袭击。美军的数量优势几乎毫无作用,因为敌人可以在任何地方集结兵力占领一个宽度不超过3英里的锋面,那也就是这个岛的宽度。巴克纳别无其他选择,只能不停发动正面进攻,结果总是伤亡惨重,以失败告终。一场大雨突然来临,数以万计的战士仍在为争夺几十码的烂泥地而厮杀。炮弹将人体器官、岩石碎片和各种排泄物搅拌成一种令人恶心的混合物,臭气能够飘散到后方很远的地方。这种场景,一战时期的老兵比较熟悉,二战时期的军人对此还很陌生。几个星期过去之后,关于冲绳战役可怕场面的新闻报道在美国国内引发了愤怒而尖锐的批评。德国正在分崩瓦解，美国军队几乎在世界每个角落都无往不胜，因而人们有些无法理解美国的小伙子们为什么还得经受这样一场苦难，美国陆海空三军的强大威力何以落到如此束手无策的地步？

一位士兵阵亡在了赫克托耳山上，他的父母写了一封措辞严厉的信，指称儿子所在部队的长官是杀人犯，说带兵军官抛弃了他们的儿子。他所在部队的官兵们猜想，一定是有士兵给家里人写信，导致这位战士的家人如此愤愤不平，但信的内容到底是什么他们却不得而知。还有一封信，是一位受伤战士的父亲写来的。他在信中严厉指责军方，未经充分训练就把他的儿子投入了战斗。第 7 陆战团 3 营中尉杰普撒·卡莱尔逐渐意识到，有了孩子的已婚男人不应获得上前线的批准："失去父亲不仅会给家庭带来悲伤，还会造成一场家庭经济灾难。"卡莱尔所在排一位战士被美军自己一枚射偏的火箭炸死了。他给这位战士的遗孀写了封信。这位遗孀给他回信，语调很凄惨，说她现在有 5 个孩子需要照顾。在信的结尾，这位女人写道："我想这下你该满意了！"

在前往冲绳的路上，陆军中尉唐·希伯特发现自己是跟一群护士一道乘坐"信天翁" C-47 运输机。这帮女护士跟这些年轻的替补战士开玩笑，言辞有些不太友好，说几天后会在撤离伤员的飞机上再见到他们。希伯特写道："这种话当然让人非常不舒服，但我们正在兴头上，根本没意识到她们话中有话。并且，我们还让她们做出保证，到时候要给我们特别关照。"他本人跟许多刚投入战斗的人一样，感觉有些不安，对自己是否能够胜任指挥任务不是很有把握："战士们会接受我的领导吗？我跟他们接触会不会有什么问题？"在开往前线的路上，他一直在很仔细地阅读战地手册。他们此行是要跟第 382 步兵团在首里城堡外围战线上会师。让希伯特失望的是，他被分配到了助理团副官和喷射气体管理员的岗位。但让大家颇为惊讶的是，他主动提出了要到前线作战营任职的要求，最后团部调他到 6 连去当了排长。

这位新人顶着暴雨长途行军，前去接管他手下那支仅有 16 人、明显兵员不足的部队："他们一个个怪模怪样，看上去肮脏、憔悴、疲倦，但看上去士气还很高昂。"他猛地投入战斗，结果看到他手下一名中士班长被迫击炮弹片击中，受伤后立刻被撤离了。另外一名战士阵亡时，希伯特感觉很内疚，因为他连那位战士叫什么名字都还不知道。年轻的马格拉斯中尉爬到岩石上，想看一眼他所经历的第一个战场。一位中士朝他大喊了一声："你他妈的快下来！"结果已经太晚了。一颗子弹击中了马格拉斯的喉咙。有人把他抬离战场时，他还不断很认

第十六章 冲绳战役

真地问,他还能不能去歌舞团吹小号。

在与日军第一次遭遇时,希伯特惊讶地看见一名敌军战士在被美军卡宾枪子弹连续射中的情况下,仍奋不顾身朝他扑过来。希伯特扔掉了卡宾枪,他更喜欢用M1步枪。他写道:"美军作战,其中一个弱点就是夜战。我们夜间很少战斗,几乎没有什么机动……而日军却很会利用夜间的黑暗。他们会在夜间作战,在夜间机动,在夜间获取补给。"夜间,美军士兵会蜷缩起来,用雨衣掩盖香烟头的火光,他们对遭偷袭的风险极其敏感。一天夜晚,在步兵连阵地上,枪手克里斯·唐纳陪同下的一位战士在听到异常响动后突然惊慌起来。他开始射击,在被击倒前,他已经射杀了5位自己陆战队的战友。唐纳写道,这件事发生后,连长"因为这场无谓的损失非常悲痛。一路上,全连的心情都很沉重"。

克里斯·唐纳写道:"到了下午,上面下达命令要我们前进。敌人短暂的一通炮火,把斯威特上尉吓得够呛,没办法只能把他免了职……每支部队都已经不足25人,大家在我们前方一个长满灌木的土丘上集合,此时周围一点枪炮声都没有。随后,他们立起身来向前走,刚离开灌木丛不到几码的距离,突然响起了激烈的机关枪声,迫击炮弹像雨点似的落在他们周围。四周没有藏身地。他们倒在地上,扭动着身子,然后又被击中。有几人设法退了回来,其中一人是个中尉。他的身子随着可怕的抽泣颤抖着,嘴里反反复复地念叨:'太恐怖了,上帝,太恐怖了。他们都死了。'我本人也感觉很恐怖。"

当地蚊子比太平洋其他岛屿上的蚊子要小,但攻击力一点不弱,而且这些蚊子还有一个新搭档,那就是跳蚤。这些虫子会云集在每一具尸体的旁边。战士们有充足的淡水,而且由于雨下个不停的缘故,水已经显得太多。除了配给食品外,他们还从农民的菜园子里弄来蔬菜作为补充。多数人都觉得,罐装食品与作战压力的结合会导致便秘。于是,他们就用野战巧克力和罐装牛奶,在C-2合成炸药上加热后,自制成通便剂,用来减轻便秘之苦。然而,决定生与死的一个主要因素,是每天都要面对的因狙击手、机枪和野战炮导致的人员消耗。每天人手都会有所减少,但大家还得拖着沉重的脚步,翻越一道道山梁,向前推进。对于那些身体还活着但精神已经死去的人,他们有专门的称呼。他们被叫作"1000码神情""闷头眼神"或者"去小亚细亚了"。詹姆斯·约翰斯顿写道:"我想起从前学过的一首诗,'我认识一位小伙他出海去了,将陆上的家园抛在身后。我对他太了解因为他就是我自己,但现在我没法再把他找回来。'"

在特拉岭，约翰·阿米格尔中尉鲁莽地暴露了自己的方位。他突然大叫起来，因为通过望远镜，他看见一名日军狙击手正在通过瞄具瞄准目标。除阿米格尔外，其他人都赶快躲了起来，阿米格尔动作就慢了那么一秒。一秒钟后，敌人的子弹致命地打在了他的腹部。盖奇·罗德曼中尉是第17步兵团的一位连长。4月26日那天，一枚迫击炮弹落在了他身旁："我知道炮弹炸到我了，但我只看到腿上在流血。随后，我看见在我裤子上，有一堆好几码长的粉红色管子……我的一名助理排长跑过来，打开急救包，把我那些暴露在外面的肠子临时做了包扎。在第102野战医院里，医生们给我做手术，要从我身上取出大部分弹片，并做出结肠造口，代替完成被撕裂的肠道的功能。"几个月下来，大家都很绝望，觉得罗德曼很难活下来，但他努力试图安慰父母说："你们看到，我现在已经摆脱危险了。我住在后方医院里。不妨跟你们这么说吧，再过几个月，我又可以上战场了。我希望你们不要担心，因为接下来就进入康复期了。"一直到7月3日，这位年轻军官才达到可以撤离回国的状态。回国后，他开始出现大脑脓肿，此后一直处于半身瘫痪的状态。

如果说进攻方因陷入困境而感觉有些慌张的话，那么防守方的情况可就糟糕得多了。日军战士死亡的速率是美军的10倍。伊藤木村上尉在第32师团下面一个营里任职。4月27日那天，美军发动第一轮进攻时，他们20个小时发射了1000枚迫击炮弹。过去几个月，他们一直在往深处挖掘阵地，但在分配阵地时，他们发现赖以藏身的只有一些匆忙刨出来的散兵坑。美军的火力远非牛岛满手下的炮兵所能压制。在如此强大的火力面前，他们的散兵坑所能提供的防护真是少得可怜。随后，他们又遭遇了美军的第一批坦克。跟日军其他部队一样，第32师团的装备差很可怜，只有两门反坦克炮，根本无法对付这些坦克。在几小时时间内，连这些装备也被炮弹炸毁了。随后，伊藤所在的连队不得不以日军熟知的方式自制对付美军的武器弹药。他们会给战士一枚地雷或一枚炮弹，命令他们在坦克靠近时引爆，以此方式来对付坦克。伊藤郑重地跟每位派去执行此类任务的战士握手，尽量亲自跟他们道别。今井馨中士是伊藤上尉很喜欢的一位士官。他抱着地雷，跑去追赶一辆美军坦克，随后发现这样做只是自取其辱，根本就没法追得上。坦克转过炮塔，朝他开了火。今井中士就这样丢了性命。

日军人员消耗太快，这让他们感觉很沮丧。伊藤手下的战士，大都是多年的老相识。现在，他们每小时都会有几十人丧生。伊藤说："在头两天，我们的伤亡就高达300人。"头天晚上，他的副手太郎中尉冒险在防区内巡视了一圈，告诉战士们说这一仗他们打得很好。然而，所有战士都知道他们的处境是多么的无望。伊藤思考认为，他父亲低估了敌人。他手下一位连长懊恼地在电话里对营部说："你们不能太轻视这些美国人。"

日本守军草率离开阵地发动反攻时，美军取得的胜利尤其显著。日军试图收复失地，或者对美军发动突然袭击，但他们的希望一次又一次被美军的火力粉碎。然而，经历过早期浴血奋战后的失利后，牛岛满变得越来越不愿轻易暴露自己的部队。他将部队隐藏在深挖的防御工事里，让美军去做机动，并在此过程中付出代价。美军无论是陆战队队员还是陆军战士，都发现自己陷入了跟以往战争一样的艰难处境。当美国总统富兰克林·罗斯福于4月12日去世的消息传来时，美军官兵感觉这一消息离他们非常遥远，就仿佛一封从月球发来的电报。一位步兵军官写道："这一消息让人震惊。消息传达给了战士，但眼下他们每人都有自己的问题需要处理。对他们来说，最重要的莫过于保住自己的小命。"只有附近那几码远的空间，以及附近散兵坑里的战友，对他们才真正有点意义。公报撰稿人一直在忙着发布太平洋上发生的恐怖事件。他们新近收到一组全新的地名是甜面包山、瓦纳冲沟、阿瓦查峡谷、首里城堡。

马吕斯·布雷苏中尉所在的陆战连接到命令，要求他们对瓦纳山岭发起新一轮进攻。接到命令后，布雷苏"立即感觉悲从中来，因为我意识到，这一天我就要死了。每天早晨我都会很投入地刷牙。当然，这时候我已经没有牙膏了，但我仍然忠诚于我的牙刷，仅仅用水配合刷牙。出于习惯，那天早晨，我拿出牙刷，然后心想：'干吗要没事找事呢？反正天黑前我就会死掉。'但随后又想：'干吗不刷牙呢？反正有时间。还是刷刷吧，万一能活下来呢。'"布雷苏的确活了下来，但他们部队的进攻却失败了。"想对深藏壕沟里的日军发动进攻，是件不可能做到的事情。这么做需要有几个不怕死的疯子，那一天1连的投入程度还没到接近疯狂的程度。"布雷苏手下一名年轻的陆战队队员受了伤，被留在山腰位置，躺着不能动，嘴里不停地呼喊着爹娘。排里的卫生员看着前方的情况，非常痛苦和沮丧。布雷苏告诉他别逞英雄，没有必要死伤一人不够，还要死伤两个。但最后，这位卫生员说："我受不了了。我要去救他。"他跌跌撞撞地冲了出去，从此大家再没见到过他俩。

第7陆战团3营中尉杰普撒·卡莱尔写道："小部队作战意味着需要做一连串的决策，这些决策可能会非常令人苦恼，让人左右为难。"

战斗一开始，他就犯了一个错误。在向前推进、发动进攻时，他的副排长就在他身旁被敌人一枪打在了肚子上，旁边的卫生员也倒地身亡了。卡莱尔忘记了他的指挥职责，跪下来想要救他的副排长："不知怎么的，我从未想过会失去他，因此也没有充分做好思想准备。我疯狂地在他身上想办法……在他身上，我花费了太多时间，没有跟整个排一道向前推进。这件事情上，我犯了错误，导致我们进攻山岭的速度和力度有所减弱，让连里其他部队进攻起来更加吃力了。"

对于那些侥幸活下来的官兵，哪怕一丁点的安慰，对他们来说都很重要。在冲绳战役中，第10集团军的官兵们就有这样的切身体会。5月14日，20岁的枪手约瑟夫·科恩在给新泽西家人的信中写道："亲爱的爸爸妈妈，时不时我会碰到真正的好人。一位坦克兵碰巧跟我搭上了讪，没过多久，他就邀请我到他那儿去。他不知从哪儿搞了些面粉和发酵粉。没过多久，他就给我和其他战友烙饼吃。"

战友之间的情谊是使大家得以忍受战场环境的唯一力量。5月13日，陆战队中尉理查德·肯纳德在给父母的信中写道："随着时间推移，我开始喜欢上了我的朋友杰克·亚当逊。他在威斯康星州北部一个农场里长大，是个非常纯粹的基督徒。在我看来，他是我所认识的最为理想的那种美国青年。他爱干净、办事一丝不苟，他一点儿不自私，心里最先想到的总是炮兵班的战友们。"肯纳德在国内有个叫玛丽莲的女朋友，是位事业有成的模特儿。肯纳德对他父母说，如果他牺牲了，就把手头所有的现金都留给杰克·亚当逊，因为"玛丽莲不需要这些钱"。对于一个跟他一起出生入死的战友来说，他需要表达的情感似乎比对半个地球之外的那个少女表达的情感来得更为急迫。

巴克纳一头扎进了对首里战线的进攻，此举让大家对广为人知的军种对立现象再次有了认知。陆战队队员觉得陆军战士缺乏技能、斗志和毅力。卫生员比尔·詹金斯写道："陆战队队员和陆军彼此都不喜欢对方……我们觉得他们是一群胆小鬼。"前来接替陆军第27师的陆战队队员嘲笑陆军战士挖散兵坑的行为。一位陆军战士恨恨地说："子弹嗖嗖飞来的时候，你就再笑不出来了。"的确，不出几个小时，这些陆战队队员挖起坑来比陆军战士还更卖力。陆战队中尉马吕斯·布雷苏写道："我们一度认为，陆军进展缓慢，是因为他们的战士不如我们勇敢，不如我们能干，不如我们训练有素。持这一看法的人，即使不曾受过鼓励，也是曾经得到过允许。轮到自己去攻打首里城堡时，我们才对陆军的战友们肃然起敬起来。"

然而，陆战队的高级军官团队仍旧认为，巴克纳的指挥缺乏想象力，几乎注定会以失败告终，而且绝对会付出高昂的生命代价。他们青睐的方案，是在日军后方再度发起一场两栖登陆，美军在海上还有一个师的预备力量，可以用来完成这一任务。4月18日，奥利弗·史密斯告诉海军中将特纳，他觉得，巴克纳所认为的用炮兵可以打开突破口的想法有些过于乐观。特纳中将同意他的看法，但声称，要干预这一做法是不可能的事情。特纳用他惯常的临别用语对史密斯说："愿上帝保佑你。"在接下来几个星期的时间里，上帝并没有保佑第10集团军，或者说并没有保佑第10集团军的战术。史密斯在书信中表达了他对巴克纳的鄙夷之情，觉得他缺乏作战经验。他说，陆战队非常注重对贴近敌方阵地的地方实施轰炸，但巴克纳将军摒弃了这一做法，倾向于轰炸敌方阵地前后的区域。陆军喜欢在距离日军800码的位置坚守阵地，史密斯对此提出了批评，因为陆战队认为100—200码的距离更为合适。

史密斯在他的笔下曾描述过跟第10集团军司令一道视察第27师的情况，那是一支大家并不怎么看好的部队："这个师吃了败仗，不知道还想不想打仗……视察时，巴克纳将军问不同的人他们最想做的事情是什么。他希望听到的答案是他们想参加战斗，然而他们更感兴趣的是想回家休假。"史密斯非常反感地注意到，第27师的士兵甚至都不曾回头去掩埋自己已经牺牲了的战士。然而，陆战队队员们不得不承认，他们自己的部队跟陆军战士相比，进展也并不迅速，付出的代价也并不低。

克里斯·唐纳写道："战士们没人会承认是自己开的枪……漫山遍野一片狼藉，到处是吃剩一半的罐头、鬼子的尸体和人的粪便，上面全都密密麻麻爬满了苍蝇……一位下士被拽回来输血。他一只脚脚踝以下部位全都没有了。当有人抬来一具担架，从他开始往外撤离伤员时，他接过别人递来的香烟抽了起来。然后，带着因疼痛而愁眉苦脸的神情，他向我们挥手大喊道：'兄弟们，机会终于来了。我现在快自由了。祝你们好运。'"陆战队队员尤金·斯莱奇看到一名日军机枪手，头盖骨被打没了，但仍然端坐在战位上，这给他留下了深刻的印象。下了一晚的雨，雨水聚集在那位机枪手开裂的头骨里。他们就坐在附近，等着别的部队前来轮换。斯莱奇的一位战友闲着没事，用手指将珊瑚碎片往那位日本士兵头骨里弹。每次弹中时，都会溅起一朵水花。

在一家后方医院，奥利弗·史密斯视察了因作战疲劳而撤出战斗的官兵，冲绳战役中有数以万计的类似案例。他看见医生正在给一名陆战队队员看病。这名陆战队队员的散兵坑被一枚迫击炮弹击中。"对恐惧的刻画，无人能在那位陆战队队员之上。他不停咕哝着：'迫击炮，迫击炮，迫击炮。'当医生问他现在打算做什么时，他的回答是：'挖深一点。挖深一点。'医生告诉他说：'行，那你就挖吧。'这人立刻跪下来，在屋子的角落疯狂地挖了起来。"另外一人曾被提名银星奖，他因为杀了太多日本人，感觉很有负罪感，并因此发了疯。然而，对另外一些占着病床的人，史密斯将军并没有显示多少同情。"我觉得，许多所谓作战疲劳案例中的病人，根本就不该被送进医院。"卫生员比尔·詹金斯所在的排，最初的兵员差不多全部被打死，随后两次补充兵员后，又差不多全部阵亡。詹金斯走到班长跟前，解下武装带，对他说："你可以继续打或者不打，反正我不要打了。"班长给詹金斯冲了一杯咖啡，二话不说给他定性为"患有神经焦虑症"。随后，詹金斯被撤离战场去了塞班岛。

经历完头两天的战斗后，日军上尉伊藤木村所在的营仅剩军粮面包来维持战斗力了。5月2日，他们接到命令，要参与发动一场大规模反击战，目标是美24军占据的两座山头。在几乎没有炮兵支援的情况下，在付出可怕的代价后，他们夺下了一座山峰，将美军从前线往后赶出了一英里的距离。伊藤说："我们倒是完成了任务，但让我们纳闷的是，其他部队在哪儿呢？"他的这番话反映了战斗中许多士兵共同的心声。他们的友邻部队未能拿下第二座山峰。结果，在接下来几天里，为了守住棚原陡崖一侧的突出部，伊藤指挥的那个营遭遇了重大损失，因为突出部遭到了美军三面夹击，还暴露在了美军密集炮火的打击之下。

5月6日，伊藤收到迟来的命令，要他带兵撤退。他引用德国将军马肯森在第一次世界大战深陷绝境时说过的话，来安慰手下的战士。他说："不要把它当成是撤退，要把它当成在另一方向上的推进。"没有工具将30名重伤员抬离战场，伊藤只好走到他们中间，给每人发了几枚手榴弹，这样他们可以带走几个美国人，跟他们一道去见阎王。上等兵黑川跟他很有交情，他一遍又一遍地求情说："带我跟你们一起走吧。带我走吧。求你了。求你了。"然而最终，黑川还是被留了下来，握着手榴弹面对死亡。太多亲密的战友已经阵亡，有大山、大森、大滝，还有好多他已经记不得名字的人。在浴血突围，撤退到一英里外的新战线时，他的部队又倒下了不少战士。

5月27日，已被夷为一片废墟的冲绳首府那霸落入了美军手中。

牛岛满撤退到了小禄半岛,那是他更接近西南端的最终据点。伊藤和他的手下跟牛岛满司令员率领的余部在这里会了师。6月初的那几天,伊藤发现他手下只剩下135人,而战斗之初他率领的却是一个营500多号人。他说:"我们筋疲力尽,既有体力上的疲劳,又有精神上的疲劳。我们被赶到了墙角,面临的是从古至今日本武士不得不面临的传统窘境。"他们对自己给美军造成的损失感到自豪,但也很明白自己的防线已经溃不成军。巴克纳麾下顽强的战士已经将日军第32集团军一点一点地蚕食。伊藤和他的几位战友是数以百计不愿投降也不愿自杀的日军官兵中的一部分,他们白天藏身在冲绳数量繁多的山洞里,夜间趁着夜色在当地老百姓的帮助下出去找东西吃。

战斗进行到最后几天时,情况变得尤其恐怖,因为守军中掺杂了无数日本妇女和儿童,他们中有的人仍然渴望活下去,但有的人已经视死如归。马吕斯·布雷苏中尉手下的陆战队队员炸开了一个山洞,里面出来许多老百姓,布雷苏派人把他们打发去了后方。有三人因为受重伤留了下来,包括一个孩子和他的母亲和奶奶。排长乔·泰勒中士说:"我们不能抛下这些人不管,但我们分不出人手来护送他们。"布雷苏明白这位士官的意思,他是说应该像对待受了伤的动物那样,结束这几位冲绳人的苦难。他问有没有志愿出来做这件事的。没有人说话。"我说:'那好,我亲自来做。'三人全都一动不动躺在地上。排里有人想得很周到,用白手帕盖在三人的头上,好让我看不到他们的脸。我在三人头上各开了一枪。"然而,那位母亲和奶奶却还在继续挣扎。虔诚的天主教徒布雷苏又接连开了几枪。"这时候,手帕和头颅已经被打得不成样了。这完全不像干净利落的黑社会行刑方式。我沉浸在一种莫名的情绪中……我感觉非常惭愧,不是因为我杀死了他们,而是因为我这么干的时候,表现得太情绪化,太不够专业。"

6月的最后几周,抵抗逐渐消失殆尽。然而,如果说巴克纳指挥的陆上战役对美国陆军和陆战队战士来说是一场颇为震撼的体验的话,那么在海上发起的那场战斗还真就有过之而无不及了。在冲绳近海进行的战斗让美国海军付出的生命代价,比在太平洋战场任何其他地方都要高昂。

海上战斗

牛岛满的第32集团军完成的是对冲绳岛的静态防卫。然而,日军战略的核心,是要以太平洋战区闻所未闻的规模,对来犯舰队发动空袭。美军几乎完全依靠航母来给战机提供掩护,因为他们在陆上夺取的机场，几星期以来一直处于日军炮火打击范围内，几乎无法起降飞机。马克·米切尔的航母战斗群只能保障60—80架战机完成它们的空中战斗巡逻任务。对美军的这些航母战斗群，日军发动了一连串的攻势。4月6日，也就是发起进攻的第一天，他们出动飞机的数量高达700架，其中355架是神风特攻机。

4月6日当天，约400架日本军机突破空中战斗巡逻队的防线。6艘军舰（包括2艘驱逐舰）被炸沉，另外18艘军舰受损，这些全都是神风特攻机造成的。这还只是整场战斗的第一轮攻击。地面战正在开展时，甚至于地面战已经结束后，冲绳近岸地区与此类似的海战一直在进行。无线电警告敌人即将展开进攻时，呼叫"臭鼬"表示进攻来自海上，呼叫"妖怪"表示进攻来自空中。因此才有这样的电文："妖怪来袭4，数量约50，方位185，距离30，航向110，速度300，高度约1114，明显绕舰队飞行，呼叫结束。"

成千上万努力想要活下去的美国水兵，被上千名日本飞行员发动的攻击弄得惊慌失措，而这些日本飞行员似乎很乐意以身赴死。"本宁顿"号航母上的一位美军军官写道："我相信，我永远不会忘记日军飞机朝我们径直飞来时发出的那种响声，有些像飞机从田野或房屋上方低空飞行时发出的声音。但它们并没有慢慢消失在远处，而是突然砰的一声撞上军舰，把我们吓一大跳。"一位美军军官看到一名日本飞行员没带降落伞直接从飞机上跳了下来："他像跳伞运动员那样张开四肢，像是飘浮在空中一样。他的飞行服被风吹得鼓了起来，降落的速度很慢，我因此有点觉得，他可能活下来了。""卢斯"号驱逐舰活捉了3名日军飞行员，结果发现其中一人竟然曾在伯克利大学读过书，能说一口流利的英语。一位美军军官告诉一位仍然很想自杀的日本兵说："你知道，你现在已经退出战争了。"但此人似乎仍然很纠结，觉得自己丢了家族的脸面。另外一个俘虏是个韩国人，是个很不情愿被抓来做神风特攻队员的人，他成功躲过了别人给他安排好的命运。

一位水兵眼睁睁看着驱逐舰遭空袭，感觉既难过又震撼："炸弹、炮弹和执行自杀性攻击任务的飞机接二连三坠落在军舰上。它的上层建筑，除舰桥和电台室外，整个变成了一堆废铜烂铁。它在哭喊，在流血，像一只遭到狼群攻击的猎狗。它需要血液……舰上官兵有的身上着了火，有的被枪弹击中，有的被划伤、撕裂，有的被吓得发愣。在我看来，虽然军舰漂泊在水面上，跟其他东西离得远远的，但它跟我的想象力却离得很近，它带上了某种人性的色彩。它是一艘不错的军舰。它受了重伤，遭到了羞辱，但仍然很自豪地挺立着：挨过一顿

第十六章 冲绳战役

痛打之后,它总算还是挺过来了。"

神风特攻队还在"卢斯"号上空盘旋。这时舰上的水兵发现日军一群"棺材车"救援船正向他们逼近,那都是些做了最坏打算的船只。库克·弗里曼·菲利普斯在他的20毫米舰炮战位上惊呆了。他的搭档维吉尔·德格纳手里拿着一只弹夹,嘴里正打算说点什么。"他的嘴唇在动。我戴着耳机,不知道他想说什么……随后爆炸发生了……一块铁皮飞过来,把他的头砍了下来。就这样,他的头落在了我的脚边。我低头看了看……我敢肯定,他仍在试图跟我说什么。他的身体仍旧站立着,手握着弹夹,大概有30分钟光景,但在我看来,那只是短短的一刹那。随后,他的身体开始摇晃,直挺挺地倒了下来,不久就被涌上来的海水冲走了。"

空中有许多美国战机,因此雷达操作员常常无法分辨从罗盘各方位悄悄飞来袭击美军舰队的敌机。特德·温特斯是"莱克星顿"号上的美军战斗机飞行员,他说:"他们像鹌鹑一样分散行动,随时会从藏身的云朵后面突然发起袭击。"防空炮兵,尤其运输舰上的防空炮兵,他们都是些很缺乏纪律性的人,因此频繁出现误击友军的不幸事件。战机击中军舰时,爆炸后往往会出现汽油燃烧、弹药爆炸、水兵大量伤亡的情况。这些水兵除了头盔、护目镜和防眩帽外,别无其他的防护措施。在甲板下面作业的水兵,他们的经历算是最为可怕的。4月6日那天,威廉·亨伍德在"埃蒙斯"号扫雷艇的发动机室里值勤,听到头顶一系列摧枯拉朽的爆炸声后没几分钟,他听到有人敲响了"停止作业"的钟声:"有人在舱门处大声喊,叫我们确保安全后,赶快出去。熄完火、关掉燃油泵后,我们就离开了。一出舱门,我立刻吓呆了。我看到官兵们在海里挣扎游动。我心想,咱们的船怕是快沉了。"我们的军舰遭到了5架神风特攻战机的撞击。

4月12日,185架敌机发动了第二轮重大攻势。这场攻势导致日军损失了几乎所有的战机,换取的是美军2艘军舰沉没,14艘军舰受损,其中包括2艘战列舰。几架神风特攻战机先是盯上一艘军舰,随后会互相配合发起进攻,"埃伯利"号驱逐舰就是这样被击沉的。水兵们击落了20架来袭飞机中的2架,但遭到一次自杀性攻击,并被一枚喷气推进炸弹击中。这导致这艘驱逐舰断为两截,随后不幸沉没。"道格拉斯·福克斯"号遭到袭击后,海军中校莱伊·皮茨写道:"驱逐舰遭到日军闪电袭击后,正在雷达哨站的舰长,他的第一本能是觉得雷达屏幕图哪个地方出了漏子。他低头看着还在冒烟的军舰废墟,那是艘出厂还没有多久的军舰。看见走廊两侧静静躺着的水兵尸体,他有些自责，觉得或许是自己辜负了这艘崭新的军舰和这些阵亡的战士。"

4月16日，在另外一次大规模袭击中，"拉菲"号驱逐舰被30架日军战机盯上了。4架神风特攻机撞击了它，2架战机对它投掷了炸弹。这艘舰大难不死，但有94人因此伤亡。同一天晚些时候，"无畏"号航母也遭到袭击。在两次大规模进攻的间隙，日军还发动了多次小规模袭击，美军因此耗费了大量弹药，疲惫不堪的水兵被迫连续好几个小时不能离开战位；甲板上的人除了各种麻烦外，还新增了被晒伤的痛苦。吃不上热饭菜，他们只能吃糖果，憋着不去上厕所，因为任何人都不得离开岗位。他们祈祷，但愿今天倒霉的是其他军舰，不要再找上他们。詹姆斯·菲利普斯说："我累得受不了了。我心想，死亡会是一种解脱，人死了也就一了百了。我当时的想法是：'看着点吧，伙计。只要不朝我开枪，你要怎么样都行。'"夜晚降临时，驱逐舰习惯的做法，是请求敞开全部舱门和天窗，迎风全速行进几分钟的时间，以便将一群群该死的苍蝇吹出住舱甲板。

5月4日那天的攻势导致美军5艘军舰沉没，11艘军舰受损。除1艘军舰外，其余全都是由自杀机造成的。11日至14日，3艘旗舰遭受了损伤，除"新墨西哥"号战列舰外，还包括"邦克山"号航母和"企业"号航母。一位美军航母舰长写道："冲绳近海的战斗成了常规，但这极有可能是二战历史上最为危险的常规。""黑猩猩"克拉克将军的副官有时会在将军吃完饭前，把写在舰桥信息栏上头天晚上的坏消息擦掉。

自杀的勇气不止是日军将士的专利。5月10日，两架"海盗"战机在35000英尺高空拦截日军一架双引擎"尼克"战机。其中一架根本无法靠近，另一架上面的机炮也被冻住了，这架美军战机的飞行员没有放弃，而是有意撞击了"尼克"战机的方向舵和平衡板，导致该机因此坠毁。在此过程中，这架"海盗"战机损失了螺旋桨推进器，不得不做紧急迫降，这位飞行员大难不死，被授予了海军十字勋章。

1944年10月神风特攻行动发起之初，日军大部分飞行员都训练有素、经验丰富。6个月后，特攻部队的指战员开始意识到，让这些飞行员做出牺牲，是他们犯下的一个愚蠢的错误。现在，大部分发起自杀性攻击的飞行员都是些新手，他们接受过的训练，不过是教会他们朝目标径直飞去而已。经验丰富一些的飞行员要么去执行常规轰炸任务，要么是为神风特攻机提供空中掩护。土方敏夫中尉是一位邮局官员的长子。1943年，他以大学生志愿者身份报名参了军。有精英职业军官嘲笑他，说他只是临时雇来的枪炮，他针锋相对地反驳他们，质问他们有谁能比他飞得更好。土方在韩国曾担任好长一段时间的教官，因此 1945 年 4 月，加入九州第 303 中队时，他的飞行册上已经有了约 400 个小时的"零式"战机驾驶记录。这样一个准备，再加上难得的好运，是他得以平安度过随后几个月，最终活下来的原因。

　　第 303 中队的主要任务，是为参加冲绳神风特攻行动的飞机提供空中掩护。他们从鹿儿岛出发，与从附近鹿屋岛上起飞的特攻机会合，随后保持稳定的飞行速度，以便能尽量节省燃油向南飞行完成 350 英里的飞行距离。他们充其量只能在战斗区域上空续航 10 分钟。对燃油用量粗心大意的飞行员，最终发现不得不在返航时迫降在海上。土方对他自己的前途并不抱多少幻想。"我预料自己会牺牲。我知道我们会输掉战争，其他人也都知道这一点。大家嘴上虽然不说，可心里都是这么想。"他喜欢驾驶"零式"飞机，但敏锐地意识到，美军的"地狱猫"战机性能要比"零式"战机优越。土方曾击落过一架美军"地狱猫"战机，并因此获得过奖励。但在执行大多数任务时，他和他的战友所指望的都不过是，能够争取一点时间和空域以便特攻战机能够完成任务而已。低头看见在下方飞行的敢死队队员时，他时常会热泪盈眶，因为这其中许多人是他以前航校的学生。

　　飞行员们离别时，上级的指令口吻会很温和："一旦起飞，你就不会再回来；必须将物品摆放整齐，不要给别人留下麻烦，不然会招来嘲笑。必须把事情安排好，这样在你死后，人们会说：'他跟你印象中的敢死队队员一样，把一切都安排得秩序井然。'"然而，飞机却是个宝贝，上级指示飞行员，如果他们没有发现有价值目标，就返航回基地。有很多飞机因为发动机故障不得不返航，这其中有的真有其事，有的则根本就是子虚乌有。这些飞行员是要去做牺牲的，这一点毋庸置疑；但有些人会得到延期执行任务的许可。

　　土方敏夫和他的战友们觉得，神风特攻队的起飞过程总是让人百感交集。地勤人员会在跑道两侧列队，当敞开着座舱盖的战机滑行到跟前时，他们会摘下帽子朝飞行员挥舞致敬。飞行员会伸出双手跟大家道别，白色的围脖在风中扑打，那是表示他们即将为国捐躯。发动机的声音渐渐隐去，留下来的人会随即不安地四散走开。有时他们会简单提及跟他们告别离去的飞行员，此时的话语已经用了过去时："他曾经是个很不错的小伙""某某某曾经真的很调皮"。在几个星期的培训中，地勤人员跟这些飞行员有过密切合作，最后眼睁睁看着他们去送死，他们会觉得这个事实很难接受。土方亲自拍过一张照片，照片中是一位年轻飞行员，他站在飞机机翼上面，与此同时地勤人员正在给他的飞机做最后一次加油。照片中的这位飞行员神情非常严肃,这个时候本该就是这样一副表情。

土方说:"整个过程非常让人感动。有一次,飞行员们登机准备出发时,突然有人惊讶地叫道:'我的表停了!'"对飞行员来说,手表跟指南针一样,都是件不可缺少的东西。此人朝着前来看他们起飞的人群叫道:"谁能借我一块手表?"接下来是一阵尴尬的犹豫。手表是个值钱玩意。借给他分明是肉包子打狗有去无回。随后,基地司令打破了紧张气氛。他叫道:"把我的拿去!"他跑步过去,把这件牺牲品递给了座舱里的年轻人。

海军中将宇垣现在负责指挥海军所有的特攻部队。2月27日,他视察了一支神风特攻部队。他在日记中用非常古怪的陈腐语言记录了这一事件:"时值春暖花开,柳莺在灌木丛中歌唱,百灵鸟在叽叽喳喳叫个不停,我热得有点出汗了。无论战事如何,大自然照常来去如初。"这位将军时常坦言说,特攻队队员们的事迹让他感动得掉眼泪。然而,让他们以身赴死,在这件事情上他从来不感觉难堪,因为他已经决意要在适当时机像他们那样去赴汤蹈火。他的日记时常会从战略上的奇思妙想跳跃到无聊的个人琐事,这种离奇方式让后人感觉有些好笑。"4月11日:鉴于报告指出我军有如此多的战机已经撞毁在敌人的航母之上,那就不可能还有多少未有损伤的战机还在执行任务了。"宇垣会花好几个小时骑着陆军借给他的马在乡下溜达,或是拿着一把猎枪在野外四处寻找猎物。4月13日,他对自己糟糕的枪法很是窝火,他闷闷不乐地写道:"或许该是戒除打猎习惯的时候了。"

宇垣跟大西和其他一些负责神风特攻任务的指战员一样,他们都深信不疑地认为,这种作战方式是可以接受的常规。曾参加过冲绳空战的战斗机飞行员岩下邦夫说:"1945年春,对于执行自杀任务,大家并不觉得有什么不同寻常。情况非常紧急。我们眼看要输掉战争了,飞行员不断有阵亡情况发生。我们觉得,与其在空战中丧命,还不如选择性地去做出牺牲。"然而岩下的观点根本谈不上普遍。要是认为所有日本青年都迫切想要走这条通向死亡的道路,或者认为他们都拥护这样的做法,那你就错了。大多数到冲绳执行自杀任务的人,都是被抓的壮丁。对于执行这一任务,他们的热心程度各有不同。

一天晚上,一位年轻飞行员漫步走进了网代岩男下士的寝室,他们俩曾在一起参加过陆军基础训练。"在通信部队服役,你真是太幸运了,"这位年轻人忧郁地说,"明天我要去执行飞行任务了。"网代耸了耸肩,想用日军战士熟悉的口头禅去安慰他:"不久我们会在靖国神社再度相会。"后来网代写道："那个兄弟活了下来。但他没有预料会死，也没有想过要去送死。"土方敏夫和他所在中队的飞行员对他们的中队长冈岛西河非常敬佩，部分原因是他拒绝提名自己手下的飞行员去执行神风特攻任务。冈岛曾对那些人怒吼道："战斗机飞行员的任务是战斗。"上级军官对这位中队长说了些很难听的话，说他辜负了海军，辜负了日本帝国。但最后这位中队长的观点还是占了上风，他手下的飞行员因此非常感激。他们自身的任务也有可能会导致死亡，但并不像神风特攻那样必死无疑。

大多数日本战机编队在接近冲绳时，都会尽可能飞高一点。譬如，他们可能会飞到2万英尺的高空。然而，美军的空战巡逻队总会比他们飞得更高。当天空因为舰队防空炮火喷射出来的蘑菇云变为黑色时，自杀轰炸机就会陡然向下发起俯冲。有一次，土方目睹了在他下方进行的一场空中格斗。他正准备找准机会加入格斗时，敌人的子弹不知不觉扫中了他的机翼。情急之下，他驾着战机急速下降，朝大海方向驶去。一架美军"地狱猫"战机在后面紧追不舍。眼看他就要掉进水里了，美军飞机这才停止了追击。他们中队两名最好的飞行员西兼敦夫和山口茂将敌机赶走了。土方说："在空战中他们一次又一次救了我的命。我们是真正的灵魂之交。跟大多数优秀飞行员一样，在地面上的时候，他们都不怎么爱说话，但在空中，他们会变得非常煽情。"事后，他小心翼翼将他那架受了伤的战机开回了九州空军基地。

从4月6日到6月22日，日军不分昼夜发起了10波大规模自杀性袭击，参与自杀袭击的有1465架飞机，另外有4800架飞机在执行常规空袭。参战飞机中4/5的战机来自九州，1/5的战机来自台湾。海军方面曾反复多次要求加大对日本驻台湾基地的打击力度，但麦克阿瑟的空军参谋长乔治·肯尼一再否决了他们的要求，因为西南太平洋战区的情报官不愿接受他们的看法，认为日军会利用这些基地发起不利于冲绳战役的行动。日军神风特攻队击沉美国军舰27艘，击伤164艘；日军轰炸机击沉美国军舰1艘，击伤63艘。有人评估认为，神风特攻队战机中，有1/5的战机曾击中过美国军舰，几乎是常规空袭成功率的10倍。自杀性行动反映的是日本孤注一掷的心态，但我们不能说这些行动毫无效果。日军牺牲了几百名并未经过较长时间培训的飞行员，但他们给美国海军造成了巨大损失，损失规模之大，是珍珠港事件以来日军水面舰队从未企及的。仅仅因为斯普鲁恩斯的部队兵力占有绝对优势，再加上日军飞行员飞行技能有所下降，美军这才经受住了如此大规模的损失。许多攻击美军舰队的神风特攻队员，在找到目标前几乎都无法保持飞机正常飞行。敌人飞行技术非常糟糕，因而一旦美军战斗机出动拦截，一架"地狱猫"击落4—6架日军飞机，如此战果根本算不得稀奇。除此之外，由于许多神风特攻战机飞行员是被强制参战的，他们的精神和斗志都明显非常低落。英国海军参谋部对这场战役的分析认为："一支在菲律宾作战中曾骁勇犹如东征十字军的部队，在冲绳战役中却泯灭了一切人性和所有高尚的品德。"

日军最大的误判在于目标选择。神风特攻队取得了引人瞩目的成绩：譬如他们击沉了两艘装载弹药为岛上战斗提供补给的军舰，但他们许多人满足于去冲撞那些为岛上部队提供掩护的驱逐舰。这些目标较容易靠近，因为它们的职能需要他们单独行动，远比航母战斗群和运输舰部署得更为靠前。驱逐舰的损失会使水兵付出生命代价，但这种军舰几乎可以无限替补。几个星期时间里，不停拉响的空袭警报给水兵留下了创伤，遭袭舰船瞬间变成了人间炼狱。但尽管如此，在任何时候，神风特攻队想要通过袭击来扭转乾坤，阻止意志坚定的美军走向胜利，这样的想法都很难成为现实。

近岸地区，日本海军的几十艘自杀冲锋舟，为本次战役做出了他们唯一的贡献。这些冲锋舟跟源吉义弘驾驶的那种差不多，是用来对锚泊中的美国军舰发起进攻的。有几只冲锋舟的确造成过损伤，但跟日军从空中发起的攻击相比，其效果就跟在人身上扎针的效果差不了多少。在战斗打响后头一个星期，有那么一次，日本皇家海军的水面部队的确试图加入战斗。4月6日晚，在九州近海地区，美军潜艇"马鲅"号报告说，发现2艘大型军舰和8艘驱逐舰，它们都在鱼雷攻击距离外向南行驶。战争进行到这个阶段，代号为"魔术"的通信信号拦截情报在逐步减少。在离本土较近的地区，日军一直尽可能使用固定电话而不是无线电台来进行通信联系。然而，要猜测这支部队前进的大致方向却并不难。4月7日8：15，从"埃塞克斯"号航母上起飞的一架侦察机再次发现了这个日本海军中队的行踪，这一次他们是在经东中国海向西行进。舰队由"大和"号大型战列舰和另外一艘巡洋舰组成。在莱特湾战役中，"大和"号曾是一名表现平平的"老兵"。敌人极有可能打算再掉头向南行驶，这样正好可以在第二天黎明时分抵近冲绳岛。

在接下来的4个小时中，美军一直在跟踪这支部队。10：17，果不其然，这支舰队开始掉头朝南行驶。一开始，斯普鲁恩斯提议留下航母战斗机，让他们保持对神风特攻战机的警戒，同时派出几艘战列舰去对付"大和"号。这是个奇怪而又浪漫的想法，但他并没有解释为什么。然而，航母舰长马克·米切尔设法说服了大家。他认为，这支日本海军中队应该交由他的攻击机群来对付，哪怕这样做会削弱舰队的空中战斗巡逻力量。10：00之后不久，第一批280架战机从米切尔第58航母作战群的飞行甲板上起飞。这支部队包括以下几艘航母："圣哈辛托"号、"本宁顿"号、"大黄蜂"号、"贝洛森林"号、"埃塞克斯"号、"巴丹"号、"邦克山"号、"卡伯特"号以及"汉考克"号。132架战斗机、50架轰炸机和98架鱼雷轰炸机分波次陆续起飞。从"汉考克"号航母上起飞的53架飞机飞迷了路，未能展开攻击。然而，美军却设法派出了更多飞机来对付"大和"号，其数量比日军偷袭珍珠港时派出的飞机还要多。海军上尉撒迪厄斯·科尔曼在"埃塞克斯"号航母上服役，他说："我们看上去就像黑压压的一群大鸟，准备到农民伊藤的粮仓里去找食吃。"天空混浊一片，飞行条件很糟糕，因此九州方面取消了当天的神风特攻任务。12：20，在顶着暴雨艰难飞行一段时间后，美军空中舰队发现了"大和"号的编队。大队长一边打量下方快速行进中的军舰的外观，一边呼叫来自"本宁顿"号的"地狱俯冲者"轰炸机："SB2C，你来负责对付大块头。"

在他们下方，是当时日本海军以及全世界最大的一艘军舰，也是莱特湾战役中被击沉的"武藏"号的姊妹舰。米切尔的空军参谋、海军准将阿利·伯克写道："我们碰了一下运气，想象如果我们是'大和'号，我们会朝哪个方向行进，于是就朝那个方向派出了飞机。碰巧'大和'号的想法跟我们不谋而合，它就在那儿。"这艘战列舰排水量有72000吨，有近2英尺厚的防护装甲。舰上服役人员有3000多人，主力装备为9门18.1英寸的舰炮。在第二次世界大战最后一年的日子里，它的地位差不多等同于英国尼尔森上将的"胜利"号战列舰。时年54岁的海军中将伊藤诚一是第2舰队的司令。"大和"号悬挂着他的战旗，在"矢作"号巡洋舰陪同下，正受命前往冲绳，想要执行一场最雄心勃勃的神风特攻任务。就算未能引起敌人注意，这支舰队也做好了"壮士一去不复还"的准备。他们接到命令，要求他们在对美军舰队造成最大损失后，立即抢滩，让幸存官兵加入岛上守军继续作战。水兵们接到指示，要求他们磨好刺刀，准备像步兵一样跟敌人拼刺刀。日军没给这个海军中队派出空中掩护，理由是他们需要用全部战机来支持神风特攻空袭行动。

"大和"号上的水兵并不抱有他们指战员那样的幻想。伊藤和他手下的高级军官按照武士精神的要求接受了命运安排，但他们私底下对不拿军舰和生命当回事的做法深恶痛绝。在军舰起航前，上级不同寻常地大发慈悲，让50名刚从海军学院毕业刚刚登上军舰的学员，跟病号一起上了岸。虽然离开"大和"号的人装模作样表示遗憾，但他们的战友很少有人会相信他们的说法。当他们登上汽艇向码头驶去时，舰上的人留意到，这些人流露出了获得死刑缓期执行的感觉。一些水兵，特别是那些上点年纪的水兵，他们把自己的私人财物邮寄回了家。几乎所有人都写好了遗书。舰队在海上行驶期间，在"大和"号的军械库里，4月6日夜晚，大家听到一个带有嘲讽意味的声音提出一个问题："是哪个国家击沉了'威尔士亲王'号，以此向全世界表明了飞机的作用的？"这艘战列舰上的军官中，流行了一阵对托尔斯泰的追狂。上远野酒井少尉正在读托尔斯泰的《战争与和平》。吉田满少尉是舰上的助理雷达官，曾是东京大学法学院的一名学生。他正在埋头阅读斯宾罗莎的自传，满脑子时常担心没法活着读完其他一些书籍。中谷邦夫是个二代美裔日本人，来自加州首府萨克拉门托，在日本上大学期间正好赶上这场战争。他有两个弟弟，都在美国驻欧洲的陆军部队里服役，因为这个缘故，中谷经常会被舰上的同事欺负。这个年轻人给吉田看了一封他远在美国的母亲写来的信，信是经由瑞士邮寄过来的。信的内容是这样的："你好吗？我们大家都还不错。请尽力做好本职。让我们共同祈祷和平。"想到不得不面对荒唐的命运，死在自己的美国同胞手中，中谷害怕得哭了起来。

　　在漂泊海上最后的几天时间里，"大和"号上的水兵们不断在热火朝天开展演习，尤其是损伤控制方面的演习。4月6日晚，全舰搞了一次畅饮活动，有的地方还有跳舞，一场临死之人的最后狂欢。几家餐厅还搞了唱民歌活动，还有激情奔放共唱《君之代》国歌的场景。舰长有贺幸作少将访问军械库，给青年军官们带去一大桶清酒。大家隆重举行了《万岁歌》大合唱。然而，尽管"大和"号上弥漫着浓烈的听天由命的气氛，大家的热情却并不算高。在散发着汗臭味的密闭舱室里，一些战士大声嚷嚷说，既然本次航行意义如此重大，为什么联合舰队司令丰田上将本人不跟他们一道出航。他们展开讨论，探讨美军潜艇或战机会不会将他们葬身海底："我们很容易受攻击，就跟漆黑的夜晚，手里只拎着一只灯笼，独自行走在街头的人一样。"4月7日清晨，早餐吃的是元宵。厨师预报说，晚上有他们最喜欢吃的作战配给豌豆汤和饺子。

　　20名官兵异常紧张地聚集在舰桥上。伊藤上将抱臂高坐在椅子上，接下来数小时的时间里，他一直保持着这样的一个姿势。无线电监听

第十六章 冲绳战役

员说，美军用明码电台而非加密电台报告，说发现了日军的海上中队。听到这个消息，舰上的指挥小组很是气恼，觉得敌人对待他们的态度过于轻慢。中午时分，水兵们在战位上吃他们的配给食品，伊藤喜笑颜开地说："咱们整个早上不也相安无事吗？" 41 分钟后，天上零零星星下起了雨，天空中没有一架保护他们的日军战机。这时，米切尔率领的机群开始发动第一轮进攻。

美军的第一枚炸弹炸毁了"大和"号的搜空雷达，导致舰炮只能靠目视来确定射击方向。吉田少尉痛苦地写道："使用追踪器来校正射击方向，就跟空手捉蝴蝶是一个道理。""大和"号的操炮技术从来就没有过神奇的表现。莱特湾战役中，这艘军舰一次都没有射中过目标。现在，尽管所有武器都用上了，主战武器装备在咣当咣当地射击，防空轻机枪也在咔嗒咔嗒响个不停，但收效并不明显。在一路往南开进过程中，美军的轰炸机一遍又一遍反复锤打着这艘战列舰和它的护卫舰只。与此同时，美军的战斗机也在不停扫射它的上甲板。日军的枪林弹雨给盘旋空中的许多美军飞机留下了伤疤，但极少能够击落美军的战机。然而，在日军的战舰上，伤亡场面却惨绝人寰。舰桥下方发生了爆炸，吉田出去检查雷达舱时，发现那里只剩下一堆已经无法辨别的装备和残缺不全的人体器官。

鱼雷开始对"大和"号船体展开狂轰滥炸，在船体下部造成了极大损伤。不久，一队士兵出现在上甲板。船体上方的人不愿关闭舱门，因为发动机室里的司炉人员仍然困在下面；但上级有令，要他们无论如何得让海水流进一部分船舱。电力中断后，炮塔只能手工转动。暴露在外的轻机枪阵地，上面七零八落散布着死伤的人员。吉田记得曾读过一本训练手册，上面说"命中率低，是由于人为失误和训练不足的缘故"。一位军官在旁边添上了一句话："胡说八道。"靠近弹激起的波浪，导致上甲板积满了水。支离破碎的尸体流出的鲜血，也在甲板上淌得到处都是。"大和"号舰桥上的水兵，有一半都已经阵亡。吉田找到了大部分的幸存者，他们有些用毛巾简单包扎了伤口，匍匐在战位旁边的地面上，准备迎接美军随即展开的第三轮进攻。

甲板下方，一枚炸弹直接命中了挤满伤员的军官室，里面的人员全部一命呜呼。水线以上船体结构全都变成了一堆废铁。目瞪口呆的日军战士在废墟中跌跌撞撞地行进，面对那些四肢不全、坐以待毙的伤员，他们心有余而力不足。吉田给了一位 17 岁的士兵一个耳光，想让他别再抽搐似的抖个不停。在甲板以下更深处，仓库记账员在大口大口地喝酒。他们还能做什么呢？留着这些酒干什么呢？伊藤上将仍然端坐在舰桥上那张椅子里。刚才的一场爆炸，掀起人体朝他飞了过来，但他仍然纹丝不动。军需班长小山庆站在方向舵的位置。虽是上了点年纪，但他是个天才。40年前，他曾作为水兵参加过日本对苏联的对马岛大捷战。现在，在生命的最后一刻，他却目睹日本的一场历史性的大败仗。伊藤的参谋长森下高贵少将是个机敏过人的参谋军官和扑克牌玩家，他自嘲似的评价美军的空袭说："干得还真漂亮！"

携载鱼雷的"复仇者"战机在展开进攻时展现出了极大的勇气。他们通常会在300英尺高度发起进攻，但那天下午许多飞行员飞得比平时低许多，顶着敌舰炮火将鱼雷投掷到通常规定的1500码距离范围内。其中一位飞行员是来自"邦克山"号航母的约翰·戴维斯中尉，事后他说："进场的时候，我是在替海军工作；出场的时候，我是在为我自己和机组成员工作。"随后赶来的几波美军攻击机在引导和协调方面做得很差，因为无线电通信出了乱子。飞行员只得自行选择攻击目标，而"复仇者"战机则专门对付块头最大的战舰。为了扭转船体侧倾的情况，"大和"号将上万加仑海水注入了舰体上的鼓包。军舰得以继续前进并继续使用主力装备，但开炮速度大幅减慢。4艘驱逐舰和"矢作"号巡洋舰已经遇难或者说已经被击沉，而那些有多余燃油的美军飞行员转而开始用机关枪扫射落水的日军幸存者。14：10，一枚炸弹卡住了"大和"号的方向舵，舰上所有电源全部中断。这艘庞然大物无奈地在水中漂荡，而且倾斜得很厉害，左舷一侧都跟水面平齐了。

吉田注意到，一台测距仪上挂了一副人体大小的人肉。另外一群美军战机蜂拥而入发动了进攻。有贺在"大和"号舰桥上不断单调重复着一句话："不要灰心，不要灰心。"伊藤突然无缘无故说了句："停止战斗。"他的参谋长给他敬了个军礼。伊藤回了礼，跟几位军官逐一握了握手，然后离开舰桥去了住所，从此大家再没见到过他。他的副官想跟他一起走，其他人却阻止他说："别做傻事。你没必要去。"伊藤舰长下令全体水兵到甲板集合，然后把自己绑在海图桌上，两名导航官如法效仿。舰桥上的幸存者大叫三声"杀！"随后吉田和其他几位人员最后离开了舰桥。上千名水兵开始在即将沉没但仍然遭到美军扫射的庞大军舰废墟上寻求安全。日本海军的军舰是不带救生艇和救生圈的，因为这些附件可能会让人吃了败仗后还想逃生。

"大和"号甲板上满是晕头转向、惊慌失措的人影。一位半裸身体的军官站在那里抬头仰望给他们带来折磨的美军战机。他挥舞军刀，歇斯底里地反复大喊："杀！"另外一名军官惊讶而恼火地发现，有些水兵干脆一屁股坐在前甲板上，抽着烟，吃着压缩饼干，被动地等待最终结局的降临。战舰倾斜得更加厉害了,数十个战士落入或者自己跳进了海里。与此同时,炮架和扭曲变形的大型金属块也开始松动并从舰上掉了下来。吉田写道:"底朝天发生倾覆并一头扎入水中的那一刻,'大和'号发出一道亮光,释放出一柱巨大的火焰,火光冲天照亮了漆黑的天空……装甲板、装备、炮塔、舰炮,舰上的各种碎片朝四面八方飞了出去。不久,暗棕色的浓浓烟尘随着来自海洋深处的气泡咕嘟咕嘟冒上来,将四周的一切尽数吞没。"

杰克·索萨是一架美军"复仇者"战机上的机炮手,他说:"那是我见过的最漂亮的场景。一柱红色的火焰直冲云天。当它慢慢消失时,'大和'号已经不见了踪影。"有人认为,那是"大和"号沉没时的大火引发了军火库大爆炸。在100英里外的九州,人们还能看到天空中浓浓的烟雾。此时已是14:23,距离美军发动第一轮进攻不到两个小时。日军战士在满是油污的海水中呻吟着,有些喘不过气来,"感觉好像是在蜂蜜中挣扎"。一些人用尽最后一点力气,故意溺水自杀。有几个人在唱歌。烟雾散去,天空变得明亮起来时,一位军官大叫起来:"好啦!咱们进天堂啦。"

14:43,美军最后一架攻击机离开,只留下两架陆战队的侦察型水上飞机在战场上空盘旋。其中一架水上飞机,不顾附近还有敌人,降落海面营救一位被击落的美军飞行员。几艘幸免于难的日军驱逐舰较之美军则行动迟缓得多。过了许久他们才开始打捞在水中挣扎的同胞。他们在等待来自大陆方面的正式命令,希望能够中止执行援助冲绳的行动。直到17:50,他们才得到中止行动的指示。接着,他们从水中救起了269名"大和"号官兵。这次攻击造成"大和"号3063人阵亡。另外,它的护卫舰也损失了1187人。战后,吉田给他阵亡的朋友、来自萨克拉门多的美裔日本人中谷邦夫的母亲写了一封信。中谷的母亲收信后回复说:"得知邦夫战斗到最后一刻的消息,我很高兴,没有比这更让人欣慰的了……作为日本人而牺牲,他不需要有负罪的感觉。"作为母亲,她们需要这样看待问题,因为只有这样才不至于看不开。然而,这次行动是所有神风特攻行动中最徒劳无功的一次。日军唯一的安慰是,在美军战机飞离日军舰队的那段时间,一架自杀机撞击并重创了美军的"汉考克"号航母,造成72人死亡,82人受伤。然而,由于高效能的损伤控制,"汉考克"号航母很快恢复了元气。18:30,前去攻击"大和"号但错过精彩战斗的舰载机返航归来时,"汉考克"号得以正常回收这些舰载机。在冲绳西北250英里处开展的这场歼灭伊藤中队的战斗中,米切尔手下的飞行中队只损失了10架飞机和12名飞行员。战机回到"约克城"号航母后,第9航空大队的官兵们编了一首歌,歌词大意是:"'大和号'曾是一艘漂亮的战列舰,但战列舰啊,你现在是泥菩萨过河自身难保啦!"这就是一场猎杀火鸡式的狩猎游戏。但米切尔还是很生气,因为有4艘日军驱逐舰得以脱逃。

击沉"大和"号只是一出串场表演,主戏还是日军神风特攻战机和美国军舰之间持续不断的消耗战。4月27日,日军出动115架战机大举展开进攻,但其结果让日军有些失望。这些战机只损伤了10艘美军战舰。5月3—4日,日军展开又一次进攻。这一次的效果比上一次强,共击沉了3艘战舰,造成450名水兵阵亡。5月11日10:05,两架"零式"战机中的一架一头撞在了米切尔的旗舰"邦克山"号航母的飞行甲板上,引发的大火在整艘军舰上肆掠燃烧。甲板上的30架战机搭载有12000加仑燃油,它们全都起火燃烧或是发生了爆炸。舰长乔治·塞茨挽救了"邦克山"号,使得它未能被彻底摧毁。他连续熟练采取一连串机动措施,将航母转过身来,让舷侧对着有风的一面,从而使得浓烟和火焰不至于吞噬舰体。航母的陡然掉头导致数吨燃油从舰上溅落海面,但并未造成伤害。大火燃烧了好几个小时,甲板下有几十名战士因此窒息身亡,其中包括许多消防员。发动机和锅炉房神奇般并未受伤,里面的水兵费了很大的劲,才将动力温度控制在了130摄氏度左右。这次袭击造成"邦克山"号396人阵亡,264人受伤。战后崛起的电影明星保罗·纽曼就差点成了伤亡人员之一。就在遭袭前不久,他接到命令,要他到一架"复仇者"号战机上担任无线电操作员兼机炮手,这架飞机将搭载一批替补人员前往"邦克山"号航母服役。算他运气好,由于飞行员的耳朵出现感染,他被留了下来。但这批部队的其余人员都死在了航母上面。3月19日,"富兰克林"号航母也曾遭到神风特攻战机撞击,798人付出了生命。但跟"富兰克林"号一样,"邦克山"号也采取了非常得力的损坏控制措施。这些措施使这艘巨舰得以保持正常航行。然而,这次袭击却使米切尔的航母不得不退出了战斗。

时间刚过去了三天,当另一波26架神风特攻战机再次降临时,美军出动战斗机击落了其中19架,军舰的炮火也击落了6架。然而,有一架神风特攻战机却设法钻了个空子,一头撞上了米切尔上将刚刚更换上来的旗舰"企业"号航母,在前升降梯下方引发爆炸,给这艘航母造成了损失,迫使它不得不退出了战斗。幸运的是,这是美军快速航母遭遇的最后一次损失。神风特攻行动在冲绳近海让美军舰队付出的总的代价是惊人的：120艘军舰遭到打击，其中29艘军舰被击沉。

这场战役是太平洋战争中英国皇家海军首次得以做出点滴贡献的一次。迄今为止，英国东方舰队针对日本的袭击采取的是一种"打了就跑"的战术，袭击目标仅仅是日本在马来亚和荷属东印度上面的设施。现在，4艘英国航母以及2艘战列舰、5艘巡洋舰和护卫舰开始对日本建在台湾的机场实施打击，它们因此也跟美军一样遭到了神风特攻战机的袭击。海军中将伯纳德·罗林斯的部队，人称"第57特混舰队"。这支部队的成立，是为了满足温斯顿·丘吉尔的热切心愿，他希望英国能够在打败日本的过程中发挥人所共知的作用。这一做法一开始并不顺利。美国海军上将厄尼斯特·金坚决反对英国军队以无论何种形式出现在太平洋上。无论从国家利益的层面讲，还是从后勤保障的角度看，他都表示反对。这就需要美国总统亲自做出干预，迫使美国海军满足丘吉尔首相的愿望。

那以后，1945年头几个月，情况令英国军队非常尴尬，因为要征调一支英国舰队前往太平洋服役实在太难。英国皇家海军跟英国的国力一样，已经透支过度，不堪重负。澳大利亚厚颜无耻的码头工人联合会不仅迟滞了战舰的部署，还迟滞了舰队后勤补给舰的派遣。当罗林斯的舰队终于与斯普鲁恩斯会合时，他们发现，由于设计上的原因，他们的军舰根本不适合在热带条件下航行作战，这给水兵们长期造成了困难。英国的"海火"战斗机和"萤火虫"战斗机过于弱不禁风，不堪重负。英军航母搭载飞机的数量比美军航母要少出许多。"光辉"级航母从1939年就已投入作战，现在时常会因老毛病而出现故障。因为这个缘故，4月中旬，这艘航母不得不遣返回国。罗林斯的舰队费了很大劲，勉强赶上远比它们强大得多的盟国舰队。在早期的空袭任务中，英军仅仅出动战机378架次，却损失了41架战机。这样的伤亡率，即使在轰炸机司令部看来，也会觉得是一场灾难。布鲁斯·弗雷泽爵士后来在电文中说道："美军从战争中吸取教训，并据此改进他们的战舰和战法。毫无疑问，他们学习和进步的速度，要比我们快出许多……正因为这个缘故，英国舰队少有卓越表现，也从来没有真正实现现代化……"

大卫·迪万是一名英国战地记者，他在"莱克星顿"号航母上停留几个星期后，又去了"乔治五世国王"号战列舰。"莱克星顿"号航母能够在5级大风条件下在海上完成加油和补给任务，这在一定程度上反映了1945年美国海军高超的职业水准。现在，迪万惊讶地看见，

"'乔治五世国王'号开到一艘锈迹斑斑的老式油轮后面。油轮上的人员好像有两位是运煤帆船的大副,有20位是患有肺痨的中国人。我想,我们大约是花了一个半小时的时间,在船首位置的下面折腾了好一阵子,才从海里捞起一根带浮漂的加油管。"海上补给行动对英军来说一直是件让他们很尴尬的事情。在平静的海面上,美军航母不足两个小时就可以完成加油,而英军航母则要花费一整天才能完成这一任务。一向傲慢自负的英国海军发现,为了能够在美国的这场大戏中扮演一个角色,他们的确把自己折腾得够呛。海军中将罗林斯后来写道,在跟踪将"大和"号击沉的消息过程中,必须承认的是,他对美军"又是羡慕,又是嫉妒"。飞行事故造成令人震惊的消耗率:在头12个开战日中,英军有19架战机被防空炮火击落,28架战机在事故中坠毁。

英国皇家海军发现,在太平洋作战中,他们最为重要的本钱,是航母上加装了装甲的飞行甲板。这一额外的重量减少了舰载机的数量,但相比美军用杉木做成的飞行甲板,装甲飞行甲板能使英军航母特别经得起神风特攻战机的撞击,这一点有些让人出乎意料。4月1日,一架"零式"战机一跟头垂直撞击在"不懈"号航母上,但不到一个小时,舰上的飞机就又可以恢复起降了。5月4日,皇家海军舰艇"可畏"号航母遭遇袭击,造成舰体受损,50人伤亡,但该舰不久就又恢复了作战能力。5月9日,神风特攻战机躲开英军的巡逻战斗机,两次撞击了"胜利"号,并再次撞击了"可畏"号。这一事件中,英军同样发现缺乏经验会让他们付出高昂代价。弗雷泽的"海火"战机和"地狱猫"战机有不断击落来犯敌机的记录,但缺乏美军那样的数量优势以及良好的战机引导技能。雪上加霜,英军的苦难又增添了一分:加拿大政府宣布,对德作战结束后,只有自愿选择继续与日作战的人,才可以继续服役。尽管英军一再提出加薪,以加拿大人为主体的"乌干达"号巡洋舰仍旧有605人坚持要行使回家的权利。英军费了九牛二虎之力才说服该舰继续留在战位,直到轮岗人员到位为止。

随着战斗推进,英军太平洋舰队遭遇的困难每周都在递增。战士们的士气受到许多因素影响,包括酷热、水土不服和过度拥挤。"除了执行飞行任务的人另当别论外,这场战争整个就是一场无聊的战争。"4月底,厄尼斯特·金上将旧事重提,要英国皇家海军撤出对日作战,要派弗雷泽的舰船去支援澳大利亚在婆罗洲的登陆行动。英国直接向麦克阿瑟和厄尼斯特·金提出申诉,这才阻止了这一计划的实施。5月底,让弗雷泽和英国政府感觉异常尴尬的是,由于战场损伤、人员疲劳和机械故障的缘故，罗林斯的中队不得不撤退至悉尼接受长期检修。第57特混舰队离开时，它不过只参加了11天的空中打击任务，投掷了546吨炸弹，发射了632枚火箭，以损失203架战机的代价，声称消灭了57架敌机。损失战机中32架是因为遭到自杀性攻击，30架是因为机库失火，33架是因为敌人的高射炮或战斗机，61架是因为甲板着舰事故，47架是因为"其他原因"。这是个伤感的故事，的确是英国皇家海军作战史上最不光彩的时间段之一。这支舰队的不幸遭遇反映了这样一个事实：英国在经历差不多6年的战争后，的确太贫困、太疲惫，以致无法维持一支能够跟美国舰队并肩作战的部队。英军的这支中队直到7月底才重新返回，接受哈尔西的指挥。

6月22日，巴克纳的突击部队登陆82天之后，美军宣布已经占领冲绳岛。此战，美国海军阵亡4907人，陆军阵亡4675人，陆战队阵亡2928人；有36613人在岸上受伤，8000多人在海上受伤；36000名陆军战士和陆战队队员成为非战斗伤亡人员，其中许多是作战疲劳症患者。巴克纳没有能够活着庆贺他期待良久的胜利。战斗进行到最后几天时，日军一枚炮弹夺去了他的性命，美军甚至来不及为他举行追悼会。他的对手日军陆军上将牛岛满也殒命于岛上。6月22日，他和他的参谋长在指挥部所在的山洞里按日军的传统切腹自杀。他的9位参谋军官也拔枪自杀身亡。冲绳战役中到底有多少平民死亡，在这个问题上，世人一直存有争议，因为人们不明确战前曾有多少人撤离该岛。估计平民伤亡数字介于3万至10万之间，而阵亡冲绳岛的守军人数则在7万人左右。约1900名神风特攻敢死队员在对冲绳近海地区的美军舰队发起攻击时阵亡，7401名日军士兵投降，其中近一半是冲绳当地被强征入伍的壮丁。

包括伊藤木村在内，一些日本军官一直认为，让美军在不遭遇任何抵抗的情况下成功登陆冲绳，牛岛满的这一做法是个错误。然而，鉴于美军两栖部队占绝对优势的军力，人们很难相信，什么样的日军部署能够阻止美军突击部队取得成功，能够阻止美军征服冲绳岛。日本守军唯一能够奢求，同时也的确得以做到的，就是让美军为他们的胜利付出惨痛代价。唯一一个巴克纳从未尝试、但有可能使他的部队更快取得胜利的战术选择，就是在夜间发起进攻。然而，困难之处在于，夜间作战的作战主动性和战术技能要求特别高，否则执行任务者有可能会"玩消失"或者"转入地下"，而不是去直捣黄龙。第10集团军是否具有这样的素质，这一点值得怀疑。

对于日军自杀性手段，美军各级官兵，从最高司令部到一线战士，所有人均感觉无比震惊。《纽约时报》记者威廉·劳伦斯在他的太平洋战区报道中写道："这里的人非常重视自杀性进攻手段，与其说他们被当成了一种杀伤性武器，不如说他们展示了日本人的一种心态。仔细想来，数万名战士，其中许多还很年轻、风华正茂，他们心甘情愿单枪匹马去执行敢死队的任务……细细想来，这一情况并非旨在让人心生乐观。"一些历史学家发马后炮言论，认为占领冲绳根本没有必要，此举并不能迫使日本早一天宣布投降。然而，对当时指挥这场战役的人来说，这场战役却被认为是进军日本本土的先决条件。冲绳战役对美国的文人政府领导层和陆海军领导层造成了冲击，从而对随后事件的发展产生了重大影响。为了占领进军前哨，美军不得不打太平洋战争中最为艰苦的一仗。进攻九州和本州，需要面对的是数倍于冲绳守军的日本军队，且其作战精神极有可能还毫不逊色。这些想法让美国领导人有方寸大乱的感觉。1945年6月底，负责做计划的参谋人员推测，旨在进攻九州的"奥林匹克"行动有可能再过4个月就会展开。然而，对美军参谋长联席会议来说，只要能够避免发动这一军事行动，任何方案他们都非常欢迎。

战争到了最后几个月，一连串重大事件接连发生，让人很难理解。直到6月，美军参谋长联席会议一直并没怎么去考虑动用原子弹的可能性。一方面想要不发动"奥林匹克"行动，另一方面又想取得战争胜利。在那一阶段，他们主要还是寄希望于通过封锁、燃烧弹空袭和让苏联加入对日作战来达成目标。较之期待"曼哈顿计划"能够如期完成，以上这些方案显得更为贴近现实，也更加实在。第二次世界大战的进程时常令参战各方出乎意料，因此即使是非常谨慎的人，即使是在盟国权力巅峰上的人物，对于最后采取什么样的行动，他们也照样不是很有把握。

第十七章 战争时期的延安

延 安

在跟日本人战斗的同时,国民党和共产党各自的全国代表大会照常举行,国民党的会议地点在重庆,共产党的会议地点则在延安。日军穿越国民党统治下的云南省,继续向西南方向扩张势力范围,仅有经过史迪威训练的几个中国师的兵力在真心参与抵抗。此情此景,让美国人垂头顿足,表示万般无奈和反感。中国共产党第七次全国代表大会持续了50天,会期从4月23日一直延续到6月11日。这次思想上的剧烈交锋,跟冲绳战役双方的痛苦交战,碰巧是在同一时段进行。本次会议的最大成果,是确立了毛泽东的领导地位。"毛泽东思想"从此成为中国共产党人最重要的指导思想,贯穿到了他们的信仰和行为的各个方面。

埃德加·斯诺等西方新闻工作者,曾广泛报道过中国共产党人在反抗日本侵略过程中取得的军事胜利。他们将毛泽东部下的抗日热情和主动性跟国民党的被动和懒散加以了对比:"虽然共产党的敌人批判他们的信仰,大肆发挥想象将他们百般抹黑,但任何人都无法否认,他们在武装方面创造了奇迹……在现代战争史和政治史上,极少有其他什么政治创新行动能够在想象力和史诗般的崇高理想方面与它匹敌。完成这一任务的,是一些与历史打交道又仿佛以历史为工具的人,是一些跟农民打交道又可能是农民出身的人。"

左勇曾于1941—1945年间在共产党的新四军里服役,曾担任过旅参谋长,新中国成立后成了一位很重要的人物。他说:"像毛主席在他的著作中提到的那样,我们不得不采取游击战的战略战术。敌人太过强大，我们没有其他选择。"另外一位历史学者王宏斌说："实际上，游击队很难跟大批日本正规部队交战。战争期间，共产党军队赢得了农民的支持，赢得了中国人民的尊重。"这一说法似乎较为公允。

1945年初，共产党在华北的八路军和华中的新四军，加起来总兵力为90多万人，另外还有各地200万民兵的支持。跟大多数非正规军一样，毛泽东领导的军队在与敌交战的同时，也为追求自身事业而去改变人们的信仰，在四处闹饥荒的乡下维持生计。李凤贵在八路军驻山东的一个团里服役了8个月，才终于得到一支勉强能称为武器的东西。打仗时大多数战士每人可能仅有10发子弹。李凤贵所在的营有两挺轻机枪和两挺重机枪，直到1944年才弄到一门60毫米迫击炮，但从未有过野战炮。他们的武器大部分是本地制造的单发步枪。共产党的军官很少有戴手表的，这会造成作战行动很难同步开展。

李凤贵说："对我们来说，1945年跟1940年并没有多大区别。大家都很饿，大家都很穷。"他们过着居无定所、非常艰苦的生活。一个营700多号人在村子里住上几天，由当地村民提供饮食。补给吃紧了，队伍就继续开进，幸运的话每个人能在干粮袋里装上3天的馒头或大米。1945年，他们的处境在两个方面有所改善：大部分日军从山东向南转移去对付国民党去了，当汉奸的人比以前少多了。即使对农民来说，情况也已经一目了然，风已经不再向有利于日本人的方向吹了。

1944—1945年间，徐永强在国民党驻缅甸部队担任翻译，他说："大多数好人，大多数聪明人，都选择加入中国共产党。他们是真正的共产主义志愿者，并非自私自利的政客。"由于国民党道德破产的缘故，加上多年居高不下的通货膨胀使得许多人倾家荡产，许多怀有理想主义情怀的中国人和知识分子自然而然倒向了左派政治力量。"职业中产阶级突然发现自己破产了。我们学校校长的老婆不得不去找工作给人家当佣人。人们纷纷典当衣服换钱购买食物。中产阶级为战争付出了代价。"全国各地许多共产党人被日本人抓进监狱，遭到残暴对待。

日本占领中国东北时，刘丹华在哈尔滨修习文学。他对日本人的一切行为都非常厌恶，包括日籍学生比中国学生吃得好这一情况："他们什么样的肉、什么样的鱼都有。无论我们走到哪里，无论我们做些什么，都有日本人在控制。普通老百姓的生活很悲惨。我很年轻，满怀着愤怒。我们想要加入中国共产党，但好长时间都没法找到他们，他们活动在地下。"1940年，刘丹华在哈尔滨大学组织了一场学生运动，人称"左翼阅读会"。他们影响甚微，但想以此表达对日本统治的抗议。他们的做法包括阅读禁书,劝导农民。他们批判汉奸。刘丹华还亲自教大家唱革命歌曲。"我看得到国民党和地主阶级的腐败和专权。我相信,社会主义一定会是中国未来的前进道路。"

在学校集会太危险,于是他们就在当地税务局集中,去那里鼓动纳税人拒绝纳税。1941年,他们终于跟共产党联系上了,共产党让刘丹华当他们的信使。然而,不久他就被捕入狱。日本人用他们惯用的方法对他实施刑讯逼供。这些方法包括鞭打、水刑、套住脚踝倒挂等。这些方法不起作用,他们就把犯人放在雪地里罚站。经审判,刘丹华被判处15年监禁,头一年需戴着镣铐服刑。

然而,再往后,他的境况就有了改观。他跟另外7人关在同一间牢房,看守是些对犯人颇有同情心的人。他的妻子得到允许,每月可以过来探一次监。她会把送来给他吃的东西用报纸包着。这些报纸让他们对外面的世界有了一些零星的了解。他经常锻炼身体,还洗冷水澡,决心要在获得自由时有个健康的身体。

毛泽东在农民阶级中取得了民意,赢得了支持,这可是国民党从未曾企及过的。共产党军队在积极性、战友情和志同道合感诸多方面达到了空前高度,这在蒋介石军队里是闻所未闻的。

1945年,李凤贵时年24岁,是个连长。他的情况非常典型。他是在山东附近一个有900人的村庄里长大的。这个村里占统治地位的是3位"有钱的"地主和几个"有钱的"农民。其他人包括李凤贵家都很清贫。1941年,日本人在村里大肆杀戮,李凤贵和几位村民成立了一个小规模抵抗组织。他们的第一个反抗之举,说起来既有些原始又有些残忍。他们在一位远近知名的汉奸每天骑自行车必经的道路边设伏。汉奸经过时,他们从田地里一哄而上,将他从自行车上扯下来,挥舞砍刀将他砍伤,将半死不活的人拖进田里结果了之后,将尸体藏匿了起来。第二天,另外有一名日本汉奸前来找村长询问有关他同事失踪的情况。然而,发生这样的事已是见怪不怪,当局随后再没有继续追究。

一天,一位陌生人来到村里,对李凤贵和他的朋友说:"想要好好打鬼子,你们得加入共产党。"李凤贵说:"但我不知道什么是共产党呀?"陌生人说:"共产党是穷人的朋友。共产党要是当家做了主,就不会再有地主,不会再有饥荒,大家都有东西吃,有好房子住,还可以给大家供电。"李凤贵后来回忆说:"我不懂得电是什么,因为从来没见过。但我觉得,那一定是个好东西。"来人帮着李凤贵和另外3人填写了加入八路军的申请表,其中一支部队就驻扎在几英里外的地方。

李凤贵的父母很高兴。他的母亲给他做了一双布鞋。他的父亲是村里最穷的农民，但他还是设法借了点钱买布给他缝制了一床被子。装备好后，一天早晨，他和另外几人就动身踏上了历险之路。一群满怀羡慕的村民陪着他们走了一英里左右的路程。他们成了当地人心中的英雄。

随后几年日子非常艰苦，但李凤贵觉得很有好处："我们营里大家关系很好，尤其跟营长的关系很好。我们就像是一家人。"他喜欢看师文工团带领大家开展的集体音乐表演。他们在一起唱著名的《游击队之歌》："我们都是神枪手，每一颗子弹消灭一个敌人！" 1944 年夏，日军发动 "一号攻势" 期间，李凤贵所在的师遭到日军优势兵力进攻，被迫化整为零，各自逃生："我们告诉当地农民把东西藏好，在水井里下毒，然后跟我们一道走。约 500 人加入了我们撤退的队伍。我们队里只有 37 名战士，其中 3 人受了伤。最后我们到了黄河边。要想平安无事，必须得过河。女人们将孩子顶在头上。几个农民过来帮忙搬运伤员。河水很深。有几位妇女个头不高，河水没过她们头顶，孩子也被淹死了。几乎没有人会游泳。最后，我们到达对岸时，一开始过河的 500 人中，可能还有 300 人跟我们在一起。不分游击队员还是村民，我们都抱在一起放声大哭。有人说我们是战士，但我们也全都是农民：我们是一家人。"

在随后的战斗中，李凤贵受了重伤，胸部和腿部中了弹。他所在的部队没有药，只能用盐水擦拭血迹。营里其他人撤离时，把他留在一个叫作李启荣的人家里。一整个星期，受伤的李凤贵躺在床上，没人来打扰。突然，一天早晨，一名日本汉奸找上门来，用狐疑的口吻说道："好像有外人住在你这里哟。" 汉奸朝屋里张望，看见李凤贵躺在床上，说："他看上去像是八路军。" 李启荣生气地说："他是我的亲儿子。上个星期，你的日本朋友胡乱开枪打人，他受了伤。" 汉奸还不甘心，前去问村里的保长。李启荣设法让保长给他圆了谎。汉奸走后，李凤贵的眼泪夺眶而出。他说："我的亲生母亲给了我第一次生命。这些人给了我第二次生命。"康复后，他终于又回到了部队。

1945 年，李凤贵和他的战友对共产党思想的认识，并不比 3 年前多多少。生存问题一直是他们最主要的考虑。李凤贵已经荣升为上尉，但因为他不识字，没有给他颁发授衔证书。授衔命令是口头宣布的，因为没有多少人识字。然而，李凤贵缺少教育这一情况造成了一些困扰，譬如记录弹药使用情况、处理信息以及点名等。他说："我们的将军是师里唯一真正受过良好教育的人。"

第十七章 战争时期的延安

在战争大部分时间里，盟军在中国的情报搜集工作做得很差劲，到了令人感觉诧异的地步。史迪威和他的继任者魏德迈对国民党军队对日作战的战果知之甚少，对共产党则更是如此。1944年末以前，共产党在延安的根据地一直仿佛是个笼罩在迷雾中的遥远星球。当时，人们知道的是，毛泽东和他的部下扎根在面积跟法国相当、居住人口约9000万的一片区域。他们在那里建立了一套社会和经济制度。访问过延安的西方人坚称，那里的生活条件比国民党占领区的情况要好。

陆军中将艾德里安·维阿特是丘吉尔向蒋介石派出的私人特使，这一任命反映了首相对战场英雄的情有独钟，对这种人其他方面的局限性不以为意。维阿特作战勇猛到了近乎荒唐的地步，他身经百战，八次受伤。在他的自传里，他甚至忘了提及自己获得过维多利亚十字勋章，原因可能是他认为一位自尊自爱的战士就应该不屑过问这样的琐事。他少了一只眼睛和一只手（1915年在法国他不幸中弹，医生不愿切除他破损的手指，他就自己把手指咬了下来），但最重要的是，他还缺少心眼。维阿特原则上鄙视所有共产党人。他对英国的内阁说，除了蒋介石，没人配做中国的统治者。

英国的外交官做出了更加明智、更加细腻的判断："共产党得到了穷苦农民大众的坚强支持。"事实证明，英国的特工要比某些美国人更加明智，他们不认为蒋介石和毛泽东之间存在达成协议的可能性。相反，1944年10月起开始担任美国驻华大使的帕特里克·赫尔利却连续好几个月认为双方有望达成和解。他到任后做的头几件事包括以下内容：张罗把一辆跟他级别相当的凯迪拉克轿车用飞机托运到重庆，找人重新装修大使官邸。之后他开始着手斡旋，想在国民党和共产党之间达成协议。

不出所料，国民党对英美两国跟毛泽东交往的行为深恶痛绝；战争大部分时间，美国人一直迁就国民党的这种态度。然而，1944年末，随着华盛顿方面对蒋介石失望程度的加深，美国开始跟毛泽东建立起联系。约翰·舍维斯是美国的一位外交官，他对延安政权越来越心生敬佩。8月，他与共产党领导人见了面。连续多年跟自以为是、居高临下、口是心非的蒋介石打交道的舍维斯，对共产党人总体流露出来的魅力、幽默和坦率备感倾心，对毛泽东尤其如此。毛泽东请求美国在华北沿岸发起登陆战，以便开辟一条直通延安的补给线。舍维斯有些欣喜不已。他向史迪威正式提议，认为应该给共产党人提供武器。史迪威将军对此颇有同感。

这个想法并没有取得任何进展。60多年后，人们很容易指责说，当时驻重庆或驻华盛顿的某些美国官员，他们对中国共产党的势力扩张有些不安，他们的想法有些过于天真。在蒋介石政权腐败不堪，显然已经到了不可救药地步的时候，他们却仍在坚持要给他提供支持。嘴里还残留着新鲜的腐败味，从重庆出发前往延安的美国访问者，他们被共产党领导人的魅力所打动。1944年10月，约翰·巴顿·戴维斯乘机飞往延安，毛泽东健步上前跟每位来访者逐一握手。戴维斯被他"直接而友好的行为方式"给迷住了。毛泽东的外貌给他们留下了深刻印象：他有一只强壮有力的下巴，上面有一颗非常突出的痣，留着一头长而茂密的黑发，长着一副宽大的嘴唇。戴维斯注意到，毛泽东的举手投足很稳健，身材高大而厚实，特别擅长辩证推理，"他的个人魅力，并不是一刹那的火光闪耀，而是一种很容易就能感受得到的东西。在他身上流露着一种强大而坦荡的镇定和自信"。

戴维斯向华盛顿汇报说："我有一种感觉，在这里，跟我们打交道的是一批明白自己的优势是什么、局限是什么的人。他们很仔细，自信而有耐心。他们等了很久，才有了今天。"同样，雷蒙·卢登和美国延安观察团（即迪克西使团）的5位军事观察员也有同感，他们曾徒步或骑着骡子四处转悠，访问各地的游击队员。1945年2月，卢登热情洋溢地写道："八路军在华北一带有着传奇般的声望，被称为当地人民的朋友和代言人。"多年跟国民党阵营的人打交道，舍维斯和戴维斯之类的人有过太多的无奈和沮丧。而现在，他们发现共产党人有强烈的浪漫主义情怀。他们听别人说毛泽东领导得体、宽严适度，他们接受了这样的看法。

中国需要做出的选择，不是要在腐败、残暴、无能的独裁制度或自由社会主义之间做出选择，而是要在两种制度之间做出选择。二者相比，共产党的制度显得更为含蓄、更有效率，因而对农民和知识分子具有广泛吸引力。

在战争年代，千千万万的中国农民满怀热忱地相信，毛泽东会给他们带来更加美好的生活。迄今，许多二战期间的游击战士都还记得那段充满激情的岁月。毛泽东是个很有感召力的领袖。卫道然是国民党著名将领卫立煌的儿子，十几岁就随父亲征战沙场。他说："共产党的组织性比国民党强许多。他们建立了一个组织架构，能够将影响力直接延伸到乡村。共产党军队所到之地，留下的记忆远比国民党要好。他们帮助农民识字。如果你有才，党内会给你提供进步的机会。他们还平等对待妇女。"

许多妇女在毛泽东领导的共产党内获得了任职，这在战前的中国

第十七章 战争时期的延安

是万万不可能的。白静凡是河南一位粮油富商的女儿。1934年，日军闯进了她们村，一家人只得外出逃难。白静凡当时只有16岁，她独自一人上了路，决心要去找共产党，觉得共产党是唯一能够让人信服的抗日力量。一开始，她坐了8天公共汽车到了西安。从那里，她接着赶往延安，报名上了延安女子大学。毕业后，她成了一名宣传干部。相对于为事业而工作的喜悦心情，新生活中的那些艰难困苦，实在算不了什么。她跟共产党军事集团内部一位后起之秀结了婚，跟他到河北加入游击队与敌作战。

1944年5月，她已经习惯了东奔西走，跟鬼子玩猫捉老鼠游戏的生活。一天晚上，她和战友们住在村里，凌晨时分，哨兵叫醒了他们。敌人的一支清剿队正在向村里赶来。"夜色很黑，外面刮着大风。我们连长说：'咱们得出去，赶快。'"他们匆忙抓起武器，动身往9英里外另一个村子赶去。还未走出1英里，突然间枪声大作。有人说："先锋排遭遇鬼子了。"白静凡的战友们说："咱们得赶快跑。"然而，白静凡已经身怀六甲。在野外拼命跑出2英里后，她感觉无法再往前迈出一步。田野里，她对其他人说："把我留在这儿吧，我会找地方躲起来。"他们激烈地争执了一会儿，随后还是按她的话做了。经过一个寒冷而异常孤独的夜晚，第二天一早她挣扎着赶到下一个村的集合地，重新加入了连队。然而，日军仍在后面紧追不舍。游击队员不得不继续行军。跟村民匆忙交换了一下意见后，他们在一个寡妇家里给白静凡找了个避难的地方。这位寡妇没理由会勾结敌人，因为日军杀害了她的丈夫。

有两周时间，她们过得还算平安无事。一天清晨，一个男孩冲进屋里叫道："鬼子来了！鬼子来了！"一开始，大家还不相信。但随后他们看见鬼子兵真的朝她们方向开进过来。白静凡再一次不得不带着身孕仓皇逃命。她坚持走了6英里，差不多快到下一个村子时，她再一次累倒了。她请求村民帮忙救救她。这些村民把她带到一个很深很窄的地窖。在令人窒息的酷热和伸手不见五指的黑暗中，她静静地躺着，这时敌人的清剿队也到了。鬼子宣称他们知道村里有八路，要把他们找出来。一番搜查后，他们到了白静凡藏身的地窖边，但没能发现地窖。他们盘问了一个9岁的小男孩和一位老人。两人都说不知道有人在村里藏身。当着全村人的面，鬼子奸污了老人的侄女，然后扬长而去。白静凡说："我感觉很惭愧，完全无能为力，无法阻止鬼子的所作所为。"她平安无事回到了团里，不久生下了一个男孩。跟其他逃亡人员一样，她同样怀着深深的感激，那些素昧平生的村民，他们承受了许多苦难,甘冒风险救了她的性命。

与苏联人打交道

1944—1945年的那个冬天,当国民党军队在日军面前一击而溃之时,英国联合情报委员会预测认为:"如果中国人在防守重要城市过程中,不能展示出坚决抵抗的决心,中国政府的生存问题将因此面临极大危险。随着中央政府的崩溃和中国政府军的瓦解,除了那些经美国人培训并听命于美国人领导的中国军队外,有组织的抵抗将只能来自中国共产党……中国共产党有可能会比以往得到更多来自苏联的支持,因为他们会发现,保留主张抗日的中国政府是有一定好处的。"

苏联人需要获得来自中国,尤其是来自中国东北的情报,因为苏联和日本军队在共同边界上存在对峙,而且还于1939年短暂交过火。尽管本应保持对日中立,苏联人还是让数千名躲避饥荒、逃避日军追击的中国共产党游击队员进入了苏联的远东地区。在一些偏远的森林地区,在莫斯科远东情报小组支持下,苏联人在那里建立了训练营和训练基地。经过培训的游击队员被送回中国国内开展间谍工作和破坏活动,那情形就跟英国"特别行动处"和美国"战略情报局"在世界其他地方宣传抵抗运动是一回事。

李东冠是黑龙江一位农民的儿子,家里本来就穷,后来还每况愈下。小时候的李东冠给当地地主放牛,思想很快因为日军的占领变得激进起来。有一天,一群孩子在河边织渔网,两名日本兵带着一条狗从旁边经过。有个小孩朝他们扔了块石头。两位日本兵操起枪,不仅打死了扔石头的孩子,还把其他三个孩子也打死了。"从那以后,我就一心只想着打鬼子。"

不久,一支共产党游击队在他们村里住了几天。李东冠跟一位军号手成了朋友,他们俩年龄差不多。孩子天性,他们在一起玩。李东冠小名"李铁子",他帮忙给游击队看马。他告诉军号手,说他想参军。军号手说:"你还是去跟刘政委说吧。"刘政委不同意,说:"看看你,才13岁。游击队生活可不是去搞野炊。今天你要冒着大雪翻山越岭,明天你又可能没吃没喝。你跟不上的。不管怎么说,你家里还需要你呢。"李铁子说:"我妈死了,家里没人了。"刘政委耸耸肩,拍着他的脑袋说:"我们过几年再说吧。"

然而,第二天,游击队出发时,李铁子冒着大雪一直跟在他们后面。他只在包里装了点米和几样小东西。那天晚上,游击队露营时,李铁子悄悄溜进去,睡在他那个军号手朋友身边。直到两天后,刘政委才注意到他。他很生气地说:"你在这儿干吗?我们明天要打仗。看看你的手,都长冻疮了。不足一个星期,你会冻死的。回你的家去!"李铁子没回家。随后几天,他一直跟在他军号手朋友身边,帮他搭帐篷、挑水、摘菜、喂马。这样过了一个月,刘政委耸耸肩说:"好吧,你挣了饭钱了,可以跟我们走了。"15年后,几位健在的亲人才再次见到他。

在随后的岁月里,除了游击生活通常的艰难困苦外,李东冠还参加了几次与日军的交火。有一次,游击队看见两辆日军卡车经过,他们知道卡车还有可能会原路返回,于是就设下了埋伏。果然,下午晚些时候,两辆卡车又出现了。游击队枪林弹雨一起发作,给他们一阵猛打。战斗结束后发现,他们打死了20名日本兵,只有一人侥幸脱逃。游击队的生活特点就是单调、贫困,还需要长时间行军,以躲避日军惩戒部队的追击。这三个方面共同作用,最终导致李东冠所在的游击队不得不穿越北部边界,进入苏联境内。

李敏的父亲是黑龙江一个村抗日小组的组长。她念书时间不长,但他们的老师曾热情洋溢地跟他们讲起过苏联十月革命,还教他们唱列宁之歌。1936年,日军发动惩戒袭击,村里被扫荡一空,李敏从此中断了学业。她加入游击队,成了一名在森林里四处奔波的小游击队员。她父亲和哥哥加入了其他部队,还没来得及再见他们,他们就被敌人杀害了。日占时期早些年,游击队要生存倒没多少困难,可以从支持他们的农民那里得到帮助。顶峰时期,李敏所在的游击队有700多人。然而,日军随之加大控制力度,游击队的日子变得艰难起来。日军将农民集中迁移到"保护村"居住,离开"保护村"需要出示通行证。另外一些人则被抓去充当苦役。大量日本移民拥入,接管了被没收的中国人的土地。日军对游击区的军事扫荡变本加厉,越来越冷酷无情。

游击队生活变得极其原始,也只有最年轻和最强壮的人才能挺得下来。李敏所在的游击队,大部分队员年龄都在17—20岁,"30岁的人,譬如我们的队长,在我们眼里就算是很老的了"。他们在荒野无人的偏远地区种植玉米和水稻,捕杀野鹿、野猪和野熊,不仅是为了获取食物,还为的是取它们的皮毛用来做衣服。跟二战期间法国反纳粹抵抗组织马基游击队的大多数人一样,他们关注的主要不是跟敌人作战(因为这方面他们的资源很贫乏),而是个人的生存问题。他们捉野兔吃,还取野兔的皮毛做帽子和斗篷。他们在地上挖出很深的洞,在里面搭建窝棚,只有屋顶会高于地面。他们聚集在篝火周围,以抵御冬日的严寒。然而,有火就有烟。浓烟会招来日军飞机的扫射,几十号人因此被敌人打死。那些侥幸活下来的,又因为饥饿死掉了很多。最后,1941年,他们不得不踏上征途,行军20天,跨越边境进入苏联。

蒋德是跟着共产党游击队长大的。每逢秋天,他们都会到村里找粮食吃,顺便招募人员。一位他很佩服的叔叔也加入了他们的游击队。蒋德负责搜集有关日军调动情况的零星消息,这方面他能得到另外一位叔叔的帮助,因为这位叔叔在当地一家警察局工作。"没人会注意我这样的小孩在做什么?"1943年7月的一天,6名游击队员在蒋德家里。突然,在大家毫不知情的情况下,两名日本警察出现在了他家的前门。游击队员赶忙从后门冲了出去。一场短暂混战之后,一名警察被打死,另一名得以趁机逃脱。几个小时后,3辆满载日本兵和伪军的卡车开进村里,很快把村子围了起来。他们把蒋家15口人统统抓了起来,只有蒋德跟游击队员一道逃进了庄稼地。拘押期间,蒋家人为他们杀死警察后仍然在家逗留的大意行为付出了沉重代价。全家人都遭遇了不同程度的酷刑折磨,有灌辣椒水,有电击,还有拷打。蒋德的父亲就这样被活活折磨死了。

蒋德和游击队走了一晚上,天亮时分,他们发现有人在追赶他们。他们连人带马藏匿了好几个小时,听得到日军搜查这片区域时的说话声。最后,看情况已经安全了,他们这才继续前进。第二天一早,他们抵达有70多人的游击队大本营,蒋德从此跟他们同呼吸共患难。冬天来临。他说:"这是很难过的一段时间。"他们不久出现了严重缺粮的情况。他们吃掉了一部分马匹,其余几匹不久也饿死了。最后,他们做了个决定:让一部分人留在森林里,坚持到来年春天。其余人员朝苏联边境前进。经过3个星期艰难行军,渡过结了冰的黑龙江后,他们抵达了苏联的边防站。蒋德交给苏联边防站一封游击队长写的信,信中请求苏联方面对他们进行培训后再派回中国。

1934年,周淑玲14岁,有一天,日军进了他们村,用辣椒苗塞进她爷爷喉咙里,他窒息而死。她的哥哥、婶婶和两个叔叔也都被鬼子用更简单的方法杀害了。她逃出来加入了东北抗日联盟在当地的一支共产党游击队。她说:"我不要做日本人的奴隶。"当时,中国东北地区北部活跃着11支游击队。她被分在第3团,一开始是执行间谍任务,负责侦察鬼子的阵地,报告哪些地方有可能偷到武器或粮食。

日子过得很艰难,周淑玲需要不停奔逃躲避四处巡查的日军清剿队,需要住在山洞和树林里,一度需要在不吃不喝的情况下生活一周的时间。1938年，她16岁，有人告诉她，准备让她跟另一支游击队的队长结婚，那人名叫李铭顺，是个29岁的男人。她耸耸肩说："你问我对他是什么感觉？我喜不喜欢他并不重要。那时候，事情就是这么办的。"她跟李铭顺率领的第32营在荒山野岭里住了几个月，直到日军逼得太紧招架不住为止。他们这片区域的共产党游击队遭遇沉痛打击，损失了上千人，其余幸存人员只得偷偷越过边境进入苏联。1945年前，大部分人都一直留在那边。

苏联人虽然自己并不宽裕，但还是尽量招待他们的中国客人。李敏说："他们尊敬我们，因为我们跟他们一样，都是为着同样的目标在作战。"苏联人给他们配发了军装，配备了武器，还给他们提供强化培训，方便他们从事情报搜集任务和开展游击战争。李敏学习了无线电报业务和跳伞方面的课程。有衣服穿，有房子住，有最低限量的东西可以吃，看起来似乎并不多，但这是他们之前想都想不到的。李敏负责管理游击队的小图书馆，并担任长期驻留游击队的知识分子陈雷的助手。陈雷编了许多小册子，写了许多报告。他会根据读报和听收音机了解到的情况，给游击队讲解当前的战争形势。1943年，李敏跟陈雷结了婚。"这不是包办婚姻，我们只是相互爱慕而已。另外还有很喜欢我的人，但陈雷才是我真正在乎的。"

在当时情况下，结婚是件奇怪的事。他们只是在几个朋友面前举行了最简单的仪式，没有更多食物和酒水可以用来表示祝贺。冬天那几个月，这对夫妻得到许可可以合住一间小屋。小屋位于一个无人看管的苏联军营。夏天则不同，根据规定，不管有没有结婚，男女都得分住不同宿舍。中国人，除教官外，是严格禁止跟苏联人往来的。雅斯塔是离他们最近的城镇，距离游击队驻地约40英里，但连这个地方他们也是不许去的。然而，陈雷和李敏的结合跟许多战争期间的婚姻不一样。在随后63年里，他们一直相亲相爱。李敏说："对于在苏联的经历，我从来没有任何遗憾。我很幸运。那些日子，我们过得很开心。"

经过苏联教官数月培训后，李东冠加入了一个从苏联基地进入中国开展行动的侦察小组。在随后的7年时间里，他执行了70次跨境任务，在日占区步行达30英里的距离开展侦察，与当地游击队保持联络，向他们通报日军的部署情况。冬天，游击队通常会待在苏联人的营地里。尽管偶尔会滑着雪橇出去巡逻，但厚厚的积雪会使行动变得非常艰难。夏天，他们则4人一组出去干活。吉普车把他们运到苏联一侧的边境。随后，他们会在日占区行进三五天时间，通常穿着农民服装，偶尔也会穿日本人的军服，通过无线电台向后方汇报情况。

除侦察队以外，苏联人还将前来逃难的游击队员编入正规部队第88独立旅。该旅有4个营。第5营由金正日领导的朝鲜人组成，此人后来成了朝鲜的领导人。部队由一些有中国或朝鲜籍的苏联军官来加强管理。他们的基地离哈巴罗夫斯克有40英里，在基地食堂里，他们跟苏联人一道欢庆德国投降。苏联人为这一胜利和斯大林的健康做了祝酒词。中国人立即提出再祝酒一次，要为战胜日本而干杯。苏联红军的官兵们热情地加入了祝酒。从那天开始，先前的游击队员开始期盼苏联人能够加入东线对日作战。

约翰·巴顿·戴维斯等人此后一直认为，1944—1945年的那个冬天，美国抱残守缺与蒋介石为代表的旧势力交好，却丧失了一个认识中国未来的历史机遇，而代表中国未来的就是毛泽东。埃德加·斯诺是一位美国记者，他认识毛泽东多年。他记录了20世纪30年代跟毛泽东的一段谈话："毛泽东英明地预见到，日本会袭击西方国家在亚洲的殖民地，苏联会发动全面战争进行干预并打败日本人，殖民亚洲的历史将从此结束。他告诉我，日军会占领大城市和交通要道，在此过程中会歼灭国民党的精锐部队……这场战争有望延续10年之久，战争结束时，'中国的革命力量'将一跃成为东亚的领导力量。"这番对话既能说明毛泽东的神明，又令人信服地阐明了他的行动计划。

1945年1月，魏德迈主持了一场跟英国人举行的会议，会议期间他强调指出："无论如何不能给未在中央政府直接控制之下或不效忠于中央政府的地方当局或军事领导人提供任何形式的物资援助，也不能跟他们开展任何形式的谈判。"一位英国人在提交国防部的会议纪要上用铅笔写了几个字"延安呢？"魏德迈要求与会各方"坦白交代"存不存在"未申报行动"。驻重庆的英国代表同意美国人的看法，认为没理由要去武装毛泽东的人马。

1945年3月，赫尔利放弃了打算在毛泽东和蒋介石之间结成联盟的努力，从此开始对延安方面非常敌视。这位大使在内部开展大规模清洗，将所有他认为同情共产党的人士统统排挤出去，其中包括舍维斯和卢登。他自此一直认为，美国必须支持蒋介石，而且只有蒋介石才值得美国支持。1945年，一位英国人拜访了赫尔利。事后，这位英国人称，这位美国大使"鄙视中国人，他认为中华民族是个没有希望的民族，他们需要上面有一个强人来维持秩序。他问我对此观点有没有不同意见"。情况往往就是这样，其他人都在犹豫时，有人却一心一意满怀激情要做一件事情，赫尔利的心意得到了满足。美国撤销了给毛泽东提供援助的计划。

约翰·巴顿·戴维斯一直坚信对共产党的优点所做的基于亲眼所见做出的判断。那是他和他的同事于1944—1945年在毛泽东阵营里亲眼见到的东西，是他们喜欢而又钦佩的东西。他说："延安为一直以来深陷绝望的广大民众提供了一个摆脱绝望泥潭的积极而又颇具人性化的道路。这条出路就是，在组织农民抗日的基础上，树立起农民民族主义思想。这是种非常新颖的感觉，个人可以在构建自身命运的问题上拥有某种发言权。"

毫无疑问，毛泽东和他的手下在延安建立了拥有广泛支持的根据地，而这正是蒋介石政权所缺乏的东西。克里斯托弗·索恩曾有些颇有见地的文字，讲的是几代美国外交政策制定者热忱希望做到的一件事情：他们想要找出某个民族的"伟人"，有时会几近痴迷地将他定为美国的朋友或敌人。索恩认为，美国人愿意将个体加以分类，但不愿意对动向和思潮进行评估，因为后者远不如前者来得轻松自在。美国的对华政策恰好是这一倾向的显著代表和典范。蒋介石已经毫不含糊地成了美国选定的"伟人"。尽管华盛顿方面对国民党协助盟军打击日本人的意愿和能力变得越来越失望，并且也意识到蒋介石政府长期存在腐败无能的问题，但他们还是跟他黏在了一起。

1945年，即使美国决定给中国共产党输送军事援助，由于后勤方面存在巨大困难，这些援助也不大可能会给日军造成多少不便。美国给中国共产党提供援助，有可能会加速蒋介石倒台，从而使中国人免除随后发生的内战之苦；1945年，除了那些最故步自封、最固执己见的驻华外国人士，其他所有人都很明白，如果让人民做一次政治选择，蒋介石一定会倒台。

有人一度认为，美国能够决定中国的未来。宣扬这一虚幻的看法，让美国人付出的代价只是金钱，但中国人因此付出了血的代价。1945年春，驻重庆的魏德迈正在仓促计划要让美军在中国的港口城市和北平登陆，以防止中国共产党在抗日战争结束后夺取这些战略要地。这位美国将军还很不愿意承认，中国共产党的军队和组织结构已经变得非常强大。他们牵制和消耗了日军2/3的兵力，重新找回了民族的自尊与自信。

第十八章　日本帝国的陨落

尽管日本和纳粹德国从未开展重大合作，但希特勒政权的瓦解明显加速了日本的战败进程，因为它使盟军得以大规模转移资源（尽管并非毫无节制），用以最终完成毁灭裕仁日渐衰微的帝国。在欧洲战场的最后几周时间里，日本驻柏林的使节不断纠缠纳粹的领导人物，希望能从希特勒的武库废墟中捞得一点有用的东西。1945年4月15日，费尽周折，海军代表安倍胜雄终于获得一次与德国海军上将邓尼茨面谈的机会，并于17日与凯特尔和里宾特洛甫进行了面谈。他恳求将德军剩余的舰队，尤其是德国的U型潜水艇派往日本。德国人直截了当地告诉安倍，他们只有3艘潜艇有足够续航能力完成这趟航行。希特勒拒绝接见安倍。里宾特洛甫向安倍解释说，元首"特别繁忙"。尽管有几艘U型潜艇在日本的东印度港口避难，但德国人自顾不暇，毫不惊奇的是，在提供援助的问题上，他们根本就没有怎么去考虑，尽管大难来临之际日本仍是跟德国亦步亦趋的亲密盟友。

佩吉·怀特曼是英国皇家海军女子服务队的一名通信兵。在听到各种报道，说对德战争正加速迈向胜利之际，4月19日，她从蒙巴顿驻锡兰的司令部给家人写信说："这一消息真是太棒了。我不知道你们都是什么感觉。这里离得太远了，以至于我想，你们欢庆胜利那一天来临时，大家会有一种怪怪的感觉。"罗尼·麦卡利斯特上尉在驻缅甸廓尔喀营服役，他说："欧洲战事结束的确是件好事，但对我们来说并无多大意义。我们还有很远的路要走。我们当时认为会打到暹罗去。"

边防团一位年轻军官有些不识时务，他冲出门站在连队面前，挥舞手中的帽子，欢欣鼓舞地叫道："兄弟们！欧洲的战争结束了！"大家的反应让他颇有些泄气。"好长时间大家都不吭声。我们一边消化着这条消息，一边透过热浪朝村里张望，鬼子有可能在那里等着我们呢……随后有人放声笑了起来，笑声如波浪般向后延伸，间或有人叫道'让那帮小子到这里来''要不要把这个消息告诉东条英机呀！'"然而，5月21日，尼米兹太平洋舰队战略情报处用有些滑稽的得意口吻写下了这样一段文字："如果真如报告所说，德国宣布纳粹头号主角辞世的消息时，采用的背景音乐是瓦格纳的宏伟音乐片段安魂曲《诸神的黄昏》，那么现在的日本就是个骑着白马的孤独骑士，正郁郁寡欢朝着下一个集合地点小步前行，背景音乐是并不那么高雅但更为现代的重金属乐曲《不要拦着我》。"

1945年盛夏，盟军针对日军的重大地面作战行动已告一段落。斯利姆率领的驻缅甸部队，克鲁格和艾克尔伯格率领的驻菲律宾部队，史迪威率领的驻冲绳部队（此时让大家普遍感觉颇为诧异的是，史迪威已被任命成为巴克纳的继任者），布拉米率领的驻婆罗洲和太平洋西南的澳大利亚部队，他们都在执行清剿任务。日军的状况颇带象征性，他们中一些饥肠辘辘的士兵开始吃起了人肉。在新几内亚和缅甸，都发生过被击落的盟军飞行员被吃掉的事情。1945年2月，在父岛上，美军舰载机飞行员马福·梅尔生被日军斩首，他身上的肉被割下来做成菜端给日军高级军官吃，不仅因为他们需要吃东西，而且还为了要提振他们的威风。这种姿态并不少见。

分散的敌军继续负隅顽抗、拒不投降，盟军士兵不得不冒着生命危险去对付他们。譬如，6月9日晚，4艘皇家海军的汽艇在缅甸南部一条河流逆流而上，发起了一场典型的小规模历险行动。据当地人反映，有日军在附近藏身。在警方调查员陪同下，西蒙·米切尔中尉驾着汽艇沿佩滨河逆流而上，到了一个叫作帕亚伯的村庄。警察调查得知鬼子已经离开，但英国人找到了那个用舢板载着他们逃跑的人，此人带他们去了鬼子下船的地方。几位英国人用大喇叭呼叫日军出来投降。他们等来的只是一片寂静，于是几艘汽艇一字排开，逆流而上，往河岸背后的地方打出了15000发自动步枪子弹。米切尔和随同的警察小心翼翼上岸侦察。结果让他们非常惊讶，而且一开始还真吓了他们一跳。一位日本军官率领40名日本兵走出来向他们投降。在一年以前，这样的顺从是根本无法想象的。

驻缅甸一支英军炮兵部队记录道："从5月份起，每天都会有大批情况特别糟糕的俘虏送过来。他们中许多人最危险的武装不过是用竹子做成的长矛，而且还不断发抖，既有感染疟疾的原因又有感觉羞辱的缘故。"几乎每位经历过战争的日本兵，尤其那些被指定分配到敢死队的士兵,无论来自陆军、海军还是空军,他们事后都觉得,为了活下去不得不给自己找一些经过周密计划的借口。这些借口大部分会被认为是胡思乱想。的确,真实的情况是,许多年轻人发现,保住性命的诱惑力,超越了癫狂的武士道文化给他们施加的压力。

但是,一些人准备投降了,另一些人并没有这样的打算。日本军舰在海上被击沉后,舰上大多数日本人直到最后关头都还在故意躲避盟军的救援人员。英国驱逐舰"索马勒兹"号在尼科巴群岛近海地区击沉日军一艘护卫舰后,舰长马丁·鲍尔在甲板上指挥救援行动,这时他突然听到什么东西在哐当哐当撞击军舰。从船舷向外望去,他看见一名秃头、身材魁梧的日本人正一手抓着攀网,一手拿着一枚炮弹就着弹头的位置朝军舰上撞。鲍尔拔出手枪,伸出身体猛击那人的头部。后来他说:"我想不到还能做什么,我又不会说日语。血从他脸上淌了下来,他抬头看着我,手枪离他眼睛只有6英尺的距离,他手里拿着炮弹……我不知道在这个可笑的位置上挂了多久,眼瞪着眼跟一个疯狂的敌人对峙,但当时似乎是很长一段时间。最后,他把炮弹扔进海里,收起双脚,像一名奥运会游泳运动员似的,从船舷上一跃而出,随后冒出水面径直游走了。"

攻下冲绳后,盟军的主要事务是维持对日本的封锁;李梅还在出动B-29轰炸机开展空中轰炸,而现在第3舰队的舰载机又加入了轰炸行列。另外,蒙巴顿的部队也在准备发动"拉链"行动。虽然美国人对此表现出了鄙视的态度,但英印两国军队还是打算在马来亚海岸开展两栖登陆;最后,当然还有"奥林匹克"行动,也就是对日本南部岛屿九州发起进攻。该行动计划于11月份付诸实施。虽然传言说尼米兹甚或马歇尔本人有可能会指挥这场战役,但最后指定负责指挥的还是麦克阿瑟。他手下的指战员全神贯注投入了这一繁重的任务,一边为这场进攻做计划,一边还要评估日军可能做出的反应。这将是历史上最大规模的一场登陆与反登陆战,14个师的兵力将从海上发起进攻,28艘航母将为此提供援助。美军根据预料可能发生的情况编制了厚厚的一摞文件。麦克阿瑟参谋团队发布过一份确定日期为4月25日的情况预报,文章题目为"有关1945年11月九州南部攻势之敌情评估",那是一份很典型的文件。文中称:"登陆即将开始,大规模的空袭和频繁出动的战机也很可能会同步开始,并且将持续猛烈开展,直到让敌人深信,他们试图阻止我军登陆并巩固战斗成果的努力不会得逞……敌人的舰队……极有可能会在我军接近或登陆后不久铤而走险发动自杀性攻击。大型潜艇和侏儒潜艇以及搭载一人的自杀性鱼雷有望密集发动攻击。"

麦克阿瑟的行为并未因为承担新的任务而有显著改观。冲绳战役期间，他针对战役的实施情况接二连三发表批评意见，全然不顾这样一个事实：他自己在菲律宾战场上的表现也好不到哪里去。他跟尼米兹的关系变得更加糟糕：他们不断展开"地盘争夺战"，并且在资源问题上老是争论不休。直至8月8日，海军部部长詹姆斯·福莱斯特还坚持认为，应该让其他人代替麦克阿瑟担任"奥林匹克"行动的司令员，这样有利于搞好军种间关系，也有利于提高作战效率。然而，麦克阿瑟不辞辛劳的公关机器给他带来的好处，远比他的战场判断给他带来的好处要多。美国民众相信，他是对日实施民族复仇计划的象征，这一声望使得他没能被撤换掉。福莱斯特、厄尼斯特·金和尼米兹不得不忍气吞声、缄口沉默。然而，如果"奥林匹克"行动真要发起的话，指挥这一行动的军官会是一位无论军事能力还是精神稳定性都变得越来越值得怀疑的人。

对盟军最高司令部来说，最棘手的问题之一，是将部队从欧洲调到远东。许多从1939年9月开始就在写日记记录第二次世界大战的英国军人和平民，他们写下最后几篇日记的时间是在1945年5月，因为他们觉得打败德国人战争就算结束了。几乎每位欧洲老兵都感觉，他已经完成任务，该是回家的时候了。大约520万美国人在海外服役，而在太平洋战区服役的只有120万人。艾森豪威尔手下的英国和美国部队，其中有些人在得知需要攻打马来亚或日本时，都感觉颇为诧异。

许多官兵已经攒够足够理由申请复员，部队战斗力因而遭到极大削弱。艾森豪威尔的部队要想在"小王冠"行动中发挥他们的命定作用，继"奥林匹克"行动之后对本州发动攻击，就必须对替补上来的新人进行密集训练。对于驻缅甸的英国战士，回国的念头已经发展成了强迫症。斯利姆写道，有一位战士住在散兵坑里，有人问他是哪支部队的，他的回答不是"兰卡夏郡燧发枪手团"，而是"4年零2个月"或者"3年零10个月"，用以表示他在海外服役的时间长度。1945年1月，英军将海外义务服役期从4年时间改为了3年零8个月；同年，又改为了3年零4个月。其结果是，此后许多部队突然间因为归国潮的缘故，流失了许多有经验的战士。斯利姆感觉到没有理由再挽留那些任期已满的官兵。他说："让这些人去登陆马来亚海滩，不仅对他们不公平，而且这种做法也并不明智。"

然而，总还是有特别想打仗的战士，尤其在特种部队和空降部队里面。詹姆斯·加文少将和美军第82空降部队的其他烈火英雄，他们就表示很失望，认为他们一路打到了易北河，到头来却连打日本人的机会都不给他们。英军"雇佣军团"一些部队，如远程沙漠部队，特种舟艇部队等，他们也自愿前往亚洲战区作战。一位署名"破碎机"尼克尔斯的准将，曾指挥过"盟军特种空降侦察部队"，这支部队在德国即将被解散。1945年6月1日，他给东南亚司令部写信主动请缨。他说："我努力想要加入远东地区的行动，因为我将战争视为我的工作，只要有仗打，我就想参加。"然而，1945年夏，像他那样的人相对来说并不多见。美英军队的高级指战员同样都有措手不及的感觉，因为一些战友已经归国，大部分人都但求平安无事，而这时他们却需要鼓舞士气，让战士们去继续战斗。

旧时东方帝国的主人荷兰人、法国人和英国人，满脑子想得越来越多的，是如何重新收复他们失去的领地；同时，他们也意识到，为了达到这一目的，他们不能指望从美国人那里多得到一丁点帮助。5月13日，英国驻华盛顿大使馆给英国外交部汇报说："我们必须做好挨批评的准备，无论我们做什么，都有可能受到各方批评。如果我们全力以赴到东方战场作战，有人会说我们其实是在为自己的殖民地而战，为的是能更好地剥削这些地区的人民，美国人抛头颅洒热血不过是帮助我们以及荷兰和法国延续腐朽的殖民帝国；但如果觉得我们不是在全力以赴，他们就会说，那是因为欧洲战火已经熄灭，我们是忘恩负义，想让美国人在几乎毫无援助的情况下孤军作战。"英国大使叹口气说，美国海军有可能同时两方面的想法都会有。

大家感觉，问题不仅"关系到"日本在亚洲的领地，也"关系到"欧洲列强的亚洲的领地。战争进入最后阶段时，英美之间的紧张关系不但没有减弱，反倒变得越发严重起来。麦克阿瑟明确地说，他不打算让英国参加"奥林匹克"行动。英国外交部官员在会议纪要中愤愤不平地写道："美国人实际是在远东对我们发起了一场政治战，不仅想要贬低我们过去在这一战区做出的努力，而且将来还想把我们置于屈辱的从属角色。"哈里·霍普金斯是罗斯福在华盛顿最亲密的顾问，他对这样的看法也不持异议："听有些人说话的语气……你会感觉，英国人就仿佛我们的政治敌人。"

如果说美国人对英国恢复对缅甸和马来亚的霸权还仅仅是不很热心的话，他们对法国想继续留在印度支那的想法则是极力反对。1945年，日本人在印度支那取得了胜利，但这场胜利并未使他们的战略运势有所改观，倒是极大影响了东南亚的未来。1940年，他们进入印度支那北部，想要阻止补给物资从越南海防港流入国民党统治下的中国。1941年，他们调入35000人的兵力，想将这片殖民地上富饶的资源占为己有，这些资源包括大米、橡胶和锡矿。法国维希政府的执政人员得以获准继续留任；法国守军武装需要听从东京方面的调遣；只有让不幸的越南人挨饿，日本人才能有得吃喝。

然而，1945年初，巴黎的戴高乐政府却要求印度支那总督海军中将让·卡杜采取更为强硬的政策。由于胡志明领导的民族主义组织"越南独立同盟"（简称"越盟"）在当地影响越来越广泛的缘故，戴高乐决定，只有让人看到他们为印度支那的解放做出过贡献，法国才有望收复这片昔日的领地。然而，这一决定的结果却是一场灾难。8月9日，日军先发制人发动政变，推翻了西贡政府，抓捕或屠杀了试图抵抗但装备欠佳的法国军队。截至3月13日，日军声称抓获8500名战俘，另外打死1000名法国人。西贡歌剧院成了日军的刑讯中心。由于好多人还不知该忠实于哪一方，一些法国殖民者发现，关押他们的监狱里，看守人员居然还是法国人。被打散出逃的法国士兵想在从东京湾到中国边界的地方打出一条通道来，但遭到了来自日军和越盟两方势力的夹击。

英国人既出于人道主义原因也出于政治上的考虑，迫切想帮助这些大难不死的法国士兵。如果印度支那落入当地民族主义分子手中，它将给缅甸和马来亚确立一个先例，那将是一个灾难性的后果。然而，美国人虽然在邻近的中国有他们的基地和飞机，却拒绝提供哪怕一丁点的帮助。这一情况导致的争吵，是英美两国在对日作战期间最为激烈的争吵之一。艾斯勒·德宁是蒙巴顿的首席政治顾问，他曾尖锐指出："我经常认为，在重要场合，我们可能需要提醒自己，我们还不是美国的第49个州。"在巴黎，戴高乐盛怒之下召见美国大使杰斐逊·卡弗里，就美国驻华空军拒绝为驻越南的法国人提供空中支援一事表示埋怨。他说，他觉得美国的政策很难让人理解，"你们到底什么意思？你们是想让我们成为，譬方说，苏联庇佑下的联邦共和国之一吗？"在华盛顿，一位国务院官员在会议记录中轻蔑地写道："我个人认为，法国人在印度支那抵抗运动问题上有些小题大做，他们这么做是有政治目的的，他们不过是想刺探我们的政策而已。"

3月19日，丘吉尔致电华盛顿说："如果在我们有能力解救他们的情况下，让印度支那的法国军队因为缺少弹药而被日军分割瓦解，这在历史上会留下很糟糕的一笔。"然而，马歇尔还是向驻重庆的魏德迈下达命令，要他以后勤保障存在困难为由，为美国的不作为编造开脱的借口。这样的理由似乎并不能让人信服。譬如，3月29日，第10空军就曾派出两架C-47运输机从中国出发前往东京湾，帮助撤离战略情报局人员和6位被击落的美国空军飞行员。飞机抵达时，机内空空如也，连香烟都没给穷困潦倒的法国殖民者带来一点，机场上的法国人因此非常愤怒。英军第136部队一位军官在电报中说："美国人的代号为'泥巴'，重复一遍'泥巴'，整个事件中将法国人等同英国人对待。"

满怀热忱贯彻执行华盛顿罗斯福政府反殖民政策的，是支持越盟民族主义分子的若干个战略情报局特工组。美国特种部队对越南解放的定义，针对的不是日本的占领行为，而是法国的占领行为。战略情报局特工塞巴斯蒂安·帕蒂对越盟明确表示，他们会得到美国全心全意的支持。另外一名战略情报局特工写道，胡志明是个"非常可爱的人……对于这个坐在丛林小山丘上的小老头，如果必须在他身上找出某种特质的话，我觉得那应该算他的为人谦和"。华盛顿方面拒绝戴高乐将他的莱热军团部署在亚洲。越盟击毙了乘坐英国和澳大利亚飞机空降到东京省的法国特工。约5000名法国难民翻越越南北部的丛林和大山，吃尽苦头总算赶到了中国。美国大使帕特里克·赫尔利漫不经心地跟他们打了个招呼。他敦促相关人员赶快安排他们到别处去，并且称他们是一群"毫无纪律、毫无武装、穷困潦倒的难民，几乎没有一点用处"。

驻重庆的魏德迈和驻康堤司令部的蒙巴顿之间的关系逐步恶化。5月30日，美国将军魏德迈要求华盛顿暂停给英国派驻东南亚的秘密组织提供租借援助。得知这一提议行不通，他很是窝火，因为在中国—缅甸—印度战区，美国的军队"通过反向租借从英国那里得到了大量援助"。7月份，关于印度支那的"地盘"之争在波茨坦会议上得到了解决。会议期间，参谋长联席会议同意，日本投降后，将印度支那南部地区划归东南亚司令部管理，将印度支那北部地区划归中国管理。然而，艾斯勒·德宁在蒙巴顿的司令部写道："以北纬16度为界分割法属印度支那的做法……将会带来很多问题……这一分割法纯粹是肆意而为，它将同一个国家的人民分裂成了两部分。除此之外，将法国文人政府分别交给康堤和重庆来管理，还会造成一些新问题和不必要的麻烦。"

当然，这样做的后果是，当法国人得以回归时，越盟的势头已经形成，而且已经不可逆转。西方国家遭遇了最坏的情形。英国人认为法国当初统治印度支那的情况有望得到恢复，这是个非常糟糕的判断。

美国人使得胡志明得以利用美国的支持达成了自己的政治目的，而不是用它来完成对日作战的目标。法国人毕竟还在跟日本人作战，但魏德迈对法国人看不顺眼的做法以及战略情报局从3月9日起一直拒绝给法国军队提供人道主义援助的做法，都让人感觉惊讶不已。美国后来废除了印度支那亲善协定，撤回了对越盟的支持，这是这场战争中一段龌龊的小插曲，西方国家全都没有因此得到好处。

蒙巴顿司令部驻伦敦的政治战执行委员会发布了一份指令，突出强调了困扰这一战区的政治和文化复杂性："除官方声明外，禁止谈论苏日关系、苏中关系和中日关系；禁止评论重庆与延安的关系……继续向公众表明，如果当初德国延长抵抗时间，它遭到的打击会更加沉重；向公众表明，如果日本军国主义分子挟持这个国家继续负隅顽抗，等待这个国家的将是更为恶劣的命运……继续回避参与日本的所谓媾和试探活动。"在英国温布尔顿的军事管理学院，在伦敦海德公园门的马来亚规划处，密集的规划活动已经持续开展好几年了，在英国人的预料中，他们会有在东方恢复帝国统治的那一天。然而，许多参与这些活动的人，尤其那些年轻一点的军官和公务员，他们感觉好像是在制作一顶"空心皇冠"。

在冲绳岛近海地区，英国皇家海军的一支小型舰队在跟声势浩大的美军舰队并肩作战。虽然舰队规模不大，但令皇家海军非常尴尬的是，在维持舰队战力过程中，他们依然感觉非常吃力。然而，1945年春，皇家海军开展了一系列小规模行动，帮助恢复了其受到沉重打击的自尊心。首先，5月15—16日，皇家海军一支驱逐舰队在海上打了一仗，后来发现这场战役竟然是二战期间水面舰艇间的最后一场大战。信号情报显示，日军重约13380吨的重型巡洋舰"羽黑"号及其护卫驱逐舰"神风"号准备前往印度洋上的安达曼群岛运送补给物资并撤离部队。避开英军潜艇后，"羽黑"号前行到距离普吉岛西南100英里的地方。5月15日正午之后不久，海军航空兵一架"复仇者"战机发现了它的行踪。"索马雷兹"号舰长马丁·鲍尔率领第61部队的5艘驱逐舰以27节的速度前出进攻。考虑到"羽黑"号8英寸舰炮的超强火力，鲍尔想延迟交战时间，等夜幕降临后再接近目标用鱼雷发动攻击。指挥这次行动的将军担心他对任务不够明确，给他发去一封简短的电报说："务必返航前击沉敌舰。"

夜幕降临时，敌人并未发现他们，舰上的英国官兵感觉松了口气。此后，一场大雨来临，能见度受到了限制，但他们信心满满，相信只要发现敌舰,就一定能够击败它们。英军几艘驱逐舰一字排开,相互保持4英里的距离,同时开始搜索敌舰的电子信号。22∶45,"维纳斯"号的雷达竟然在68000码的距离探测到了日舰的信号。凌晨1∶00,5艘英国军舰成月牙阵形包围了日军巡洋舰。"羽黑"号感觉到了危险,开始迂回前进,以33节的速度全速行驶,最终从英国人的包围圈中逃了出去。"维纳斯"号错失了一个绝佳的进攻机会:在接近平射的距离,鱼雷官却因为误判鱼雷设定参数而未能击中目标。英军用曳光弹照亮夜空,开始与"羽黑"号交火。日军近距脱靶弹激起的浪花弄湿了英军舰桥上水兵的衣服。鲍尔简单地说了句:"你要是只是衣服弄湿了,那就没什么好担忧的。"然而,几秒钟后,一枚炮弹直接命中目标,炸坏了"索马雷兹"号上的几台锅炉。军舰航速迅速下降。此时,鲍尔还有一次稍纵即逝的机会:他猛打方向,将军舰转向左舷,在2000码距离一口气发射了8枚鱼雷。一分钟后,"韦鲁勒姆"号也发起一通齐射。

总共射出的16枚鱼雷,有3枚射中了目标,在"羽黑"号舰体边激起许多水柱,"仿佛威尔士亲王徽章上的图案,高出舰桥高度两倍还要多"。然而,正在此时,"索马雷兹"号又再次中弹。滚烫的蒸汽从锅炉房里喷涌而出,有几名水兵被恐怖地活活烫死。舰桥上一名瞭望员吓坏了,脱离岗位逃到了下面,后来被送上军事法庭,开除军籍,并因临阵脱逃而被判处6个月监禁。舰长的秘书,从军舰的猛烈机动上判断,觉得舵手怕是已经丧失操舵能力了,于是启动了烟囱后面的应急操舵装置。一名兴奋不已的士官,凭借连日本人都要佩服的精神,催促舰长秘书调整航向去撞击敌舰。然而,鲍尔很快恢复了控制,眼看着"维纳斯"号朝着伤痕累累的"羽黑"号又发射了一枚鱼雷,此时海水已经漫过了"羽黑"号的甲板。

偏离方向的鱼雷在水里四面八方打着转,险些打中英国的军舰。"索马雷兹"号的工程官命令其他水兵全部退出锅炉房。他自己在一名士官帮助下,亲手将一枚未引爆的日军8英寸炮弹搬上了甲板。然后,他开了个小玩笑:他给舰桥人员报告,说舰上有颗未爆炮弹,最后才补充说:"别担心,我已经把它扔海里了。"英军舰队聚在日军巡洋舰周围,"绕着残骸咆哮,仿佛一群饿狼,包围着一头垂死的公牛"。2∶06,"维纳斯"号报告说,"羽黑"号已经沉没。英军打开探照灯,草草地扫描了一下"羽黑"号的葬身地,没有找到任何幸存者,这才赶紧离开,力争在天亮前拉开与日军机场的距离。"神风"号受了点轻伤,事后赶来救起了"羽黑"号的部分水兵。

第十八章 日本帝国的陨落

英军潜艇对日军在马来亚和荷属东印度附近的海上运输实施打击，而且不断在加大打击力度，然而其中战绩最佳的要数侏儒潜艇。将这些小个头的水下运输工具开进敌人的港口，这可是件异常危险的事情。最早发明这一技术的是意大利人，日军也用过这种技术，但并不是很成功。英国人改进了这一技术。1944年，皇家海军的X侏儒潜艇在挪威的一个峡湾重创了"提尔皮茨"号战列舰。4月份，当第一批XE侏儒潜艇抵达布里斯班时，英军失望地发现，美军对它不感兴趣，且并不打算让它们参战。对美国海军来说，从政治上讲，他们有必要容忍英军象征性地出现在太平洋上。但厄尼斯特·金和他的部下并不打算为英军海盗似的冒险行为提供机会，或者说，像皇家海军认为的那样，他们并不打算让英军在取得胜利后获得舆论宣传的机会。

直到7月份，这支小规模的XE侏儒潜艇编队才获得大展身手的机会。在此之前一段时间的训练中，两名潜水员曾因氧气中毒而死亡。5艘侏儒潜艇由搭载通道兵的常规潜艇拖曳着，派往香港和西贡近海地区执行割电报线缆的任务，更为称奇的是，被派往新加坡去攻击日军重型巡洋舰"妙高"号和"高雄"号。7月31日凌晨，悄然脱开母艇的拖曳后，伊恩·弗雷泽中尉和约翰·斯马特中尉驾驶两艘搭载三人的侏儒潜艇开进柔佛海峡。当天下午，弗雷泽径直将XE-3侏儒潜艇开到了"高雄"号的舰体下方。队友吉姆·莫根尼斯随后穿着蛙人服装打开舱门，将艇上两颗巨型水雷倾倒在了这艘巡洋舰的下面。

这可是件惊心动魄的差事。先是有一颗水雷无论如何就是没法从XE-3艇身上解下来。然后，当莫根尼斯重新返回潜艇内部时，他发现有那么几分钟的时间，好像是退潮的缘故，潜艇被困在了"高雄"号的舰底。XE-1由于遭遇敌军巡逻艇，行动有所延迟，只得把它携带的水雷也布设在了"高雄"号的底下。两艘小潜艇最后终于还是逃了出来。当天晚上，水雷爆炸，重创了"高雄"号，也弗雷泽和莫根尼斯赢得了维多利亚十字勋章。从战略高度看，战争进行到最后几周的时候，他们的壮举根本算不了什么。但这样的小胜让皇家海军欢欣鼓舞，他们太想让人看到他们为战败日本所做的贡献了。

攻占冲绳之后，美军立刻将基地依托型战机部署在那里，美国海军终于可以随心所欲对日本本土诸岛发起空中攻势了。1945年7月10日，这场攻势打响了。前几次空袭是试探性的，美军战机对东京平原上的机场展开进攻，同时也是想试探一下日军的抵抗强度。自那以后，他们的进攻变得越来越有信心，因为敌人的防空火力根本就不怎么起作用。7月14—15日，美军实施了破坏力最大的一次任务，目标是位于本州和北海道之间的海上交通。日本12艘火车渡轮，有8艘被彻底击沉，其余也被严重损伤。运往本州的煤炭是日本的工业命脉，一夜之间运煤量少了一半多。日本人根本没办法再更新这些被击毁的渡轮。

空袭间隙，美军多艘战列舰加上英国皇家海军的"乔治五世国王"号会对日本海岸沿线的工业设施实施轰炸。弹道平缓的海军舰炮火力，跟B-29轰炸机的燃烧弹相比，轰炸效果要差许多，但它让日本人明白，盟军现在可以不仅从空中而且还从海上平安无事地对他们发起攻击。日军上千架战机还未起飞就被盟军的航母消灭在了地面上，尽管还有许多被蒙上伪装分散藏匿在离机场好几英里的地方，等着麦克阿瑟发动进攻时再出击。盟军随心所欲地打击日本的内陆运输。美军每架战机平均每天出动两次，每天累计出动2000多架次。天气是妨碍哈尔西部队作战的主要因素，大雾和巨浪往往会使舰船无法正常加油，舰载机无法正常起飞。对舰队发起的零星的自杀性袭击会遭到拦截和驱散，因为美军根据"蓝色巨毯"计划在日本大陆机场上空维持了几支值班战斗机巡逻队，其任务是使敌机无法顺利起飞升空。当日军利用夜间发起反攻时，哈尔西命令军舰后撤，离海岸远一点。这么做并不是因为担心被击沉，而是因为舰载机飞行员需要好好睡觉休息。

舰载机被老百姓称为"小不点"，他们在摧毁北海道渡轮、瘫痪日本工业生产方面做出过重大贡献。但除此以外，由他们造成的损毁很有限。哈尔西手下的飞行员，经常会从日本老百姓的头上低空飞过，老百姓甚至能看到飞行员的长相。这给日军士气造成极大打击。不管日本军人的残余斗志还会有多强烈，日本平民的精神意志却因为饥饿和绝望而逐渐消沉。在大阪大学，学生们经常需要吃用酱油和清酒烹制的蝗虫。午餐可能包括20—30只蝗虫、半个土豆和一颗话梅。桥本芳子在3月的东京大轰炸中侥幸大难不死，这场轰炸夺去了她父母的生命，她的妹妹惠津子被严重烧伤。对这一次的情况，她有这样一番描述："过去几个月，粮食问题变得越来越严重。黑市成了公开的社会机构。"芳子需要养活两个妹妹，其中一人还受了重伤。她努力想办法给惠津子找药，直到这种东西花钱也买不到了为止。惠津子身上的烧伤，除手上部分外，其他地方最后都痊愈了。手上的伤由于没得到妥善治疗，一直就没有康复。人多的时候，惠津子一直到死都习惯把手藏在背后。

林奈三郎上校意识到，军人正在越来越不受欢迎。在有老百姓的地方，军人仍然是享有特权的阶层。他说："住在城乡兵站里的官兵，他们有不守秩序的行为；在对待粮食的问题上，军队显得特别的自私。他们的行为激起了强烈公愤。"造成这一局面，是因为全国征兵规模庞大、参军人员素质太差的缘故。日本严重缺乏燃油，因此上千万的老百姓，其中包括许多的儿童，都加入到了挖松树根的行列，因为从松树根里，可以榨出油料来。分布各地约有 37000 个蒸馏机组，它们能够制造 70000 桶油料，但从中仅能提炼出 3000 桶航空汽油。

"零式"战机工程师堀越二郎打算送妻子去乡下安全的地方，他正赶往名古屋车站为她送行。在站台上，想到国家所处的困境，他不禁潸然泪下。他说："我们中那些对美国强大的工业实力有所了解的人，他们从未真正相信日本会赢得这场战争。我们深信，政府必须推出某种外交举措，力挽狂澜，使形势不致发展成为一场灾难。但现在，我们感觉不到政府会推出什么令人信服的措施让我们能够逃离苦难，我们正在被赶上一条绝路。"

裕仁天皇的臣民自己都很明白，他们的守军已经丧失了制空权。从菲律宾起飞的轰炸机对中国台湾周围和朝鲜近海的目标进行了空袭。李梅的"空中堡垒"组成 1000 多支编队，不分昼夜对日本发动火攻。美国人已经取得了制空权和制海权。日本本土空军基地疲于招架，日常的任务只有拉警报和开展损毁控制。譬如，在百里飞机场，士官宫下八郎见到美军战斗机时，已经放弃了去掩壕躲避轰炸的努力。美军战机飞得很低，掩体根本不起作用。每次炸弹爆炸后，弹片会像冰雹似的叮叮当当砸下来，而他的反应只是简单卧倒在地上而已。飞行员们找来附近新兵营的战士，让他们帮忙将飞机推进林地深处藏起来，临近起飞时才又把它们推出来。

克拉克是哈尔西第 38 特混舰队的海军上将，人称"黑猩猩"。他发现有一位"地狱俯冲者"轰炸机指战员，在发现目标被大雾包围时，选择将炸弹扔进了海里，而不是随便找日本某个地方投掷下去。他为此很反感。他说："我给他布置任务时，他说他不想杀害无辜平民……但是，战争期间，敌人遭遇的任何损害，都有助于摧毁他们的战斗意志。我告诉这位指战员，他本可以将炸弹扔在富士山上，而不是随便浪费掉。"

尽管美军损失相对还算小，但被击落和被俘虏的代价始终很高昂，往往还会因此丧命。7 月 25 日，海军少尉赫布劳从"贝洛森林"号航母上起飞，前往本州的四日市机场。他说："跟往常一样，我们扫射、发射火箭，大家很开心……我省下炸弹，想要寻找一个高价值目标。正当我们想从低空拉升出来时，我的飞机被子弹连续击中。一开始我觉得击中我的可能是高射机枪。但让我大吃一惊的是，在我的正后方突然来了架日本战机……他是怎么跑出来的，我根本不知道。我的发动机彻底熄火了。在我想找地方着陆的时候，他又在我的飞机上做了一通射击练习。"飞行高度很低，赫布劳没法跳伞。飞机最后降落在庄稼地里，他爬到机翼上查看腿上的伤口。他看到的第一个敌人是位日本妇女，她朝他走了过来，将手枪里的子弹全打光了，却一点都没有伤着他。10分钟后，一群人杀气腾腾地包围了他，把他全身脱得精光。最后，他被押送到了大阪。他说："连续3天，我没吃上一口饭，没喝上一口水。他们没日没夜地用棍棒打我，用拳头打我，用皮带抽我，把点燃的香烟塞进我嘴里。一个人居然能经受住这么多折磨而活下来，这让我自己都感觉惊讶。"

哈尔西故意不让英军战机参加第3舰队对日本海军的最后几次打击。他说，他赞同海军参谋长的看法："在米克·卡尼的坚持下，我给英国人分配了另外的作战任务。米克的理由是：尽管这一分工有违集中优势兵力的原则，但我们必须提前采取行动，免得战后英国人说，他们同样参与了对日本海军的最后一击，从而彻底摧毁了日本的舰队。"

支撑日本战略思维的有两个基本想法：第一，美军想要宣布胜利，必须入侵日本本土。第二，如果美军最终选择这么做，日军还有望击退他们的进攻。跟冲绳战役差不多的各种作战要素，会以数倍规模部署在九州岛，包括固定防御、神风特攻机、自杀冲锋舟、"琉球"型火箭推进式自杀炸弹，自杀反坦克部队。日本陆军最新发布的《本土决战战地手册》要求：凡有日本人妨碍国防或被入侵者用作人盾的，不分老少，无论男女，一律格杀勿论；绝不允许后退；伤亡人员一律放弃；武器弹药消耗殆尽者，赤手空拳也得战斗到底。由此可见，日本不仅是要将军队打造成由自杀者组成的军队，还要将整个民族打造成由自杀者组成的民族。

在横须贺海军基地，海老泽喜左雄正在训练一支叫作"龙潜者"的新式部队，他们未来的任务是要对美军登陆艇发动自杀性攻击。他的4000名学生中，许多还只是些十四五岁的少年。他们唯一的资本是敢于牺牲的精神，这一点类似于欧洲战场上的希特勒青年团。海老泽和同为士官的同事们意识到日本即将输掉这场战争，因此他们退出了这场把孩子拿去送死的买卖。一位水兵说："那些想出这个主意的人，他们根本就不懂潜水。首先，凡是见过美军在太平洋上作战的人都知道，他们会在登陆前，用炸弹和炮弹轰炸视野范围里的所有东西。冲击波会将数英里范围内的潜水员全部杀死。按他们的设想，'龙潜者'是要群起发动攻击，每人手里拿一根爆破筒。事实上，只要引爆一根爆破筒，整个群体都会因此化为乌有。这还不如把这些孩子送进深山，拿着手榴弹等着美军上门。"有些教官比较冒昧，他们按照逐级请示的要求向上级说出了他们的想法，他们因此被要求离开部队另作安排。从此以后，海老泽和他的同事们只好三缄其口，尽管他们痛苦地意识到，自己跟学生之间存在看法上的分歧：年轻的学生热情高涨，而他们的教官却是满腹牢骚。

在新加坡城外的飞机场，菊池正一中尉非常不情愿当牺牲品，但"万岁冲锋"死战到底的责任感深深扎根在他们这一代人的脑海中。他说："这不过是个养成和教育的问题。我们所接受的教育要求我们这么去做。"一连数月，菊池和他的部队监督着盟军战俘干活，让他们挖出像迷宫一样的坑道、战壕和掩体，打算将它们用在一场规模宏大的防御战中，用来对付英军的登陆。他们的上级指战员相信，这场登陆战一定会来。军官们互相开玩笑说："这些坑洞会是我们的坟墓，得把它挖好一点。"

泉光敏春和他的同学在重型巡洋舰"足柄"号上见习。情况已经很清楚，日本剩余大型舰船无论到哪里都已经派不上用场了。于是，它们志愿报名要到潜艇上去服役。泉光当时已是一名中尉，他到大竹潜艇学院不到两周时间，突然有人告诉他和同艇的13名艇员，说要调他们去操作一种叫作"撼天"的新式武器。他们不知道"撼天"是个什么东西，直到抵达大津岛培训基地才恍然大悟。他们要操纵的是一种由蛙人骑坐在上面进行操纵的人鱼雷。上级声称，这些东西有望改变日本的运势，能够在敌舰抵近日本本土时将它们消灭。

泉光他们一行人感觉很刺激。他说："这项任务让我们真的感觉很开心、很兴奋。"他和他年轻的战友们在一起拍了些照片，照片上大家喜笑颜开，这也证明了他的说法。他们都还只有21岁。他说："我们感觉，'撼天'给了我们一次机会，使我们得以亲自参与改写战争的进程，甚至拯救我们的国家。"约1375名飞行员参加了培训，但截至战争结束，因为鱼雷紧缺的缘故，只有150人完成培训课程。另外有15人在训练中殉职，因为对操作者来说，"撼天"是一种极其危险的武器。一些飞行员因此患上了呼吸衰竭，另外一些则是撞上了礁石或是碰到恶劣海况而失踪了。

泉光发现他们这个班的气氛"非常紧张严肃，但是让人感觉非常兴奋"。他们这个班于 1944 年 12 月毕业，他本人则又在大津停留了 4 个月时间，帮助培训下一批新学员。他觉得这么做有些让他感觉沮丧，"因为我想继续完成我的那份工作"。当他听说了那些已被派去打击敌人的同班战友的情况后，他变得更加沮丧起来。他有位室友叫吉本健太郎，"他是个非常开朗的人，尽管人并不是很聪明。除了战争和死亡的话题外，我们常常无话不说"。12 月 20 日，吉本和他的鱼雷在林群岛执行任务，结果由于机械故障不得不无功而返。1945 年 1 月 12 日，他动身前去执行第二次任务，从此大家就再也没有了他的消息。

同样的情况也发生在石川征三身上，他曾跟泉光一起在"足柄"号的军械库服役，"为人热情、忠诚而勇敢，口齿非常伶俐"。石川和他的鱼雷是于 1 月 12 日在关岛附近从 I-58 号潜艇上发射出去的。日本本土基地上的飞行员永远不会知道这些人的结局，尽管美国方面的记录显示，他们并未取得多大成效。泉光他们那个培训班有 14 名学员，指定都是要戴敢死队白色头巾的，但 1945 年夏，让泉光感觉颇为尴尬的是，他发现他成了这个班唯一的一名幸存者。然而，没过多久，果然轮到他上场了。5 月份，他被派往东京以南 140 英里太平洋上的八丈岛，负责带领一支由 8 名"撼天"人鱼雷组成的部队。上级预计美军在攻打日本大陆之前会先在八丈岛登陆。"撼天"人鱼雷小组尝试练习了在各种战术情形下发射的可能性，不停地检查和维护他们脆弱的装备。泉光非常自豪地说："这是我一生中觉得最有意义的时光。"

1945 年，日本预料美军会在九州岛登陆。因而整个夏天一直往岛上增兵，以加强对抗登陆的兵力。1 月份的时候岛上仅有一个师的兵力，但随后增兵在源源不断地拥入。美国历史学者爱德华·德瑞和理查德·弗兰克对这一时段的研究曾做出过重大贡献。他们研究揭示了这一年前 7 个月日军增兵的规模，这些数据差不多全部被美军通过信号解密手段弄得一清二楚。7 月底，日军在九州岛上部署了 13 个野战师，45 万名军人在岛上奋力挖筑防御工事。日军至少可以动用 1 万架飞机支援岛上的防御。

当然，关键的问题是，尽管数量庞大，这些军队是否能给美军登陆构成严重威胁呢？日军可以动用的飞机，大部分都是教练机或过时的机型，尽管用作神风特攻机的话，它们仍旧会造成伤亡。"撼天"部队和"龙潜者"部队可以忽略不计，日军残存的水面舰艇也同样如此。地面部队跟这一阶段日军所有部队一样，同样缺少火力和训练，尽管菲律宾战役和冲绳战役的经验表明，只要官兵不怕死且有固定阵地掩护，即使是毫无经验的日军部队也能取得了不起的战绩。然而，1945

年11月，李梅他们有计划地对日本的运输站点实施轰炸之后，军队跟平民一样都处于严重缺少粮食的状态。后文中我们可以看到，那也是苏联人可以势如破竹一举击溃日本关东军的原因。

面对"奥林匹克"行动，日军的战斗力到底如何，对此我们无法加以考证。我们只能说，裕仁天皇的军队是否有能力发起代号为"大决战"的九州保卫战，在此问题上，如果单从军队和飞机的数量来判断，那一定会是个错误。但可以预测，日军的防守会以相对较快的速度土崩瓦解。然而，就当时而言，没有哪一位负责任的美军指战员会做出这样的假设。唯一一个做出此等假设的是麦克阿瑟。他罔顾日军在九州岛上大量集结的明确证据，在8月9日致马歇尔的一封电报中，仅仅强调了他自命不凡的姿态。作为总司令的麦克阿瑟说："在所有西南太平洋战区的战斗中，即将开战前，情报机构都会提醒说敌人在大规模增兵。毫无例外，这一次，增兵的说法也同样会被发现是个错误。"

当然，他的说法跟事实刚好截然相反。在太平洋战区，麦克阿瑟一次又一次随心所欲地选择低估敌人的实力，不去听取信号情报机构的建议，而是仅凭自己的感觉。现在，他竟然荒唐地认为，敌人是在有意散布夸大兵力的信息，借以欺骗美军的情报机构。理查德·弗兰克曾写道："人们几乎都会肯定地认为，麦克阿瑟故意弄虚作假的动机，在很大程度上，是因为他想亲自指挥有史以来最大规模的一场两栖登陆战。"

直到战争最后一天，麦克阿瑟和他的参谋团队还在为"奥林匹克"行动做计划。然而，可能除麦克阿瑟本人外，其他没人会想要发起这一作战行动。一位英国士兵，在缅甸战场上看到那些膨胀的尸体时，曾经说过一番话，借以宣泄自己对敌人拒绝理性思考问题的愤怒和懊恼。在那些日子里，几乎每个盟军战士都有这样的想法。他说："你们这些该死的傻瓜！你们这些该死的日本傻瓜！看看你们那副鬼模样！你们听不见——因为你们都死了！东条英机的死法！你们这些愚蠢的杂种！你们本可以在妓院里品茶嫖娼——看看你们的鬼模样。难道不明白吗？"然而，美军还是对日军在九州岛集结兵力的数据进行了分析，这些兵力可能会给美军带来重大伤亡，估计伤亡规模至少达10万人。

5月25日，在一份写有"厄尼斯特·金亲启"字样的电报中，尼米兹写道："除非认为'奥林匹克'行动非常重要，以致我们不得不接受在准备不算最充分、伤亡数字可能超出最低限额的情况下开战。否则，我认为，通过继续孤立日本、用海空军力量来消灭日本军队及其资源，这一做法会更加符合美国的长远利益。"这位太平洋战区总司令坚决反对发动地面进攻，在随后的好几个月时间里，他的这一态度一直强硬。随着欧洲战事的结束，数以千计的盟军士兵已经摆脱死亡风险，开始打道回府。在此情况下，让少部分不幸的美国人再次暴露于致命威胁之下，这样的决定尤其会让人感觉厌恶。日本军界领导人仍旧决心要为保卫本土展开一场"大决战"。但美国方面已经非常不情愿再奉陪了。

约瑟夫·格鲁从美国驻日大使职位卸任回国时，他惊讶地发现美国人对他们的敌人太不了解了。他在全国巡回演讲，努力想增进人们的认识，让他们明白战胜这个劲敌是件非常艰巨的任务。格鲁说，曾经有个聪明绝顶的人乐呵呵地对他说："战争嘛，当然会有起伏……但现在，希特勒走向失败只是个时间的问题，接下来我们就可以清扫小日本了。"听到这番话，他感觉非常震惊。1945年8月发生的事情，会以最令人生畏、最令人感觉恐怖的方式，展示战争进入高潮时的景象，而这一进程正是曾一度被人漫不经心地描述为"清扫小日本"的进程。

第十九章 原子弹

东京的幻想

第二次世界大战进入最后阶段时,盟军将领在促成日本投降的那些决策上扮演的是些很次要的角色。这些决策将永远是人们争议的焦点,首先是因为使用了原子弹;其次是因为记录主要行为体言行的历史证据数量繁多、堆积如山。这些证据会让人得出无法定论,甚至自相矛盾的解释。主要人物在不断变换主意,有些人甚至不止一次变卦。有些人事后曾写出一些虚假的文字,想要为自己的行为开脱。而从日本方面来看,他们的说法很含糊,国家领导人各自说过的话,跟事后各方声称或者被猜测私下曾经有过的想法之间存在着分歧。

从1944年的那个冬天起,东京有一大帮人一直试图寻找一条思路,帮助结束战争并推翻军方死战到底的决心。然而,即使是最主张和平的鸽派人物,他们也想争取到一些还并非不可争取的条件,包括保留日本对朝鲜和"满洲国"的统治、免受盟军军事占领,以及保障日本的权利允许其自行开展对其公民的战争罪审判。直至1945年5月,日本天皇还抱持这样的想法,认为日本若能在冲绳取得一场胜利,将有助于日本巩固其谈判地位。换句话说,军事抵抗还是有用的。6月9日,他还号召日本人民要"粉碎敌国的非分之想"。

主和派思考问题和说话的方式,就仿佛日本还能指望被国际社会当作值得尊敬的一员。他们没有意识到这样一个事实:在西方人眼中,珍珠港事件以来,或者更早从1931年以来,日本人的行为已经使这个民族遭到国际社会排斥。日本领导人浪费了好几个月的时间,忙着表述他们建立在民族尊严和所谓政治公道基础上的外交立场。事实上,唯一能够有助于日军改变谈判条件的机会来自于盟军的顾虑。他们担心，如果对日本本土发动进攻，可能会使许多人不得不因此付出生命。一开始，美国感觉需要冒险攻打日本，但封锁和轰炸，动用原子弹以及苏联加入太平洋战区作战这些因素却逐步削弱了冒险强攻的必要性。因此，日本事实上已经根本无牌可打。

日本试图争取苏联作为中间人出面斡旋，没有什么能比这一举动更鲜明反映东京对其困境的误读。1945年8月以前，苏联人一直不愿参战，这是这场世界大战最为奇怪的一个方面。1941年4月，苏联跟日本达成了一个为期5年的中立条约，此举对日苏双方都有好处。日本的野心在南部和东部。它需要确保大后方不受威胁。同样，即使在决心与德国死拼之前，莫斯科方面也不想在亚洲生出事端。希特勒于1941年6月发起"巴巴罗萨"行动。当斯大林驻东京的传奇特工理查德·佐尔格要他放心，说日本不会进攻苏联，苏联红军因此可以平安无事全心全意投入西线战斗时，斯大林对日本可是感激不尽的。

三年来，苏联与中国边界和平，满足了相邻双方的需要。然而，1944年，它却不符合美国的需要。驻中国的百万日本军队迟早会被用来对付美国人。苏联红军进军中国东北，可以提供一个显著机遇，使日军不至于调整部署其驻华兵力。斯大林指挥下的人民大众可以再次重复他们在欧洲干得很漂亮的事情：以消耗苏联军人的生命来拯救西方盟国军人的生命。直到1945年8月6日，麦克阿瑟才在马尼拉举行的一次非官方记者会上说，他迫切希望苏联人进军中国东北："每多死一个苏联人，就意味着少死一个美国人。"

1944年9月，斯大林答应，在德国倒台后3个月内，出动苏联60个师的兵力对日作战。这番话让丘吉尔和罗斯福为之兴奋不已。丘吉尔首相致信罗斯福说："当我们在为其他事情烦心时，我们必须记住这一承诺难能可贵的价值，它将缩短整个战争的进程。"麦克阿瑟坚定认为："除非苏联军队先在中国东北采取行动，否则我们不能对日本本土发动进攻。"马歇尔对他的看法表示赞同。美军战地指战员希望尽量取得所有帮助，以便能够减少在日本本土上不得不面对的敌人的数量。5月份，有报道说，英国人担心，让苏联人参加亚洲战区的战斗会带来危险。对此，第11空降师少将约瑟夫·斯温在吕宋岛给家人的信中对此观点不以为然。他说："大家都想让苏联人尽快加入，投入兵力越多，大家会越开心。至于说斯大林在东方能够得到什么……他会提出要求，而且很有可能想要什么就能得到什么。"

华盛顿方面意识到，除非让苏联人得到看得见的好处，否则他们

第十九章 原子弹

不会愿意出兵。为消灭纳粹,苏联付出的人员牺牲是西方盟国累计总量的 25 倍。含糊其词数月之后,斯大林终于在雅尔塔会议上正式签署文书,表明了出兵东部战场的决心。从日本那里,莫斯科想要取得千岛群岛和南库页岛;从中国那里,莫斯科方面想要租借旅顺港,将大连作为自由港。1945 年 2 月 8 日,会议进行到第 5 天,罗斯福表示同意接受莫斯科的条件。这位美国总统以殖民者漫不经心的态度行事,拿中国的领土做重大让步,却丝毫没有征询过中国政府的看法,但名义上他还是让蒋介石来授权批准这些安排。作为回报,莫斯科方面答应,承认国民党是中国唯一合法的执政党。苏联和美国代表团满心欢喜回了国,对雅尔塔会议谈判结果都很满意,对谈判结果违反《苏日中立条约》这一事实毫不在意。

然而,在提供这些激励措施时,罗斯福无视了一个事实:斯大林做事或不做事,都要看是否符合他本人的计划安排。1945 年,根本不需要任何激励,苏联人就会出兵,想让他们不这么做几乎都不可能。打败德国后不久,斯大林就决心动用军队到亚洲搜罗战利品。因此,在雅尔塔会议后 5 个月里发生的事情中,处处充斥各种滑稽好笑的情节。2 月 22 日,日本驻莫斯科大使、前外务大臣佐藤尚武,在开完克里米亚会议返回莫斯科后,立刻拜访了斯大林的外交部部长莫洛托夫·维亚切斯拉夫。莫洛托夫向佐藤保证,苏日双边关系以及两国《中立条约》的未来,这些事压根儿跟美国人和英国人没有任何关系。东京方面满怀感激地接受了这一不动声色的欺骗。正当斯大林秘密下定决心要在日本帝国趁火打劫时,日本却试图取得苏联人的善意,想要争取时间挽救其摇摇欲坠的帝国。

正当苏联人做好计划、全副武装准备于 8 月份越过中苏边境,突袭日本关东军时,美国人却一改先前迫切希望他们参战的态度,开始有些动摇。美国的军事领导人急于想让苏联红军参战,但它的政客和外交官要模棱两可得多。欧洲经验表明,斯大林的军队每征服一个地方,就会随即在当地驻留。纵容苏联人在亚洲进一步搞扩张,这样的决定显得有些过于鲁莽。1945 年 4 月,美国的一些重要人物,如果能找到合适理由,本是很想推翻 2 月份跟斯大林达成的交易的。苏联人很清楚,让日本人继续战斗才最符合他们的利益。在斯大林将军对东移做好宣战准备之前,如果东京方面跟华盛顿方面谈判达成和平,那么美国人就有可能收回在雅尔塔会议上承诺提供给斯大林的回报。

日本政客还极其天真地认为,相比对付好战的美国,交好中立的苏联对他们会更有好处。事实上,一些西方政治家,他们比莫斯科方面更愿意考虑让步，以换取早日结束流血牺牲。温斯顿·丘吉尔是盟军领导人中第一个同时也是最为重要的一个主张在日本问题上应该修改无条件投降条款的人。1945年2月9日，在开罗会议上，当着各位参谋长的面，他声称："如果能使战争提前一年或一年半结束，免得浪费那么多的生命和财富，做一些减免也是值得的。"罗斯福当即否定了丘吉尔首相的看法。在这一问题上，事实上在任何有关太平洋战争的问题上，英国的影响力都是边缘性的，或者压根儿就不具备任何影响力。如何对付日本人的决定，无论是靠武力还是靠谈判，毫无疑问都要仰仗华盛顿方面来拿捏。

美国国务院，在前驻日本大使、现任副国务卿约瑟夫·格鲁领导下，有一支强大的队伍，他们倾向于公开承诺，让日本保留其国体，其最为显著的特征是天皇的存在。格鲁和他的同僚们认为，国体对日本人的重要性比对其他任何人的重要性都要大出许多：如果在这一点上做出保证能够有助于避免在日本本土上发生一场血战的话，那就应该给予这一保证。国防部部长亨利·斯廷森和海军部部长詹姆斯·福利斯特尔赞同这一看法，一些媒体舆论制造者也表示同意。5月13日，英国驻华盛顿大使馆向伦敦汇报说："不仅从前持孤立主义立场的媒体，像《华盛顿邮报》这样的媒体也都认为，在日本的案例上，存在对'无条件投降'条款加以修订的可能；有人乐观猜测，日本在感觉无望的情况下，有可能会提前表示投降；在大家普遍希望苏联加入太平洋战争的背景下，另外还存在一种思路，它虽然声音不大但仍然可以觉察得到。这一思路认为，美国最好是在苏联未卷入之前先行占领这一地区。"

然而，白宫及其最富影响力的顾问们认为，美国的公众舆论是不会愿意向珍珠港事件的肇事者做出让步的，而日本天皇则是这一事件独具象征意义的罪魁祸首。他们同时认为，对日本表示慷慨大度无论如何是没有必要的。日本的艰难境遇正在迅速恶化。主要的不确定因素集中表现在：是否有必要进军日本本土。在美国的几位参谋长中，海军上将金和空军上将"福星"阿诺德都反对发动地面进攻。尽管他们希望避免又一场血腥战斗的想法无疑是真诚的，但两人也同时都在打自己的小算盘，这一点华盛顿方面也很清楚。金想让全世界明白，日本是被美国海军和他采取的封锁手段打败的。阿诺德则努力想要让陆军航空兵发展成为一个独立的军种，想让人们承认战略轰炸做出过决定性贡献。金和阿诺德各自都可以调动重要舆论来支持他们的立场。4月初，美国联合情报委员会预判认为，"空海封锁效果日渐明显，战略轰炸造成的破坏越来越大,再加上德国已经土崩瓦解",这些因素不久将迫使日本承认,他们不能再继续作战了。

然而,随着德国的倒台,金和阿诺德接受建议,认为有关"奥林匹克"行动的计划必须继续进行。尽管从未有过热切的想法,但马歇尔还是"变得坚决起来"。不管这个想法有多么不受欢迎,进军日本的选项必须保持开放。考虑到大型两栖登陆作战打响前必须要有一定提前量,因此需要有相应的决心。经验(尤其是硫磺岛战役和冲绳岛战役的经验)表明,敌人会利用宽限期的每一天来巩固其防御工事,延迟进攻的代价会因此提高。各军种参谋长也担心,美国人民对战争的耐性会逐渐减退,因此必须尽快结束东部战场上的战事。4月25日,参谋长联席会议通过了参联会字第924/15号文件,授权批准了"奥林匹克"行动。本次会议的备忘录,应当视为一份谨慎承认紧急事件的文件,而不应视为铁板钉钉的作战决心。该备忘录被提交给了总统,也就是美国刚刚上任的新总统。

如今,人们逐渐发现,哈里·杜鲁门是20世纪美国最杰出的国家领导人之一。然而,1945年的那个春天,这位作风正派朴实、行事有些冲动的人,却因为4月12日罗斯福的去世,差点被推给他的那堆繁重公务给压垮。宣誓就职当天下午,他告诉记者说:"我感觉自己像是颗卫星,那些恒星和所有的行星都落在了我身上。小伙子们,如果你们需要祈祷,那现在就为我祈祷吧。"一位记者说:"祝你好运,总统先生。"杜鲁门说:"我倒是希望,你不要这样称呼我。"由于自负和他本人健康状况非常不好的缘故,罗斯福的工作存在许多重大疏忽,其中之一是:他一直未曾让副总统了解情况,熟悉他现在需要接手处理的重大事宜。截至4月12日,杜鲁门甚至都不曾收到过有关日本的代号为"魔术"的情报通报。密切关注过他移居白宫前几个月生活的人认为,他说话做事的动机,许多都是因为他有一种不安全感。他想要表现得很有权威、很有决断,但内心深处既无权威又无决断。这种自我意识感很值得后人的同情。

5月10日,美国发现苏联在欧洲有背信弃义的行为,杜鲁门立刻做出反应,指示终止根据《租借协议》为苏联提供的补给物资。格鲁和美国驻莫斯科大使埃夫里尔·哈里曼想让杜鲁门更进一步,拒绝支付根据《雅尔塔协议》为苏联出兵亚洲提供的物资。斯廷森劝谏杜鲁门总统,让他没有采取这一行动,他指出:"在远东事务上对苏联做出的让步,是苏联不依赖美国'非战争军事行为'仅凭自身军力就能获得的东西。"但是,在随后数月时间里,主导杜鲁门行为的是一种坚毅的决心，这一决心足以证明他完全胜任他的职务。他的坚毅决心最主要表现在：面对苏联的蛮横，他没有做出不必要的让步；凭借对得起其前任、对得起美国这个伟大民族的坚强信念，他完成了对日作战最后阶段的任务。现在，他发现，科技有望成为一件非同凡响的工具，可以用来推进完成以上目标。

4月24日，杜鲁门收到斯廷森的信，信中要求见他一面，讨论"一件高度机密的事情"。第二天，国防部部长斯廷森和负责"曼哈顿计划"的高级军官、莱斯利·格罗夫斯少将给这位新总统揭示了一个有关这一计划的秘密，在此之前杜鲁门也就只是从通报中知道有这么个计划。斯廷森写道："在4个月内，我们将完全可能完成人类有史以来最可怕的一件武器，一枚炸弹可以摧毁整座城市。"格罗夫斯坚持要投掷两枚，以便向日本人证明，第一次核爆炸并不只是唯一现象。

"曼哈顿计划"是人类历史上最为艰巨的一项科学工程。在3年时间内，美国以20亿美元的代价，在勉强承认得到过英国人帮助的情况下，已经接近完成了一项科学界许多人一直认为根本无法企及的计划，而且显然是在跟第二次世界大战相关的时间段之内。杜鲁门会见斯廷森和格罗夫斯时，两人并未提醒他，说他必须面对一个历史性的难题，做出一个重大决定。他只是被告知，说这件新式武器即将完成。没有迹象表明，这件事会随即引发一场争论。相反，倒是有人断然推断，如果日本人继续战斗下去，有人会用原子弹来对付他们。跟以往一样，只要有杀伤性工具，就会有人用它来尽早结束战争。

技术决定论是大战的一个突出特征。大批盟军轰炸机已经对德国和日本的城市连续开展了3年摧枯拉朽似的打击，造成几十万平民因此丧生。在此关头，负责指导作战的盟军指战员，他们根本不曾想过要停止研发一件能够达成同样目的、威力大出许多且令人叹为观止的工具。当通报显示与研发该武器相关的科学家还有一些个人顾虑时，他们为此大为光火。只要希特勒在世，曼哈顿工作组就得不折不扣地拼命研发这种炸弹，因为他们担心纳粹分子会先一步把它研发出来。然而，德国一旦战败，一些科学家就又开始动摇了。他们的疑虑和担心有所增长，因为他们不明白辛辛苦苦做出来的东西会被用于什么样的目的。

芝加哥有一派人成立了一个名叫"社会与政治影响委员会"的机构，人称"弗兰克委员会"。其成员在一份呈交华盛顿的报告中指出："突然对日使用原子弹，在军事上以及在拯救美国人生命方面的好处，可能会被随之而来的弊端所超越，因为它会导致信心迷失，导致席卷

第十九章 原子弹

全球的恐惧和剧变浪潮，甚至会导致国内公众舆论出现分裂。"1945年5月，"曼哈顿计划"工作组部分成员横下心来，决心要给美国的政治领导人敲响警钟。他们给总统写了几封信。利奥·西拉德是芝加哥出类拔萃的科学家之一，他亲自登门造访了白宫。杜鲁门的秘书将他带到了南卡罗来纳州斯帕坦堡市詹姆斯·贝尔纳斯的家里，他是总统在原子弹委员会上的私人代表。

贝尔纳斯从事的职业是美国历史上最不同寻常的职业之一。1945年，他66岁。他出身卑微，是个靠个人奋斗起家的人，曾当过众议员、参议员和最高法院大法官。批评者称他不过是民主党的喽啰和白宫的亲信，但他是国防动员办公室主任，掌握着非同一般的权力，被普遍认为是罗斯福的"总统助理"。1945年春，由于罗斯福拒绝让他担任副总统，他一气之下选择了退休，直到杜鲁门突然让他再度出山，打算让他担任国务卿。5月22日，在斯帕坦堡，出生于匈牙利的西拉德情绪非常激动。面对这个不速之客，贝尔纳斯有些恼火。他说："他的行为举止和他想参与决策的愿望给我留下了很不好的印象。"反之，科学家西拉德则对贝尔纳斯闭目塞听的态度感觉非常惊讶。他说："当我说，担心苏联不久之后可能成为原子弹大国时，他说，格罗夫斯将军告诉过他，苏联根本没有铀矿。"格罗夫斯不喜欢西拉德，甚至曾经说，怀疑他是德国的特工。

当科学家西拉德说到他反对贸然使用原子弹的立场时，贝尔纳斯不耐烦地打断他，说如果花在"曼哈顿计划"上面的20亿美元没什么实际用途的话，议会会提出大量质疑。西拉德回忆说："贝尔纳斯认为，如果感受到美国的强大军事实力，苏联人会因此变得更听话一些。"没有什么能比原子弹更能有效展示美国强大的军事实力了。贝尔纳斯让他考虑考虑，原子弹甚至有望将斯大林的军队轰出他自己的国家。这番言辞让匈牙利人西拉德感觉非常厌恶。主人的麻木不仁让他感觉目瞪口呆，西拉德郁郁寡欢步行返回了斯帕坦堡车站。著名丹麦物理学家尼尔斯·玻尔也一度试图向罗斯福和丘吉尔表达同样的忧虑，对方的反应比贝尔纳斯更加不够矜持。丘吉尔首相甚至觉得，应该将玻尔拘押起来，免得他到处宣扬他危险的立场观点。西拉德要是知道这个情况，一定不会觉得欣慰。

美国的领导层已经达成共识，认为他们找到了一种武器，能够决定性地增强他们打败日本和对峙苏联的手段。跟这一强大的共识相比，科学家们的顾虑实在算不了什么。研发原子弹的科学家们想要以动用原子弹为题开展一场辩论，但有一个情况给他们的想法造成了致命妨碍：出于安全考虑，即使是在小圈子之外讨论存在原子弹这种武器，这一行为都是不允许的，那样做甚至会被视为叛国。他们中大多数人关注的，不是动用原子弹的问题，而是动用原子弹之前是否应该先给日本发出警告，是否应该将美国的原子弹秘密跟苏联人分享，以便能够更好地保证战后世界的和平。

如果科学家能够更好认识1945年日本人碰到的灾难性战略困境，那么他们中就会有更多人反对在广岛投掷原子弹。然而，真实情况是，对这一新式武器了解最多的人，他们遭到了隔离，对动用原子弹的背景根本就不了解。与此同时，负责决定动用原子弹的政治家，他们却对动用原子弹对人类文明意味着什么这一问题缺乏足够认识。贝尔纳斯告诉杜鲁门说："它完全有可能使我方得以在战争结束时按我方设定的条件行事。"最主要的是，"曼哈顿计划"驻华盛顿最重要的代表并不是位科学家，而是格罗夫斯上将。格罗夫斯将军是"曼哈顿计划"的首席执行官，他对这一里程碑式的项目充满必胜信心，并从不认为它的国家会放弃使用这一研究成果。

格罗夫斯是第二次世界大战期间最不为人熟知的重要军事人物之一。在确保在广岛和长崎上空引爆原子弹的进程中，他所发挥的重要作用至关重要。少将这样一个军衔，在战场上最多能让他掌握一个师的指挥权，但在命运的安排下，他被提升到了一个权力非同小可的岗位。格罗夫斯是位随军牧师的儿子，曾担任陆军建设部副部长，在建设五角大楼的过程中发挥过重大作用。1942年9月，他还是个46岁的上校，摩拳擦掌等待分配到海外执行任务。他说："我想去带带兵。"然而，上级却命令他负责监管"曼哈顿计划"，并且告诉他说："把这份工作干好了，它能帮忙赢得战争。"

他的上司说这番话，似乎是想安慰这位工程师，让他安心接受这份吃力不讨好的国内任职。格罗夫斯的任务，对一位军人而言，可以说是非常独特，他需要管理以罗伯特·奥本海默为首的上万名平民科学家，那可都是些绝顶聪明的人，且往往都有些我行我素的性格。除了这些领军人物外，格罗夫斯还得负责管理一支包括工程师、行政人员和建筑工人在内的工作团队，人数最多时达12.5万人。他们的中心任务是在新墨西哥的洛斯阿拉莫斯建设一个实验室，同时还需要操作遍布美国的其他设施。当然，这些人大多数对他们此番劳作的目的并不清楚。这位大腹便便、忙忙碌碌的将军只向国防部部长和陆军参谋长汇报工作。让格罗夫斯本人颇为诧异的是，在原子弹生产接近尾声的时候，他又接到马歇尔将军的授权，让他负责把原子弹投入实战的工作中。

无论是对日本人还是对他手下那批获得过诺贝尔奖的科学家,格罗夫斯都不需要跟他们讲工作艺术,讲体贴关怀,讲文化认知,讲恻隐之心。他骚扰他们,刺激他们,仿佛他们是一帮架设桥梁的陆军工程兵。然而,他高超的办事效率很值得为历史所尊重。他的副手肯尼斯·尼克尔斯上校说他"是我一生中碰到过的最差劲的人,但也是我一生中碰到过的最能干的人。他以自我为中心,在这个问题上没人能够比得上他……他干活不知疲倦,对自己充满信心,对别人六亲不认。我对他深恶痛疾,其他人也跟我一样。但如果让我重新选择,我仍会选格罗夫斯做我的老板"。1945年4月底,格罗夫斯将军非常的欢欣鼓舞。他们的事业可算一路阳光明媚。不出3个月,他们将制作完成一枚原子弹用于测试,其姊妹弹也将很快陆续得以完成。格罗夫斯致力完成的事业,对于最终决定毁灭广岛是至关重要的。当其他人犹豫不决或心不在焉的时候,他却从未有所懈怠。在白宫里见过斯廷森和格罗夫斯之后一个星期,杜鲁门就下令成立了所谓"临时委员会",其职责是在原子弹的研发进展和妥当使用问题上给他提供建议。格罗夫斯已经建立了目标委员会,该委员会选定了日本18个城市作为可能目标,并授权批准了格罗夫斯的看法:时机来临时,要投掷两枚原子弹。

5月8日,杜鲁门得知了德国无条件投降的消息。他因此明白,美国不久后有可能会拥有一种非同小可的工具,凭借它可以将美国的意志强加于敌人,凭借它可以大幅改变美苏两国的力量平衡。斯廷森对他的一位同事说:"我们真的是拿着一手好牌……可以说是拿着最大的一手同花顺,在出牌方式上我们可不能太傻……现在要做的,是不要说太多的话,不要因此将自己卷入不必要的争论……应该让行动来说明一切。"欧洲战事结束后,在5月8日那天的记者招待会上,杜鲁门重申了美国要求日本武装力量无条件投降的决心。然而,他并没有具体谈到未来如何处置日本天皇的问题,而是强调指出美国并不打算"灭绝或奴役日本人民"。

第二天,日本挑衅地向全世界宣布,德国的投降增强了其继续战斗下去的决心。德国纳粹集中营被曝光后,人们对凡是德国的东西都极其厌恶。日本驻波恩的大臣,眼见这一情况,给东京方面建议说,要避免给世人造成一种印象,觉得日本会"至死"追随纳粹的政策。然而,许多日本人仍旧抱着不切实际的幻想。直至5月29日,日本驻斯德哥尔摩的海军武官还说,他认为在谈判过程中,西方盟国会允许日本保留"满洲国","以便形成一道对抗苏联的屏障"。他认为,英国别无他求，只要能收回在亚洲的殖民地就行。他本人支持继续战斗，因为他认为西方国家对苏联的过分要求很是吃惊，这会使英美两国更加乐意做出妥协。通过"魔术"情报搜集系统，华盛顿方面全盘掌握了诸如此类的信息。

尽管李梅的 B-29 空袭攻势给日本造成了极大痛苦，但很明显，美军要发动下一次大规模地面战役，还需要再等好几个月的时间。日本的判断是正确的，那将会是进军九州。因此，日本的主和派人士认为，他们还有时间开展谈判。初春以来，日本的文臣已经开始降低他们的期望值。眼看冲绳战役大败在即，他们只求能够保留"国体"、争得"满洲国"的"独立"和朝鲜作为日本殖民地的地位。

如果说这些设想算是异想天开，那日本军方的如意算盘则更称得上是奢望。为了鼓励苏联人保持中立，日本海军提议用部分巡洋舰跟苏联交换石油和飞机。陆军上将阿南惟几是个不怎么有头脑且缺乏想象力的人，但作为防务大臣他在日本内阁中的声音具有绝对的影响力。阿南反对在亚洲大陆问题上做任何形式的让步。他说："日本不会输掉战争，因为我们还没有丢失过本土上哪怕一寸的土地。我反对以我们会战败为假设展开谈判。"更多现实派的声音是呼吁日本专注于有限单一的目标：保住帝国体制和本土的领土完整。

在日本许多领导人眼中，存在着有鲜明差异的两种战争结果：一是他们私下愿意接受的战争结果，二是他们当着同事和部下的面愿意承认的战争结果。譬如，首相铃木贯太郎是主张和平的，但在公共场合，他还会继续鼓动人民以神风特攻队的精神抵抗到底。政客们担心一旦被军方狂热分子认定为失败主义者，他们会因此丢了性命。日本的近代史表明，他们的担心是完全有道理的。年已 77 岁并带有耳聋的海军上将铃木本人，身上就还残留着 1936 年被 4 颗子弹击中后遗留的伤疤，那是军队里的极端民族主义者试图推翻时任政府时给他留下的。

主和派的怯懦造成了观点严重不一致的后果，这一现象一直持续到 1945 年 8 月。日本人模棱两可的态度，即使不会招致误解，也一定会让讲求实际的美国人感觉很不耐烦，因为对他们来说，说出来的话，就应该是不增不减的真实意思表示。日本的关键错误，是他们还在按以往那种缓慢如蜗牛行进的高层政策制定流程来处理求和问题。东京方面有所不知，8000 英里以外，格罗夫斯将军领导的庞大工程，正在以远远紧迫得多的节奏，在加速冲向高潮。

日本领导人担心甚至预料苏联会进犯中国东北。莫洛托夫曾告诉

第十九章 原子弹

日本驻苏联大使佐藤,说雅尔塔会议上没有发生过任何值得日本担心的事情。然而,6个星期后,莫斯科方面就宣布废止1941年与日本签署的《中立条约》。对于这一情况,日本领导人虽早有预料,但事情真实发生时,他们还是有些惊慌失措。在日本人眼里,苏联的行为完全是背信弃义。然而,5月29日,莫洛托夫很和气地接待了佐藤,向他保证说苏联的声明纯粹是个技术问题,苏联"在欧洲打仗已经打得够多的了",现在必须着手处理堆积如山的国内问题。一贯对苏联的声明持悲观现实主义态度的佐藤,这一次却轻率地接受了对方的说辞。美国的"魔术"情报机构破译了这位大使给东京方面发出的报告,并且批注说:"这次会面让人想起两条狗的故事:一条是只斯班妮尔猎犬,另一条是只马士提夫斗牛犬。斯班妮尔心里明白,马士提夫也知道肉骨头埋在什么地方。"珍珠港事件的精明设计者,居然遭到另一个国家言行不一的偷袭;日本人居然还认为他们持有能够让斯大林感兴趣的谈判筹码。如果说日本人当时的表现显得有些太匪夷所思,那也是因为这些行为跟日本国内集体自我欺骗的大格局一脉相承,这是1945年东京方面为人行事的一个特征。

5月28日,莫斯科,在回答哈里·霍普金斯的提问时,斯大林说,苏联准备于8月8日进军中国东北,尽管日后的天气情况可能会影响具体的时间安排。霍普金斯向杜鲁门汇报说,斯大林主张要坚决让日本投降,"但是,他感觉,如果坚持无条件投降,日本人是不会甘心的,我们必须像对待德国人那样将之一举消灭"。同一个星期,日本外务大臣东乡茂德任命曾担任过前首相、外务大臣和大使的广田弘毅作为他的秘密使节前往苏联,谋求与苏联交好并让苏联继续保持中立。

广田迈出的第一步是前往拜访苏联驻日大使雅各布·马利克。他表达了对苏联红军的钦佩之情,说他们在欧洲取得了重大战果。不久前,日本还是德国的盟友,作为日本的使节,这番恭维未免显得非常滑稽。马利克向莫斯科方面汇报说,广田的这番开场白,尽管将来可以否认,但反映了日本政府想要尽快结束战争的极其焦虑的心态。但他判断认为,谈判成功可能性不大,因为东京方面仍然决心要守住"满洲国"和朝鲜。这样的幻想不仅限于政客才有。"零式"战机的设计者工程师堀越二郎时常跟朋友谈起寻求苏联帮助的可能性。5月份,他在日记中写道:"日本曾经做出特别努力,维持跟苏联保持中立。我们希望能够依托苏联的公正和友好,跟西方盟国展开斡旋。"

与此同时,5月31日,华盛顿,在"临时委员会"的一次会议上,斯廷森强调了会议日程的重要性:要设法调派一种武器,给"人与宇宙的关系带来一次革命性的变革"。"原子计划"项目主任奥本海默提议认为，应该跟苏联人分享原子弹的秘密。对此，詹姆斯·贝尔纳斯断然加以了拒绝。对于有人说应该邀请苏联代表来参加原子弹测试活动的提议，贝尔纳斯同样加以了否决。除了安全上的考虑外，美国还担心如果测试失败会惹来嘲笑。出于同样原因，贝尔纳斯也反对向日本发出正式警告，对此"临时委员会"也并无不同看法。奥本海默本人说，在譬如日本附近的空域展示原子弹以便给敌人留下深刻印象，这样的事情显然是不可能的。第二天，也就是6月1日那天，他们正式记录了这样一个决定："经贝尔纳斯先生建议及临时委员会批准，决定应将以下事宜通知国防部部长：最后选定目标的问题，尽管实质是个军事决策问题，但目前临时委员会仍然认为：应尽早对日动用原子弹，且应在不经提前警告情况下对日动用原子弹。"

6月6日，在将以上结论向杜鲁门作汇报时，国防部部长斯廷森提出了两点并不怎么坦诚甚至有些自相矛盾的看法。格罗夫斯曾提议将首枚原子弹投放到日本的文化中心古都京都，对此斯廷森坚决加以了否决。格罗夫斯将军的观点很实际，他说京都"面积足够大，便于我们全面了解原子弹的威力。在这方面，广岛就并不是很让人满意"。虽然如此，国防部部长斯廷森还是不为所动。东京和其他几个城市也不再被当作目标，理由是它们都差不多已经成为一片废墟了。斯廷森告诉杜鲁门说，跟空军的想法相反，他主张选择精确打击目标而不是区域打击目标，因为他不想让人把原子弹轰炸跟希特勒的大规模杀人相比较。他同时表示，担心李梅"把日本炸得太彻底之后，新式武器会找不到合适场地来检测威力"。杜鲁门哈哈一笑，说他明白了。杜鲁门和斯廷森都是聪明人，这件事生动说明，即使像他们这样的人，也根本无法预知他们将来的所作所为会造成什么样的后果。有人曾经告诉过他们原子弹有什么样的潜在爆炸威力，然而他们却无法像科学家那样了解其间接影响，尤其其中最为重要的辐射病。在他们心目中，跟温斯顿·丘吉尔的看法一样，这种新式武器代表的不过是数倍于李梅B-29轰炸机的毁伤能力罢了。

斯廷森的角色让后人有些困惑。他时年78岁，是执政班子中最威严的一名老兵。他的政治生涯开始于1905年，西奥多·罗斯福任命他担任了美国南纽约检察官。无论从哪个角度看，他都算是位绅士，第一次世界大战期间在部队里大家都叫他"上校"，1929—1933年间，他曾在胡佛总统执政团队中担任国防部部长，1940—1945年间一直主持国防部的工作。斯廷森对全面战争的许多做法很不喜欢，尤其像对城市开展空袭这样的事情。罗伯特·奥本海默曾记录过他对这种事情的批判态度："他不是说不该继续空袭，而是认为，一个国家如果没人对这样的事提出质疑那就是有问题。"在广岛被投掷原子弹之前的数月时间里，尽管斯廷森感觉越来越疲惫且经常生病，但全美国没有其他哪位政治领导人像他那样在原子弹问题上投入如此多的思考和关注。奇怪的是，尽管对燃烧弹空袭这一做法非常反感，他却从未对原子弹轰炸这一做法表达过任何原则上的反对意见。他甚至对这个由奥本海默带头研制出来的武器表示过欢迎，觉得它是一种有助于缩短战争进程的工具。然而，他却努力想在日本人大难临头之前，通知他们赶紧投降。

国防部部长斯廷森谨小慎微的保留意见并不足以扭转已经箭在弦上的形势。从6月份起，日本只有显示绝对的臣服，才有可能救广岛和长崎于劫难之中。之后，美国方面并未做出投掷原子弹的明确政治决定。杜鲁门如果能大刀阔斧做出干预，还有望阻止这一悲剧的发生。要想弄懂杜鲁门总统当时的行为，要想了解行使总统职务的人自身的局限性，他7月份在波茨坦期间写的日记会有所帮助。这份日记揭示了杜鲁门私下对当时的人物和事件做出的率真反应。他的文章充斥着陈词滥调。这么说，并不是要贬低他（因为杜鲁门以后的成就可是不容置疑的），而只是为了明确他所处的困境。他是个很有自知之明的小个子，受他的几个顾问尤其是贝尔纳斯的影响很大，因为他很敏感，觉得自己缺乏经验。这种敏感已经达到几近病态的程度。

在代号"小男孩"的原子弹案例中，杜鲁门总统采用的正是各民主国家在整个战争期间都在一直沿用的执行战略决策的机制。作为政治人物，他负责批准某一概念，然后将它交由军方加以执行，而在这起案例中代表军方的就是格罗夫斯。跟执行其他空袭任务一样，要调派"艾诺拉·盖"号和"伯克之车"号轰炸机，需要发出一系列命令，需要对机组成员进行培训，需要做好后勤准备，而这一切现在都在陆续展开。近年来，学术界许多人将注意力集中在被美军破译的日本外交通信，尤其是与莫斯科之间的通信，美军掌握了1945年6月至8月这段时间的记录。从中大家很快概括出一个特别明显的内容：日本政府想要结束战争，但无论是公开场合还是私下场合又都拒绝无条件投降。驻莫斯科大使佐藤是日本最为著名的、办事讲求实事求是的人物。他在给东京的电报中明确表达过他的想法：日本政府无论挖空心思提出什么方案，盟军统统都是不会接受的。

既然佐藤持有这样的观点，那拦截到他电报的美国人为什么对此印象却并不怎么深刻呢？1945年，东京与莫斯科之间用摩尔斯电码开展了这番隔空对话，它既不够明确也不够谦卑，根本不足以让莱斯利·格罗夫斯叫停即将运往日本的巨无霸，它们将在那里引发一场惊天动地的大爆炸。战后，杜鲁门曾误称他于1945年8月初下达过用原子弹攻击广岛的命令，或许这是因为他担心，如果后人意识到，在蒂贝茨上校驾机起飞前，连一个让总统深思熟虑而后做出判断的瞬间都没有的话，他们未免会感觉太诧异了。几个月前，杜鲁门总统就默许了使用原子弹的进程，那以后他所做的仅仅是了解事情的进展情况，他并没有叫停"艾诺拉·盖"号。在谈到1812年拿破仑入侵俄国的事件时，托尔斯泰曾指出，重大事件有其自身发展的原动力，它独立于国家领导人和战争指战员的意志。要是能活到1945年，他一定会认为原子弹投掷进入倒计时这个过程，恰好生动印证了他的这一观点。

日军还在自欺欺人地以为他们还有谈判时间，还有时间彼此试探、讨价还价，还有时间跟盟军周旋。他们认为，在投降前，他们有能力让敌人付出沉重的血的代价。他们认为这可以作为谈判的最大筹码。事实上，事与愿违，这正是对他们最为不利的因素。不同方面对"奥林匹克"行动美军可能付出的伤亡代价有不同猜测，有的说是6.3万人，有的说是19.3万人，也有人说是100万人。在此问题上展开争论，似乎根本不着边际。有一点毋庸置疑：进军日本会让大批美军官兵付出生命，而这是任何人都不愿意接受的。封锁和燃烧弹空袭已经创造了条件，在此条件下进军日本极有可能根本就没有必要。现在，新的手段有望终结日本的负隅顽抗，而且兴许还能制止苏联的进攻。

发起珍珠港事件和巴丹死亡行军的肇事国还在百般搪塞，沾满鲜血的苏联人还在做出更多口是心非、自命不凡的表演，凭什么美国要去忍受这一切呢？在公共场合，日本仍旧一副桀骜不驯的模样。美苏关系正在日趋紧张，在此情况下，日本试图通过苏联来争取谈判条件，而不是主动向华盛顿方面表示臣服，这一表现只会刺激美国，使它失去耐心、看不顺眼。正如杜鲁门和其他人事后所声明的那样，投掷原子弹并不是美军付出沉重代价进军日本的直接替代方案。美军会发起"奥林匹克"行动，受到这一可能性影响的，并不是美国人，而是日本人。策划中的"奥林匹克"行动，使得日本人觉得他们还要继续战斗。如今，有许多历史学家将注意力集中到了这样一个问题：美国是否该在计划投掷原子弹时给东京方面发出警告。事实上，如果美国公开表示并不打算进犯日本本土，日本军方领导人反倒更加可能会惊慌失措，尽管这一想法有些不切实际。

第十九章 原子弹

广岛事件真相

整个 6 月份，日本人一直在讨价还价，根本没有意识到美国人已经将注意力集中到了两大重要事件。按计划，两大事件都将在 8 月份某个待定日期实施：一是苏联进军中国东北，二是投掷原子弹。以詹姆斯·贝尔纳斯和杜鲁门本人为代表的华盛顿鹰派人物，他们急切认为第二个事件应该先于第一个事件发生，认为如有可能，美国应该让全世界看到，它在没有苏联参与的情况下就已经终结了对日战争。7 月 12 日，国防部作战与计划局编制的一份文件明确指出了迫使日本早日投降的好处，"既是因为不战而胜可以大幅降低战争成本，也是因为它可以给我们提供更好机会，在太多盟国投入到本地区、为打败日本做出实在贡献之前，解决好太平洋战区的事务"。然而，在"曼哈顿计划"竣工前，美军还在继续为既定于 11 月 1 日展开的"奥林匹克"行动做计划。人们预料会使用原子弹，但其惩戒威力还尚未经过证实，直至 7 月 16 日，在新墨西哥的阿拉莫戈多沙漠，美军开展了一次原子弹试爆。

在波茨坦峰会前几周，斯廷森等人投入大量精力，起草了一份宣言，希望盟国三巨头联合签署，在对日本施以无与伦比的重创之前，给它最后一次提出投降的机会。华盛顿的"警告团队"特别强调要在这份文件中附加一项保证，保证保留日本的帝国体制。许多人参与了这份文件的起草工作，力求做到语言要非常精准，以便使日本军国主义者无论如何逃避不了责任。然而，国务院一些重要官员，特别是助理国务卿迪恩·艾奇逊等人，他们反对宽恕日本天皇。他们认为，裕仁天皇必须要为在位期间发起这场可怕战争付出代价。美国代表团乘船前往波茨坦时，在他们随身携带的文件箱里，装的是好几个版本的宣言文稿。杜鲁门和贝尔纳斯的直觉跟艾奇逊等人很是接近，但跟那些可能做出妥协的人较有出入。4 月 16 日，杜鲁门总统对议会说"美国绝不参与拟订任何只宣布部分胜利的计划"，为此获得了一片掌声。从那以后，这一直就是他的立场。

1945 年 7 月，盟国中许多对原子弹或苏联进军中国东北这些情况并不了解的人，他们相信，不管怎么说，东部战场战事已接近尾声。15 日，英国驻华盛顿大使馆向伦敦汇报说："有人认为，日本自己已是迫不及待，希望能在比'无条件投降'稍好的条件下宣布投降。另外，有传言说日本内部发生了骚乱和不满，这更加助长了前面一类人的认识。"东京电台有报道说，日本记者协会主席曾公开批评政府"用肤浅的乐观言论，来掩盖丢失战略性岛屿的过失"。一个星期后，该使馆又指出："总的来说，人们认为，太平洋战争正在快速推进，有望提前达到高潮。"7月24日，第8集团军军官艾克尔伯格在菲律宾写道："许多人感觉日本快要投降了。"第二天他又补充说："很多人相信，如果苏联加入进来，日本就会投降。"然而这种乐观精神却低估了日本领导阶层中仍然甚嚣尘上的顽固意识。

6月22日，在东京的皇宫里，日本天皇头一次继冲绳战败后直接亲自干预由日本政府和武装力量领导人组成的"六巨头"会议。全部上朝大臣按朝觐程序集体表达了要继续战斗的决心后，裕仁天皇授权他们要努力争取通过莫斯科开展谈判。随后几天里，日本人惊慌失措地发现，苏联驻日大使马利克不断声称"公务太繁忙"，不能再接见广田。现在，措手不及的驻莫斯科日本大使佐藤首次被告知，东京的各位日本大臣正在着手执行他数月以来一直催促但始终无果的政策，至少是他提议政策的一小部分。然而，6月29日，当马利克同意接见广田时，他发现他面前这位日本人还在痴人说梦。广田提出了几个方案：一是要保留"满洲国"的"独立"，二是日本打算放弃部分渔权以交换苏联的石油，三是日本总体上表示愿意对一些尚未解决的问题展开讨论。在马利克看来，这简直是太荒唐了。后世之人也会同样认为。

不管裕仁天皇启动谈判的愿望多么真诚，日本随之采取的外交努力却非常拖沓迟缓，一个月的时间很快就打了水漂，对于广岛和长崎来说，这可是生死攸关的一个月啊。1945年夏，日本领导人办事典型的推诿作风，根本就是对几十万牺牲在近期战役中的海陆空战士的惊人背叛，因为设计这些战役的初衷，就是要给这个国家争取时间。这点好不容易争取来的时间却被无情挥霍掉了。现在离保罗·蒂贝茨上校的飞机起飞还有不到5个星期的时间，离斯大林发动进攻的时间比这稍微长一点点。6月26—27日，在莫斯科的苏联最高统帅部和政治局会议上，苏联正式宣布，让苏联军队进军中国东北，夺取雅尔塔会议承诺给苏联的近海岛屿。部分将军和党的领导人还呼吁要占领日本本土岛屿北海道。另外一些人，包括莫洛托夫和朱可夫元帅，他们认为，此举从军事角度看存在风险，它会让美国人指责苏联违反雅尔塔协议相关条款。斯大林保持了沉默，他想静观事态发展再来讨论这些问题。

7月14日，广田想再次约见驻东京的苏联大使马利克。由于没有

第十九章 原子弹

莫斯科方面的指示,马利克大使再次拒绝与他见面。这场黑色闹剧的下一步,是日本又一次提名让一位前首相近卫亲王担任天皇的私人特使前往苏联。这次任命过程中,伴随发生了一些稀奇古怪含糊其辞的情况。为了避免跟主战派发生冲突,近卫并未得到正式指示。外务大臣催促佐藤大使说:"务必小心从事,不要给人印象,觉得我们是打算利用苏联人来结束战争。"怒气冲冲的佐藤大使回电要求告诉他一些具体情况,譬如,日本承诺不兼并不占领海外领地。在这些领地都已经丢失的情况下,这样的承诺还可能产生多大影响?他说,苏联人都是些极其现实的人,他根本不指望"用跟现实毫无关联的冠冕堂皇的区区说辞"能够说服他们。

然而,所有这些也就是东京四分五裂的派系能够答应提供的全部了。7月12日,裕仁天皇通过佐藤大使向莫洛托夫转达了一份电报,简要宣称:"天皇陛下注意到,当前战争给交战各国人民带来的罪恶和牺牲在每况日增,因而衷心希望战争能够很快结束。但由于英美两国坚持要求无条件投降,日本帝国别无办法,只能为祖国的荣誉和生存全力以赴,继续为战……"电报结尾处直言不讳地指出,近卫亲王不久将抵达莫斯科,以求"恢复和平"。他将带来一封信件,确认天皇在电报中所表达的高尚情操。

美国方面通过"魔术"情报搜集系统掌握了所有这些信息交换的内容。7月16日,斯廷森在日记中写道:"我收到了有关日本策划求和的重要文件。"他的副手麦克罗伊同样兴高采烈地写道:"有消息传来,说日本正在努力让苏联帮忙使他们得以摆脱战争。裕仁天皇本人应邀给斯大林发送了信息。情况有所进展。从我们听说发生珍珠港事件的那个星期天早晨算起,我们可算是走过了一条漫漫长路!"福利斯特尔指出:"今天,我们得到了日本想要结束战争的第一份真实证据……东乡茂德说盟军提出的无条件投降大概会是终结战争的唯一方式。"

柏林市中心寒冷而破败,在离这里几英里远的地方,在波茨坦的塞琪琳霍夫宫,斯大林正在主持二战期间盟军最后的一次大型峰会。每位与会者都将这一场合视为一次重大挑战,尤其是美国总统哈里·杜鲁门。围坐在会议桌边的都是些传奇人物,尤其是斯大林和丘吉尔,而他只是个新人。杜鲁门总统于7月7日乘船从弗吉尼亚纽波特纽斯出发前来赴会,现在他被安排住在恺撒大街一栋黄色灰泥外墙的3层楼房里,房屋的前主人是位德国电影制作人。不到10个星期前,他的几个女儿就在这栋建筑里在苏军的劫掠行动中遭到强奸。当然,建筑里早被苏联人密密麻麻装上了窃听器,服务员也都是苏联内务部提供的。就是在那样一个环境,杜鲁门收到了斯廷森发来的备忘录,其中强调指出了美国迫切需要向东京方面发出警告的事情。

波茨坦会议上处理的事务,主要都跟欧洲有关,尤其是有关德国和波兰前途的事情。领袖们同时也在考虑远东战争和苏联参战的问题,但另外还有许多大事需要杜鲁门和贝尔纳斯去关注。如果说他们处理亚洲事务的方式太过草率,那也未免不够公道。然而,整个会议期间,处理这些问题,得把它们放在更多其他问题的框架下去对待。贝尔纳斯是对杜鲁门总统具有绝对重要影响力的人物,对于东京方面向苏联做出提议的消息,他并不像斯廷森、麦克罗伊和福利斯特尔那样把它当成一件大事。这位国务卿后来写道,对于日本试图"避免天皇遭到罢黜,同时想留住部分被他征服的领地"的打算,他根本就没怎么去考虑。

一些历史学者在贝尔纳斯的态度中留意到一点跟处理重要关头紧急事务不相匹配的小民族主义做派。没错,就像杜鲁门后来给他定性的那样,他的确是个不够老练的人,就他所担任的重要职务而言,显得有些小家子气。然而,如果说贝尔纳斯在1945年那个夏天所做的判断,是受到了国内政治考量的重大影响,那也并非没有道理。美国是日本的头号敌人。整个战争期间,苏联一直非常担心西方盟国单独与德国媾和。英国和美国知道苏联有这么个心病,因此一直不紧不慢地吊着它的胃口。譬如,直到希特勒驻意大利部队投降前最后几天,他们还一直在拒绝德国反纳粹力量提出的各种和平方案。现在,东京方面已经选择向莫斯科方面靠拢。当苏联在欧洲的野蛮行径和扩张思想令世人为之震惊之际,美国凭什么不应唾弃这样的丑恶现象呢?那些批评美国未能在1945年7月最后几个星期直捣敌人老窝救日本人民于水火之中的人,他们似乎忽视了一个简单的道理。如果东京方面想要结束战争,那么实现这一目标唯一可信的手段,应该是通过某个中立机构跟华盛顿方面商量,而且这个中立机构的名声应该要比苏联好才行。

我们知道,这一方案未能得以实现,原因包括日本想从苏联那里取得更为有利的条件;东京的主战派会否决跟美国直接开展谈判。那样做,丢面子会是不堪忍受的。美国国务院的亚洲问题专家对导致日本如此行事的文化力量和政治力量了解得很清楚。日本曾给亚洲带来无尽的悲痛和苦难,然而当美国已经站在即将完胜日本的边缘时,凭什么他的敌人不该承受压力,主动承认失败,甚至主动承认自己的罪

第十九章 原子弹

过呢？

第二次世界大战期间，希特勒给盟国的敌人树立了一个邪恶标杆。一些历史学者，当然并非都是日本人，他们认为，日本的领导人跟希特勒相比，显然要好得多，因而当然不值得用原子弹去加以打击。然而，那些经历过被日本侵略、知道日本因此造成上千万人死亡的人，他们很少有人会认为日本有资格要求盟军给它以比德国更为优越的待遇。战后对原子弹轰炸广岛前数周内美国的行为提出批评的人，他们似乎是希望美国领导人在道德和政治上显得更加慷慨大度，一种远远超越日本领导人在6年世界大战中所能展现的慷慨大度。这一想法未免太过荒唐。他们的核心看法是：美国应该宽恕它的敌人，不该让他们承担因为统治者的盲目和愚昧造成的人祸；华盛顿政府的领导人应该比东京政府的领导人更开明，应该对日本人民展示关怀。

然而，凭什么美国就得既欢迎苏联大搞宣传，宣称在亚洲取得胜利，又要去迁就蛮横的敌人的自尊心呢？杜鲁门对日本的"强硬"显然反映了他的愿望，既要让美国人民也要让苏联人感觉到他的威信。然而，作为无条件投降思想的设计者罗斯福，如果他还在世的话，很难相信他会有不同的举动。在抗击德国的战争中，苏联为胜利付出的流血牺牲最多，因而作为回报，斯大林提出的要求也很多。英美两国在莱茵河西岸磨蹭不前时，斯大林趁机挥师占领了欧洲的东部地区。然而，在对日作战中，美国毫无疑问是胜利者。仿佛一场戏，苏联人大部分时间都没参加，到最后几分钟却突然出来加入谢幕演员的队伍，想要收获丰厚的回报。看到这种场面，不能不让人感觉窝火。投掷原子弹，最主要的原因，是要迫使日本结束战争。但如果说美国想通过此举挫一挫苏联人扩张的嚣张气焰，那似乎也不无道理。

詹姆斯·贝尔纳斯在他的回忆录中写道："要是日本政府选择无条件投降，投掷原子弹也就没有那个必要了。"长谷川毅近期对这一时期的历史有过研究并有重要著述，他评价认为："或许可以把这句话反过来读：'如果我们坚持让日本无条件投降，我们就能为投掷原子弹找到理由。'"长谷川的这句话再次让我们不禁质问：干吗美国就一定要坚持无条件投降呢？

7月17日，杜鲁门和斯大林在恺撒大街的"小白宫"举行了他们的第一次双边会谈。苏联领导人斯大林宣布，他的军队将于8月中旬准备好进攻中国东北。杜鲁门第二天给他妻子贝丝的信中写道："我大吃一惊，我不知道情况是不是在按规则进行。不管怎么说，头已经开了，我得到了我此行想要得到的东西：斯大林会于8月15日无条件参战。现在我可以说,我们可以提前一年结束战争了,想想那些孩子吧,他们可以不用战死沙场了。"这封信怎么能跟丘吉尔在波茨坦会议上给外交部部长伊登留下的备忘录对得上号呢?丘吉尔在备忘录中说:"显然,美国此刻并不想让苏联加入对日作战。"杜鲁门跟他的许多顾问一样,都很后悔跟苏联人达成协议,让他们介入远东事务。然而,在波茨坦会议上,他不得不将错就错,因为雅尔塔会议上决定好的事情已经覆水难收。在他这封信中最重要的无外乎那几个字"无条件参战"。莫斯科方面没有再提出会进一步有损于中国或美国利益的新要求。斯大林并没有像他之前向哈利·霍普金斯提出的那样坚持要在日本建立苏联占领区。

然而,杜鲁门总统在波茨坦会议上的言行表明,对于苏联加入对日作战,他内心还残存一些迷惑不清的想法。他在后来做出的虚假声明,尤其在他回忆录中对于做出原子弹决策相关背景的虚假陈述,使这个问题变得更加含糊不清。所有的政客都会试图修改自己的记录。罗斯福曾说过假话,丘吉尔的战争回忆录也有许多无耻的自我标榜的内容。杜鲁门的著述给人一种感觉,对于1945年7月至8月这段时间内他做到或没能做到的一些事情,他事后并不完全感觉心安理得。他用明显歪曲历史事实的方式,来维护一个坚强有力的证据,但适得其反。

在杜鲁门总统给他妻子写信前一天,他收到了首条有关新墨西哥州原子弹爆炸试验获得成功的消息,试验是在一个内爆装置里进行的,类似于即将用于轰炸长崎的"胖子"原子弹。科学家们顶着巨大的压力,要赶在波茨坦会议前拿出结果,他们完成了一项"历史上最伟大的物理试验"。即将投放到广岛的"小男孩"原子弹,采用的是枪式引爆法,因此无须进行试验。因此,从那时起,杜鲁门就可以认定,要不了多久,美国就能用这样的武器来对付日本了。敌人完全有可能会提前投降,但哪些力量组合会有助于促进这一结果的产生呢?这在当时根本就是个未知数。长谷川毅写道:"显然,杜鲁门并没有将斯大林看作是致力于打败日本这一共同事业的盟友,而是把他看成了一个竞争者,他们要比赛看谁能最先迫使日本投降。"这个判断很重要,因为它已成为现当代批评家批判原子弹轰炸广岛事件的重要理据之一。他们说,杜鲁门总统称他要用原子弹迫使日本投降,凭借这样的理由,他欺骗了他的人民,欺骗了整个世界。事实上,这是第一个带有冷战特征的军事行为,其目的是要震慑美国未来的敌人苏联。

这样一种认识使杜鲁门的行为带上了一些不该有的狠毒。1945年7

第十九章 原子弹

月,这个世界似乎成了一个高度危险的地方,不仅对杜鲁门总统和贝尔纳斯是如此,而且对埃夫里尔·哈里曼这种更为精明、消息更为灵通的人也是如此。希特勒已经被消灭,但苏联征服东欧,给斯大林提供了行使帝国统治的机会,久病缠身的罗斯福曾对此正式加以承认。苏联人从此开始滥用他们的特权。在波兰,最显著的事例是,苏联军队系统性谋杀了每位宣称支持本国拥有独立和民主权利的公民。除战争以外,别无其他办法可以推翻新生的斯大林统治。丘吉尔在富尔顿所做的有关"铁幕"的演讲,那还是7个月之后的事,然而1945年5月12日,他已经在使用他最富历史意义的词汇了:"铁幕正在苏联前线缓缓落下。"莫斯科的全球野心已经昭然若揭。

深思熟虑、消息灵通的美国人此时正心事重重。斯大林在东部战场上又打算玩什么样的扩张把戏?11月前,美军还不大可能出兵日本,但苏联人要于8月份进军中国东北了。莫斯科的军队大举进入中国时,斯大林是不是还能遵守承诺、摒弃毛泽东领导的共产党而承认蒋介石领导的国民党政府呢?有人担心,苏联人会利用进军朝鲜的机会长驱直入一举占领整个朝鲜半岛,而不会如雅尔塔会议上约定的那样在北纬38度的位置止步不前。千岛群岛是盟军承诺给苏联的领土,斯大林的军队在那里发起了两栖登陆,但倘若他们继续前进,想要占领日本的部分本土岛屿呢?有人可能会觉得,这种猜测反映的只是华盛顿方面的臆想。事实上,当斯大林的军队于8月份发起进攻时,这位苏联领导人一直是将占领北海道作为待定选项的,而且如果日本继续抵抗的话,苏军几乎肯定会执行这一方案。

杜鲁门发现由他担任总统的这个时候,正是苏联大肆扩张的时候。不仅是温斯顿·丘吉尔,其他人也在说,是美国的天真和软弱,纵容了苏联的扩张。原子弹应该可以使美国在斯大林军队给亚洲造成混乱之前结束与日本的战争。一些历史学者错误地认为,这一看法体现的是美国政府一种原始的竞争性民族主义意识。杜鲁门和贝尔纳斯的态度很冷酷,但既缺乏现实主义精神又缺乏政治家风范。跟西方国家一些人不同,他们已经明白斯大林领导下的苏联是多么的邪恶。可能有人会指责他们,认为对待日本的残余军事力量,根本用不着采取那样一种简单粗暴的方式。但1945年7月,日本人的不幸在于,他们自己的优柔寡断,刚好跟美国领导层所遭遇的其他压力凑到了一块儿。

对杜鲁门、贝尔纳斯、艾奇逊和其他许多人来说,迅速战胜民主国家当前已经申明的敌人,会给它们未申明的潜在敌人发出一个重要信号。似乎可以这么说,1945年的那个夏天,美国和苏联之间在开展一场竞赛，双方比的是看谁先宣布对日作战取得胜利。然而，美国政府的动机似乎更加值得尊重，尽管批评者不一定这么认为。同时，如果暗示人们，给他们留下印象，认为轰炸广岛的原子弹其"主要"目的是要震撼苏联，那似乎也是一个错误。那显然只是蒂贝茨上校此次任务非常希望达到的一个次要目的。然而，迄今人们几乎仍然不会怀疑，无论苏联是否打算干预，美国都会使用原子弹来加速日本投降的进程。

虽然说这一观点对于评价杜鲁门使用原子弹轰炸广岛的决策很重要，但它并没有回答应该首先使用什么样的警告方式这一问题。现在大家都知道，出席波茨坦会议的，无论是美国人还是英国人，他们都没人对使用原子弹的问题表达过道德上的顾虑。然而，西方盟国领导人却无休无止地讨论过另外一个问题，那就是：按照斯廷森和麦克罗伊提出的路线，先给日本下达最后通牒会有什么样的好处？1945年7月，在英国大选中失利之后，温斯顿·丘吉尔在担任首相的最后几天时间里再次呼吁，无条件投降学说应该加以修改。

这位最伟大的英国人并没有让杜鲁门有望而生畏的感觉。杜鲁门在波茨坦会议期间的日记里，有过一段非常具有他个人特点的文字，描述了他们之间的第一次会晤："我们谈话很投机。他是个很有气质、非常聪明的人。所谓'聪明'，我指的是它的英语本意，而不是肯塔基州通行的那个含义。他给我说了一大通乱七八糟的话，像是我的国家是多么的伟大，他是多么的喜欢罗斯福，他打算怎么样喜欢我，等等。我尽我最大的可能热情地接待他，希望让他感觉我天生是个有礼貌、很好相处的人。我相信，如果他不试图给我太多'软肥皂'（恭维）的话，我们之间会更好相处的。你知道，'软肥皂'是用灰斗黑麦做成的，要是入了眼，会疼得要命的。"

跟罗斯福在开罗时的做法一样，杜鲁门也很快拒绝了丘吉尔以温和方式提出的方案。当丘吉尔首相提到要"做出点姿态，给日本军人留点面子"时，杜鲁门断然回应说，面子这种东西，珍珠港事件以来，美国人已经所剩无几了。丘吉尔告诉杜鲁门说，斯大林给他透露，说日本的和平刺探者到过莫斯科了。没过多久，苏联领导人斯大林也把同样情况告诉了美国总统杜鲁门，显然是希望以此表明，他当真不会跟东京方面秘密开展双边谈判。

杜鲁门在波茨坦会议上对斯大林说，美国"现在拥有一种有非同一般杀伤力的新式武器"，对此这位苏联领导人并未感觉惊奇。同样道理，他极有可能知道或者已经猜测到，美国人在监听日本人的密码电报往来。苏联特工已经彻底渗透到西方的情报机构,"曼哈顿计划"自然也不是例外。波茨坦会议的一个显著特点是,"三巨头"相互通报了一些他们认为是秘密的东西,但对方都已经掌握了这方面的情况。斯大林问杜鲁门,美国人觉得苏联该如何回应日本人的提议。杜鲁门总统说,继续谈吧。

的确,甚至在盟军领导人聚会德国期间,日本人跟苏联人的交流也仍在继续进行。按照杜鲁门跟斯大林达成的意见,7月18日,莫斯科努力想要明确东京方面的立场。两天后,佐藤大使给政府致电,感人肺腑地呼吁日本主动投降,只要能保住"国体"就行。日本外务大臣东乡茂德对此提议不以为然。7月21日,他告诉佐藤说:"全国团结如一人,只要敌人要求无条件投降,就要按天皇旨意,与敌血战到底。"当然,通过"魔术"情报系统,美军也了解了他们的想法。4天后,东乡告诉佐藤,让他通知莫斯科方面,如果苏联对日本请他们出面斡旋的要求仍旧无动于衷,"我们将别无选择,只能考虑另外采取行动"。这明显是在发出威胁,想要另外投靠其他盟国。这些电报,没有任何内容足以让华盛顿方面相信,东京已经接受现实。"魔术"系统破译人员截获的驻日本中立国外交人员给国内发出的电报表明,他们对形势的评估跟美国人从莫斯科与东京两地电报往来中得知的情况完全吻合:日本人决心要战斗到底。日本政府明确拒绝了理性人士如佐藤之流要求接受无条件投降的呼吁。

波茨坦会议上,大家还在继续激烈讨论美国国防部部长斯廷森提议向日本发出的最后通牒或最后宣言该如何表述。联合战略调查委员会不喜欢斯廷森想保留天皇职务的想法。委员们都是些笃信共和制的人士,他们主张"为保证不再发生侵略行为,日本人民可以自由选择他们的政体形式"。负责为斯廷森起草这一文书的国防部作战局人员仍然坚持保留天皇,因此他们换成了另一种表述:"日本人民可以自由选择是否保留天皇作为宪制君主。"美军各军种参谋长集体通知杜鲁门总统,说他们更倾向于用联合战略调查委员会提出的版本,因为它更符合美国对于民族自决权的看法。

7月21日,杜鲁门总统在波茨坦收到了格罗夫斯将军从阿拉莫戈多沙漠发来的核爆试验报告全文。报告洋溢着欢天喜地的感觉:"人类历史上第一次有了核爆炸。多么惊人的爆炸呀!……试验很成功,完全出乎所有人最为乐观的期待……我们都很清楚,我们真正的目标还没达到。在战争中,在日本本土上完成战场测试,那才真正算数。"在波茨坦"小白宫",斯廷森当着杜鲁门和贝尔纳斯的面大声朗读完这封电报时，杜鲁门总统"一下子来了精神"。他告诉斯廷森，这个消息给了他"全新的信心"。麦克罗伊在他的日记中写道："这枚巨型炸弹振奋了杜鲁门和丘吉尔的信心……出席下一次会议时，他们就像怀揣着一个大红苹果的小男孩似的。"格罗夫斯重新将京都确定为第一枚原子弹要轰炸的首要目标。得知这一消息，斯廷森气得暴跳如雷。他赶忙给华盛顿方面发了封电报，否决了这位将军的选择，尽管他给杜鲁门提供的依据并不算高明。他的建议有些奇怪。他说："万一苏联出兵中国东北，放过京都还能使日本站在同情美国的一边。"

随后，国防部向波茨坦方面致电说，8月1日之后不久，第一枚原子弹应该就能使用了。具体哪一天取决于天气，但几乎可以肯定会在8月10日前投入使用。7月23日清晨，杜鲁门告诉斯廷森，他认可最新版的对日"警告信"。他建议尽快将它发布出去。7月25日清晨，太平洋战区美国陆军战略空军司令卡尔·斯帕茨将军收到一封书面指令，要求他安排在日本投掷两枚原子弹，签署命令的是仍然身在波茨坦的国防部部长斯廷森和参谋长联席会议主席马歇尔。杜鲁门是否见过这份文件不是很清楚，但不管怎么说，发布这份文件只是个形式。指令要求："第20空军部队第509合成大队，请务必于1945年8月3日后，在天气允许实施可视轰炸情况下，尽快将第一枚特殊炸弹投掷到以下任意目标，即广岛、小仓、新潟和长崎……其他炸弹也应在项目人员完成准备后尽快投掷到以上目标。"

换句话说，在投掷第一枚原子弹和投掷第二枚原子弹之间，并未留出政治停顿时间让日本人有机会考虑改变立场，这是这一进程在道德上并不那么光彩的地方。广岛被确定为主要目标，表面上是因为它是个具有战略意义的港口，但主要原因是因为它还未曾遭到过李梅的燃烧弹空袭，因此可以作为一个比较有说服力的核弹试验场。在欧洲，英国皇家空军轰炸机司令部有时也会出于同样的原因寻求未遭受过打击的城市作为轰炸目标，目的是要检测新型杀伤技术的效能。这也难怪，要不是因为被定为核时代的诞生地（更恰当的说法是"葬生地"），因而被删除出李梅的火攻城市名单，美军第20空军部队早就已经将它炸得稀巴烂了。

美国是否还希望苏联在中国东北采取行动，这仍然是杜鲁门头脑中一个很突出的问题。他再次征求了斯廷森和马歇尔的意见。参谋长联席会议主席马歇尔回应说，现在苏联出兵已经显得多余。莫斯科方面在中国东北布设重兵，使日本无法调动其关东军。然而，只要愿意，苏联可以随时拿下中国东北，因此他认为美国没有必要正式改变政策。

第十九章 原子弹

让苏联人根据与美国达成的条件进入日本帝国，这似乎比眼睁睁看着他们按照自己的想法随意大举进军中国要强。斯廷森表示同意马歇尔的看法。很重要的是，要注意，即使到了这样一个已经很晚的时期，在原子弹能否促使日本投降这件事情上，马歇尔仍然持怀疑态度。几个月前，这位美国级别最高的战士就曾宣布，是否使用原子弹、如何使用原子弹，有关决定应该由国家政治领导人来做，而不是由军事领导人来做。7月份，他注意力的焦点，仍是苏联和美国的军队可能会做些什么，而不是蒂贝茨上校要去执行什么样的任务。

7月24日，杜鲁门批准了后来称为《波茨坦公告》文件的最终文本，将丘吉尔的一些建议纳入到了文本中。丘吉尔首相以一种接近于毫不在乎的态度欣然同意，认为美国此后无须再跟英国商议，可以直接投放原子弹。在这件事情上，他承认政治现实；然而此举或许也揭示了他在认知上的局限性：对于这一重大事件将如何改变世界，他认识得并不是很清楚。英国做出最后努力，想在《波茨坦公告》中加入修改无条件投降的内容，但遭到了拒绝。斯廷森再次请求在文本中更为具体地明确表示保留日本帝国体制方面的内容，但同样也遭到了拒绝。

自杜鲁门起程从华盛顿出发到《波茨坦公告》得以发表，这段时间里，原子弹试验的成功使《波茨坦公告》一下子成了一份极其重要的文件。跟一些美国人一样，斯大林本来也以为，盟军三巨头会在波茨坦签署一份共同文件，它将同时成为苏联对日宣战的文件。然而，眼下，美国代表团却谋求在签署文件、拒签文件以及美国单方面引爆原子弹之间建立起直接的因果关系，他们已经不再想跟苏联共用一份《公告》了。

7月25日，杜鲁门在日记中写道："从现在起到8月10日之间这段时间，这一武器就将投入对日作战。我告诉国防部部长斯廷森先生，动用它的时候，要将军事目标和军人作为打击目标，不要将它用在妇女儿童身上。即使日本人是无情而疯狂的野人，作为为全人类谋福利的世界领袖，我们也不能将这枚可怕的炸弹投掷在日本旧都京都和新都东京上面。"这番话像是杜鲁门为了自己能够彪炳历史而有意留下的记录，除此之外我们不可能做出其他的解释。收到格罗夫斯的报告后，任何一位有头脑的人都不会怀疑，一场史无前例的灾难即将到来，日本的人口中心快要大难临头了。

7月26日晚，经美国、英国以及缺席会议的中国领导人共同签署的《波茨坦公告》得以发布：

……………

（五）以下为吾人之条件，吾人绝不更改，亦无其他另一方式。犹豫迁延，更为吾人所不容许。

（六）欺骗及错误领导日本人民使其妄欲征服世界者之威权及势力，必须永久剔除。盖吾人坚持非将负责之穷兵黩武主义驱出世界，则和平安全及正义之新秩序势不可能。

（七）直至如此之新秩序成立时，及直至日本制造战争之力量业已毁灭，有确定可信之证据时，日本领土经盟国之指定，必须占领，俾吾人在此陈述之基本目的得以完成。

（八）开罗宣言之条件必将实施，而日本之主权必将限于本州、北海道、九州、四国及吾人所决定其他小岛之内。

（九）日本军队在完全解除武装以后，将被允许返其家乡，得有和平及生产生活之机会。

（十）吾人无意奴役日本民族或消灭其国家，但对于战罪人犯，包括虐待吾人俘虏在内，将处以法律之裁判，日本政府必将阻止日本人民民主趋势之复兴及增强之所有障碍予以消除，言论、宗教及思想自由以及对于基本人权之重视必须成立。

（十一）日本将被允许维持其经济所必须及可以偿付货物赔款之工业，但可以使其获得原料，以别于统制原料，日本最后参加国际贸易关系当可准许。

（十二）上述目的达到及依据日本人民自由表示之意志成立一倾向和平及负责之政府后，同盟国占领军队当撤退。

（十三）吾人通告日本政府立即宣布所有日本武装部队无条件投降，并以此种行动诚意实行予以适当之各项保证，除此一途，日本即将迅速完全毁灭。

《波茨坦公告》并非以外交通信形式传递给日本政府的，而仅仅是通过媒体向全世界做了宣传。苏联人惊讶地发现他们居然没有被包括在缔约国之内，而只是在《公告》发布之后才有人给他们送来一份副本。他们与会时带来了他们的版本，要求日本无条件投降，但使用的文字是这样的："美国、中国、英国和苏联将此事视为责任，决心立即联合采取断然措施以结束战争。"这个版本从未得以递交，也从未得到讨论。

将签署最后通牒的行为限定在与日本处于交战状态的国家，将处

第十九章 原子弹

于中立地位的苏联排除在外,美国人是有权这么做的。然而,斯大林从此再也没有任何疑问:美国要决心按自己的方式去对付日本,对莫斯科的依托将会是最低限度的。有那么一段时间,这位苏联领导人怕是还闹了心病,担心美国想反悔在雅尔塔会议上做出的承诺,担心他们不再兑现答应过给他的在亚洲的奖品。人还在波茨坦,他就给莫斯科打电话,要求将苏联红军出兵中国东北的时间提前10天。他把他的情报头子贝利亚厉声训斥了一通,说他们竟然没有注意到美国已经成功完成了原子弹爆炸试验,要没有杜鲁门的提醒,他还蒙在鼓里。

7月29日,在波茨坦,莫洛托夫提出,美国应该正式请求苏联加入远东战争。美国人对此表示了拒绝。杜鲁门后来称,他不想让苏联人有机会说,是他们的介入决定了战争的最后结果。贝尔纳斯在他的回忆录中显得直率得多。他坚称,鉴于苏联人最近在欧洲的行为以及违反《雅尔塔协议》的做法,他不希望让苏联人加入亚洲的战争。他相信,没有苏联,凭借原子弹,他们就能迫使东京投降。7月31日,杜鲁门写了一封给斯大林的亲笔信,对莫洛托夫提出的要求做出了回复,说在1943年盟国"四巨头"所做的《莫斯科宣言》已经充分说明,苏联可以无须任何前提条件直接加入战斗。他的这一观点几乎就没有怎么去考虑外交细节的问题,但不管怎么说,事情也就这样过去了。苏联人愤然离开了波茨坦,认为美国人办事口是心非。

被《波茨坦公告》蒙蔽得最厉害的,要数日本。当东京方面发现上面没有斯大林的签名时,他们以为那是因为斯大林有意选择不与日本的敌人为伍,因此苏联仍然是个值得信任的"中间人"。在英国大选中落败后,丘吉尔不再担任首相,他的黯然落幕让日本人更加觉得欣喜万分。他们觉得,这有可能会使盟军内部开始动摇、产生不同意见。东京一些人读完《波茨坦公告》,还觉得很受鼓舞。通过莫斯科,他们试图澄清一些模糊不清、泛泛而谈的内容。在7月27日下午的内阁会议上,外务大臣东乡茂德呼吁不要立刻做出公开回应,部分原因是:即使在日本政府各位大臣内部,也几乎无法形成统一立场。日本媒体对《公告》的内容进行了报道,只是省略了盟军承诺日本士兵可以和平返乡的内容。各大报纸的反应并不像政客那样的克制。《读卖新闻》的一篇社论选用的标题是"给日本开出的可笑的投降条件"。《朝日新闻》另外一篇文章这样报道说:"政府打算置之不理。"在日本社会,面对难以接受的语言或行为,"沉默是金"向来是个主要的行为工具。

然而,第二天,防务大臣阿南惟几麾下好几个部门的领导人出来宣布说,沉默恐怕还不够。他们坚持认为,首相铃木贯太郎应该出面谴责这一公告。铃木首相在记者招待会上做了简短陈辞,将这份美国人起草的文件说成"是《开罗宣言》的翻版。日本政府并不认为它具有严肃价值,我们只能置之不理,我们将竭尽全力坚持苦战到底"。

一些历史学者曾提出质疑,铃木贯太郎在此情况下是否真说过这样的话。然而,如果说在具体言辞上还存有怀疑的话,那么在日本政府同意不对《公告》做正面反应这个问题上,却并不存在争议。7月27日,美联社报道说:"日本半官方的同盟通讯社今日声称,盟军要求日本在投降或是毁灭之间做出选择的最后通牒会遭到无视。"天皇本人似乎也并未做出努力,对铃木的姿态提出质疑。一直以来,人们时常称赞裕仁天皇,说他扮演了日本国内首席主和者的角色,但需要强调的是,他断然拒绝了《波茨坦公告》提出的条件。如果天皇能够在此时而不是两周之后断然决定干预,那随后的一切就都可能得以避免。事实上,这位优柔寡断、能力不足的皇帝还在持骑墙观望的态度,他想要和平,但不愿承认日本战败。历史自己选择了前进的方向。

日本大使佐藤还在继续接二连三发电报,恳请东京方面面对现实。7月30日,他致电说:"如果想让美英两国软化态度并阻止苏联参战,我们别无选择,只能无条件投降。"8月2日,外务大臣东乡茂德回复让他耐心一点:"一时间还很难决定具体的和平条款。"然而他说,天皇正在密切跟踪莫斯科方面的进展,铃木首相和军方领导人在研究问题,思考《波茨坦公告》是否已提供谈判的可能。负责就《公告》问题开展"魔术"情报破译工作的美国海军情报分析员汇报说:"日本人还倾向或者决心要在公告条款中寻找足以有效保留他们面子的柔性语言,他们还是不愿接受'无条件投降'这样的语言。"

在从波茨坦返程回家的路上,杜鲁门是否读过这些破译文件或这些情报分析,人们不得而知。本次峰会最后一次会议于8月1日召开。斯大林当天就离开了柏林,美国总统第二天一大早也走了。杜鲁门决定在投掷原子弹后以他本人的名义发布一份公开声明,并审核批准了这份声明的文稿。在他眼中,现在最重要的,是日本政府已经拒绝对《波茨坦公告》做出积极反应。的确,早前拦截到的佐藤和东乡之间的通信已明确表明,东京方面已经做出了拒绝妥协的姿态,因为日本外务大臣明确指出了无条件投降的可能。如果说过去数周时间里,动用原子弹已经变得几乎不可避免,那么现在则可以说,这一情况已经变成绝对不可避免了。

后世各国许多人认为,对日投放原子弹事件,其独一无二的恐怖效果在此次战争中可算无出其右,反差之大犹如平原赫然耸立起一座暗黑的山峰。在某种意义上讲，这种看法是正确的，因为核时代的到来为人类提供了一种足以毁灭人类自己的威力空前的武器。然而，在原子弹爆炸前，能够完全认识其重要意义的，却仅限于为数不多的几十位科学家。要了解动用原子弹轰炸广岛这一决策的相关背景，似乎有必要对参与其中所有人的工作背景有所了解，他们是美国的政治领袖和军事领导人，被迫做着各自分内的事情。他们是些50—60年龄段的人，大战带来的多年持续不断的危机生活已经让他们疲惫不堪，内心每天都得承受艰难时局的狂轰滥炸。

欧洲已经沦为一片废墟，西方盟国努力想要应对斯大林的无情与贪婪、英国的全面破产以及上千万人口还在忍饥挨饿的局面。每天，杜鲁门、斯廷森、马歇尔和他们的工作人员都会收到进军日本本土的各种计划报表。美国发现，一方面，它必须对半个世界的未来做出裁决；另一方面，它还必须尽可能拯救另外半个世界的人民，使他们免受苏联人的荼毒。与此同时，对日作战却仍在继续进行，人类还在因为希特勒死亡集中营纪录片里反映的恐怖场面而惊惧不安。波兰该怎么办，上千万流离失所的人该如何安置？逍遥法外的纳粹战犯该怎么办？希腊的内战又该如何收拾？中国能实现多党分享政权吗？日本在太平洋上的守军仍在做困兽斗，尽管1945年6月以来盟军并未对裕仁天皇的海外驻军发起重大行动。英军在筹划登陆马来亚。几乎每天，李梅的"超级堡垒"都会从关岛和塞班出发，对越来越多的日本城市发起火攻。舰载机会对日本本土岛屿实施扫射和轰炸。阵亡名单在给美英两国千家万户带去悲痛。落入日本人手中的数万名盟军战俘，他们的命运让人牵挂。

在对责令发起原子弹进攻的人及其行为做出判断时，似乎有必要对以上所有这些情况都要有所了解。让人颇为感动的是，这些人不过凡夫俗子，他们知道自己能力有限，但还是努力要去对付那些棘手的事情，而原子弹问题只是众多重大事项中首当其冲的一项而已。在指导关系民族生死存亡的斗争过程中，任何人都必须做出会让人付出生命代价的决定。付出代价的人，其数量会以千万计，包括盟军军人，也包括敌军将士，还包括普通平民。他们多数人会诙谐地说，拿着军饷，为的就是打仗。前怕狼后怕虎的人，他们完不成指挥作战的任务。美国已经参与多次空袭，炸死过约75万德国和日本的老百姓。对此，舆论并未提出过多少反对。跟让第20空军部队连续发动燃烧弹空袭的决定相比，找理由支持投放原子弹的决定要容易得多。劳伦斯·弗里德曼和萨基·多克里尔曾有过一段精辟的评论："关于是否有必要动用原子弹的问题，历史学者们一直争论不休。这个问题的关注点在于，动用原子弹的判断是战略性的，它针对的是预期可能对日本发起的进攻，而不是当时正在进行的实际空袭。在政策制定者心目中，这二者不可避免是相互关联的。"

毒气是战时盟军手中掌握但唯一没有用来对付轴心国的重要武器。罗斯福反对使用毒气。他的理由与其说是为了达到政治宣传的目的，不如说是出于道德上的考虑。英国人主要是出于实际考虑，因为他们担心德国人会报复性地使用毒气来袭击英国本土。如上所述，美国人开战之初，对于轰炸平民是存有道德顾虑的，但1945年时他们放弃了这样的念头。那些不懂得作战的人，他们会有一种错误的观念，认为只有原子弹造成的死亡才是可怕的。事实上，常规炮弹和炸弹会把人体炸得支离破碎，那种方式最让人感觉痛苦。具有核摧毁能力的集权政治，较之核弹给个体造成伤亡的性质而言，更应让人类为之感觉恐惧，甚至为之感到恐怖。

大多数参与原子弹决策的人，他们都认为战争是交战双方带杀人罪性质的冲突，它是人类应该设法规避的万恶之源。世界大战持续多年造成了严重的流血后果，生活在这一背景下的人们，并不像现在的老百姓那样对杀人的百般做法非常敏感。本书提到过的那些被杀害的人，在他们中的许多人看来，会觉得广岛、长崎居民的死亡方式，根本没什么值得特别可怜的，尽管他们可能也会对杀伤规模之大感觉震惊。

从启动"曼哈顿计划"开始，除少数几位科学家外，所有人都觉得，如果这个东西能够取得成功，就应该加以利用。今天有些人认为，盟军当时觉得，用这一方式杀死10万日本人是可以接受的，但以同样方式杀死那么多的白种德国人是不可接受的。这只是揣测，无从加以考证。但考虑到盟军曾一度认为，只要能清除希特勒和他身边的亲信，德国很快就会投降，因此如果原子弹能早一年制造出来，盟军非常有可能同样会将它投掷到柏林。为了结束欧洲人的痛苦，一种做法是像英国皇家空军和美国空军联手采取的行动那样，用常规武器对德国的人口中心发动大规模空袭；另一种假定做法是单独使用一枚威力更为强大的武器来达成目标。而要在二者间指出道德上存在什么区别，这似乎就显得非常荒唐了。

柯蒂斯·李梅将向广岛、长崎投掷原子弹仅仅看作是B-29轰炸行动的补充，而且是重复的、不受欢迎的补充，因为他的B-29轰炸机已经赢得了这场战役。李梅对投掷原子弹的行为并没丝毫的疑虑，但

第十九章 原子弹

他感觉很懊恼，因为此举降低了他所指挥的常规轰炸机部队在打击日本方面应得的荣誉。6月底，他预测说，第20空军部队有望于1945年10月1日后，使敌人丧失继续作战的能力。阿诺德说："为达到这一目标，他必须对30—60个大中城市发起空袭。"在投掷原子弹事件使他不再需要继续检测完成他的预言时，李梅已经完成了对58个中小城市的空袭。在那些执行对日作战的人心目中，"艾诺拉·盖"号轰炸机执行的任务，代表的不过只是已经连续数月对日发动火攻战役中一个巨大的技术性飞跃而已。

从军事角度讲，还有一点需要指出。从1945年8月起，杜鲁门和其他为动用原子弹寻找借口的人提出过一个简单的观点，一个生活在战争年代的美国人很容易理解的观点，那就是：原子弹会省去出兵日本的血腥代价。现在人们普遍认识到，在那种情况下，"奥林匹克"行动几乎肯定不会再有必要开展。日本已是风雨飘摇，而且不久就会出现饥荒。理查德·弗兰克是位杰出的现代作家，曾对日本帝国的衰落有过很好的研究，他的观点向前更进了一步。他认为，在已经通过无线电情报对日本军力有所了解的情况下，很难想象美国还会进犯九州，并接受因此需要付出的血腥代价。

像对待其他背离事实的情况一样，人们很难将此观点视为绝对真理。登陆九州岛，在美国的军政领导人眼中，是个完全不受欢迎的前景。然而，1945年的那个夏天，马歇尔就是其中一个坚决要求保留出兵选项的人（出兵目标可能是本州岛的北部），因为他质疑原子弹会不会造成决定性的影响。这位美国陆军参谋长觉得丘吉尔的观点说得对，"凡事都在同步变动中……人必须尽力而为，但如果认为存在一种必然方式可以赢得战争的话，那就有失偏颇了……唯一的计划就是要坚持。"今天对我们来说很明显的东西，有许多在当时却并不明显。许多势力在发挥作用，其影响却并不见得一目了然。

1945年8月初，麦克阿瑟手下的军官大部分都认为，他们将不得不出兵日本，甚至华盛顿有些对原子弹的秘密和苏联即将出面干预的情况有所知情的人，他们都认为美军可能还不得不出兵日本。当时，人们还不大可能明白，一个已经决心要大批自杀的敌对国家，在面临最后关头时，可能会做出什么样的事情来。7月27日，华盛顿所有高层政策制定者都收到一份文件，那是在完全参照"魔术"破译文件基础上、对日本人的行为进行分析的美国海军情报文件。文件指出："日本不愿投降的原因，主要是因为其军方领导人虽不称职但权力不受约束。他们有所不知，他们辛辛苦苦营造起来的防线，实际根本不足以抵挡盟军的进攻……除非让日本领导人意识到他们不可能招架得住进攻，否则他们不可能会接受让盟军满意的任何和平条款。"出兵日本并非投掷原子弹的直接备选项，但1945年8月1日那天，谁又敢肯定不投原子弹盟军还有可能做什么呢？

以上都是从军事角度看待问题，从政治决策角度看，又会是什么结果呢？一个最为明显的问题是，如果《波茨坦公告》明确提出原子弹轰炸警告，日本会不会做出不同反应呢？答案几乎肯定是"不会"。如果说连美国领导人都觉得很难理解即将释放的是怎样一种威力空前的武器的话，那么日本人就更不可能比他们还要富有想象力了。不仅如此，东京的主战派，他们不仅挫败了日本微弱的外交摸索，而且还决心宁愿亡国也不要投降。李梅他们炸死了20万日本平民，夷平了日本的大部分城市。如果连这样的战果都不能让阿南惟几之流相信投降不可避免，那人们就没有理由会认为，仅靠区区一个威胁，一个要动用原子弹来轰炸的威胁，会让他们相信投降不可避免。

做出警告，即使未能引起敌人注意，因此最受益的人，莫过于哈里·杜鲁门。他坚持要求无条件投降的决定可以凭借以上理由得到支持。整个占领期间，日本在中国和东南亚或者在帝国的各个监狱里，没做过任何一件事能使它从道义角度令人信服地声称，它应该得到比德国更为轻微的处罚。要是有原子弹，日本一定会加以使用。日本发动的是一场无情的征服战，它把赌注全押在了这上面。它赌输了，现在该是它付出代价的时候了。然而，如果大家能看到，在实施核报复前，杜鲁门曾给过日本免遭打击的机会，这一情节则会对杜鲁门的历史声望大有助益。《波茨坦公告》是盟军对其远大目标的一项声明，但它不像是最后通牒，因为虽然它说如若不从会面临制裁，但并未令人信服地讲清楚这一制裁是个什么样的性质。"迅速完全毁灭"这样的用词，对起草《公告》的美国人来说分量很重，但对日本读者来说根本算不得什么。

为什么要给出一个并不明确的警告呢？因为投放原子弹，就是要能震撼人心，不仅要震撼日本人，还要震撼苏联领导人。马歇尔曾对英国驻华盛顿军事代表团团长、陆军元帅亨利·威尔逊爵士说："警告他们没有用。警告他们，就没有了出其不意的效果，而产生震撼效应唯一的办法就是出其不意。"1941年，偷袭珍珠港前，日本军方拒绝提前向美国通报其交战意图，他们当时给天皇提出的理由，与马歇尔的说法恰好不约而同。日本要为广岛、长崎遭原子弹轰炸事件承担大部分责任，因为它的领导人拒绝承认游戏已经结束。然而，美国在原子弹技术刚刚具备可行性之际，就匆忙将之投入实战，这一方面反映了我们前文提到的技术决定论，另一方面也反映了主要针对苏联的政治担忧及针对日本的军事需求。一方面支持杜鲁门的决定不停止投放原子弹的行动，另一方面对他未能在投放原子弹前发出警告表示遗憾，将两个方面统一起来是可以做到的。

1945年8月6日晚，一封绝密电报从第20空军部队发往华盛顿。由于时差问题，收到电报时已是华盛顿时间午夜前，电报内容是："主题：炸弹出发报告。509大队，战略轰炸任务，13架轰炸机起飞，1945年8月6日……1架轰炸机透过1/10云层视觉轰炸广岛，效果良好，当地时间23：15，未遭遇防空炮火或敌机抵抗。"紧接着又来了第二封电报："高度：30200英尺……敌人空中抵抗：零……轰炸效果：非常好。"

用"艾诺拉·盖"号轰炸机机组成员的话来说，"小男孩"原子弹就像是"一个带翅膀的长形垃圾桶"，上面七歪八扭写满了给裕仁天皇发出的粗鲁信息。它在广岛志摩医院上空1900英尺高、距离目标点550英尺的地方发生了爆炸。最优秀的职业轰炸机飞行员蒂贝茨轻描淡写地将这一事件描述为"是我在这场该死的战争中见过的最完美的一次投掷"。8900磅重的大家伙在原爆点上造成的温度高达5400度，产生的爆炸威力相当于12500吨TNT炸药的威力。城里76000栋建筑除6000栋得以保存外，其余全部被大火或冲击波摧毁。事后，日本人声称有约2万名军人和11万名平民当即死亡。尽管确实数字无从获取，但这一估约数字几乎可以肯定地说是有所夸大了。另外一个估约数字说死亡人数大约为7万人，这似乎较为可信一些。

"小男孩"的爆炸以及随后升起的那朵改变世界的蘑菇云，它们所造成的伤害是凡人见所未见的，幸存者用难以置信的笔调记录下了这样的场面：骑兵的战马还原地站立着，但颜色已经变为粉红，因为它的毛皮已经脱落；穿着带花纹图案服装的人，花纹图案印在了他们的肉体之上；排成一排的女学童，脸上皮肤一片一片耷拉了下来；尚有一口气息的幸存者，身上被严重烧伤，根本无望得到有效的药物治疗；烧焦了的、萎缩变形的尸体比比皆是。广岛城和城里的居民差不多被全部炸死。即使尚有一线生机的人，许多人也根本不想再活下去。直到1946年6月，"曼哈顿计划"发布的一份官方新闻稿还颇带挑衅地断言："关于在日本城市上空引爆的原子弹，对其爆炸效果的官方调查显示，爆炸后并不存在足以给人体造成伤害的持久性辐射活动。"然而，在新闻稿得以发布的当天，广岛市就有上万名惨遭荼毒的市民濒临死亡。

杜鲁门收到消息的时候正在"奥古斯塔"号巡洋舰上，这艘军舰正在从波茨坦出发途经英国的归国途中，离开英国已经4天。他正在跟水兵们共进午餐。消息说："8月5日华盛顿时间19：15，巨型炸弹投掷到了广岛。首批报道表明爆炸很圆满，比先前测试时的效果要明显许多。"杜鲁门总统喜笑颜开，跳起身来对"奥古斯塔"号舰长说："舰长，这可是历史上最伟大的一件事情。"经杜鲁门总统批示，舰长将这份电报拿去给了贝尔纳斯，他此时正在另一张桌子上吃饭。看完电报，他连声说："太好了！太好了！"随后，杜鲁门给餐厅里的所有水兵做了讲话。他说："我们刚刚在日本投放了一枚新型炸弹，炸弹威力比2000吨TNT炸药的威力还要大。结果非常成功！"这位总统的欣喜明显并没有夹杂痛苦或怀疑。他只是在为一场全国性的胜利而欢欣鼓舞。这一举动明显表明了他的认知局限，对事件缺乏充分的认识。水兵们围在总统周围，向他提出一个全世界盟军战士都想要问的问题："这是不是意味着我们现在可以回家了？"

在美国，绝大多数人对广岛事件的第一反应是欣喜若狂。英国驻华盛顿大使馆报告说："连环画中耸人听闻的狂想情节似乎突然变成了现实。报纸的头条都因此事的分量和过量堆垒的形容词最高级而显得有些不堪重负。"一时间出现了许多有失体统的行为，因为长达44个月的战争已经让美国人的脸皮变厚了。华盛顿记者俱乐部制作了一款60美分的"原子鸡尾酒"。一位报纸漫画家画了一幅漫画，显示杜鲁门总统正在主持一场天使聚会，所谓"天使"就是他的顾问。桌上有一只碗，装的是裂变原子，只要凝视这个碗，这些顾问背上就会长出天使翅膀来。标题上写着："内阁召开会议讨论向火星派驻大使。"在小镇洛斯阿拉莫斯，亢奋不已的同事打电话到圣达非拉芳达酒店要预订餐桌庆祝胜利时，科学家奥托·弗里希却悄然退出了他们的活动。

在部分普通老百姓当中，原子弹的消息激起的并不是胜利的感觉，而是最深沉的思考。一封写给《纽约时报》的信将广岛事件称为"我们民族历史上的一个污点。这一奇妙的发现引发的欣喜渐渐淡去之后，我们会意识到，作为第一个将它投入使用的民族，我们应该引以为耻。"英国家庭主妇内拉·拉斯特在她的日记中记录了她和来自兰卡夏郡的邻居听到这一消息后的感受："老乔挥舞着手中的《每日邮报》，朝楼上喊：'高伊的文章，姑娘，感觉你那些傻傻的想法和担忧，有些还真挺好。看看这个。'我很少见到吉姆如此的兴奋或伤感。他说：

第十九章　原子弹

'快读。天啊，这会改变全世界。哎，我多么希望再年轻 30 岁，这样就能亲眼看到怎么回事了。'然而，拉斯特夫人却有非常不同的反应。她说：'我感觉恶心，我希望再老 30 岁，眼不见心不烦……原子弹这种事情，真是太可怕了。'

参议员埃德温·约翰逊来自科罗拉多州，他声称原子弹就是要证明，通行全球的军事训练根本就是个愚蠢的做法。苏联工会当时正在美国做系列友好访问，罗斯福总统的遗孀埃莉诺说，原子弹的发明表明这样的友好访问是非常重要的。石油和煤炭工业领导人发表声明，向股东们保证说，在可预见的将来，这一新发现对现有燃油不会产生多大影响。一些左翼人士要求，议会应该负责管控原子弹的监管和生产，相关权力不能落入大型石油或军工集团手中。甚而让许多资本家都颇为尴尬的是，战争即将结束的前景，竟然导致纽约股票交易所股票指数出现大幅下跌。伦敦《星期日时报》一位记者写道："当发现金融界是在从战争中受益而不是从和平中受益，或者说金融界觉得他们是在从战争中受益而不是从和平中受益时，一种不够光彩有伤教化的感觉就会油然而生。"

一些驻菲律宾美国陆军战士感觉非常不满，因为他们发现自己不得不面对另外一种类型的经济损失。他们中有人不久前刚从马里亚纳群岛担任联络官回来，他说第 20 空军部队的军官们成立了一个 1 万美元的奖池，打赌战争会在 10 月份前结束。由于麦克阿瑟手下的人知道，"奥林匹克"行动计划要在 11 月后才付诸实施，一些人赶忙参与了空军的博彩活动。克鲁格的情报官克莱德·埃德尔曼懊恼地写道："从我们掌握的情况以及我们认为形势发展的趋势来看，要赢下这笔赌注应该是件轻而易举的事情。我们开始下注，但没多久就发现我们输了……随后我们就得知广岛被炸没了。"

乔治·麦当劳·弗雷泽是英国驻缅甸第 14 集团军的一名下士，他写道："许多人认为投放原子弹没有必要，因为日本正在计划投降……8 月份第一个星期，有个狗日的小王八蛋满怀怨气和愤怒从锡当河旁边的灌木丛里咆哮着朝我们冲过来。他几乎全身赤裸，已经饿得半死，唯一的武器是他手中的竹棍，但他一点没有要投降的意思。我倒希望那些持原子弹没有必要观点的人，出面给这个小日本解释一下他们的立场。"

听到投放原子弹的消息后，没有其他任何地方的人，能够比日本帝国监狱里的战俘更觉得欣慰的了。一些人感觉广岛事件有可能会使他们得救。但即使是在这样的人中，少数人也展现了更为复杂的情感。

保罗是斯蒂芬·阿伯特中尉最为亲密的朋友，是个虔诚的基督徒，他走进他们在日本那间阴冷的营房，对他说："斯蒂芬，刚刚发生了一件可怕的事情。"他把从收音机上听到的消息讲了一遍，提到了广岛遭到灭顶之灾的事情，然后他跪下身来开始祷告。18个月后，阿伯特写了一封信，要求在《泰晤士报》上发表，文中提到自己曾当过战俘，但他认为："动用原子弹的方式，不仅给未来的日本历史书提供了一个重要章节，它也让日本人民深信不疑地意识到，白种人说他们是世界的道德和精神领袖，这一说法根本就是夸夸其谈毫无意义。"

杜鲁门总统在离开波茨坦前批准向全世界发布的声明中，称广岛的下场代表的是对珍珠港事件的一次正义报复。声明中说："此举是要为了让日本人民免遭灭种之厄运，这在7月26日在波茨坦发布的最后通牒中已有说明……如果现在仍不接受我们的条件，他们有望遭到来自空中如雨点般的毁灭性打击，那将是地球人闻所未闻的一种毁灭性打击。"这一次，日本领导人的头脑中，对杜鲁门总统说话的具体含义，再也不会有任何怀疑。"小男孩"之后，还会有更多的原子弹接踵而来。其他城市还会重蹈跟广岛相同的命运。

然而，日本人继8月6日广岛事件后的行为却显露了一个非同寻常的问题，这一事件几乎根本就没能对日本的政策制定进程形成刺激，没能促使他们结束应该为那么多人的死亡承担责任的搪塞推诿做法。天皇和首相仅仅几小时后就知道了广岛遭袭的事实。首批报告提到"一枚炸弹，以其非同一般的效能，造成广岛被彻底摧毁，同时还造成了不可言喻的损伤"。至少一名高级军官立刻猜测说，那是原子武器。这一猜测很快从拦截到的美军无线广播中得到了证实。然而，其他部队指战员却仍旧将信将疑，这一消息根本没能软化他们负隅抵抗、绝不投降的决心。日本防务大臣阿南惟几将军私下承认这是一次核攻击，并且派出了调查组前往广岛开展调查。然而，他仍旧提议，政府在收到调查报告前不宜采取任何行动，然而取得调查报告要有两天的时间才行。一开始，广岛事件不仅没有让日本各位大臣的决心有所减弱，反倒使他们更坚定了拒绝无条件投降的想法。

外务大臣东乡茂德给驻莫斯科的佐藤大使发去一封电报，要求他紧急要求苏联方面明确态度。8月8日清晨，东乡去了一趟皇宫。裕仁告诉他说，根据新的形势，"我的想法是要尽快安排结束战争"。天皇要东乡向铃木首相转达他的意思。然而，即使是现在，天皇在用什么办法来结束战争的问题上仍旧含糊不清。他显然并没有呼吁立即接受

《波茨坦公告》提出的条件。日本政府并未采用一条几乎肯定能使长崎免遭灭顶之灾的路线,那就是迅速通知美国人,宣布愿意投降。再一次,我们明白了他们未能迈出这一步的原因:决策流程太慢,主战派太坚决。但同时我们也不禁要问:美国虽说不是地球上最有耐心的国家,但对于顽固的敌人保持沉默不语的态势,咱们又能够期待它被动忍受多长时间呢?

8月7日,在莫斯科,苏联媒体对广岛事件只字不提。一整天时间,斯大林一直处于失联状态。有人推测认为,这位苏联领导人是被这一消息惊呆了,而且他担心日本会立即投降。然而,佐藤提出紧急约见莫洛托夫的请求表明,事实并非如此。毕竟日本仍然处于交战状态。苏联要想达成目标还为时不晚。佐藤被告知,他跟莫洛托夫的见面,已经安排在8月8日傍晚时分。与此同时,斯大林跟宋子文率领的中国代表团举行了一次会晤。宋子文是蒋介石的总理兼姐夫。他仍在坚决反对批准罗斯福在雅尔塔会议上同意达成的部分条款。8月8日那天夜晚,日本在东京的领导人上床睡觉时,心里还想着第二天早上可以收到有关佐藤约见莫洛托夫后的消息。他们的确收到了消息,但消息呈现的方式让他们完全出乎意料。

佐藤进入办公室向苏联外交部部长莫洛托夫问候时,他装作没有听到,直接邀请他入座,并向他大声念了一遍苏联的对日宣战声明。这位苏联人说,由于日本拒绝了《波茨坦公告》,"西方盟军向苏联提议,要苏联出兵反对日本侵略,借此缩短战争进程,减少受害人员数量,协助迅速重建世界和平"。苏联接受了西方盟军的提议,以便能够拯救日本人民,"使他们免遭与德国同样的毁灭命运"。不出一个小时,莫洛托夫就又通知英国和美国大使,告诉他们说,为履行义务,他的国家已经向日本发出宣战。哈里曼表达了美国方面的感激和喜悦,因为他没有什么其他可以做的事情。几个小时后,身在华盛顿的杜鲁门听到苏联参战的消息之后不久,"伯克之车"号轰炸机就从天宁岛起飞向长崎飞去了。

这是第二次执行此类任务。启动它无须再次得到华盛顿方面的指示,只是因为箭在弦上不得不发。第20空军部队的授权书将原子弹轰炸的时间安排问题交到了本地指战员手里。他们可以视作战便利来决定原子弹轰炸时间。将军们将第二次打击的时间提前了两天,一方面是由于收到警报,说8月10日后天气可能转坏;另一方面是"本战区的人普遍觉得,这颗炸弹越早投出去对作战应该越是有利"。华盛顿方面的唯一贡献就是"无为"。日本人的沉默,让杜鲁门总统和他的各位军师觉得，没有理由让第509轰炸大队停止作战行动。日本时间8月9日11：02，在发现首要目标小仓处于多云状态后，查尔斯·斯维尼少校在第二目标长崎上空投下了代号"胖子"的原子弹。这颗炸弹产生的爆炸威力相当于2.2万吨TNT炸药的威力，爆炸造成至少3万人死亡。午夜后，苏联军队对中国东北大举发动了进攻。

第二十章 北极熊之爪

1945年8月9日凌晨，日本驻中国东北的前线战士迷茫地发现，他们开始遭遇猛烈炮击，接着又遭到步兵攻击。他们很快确定袭击他们的是苏联人。在某些作战区，由于下着倾盆大雨，这一场面有些混乱。苏联工兵伊万·卡仁捷夫说："这是我所见过的最糟糕的一次雷阵雨。闪电使我们失去了夜视能力和方向感，却为骆驼山上的敌人照亮了战场。但我们还是设法在天亮前拿下了这座高地。"统领卡仁捷夫所在部队的将军是第1红旗集团军的贝洛布罗多夫。他写道："不停有闪电发生，有些出乎大家的预料。炫目的电光划破了黑暗的天空，雷声也变得越来越大。要不要推迟进攻？不……大雨会妨碍我们，但同时也会妨碍我们的敌人。"贝洛布罗多夫这么想是对的。日本皇家陆军总司令部发布了一条紧急命令，称苏联已经提出宣战并开始进入日本的领地，但接着又荒唐地补充了一句："这次进攻规模并不是很大。"事实上，150万苏联主力的首批部队已在机动前进：步兵、坦克部队、骑兵和摩托化步兵，在内河舰队、空中机群和上万门火炮的支援下，已在隆隆开进。西至蒙古大沙漠、东至林木繁茂的日本海岸，攻击行动在绵延2730英里的陆上和水上锋面同步展开。这是第二次世界大战的最后一场大型军事行动。

日本起初的反应，跟这个国家面临困境时喜欢心存幻想异想天开的做法如出一辙。即使东京的那些人，他们也都接受了这样的看法，觉得斯大林"在等着成熟的柿子自己掉下来"。有人提醒他们说苏联在往东部大量调动军队，但这些人仍然认为，苏联人在秋天来临前，甚至于1946年春天来临前，是不会准备进攻的。这算是日本在寻找摆脱战争出路过程中在剩余时间问题上出现的又一次重大失算。在日本的老百姓中，航空工程师堀越二郎的反应比较典型。还没搞懂广岛事件的消息是怎么回事，"一条更加惊人的报道突然传来，犹如晴天霹雳似的宣布，苏联宣战了"。1945年的头几个月，许多日本本土上的难民带着全部家当移居到了中国东北，觉得这块殖民地可以成为他们的安全避难所。日本关东军根本就不在战备状态，其精锐部队已经被调去了硫磺岛或九州岛。日军布设的爆破装置很少。部分高级指战员根本就不在岗位。

在南京，日本参谋军官舟木茂少佐和他在驻华陆军总部的同事们互相说了一句："终于发生了！"一直以来，他们就预料会有这么一场攻击，"但我们对苏联人选择此时进攻非常痛恨。这太不公平！我们不得已将那么多官兵送去了太平洋前线。这就仿佛小偷闯进了空荡荡的房间"。日军没有采取措施撤离几十万日本老百姓，甚至连让他们离开边境地区的撤离行动都没有，他们的理由是这样做会助长失败情绪。关东军司令发现他们陷入了跟1941年马来亚的英军和菲律宾的美军相同的困境：不得不凭借战斗力很弱的军队和微不足道的空中支持来死命防守广阔的战线。4年前，一场厄运降临到西方帝国的亚洲领地。而现在，轮到日本最心爱的殖民地去承受这样一场厄运了。

苏联官方战争史宣称："苏联出兵的目的包括：保障其远东边境的安全，因为它曾多次受到日本威胁；要兑现苏联对盟军的义务；要尽快结束仍在给人民带来无尽苦难的第二次世界大战；希望为东亚地区工人的解放斗争提供帮助；恢复早年被日本从苏联夺去的应该属于苏维埃联邦共和国的领土历史权益。"当然，事实上，斯大林的一个简单目的就是要扩张领土，他准备为实现这一目的付出沉重代价。在发动进攻前，苏联人准备了54万伤亡人员（包括16万阵亡人员）所需的医疗用品。这样的预测几乎是建立在纸上谈兵基础上的，跟美国对九州登陆战所做的评估属于同一类型。

1941年，斯大林在中苏边境上陈列的部队，数量规模远比西方盟军知道的更多。1945年的那个夏天，他曾大规模增兵，要营造出足以淹没日军的大规模力量。3000列火车沿着纤细的跨西伯利亚铁道线没日没夜地行进。刚刚在东欧地区取得胜利的兵员、坦克和火炮在哥尼斯堡、因斯特堡、布拉格和布尔诺装运上火车，开始了一趟需耗时一个月才能完成的旅程。莫斯科方面力图掩盖这场大迁移的重要意义。他们下令让战士们摘下颁发给他们列宁格勒和斯大林格勒勋章，将涂有"杀向柏林"标语的火炮重新喷漆。尽管如此，没人对此行的新目标有过怀疑。运兵车一路穿过苏联，进入车站时，富有同情心的当地

第二十章 北极熊之爪

人会对将头伸出窗外的战士们喊:"嗨,孩子们,他们是要带你们去打日本人,打日本人。"一位老兵讥讽地嘟囔了一句:"看看,这就是保守军事秘密!"一路东进过程中,弗拉基米尔·斯宾德勒少校所在步枪团的官兵们,把他们从欧洲战场上抢掠得来的大件物品送给了沿途碰到的苏联老百姓。斯宾德勒怜悯地看着挤在铁轨两边饥肠辘辘的小孩,其中有人带着渴望的神情问他们:"叔叔,我爸爸是不是跟你们在一起呀?他也是去打德国人的。"

士兵奥列格·斯米尔诺夫说:"每个人都把大量时间花在睡觉上面,算是补上过去缺少的睡眠。"他们会讨论东线战斗的情况。苏联人称日本人为"日本武士",大部分战士并不认为他们必须得收拾那些"日本武士"。斯米尔诺夫说:"我们觉得,需要一个月时间才能想明白,事实证明这么想是对的。就我本人而言,我就忍不住会想,大仗都过来了,要是在一场小仗中丢了性命,那就太可惜了。"斯坦尼斯拉夫·切尔夫雅科夫中尉和他所在"喀秋莎"火箭部队的官兵们,乘火车从布拉格出发前往莫斯科,兴高采烈地认为他们这是要回国了。他们在斯大林格勒、在顿河流域、在罗马尼亚、奥地利以及后来的捷克斯洛伐克打了4年的仗,那可是一段漫长的岁月。快到首都时,他们开始隐隐感觉,国家领导人又有了新的计划。他们的火车没有继续向莫斯科中央火车站前进,而是上了环线。跟大多数战友相比,切尔夫雅科夫并不怎么感觉沮丧。作为职业军人,"我当时22岁,去跟谁打仗,这种事我根本不在乎。"

阿纳托利·菲利波夫中士是一支情报部队的无线电报务员。相比之下,他更厌倦战争。1941年6月,他是第一个向首长报告德国入侵消息的人,首长当时还痛骂了他一顿,让他"少他妈胡说八道"。1943年,他受了伤,被一支秘密部队活捉带到了处于中立状态的土耳其。在那里,土耳其人把他狠狠打了一顿,但他后来还是逃了出来。1945年5月,在莫斯科,有人告诉菲利波夫,说要分配他到远东去。他哥哥在参谋学院读书。托他哥哥的关系,他想将行期推迟到"胜利日"之后。此时离"胜利日"还有24个小时,那是斯大林指定的相当于"欧洲胜利日"的日子。他对他哥哥说:"求你了,里欧夏。能叫你的战友帮忙让我留下吗?我太想看阅兵了!"菲利波夫的心愿得到了满足,但他更大的理想没能得以实现。他很想当个水兵,因为他是在伏尔加河上的蒸汽机船上长大的,他爸爸是船上的工程师。现在他想做的就是有机会能够加入商船队遍游全世界。他有一个特别的梦想,想去里约热内卢看一看。然而,里约没去成,他却去了中国东北。

因为部队一路向东开进的事，奥列格·斯米尔诺夫很伤感。"欧洲胜利日"那天，在东普鲁士的时候，他曾一口气朝天打光了手枪里的子弹，然后把枪封装起来宣布说："这会是我打过的最后几枪。"现在，他被要求再次出征。穿越立陶宛时，他们的火车遭到了反共产党游击队的袭击。尽管每次停靠苏联车站时，都会有当地人组织的乐队对他们表示欢迎，但他说："我们慢慢意识到为了胜利我们付出了多大的代价。每天火车在苏联疆域上缓缓爬行时，我们会看到周围大火烧过留下的废墟、焦黑的荒地上耸立的烟囱、满是战壕和弹坑的庄稼地……过了伏尔加河后，村庄变得完整起来，虽然如此，你还是看不到一个健康的男人，目光所到之处只有妇女、老人和身患残疾的人。我记得透过车窗曾看见拽着铁犁在地里耕地的妇女，在火车站曾看见成群结队无家可归的小孩。"车到赤塔市时，站上的卫兵曾找斯米尔诺夫讨烟抽，他说："东进部队人真多！日本武士可有罪受了。你看那边的日本领事，他每天都会拿着钓鱼竿坐在河边清点过往火车的数目。他想点多少点多少，但无论如何也逃不了这场厄运。"

乘火车从欧洲出发走过 6000 英里的路途后，包括弗拉基米尔·斯宾德勒他们在内的一些部队又顶着炙热的酷暑穿过一片荒凉的蒙古沙漠，行军完成最后 200 英里路程。一大群新兵加入了他们的队伍，他们许多人由于营养不良身体很虚弱。他们给新兵开展急速培训，尽可能匀出粮食给他们吃。乔治·谢尔盖耶夫是位防空炮手，是一名在欧洲战场上身经百战的老兵，他说："坦白说，我们大多数人都不想再打仗。9 月份，我就要满 20 岁了。我老是想，我还能不能活到 20 岁那一天？"在西线战场上战胜种种困难活下来之后，现在他们又得回到幕天席地的日子，靠吃野战配给为生。用谢尔盖耶夫的话来说，他们再次回到了"有着无尽不确定性的日子，不知道明天会发生些什么，甚至不知道还会不会有明天"。

一位战士说："我参加过许多次攻势行动，但从未见过像现在这样集结这么多的人马。火车一列接一列地到来。车上的人下了车，排成队，然后穿过草原一路行军。刚在欧洲打完仗的老坦克兵启动了几千辆崭新的坦克，坦克上的柴油机顿时发出一阵隆隆的轰鸣。路上到处可以看到拖着重型火炮的牵引车、骑兵、灰尘满面的卡车和越来越多的步兵。天上也显得非常拥挤：头顶不断有轰炸机、'斯图莫维克'战斗机和运输机飞过。"机枪手阿纳托利·施洛夫很好笑地发现，他被带到一个路边修理站，上级给他安排了 5 个修理工、130 名新兵和 260 个装有"斯图贝克""雪佛兰"和"道奇"卡车零部件的木箱，命令他将这些车组装起来,然后送往 60 英里外的一支部队。他将这些车辆成对搭配在一起,后一辆车的前轮跟前一辆车的车身高高地捆绑在一起,就这样成功完成了这一了不起的创举。

一位士兵写道,步兵行军时,"地面上闻到的不是山艾树的味道,而是汽油的味道。尘埃形成厚厚的一层云团悬在队伍上空,落在我们脸上,在我们的牙齿间摩擦发出咯吱咯吱的声音。天气非常炎热,大概有华氏 100 度的样子。汗水滴进了眼睛,喉咙焦渴得要命,我们一天只能灌一瓶水"。草原上会有沙尘暴。从德军手里缴获的带盖子的军用饭盒成了很宝贵的东西,因为它可以挡住灰尘,防止沾染食物。大多数人对食物或香烟都没了胃口,他们只关注解渴的问题。好不容易到了一个湖边,却发现是个咸水湖。喝了湖水的人会恶心呕吐。他们白天晚上都要行军,中间只停 4 个小时。即使如此,也根本得不到休息,因为光秃秃的地面太烫了,想在上面舒服地躺一会根本不可能。"我们花了一个星期时间才抵达终点。我们一路跌跌撞撞,走路都能睡着。总是能听到行军的脚步声,那声音比坦克和汽车引擎发出的轰鸣以及履带发出的咔嗒声还要震撼。"

8 月初,13.6 万节火车皮向东部输送了 100 万官兵、19 万辆卡车、4.1 亿发步枪子弹和 320 万枚炮弹。甚至连柴火也需要从森林里收集起来运往 400 英里外的地方,以使驻扎在荒芜地区的部队能够生火做饭吃。单是后贝加尔方面军就需要 3.5 万吨燃油,为此需要投入的运力跟运输弹药的运力差不多。斯大林跟西方盟国达成交易时,曾要求美国提供帮助,给苏联军人提供粮食和弹药,因为他们加入东线战役,会挽救许多美国人的生命。在即将来临的战斗中,苏联红军也并不是没有注意到这方面的问题。莫斯科要求美国提供 860410 吨干货、206000 吨的液货(大部分是燃油)和 500 辆谢尔曼坦克。这些商品和武器,大部分真就运往了苏联的太平洋港口。

部队接近前线时,会采用繁复的迷彩和欺骗手段来掩饰进驻情况。高级将领行军途中会用假名,譬如,东普鲁士战役的胜利者、陆军元帅亚历山大·瓦斯列夫斯基总司令会摇身一变成了"兵种上将瓦西列夫"。1945 年那年,瓦斯列夫斯基只有 49 岁,他最初是准备去做牧师的。他的军旅生涯起步于沙皇时期,在沙皇军队里做官。1918 年他加入苏联红军,一年后当上了团长。他身材魁梧,长相帅气,留一头银灰色的头发。他性格温和,这在苏联指战员中算是很令人惊讶的。他曾作为苏联最高统帅部的代表指挥过斯大林格勒战役和库尔斯克战役。他是朱可夫最亲密的同事,但从未赢得像其他元帅那样的名气,也因而未曾招致斯大林的敌视。

苏联的计划是要沿三个纵轴方向发动攻势，大举包抄日军的防御工事，夺下库页岛和千岛群岛，如有可能再夺取北海道的北部地区。马力诺夫斯基率领后贝加尔方面军，他们的任务是在中国东北的西部发动进攻，一路向奉天（即沈阳）、哈尔滨和吉林方向推进。普卡耶夫率领的第二远东方面军，他们的任务是在北方发动协助性进攻，与此同时一支机械化部队将按计划直接向北京方向前进。这将是一场闪电战，依靠速度先发制人，使日军来不及做出反应。莫斯科方面估计关东军数量大约在100万人，实际却只有24个师，共713724人。苏军将不会给他们留下重新组建防御阵线的喘息机会。由当地汉奸组成的所谓"满洲国军"，其兵力有17万人，但他们几乎既无意愿也无手段给日军提供作战支持。

凭借3704辆坦克和1852辆自行火炮，从理论上看，苏联是具有优势的，苏日之间的力量对比如下：人员2∶1，坦克和火炮5∶1，飞机2∶1。从质量上看，这一差距则更为悬殊。苏联军队1/3以上是经验丰富的老兵，其指战员也同样如此。而日本各个师都存在兵员严重不足的问题。关东军在增援其他战线过程中，精锐部队都已经被调离。他们的重型武器跟苏联红军相比完全不在一个档次。日军的枪刺有些是用报废汽车的弹簧打造而成。许多迫击炮是用土办法自制的。弹药紧缺，步枪手每人只能领到10发子弹，而且根本没有储备。日军自己也估计，当时他们驻华部队的作战能力，也就只相当于战前的1/3。

在接近边界时，苏联士兵接到命令，要他们掘地藏身，为此他们很有意见。他们说："我们应该进攻才是，对不对？"上级警告他们，说日本人可能会使用生化武器，他们都接种了霍乱和伤寒疫苗。派来增援的人员素质很差，老兵们感觉很沮丧。奥列格·斯米尔诺夫写道："那都是些战争期间出生的小孩，他们身体羸弱，是在后方靠一点微薄的粮食养大的孩子。"吃着军粮、在朱可夫和科涅夫指挥下在欧洲作战的官兵们惊讶地发现，在东线卫戍部队服役的官兵，他们的条件居然会那么差，他们仅能依靠微不足道的军粮勉强维持生计："他们瘦得皮包骨头，穿着破烂的军装，打着我们见所未见的破绑腿。"在瓦斯列夫斯基的部队中，在"西线战士"和"东线战士"之间，存在一道很深的心理鸿沟。

一开始，瓦斯列夫斯基元帅从最高统帅部那里接到的命令，是要他的部队于远东时间8月11日凌晨发起进攻。但广岛遭原子弹轰炸的消息传来后，8月7日下午，突然传来命令，要他提前两天执行安排。

第二十章 北极熊之爪

在发起进攻前几个小时,他们就已经掌握的消息把有关原子弹的情况给高级军官们做了介绍。令人难以置信的是,他们竟然要求各级军官尽可能从日本战俘口中打听有关这一新式武器的情报。

对莫斯科方面来说,很显然,日本投降必将成为现实。因此,目前重要的是,赶紧将答应给苏联的奖赏拿到手,免得得胜后的美国人反悔他所默认的事实。苏军的推理跟驻缅甸的英军如出一辙。他们认为,只有实际占领领土才能确保随后的管辖。8月8日,跟其他上万人一样,亚历山大·法丁中尉和第20警卫坦克旅的其他军官一道,被传唤至旅长的行军帐篷。在此之前,尽管大家都明白此次大动员的目的,但每个人都从未公开做过表示。此时,上校旅长说:"时候到了,是洗刷留在我们祖国身上的历史污迹的时候了……"政务官们认为,激发苏联军人斗志最有效的方法,就是邀请他们去一雪1905年战败于日本的前耻。

为了达到奇袭效果,苏联人没有对中苏边境后方的日军阵地实施空中侦察。他们的地图很差,很少有显示等高线的。北部的苏联第15集团军过黑龙江时,使用的都是些临时拼凑的船只,包括商用轮船、货船和浮舟。在有些地方,日军纵火焚烧河里的木材或货船,想以此妨碍苏军登陆。苏军的炮艇都带有诸如"无产者""红星"之类的名字,他们要对抗的是日军的岸防炮。在苏军坦克登陆提供增援之前,第一波上岸的步兵在富锦街头曾有过一番激烈枪战。一支装甲旅先头部队在打入纵深62英里后,其后续部队才得以登陆。9天时间内,黑龙江船队运送了9.1万名官兵、150辆坦克、3000匹战马、413门火炮和28000吨物资。行动很混乱,但对付弱小的抵抗,也还能奏效。

总攻时间到来时,奥列格·斯米尔诺夫所在部队的责任区,一辆T-34坦克开着车灯从步兵部队跟前哐当哐当驶过,几乎快到山顶时才放慢速度,山头那边就是中国东北。T-34打响了本场战役的第一炮。斯米尔诺夫说:"整片草原立刻响起上千辆坦克的轰鸣。上千个车灯发出耀眼的强光,所有车辆都开始移动起来。"装甲部队只遭遇了来自边防哨所的零星抵抗。碉堡很快就哑巴了。天亮时,坦克开始在中国东北平原、干涸的河床和各种不同的道路上向前疾驰,紧随其后的是摩托化步兵和为他们补充燃油的卡车。"不久,酷热和尘埃的问题又来了,没有水。"由于疲劳和脱水的缘故,有的士兵开始流鼻血。突然,他们看到了湖泊。他们兴高采烈地喊叫着朝湖泊方向冲过去,结果发现那只是海市蜃楼而已。经过第一批被打死的日军的尸体时,他们一点感觉都没有。"我们知道,要打完这场大战,最后一仗是必须的。"

日军一直在建设堡垒区，想要以此守住现有的过山通道，但他们缺少人力和物资，无法可持续地守卫防区。在苏军入侵的头几个小时，日本守军完全处于一种不知所措的状态。多年以来东京方面一直担心的就是苏联的入侵，因此很难理解，关东军怎么这么容易就被对方搞了个战术性偷袭。日本的军官们知道，边境对面设有重兵。然而，跟日本最高指挥机关经常犯的错误一样，逃避令人不愉快的现实，往往会战胜对概率的理性分析。现在，他们紧急召开了参谋会议，随后开始努力撤离上万名日本平民，并亡羊补牢地开展爆破拆除任务。一名日本军官带领一支卡车队赶到牡丹江边，车上满载着撤离人员和各种补给。到了江边才发现，日本工兵已经把过江桥梁炸毁了。牡丹江水很深，根本不可能蹚水过去。最后，无论军人还是老百姓，都扔掉枪支和包袱，仅能靠步行各自奔命。由于缺少牵引车，日军不得不弃置了许多的火炮。

警戒部队来电话说，他们正遭到"占绝对优势部队"的攻击。8月10日，本地一位日本军官发出一封可怜的电报，讲述了他率领100人的敢死队想要阻止苏联装甲车队的情形："突击营1连每位战士都在身上捆上炸药包，然后向敌人冲去。虽然造成了轻微损伤，但这些只有7—16磅重的炸药包，威力根本不足以阻止敌人的坦克。"首次遭遇苏联的"喀秋莎"火箭发射器后，日军感觉异常惊讶和沮丧，因为这种武器能够通过大规模齐射，在敌人进攻路线上形成地毯式轰炸。

在地面部队推进方向的正前方，远东第一方面军的工兵突击队开展了伞降，目的是要完好无损地夺取东部铁路沿线至关重要的隧道和桥梁。大部分日军警卫人员都被苏军用匕首和棍棒给悄悄干掉了，但还是有少数碉堡做出了抵抗。在夺取隧道后，德米特里·克鲁茨基赫少校碰到一架将伤员运往后方的平板车。他看到上面躺着一个年轻士兵，年龄不足18岁，显然受了重伤，不大可能有生还机会。克鲁茨基赫问他："疼吗？"这位战士回答说："很疼，首长同志，但我还会继续战斗！"许久之后，克鲁茨基赫写道："60年过去了，但我还能记得那位战士的声音和他的眼神。那几场战斗真是很艰苦。"正在向前推进的苏联军人听说了长崎遭到原子弹轰炸的消息。克鲁茨基赫说："坦白说，我们头脑中要想的问题太多，对那则消息根本没怎么在意。当然，我们没人能够想象那是何等的破坏规模。"

8月9日凌晨，关东军司令山田乙三在长春的皇宫里觐见了溥仪皇帝。山田是位个头矮小、留着八字胡的老骑兵，曾参加过1905年的俄

第二十章 北极熊之爪

日战争,时常一副一本正经的神情,且不怎么爱说话。现在,危机使得他一下子变得话多了起来。他不断表示对胜利充满信心,但突然响起的空袭警报以及随后苏联炸弹造成的震荡,让溥仪有些不敢相信他的说法。皇帝和将军撤退到防空洞里继续交谈。

溥仪是个抑郁症患者,人很迷信,很爱掉眼泪。他心怀恐惧,觉得此时无论日本人还是中国人都会杀了他。他时年39岁,身材瘦削高挑,但显得不够成熟。多年以来,他一直放纵性情,在一群嫔妃身上滥施淫欲,虐待宫里的人,对他们任性施暴。在日本人的辖制下,他作为皇帝的威严已经大打折扣。明朝皇帝时期,在朝廷服务的太监有10万人之多。溥仪还是个小皇帝时,住在皇宫里的太监有好几千人,他喜欢拿着气枪对着太监的住所练习枪法。但此时,他的皇宫里仅剩下10个太监。作为"满洲国"名义上的统治者,溥仪会不加甄别地签署官方文件、死亡证明和产业计划书。由于他跟日本人沆瀣一气的做法,中国人对他很厌恶。他的侍从人员都是从长春孤儿院里招募来的,父母遭日本人杀害后,这些孩子一直在那里过着孤苦无依的生活。日本人敬溥仪为皇帝,但事实上他不过是日本人手中身份最为显赫的囚犯而已。

现在,感觉自己就要死了,这让他既恐惧又欢喜。他开始不分白天夜晚随身带着手枪。8月10日,一名日本军官来到皇宫,向他宣布说军队准备向南撤退,皇帝必须立刻准备前往敦化。溥仪恳求再给他两天时间,这位日本军官阴郁地说:"陛下如果不走,苏军第一个要杀的恐怕就是你。"溥仪皇帝要吃饭,却被告知说他的御厨全都跑了。8月11日晚,将王朝圣物装进随身包裹后,可怜的皇室成员一行登上专列,缓缓而犹疑不定地出发了。

苏军面临的主要问题是地形。炮兵们全凭蛮力拖拽野战炮穿越沼泽地,步兵则扔下枪支,帮忙搭建铁轨,以便重型装备能够通行。远东第一方面军的部队乘船渡过乌苏里江抵达对岸后,发现他们还需要蹚水穿过齐胸深的沼泽地。工兵们努力顶着瓢泼大雨割断铁丝网并扫清地雷。从森林穿过不再是个好主意。贝洛布罗多夫写道:"大树之间,底下是一层厚厚的灌木,上面长满了刺,每根都像手指头那么长,像缝衣针那么尖利。这些东西很危险,会划伤肌肉,刺穿靴底,几分钟就能把不够细心的人给弄废了……溪流和山涧底下都是松软的淤泥,即使像T-34那样动力强劲、机动能力很强的坦克,也会陷在里面。"哈拉哈河宽不过60码,深不过4英尺,但它汹涌的河水把卡车和火炮牵引车都给掀翻了。苏军解决问题的方式很特别，他们先是在河上派出一队骑马的蒙古骑兵，让骑兵膝盖跟膝盖锁定，随后让步兵在他们前方过河，抓住马的鬃毛，以便能够站稳脚跟。

苏军在每个地方都强行建立起了通道。敌人在空旷的原野上建起据点，想要扼守交通要道，但都被苏军一次又一次地挫败。日军敢死队不分白天夜晚对正在扫雷的工兵以及苏军的后方发动进攻，但都无力阻止苏军不屈不挠的前进步伐。有这么一则故事，描述了自新村附近发生的一场罕见的阵地战：

> 路面变得开阔了一点，但只能容纳两辆坦克并排前进，而且差不多都快挨在一起了。我们看见前方有木头搭成的农舍，听到日军反坦克炮在高地上开炮后发出的爆炸声。坦克队停下来还击。一些坦克乘员发现了从田野穿过以绕开公路的办法，很快突破到敌人据点跟前。一场混战接着发生。坦克在横七竖八满是壕沟、碉堡、防空洞和火炮阵地的地方奔驰……日军的炮弹时常击中房屋，房屋和野草都着了火。在持续一个多小时的时间里，我们的部队经历了或许是开战以来最为血腥的一场战斗。

日本人讲述了一则故事，说的是日本敢死队攻击苏联装甲部队的事情。他们从路边跳出来，对排在最前面的苏联坦克发动进攻；与此同时，反坦克炮也试图打掉走在最后的坦克，以便把路面封死。一位绝望的日本军官记录说："然而，虽然坦克被击中，受伤却并不严重，因为我们的炮弹不是穿甲弹。敌人在我们眼皮底下平静地完成了修理，他的傲慢是对我们的无能的嘲笑……我们注意到，有些坦克乘员里还有女兵。" 8月14日9：00，一位日军师长收到来自中央防区一个阵地上发来的报告，由于没有无线电台也没有有线电话，报告是由骑兵送来的。报告说："守住阵地已非常困难，本团决定主动出击，发起一次反攻。这有可能是本团最后一份报告。"

头几天，日军飞机还会做出零星抵抗。苏联飞行员鲍里斯·拉特纳所在的飞行联队一开始打仗时还很有点忐忑，因为敌人的空军在历史上可是有些名气的，但很快他们的信心就得以猛增。在第一次执行对地攻击任务时，苏军损失了一名飞行员，但从那以后这样的事就再也没有发生过。飞行员们对日军及其车队反复进行打击。防空炮火偶尔会在苏军的飞机上打出几个窟窿，但很少有把它们打下来的。日军侦察机只要现身，立刻就会被击落。苏联人惊讶地发现，敌人大部分飞机场上停泊的都只是些假飞机。他们开始意识到日军的防卫是多么的虚弱。

日军最高司令部很快在地图上划掉了自己的边防前哨，并着手在后方建立较短一些的防线。这一决策还算识时务，但由于关东军司令部同时试图整合部队，因而这一决策又被毫无希望地打了折扣。许多军官被弄得连向谁汇报工作都不清楚，更不用说明白哪一片是自己的责任区。他们既没有时间也没有机动能力，无法有效调配部队。战争结束时，有些部队还在试图转移到新的阵地。中国历史学者王宏斌说："许多日本人根本就没有拼命作战的意愿，他们知道，这场战争他们已经输了。一百万守军听起来很多，但这些军队从未像苏联军队那样跟现代化的敌人打过仗，没有苏联军队那种在欧洲作战时积累起来的经验，也没有强大的空中支持。苏联人的战争机器比他们先进，二者根本没法比，而且日军还无法得到当地人的支持。"

第一天，苏联坦克部队在西部外巴尔干方面军对面的沙漠上前进了93英里。有些部队迷了路，坦克掀起的沙尘让他们迷失了方向。兵种上将柳德尼科夫·多洛加写道："部队顶着烈日从一个山头前进到另一个山头，每次只要有一丝微风吹来，战士们都会感觉很开心。蜿蜒的山丘给人一望无际的感觉……白天温度会达到华氏95度，中暑的威胁让医务官有些惊慌失措。战士们知道，抱着水壶只会强化口渴的感觉。因此，他们就一直忍着。但车辆没法忍。发动机会过热，散热器会沸腾。最后，他们终于抵达了大兴安岭……连绵的山峦一片寂静。他们赶在日军前面先到了那里，必须立刻登上这些山峰。"

第20近卫旅中尉亚历山大·法丁说："酷热和跨越野外障碍的那番挣扎让我们感觉精疲力竭。要求停止前进的命令传来，大家从坦克车里爬出来时，简直连身子都没法站直了。"每个师每天都会报告30—40例中暑案例。单薄的军用水壶破裂了，主人只能靠运气好一点的战友匀点水出来解渴。斯坦尼斯拉夫·切尔夫雅科夫说："发现水井时，我们需要从30—40英尺深的地方打水上来。水很凉，喝完水后，一些战士出现肠胃痉挛，闹肚子，一些人因此死掉了。我们吸取了教训，主官需要先到井边，小心监督战士们喝水。这是片非常荒凉的地方。我们几乎没见到过日本人。我们被告知，要当心遭到日军游击队的袭击，但这里什么人都没有。中国人很穷，这让我们感觉非常震惊。他们的屋子是用烂泥糊成的，跟我们习惯在欧洲见到的房子形成鲜明的对比。

乔治·佩特雅科夫中士首要的考虑，就是不要丢了性命。打了4年的仗他都活过来了，这4年时间部分是在德国战线上度过的，部分是在东线执行卫戍任务度过的。他说："我从未想过会有这样的气候，1月份气温可以低至华氏零下30度，8月份则可以高达华氏100度。"日本人虽然做了战俘，却仍在以鄙夷的态度对待中国老百姓，这让佩特雅科夫感觉更加反感。

8月11日黎明前，第39集团军开始强行攀登陡峭的大兴安岭。日军觉得这里根本无法通行，因此在山顶上没有修建任何工事。哪怕派出一支小部队守住通道，也会使入侵者的任务变得复杂许多。然而，真实情况是，苏联人唯一的敌人就是这些高山。T–34坦克在前面开路，因为美军的谢尔曼坦克没么皮实，且耗油量更多。在有些地方，通道不足10英尺宽，中间是小溪和冲沟，需要在上面架设桥梁。有些部队发现一道一道的石墙挡住了他们前进的道路。随后，大雨来临，轮式车辆不得不在水中破浪前行。奥列格·斯米尔诺夫说："起初，这场雨让我们感觉很兴奋。但随后，我们简直想诅咒它！"陆军士兵跟其他军种的士兵相比，更讨厌碰到恶劣天气，因为他们没地方可以躲避。山里的洪水会将巨大的岩石冲下山来。战士们将闪电比作是"喀秋莎"齐射时发出的闪光。官兵们费尽力气又是推又是拉，才将陷入泥淖的卡车拽出来。后来，他们开玩笑说，把这些车辆弄上大兴安岭，他们靠的是"放屁的推力"。有时，卡车会滑下山崖，在空中飘落，最后在下面摔得粉碎。由于云层较低的缘故，即使在大白天，他们也不得不开着车灯。

登山途中，碰到履带在潮湿的岩石上打滑时，坦克发动机会疯狂提高转速，坦克会深深陷入泥潭。亚历山大·法丁说："即使是有经验的司机，抬头一看这样的山岭，都会一个劲地摇头。"他驾驶的坦克在最高的山隘口尝试了3次，用钢丝绳跟3辆T–34坦克连在一起，才最终翻过了隘口。开战之初，斯坦尼斯拉夫·切尔夫雅科夫中尉对出征中国东北的任务并不怎么上心，因而他发现，在穿越大兴安岭狭窄的道路时，跟其他战士相比，他更加的不顺心。他和他的手下不得不将装有"喀秋莎"火箭的木箱卸下来，然后用绳子拴在又大又笨的"斯图贝克卡"车上，将它强行拖上山去。他说："这种地形，我们简直拿它没办法。对于'喀秋莎'，我们实在是爱莫能助。"

结果他们发现，从大兴安岭另一头下山比上山时更为危险，因为坦克会在陡峭、湿滑的峡谷里失控往下冲。坦克不断出现抛锚，而此时雨水还在下个不停。最后，坦克乘员们听到前方传来一阵枪响。他们的侦察部队跟日军在鲁北镇交上火了。近卫旅加速前进，结果发现日本守军已经被击溃。驾车从日军阵地前经过时，他们注意到敌人尸体边上还摆着爆破筒。无线电网络上传来一个声音："这次我们又来晚了。"12日那天傍晚，一些坦克没有燃油了。营长在电台上用原始代码问道："牛奶情况怎么样？"法丁回答说，他们连大部分坦克的柴油，仅够行驶20—30英里的路程。上级命令他们保留几升柴油，将其余柴油全部交给一营官兵，好让他们继续前进。第二天，运输机在附近田野里着陆，卸下油桶给他们的坦克做补给。苏联飞机还给先头部队送去了2000吨的燃油和78吨的弹药。

如有坦克出现抛锚，则由另外一辆坦克拖曳着前进。平原上，苏军装甲部队发现，日军将水坝炸绝了堤，洪水淹没了大片区域。唯一可以通行的前进路线是沿通辽到锦州狭窄的铁路路基。乘员们胆战心惊地开道前行，坦克车队在铁路上颠簸，震荡导致一些坦克抛锚，一些坦克履带断裂。不能动弹的坦克被推到边上的水田里。一架落单的日军神风特攻战机击毁了一辆T-34坦克和几辆轻型战车。但最后，苏联人还是回到了坚实路面，又接着往前。

部分日军骑兵发起了战斗，但大多数守军还是选择了投降，8月14日傍晚苏军就抓获了1320名俘虏。曾在欧洲战场上作战的苏联老兵朝有意投降的敌人大喊"Hande hoch"（德语"举起手来"），因为他们根本不会说日语。个别据点还在负隅顽抗。对于大多数这样的据点，苏军都会选择绕行。第6近卫坦克集团军4天时间内前进了217英里。妨碍前进的主要因素是车辆缺少燃油，人员缺少饮水。8月19日，苏联飞机降落沈阳和长春，占领了这两个城市的机场。两天后，他们跟从陆上赶来的装甲部队的兄弟们会了师。

远东第一方面军的官兵们发现，沿着他们前进的方向，是苏联轰炸和空袭后留下的一堆废墟：人马尸体比比皆是，纸张照片在风中四处乱飞，遭到焚烧的车辆和残垣断壁倒塌在泥浆里。空气中散发着难以言表的恶臭，既有人的尸体和粪便的味道，又有烧过的橡胶和死后发胀的动物尸体的味道。维克多·科索帕罗夫所在的团，因遭到马蜂袭击而短暂受阻。炮火毁坏了马蜂窝，"它们发起疯来，见人就叮，最后我们用发烟弹才将它们赶跑"。

李东冠和他领导下的得到苏联赞助的侦察队，跟以往一样继续在敌后工作，在东安市明确日军阵地方位并用电台向基地汇报。没过几天，苏联军队就占领了日军阵地，日军残余放下武器投了降。李东冠穿着苏联军装，突然间发现日军高举双手，鞠躬屈膝地向他表示投降。他简单说了句："他们活该，谁让他们来占领我们国家的。"

蒋德是接受苏联培训的游击队员之一。8月8日那天，他们突然接到命令到苏联东部的森林基地集合，首长告诉他们："现在出发。"他们被带到一个机场，60名中国人分15组，每组4人，上了3架运输机。上级要求任何人不得跟其他人谈起此行各自的目的地。随后他们出发前往中国东北。蒋德他们这个组，有个非常令人担忧的问题。由于苏联人办事粗枝大叶的缘故，尽管其他战友都接受过跳伞培训，他们这一组却没人接受过。这就意味着，他们的凌空第一跳将是直接跳往战场。想到这一点，他们有些惊恐。但他们还是设法安慰自己，心想他们会为解放祖国做出重大贡献。

两小时后，他们被投放到了中国东北漆黑的夜空。蒋德和另外两位战友运气好，安然无恙地降落到了地面。天刚破晓，他们就跟当地农民取得联系，得知他们的第四位战友没那么幸运，有人在庄稼地里发现了他的尸体。蒋德跟苏联那边的基地进行了无线电联络。对方告诉他，必须找到战友的尸体，取走他身上的地图和文件。当地农民带着他们去了阵亡战友着陆的地方。孙成玉曾经是蒋德的好朋友。现在，"他的尸体看上去太吓人了"。他起跳时，降落伞的固定拉绳断了，伞一直就没能打开。

这三名幸运活下来的人，两人穿上日本军服，一人穿上老百姓的服装以便能够随机应变。他们开始着手干活。他们的任务就是汇报军队调动情况，煽动当地人给敌人制造麻烦。8月11日午饭时分，伞降不过几个小时，当地农民来报告，说有一个排的日本鬼子到村里来讨吃的。蒋德说："那就给他们吃。想办法让他们集中到一个地方。把吃的东西给他们后，你就找地方躲起来。"这些日本人一点都没怀疑。三人冲进他们吃饭的屋子里，用冲锋枪一通扫射，把他们全部消灭了。第一个弹夹子弹打光时，四五个受了伤的鬼子兵还在动。几位中国人重新上好子弹，把这几个废人也给干掉。然后，他们让当地农民找来平板车，把尸体搬上车，丢进了附近的河里。

蒋德说："我们真的很开心。日本人杀了我们那么多人，为他们报仇雪恨，让人感觉很开心。"他们把全村能找到的人都叫来，向他们表明了身份，宣布日本人已经完蛋了，并邀请当地人帮忙搜集信息。执行任务过程中，还有一件事让他们感觉非常兴奋：8月14日，他们发现一支日军正从附近牡丹江市撤离，他们将此情况用无线电向基地做了汇报。不久后，苏联就对日军撤退路线实施了毁灭性空袭。他们觉得，这应该是他们的呼叫起了作用。空袭后，这三位特工下到路面上，在死尸和残骸中把所有能找到的日军武器都搜罗起来，分给了农民。第二天早上，他们碰到一支正在向前推进的苏联步兵部队，"他们热烈地向我们表示了欢迎"。苏军用吉普车把这三位中国人送回了他们在苏联的总部。

有些地方发生过激烈枪战。坦克军官亚历山大·法丁说："这可不是闲庭信步。日军抵抗很顽强，尤其是在第一个星期。那些关于日军敢死队的传说，结果都是真的。"无线电报务员维克多·科索帕罗夫所在的部队抵近两山之间的隘口时，突然遭到来自高处的火力打击。大家四处奔逃找地方躲避。科索帕罗夫从藏身的岩石后面四处张望。子弹打折了他头顶的树枝，在石头上打出一阵阵火花。最后，一名军官给了他日军阵地的坐标，他用明语传送给了师部。停顿一段时间后，突然降临的炮火一下子吞噬了日军。最后，当苏联步兵站起身来，小心翼翼冲上高地时，他们没有再遭遇抵抗。在山顶，他们发现了几具日军的尸体。有一个场景，给科索帕罗夫留下了深刻的印象。他看到一个空无一人的战地厨房，里面冒着蒸汽，锅里是已经煮好了的米饭。他们接着继续行军。

8月13日清晨，日军第135师仁美阳一将军带着参谋人员和增援部队乘火车抵达华林市，不料却目睹了牡丹江大桥被炸毁的景象。苏联坦克开始轰炸被困的日军火车，一些日本兵跳进河里，试图游到安全的地方。仁美和他的手下最后设法步行进入华林市。他接管了指挥权，连续几天屡次击败苏联人的进攻。

阿纳托利·菲利波夫中士首次感觉遭遇日军海拉尔守军的抵抗是在8月11日傍晚。当时，他们正朝海拉尔市推进，他们营看到田里有一群羊。"突然羊群开始朝我们射击：哒哒哒哒！日本兵混进了羊群，打死了我们6个战士，造成了一点慌乱。"苏联人呼叫火炮增援，对海拉尔的防御工事进行打击。这些工事包括一个很深的防坦克沟和跟碉堡相连的多条战壕。工兵爬上前去，在日军炮台上装上炸药包。爆炸后，步兵很快冲上去，对着枪眼就是一通近距离射击。

然而，进攻者还是无法突破。"日军的迫击炮和机枪火力太猛，我们差不多都不敢抬头，"炮兵前线观察员伊伦契夫说，他是看着他的班长在身边被日军打死的，"8月15日傍晚大约17：00，一个营的日军敢死队敞开衣服、挽起袖子、挥舞着军刀呐喊着朝我们冲过来。我们的枪手毫不犹豫，打死了他们一半的人。随后，我们的步兵发动反攻，一举击溃了他们。他们没有一人后退，也没有一人投降。受伤的日本兵也选择了自杀。一时间尸横遍野。"不久后，日军一枚迫击炮弹落在伊伦契夫身边，爆炸离他太近，给他造成了脑震荡，耳朵也被炸聋了。他的战友最后把他从炮灰中挖出来，鲜血从他的两只耳朵直往外流。海拉尔的日本守军顶着炮火轰炸和步兵进攻，一直坚守到8月18日，最后3827人选择了投降。

苏联人在痛苦的经历中体会到了保护后方梯队的重要性。8月14日夜，第3步兵师的医护连正在露营过夜，日军一支敢死队突然袭击了他们的阵地。警报响起时，日军正将医生、护士从车里往外拽。短暂交火后，敌人挟持3名护士撤退了。随后，苏联人在附近找到了被挟持护士的尸体，尸体已被敌人大卸八块。苏军在一份报告中愤怒指称，这件事是负责保障部队安全的军官"罪恶的疏忽大意"造成的。负责为这支医疗队提供保护的，是一个排的冲锋枪手。

在苏联全面掌握空中优势以及日军自身缺少车辆的情况下，日本守军根本没有调动部队的手段。他们同时还严重缺乏反坦克武器。然而，在苏联人不得不对日军费尽心机建造起来的防御阵地展开进攻时，日军还能顽强展开抵抗，而且还能给苏军造成重大损失。在东线，日军在牡丹江路口建造了牢固的防御工事，两个师的日军在此路口跟远东第一方面军激战了两天。

短暂的喘息让日军师参谋部放弃了做出万岁冲锋的计划。他们维持常规防守。电话线被切断，无线电也几乎不存在，这给他们的战斗造成了妨碍。8月16日，278团一位名叫上田的少佐天亮前赶到师部，报告说师里其余部队都已撤离。他的上司山中滨大佐只是说了句："我就死在这儿。没有明确命令，我不会撤退。"几个小时后，占绝对优势的苏军坦克和步兵部队攻击了他们的阵地。中午时分，山中大佐毕恭毕敬地朝着东方深鞠一躬，烧掉团旗，集合残部发起了一场反攻。失败后，他和上田少佐一起切腹自杀。日本方面记录称，在牡丹江攻防战中，日军仅付出了4000人阵亡的代价，但苏军认为应该是40000人。真实情况极有可能介乎二者之间。苏联红军认为，此战造成的损失，占了其进兵中国东北全部损失的一半，其中包括几十辆坦克的损失。

直到8月16日傍晚，牡丹江市才结束战斗。许多日本人根本不知道，日军已经下达命令要求他们撤退，因此他们只能死战到底。一路冲锋在前、雄心勃勃的苏军前锋部队因为当地日军的反击损失惨重，但8月20日，他们最终还是成功抵达了哈尔滨。朝鲜北部范围内有组织的抵抗，在远东第一方面军的打击下，最终于8月16日宣告结束。

第二十章 北极熊之爪

但日军个别部队还又继续战斗了10来天时间。日军据点往往会拒绝投降，苏军不得不用挨个轰炸结合步兵进攻的方式逐一加以消灭。对此，苏军口头上虽不说，内心却留下了深刻印象。

太平洋海岸，苏联海军陆战队发起了两栖突击战，于8月11—12日收复了雄基和罗津两地，四天后又对清津发起了进攻。甚至在日本守军被迫退出城市之后，许多人还在周围山林里继续作战。8月15—16日，苏联远东第二方面军的部队还仍然需要对付日军发起的大规模反攻。苏联的军舰发现他们需要跟岸上一辆装甲的火车交手。清津之战直到8月16日傍晚才结束，因为这时苏联第25集团军的部队从陆上打了过来，跟海军陆战队合兵在了一起。

8月12日，溥仪皇帝的专列抵达新京。关东军司令山田登上皇室专列向他报告，说日军各地的战斗纷纷告捷。他的这番安慰话立刻穿了帮，因为溥仪皇帝见到的景象是：各个年龄的日本难民，成群结队拥进吉林车站，他们有的在大声喊叫，有的在不停咒骂着军队和警察。第二天，溥仪皇帝到了大栗子沟，那是个风景秀丽、群山环抱的采煤区。经历了两天的极度恐慌后，溥仪和他蓬头垢面的"逃亡团"只能在这里静观事态变化，等待决定他们命运的时刻的到来。

很显然，日本战败了，但接下来会发生什么事情，似乎并不那么明显。中国国民党上尉罗定文说："我们大多数人都知道，斯大林这么做，有他自己的如意算盘。我们没理由要去喜欢或信任苏联人。"徐贵明是日本宣传局的一名中国职员，这个单位位于黑龙江的艾赫尼市，现在正处在苏联远东第二方面军的辖区。跟他住在一起的，还有一个姓曾的宣传局职员。8月9日傍晚，院子里响起一阵电话铃声。电话是宣传局打来的，要求全体职工立即到办公室报到，有重要消息传达。

徐贵明赶到那栋3层楼平房，发现日本人正慌里慌张跑来跑去，把一摞摞文件抱来扔进一大堆篝火里。大楼里，员工们聚在一起。主任宣布说，他接到消息，说苏联军队已经跨越边境进入中国。大家必须在明天下午前离开这个城市。日本员工一个个垂头丧气的样子。徐贵明丝毫没有什么感觉，因为老板发生什么事，根本激发不起他的同情。他们排着队，每人领取了3个月的工资，然后回了家。他们工作的地方被人一把火烧掉了。

在院子里，徐贵明发现他那位姓曾的邻居正打算用他的4匹马驹，带着老婆孩子和全部家当出门逃命。徐贵明跟自己家里人讨论了一下这个情况。他有个弟弟和几个孩子。他们决定在附近找个地方避一避。他们跑到了附近的庄稼地里，那时天已经黑了下来。他们非常疲倦，一行人挤在一起，很快睡着了。天亮时，他们发现，尽管艾赫尼市2万人口有一半已经逃到野外，许多居民还是选择留下来看看情况会怎么发展。一列苏军炮艇出现，慢慢向下游驶去。他们开火朝河岸扫射，又炮击了附近的火车站。炮艇来来回回扫射，打死了离徐贵明不远处的一位老妇和一头奶牛。随后，苏联陆战队队员开始向岸上发起冲锋，当地工会的会长上前迎接他们。他告诉苏联人说，日本人都走了，城里已经没有武器。然而，在附近就有一支约4000人的日军，直到8月20日，他们才选择投降。

第二十一章　最后一幕

"上帝送来的礼物"

8月7日，华盛顿，国防部作战与计划局记录道："无疑，在日本人心目中，最大的问题是我们拥有多少枚核弹，下一步我们打算将它们投放到哪里……我们听传言说，日本让铃木担任首相，是想让他出面求和。要真是如此，则要么是任命之初就附带有条件，要么是条件已经有所改变。《波茨坦公告》以来，日本的舆论宣传显然一直是那些'自命不凡的军国主义者'在主导，而《波茨坦公告》所针对的恰好就是这些人。"国防部作战与计划局的观点不能说没有道理。

即使在实施原子弹轰炸以及苏联出兵中国东北之后，日本的政治僵局似乎还是没有被打破，这一情况迄今仍让人感觉惊讶。以防务大臣阿南惟几以及各军种参谋长为首的主战派声辩说，一切并没有发生改变：誓死抵抗比接受《波茨坦公告》更为有利，日本还能成功抵御住对其本土的入侵。海军参谋长、海军上将丰田异想天开地认为，世界舆论会阻止美国用原子弹再次犯下"反人类暴行"。一些文臣不愿接受《波茨坦公告》，但愿意有条件投降。他们提出的条件还是老一套：日本不应被占领，必须由日本人自己来审判所谓的战争罪犯。然而，日本政府的大部分大臣，他们关心的只有一件事情：保住天皇的地位，尽管在如何表述这一要求的问题上，存在无数个有细微差别的说法。

8月9日一整天，在内阁、军事参议院和御前会议上，大家对这些问题逐一进行了讨论。在政府内部和各个军种参谋部，这场争论的内容很快传播开来，并引起了人们强烈的兴趣。尤其在国防部，少壮派军官听说要投降，都吓坏了，赶紧呼吁首长不要参与出卖大家的决定。

海军中将大西是神风特攻行动的发起者，现在已经是海军参谋部副参谋长，他恳求阿南惟几不要向求和者让步。令人惊讶的是，第二枚原子弹轰炸长崎的消息，除了达到了美国人想要强调的目的、印证了"小男孩"并非唯一的那句话以外，似乎并没有以这样或那样的方式对日本领导层产生一丁点的影响。阿南惟几随便猜测认为，美国人可能拥有多达100枚原子弹。

9日傍晚，军事参议院"六巨头"被召集到皇宫出席"御前会议"。在那里，他们得知，裕仁天皇要宣布他的"圣意"。此次召见是主和派慷慨努力的结果。当天下午，近卫亲王、重光葵和掌玺大臣城户侯爵有过一番谈话。一开始，听说这件事需要皇上亲自出面，城户感觉有些骇然。他对几位文臣说："你们有没有想过，这一行动会让陛下感觉多么难堪？"然而，主和派知道，只有天皇亲自表示支持，才有可能克服军方反对投降的压力。他们继续苦苦相求。天皇和掌玺大臣私下进行了40分钟的谈话，这一谈话内容迄今未公布。之后，城户回来报告，说天皇答应召开"御前会议"了。各军种的参谋长同意出席会议聆听"圣意"，其实他们早知道"圣意"会是个什么内容。他们大多私下承认，日本已经战败，但他们依旧躲躲闪闪、含糊其辞，以便不让人觉得是他们公开谋划达成了最后的结果，因为他们的同事和部下会认为那是背叛。英国第14集团军司令员斯利姆的确说得对，尽管日军的指战员外表看上去很勇猛，但他们中许多人在道德上是些懦夫。

8月9日，午夜12点前10分钟，御前会议开始了。有人把《波茨坦公告》的文本大声朗读了一遍。外务大臣东乡提出了一个附带一项条件的提案，表示只要不对"国家法律赋予天皇的地位"做出改变，《波茨坦公告》还是可以接受的。防务大臣阿南则继续鼓吹抵抗，军方代表也都表示支持。但是，8月10日凌晨2时之后不久，铃木首相站起身来，向天皇鞠上一躬，不顾阿南的抗议，邀请天皇做出决断。裕仁仍旧坐在桌边，他倾身向前说道："我说说我的看法。我的意见跟外务大臣一致"，必须得"忍所不能忍"。天皇对军方严厉提出了批评，说他们过去所做的承诺跟他们实际的表现存在很大差距。铃木说："臣等悉遵陛下教诲。"随后，天皇离开了房间。在场所有人，包括主张继续战斗的军方代表，共同签署了一份文件，对天皇的决定表示了赞同。

然而，主战派却设法在"东乡提案"中加入一条重要补充，表示接受《波茨坦公告》是基于"认识到盟军公告不会侵害天皇作为君主应该享有的特权"。这样一句话可以引申出种种不同的解释，因此几乎不可避免会遭到美国的拒绝。即使时候已经这么晚了，即使在这样一个可怕的关头,在东京,拒绝投降的思想却仍在作祟。日本向全世界发布有条件接受《波茨坦公告》消息的同时,军方高层还在继续谋划孤注一掷的阴谋。少壮派军官在策划搞军事政变。日本的文臣唯恐丢了自己的身家性命。

8月10日,日本上海军区司令部以颇为困惑的口吻给南京驻华陆军总部发去一封电报。电报说,上海本地的中国人在欢庆盟军取得胜利,在街头上欢呼并燃放烟花。国民党的电台报道说,日本已经接受了《波茨坦公告》条款。日本军队应该怎么办?私下日本驻南京的参谋军官们愿意承认日本已经战败。实际上,他们已经开始着手处理将100万士兵和74万平民调回日本的后勤问题。然而,在公开场合,却没人愿意承认这一事实。南京方面给上海的回复是:"都别管。日本什么都没接受。我们会继续战斗。"

同一天上午,当杜鲁门听到日本宣布接受公告的消息时,他把贝尔纳斯、斯廷森和福利斯特尔叫到白宫,参谋长联席会议主席莱希也加入了进来。得知日本宣布投降的消息时,斯廷森正准备动身去休假。这件事让人觉得很奇怪,他居然没有预料,历史性的高潮点很快就要到来。除了贝尔纳斯以外,所有出席白宫会议的人都赞成立刻接受日本投降。他们认为,不能再为推迟和平寻找借口了。但国务卿贝尔纳斯仍旧是对总统最有影响力的人,他说日本提出的条件让他感觉有些不安。美国一直要求的是"无条件投降",这甚至已经成了美国全民族的一个口号。他认为,在美军动用了原子弹、苏联也已经参战的情况下,对"无条件投降"条款进行修改,对美国人民来说,似乎有些匪夷所思。贝尔纳斯非常乐意接受保留天皇职务的意见。他只是觉得,应该让世人明白,天皇的幸存,应视为美国宽容大度的结果,而不应视为日本不屈不挠换来的成果。

杜鲁门批准了应贝尔纳斯要求由国务院起草的一份照会,并于8月10日下午将照会发往了伦敦、莫斯科和重庆。照会规定"从投降之时起,天皇和日本政府统治日本的权力应受制于盟军最高司令官的管理","日本最终的政治体制,应依据日本人民自由表达的愿望来设立"。英国人立刻做出反应,给出了唯一有意义的干预。他们认为,美国人坚持"天皇应当亲自签署投降条款"的做法有失妥当。贝尔纳斯接受了这一看法,此举很有可能是个错误。但他没有理会蒋介石在此问题上的不同意见。

同样在8月10日这一天,杜鲁门通知内阁,说他已经下令,没有他的明确授权,不得再对日本投放原子弹。人们有理由猜测认为,8月

6日以来这些日子里，杜鲁门总统对原子弹轰炸广岛事件产生的重大后果已经有了认识，他一开始收到消息时那种欢天喜地的心情，此时已经黯淡了下来。怀有这种心情的，还不止他一个人。8月11日，英国驻华盛顿使馆给英国外交部的建议认为："想到日本人卑躬屈膝请求投降的样子，让人有一种行使权力的刺激感和源自本能的快感；但与此同时，美国根深蒂固的人道主义精神也开始逐渐壮大起来。在人们私下的谈话中，衍生而来的反感意识已经非常明显，尽管这种情绪还未能在媒体上有所反映……很多人在扪心自问，动用那样一种武器是否存在道德问题，尤其用它对付一个明摆着已是穷途末路的敌人。"

然而，杜鲁门还是决心要对日本保持高压态势。他拒绝了斯廷森和福利斯特尔停止常规轰炸的建议。8月10—14日，李梅的"超级堡垒"继续对日本城市进行轰炸，炸死了15000人。必要时投放更多原子弹的技术准备工作也仍在继续进行。第三枚原子弹计划于8月19日准备就绪。美国助理参谋长约翰·赫尔将军跟"曼哈顿计划"负责人之一西门上校讨论认为，如果东京方面仍然顽固不化，有必要对他们施放更多的原子弹，或者把这些原子弹保留下来，"短时间内全部倾倒出去"，给进军日本本土的行动提供技术支持。他们讨论了两种做法各自的好处。美国空军战略轰炸行动司令员卡尔·斯帕兹将军对继续发动燃烧弹空袭行动表示反对。他这么做并非出于人道主义的理由，他只是觉得，应该节省美国人的生命和精力，到19日那天，再到东京上空投放第三颗原子弹。

8月10日夜，在莫斯科，外交部部长莫洛托夫告诉美国大使哈里曼，要是日本拒绝无条件投降，苏联会继续挺进中国东北。跟以往一样，东京方面的固执正合苏联人的心意。更让人不安的是，现在苏联人突然声称，他们希望能够共同占领日本，包括要向日本派出自己的最高司令官，跟麦克阿瑟一道负责占领事务。哈里曼愤怒地回答说，这个要求太过分了，因为苏联对日宣战不过只有两天时间。苏联人最终退了一步，接受了让麦克阿瑟担任盟军最高司令官的决定。

8月11日，美国将"贝尔纳斯照会"派发给了日本政府。12日一大早，照会到达了东京，内容让主和派非常失望。外务大臣东乡茂德一开始甚至想放弃向华盛顿低头的承诺。铃木和东乡最终极不情愿地对贝尔纳斯提出的条件表示了同意。最令人惊讶的反应来自军方某些人员。副参谋长川边虎四郎声称，现在收回投降决定已经太晚了，或者说要质疑天皇的"圣意"已经太晚了。他在日记中写道："哀哉，我们战败了。我们所寄望的帝国已经毁了。"川边的上司梅津美治郎将军,人称"象牙面具",他承认日本已经战败。海军参谋长丰田差不多也这么认命了。他们私下虽很现实,但在人前的态度截然相反。三人都认为,应该挺住,等待合适的时机。担心少壮派军官闹事,为满足他们的"荣誉感",他们给天皇上了一则奏疏,称接受"贝尔纳斯照会"就等同于接受日本的"奴隶地位"。天皇断然驳斥了他们,坚持说他本人已经下定决心。日本只能指望美国言而有信。

陆军参谋本部起草了一份文书,表达了他们的对抗态度,让军事参议院送交美国人,坚定表达了日本要继续战斗的决心。书中同时荒唐地强调了日本拒绝向苏联宣战的态度,显然是希望苏联的调停能够带来更好的结果。当然,这份文书并没有能够发出去,但参谋军官们还在继续策划发动政变以期阻止投降。有人把他们的意图告诉了川边,他对此却含糊其辞。阿南听了一下政变计划的大概,既没表示同意,也没表示不同意,但建议对其内容进行进一步完善。他同意调度一些部队来保卫皇宫、拘捕文臣。就在昨天,阿南的个人地位变得更为复杂了,因为东京一些报纸以他的名义发表了一篇文章,鼓动日本士兵"即使不得不吃草、啃泥、睡在露天",也要继续战斗下去。这一好战态度的表示,实际上是些少壮派军官所为,阿南根本就不知情。但他拒绝对这一态度表示谴责,因为这也反映了他个人的信念。

许多战地军官接二连三收到电报,要求全民族继续战斗。老将军冈村宁次统领着日本的驻华部队,他致电说:"我坚定认为,该是我们竭尽全力战斗到底的时候了;我坚定认为,全军应该不为敌人的和平攻势所扰,应该死得有尊严。"陆军元帅寺内表态说:"南方集团军在任何情况下都不会接受敌人的这番答复。"即使按日本军队的标准看,那些日子里,日本军方领导人的行为也有些非同寻常。他们似乎对日本人民的福祉毫不在乎,只在乎他们变态的个人荣誉观,只在乎他们所在小群体的荣誉观。他们明白坚持军事抵抗不起作用,但他们自欺欺人地认为,他们不仅能而且必须假装起作用。阿南告诉城户说,军队坚决反对接受"贝尔纳斯照会"。文臣中也有人仍在发表声明,说他们不会接受任何会让天皇听命于盟军最高统帅的条件。

但裕仁本人宣布,他对华盛顿的提议很满意,日本人民要能够选择他们自己的政治体制。有重要证据显示,跟他那些高级军官相比,原子弹轰炸给他造成的影响更为明显,他曾向城户详细打听过原子弹造成的后果。8月12日15:00,天皇将皇室成员中的男丁叫来,其中包括13名王子,在皇宫里召开了一次史无前例的家庭会议,向他们解释了当前的形势。所有人都表示接受他的判断,包括他最小的儿子三笠王子，早些时候他曾向军方透露过一次求和行动。铃木犹豫再三后跟东乡一道联名表示，支持接受"贝尔纳斯照会"。海军大臣米内鼓足勇气将丰田和大西两位将军叫来，严厉批评了他们质疑天皇"圣意"的做法。米内向他的一位同事透露说："原子弹和苏联参战，在某种意义上说，算得上是上帝送来的礼物。"这两件大事给结束战争提供了实实在在的理由。

8月13日一整天，日本的武将文臣都在举行会议。裕仁在犹豫中选择踏上投降道路后，开始逐步加大干预力度，要确保将这条路一直走下去。他似乎亲自给军方所有头头脑脑都施加了压力，以防止他们发动政变。15:00，最高军事参议院和内阁分别举行会议后，东乡向天皇汇报说，主和派和主战派现在正处于僵持状态。阿南恳求首相将再次召开御前会议的时间往后推迟两天，他显然需要时间来集结军队反对投降。铃木断然给予了拒绝。当时铃木首相正抱病在身，负责照顾他的一名海军军医说："你知道吗？阿南打算自杀了。"铃木说："知道，我很抱歉。"

那些日子里发生的那出大戏，那种灾难不断逼近的感觉，几乎让人感觉难以置信。主和派偶遇了一名东京的记者，这才有幸挫败了军方策划在国家电台播报宣言、要求日本继续战斗下去的行动。阿南花费了好几个小时的时间，聆听大佐和少佐军官的请求，他们在策划发动军事政变。他仍然拒绝加入他们的行列，可能是因为长期受到"忠君"思想灌输的缘故，尽管他没有采取措施去挫败阴谋的策划者，但他也并没有拿起武器来推翻天皇。

两天过去了，日本没有动静，全世界都在等待。英国驻华盛顿大使馆向伦敦方面汇报说："跟匍匐在地、遭人唾弃的敌人谈判的日子，已经透支了公众的耐心。尽管负责任的媒体团结一心支持贝尔纳斯对日本投降请求做出的答复……广大民众对身败名裂的天皇，过去无法宽容，现在则更加无法宽容……海军上将哈尔西曾吹嘘说，他要骑一骑裕仁天皇的那匹白马。街头上的人似乎宁愿听他说这样的话，也不愿听关于治理日本会碰到什么问题之类的解释。"此时，在空袭中被炸死的日本人数量还在增加。

8月14日清晨，日本皇宫，一位助手将城户从梦中叫醒，递给他一份传单，那是B-29轰炸机头天晚上抛洒在东京街头的几十万份传单之一。传单上给出了日本天皇8月10日表示接受《波茨坦公告》的信件以及贝尔纳斯做出的回应。在此之前，日本民众从未见过这两份文件。城户告诉裕仁天皇说，他担心这场宣传攻势可能会促使政变策

第二十一章 最后一幕

划者采取行动。他建议加快节奏：召集内阁和军事参议院全体 23 名成员召开一次史无前例的会议，由天皇宣布接受"贝尔纳斯照会"的决定。10 时许，日本各位领导人开始陆续到来，地下室防空洞很拥挤，他们默默地在几排椅子上坐下来，等待天皇的到来。10：50，会议开始。军方代表一如既往对投降表示反对。首相省得麻烦，也没邀请主和派陈述观点，就直接请天皇做决定。

天皇说，他深信，日本已经无法继续这场战争。他认为盟军会保留日本的"国体"。他要求在座各位尊重他的决定，接受"贝尔纳斯照会"，并呼吁陆海军领导人劝说部下也这么做。他宣布，他打算通过广播，亲自向日本人民说明，帮助他们接受这一令人震惊的消息。他指示政府起草结束战争的诏书。听完这番话，多数人都流下了眼泪。铃木站起身来，向天皇表示感谢，对内阁未能达成一致意见、不得不让天皇出面干预表示歉意。一些战后学者曾认为，"贝尔纳斯照会"使得日本得以按约定条款放弃战争，而不是无条件投降，因此美国不惜动用原子弹坚持无条件投降的做法，只是虚与委蛇而已。要反驳这一观点，只需要注意到一点：毫无疑问，日本领导人是要由美国人按自己的喜好来摆布安排的，这也就是为什么许多人坚决抵制投降的原因。

8 月 14 日晚，陆军部少壮派军官在烟中研二少校和椎崎二郎中佐率领下发起了一场政变。这不过是一场实力很弱的冒险行动，但差点酿成灾难性的后果。首先，两名军官和他们的支持者，在阿南开完御前会议回来时，冲进了他的办公室。阿南说他不会支持他们，并补充了一句"违令者，要这么做，先得从我尸体上迈过去"，政变策划者闻言纷纷失声痛哭。陆军参谋长美津将手下参谋人员全部集中到自己周围，让叛乱者几乎无法给外围部队下达命令。他的副参谋长让包括阿南在内的每位军事领导人在文件上签名，承诺接受天皇"圣意"。高级军官们开始焚烧文件，在接下来好几周时间里，日本所有重要军政部门和机构，都在持续开展这一工作。

大约16：00，烟中和椎崎悄悄溜进皇宫。他们成功说服了负责保卫裕仁天皇的皇家警卫队第 2 团团长芳贺丰次郎上校，让他加入了他们的计划，说他们背后有陆军支持。晚上11：00，带有内阁全体成员签名的诏书被发送到波恩和斯德哥尔摩，等着继续传送给四大盟国各自的政府。在办公室，裕仁大声将诏书文本录进一张留声片，随后将两张备份留声片藏进了皇后办公室的一个保险柜里，等着明天向世人播发。就在他还在录音的当时，烟中和椎崎驾车到了皇宫附近皇家警卫师的师部，想要煽动师长加入他们的密谋。遭到拒绝后，烟中拔出枪来，将师长当场击毙。他随后假传命令，要求皇家警卫队所有7个团的兵力前来集合"保卫"天皇安全。一开始，这一诈唬还很顺利。部队被调派出来，切断了裕仁天皇与外界的联系。

烟中和椎崎两人赶紧返回皇宫，开始搜寻计划播发的留声片。他们盘查了无线电技师和宫廷里的侍从人员，但还是找不到留声片，同时也没有了城户侯爵的踪影。要是让他们找到留声片和城户侯爵，那他们随后造成的伤害将会非同一般。天皇的讲话要是被延迟播发，那就意味着许多人会因此付出生命代价。兵变也有可能会扩散开来。在现在的人看来，城户和天皇是有意选择在这个光景藏了起来，因为愤怒和沮丧的叛乱分子已经在皇宫走廊里四处打探了。15:30，另一名密谋者、阿南的内弟竹下正彦前来拜访阿南，再次央求他加入政变。戏剧性的一幕发生了。阿南邀请他进了屋，对他说："我准备切腹自杀。你觉得如何？"竹下说他一直认为阿南会选择这么做。他当然不想劝阻。竹下放弃任务，让其他政变策划者去忙他们的，他自己则坐下来，跟临死前的阿南喝起了清酒。远处，他们能听到炸弹爆炸发出的震荡声。斯帕兹要求，第20空军部队要"尽最大可能奏响一曲规模最大的临终华章"。响应这一号召，当天夜间，美军出动821架B-29轰炸机，对日本发动了空袭。

凌晨3时后不久，东部集团军的部队来到皇宫，通知皇家警卫队的士兵，说他们收到的命令是假造的，很快秩序得到了恢复。一位叫作井田正高的上校，是参与密谋政变者之一，在意识到政变失败后，他驱车赶到阿南家里报告消息。防务大臣邀请他也加入了告别酒宴。三人又是一番抱头痛哭。凌晨5:30，阿南穿上裕仁天皇赐予他的白衫，面向皇宫方向坐在地上，将一柄短剑捅入左侧腹部，横向纵向做了切割，随后挥刀割断了自己的颈动脉。鲜血洒在了他身前的遗嘱上面。竹下问道："需要帮忙吗？"阿南说："不必。别管我。"几分钟后，他的内弟发现他还在呼吸，于是拿起短剑，结束了他的痛苦。阿南可鄙的一生，唯一可以减轻罪过的，是他从未向那些战争狂人透露主和派一直在筹划做的事情。当天早晨稍晚些时候，烟中和椎崎开枪自杀身亡。

考虑到当时日本军队的心态，真正值得一提的，不是说有人搞了军事政变，而是只有一小撮军官选择参与了政变。尽管很愤怒，尽管接下来几天内发生了大量军人自杀的情况，日本绝大多数的军人还是服从于天皇的意志。如果说这显示了天皇的影响力是多么强大的话，它也同时说明，要是没有原子弹和苏联参战创造出来的新形势，天皇的影响力似乎也不太可能发挥有效作用。日本军国主义在一代人身上培养起来的自戕文化是如此的强大，以至于许多军官本能地要求继续战斗，也不管这一路线是多么的徒劳无功。

即使日本选择拒绝"贝尔纳斯照会"，美国进军日本本土很可能还是没有必要。不出几天，苏联人就要攻到太平洋沿岸，并在千岛群岛立住脚跟。李梅的 B-29 轰炸机正准备对日本的运输网络发动系统性攻击，他们可能遭遇的抵抗微乎其微。此举将迅速使日本相当大一部分人口陷入饥荒。历史学者们费了不少周折，将原子弹和苏联参战加以对比，想知道哪一个因素在说服日本投降过程中发挥了更大的影响。这似乎是个无效的做法，因为显然这两个因素各自都发挥了作用。日本历史学者半滕和敏认为："对日本文臣而言，投放原子弹是压倒骆驼的最后一根稻草；但对日本军方而言，压倒骆驼的最后一根稻草是苏联出兵中国东北。"

在日本的占领下，平民和囚犯过着凄惨的生活，每天都有上万人会因此身亡。要是惹得苏联在中国大陆上长驱直入，则又将造成大量的伤亡。考虑这些因素就会发现，几乎每个想定都表明，战争哪怕只延续几个星期的时间，各民族都会有大量人员在此过程中毙命，其数量将远远超过原子弹造成的伤亡。鉴于他一贯漠视伤亡的态度，斯大林几乎肯定会夺取北海道。罗伯特·纽曼认为，战争每持续一个月，就会导致 25 万人死亡。即使说这一数字太高，它也算提出了一系列还算合理的数字。要是战争进行到 1945 年秋末，饥饿和李梅的燃烧弹轰炸还会造成数十万日本人死亡。这一说法并不是要让大家接受投放原子弹的行为，而只是强调了一个事实：广岛和长崎的毁灭，对日本人民来说，绝不代表战争的最坏结果；对全世界人民而言，则更是如此。

有人试图声辩说日本在广岛遭袭事件前就已经准备要投降了，持这种观点的人不过是些"兜售空想的小贩"而已。东京方面的领导人的确想要和平，但他们提出的条件是盟军万万不能接受的。即使在长崎遭袭事件后，主和派也仅仅侥幸占了上风而已。尽管证据仍旧有些支离破碎且并不十分确凿，但理查德·弗兰克认为，在日本人的思想中有一个虽然不怎么被大家认可但非常关键的要素，那就是：他们已经丧失了"为保卫本土而展开一次决战"的机会。军方寄希望于要抓住一次机会，击败美军的两栖攻击。日本正面临多重灾难，包括惨遭打击、忍饥挨饿以及苏联随时可能发起的入侵，因此美国已经没有必要再将自己的战士送往九州，去跟已成亡命之徒的日本守军作战了。

有人认为，如果明确表示允许日本人保留天皇，美国也不会吃什么亏。然而，1931年以来，日本的侵略曾导致数千万人丧生，因而从日本在亚洲的所作所为这个背景上看，对杜鲁门总统来说，真是很难找出一个合适的理由，改变他要求敌人无条件投降的决定。贝尔纳斯的判断经受住了历史的考验。如果美国人的行为中的确存在那么一点胜利意识，那凭什么不应该拥有这样的意识呢？为了挫败野蛮的法西斯侵略者，美国和它的盟友不得不付出大量生命和金钱的代价。任何时候，只要承认投降，日本本来是可以取得和平、免遭原子弹轰炸的。日本领导人没这么做，这一情况所反映的，不是美国人的偏执，而是日本人自己的选择缺乏理性。阿南、丰田、美津和他们部下，他们该死的主张最后全都落了空，对于这种人的判断，日本人为什么就一直要纵容迁就呢？

在西方人眼中，日本天皇自己也根本不是个值得同情的人物。裕仁领导的国家，给许多民族带去了苦难。虽然他并不是主要推手，但整场战争期间，他一心想要保住皇室，导致他将日本军国主义者当作可尊可敬之人，当作是权力的合法仲裁者，为他们的成绩欢呼，默认他们的种种过分之举。然而，在最后几天时间中，他的行为却带有一定补救性质。虽说有些为时过晚，但他所展示的勇气和信念挽救了数十万人的生命。对于一个天生缺乏自信心的人来说，他要扮演的角色是完全不受欢迎的，但他以一种令人敬佩的方式完成了这一角色。有人认为，1945年8月，盟军没让裕仁退位是个错误；认为不让他退位使得日本人有机会否认以他名义犯下的滔天罪恶，迄今仍有人在矢口否认。然而，无论过去那些年他犯下过什么错误，通过裕仁在1945年8月的所作所为，日本皇室开辟出了一条自我救赎的道路。

15日凌晨7：21，日本无线网络开始反复播报，呼吁听众于正午时分打开收音机，收听天皇陛下亲自发布的消息。国歌声后，裕仁以他又尖又细的嗓音，用许多臣民根本听不懂的古日语，发布了他的诏书：

> 朕深鉴于世界之大势与帝国之现状，欲以非常之错置，收拾时局，兹告尔忠良之臣民。朕已命帝国政府通告美、英、中、苏四国，接受其联合公告。

随后他详述了他的国家在过去的所作所为，对此后人已经非常熟悉。他用一种即便日本人自己都觉得非常晦涩的方式表示说，战争发展到现在，已经"大势亦不利于我"。他还悲叹说美国动用了"新式残虐炸弹"。他号召全军接受他的决定，在结尾处鼓励日本人民："笃守道义，坚定志操，誓期发扬国体之精华，勿后于世界之潮流。"裕仁使用古文字的做法，以漫画式风格反映了日本近代史的"自我标榜"特征。虽然如此，对他们来说，却足以达成眼下的目的。

当天下午，铃木内阁集体辞职。年迈的东久迩亲王很不情愿地接任了首相一职。8月14日华盛顿时间19：00，当着一大群政客和记者的面，哈里·杜鲁门宣读了日本无条件接受《波茨坦公告》的声明。随后，他给五角大楼和海军部发去一条消息，要求转发给美国的各位战地指战员，命令他们停止所有针对日本的进攻行动。1943年初，《科利尔》杂志发表了一篇社论，其中套用加图用罗马语诅咒迦太基时的一句话作为了文章标题："Delenda est Japonia"（"必须灭了日本"）。现在，美国人的诅咒已经兑现。日本帝国被消灭了。

绝望与判决

日本投降前几个星期，乔治·肯尼将军手下负责计划的首席空军参谋警告说："鉴于日本人的自杀战术以及他们相对于德国人的那种独特心理……需要强调的是，尽管日本人已经投降，我军仍有可能需要继续采取空袭行动。"盟军预计，许多日本人会拒绝天皇要求放下武器的号召，美英两国陆海空战士可能还需要继续做出牺牲，需要镇压游击队抵抗，或是跟日本本土上的400万军队和其海外殖民地上更为分散的300万军队打一场常规战。

1945年8月底，让部队接受战败事实，让个别人放弃自杀行动，要做到这些的确非常困难。海军中将宇恒缠曾在山本五十六麾下当过参谋长。在得知天皇的广播后，他下令把飞机准备好。跟第5航空队的参谋们喝完告别酒后，他随身带着山本五十六赐予的军刀，驾机飞到九州东北部的大分机场。11架"彗星"俯冲轰炸机已经处于待命状态。他向飞行员们发问："你们会跟我在一起吗？""会，首长！"他们大声说道。宇恒缠和他们逐一握手。他让一位曹长下飞机，挪出座舱位置给他，但这位曹长硬要跟他挤在同一个座位上。在随后的飞行途中，宇垣缠做了一次话音传输："因本职无能，过去半年中，麾下部队英勇奋战，但未完成击碎骄敌、护持神州之大任。"他留下了他的日记本和一纸遗言："我将连带我的见闻消失于长空。"他的最后一次飞行，除了送了自己的命以外，其他根本一事无成，死时年方55岁。除3架飞机因"发动机故障"中途理智折返外，其余全部被美军战斗机击落。宇恒缠的死，跟他活着时一样卑鄙可耻，因为他带着许多不幸的年轻人给他陪葬。

在随后的日子里，数以万计的日本人选择了自戕，而不是承认战败。这其中包括陆军上将田中静一、近卫亲王、海军中将大西、陆军元帅杉山和他的夫人等。陆军上将田中静一曾在牛津大学受过教育，担任东部集团军司令，曾领头镇压过针对皇宫的军事政变。海军中将大西是神风特攻行动最主要的支持者。另外，有10名年轻人在东京的爱宕山上自杀，其中两人的妻子随后也相继自杀。11名运输官选择在皇宫门前自杀；14名学生在代代木阅兵场上自杀。一些陆军军官被歇斯底里的情绪所控制。举国上下泪流成河。在菲律宾岛上，小野田弘男中尉和他率领的一小队穷困潦倒的日本士兵发现一张美军的留言条："战争已于8月15日结束。赶紧下山吧！"他们都不相信有这么回事："我心想，这一定是敌人的圈套。"就这样，小野田一直躲躲藏藏生活了28年。

然而，值得一提的，不是有多少日本人拒绝投降，而是有多少日本人感激不尽地接受投降，尽管表面上仍然显得很不乐意的样子。这一结果再次凸显了当时日本人思想上的一种分歧：私下里他们还是承认现实，但在公开场合却又心存幻想。这是祸害日本民族乃至亚洲各国的根源所在。菊池正一中尉和其他驻新加坡卫戍部队的军官，在官方消息传来前，就从当地华人那里听说了日本即将投降的传言。不管这些传言在同为职业军人的战友中引发过什么样的悲恸，对菊池而言，它们代表的却仿佛是可以缓期执行死刑的消息，"因为长期以来，我们一直在扪心自问：什么时候会轮到我们去面对敌人，甚至牺牲生命？"

15日清晨，在缅甸，井上佳树中尉正准备率部偷袭当地的英国军队，突然听到战争已经结束的消息。他说："我感觉悲恸欲绝。很显然，我们是战败了。好几个月以来，每天我们都感觉不大可能活到明天了。"在吕宋的崇山峻岭中，山下奉文将军仍在司令部主持事务。宣布投降的事情发生后，一位军官给参谋长提议，让他当天晚上陪司令坐一会儿，以防止他自杀。山下奉文安慰他们说："别担心，我不会撇下大家独自上西天，这对所有人都没什么好处。我的任务是让战士们回家。放松些，去睡觉吧。"几天后，他把司令部参谋人员集合起来，跟他们逐一握手，给他们敬了最后一个军礼，然后走出森林，去向美军做了自首，临别时赋诗一首：

> 战士如野花，
> 相聚于山林，
> 如今轮到我上路，

我自开怀乐赴之。

同样的情况也发生在陆军中将本田正树身上，他一直率队在缅甸跟斯利姆的军队作战。他的司令部设在一个叫作南加拉的村子里，他对手下参谋说："我们必须接受天皇的公告。战争到此为止了。我希望你们能够继续服从命令，不要有任何暴力行动。"他手下一个叫作安倍满男的少佐突然放声大哭起来。他说："盟军会毁了我们的传统，消灭整个日本民族。美国人会永久占领我们的国家。你是我们的首长。你应该切腹自杀。如果你不敢，那就让我做给你看！"本田当时正按日本人的方式端坐在地板上。他平静地邀请安倍过来坐在他身边："你是参谋军官，应该明白事理。你难道不明白天皇的想法吗？我们必须勇敢承受不幸事情的发生。无论老少，概不能自杀了事：那不是拯救国家的办法。我们必须活下去，为新日本的建设打下基础。"

桥本芳子，时年24岁，在3月份的东京大轰炸事件中，她家里一半的人丢了性命。她说："因为投降的事，男人们都哭成一片。我也哭了，但那是一种如释重负的哭。"关根良一，东京人，时年16岁，他有一种耻辱的感觉，但他父亲并没有同感。他父亲很现实地说："现在，我们要生活在新世界了，发号施令的将是那些美国人。"绵贯洋一还记得，1941年12月8日他8岁那年，东京电台播报日本成功偷袭珍珠港时，曾用喜气洋洋的军乐作为背景音乐。当天早上，学校集合时，校长曾让300个孩子轮流登台大声宣读："中国、美国和英国都是日本的敌人。"

差不多4年过去了，他们学校搬到了乡下的一个村子里。1945年8月16日，还在放假期间，良一发现他和其他孩子一道，被叫回学校集合。在操场上点名的，还是以前的那位校长，点完名后他很严肃地作了好长一段时间的讲话。他说，战败的耻辱已经降临到日本人民身上，是日本人民辜负了他们的战士。他要求孩子们都跪下。光着膝盖跪在碎石子上面，痛得良一不停地龇牙咧嘴。孩子们朝着东京方向弯腰鞠躬，并齐声说道："我们向天皇谢罪，因为作为本土战线的一员，我们应该为战争失败负责。"良一感觉愤怒。他敢肯定，他和像他那样的人已经尽了最大努力。难道校长忘了他们一起挖松树根的岁月了吗？就为了从松树根里榨出可怜的一丁点松油，用它来提炼航空汽油。他回到家对母亲说："我敢肯定我们输掉战争是因为我们的战士不够好。他们说'神风'会来，但并没有来。他们撒谎了，对吗？"

投降前的那天晚上，海军少佐一岐春树驾着一架小型通信飞机前往海军指挥部出席会议。会议内容跟他所在航空联队执行的侵入自杀任务有关。着陆后，他碰到两位在海军学院读书时跟他很要好的参谋军官。打完招呼后，他们说："忘掉开会的事情吧。很快会有重要公告要发布，一切都会因此发生改变。咱们喝酒去吧。"他们喝完酒，随后几个小时一直待在防空洞里躲避美军的空袭。随后，他们听到了天皇的广播。跟其他许多人一样，一岐忍不住掉下了眼泪。他独自驾机返回基地，结果发现手下大部分飞行员都已经离开营地回家了。愤怒之下，一岐下令要他们回来，大部分人还是不好意思地服从了命令。他让这些郁郁寡欢的飞行员张罗着打扮自己的飞机："我本来想，美国人可能会把它们弄走，作为战争赔款。"但随后总部发来一条简短的命令：所有飞机一律销毁。于是他们就照办了。

高桥正二少佐是参谋本部的一名情报官，原子弹爆炸后，他曾作为军方调查团成员在广岛生活了一个星期的时间。高桥病了，他后来觉得那一定是患上了辐射病的缘故。在准备回东京的途中，他在机场得知了日本投降的消息。后来他说："在回参谋本部的途中，一路上我都在想该如何自杀才好，因为我当时预计咱们都得这么做。"出乎他的意料，他发现大部分军官对于能够活下来都很知足。正在吞噬日本军队的强烈羞辱感，使得高桥拒绝了上面下达给他的命令：要求他加入日本代表团飞往马尼拉接受美军的详细训示。他说："想到自己将成为代表团一员，低三下四出现在麦克阿瑟面前，这让我感觉无法忍受。"

8月15日10：00，12架神风特攻战机跟往常一样，正准备在东京北部的百里机场起飞。结果除一架飞机被发现无法正常使用外，其余飞机全部按计划出发前去攻击美军舰队。地勤人员开始为午后不久即将出发的下一波30架飞机做准备。天皇的广播打断了计划安排。由于无线电干扰很严重，天皇说的话，士官宫本八郎手下那些工作人员根本一个字都没听懂。他们以为，天皇只是在勉励大家加倍努力，于是各自回去继续上班。突然，一人骑着自行车赶到疏散区，对他们说："你们难道没听说吗？战争结束了。"整个机场，感觉最为惊讶的是那些飞行员，按计划两个小时后，他们是要去送死的。宫本说："我看着他们走开，向寝室方向走去。他们弯着腰，看上去情绪非常低落痛苦。即将奔赴沙场的他们，此时正值斗志昂扬的时候。"该是地勤人员去餐厅吃饭的时间了，飞行计划虽被取消，宫本和他的战友还是没有胃口。好几个小时之后，他才突然醒过神来似的欢呼道："我成功了！我活下来了！"当天晚上，当他第一次看到黑灯瞎火好几年的楼房突然亮起灯来时，他才开始感觉到和平的好处。

第二十一章 最后一幕

8月17日，厚木空军基地发生了一场未遂的兵变。一架"零式"战机随后起飞，飞往百里机场。机上的飞行员打算单枪匹马出面鼓动其他飞行员继续战斗。"别投降！"他恳求他们。他的请求并没有得到多少支持。第二天，基地司令将所有军官和士官集合在一起，严肃地做了一次冗长的讲话，主题是接受投降条款的重要性。他严厉地说："抵抗行为需要付出代价，而这些代价最终要由日本人民来承担。你们所有人都有责任用严格的纪律约束住你们手下的人。"地勤人员排空了飞机油箱里的油，把炸弹从飞机上撤了下来。第二天，他们把飞机的螺旋桨也拆了，好让飞机没法使用。

在荷属东印度的苏拉巴亚岛上，齐史方安藤中尉将水陆两栖飞机停在中队的基地上，然后漫不经心进了餐厅。他发现其他飞行员全都一言不发、神情悲伤。"出什么事了？"他问道。有人回答说："战争结束了。"安藤没脑子地问："谁赢了？"他的国家居然会承认战败，这件事简直让他难以理解。他后来说："我们青年军官就像场上的拳击手。我们只想自己的那场战斗。对其他地方的情况一无所知。现在，我们真不知道该怎么办。"

在缅甸，在"对日作战胜利日"那天，约翰·拉德尔所在的团短暂放纵了一下，朝天开枪表示庆祝，但"这一极度兴奋的感觉很快就消失了，取而代之的是一种伤感的情绪，觉得战争真是毫无意义，我们营损失了上千人，到头却发现不过又回到了4年前开始时的情形"。他是他们部队里在整场战争中没有牺牲的两名军官之一。他们让日本战俘干活，给他们食堂平整出了一块地，用来当作板球场。

在日本大森军营，高级军官斯蒂芬·阿伯特正在操练一同被日军关押在这里的战俘。他对战友们说："今天是我们历史上最伟大的一天。但我们必须记住，为了这一天，上千万来自不同国家的人付出了牺牲。这不仅是高兴的日子，也应该是清醒思考的日子。你们不再是战俘，但你们是贵国的军人，有责任做出良好的行为和高尚的示范。记住，最重要的一点，你们是美国和英国自由民主制度下的公民。要忠实于社会理想，那正是我们过去6年艰苦作战所要维护的东西。"操练结束后，阿伯特和一同被关押在这里的其他战俘又等了3个星期，才等来解放。过渡期间，在其他地方，日本看守都在杀害战俘。在福冈，16名B-29轰炸机飞行员被敌人用军刀活活砍死。

英军枪手弗雷德·汤普森在爪哇监狱中写道："什么反应？根本什么反应都没有。或许是因为日本人除了说'今天不用上班'以外其他什么都没跟我们说的缘故……或许反应会晚一点才会有，到我们意识到它意味着什么的时候：可以意味着痛苦、饥饿和耻辱的终结。感谢上帝我还活着，我在这里的朋友都还跟我在一起。"第二天，也就是8月17日，喜悦的心情终于爆发了："昨天晚上，监狱里的339颗心脏，都高兴得快要跳出来了。"

罗德·威尔斯被关在新加坡的樟宜监狱。他发现日本兵开始向英国和澳大利亚战俘敬礼，给他们供应水和香烟，那种卑躬屈膝的样子，让他感觉很反感。一支英国医疗队伞降到了监狱，成员都是些高大魁梧、身体倍儿棒的男人，这让监狱里的战俘，因为自己的孱弱而产生强烈的羞愧感。习惯了监狱里的规矩，见到一位军官皮带上的手枪时，这些不幸的战俘居然惊呼起来："鬼子要见到那东西，那可不得了。"这位英军军官回答说："开心点吧。你想对他们说什么就说什么，想用榔头敲敲他们的脑袋，都行。别站着没事干，给他们下达命令。像对待人渣一样对待他们，那就是他们的身份，全都是些人渣。"并非所有前来解放战俘的部队都会考虑战俘们的感受。海军少校乔治·库珀被关在巴达维亚的一个战俘营。一位负责战俘遣返工作的军官到达后，竟然告诫这里的战俘说，跟他在德国贝尔森集中营和布痕瓦尔德集中营看到的战俘相比，他们的条件不知要好多少倍。听到这句话的人，许多都反感地走开了。

英国战俘安德鲁·坎宁安的弟弟斯图亚特是一名海军航空兵军官。日本投降后没几天，他穿着一身一尘不染的热带白军装驾机进入新加坡。而此时的安德鲁只剩下一副骨架。他看着他弟弟说："我的天啊，斯图亚特，你长胖了。"跟大多数战俘一样，自由的体验，让他有些不知所措。他说："我们来到了一个看上去很不错的世界，这里有人竟然会这样说话'晚餐你想吃点什么？'"坎宁安甚至对从前看守他们的日本兵生出了恻隐之心："我恨日本人，但归根结底我还是为他们感到非常遗憾。我们牺牲了一切，但赢得了战争；他们牺牲了一切，但输掉了战争。"

在重庆，中国人和美国人在街头上互相拥抱在一起。人们点燃爆竹，一开始只是零零星星有人呼喊欢呼，"但不到一个小时，欢呼声就犹如火山喷发似的响亮了起来"。罗定文上尉是参与欢呼呐喊的人之一，"因为这意味着，从1937年以来第一次，我可以回家了"。闫奇志上尉的第一个想法是："谁还活着？"上次他们这支国民党军队经过老家时，曾有人捎话给他家里的人，说他还活着，但那已经是好几个星期前的事情了。最后，他收到一封信，信中说他们家还算比较幸运，只有他舅舅被日本人杀害了。吴银燕在北京念书，他们班并没放假让大家加入街头庆祝胜利的人群，"即使学校给我们放假，我怀疑我们也不会选择去。日本已经统治这么多年，这一消息来得太突然，大家都不敢相信。我不敢想象战争真的结束了"。连续几天，日占区的老百姓仍然提心吊胆，担心那些庆祝日本倒台的人会遭到猛烈报复。

731部队是日军设在中国东北的一个生物战研究中心。此刻，那里的日军正忙着销毁证据。所有还活着的中国人体实验对象和驻场劳工全都被注射了致命毒药。日军在那里犯下了滔天罪行，但没有人遭到问责，也没有人遭到审判。美国人很快了解到了731部队作战行动的丑恶性质，但他们居然得出结论认为：把相关文件藏匿起来、将部队指战员和科学家保护起来，在军事上可能会更加有利于美国。

唯独在苏联战线这一侧，战斗还在继续，几乎没有减弱的迹象。此时的斯大林根本就不想要和平，他要等到他的军队实际得到承诺给他的奖品之后才接受停战。麦克阿瑟曾荒唐声称，作为盟军最高统帅，苏联军队应听从他的指挥。他通过莫斯科给苏军发出电报，命令他们"停止对日军发动进一步攻势行动"。苏联人只是简单回复说，这种事情只能由"苏联武装力量最高司令"来酌情决定。在中国东北的许多地方，日本派去向瓦斯列夫斯基的部队投降的使节，直接就被苏军给击毙了。其他地方，日军还在继续战斗，原因要么是因为不知道日本已经宣布投降，要么是因为他们压根不把投降决定放在心上。苏联军队还在不断向东向南继续推进。

8月19日下午，吉林机场上出现了一场典型的混乱局面。苏联军队乘运输机降落在机场并且很快做了部署。在贝尔耶夫少校召唤下，一列扎着白色袖标的日本代表团走了出来，除军刀外身上别无其他武器。双方开始谈判。一位苏联军官后来很反感地写道："这些日本武士只是在拖延时间。到最后，一名日本军官从口袋里掏出一张白色手绢挥舞了一下。日军机枪立刻朝我们开起火来。"苏联人赶紧找地方躲避，但还是有4人受了伤，贝尔耶夫脸上还被弹片划了一个口子。他朝那些日本军官大喊，让他们设法停止射击，但喊叫根本没用。经过一番短暂而激烈的枪战，苏联人俘虏了4名日本军官和40名士兵，其余全都被打死。"老实说，我们很气愤，根本不想抓俘虏。我们已经跟他们达成过停火协议。他们倒好，居然朝我们开枪！"这一事件与其说是日本武士的阴谋，不如说很可能是日军内部意见不一的结果。随后，在附近城市发生的零星交战中他们发现，有些日本兵想要设法换便装潜逃,另外一些则还在继续抵抗。然而,21日清晨,大部分日军则都已投降。

中村创平是位日本音乐老师的儿子,他们家从1941年起一直在中国东北生活。苏联进攻前一个星期,他才刚刚加入日本军队。他所在军需库房的500名战士要么是些新兵,要么是些上了年纪的预备役士兵。8月12日那天,上面给他们分发了武器和一只用来系在背包上面的长筒袜,里面装了大米。然后,他们被塞进了南下开往前线的火车。

走走停停过了好几天,这些新兵在一个停靠站下了车,打算加入当地的一个团。他们发现那支军队已经放弃阵地撤退了,前方的铁路桥被苏联的轰炸切断了。他们群龙无首,漫无目的瞎转悠了几个小时,然后看见有两人扛着白旗,沿着铁路向他们走来。一开始,他们看上去像是孩子。但走近后,这些日本兵才发现他们竟然是苏联军人,是派来通知他们战争已经结束了。这些年轻的新兵,也不怎么在乎,甚至有如释重负的感觉。他们立刻交出了武器。几位年长一点的士兵情绪有些激动,他们将军刀插进地里,然后用力把它折断。他们宁肯这么做也不愿将军刀留给苏联人。随后他们逗留原地,指望火车能把他们送往朝鲜,然后送回日本国内。中村说:"我才19岁,投降这件事对我来说并不意味着什么。我只有一种心存感激的心情。"

日本投降后,苏联军队完全占领了中国东北,但即使在这个时候,他们的两栖部队仍然在进攻雅尔塔会议上承诺给予他们的太平洋岛屿。他们派出8000名战士,穿越500英里的海面准备对千岛群岛发起进攻。千岛群岛是日本东北部50多个岛屿组成的岛链。北千岛群岛驻有25000名守军,其中8480人驻守在最北端长18英里宽6英里的占守岛上。他们的斗志并不高。众所周知,那是日本帝国最荒凉的岗位之一。

8月14日晚,占守岛守军高级军官堤府坂少将接到第5方面军的通知,要他明日跟高级参谋们一道收听天皇即将发布的广播讲话。听完讲话后,堤府坂就等着美国占领军的到来,他根本没打算跟他们打一仗。然而,8月18日4:22,他等来的不是美军,而是苏联的军队。苏联一个师的兵力在毫无预警或谈判的情况下,对占守岛发起了进攻,当然也遭到了抵抗。尽管苏联红军具有丰富的陆战经验,但对于登陆作战的困难知之甚少。从一开始,占守岛之战就是一场混战,苏军的作战计划做得很草率,计划的执行也非常混乱。登陆部队是从根本没有作战经验的卫戍部队里抽调来的。

5:30,日本岸防炮兵部队开始炮轰正在抵近的苏联军舰。一些突击艇被击沉，另一些也起火燃烧起来。船被掀翻后，弃船逃命的战士，身不由己地被洋流裹挟而去。进攻部队失去了联络，因为他们努力挣扎上岸后，才发现他们的电台不是弄丢了就是浸了水。水兵们冒着日军炮火，费尽周折临时制作能够将火炮和坦克运上岸的船只，因为苏联根本没有西方盟军拥有的那种专业两栖装备。20 辆日军坦克发起反攻，收复了部分失地。在这场战斗中，日军派出了一架执行神风特攻任务的飞机。几乎可以肯定，这是整场战争中最后一次自杀性空袭。这架飞机击中了苏军的一艘护航驱逐舰。19 日清晨，已经登岛的苏军指战员接到命令，要他们加快速度夺取占守岛。不久，日本代表团就将抵达苏联指挥部，着手安排投降事宜。然而，第二天早晨，部分岸防炮兵部队还在对第二千岛海峡里的苏联军舰开炮，反过来自己也遭到了对方的猛烈炮击。堤府坂的手下直到 8 月 21 日晚才最终宣布投降，但此时已有 614 人阵亡。

相比而言，库页岛构成的挑战并不那么严重，因为这个岛离亚洲大陆最近的地方仅有 6 英里，而且其北部地区还是苏联的领土。但这个岛要比占守岛大很多，它长约 560 英里，宽 19—62 英里。1905 年以来，日本一直占据着该岛南部地区，这让苏联记恨在心，此时正是发泄这一情绪的良机。库页岛的地形非常不适合人居住，上面满是沼泽、山地和茂密的森林。出于爱面子的缘故，日本人在岛上花了不少血本，建了许多工事。因此，8 月 11 日那天，苏军发动攻击后，并没取得多少进展。经过一番苦战，他们才勉强占领了主要的本田据点，据点里的日本守军一直战斗到最后一人。天气很糟糕，不利于空中支援，许多坦克陷进了沼泽。苏联步兵被迫徒步艰难前进，想要包抄日军的阵地。然而，8 月 16 日清晨，天皇发表讲话后，日军发起的"人浪"反攻，却正合了苏联人的心意，让他们得以大开杀戒。第二天，苏军在森林里杀出了一条血路，用空袭和野战炮猛轰日本守军。8 月 17 日傍晚，日军边防区现场指战员宣布投降。

然而，在库页岛其他地方，日本守军还在继续抵抗。8 月 20 日，苏军北太平洋舰队的一支突击部队在霍尔姆斯克港登陆。日军开了火。大雾妨碍了炮火观察。苏军不得不艰难清剿守卫港口的日军，先是在码头上，继而在市中心。一位苏联人指出："日本的政治宣传，成功地在城市居民心中灌输了恐苏观念，他们认为'苏联人都很野蛮残暴'。"因此，城里人许多逃到了山里，部分人撤到了北海道。女人尤其容易受政治宣传的影响，宣传说苏联军人会枪杀她们，并把她们的孩子勒死。"苏联人称,他们在霍尔姆斯克杀死了300名日本人,活捉了600名战俘。其余日本守军都逃往了内地。8月26日,苏军最后夺取了库页岛,比苏联一开始计划的晚了4天。

斯大林对日本领土怀有更长远的打算。苏联打算在占领朝鲜之后,立刻调派部队前去登陆日本本土岛屿北海道。8月18日傍晚,瓦西列夫斯基致电莫斯科最高统帅部,要求批准按计划于8月19日至9月1日对北海道发起进攻。此后48个小时,莫斯科方面一直没有回应,他们在思考。8月20日,瓦西列夫斯基再次致电要求下达命令。斯大林说,继续做好准备:突击部队务必于8月28日午夜前准备发起进攻。

与此同时,美军也在漫不经心地考虑,想赶在苏联人之前在千岛群岛和大连港登陆,以便在那里建立基地,尽管这样做有违雅尔塔协议的规定。然而,双方最后还是各自退了回去。华盛顿方面意识到,任何试图遏制苏联使其无法占领承诺给他们的领土的企图,都有可能会引发一场危机。同样,杜鲁门也致电莫斯科,对斯大林提出由苏军来接受北海道北部日军投降的建议断然给予了拒绝。22日正午,苏联最高统帅部给远东司令部重新发布命令,取消了在北海道登陆的计划。美军的行动仅限于催促海军陆战队前往占领中国大陆沿岸或近海地区的要塞,守住要塞直到蒋介石的军队过来接管。美军投入了大量人员和运输机,这才使得国民党得以在1945年秋重新在华东地区站稳脚跟。

第二次世界大战最后一场战役的发生地,是一个西方人很少听说的地方。那个地方叫作虎头镇。虎头镇坐落在中国东北浩瀚的乌苏里江边。1945年的时候,完达山中还时有老虎出没。在苏联一侧的河岸,平原上绵延数英里全是森林。陡峭的悬崖在沼泽地和河边火车站边上突兀而起。就在这里,从1933年起,关东军建起了亚洲地区最为复杂的防御体系;虎头要塞的指战员们不假思索地将之称为他们的"马其诺防线"。虎头要塞以建在附近山上的5个堡垒为中心,这些堡垒耸立在高出河岸400英尺的位置,用混凝土浇筑而成的屋顶和墙面厚达9英尺,在地下很深的地方有发电机、储藏室和生活区等设施,之间有通道相连。整个防御体系差不多有5英里宽4英里深,有亚洲最大的火炮提供火力支持,其中包括若干门240毫米"克虏伯"加农炮和一门410毫米榴弹炮。中国方面认为,有3万名劳工参与建造了这些堡垒,干完活就遭到了杀害。的确,1945年以后,人们在这里发掘出了很多人的尸体。

对日本人来说,虎头要塞是个并不受欢迎的任职岗位,因为它太偏远，缺乏娱乐和便利生活的设施。在坑道洞穴里说话，会传来明显的回音。对那些住在里面的人来说，长期生活在这里很不利于身体健康，混凝土墙面上滴落的水珠会让武器生锈，会让食物变质。冬天的时候，掩体里会冰冷彻骨；到了夏天，这里又会是令人窒息般的炎热。熟悉1916年的凡尔登炮台的人，会很容易辨认出1945年的虎头要塞。在多年的战争中，老兵部队逐渐离开了要塞卫戍区，取而代之的是一些并不起眼的人员。尽管有证据显示苏联方面已经开始巡逻，而且乌苏里江上还发现有舟桥漂浮，苏军发起进攻的头天晚上，虎头要塞的指战员却缺席了当晚的情况吹风会，而且再没能回到他的岗位。因此，这场防御战实际上是由在场的炮兵指战员隐岐正雄在指挥。

苏军一开始的齐射切断了道路交通，在几百名生活在要塞后面不幸的老百姓中引发了恐慌。虎头镇居民大都住在竹木板子搭成的房屋里，8月9日那天清晨，天还没亮，镇上的中国居民就被各种巨大的声响惊醒，头顶上是飞机掠过的声音、周围有炸弹落下时发出的啸叫以及炮弹炸响时的轰鸣。炸弹和炮弹有的落在日军的防御工事上，有的则落在了居民的住房里，5名中国人被炸身亡。蒋福顺和他的家人惊恐地挤在砖炕旁边，那是他们家风雨飘摇的木屋里算是最结实的东西。两小时后，炮轰停止，数以千计的村民跑上了街头。他们看到地平线那边，乌苏里江的苏联一侧，不断有枪炮的火光在闪耀。他们立刻明白过来，苏联人要来了。日军士兵跑进城里。有建筑在遭到空袭和炮击后已经燃起熊熊大火，但他们只是说在搞防空演习。老百姓必须立刻赶往附近的森林。没有时间拿食物或财物了，蒋福顺的父亲大叫："你们快走！我留下来照看房子。"他们一家人跟其他数千人一道仓皇逃离。

日本守军利用苏联炮击的间歇，将守军家属和在附近垦荒的日本人迁入了坑道系统。除600名正规军外，在地下堡垒里避难的还有1000名平民，有一些曾接受过民兵和武器训练。一个小时后，炮击又开始了。8:00,苏联步兵开始横渡乌苏里江。日军用迫击炮进行还击，造成了一些伤亡，但不足三小时，进攻部队就夺取了一个桥头堡。令人惊讶的是，虎头镇最大的一门火炮根本就没有开过火。日军缺少炮手，隐岐上尉光忙着指挥步兵开展防守了。当天以及第二天的一整天，苏联军队一直在江面上来回运送兵力。9日，日军当地陆军指战员清水规矩中将给虎头要塞打电话，啰唆地给隐岐下达命令："鉴于当前的战争形势和守军的情况，请你们所有人务必战斗到最后一口气，像鲜花一样勇敢接受命运的安排，这样你们才有可能成为国家的栋梁之材。"

听完这番令人昏昏然的比喻后，守军就此和外界失去了联系。

8月10日夜幕降临时，苏军已经顺利占领了要塞周边的地区。天黑时，苏联人开始对要塞发起进攻。所有进攻均告失败。显然，对付这种坚固的防御工事，他们需要更为机智的战术才行。随后几天里，苏军用火炮不停轰炸，迫使敌人不敢抬头。与此同时，步兵和工兵则沿着战壕一点一点向前推进。不久，他们将零星分布的堡垒孤立了起来，并将日军的炮兵观察哨也给端掉了。日本守军的形势变得严峻起来。日军炮手浙富加米是为数不多的日军幸存者之一。他写道："苏联人第一次齐射后，我们就知道战斗只会有一个结果。在堡垒下方的隧道里，气温高得令人难以忍受。我们口渴得要命。女人们被吓坏了。随后，一位战士拿来一壶水，给每人都喝了一口，一下子大幅提升了大家的士气。但肚子还是很饿，于是我们开始到处找吃的。我们找到一些罐头，吃完后，又开始感觉口渴起来。不久，我们所有人都对水产生挥之不去的念头。这个念头甚至超越了对战斗和死亡威胁的恐惧。我们完全受制于动物性的需要和欲望了。"

8月13日，苏联人采用了一种在太平洋岛屿战中大家都比较熟悉的战术，他们往通风孔里倒入汽油，然后点燃，上千名守军和他们的家人就这样葬身在了随即引发的大火中。然而，日军时不时地突围，还是让苏军有些出乎意料，有时他们甚至能将苏军刚刚占领的阵地又重新夺回来。一名22岁的见习军官曾挥舞军刀指挥了一次冲锋，苏联人用一枚手榴弹把他给撂倒了。虎头要塞的炮兵无法使用那些笨拙的武器，只好把它们炸毁，他们还组成了敢死队。日军用相邻位置上的野战炮，近距离开火炸毁了自己的另一门野战炮。要塞中心高地曾经在日苏两军的攻防转换中9次易手。

虎头要塞这些可怜的守军，他们对天皇的8月15日广播讲话根本一无所知，对他们国家已经投降的情况也毫不知情。他们对苏联人要他们放下武器的要求一概予以拒绝。17日，苏军从己方战线上派出一支由当地华人和被俘日军组成的5人组，扛着白旗去告诉日本守军，战争已经结束了。接待这些人的日本军官对此嗤之以鼻，还拔出刀来砍了替苏联人捎话的那位年长一些的中国人的头。回掩体之前，他叫嚣道："我们跟苏联红军没什么好说的。"苏军又重新开始了炮轰。地下工事里的状况变得更加无法忍受。隧道和碉堡里的许多人都出现了一氧化碳中毒的症状。浙富加米写道："那里面到处都是尸体。我听到一名伤员反复不停地嚷嚷'水，水'，但没有人理会他。看到地上淌过来一道好像水一样的东西，我刹那间变得兴奋起来，然后我才意识到，那是从一具尸体上流出来的东西。我把它喝掉了。旁边一人说:'那东西会弄死你的。'我不在乎,反正我都快渴死了。"

8月19日,从堡垒里钻出一大队日军,他们想要殊死一搏突出重围。苏联人用机枪将他们一一撂倒在地。22日,几乎所有地下掩体都已经无法再坚守。苏联军人小心翼翼试探着拾级而下,迎面而来的是一股骇人的臭味,混合着人的气息、火药的味道和尸体的恶臭。在其中一个掩体里,男人、女人和80名年纪在1—12岁的孩子,他们的尸骨被堆放在一起。在一个名叫"尖刀"的据点下面的山洞里,有另外一堆女人的尸体。洞里还有死人留下的遗物,有煮饭用的锅,有镶了边的眼镜,有留声机,有几辆自行车,还有钉在墙上供欣赏的穿着妖艳的慰安妇的照片。苏军宣布虎头要塞地区已经安全。然而,一个连的日军,在遭到包围的情况下,又坚持抵抗了4天时间。直到8月26日,其残部才最终被一举歼灭。因此,今天,在虎头要塞原址上立有一块石碑,上面指出虎头战役是第二次世界大战的最后一场战役。在举世欢腾庆祝和平的那一刻过去了好几天之后,在这个要塞及其周边地区,还有约2000名日本人暴毙在这里。

苏联人对虎头镇后面树林里的中国难民说,现在已经安全,可以回家了。家?他们不安地游荡回自家窝棚的位置,却发现那里已是一片废墟和焦土。在蒋福顺家的废墟里,他找到了他父亲的尸体,一颗子弹击穿了父亲的头部,父亲为冒险留在家里付出了代价。战斗期间,每个留在村里的中国人都遭遇了同样的命运。那些外地有亲戚的人,开始长途跋涉去投靠他们。然而,蒋福顺一家却无处可投。他们在废墟堆里逗留下来,拼拼凑凑想要搭建一个遮风挡雨的地方,捡捡拾拾想要填饱一家人的肚子。这件事可并不容易,因为苏联士兵已经开始把所有能吃的东西和有价值的东西统统搬走。中国人惊恐地看着他们的解放者赶走他们赖以耕地的马匹。妇女被强奸的事情,还是时常发生。

苏联士兵警告农民不要靠近堡垒,因为里面仍旧到处是地雷和弹药。然而,几天后,蒋福顺和其他几人无意中到了一个被战火烧焦的碉堡跟前,眼前的景象让他们异常恶心,里面堆满了未经下葬的日军官兵和他们的女人的尸体。苏联人最终还是走了,甚至把当地铁路上的铁轨也带走了。留在虎头镇上的大约1000名落魄者,他们发现自己遭到了遗弃,没人管他们的死活。村长死了,此后两年,没人再管他们,也没人提供任何形式的帮助。共产党最后接管了他们的生活,"情况这才变得有些好转"。

"满洲国"可怜的君主溥仪皇帝在大栗子沟完成了他最后的演出。在那里他听说了日本投降的消息。8月15日,在郁郁寡欢的大臣和参议簇拥下,溥仪在他一生中第三次也是最后一次签署了"退位诏书"。由日本人担任的内务总管向大家宣布说,陛下将撤往日本。他应该确定好让谁陪他一同去。溥仪皇帝选择了他的弟弟、两个妹夫、三个侄子、一名医生和一名随侍。唯一还在他身边的福贵人哭哭啼啼问她该怎么办。溥仪柔声回答说,她不能跟他一块走:"飞机太小,所以你们只能坐火车。"

"火车能到日本吗?"

"当然能。不出三天,你跟皇后就能再见到我了。"

"如果火车不来接我怎么办?我在这里一个亲人都没有。"

"你会好好的。"

溥仪皇帝仓皇出逃乘坐的这架飞机在沈阳着了陆,说是要换乘大飞机前往日本。然而,在他们等着换乘时,苏联的运输机抵达了机场,机舱里下来几十名手持冲锋枪的士兵。几分钟后,溥仪成了苏联人的俘虏。这让他感觉松了一口气,因为他最担心的是落入中国国民党的手里。负责看押溥仪皇帝的苏联警卫人员对这位宝贵俘虏很好奇,一开始还真是深感责任重大。亚历山大·泽尔瓦科夫中尉是第6警卫坦克集团军的一名政治教导员,他的上司提醒他,要用生命来保证这位皇帝的安全。他把这句话放在了心上。

"8月20日那天夜晚,我根本一点都没睡着,"泽尔瓦科夫后来说道,"皇帝也没有睡,甚至连衣服都没有脱。他很瘦,个子很高,戴着一副牛角镶边眼镜,穿着黑色西装和白色衬衣。他看上去很普通,面色有些苍白,神情低落,有点怅然若失的感觉。大家都能看出他有多么紧张。他弟弟一直就没有离开过他身边。老实说,他们俩看上去很凄凉绝望,这跟他们的地位很不相称。皇家的派头已经消失殆尽。溥仪不停地问:'他们会杀了我吗?我会被枪毙吗?'他似乎有些腼腆,甚至于有些惊慌失措。知道不会有人杀他后,他才逐渐冷静振作起来,甚至开始有了笑容。"

泽尔瓦科夫陪同皇室成员和他们成堆的贵重行李登上了一架飞往苏联城市赤塔的运输机。下飞机后,几辆豪华汽车接上他们,把他们径直送去了软禁的地方。有那么短暂的一阵子,溥仪皇帝还希望能允许他流亡到英国或美国去。但事实是,在随后的5年里,他一直处在苏联人的关押中,一开始是被用作目击证人,按部就班出席了一系列对日本战犯的过场性审判。1950年,他被归还给毛泽东领导的政权,1967年去世前在北京植物园当管理员。

苏联的运输机将许多中国游击队员从苏联运回了中国东北。在北安机场着陆后,李敏他们惊讶地看到,日军士兵虽被缴了械,但居然还在跟战胜他们的苏联人交谈。这些吃了败仗的敌人,有些仍然很傲慢,这让这些中国人更加觉得惊讶。其中一名日本军官挑衅似的说:"给我们十年时间,我们还会回来的!"

游击队员周淑玲跟着丈夫乘坐小车有些风光地从苏联返回中国东北。她丈夫的情报工作结束了,胸脯上挂满了各式各样的勋章。周淑玲说:"再次见到我的祖国,我感觉很兴奋。"但她的祖国已经满面疮痍,先是毁于战乱,然后又遭到苏联人劫掠。不久,苏联人开始大批拆迁中国东北的工厂。他们坚称那是日本人的财产,因此是对苏联的合法战争赔偿。1945年10月,李凤贵跟着毛泽东的新四军开进中国东北,他们发现"苏联人已经把当地农民的一切都搜刮一空,包括女人的名节"。快到自己家乡时,周淑玲看到的是一片荒凉的景象。她家的老宅,唯一剩下的只有4只水缸,以前是放在屋顶上的,现在却躺在一片焦土之上无人问津。她的4个孩子,有2个在归国后头一年冬天就在饥寒交迫中死了。她的丈夫当了镇上的警察局局长,她自己则当了一个区的区长。

这个穿着苏联军服,从苏联回来的女人,不再是5年前刚加入游击队时,那个"连蜘蛛都怕"的不识字的女孩。战争的经历让她取得了一些成就。对于20世纪中叶中国社会的妇女尤其是农村妇女来说,那根本就是可望而不可即的。她和她所在的部队乘坐苏联运输机飞回国,怀着惊恐的心情在日本人设在沈阳的监狱里走了一遭,那里曾经关押过许多政治犯,很多人就死在了里面。她说:"我们看到了绞刑架,甚至还有用来粉碎尸体以便毁尸灭迹的工具,这都是些什么人啊?!"现在,内战已经来临。混乱中,她来不及找寻自己的家人。很久之后,她才发现,日本占领期间,父母因为饥饿身体虚弱,后来的一场疾病吞噬了两人的生命。"他们生了病,却没钱料理。"她父亲去世时50岁,母亲40岁。1949年,她才得以跟自己的姐妹们重新团聚。

在这场战役中,苏联人称他们以12031人阵亡、24425人生病受伤为代价,打死打伤并俘虏了674000名日本兵。如此看来,斯大林征服远东造成的人员损失,跟美国夺取冲绳岛的人员损失差不多,尽管苏联人通常并不会因为损失而心烦。远东第一方面军蒙受的伤亡最大,有6324人阵亡;远东第二方面军阵亡2449人;外贝加尔方面军阵亡

2228 人；苏联太平洋舰队损失 998 名海军陆战队战士。日本承认的己方阵亡人数为 21000 人，但真实的数字很有可能接近 80000 人。

麦克阿瑟走马上任，当上了盟军最高统帅。他命令下属所有指战员延期收复日本人占据的领土，等到日本正式签署投降协议为止。700 万日本军队还处于武装状态，他们广泛分布在日本本土和天皇治下的帝国各个地方。一位英国官员写道："他们并不认为他们已经战败，而且还公然这么说。他们只是听从天皇命令放下武器而已。因此，我们面临的情况是，几天后，我们要着手解除一支未战败军队的武装。"在东南亚司令部，蒙巴顿对他的参谋团队说，他"不明白为什么麦克阿瑟将军要冒险拖延时间"。麦克阿瑟很傲慢地对他的英国联络官说："告诉路易斯·蒙巴顿勋爵，让他穿好裤子（意思是'让他沉住气'），不然他会给我们惹上麻烦。"蒙巴顿回复说："告诉他，我会穿好我的裤子，除非他脱掉裕仁的裤子。"东南亚司令部司令违抗麦克阿瑟的命令，急忙给马来亚和荷属东印度的盟军战俘提供了帮助。得不到及时救助，就不断会有战俘死亡，这一点却是美国将军麦克阿瑟没有考虑到的。人们普遍认为，促使麦克阿瑟推出他的那些政策的，是他的虚荣心：他想要最后干出一番大事业，因此坚决不能容忍别人分散注意力。

日军的投降对印度支那来说，意味着新一轮痛苦的开始。战败后的日本占领者，竭力给胡志明领导的民族主义组织越南独立同盟提供帮助，因而给法国人造成了更多的羞辱。在河内，甚至在越盟急忙占领了这座城市之后，5000 名法国战俘还在城堡里关了好几个星期。尽管"城市酒店"仍在提供一餐 6 道菜的服务，商场里到处卖的是绫罗绸缎，饿死的越南人尸体却不时出现在城市街头。即使在投降之后，日本人仍在粗鲁对待被俘法国军官。在等待中国和英国占领军的同时，他们将大量金钱和武器转移给了越盟。一些日本逃兵还加入了胡志明的队伍。第一批前来接收地盘的英国军队发现，他们不得不卷入一场惨痛的权力之争。这场权力之争甚至发展成了公开的战斗。直到法国人赶来，才把他们解救了出来。在西贡，美国人突然从越南国际监控委员会中抽离，将派出到盟国占领军的美国陆军通信部队撤了出来。负责指挥美国驻东南亚部队的延伯曼准将坚持认为，重新占领印度支那，"跟法国人根本就毫不相干"。

在荷属东印度，当地民族主义者很快从日本手中接管了权力。一场悲壮而血腥的斗争开始了。在接下来的几个月时间里，它夺去了上万人的生命。这场斗争是一场旨在阻止荷兰复辟霸权的斗争。一位法国观察家1941年起就一直在巴达维亚生活,他总结认为:"尽管总体上看来,日本人输掉了战争,但在亚洲的这个角落里,他们却'赢得了战争'。"他们使得欧洲前殖民者再也无法令人信服地,在他们已经离开3年之久的殖民地上重新建立起威信。

数以万计的英国和印度士兵一直在准备对马来亚发起代号为"拉链"行动的两栖进攻。跟那些被指定要在日本登陆的美国大兵一样,他们也有仿佛一块石头落了地的轻松感,因为他们现在可以在不会遭遇抵抗的情况下登陆了。塞西尔·丹尼尔斯在皇家东方肯特团下辖的一个营里作战。他所在的营在缅甸作战时损失了10名军官和205名战士。回顾自己在这场战争中的贡献,这位步兵用感人而笨拙的笔调写道:"我感觉自己表现还算可以,但如果我父母不是已经在战争中失去过一个儿子的话,我本来是可以,也是愿意做得更好的(换句话说,就是多一点冒头的机会)。我想尽可能不让他们承受再失去一个儿子的悲伤。"

日本第32师团的伊藤木村上尉,是冲绳战役数百名未遭俘虏的日本军人之一,他们躲在冲绳岛上众多的山洞里,四处找东西吃,偶尔能得到当地人的一点救助,还在夜色掩护下到庄稼地里挖土豆吃。8月22日,一名日本战俘在美国大兵看押下,出现在伊藤和几位战友所在山洞的洞口,告诉他们说战争已经结束了。他们犹豫了一下,但最后还是决定相信他。一周前,他们曾见到海上有烟火表演,那是美国军舰在欢庆胜利。伊藤说:"美国人不像是在编故事。"他现身出来,然后被带去听了天皇的广播讲话。伊藤和冲绳守军其余人员已经被官方宣布为失踪。

最后回家看到父母时,他才发现尽管父亲一直认为他还活着,他母亲却好几个月以来一直在神龛里为他的亡魂祈祷。他突然放声大哭起来,他既无法止住哭泣,也无法解释自己为什么要哭。"我为自己还活着感到惊奇,也不能明白自己为什么还活着。我老会想起人数多达90%的那些牺牲了的兄弟们。"他本来想把当兵当成一个事业,现在他的希望破灭了,他的国家战败了,这一切让他感觉悲痛万分、心灰意冷。他没能凭军事技能得到光荣,而是默默无闻回归到平凡的生活,在他父亲的运输承包业做起了生意。结婚后,他妻子一本正经对他说:"在部队,你习惯指挥别人做这样做那样,还有勤务兵可以跟你做各种事情。我可不打算成为他们的替身。"直到许多年之后,冲绳战败的亡魂才在伊藤心中得以安息，他的愤怒之情也才慢慢得以平静。

正式投降书是在日本领土上签署，还是在海上签署，美国人在这个问题上有过许多讨论。杜鲁门，这位密苏里州声名最为显赫的人，最后拍了板。以他的出生地命名的战列舰正航行在日本以南的海面上，水兵们正在打开一封刚收到的邮件。信号官急匆匆跑进默里舰长的办公室对他说："舰长，'密苏里'号将成为签订投降书的地方了，这里有一张《圣巴巴拉报》的新闻剪辑。"默里，时年47岁，德克萨斯人，5月份才开始指挥这艘巨型军舰。他发现，他夫人也给他邮寄了同样一份剪报。军舰在海上已经漂泊了18个月，各种迹象都在显示它出海的时间已经很长了。作战群报告军舰需要喷漆了。舰上只有少量的油漆，因为作战期间在舰上储备油漆会造成很大的火灾隐患。战士们开始打磨上过迷彩漆的甲板，将"密苏里"号里里外外每个角落都弄得干干净净。英国皇家海军上将布鲁斯·弗雷泽爵士主动要求提供一张签署投降书用的桌子，默里打算接受下来，"因为它可以给英国人一个机会说：'我们是做过贡献的'"。但这个低三下四表达善意的举动最终并未得以实现。美军从军官餐厅弄来一张条桌，把它摆放在了甲板上，仅仅因为它比英国人提供的桌子大一些。

9月1日下午，"密苏里"号战列舰小心谨慎地开进东京湾，一路提防着水雷和神风特攻战机。一群日本海军军官从一艘驱逐舰上下来后接着登上了"密苏里"号，他们是前来递交横须贺的城市钥匙，因为"密苏里"号打算停泊在这个城市的附近。再往前，"密苏里"号经过了更多的日本驱逐舰，它们的舰炮口全都已经堵上，炮膛也压得很低很低。最后，在横须贺附近6英里的地方，"密苏里"号关掉了发动机。天黑前，东京湾里已经满满当当停泊了260艘盟军军舰。

第二天早上，也就是1945年9月2日清晨，有关单位需要将大批要人和围观人群召集到这里来。这份差事还很有点挑战性。出席这一场合的有225名记者和75名摄影师，其中两人是日本人。另外还有来自盟国的代表。为确保麦克阿瑟和尼米兹能将各自的旗帜升到完全相同的高度，默里舰长可算是费尽了心机。两名陆战队队员将一名走错路的苏联摄影师赶回到了合适的地方，与此同时美军还紧张地对日本摄影师进行了检查。8：00，两艘驱逐舰将麦克阿瑟和尼米兹送到了"密苏里"号旁边。

在东京，对于该让谁代表政府签署这份可恶的和平文件，日本人内部展开了激烈的讨论。重光葵写道："战争戛然而止，这时候日本领导人的感情是很典型的。他们讨厌为投降行为承担责任,跟厌恶某个不祥之物的感觉差不多,而且他们还避之唯恐不及。"最后,他被授命全权负责完成这一任务。黄昏时分,重光葵和一个小组的成员,包括地位显赫的陆军参谋长美津,相约聚集到首相官邸。他们非常正式地朝着皇宫方向鞠了一躬,然后乘车穿越数英里路程,沿途经过空荡荡的街道,看到遭到空袭后的荒凉景象,向横须贺方向驶去。美军一艘驱逐舰在那里等着他们,它会搭载着他们完成一个小时的航程,驶向哈尔西的旗舰。

8:55,日本代表团来到了"密苏里"号的舷侧。当穿着正式服装戴着高顶帽的战败国代表走上舷梯,向盟军高级军官聚集的地方走去时,在场人群一时间鸦雀无声。几年前,在一次未遂刺杀行动中,重光葵被刺客用炸弹炸断过一条腿,此时他每迈一步都明显感觉非常痛苦,这让较为敏感的美国人感觉有些尴尬。日本人就位后,麦克阿瑟、尼米兹和哈尔西跟往常一样铁青着脸,从舱门出来,迈步走到上面盖着一张绿色桌布的签字台边。麦克阿瑟作了简短讲话,内容连最喜欢挑他刺的批评家都根本无法找出毛病来。他说:"涉及不同理想和观念的问题已在国际战场上见了分晓,所以我们不必在此加以讨论和辩论。我们所代表的是这个地球上占多数的人民,我们在这里相聚,所依据的也绝不是猜疑、恶毒和仇恨的精神。相反,无论是胜者还是败者,我们都要将尊严提升到更高层次,因为只有这样的尊严才能跟我们即将达成的神圣目标相匹配。无论是战胜者还是战败者,我们都应该让全体人民去毫无保留地忠实服从。"

念稿子的时候,他的手有些颤抖。即使是麦克阿瑟,面对这样的场面,也有些不堪重负。这位最高统帅在讲话中表达的慷慨大度,给日本代表团留下了深刻印象。他们第一次对未来感受到了一线希望。然后,他们就全都签了字。9:25,远处传来一阵低沉的嗡嗡声,到头顶时变成了一阵轰鸣,400架B-29轰炸机和1500架舰载机上演了历史上最伟大的一次飞越表演。日本代表团向大家鞠了一躬,转身离开并下了舷梯。麦克阿瑟走到麦克风前,接着慢条斯理但气势恢宏地发表了又一场演说。"今天,炮声已经平息。一场巨大的灾难已经结束。一场伟大的胜利已经赢得。"这是他的开场白。接着,他回顾了从巴丹半岛到东京湾的漫长历程,结束讲话时他顺理成章地发出呼吁,呼吁人类继续追求新的和平精神。他说:"现在,那些事情统统都已成为往事。"在麦克阿瑟指挥作战的全部生涯中,没有哪一件事能够比他在结束战争时的风范更为得体的了。这位将军离开军舰上了岸,于65岁的年龄，开始了他人生最为壮丽的阶段。他将成为复活日本和救赎日本的设计师，同时当然也是他自己职业生涯的设计师。

"密苏里"号军舰上，舰长默里发现，居然没有人想到要把由美国持有的那份投降书文稿收起来，于是他赶忙亲自把它锁进了柜子里。舰上的厨师想把那张用于投降仪式的桌子搬走，但他没能得逞。宏大而血腥的内战正在亚洲各国徐徐展开，但跟日本的这场战争已经结束。

第二十二章 历史教训

最为可信的数据表明，从 1937 年至 1941 年，在中国被打死的日本人有 185647 人。从珍珠港事件起到 1945 年 8 月，日本皇军陆军又被打死了 1140429 人，海军则损失了 414879 人。在东京，至少有 97031 名平民死亡，其他城市有 86336 名平民死亡。超过 10 万人死于原子弹轰炸广岛和长崎的行动。据说，约有 15 万名平民殒命冲绳岛，1 万名平民死于塞班岛，尽管这些后来提供的数字被现代西方学者认为有些太夸张，认为它们大概是将真实数据夸大了 10 倍。战争结束后，1945 年那个寒冷刺骨的冬天，大约 25 万名日本军人和平民死在了中国东北，更多人是在接下来 10 年时间中在西伯利亚给苏联人当劳工时死在了干活的地方。据估计，这场战争中日本的死亡人数总计约为 269 万人，而德国的死亡人数则总计为 600 万人。

今天的中国历史学者试图将中国的战时死亡人数从 1500 万人增加到 2500 万人，甚至 5000 万人。有人认为，日本占领时期，约有 500 万名东南亚居民暴亡，大都是印度支那和荷属东印度的居民。这些数字虽然不是很可靠，但他们提供了一个参考指标。可以比较有把握地认为，从 1931 年至 1945 年，日本的人员损失大大超过了它所进攻和占领的国家人员损失。与此同时，美国陆军在太平洋战争中，损失了约 55145 人，其中 3650 人死在东南亚。相比而言，美国陆军在欧洲和北非战场上的损失则约为 143000 人。美国海军在东部战场上损失了 29263 人，海军陆战队损失了 19163 人。大约 30000 名英国军人在对日战争中丧生，其中许多人是战俘。相比而言，在对德作战中，英军的死亡人数为 235000 人。

太平洋战争的结果让一些美国人认为，通过利用无穷无尽的技术创新和工业资源，美国能够以较小的生命代价来赢得战争。战争给人的启示似乎认为：如果美国拥有可以派驻军舰和飞机的基地，并在那里对敌人的领土发起攻击，他们就可以单纯以财富为代价，以较少的流血牺牲来赢得战争的胜利。只是到了随后的几十年，人们才逐渐明白，日本这个敌人有它的独特性，美军的海空力量投射很容易给它造成伤害。当代一些美国历史学家认为，追求决战胜利是美国作战方式的核心。如果真是如此的话，那美国就得经常性地感到失望了。1950—1953年的朝鲜战争就是一个典型的案例，它表明美国在二战期间取得的胜利只是历史上的一个特殊案例而已，根本不能当作标准来加以看待。按照现代人的经验来看，占绝对优势的陆军、海军和空军力量绝对不会再次表明，美国足以使用它们像太平洋战争那样有效地达到它的海外目的。"有限战争"会给资源有限的战斗人员提供许多重要机会。只有"全面战争"才能使自由民主国家有机会使用大规模杀伤性武器。即使在那种情况下，对美国于1945年大规模轰炸日本的决定，后人迄今仍然深感质疑。

从1945年8月份发生的事情来看，人们可以认为，美军地面部队在1944年夏夺取马里亚纳群岛之后，即使不再进一步向前推进，日本投降的时间照样一天都不会晚于实际投降时间。因此，从表面上看，可以认为，硫磺岛战役、冲绳岛战役和麦克阿瑟攻打菲律宾的战役，跟斯利姆在缅甸取得胜利一样，它们对于战争最后结果的贡献都差不多。日军蓄积了大量兵力，准备用于保卫本土。导致他们投降的因素很多，除了苏联进兵中国东北以及投放原子弹的因素外，还包括油荒、封锁以及空袭造成的工业崩溃。

然而，这只是些事后诸葛亮般的认识罢了。在1944—1945年间，对盟军首脑们来说，要形成这样的判断，是完全不可能做到的。让大批美英军队在太平洋和东南亚战场上闲着不做事，光等着还停留在假设层面的科学、战略和经济进步来影响战争局面，这无论从政治还是从军事上来看，都是难以想象的事情。菲律宾和缅甸的失守，对于说服裕仁天皇和他周围的人起了那么点微弱的作用，让他们意识到日本已经就要亡国了。只要想一想，要是斯利姆的军队还未横渡亲敦江，麦克阿瑟还未能在菲律宾立住脚跟，那会产生什么样的影响？如果大批盟军部队在攻陷马里亚纳群岛后，就此消极怠工、停步不前，等着用封锁和空袭来迫使日本投降，那东京方面的军事领导人肯定会将此现象解释为意志软弱。李梅的空袭行动让美国付出的物资和道义代价，远远超出了它所取得的实质性成果。见到自己的城市被毁灭，认识到

B-29 轰炸机让他们失去了 1/4 至 1/3 的国家财富，即使是最疯狂的日本人都会为之震撼。如果有人对这一点还抱持怀疑态度的话，那他也太笨了。

至少，1945 年的空中和地面行动强调表明了盟军不屈不挠的决心。见到日本被炸成废墟的城市，见到千千万万的老百姓被无情屠杀，见到自己的军队战斗力在不断遭到削弱，即使是东京的主战派，他们也无法让人认为，美军的决心或者说冷酷，会逊色于日本武士。日本领导人发起战争时，心里想的是日本民族的精神会弥补其物资的相对不足。1945 年 8 月，他们的这一论断被人们断然推翻了。

至于原子弹，美国一位现代历史学者曾写道："除民族国家以外，还有其他什么样的政治实体能够为'曼哈顿计划'这样一项事业提供资金和人力呢？如果说用原子弹轰炸广岛和长崎是民族国家的登峰造极之举……那么它同时也标志着民族国家'普遍脆弱性'时刻的到来。"从 1945 年 8 月的情况看，不仅动用原子弹被认为似乎合情合理，而且很多像我这样的人还相信，核恐怖得到公开演示以及它在全球范围内引发的抗议，对保护地球运动的兴起发挥了决定性的作用。如果核攻击的效应未能在广岛和长崎得到验证，那么很可能冷战时期美苏两国领导人还会深信不疑地认为动用核武器是合乎情理的。1950 年时的朝鲜就是个很明显的例子，当时部分美国的将军（尤其麦克阿瑟）倾向于认为，应该利用美国核武库赋予的优势来对付中国。1945 年投放原子弹的那个决定是否合理，在此问题上曾经出现过争议，麦克阿瑟他们的看法跟那一争议毫不相干；然而，60 多年过去了，他们的看法肯定还是值得人们加以考虑的。

1945 年，英国曾希望恢复对东方殖民地的霸权，尽管这一想法有些荒诞，但斯利姆率领的第 14 集团军的许多战士对英帝国最后一次集结武装参与对日作战的历史有着许多感伤回忆。1945 年斯利姆夺回英国殖民地的战役，是英国在这场战争中最成功的战役之一，反映了指战员和战士的最高水平。然而，这场战役代表的不过是英帝国垂死前的最后挣扎，他们并非为打败日本做出了令人信服的贡献。

1947 年，英国离开了印度。一年后，他们又离开了缅甸，1957 年又撤出了马来亚。1949 年，经过 4 年的血腥游击战，荷兰人被迫放弃了他们在东印度的领地。1954 年，法国军队在奠边府一战中输给了胡志明的越盟国民军。法国人在印度支那白白忍受了不少苦难，最后只得向不可避免的命运低头。颇具讽刺意味的是，这些欧洲殖民国家在甩掉他们一度视为宝贝的亚洲领地之后，反倒发现他们的经济状况比以前舒服多了。原来这些领地一直在消耗他们本来就已经很拮据的资源，并不像占领者一度认为的那样是个净资产。1946 年，美国允许菲律宾独立。同年，曼纽尔·罗哈斯当选为菲律宾总统。在那些跟日本占领政权狼狈为奸的菲律宾政客中，罗哈斯是比较突出的一位。他甚至曾于 1944 年 9 月向美国提出过宣战。罗哈斯在选举中获胜的事实，有助于让世人更加明白菲律宾人对二战和对美国的暧昧态度。

苏联人原本忧心忡忡地认为，由于帝国扩张的缘故，他们可能需要延长驻留中国东北的时间，因此可能会招致不满。但让他们意想不到的是，蒋介石还不得不恳求斯大林的占领军超期驻扎，以便给国民党留出时间派兵前去接收。1946 年 1—5 月，苏联人在对这一地区的所有工厂系统性展开一番劫掠后，最终撤离了。他们为自己的行为开脱，说这些战利品不是中国人的财产，而是日本人的，因此可以充作合法的战争赔款。跟中村创平一样，数十万日本战俘被送去了西伯利亚，忍饥挨饿地在那里给苏联人当劳工。他们不知道有多少人死在了那里，因为只要有人生病，立刻就会被警卫人员带走，然后就再也见不到他了。

年轻的中村创平，在他被关押在战俘营的那些年里，只有一次得到允许通过瑞士红十字会给家里寄了张明信片，告诉他们他"很好很开心"，而几年前这样的事情却发生在许多可怜的英美国家战俘身上。历史的车轮做了个 180 度大转弯。木村说："这似乎很不公平。全世界都在享受和平，而我们却还要作为战俘，生活在可怕的条件之下。"他们不断乞求苏联人给他们透露点消息，"什么时候我们能够回家？"每次他们都会得到同样的答复："45 天后。"到时间后，他们又问，得到的还是同样一个冷冰冰的答案："45 天后。"一些人回日本后还跟人说他信仰共产主义。中村本人于 1948 年 7 月被遣返回了国。

事实证明，蒋介石对中国东北的占领是一个战略错误。随着内战的发展，被派往那里的军队发现自己被切断了后路。美国给他的军队提供了大量军事援助，但在蒋介石政权的腐败无能面前，这些东西根本就没用。台湾成了蒋介石偏安一隅的地方。战争时代美国的如意算盘，他们对中国的幻想，就仿佛英国想重振亚洲帝国雄风的打算一样，都同样遭受了挫折。

这同样出乎麦克阿瑟所望。今天，很少有人认为他有资格跻身历史上著名军事指挥家的行列。然而，由于他天生的表演天赋，由于战时舆论机器的卓越成就，他迄今仍然是太平洋战争中最著名的人物。麦克阿瑟将军接受日本投降事件过去 40 多年后，罗纳尔多·斯佩克特描述他说:"尽管他具有毋庸置疑的领导素质,但从性情、性格和判断力这些角度上看,他并不适合担任高级指战员职务,可是他在整场战争中从始至终占据着这样的职位。"麦克阿瑟的自大、对国家领导人的不忠诚,他的小家子气、对情报的不屑一顾、对参谋和部下的不当选择,他拒绝承认错误的秉性以及坚决调整国家战略以符合个人野心的做法,都表明斯佩克特对他的评判还太宽容。然而,我们也必须承认,麦克阿瑟的魅力、机智和自觉追求高尚的品质,也使他得以不时去攀登普通指战员根本不敢尝试的高峰,他在日本投降仪式上的表现就是如此。作为战后日本的统治者,他所展示的智慧和雅量,正是他在担任西南太平洋战区最高司令官时明显缺乏的品质。我们同时也要承认,从1941年12月至1945年8月,不管他配得上还是配不上这个称号,在对待东方国家的问题上,麦克阿瑟是美国人眼中国家意志的象征。处在战争中的国家需要偶像,正在打仗的战士们也同样需要偶像。一位老兵跟我谈起麦克阿瑟时说:"我们认为,他比上帝还要重要。"另外一人说:"他是美国历史上最伟大的指战员。"虽然这些说法并不真实,但值得注意的是,他的一些老部下真这么认为。

算麦克阿瑟运气好,在菲律宾指挥作战他一开始犯下了灾难性的错误,但那之后由于他所在的战区美国在物资上占有绝对优势,因而使他的误判和愚蠢还能得到补救。美国海军取得了决定性胜利,但麦克阿瑟抢得了风头。他戴着大盖帽和闪光太阳镜的形象在对日作战的每张照片上都占据了主要位置。尼米兹是位职业水准极高的海军军官,他在太平洋战争中有非常卓越的表现,但他既没有主动索取、实际上也没有真正得到应有的名誉。大约一个半世纪前,英国皇家海军曾力挫拿破仑专制,取得过辉煌的、决定性的胜利,而二战期间美国海军的成就完全可以与之匹敌。

日本投降后,大森战俘营里关押的美英两国战俘又等了3个星期,才等来了他们的救星。有一天,9架美军战斗机以整齐的编队从他们头顶飞过。战俘们在地上砌成英文"战俘"的首字母,字母做得很大,美军飞行员很快注意到了,他们将飞机飞得很低,以便向战俘们挥一挥手。这是1302天以来,战俘们第一次见到外面友好的世界。在离开监狱之前,战俘们参观了当地的一个工厂。工厂位于采石场里面,他和他的战友曾在那里干活,经常有人死在那里。不久后,英美两国的战俘告别了"那个方圆只有几平方米的日本领土,那个他们满心仇恨的地方。在这方土地上曾发生过无数的人间悲剧"。战俘们离开的同时，麦克阿瑟派出的先头部队也在日本登陆，他们实力强大，足以对付败军的任何负隅顽抗行为。官兵们惊愕地看着他们面前这片已经变为废墟的土地。奥斯卡·格里斯沃尔德中将写道："看到我面前的这一切，我不停地在惊叹，日本做了那么大的努力，为什么成效却如此低微。"美国的军事占领一直持续到1952年。

1945—1946年，部分日本人被指控犯下了战争罪。要想对所有有过野蛮行径的人都实施惩罚，那意味着需要判处数十万人死刑，盟军并不准备这么办。被要求为日军在中国和东南亚的行为承担责任的日本人数量并不多。美国是盟国中占主动地位的伙伴国，它将复仇的重点放在了那些对白种人和美国殖民地犯下暴行的人。被指控的人中，地位最为显赫的是东条英机，他被判了绞刑。山下奉文将军曾是菲律宾战区司令，曾对菲律宾人犯下众多暴行，他因此遭到了指控。

审判流程于1945年10月29日开始，一开始他拒绝上证人席。最后终于被说服上了证人席后，他凭借自己的尊严和口才给人留下了深刻印象。被判处绞刑后，他解下自己的腰带，把它送给一位美国上校作纪念，并且开玩笑地对他说："你是这里唯一一个身材足够胖，能够用得上它的人。"在被押送前往绞刑架的途中，他们给他戴上了镣铐，他埋怨说给他戴得太紧，但随后他还是勇敢迈步走向了死亡。1946年4月，行刑队对本间雅治将军执行了枪决，他被指控为巴丹"死亡行军"负责。枪决前，本间说："我因为巴丹事件将被执行死刑，但我想知道的是：广岛和长崎死了数十万的无辜老百姓，谁又该为他们的死亡承担责任？是麦克阿瑟还是杜鲁门呢？"他欣然走向刑场，手拿啤酒，举杯用倍儿棒的英语对牧师和翻译说："先生们，来一个，干杯。"

无论是美国人还是日本人，他们中都有许多人为山下和本间被判处死刑的方式感到惊讶。对他们的审判，带有非法审讯的丑陋痕迹。两位将军都曾反对非人虐待平民和战俘，但这方面的证据统统遭到忽略。人们普遍认为，这些判决是麦克阿瑟假公济私对曾在战场上侮辱过他的日本指战员实施的报复。然而，也有人坚决反对这一看法。山下和本间都是富有同情心且本人也很值得尊敬的人，然而他们却在日军对大量无辜老百姓实施非法行为期间，执掌了为此承担责任的司令机关。如果司令员不受惩罚，他们那些做出此类行径的部下又怎能受到惩罚呢？日军的暴行可能并非山下或本间直接下令实施，但这些暴行反映了日本全军贯通一气的大屠杀文化，而且还是他们数十年来一直在精心倡导的文化。

对这些将军执行死刑，即使象征性多于法理性，几乎也肯定是有必要的。美国人让裕仁继续留在皇位上，这一决定导致许多日本人事后认为，既然天皇还可以继续执政，那日本的作为看来还不算糟糕。如果判定日军高级指战员不应为本国士兵的可怕行为负责，并让他们得以苟延残喘，那似乎就是对数百万死在日军手里的亡灵的背叛。很显然，1945—1946年间在亚欧大陆开展的战争罪审判，它代表的是一种"战胜方司法行为"（即由战争胜利方根据不同原则来确定本方军队和敌方军队做法是对是错的司法实践行为）。战胜方根本没有做出任何尝试，对盟军那些做出非法行为的人员实施哪怕象征性的惩罚。然而，与其因为法不责众谁都不去追究，还不如对部分犯下反人类罪的人进行审判，这似乎是更好的选择。这在当时是如此，在今天看来也依然是合理的做法。

日本投降后，裕仁天皇的海陆空战士们惊讶地发现，他们成了本国人民谩骂的对象。无论是地位较低的士兵还是地位较高的将领，都不得不面对公众对他们的敌视态度。多年苦难之后，日本人民所有被压抑的沮丧和悲苦，都在战败后显露了出来。那些不假思索接受了武士道精神并且不时会不辞辛苦按精神要求去做事的军人，现在却要面临本国人民的鄙视。美国占领军发现，令人惊讶的是，现在他们竟然需要去保护日本皇军的幸存者，好让他们免遭愤怒的日本人民的袭扰。这是在希特勒军团里服役的德国老兵体会不到的。日本战后的头几年，是体制崩溃、无情追逐个人利益的几年，人们追逐个人利益的方式包括打家劫舍、犯罪和有组织的卖淫，这是日本历史上从未有过的阶段。腐败甚或道德沦丧盛极一时，所有美国产的东西都能让战败国人民委身拜倒，其极致程度让战胜者们感到惊讶不已。一段时间里，妄自菲薄的心理似乎席卷了整个日本。

或许这是军人主导和民族自欺那些年头结束后，日本民族进入自我清洁阶段所必须经历的一个阶段。从1950年起，颇具讽刺意味的是，在朝鲜战争的刺激下，日本经历了一次让全世界都为之惊叹的经济复苏。

然而，让人颇感郁闷的是，新时期的日本很不乐意面对历史上它犯下的罪行。这种否定历史的精神跟战后德国的悔罪意识形成了鲜明对比。尽管历任日本首相对日本战争期间的行为都正式表达过遗憾，但该国拒绝给受害者支付赔偿，也不愿在教科书中承认侵略行为。一开始写这本书，我就决心要客观看待日本在战争期间的行为，将1945年以来影响许多英美作家看问题方法的民族主义情绪统统抛开。每位历史学者，都有必要记得盟军在战争期间的过分行为，这些行为很少遭到谴责，更不用说遭到审判和制裁。跟日本人针对美国人和欧洲人的做法相比，他们对其他亚洲人实施的野蛮行径，其形制规模要宏大得多。在揭示日本人这种系统性野蛮行径的证据面前，我发现，要想从头到尾保持对客观超然态度的高尚追求，却并不那么容易。信奉武士道的战士，跟欧洲中世纪时期的骑士一样，他们恶劣对待广大群众，认为他们不该得到武士道精神的庇护。他们的行为是对他们所谓崇高荣誉观的无情讽刺。近代历史上，将施暴行为合理化机制化的做法，只有希特勒的党卫军可以跟军国主义统治下的日本相匹敌。

人们很容易明白为什么那么多日本人会做出令人发指的行为，那是因为他们被调教成那样的缘故。尤其在日本仍然拒绝接受历史教训的今天，人们仍然不可能谅解过去做出此种行为的日本人。如今，许多日本人持有这样一种观点，认为现在该是埋葬所有过往"悲情"的时候了。他们所谓的"悲情"，既包括日本的宿敌对日本虐待战俘、虐待被占领国民众的伤怀，也包括日本国内对燃烧弹空袭以及对广岛、长崎投放原子弹的感伤。日本媒体大亨渡边恒夫曾赞助过一个大型计划，想对二战期间日本的记录做一次更加实事求是的调查。然而，他的同胞大部分都坚决反对他那种做自我分析的想法，同时也根本不支持他所得出的令人沮丧的结论。

德国给希特勒时期的150万名受害者支付了近30亿英镑的赔款。奥地利为13.2万名受害者支付了2亿英镑的赔款。相比而言，如今的日本却一直在想方设法避而不谈对战争受害者的法律责任，更不用说具体的经济赔偿责任。荒唐古怪而且好笑的是，1999年，英国政府因为不再指望日本能够给受尽折磨的英国战俘提供赔偿而选择由本国政府给他们提供了特惠支付。许多人尤其是中国的起诉者，包括从前的"慰安妇"，他们曾反复多次尝试在日本法官面前提起诉讼，但迄今一直未能取得成功。就在最近，又有3起诉讼遭到日本最高法院驳回。大概最为明显的案例是涉及劳工的案例，有38935名华人劳工被运往日本，其中有6830人死在了那里。他们受雇于35家公司，其中22家公司仍在继续营业，包括三菱公司和松井矿业公司。在最近一次前华人劳工起诉三菱公司的诉讼中，被告方律师竟然试图质疑日本是否入侵过中国。松井公司则明确否认曾雇佣过强制劳工。松井公司的一位律师说，对起诉人有利的裁定，"有可能会在未来若干世纪，给我们的子孙后代造成不公平的负担"。

日本现任首相安倍晋三的外祖父曾是二战期间日本的商工大臣。

2007年上任后不久，安倍就公开声称，许多中国和朝鲜的"慰安妇"是自愿的。日本政府以及涉及诉讼的日本公司都声辩认为，所有可能应对日本战争受害者承担的赔偿责任，都已随着时间推移和《旧金山和平条约》的签署而统统失去了效力。《旧金山和平条约》是1951年日本与48个西方盟国在中国明显不在场而苏联又拒绝签名的情况下签署的条约。东京还毫无遮拦地说，中国是个人权纪录非常糟糕的国家，让它对日本提要求，让日本纠正过去在人权方面的不足，那是件很奇怪的事情。

无论是矢口否认的政策，还是顾左右而言他的道德等价理论，它们都是不具有说服力的，因为早在盟军开始出现所谓"过火行为"之前，日本的野蛮行径就已经制度化实施很多年了。即使李梅他们发动的空袭行动，也是为了要尽早结束战争。相反，日军的许多行为，包括对战俘实施酷刑和砍头的行为，反映的都是日军毫无来由以给别人造成痛苦作为光荣的心理。二战期间，日本在亚洲造成的死亡人数，跟纳粹德国在欧洲造成的死亡人数差不多。然而，现在只有为数不多的几位日本人会承认有那么多的受害者，而且他们的观点还会引来同胞的蔑视甚至公然敌对。日本犯下了集体无视历史事实的罪过。本书所描述的日本人虐待被占领国人民和虐待战俘的情节，是今天的许多日本人全然不能接受的内容，尽管这些情节都得到过大量证据的支持。这反映他们的文化和我们的文化之间存有鸿沟，这绝对不能简单以东西方人在态度上存在分歧这样的说法来加以解释，也同样不能以类似的说法来淡然处之。

日本人，包括日本的政治、教育和企业领导人，都存在这样的问题，他们不愿诚实对待历史。他们仍旧想要为他们的父辈和祖辈的行为开脱罪责，甚至于还想美化他们的行为，而事实上他们中许多人是弃真实人性于不顾，努力想要维护某种变态的尊严和极富侵略性的民族主义思想。追忆这段历史，他们更应该感到羞愧才对。只要日本还在继续否认历史，世人就不可能相信他们已经真心悔过，不可能相信他们已经意识到60多年前曾给亚洲人民造成过深重恐怖和灾难。